LA FRANCE
LE ROYAUME-UNI
LA MER DU NORD
LES PAYS-BAS (m. pl.)
LA BELGIQUE
L'ALLEMAGNE (f.)
la Wallonie
LE LUXEMBOURG
LA MANCHE
Dunkerque
Calais
Boulogne
Lille
NORD-PAS-DE-CALAIS
Dieppe
Amiens
Charleville-Mézières
Cherbourg
HAUTE-NORMANDIE
PICARDIE
Le Havre
Rouen
Caen
la Seine
ÎLE-DE-FRANCE
Reims
Verdun
Metz
LORRAINE
CHAMPAGNE-ARDENNE
BASSE-NORMANDIE
Paris
Versailles
Nancy
Strasbourg
ALSACE
Brest
St. Malo
le Mont-St. Michel
Chartres
Fontainebleau
Troyes
BRETAGNE
Rennes
Le Mans
CENTRE
Orléans
LES VOSGES
Colmar
la Seine
la Loire
FRANCHE-COMTÉ
Blois
Tours
la Loire
Angers
BOURGOGNE
Nantes
Dijon
LIMOUSIN
Bourges
Besançon
LA SUISSE
PAYS DE LA LOIRE
Poitiers
AUVERGNE
la Saône
LE JURA
La Rochelle
RHÔNE-ALPES
POITOU-CHARENTES
Limoges
Clermont-Ferrand
Lyon
le Rhône
le Val d'Aoste
L'OCÉAN ATLANTIQUE (m.)
Grenoble
L'ITALIE (f.)
Bordeaux
AQUITAINE
Rocamadour
LE MASSIF CENTRAL
LES ALPES
le Rhône
la Garonne
Moissac
Albi
Avignon
PROVENCE-ALPES-CÔTE D'AZUR
Nîmes
Montpellier
Nice
Cannes
Arles
MIDI-PYRÉNÉES
Biarritz
Toulouse
Aix-en-Provence
Marseille
MONACO (f.)
LE PAYS BASQUE
Lourdes
Carcassonne
LANGUEDOC-ROUSSILLON
LES PYRÉNÉES (f.pl.)
L'ESPAGNE (f.)
Perpignan
la CORSE
L'ANDORRE (f.)
LA MER MÉDITERRANÉE
Élevation en mètres
2000+
500–2000
200–500
0–200
Niveau de mer
0 25 50 75 100 MILLES
0 50 100 150 KILOMÈTRES
la SARDAIGNE
50°
46°
44°
4°
0°
8°

LE MONDE
L'OCÉAN ARCTIQUE (m.)
LE GROENLAND
LA FÉDÉRATION RUSSE
l'Alaska (m.) (LES ÉTATS-UNIS)
le Yukon
les Territoires du Nord-Ouest (m. pl.)
le Nunavut
la Colombie Britannique
l'Alberta (m.)
le Saskat-chewan
le Manitoba
l'Ontario (m.)
le Québec
Terre-Neuve (f.)
Saint-Pierre-et-Miquelon (LA FRANCE)
LE CANADA
L'AMÉRIQUE DU NORD (f.)
LES ÉTATS UNIS (m. pl.)
la Louisiane
le Vermont
la Nouvelle-Écosse
le Nouveau-Brunswick
le Maine
le New-Hampshire
le Massachusetts
le Rhode Island
le Connecticut
L'OCÉAN PACIFIQUE (m.)
L'OCÉAN ATLANTIQUE (m.)
Le Tropique du Cancer
LE MEXIQUE
LE BELIZE
HAÏTI (m.)
PUERTO RICO (m.)
CUBA (m.)
LA JAMAÏQUE
L'AMÉRIQUE CENTRALE (f.)
Les Îles Hawaii (f. pl.) (LES ÉTATS-UNIS)
LE GUATEMALA
LE SALVADOR
LE HONDURAS
LE NICARAGUA
LE COSTA RICA
LE PANAMA
LE VENEZUELA
la GUYANE FRANÇAISE (LA FRANCE)
LA COLOMBIE
LA GUYANA
LE SURINAM
L'Équateur
(LA RÉPUBLIQUE DE) L'ÉQUATEUR (m.)
LE BRÉSIL
LE PÉROU
LA BOLIVIE
VANUATU (m.)
Wallis-et-Futuna (LA FRANCE)
TUVALU
KIRIBATI
LES SAMOA (f. pl.)
LA POLYNÉSIE FRANÇAISE
FIDJI (m.)
TONGA (m.)
la Nouvelle-Calédonie (LA FRANCE)
Le Tropique du Capricorne
LE PARAGUAY
L'AMÉRIQUE DU SUD (f.)
LE CHILI
L'URUGUAY (m.)
L'ARGENTINE (f.)
LA NOUVELLE-ZÉLANDE
LES ÎLES MALOUINES (f.pl.)
0 500 1,000 1,500 2,000 MILLES
0 1,000 2,000 3,000 KILOMÈTRES
195° 180° 165° 150° 135° 120° 105° 90° 75° 60° 45°
75° 45° 30° 15° 0° 15° 30° 45° 60°

LA MER DU NORD
Cercle Arctique
L'ISLANDE (f.)
LA NORVÈGE
LA SUÈDE
LA FINLANDE
LE DANEMARK
LE ROYAUME-UNI
L'IRLANDE (f.)
L'ESTONIE (f.)
LA LETTONIE
LA LITUANIE
LA POLOGNE
LA BIÉLO-RUSSIE
L'ALLEMAGNE (f.)
L'UKRAINE (f.)
LA MOLDAVIE
LA ROUMANIE
LA BULGARIE
L'EUROPE (f.)
LA FRANCE
LE PORTUGAL
L'ESPAGNE (f.)
L'ITALIE (f.)
LA GRÈCE
LA TURQUIE
LA CHYPRE
LE LIBAN
ISRAËL (m.)
LA SYRIE
L'IRAK (m.)
LA JORDANIE
1 LES PAYS-BAS (m.pl.)
2 LA BELGIQUE
3 LA SUISSE
4 LA SLOVÉNIE
5 LA CROATIE
6 LA BOSNIE-HERZÉGOVINE
7 L'ALBANIE (f.)
8 LA MACÉDOINE
9 LA YOUGOSLAVIE
10 LA HONGRIE
11 L'AUTRICHE (f.)
12 LA SLOVAQUIE
13 LA RÉPUBLIQUE TCHÈQUE
14 LA FÉDÉRATION RUSSE
15 LA GÉORGIE
16 L'ARMÉNIE (f.)
17 L'AZERBAIDJAN (m.)
LA FÉDÉRATION RUSSE
L'ASIE (f.)
LE KAZAKHSTAN
LA MONGOLIE
L'OUZBÉKISTAN (m.)
LA TURKMÉNIE
LA KIRGHIZIE
LE TADJIKISTAN
L'IRAN (m.)
L'AFGHANISTAN (m.)
LE PAKISTAN
LE KUWAIT
LE BAHREÏN
LE QATAR
L'ARABIE SAOUDITE (f.)
LES EMIRATS ARABES UNIS (m.)
L'OMAN (m.)
LE YÉMEN
LE NÉPAL
LE BHOUTAN
LA CHINE
L'INDE (f.)
LE BANGLADESH
L'UNION DE MYANMAR (f.)
LE LAOS
LE VIÊT-NAM
LA THAÏLANDE
LE KAMPUCHÉA
LE BRUNEI
LA FÉD. DE MALAISIE
LE SRI LANKA
LA CORÉE DU NORD
LA CORÉE DU SUD
LE JAPON
TAÏWAN (m.)
LES PHILIPPINES (f. pl.)
L'INDONÉSIE (f.)
LA PAPOUASIE-NOUVELLE GUINÉE
Le Tropique du Cancer
L'Équateur
Le Tropique du Capricorne
L'OCÉAN INDIEN (m.)
Pondichéry
L'AUSTRALIE (f.)
L'ANCIEN SAHARA OCCIDENTAL (m.)
LA GAMBIE
LE MAROC
LA TUNISIE
L'AFRIQUE (f.)
L'ALGÉRIE (f.)
LA LIBYE
L'ÉGYPTE (f.)
LA MAURITANIE
LE SÉNÉGAL
LE MALI
LE NIGER
LE TCHAD
LE SOUDAN
L'ÉRYTHRÉE (f.)
LE BURKINA-FASO
LA GUINÉE
LA GUINÉE-BISSAU
LA SIERRA LEONE
LE LIBERIA
LA CÔTE D'IVOIRE
LE GHANA
LE TOGO
LE BÉNIN
LE NIGERIA
LE CAMEROUN
LA GUINÉE-ÉQUATORIALE
LE GABON
LE CONGO
LA RÉPUBLIQUE CENTRAFRICAINE
LA RÉPUBLIQUE DÉMOCRATIQUE DU CONGO
L'OUGANDA (m.)
L'ÉTHIOPIE (f.)
LA SOMALIE
DJIBOUTI (m.)
LE KENYA
LE RUANDA
LE BURUNDI
LA TANZANIE
LA ZAMBIE
LE MALAWI
L'ANGOLA (m.)
LA NAMIBIE
LE BOTSWANA
LE ZIMBABWE
LE MOZAMBIQUE
L'AFRIQUE DU SUD (f.)
LE SWAZILAND
LE LESOTHO
MADAGASCAR (m.)
LA RÉUNION (LA FRANCE)
L'ÎLE MAURICE (f.)
15° 0° 15° 30° 45° 60° 75° 90° 105° 120° 135°
30° 15° 0° 45° 60°
Langues maternelles
Le français langue maternelle majoritaire
Le français langue maternelle d'une minorité importante
Le français et un créole français langues maternelles
Créole français langue maternelle majoritaire
Langues officielles
Le français est la seule langue officielle
Le français est une des langues officielles du pays ou de l'état
Le français sert de langue administrative ou dans l'enseignement
Le français est la langue de culture ou des affaires pour une partie importante de la population

L'EUROPE
Langues maternelles
Le français langue maternelle majoritaire
Le français langue maternelle d'une minorité importante
Langues officielles
Le français est la seule langue officielle
Le français est une des langues officielles du pays ou de l'état
Le français est la langue de culture ou des affaires pour une partie importante de la population
10°
Cercle Arctique
60°
50°
20°
LA FINLANDE
LA SUÈDE
LA NORVÈGE
L'ESTONIE (f.)
LA MER BALTIQUE
LA FÉDÉRATION RUSSE
LA LETTONIE
LE DANEMARK
LA LITUANIE
LA MER DU NORD
LA FÉDÉRATION RUSSE
LA BIÉLORUSSIE
L'IRLANDE (f.)
LE ROYAUME-UNI
LES PAYS-BAS (m. pl.)
L'ALLEMAGNE (f.)
LA POLOGNE
L'UKRAINE (f.)
Bruxelles
LA BELGIQUE
la Wallonie
LA MOLDAVIE
LA RÉPUBLIQUE TCHÈQUE
Paris
LE LUXEMBOURG
LA SLOVAQUIE
L'AUTRICHE (f.)
LA HONGRIE
LA FRANCE
Bern
LA SUISSE
Genève
LA ROUMANIE
L'OCÉAN ATLANTIQUE (m.)
LA SLOVÉNIE
LA CROATIE
le Val d'Aoste
LA BOSNIE-HERZÉGOVINE
Monte Carlo
LA YOUGOSLAVIE
LA BULGARIE
L'ITALIE (f.)
L'ANDORRE (f.)
MONACO (f.)
LA MACÉDOINE
la CORSE
L'ALBANIE (f.)
LA TURQUIE
L'ESPAGNE (f.)
LA GRÈCE
la SARDAIGNE
LA MER MÉDITERRANÉE
la SICILE
LA CHYPRE
0 25 50 75 100 MILLES
0 50 100 150 KILOMÈTRES

L'AFRIQUE
L'OCÉAN ATLANTIQUE (m.)
LA MER MÉDITERRANÉE
L'Équateur (m.)
LA FRANCE
L'ALLEMAGNE (f.)
LA BELGIQUE
LA SUISSE
LA RÉPUBLIQUE TCHÈQUE
LA SLOVAQUIE
L'AUTRICHE (f.)
LA HONGRIE
LA POLOGNE
LA FÉDÉRATION RUSSE
L'UKRAINE (f.)
LA ROUMANIE
LA BULGARIE
L'ITALIE (f.)
LA GRÈCE
LA TURQUIE
LE KAZAKHSTAN
L'ESPAGNE (f.)
LE PORTUGAL
LA SYRIE
LE LIBAN
ISRAËL (m.)
LA JORDANIE
L'IRAK (m.)
L'IRAN (m.)
LE KOWEÏT
BAHREÏN
LES EMIRATS ARABES UNIS (m.)
LE QATAR
L'ARABIE SAOUDITE (f.)
L'OMAN (m.)
LE YÉMEN
Tunis
Alger
Rabat
LE MAROC
LA TUNISIE
L'ALGÉRIE (f.)
LA LIBYE
L'ÉGYPTE (f.)
L'ANCIEN SAHARA OCCIDENTAL (m.)
LA MAURITANIE
Nouakchott
LE MALI
Tombouctou
LE BURKINA-FASO
LE NIGER
LE TCHAD
L'ÉRYTHRÉE (f.)
LE SOUDAN
DJIBOUTI (m.)
Djibouti
L'ÉTHIOPIE (f.)
LA SOMALIE
LE SÉNÉGAL
Dakar
LA GAMBIE
LA GUINÉE-BISSAU
Bamako
Niamey
Ouagadougou
N'Djamena
Conakry
LE TOGO
Lomé
LE BÉNIN
LE NIGERIA
LA GUINÉE
LA SIERRA LEONE
LE LIBERIA
Abidjan
LA CÔTE-D'IVOIRE
LE GHANA
Porto-Novo
LA GUINÉE-ÉQUATORIALE
LE CAMEROUN
Yaoundé
LA RÉPUBLIQUE CENTRAFRICAINE
Bangui
L'OUGANDA (m.)
LE KENYA
Libreville
LE GABON
LE CONGO
LA RÉPUBLIQUE DÉMOCRATIQUE DU CONGO
Kigali
LE RUANDA
Bujumbura
LE BURUNDI
Brazzaville
Kinshasa
LA TANZANIE
LES SEYCHELLES (f. pl.)
LES COMORES (f. pl.)
MAYOTTE (f.)
MADAGASCAR (m.)
Antananarivo
L'ANGOLA (m.)
LA ZAMBIE
LE MALAWI
LE ZIMBABWE
LA NAMIBIE
LE BOTSWANA
LE MOZAMBIQUE
LE SWAZILAND
LE LESOTHO
L'AFRIQUE DU SUD (f.)
LA RÉUNION (LA FRANCE)
L'ÎLE MAURICE (f.)
0 250 500 750 1,000 MILLES
0 500 1,000 1,500 KILOMÈTRES
20° 0° 20° 40° 60°
40° 20° 0° 20° 40°
Langues maternelles
Le français langue maternelle majoritaire
Le français langue maternelle d'une minorité importante
Le français et un créole français langues maternelles
Créole français langue maternelle majoritaire
Langues officielles
Le français est la seule langue officielle
Le français est une des langues officielles du pays ou de l'état
Le français sert de langue administrative ou dans l'enseignement
Le français est la langue de culture ou des affaires pour une partie importante de la population

L'AMÉRIQUE DU NORD
L'OCÉAN ARCTIQUE (m.)
LE GROENLAND
L'Alaska (m.) (LES ÉTATS-UNIS)
le Yukon
les Territoires du Nord-Ouest (m. pl.)
le Nunavut
la Colombie Britannique
l'Alberta (m.)
la Saskatchewan
le Manitoba
LE CANADA
l'Ontario (m.)
le Québec
Terre-Neuve (f.)
Saint-Pierre-et-Miquelon (LA FRANCE)
Québec
Montréal
Ottawa
Île du Prince-Edouard (f.)
la Nouvelle-Écosse
le Nouveau-Brunswick
le Vermont
le Maine
le New Hampshire
le Massachusetts
le Rhode Island
le Connecticut
Langues maternelles
Le français langue maternelle majoritaire
Le français langue maternelle d'une minorité importante
Le français et un créole français langues maternelles
Créole français langue maternelle majoritaire
Langues officielles
Le français est la seule langue officielle
Le français est une des langues officielles du pays ou de l'état
Le français sert de langue administrative ou dans l'enseignement
LES ÉTATS-UNIS (m. pl.)
la Louisiane
L'OCÉAN ATLANTIQUE (m.)
GOLFE DU MEXIQUE
LE MEXIQUE
LE BELIZE
L'AMÉRIQUE CENTRALE (f.)
Les Îles Hawaii (f. pl.) (LES ÉTATS-UNIS)
CUBA (m.)
LA JAMAÏQUE
LES CARAÏBES (m. pl.)
HAÏTI (m.)
LE GUATEMALA
LE SALVADOR
LE HONDURAS
LE NICARAGUA
LE COSTA RICA
LE PANAMA
L'OCÉAN PACIFIQUE (m.)
LA GUYANE FRANÇAISE (LA FRANCE)
Cayenne
LE VENEZUELA
LA COLOMBIE
LA GUYANA
LE SURINAM
L'Équateur (m.)
(LA RÉPUBLIQUE DE) L'ÉQUATEUR (m.)
LE PÉROU
LE BRÉSIL
LA BOLIVIE
L'AMÉRIQUE DU SUD (f.)
LE PARAGUAY
LE CHILI
L'ARGENTINE (f.)
L'URUGUAY (m.)
LES CARAÏBES (m.pl.)
CUBA (m.)
LA RÉPUBLIQUE DOMINICAINE
HAÏTI (m.)
Port-au-Prince
PUERTO RICO (m.)
la Guadeloupe (LA FRANCE)
Pointe-à-Pitre
LA MER DES CARAÏBES
DOMINIQUE (f.)
la Martinique (LA FRANCE)
Fort-de-France
SAINTE LUCIE (f.)
MILLES 0 300
KILOMÈTRES 0 450
À 45° LATITUDE
0 200 400 600 800 MILLES
0 400 800 1,200 KILOMÈTRES
160° 140° 120° 100° 80° 60° 40° 20° 0°

MOTIFS

An Introduction to French

SECOND EDITION

MOTIFS

An Introduction to French

SECOND EDITION

Kimberly Jansma
University of California at Los Angeles

Margaret Ann Kassen
The Catholic University of America

HEINLE & HEINLE
THOMSON LEARNING

United States · Australia · Canada · Mexico · Singapore · Spain · United Kingdom

HEINLE & HEINLE
THOMSON LEARNING

Motifs: An Introduction to French/Second Edition
Jansma / Kassen

Publisher: Phyllis Dobbins
Acquisitions Editor: Jeff Gilbreath
Developmental Editor: Nancy Geilen
Market Strategist: Kenneth S. Kasee

Project Editor: Laura Therese Miley
Art Director: Susan Journey
Production Manager: Serena Sipho

Printed in the United States of America

1 2 3 4 5 6 7 8 9 10 06 05 04 03 02 01

For more information contact Heinle & Heinle, 25 Thomson Place, Boston, MA 02210 USA, or you can visit our Internet site at http://www.heinle.com

ISBN: 0-03-033341-5

Library of Congress Catalog Card Number:
00-02485

To the Student

Motifs is a complete first-year French language-learning program for university, college, and community college students that promotes speaking, listening, reading, and writing, as well as cultural awareness. In this course, you will learn how to discuss your courses and school life, your family and living situation, your childhood memories, future plans and other common topics of conversations in French. In addition, you will learn to negotiate various transactions: how to order in a café, buy a plane ticket, rent an apartment, give directions, or go shopping. Because language and culture are inseparable, you will also be developing your understanding of the cultures of the French-speaking world.

It is important that you familiarize yourself with the layout of the textbook to benefit from the program.

Organization

Notice that this textbook consists of fifteen **modules** plus a final **Module de récapitulation** where you will review key structures that you have studied. The first fifteen modules each contain bordered pages tinted green following the standard white pages. These white and green pages have different uses.

Using the white pages

The white pages in the front of the chapter contain the material you will be working with in class: **module** themes **(Thèmes),** useful expressions **(Pratiques de conversation),** cultural notes **(Perspectives culturelles),** readings **(Lectures),** interesting facts about the French-speaking world **(Bulletins),** and application activities **(Un pas en avant)**. All of these components are accompanied by communicative activities **(Activités)** that incorporate the topic, grammar, and vocabulary of the **module**. This section, written almost exclusively in French, is designed to help you understand, think, and express yourself in French right from the beginning.

In much of your communication in class, you will be applying a new grammar structure. Structure highlights appearing in clearly marked boxes beneath the relevant **Thème** or **Pratiques de conversation** alert you to these structures, tell you how they fit in with the theme, and direct you to the green-tinted page where you will find a full grammar presentation.

À noter comments focus your attention on new structures or vocabulary targeted in the white page presentations.

Using the green pages

In addition to your practice listening to French and using it to communicate in class, you will need to study French as a system, much as you would study the material for any academic course. You will be able to do this by using the green pages at the end of the **modules.** These pages provide clear, concise grammar explanations in

English, with accompanying examples and translations that allow you to study the rules of French grammar on your own. Each grammar explanation has accompanying exercises (answers are provided in an answer key at the back of the book). By reading these grammar explanations carefully and checking your comprehension by writing out the exercises and correcting the answers, you will find you can learn a great deal of grammar on your own. Your instructor will review much of this material in class and will provide plenty of opportunities to apply these rules in communicative situations.

Other Tools to Help You Learn French

- The **Student Activities Manual** is an integral tool to help you master the course material. It combines a Workbook, Audio Laboratory Manual, and Video Manual. The **Activités écrites** in the Workbook give you the opportunity to apply and practice the material presented in the textbook. The audio Laboratory Manual, with its **Activités de compréhension et de prononciation**, includes comprehension activities and instruction in pronunciation. The Video Manual will aid you in viewing the ***Motifs* video,** which was filmed on location in France and Canada.

Interactive Multimedia

- ***Motifs* CD-ROM—**The *Motifs* CD-ROM contains speaking, listening, writing, vocabulary, and cultural activities that match the scope and sequence of the textbook. The CD-ROM also contains rich video, interactive vocabulary games, and a complete glossary of terms with pronunciations.
- **Lab CDs**
- **Lab Cassettes**
- ***Motifs* World Wide Web Site** www.harcourtcollege.com/french/motifs

If you cannot purchase these materials in your local bookstore, please contact us directly at 1-800-237-2665 or on the Web at www.harcourtcollege.com.

A Few Helpful Hints

Take risks

Successful language learners are willing to guess at meaning and to try expressing themselves even when they do not know every word or have perfect control of the grammar. They stretch and try to expand their repertoires, experimenting with new words and structures, and they realize that to learn a language involves making mistakes.

Relax

Your classroom is your language-learning community where you learn by interacting with other students as well as your instructor. Of course, your French will be simple and direct; this very quality often allows you to open up and express yourself without being over-concerned with subtleties. You may find that conversation in your language class is more free than in any other. Take advantage of working in pairs and in small groups to experiment with the language.

Prepare

Success in class requires daily preparation and active study. Remember that language, like music, is meant to be performed. Language classes present new material every day, and catching up once you have fallen behind is difficult. Here are some suggestions to help you study.

Learning Vocabulary

Learn words in sense groups: clothing, professions, leisure activities, and so on. For each **Thème** and **Pratiques de conversation**, make sure you have mastered enough vocabulary to take part in a basic conversation on that topic. In addition to fundamental words, such as "doctor" when you are studying professions, learn items of special interest to you. Perhaps you wish to be a computer programmer or a family member is in marketing; take a little extra time to acquire vocabulary that relates to these areas of special interest. Flash cards can be helpful. These can be color coded to differentiate between masculine and feminine nouns.

Learning Grammar

Learning grammar requires attention to detail along with a recognition of patterns and the ability to manipulate them according to rules. Basic memorization of form, including verb conjugations and tenses, is essential. It is also important that you understand the function of grammar structures in communication. For example, when you learn about adjectives and their endings, you need to keep in mind that your communicative goal is to describe people and things. The **Structure** boxes that introduce new grammar points in the white activity pages will help you make this connection. Always ask yourself what you can actually *do* in the language with what you are learning.

Visual Icons

This icon indicates material that is included on the CD-ROM.

This icon indicates activities for which you and a partner have different sets of information which you must pool to complete a task.

This icon indicates that the attached activity is available on the audio CD. These recordings provide the opportunity to hear native speakers involved in negotiating practical situations.

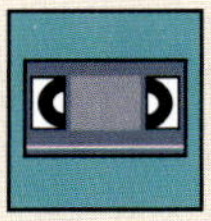

This icon indicates that there is a video segment related to the material presented on the accompanying page.

This icon indicates that links are available on the *Motifs* Web site for further exploration. It also accompanies the introduction to each module's "Naviguez le Web !" activity.

Acknowledgments

Many people have contributed their time and creativity to this second edition of *Motifs*. We would first like to thank the students and graduate teaching assistants at the University of California at Los Angeles and at the Catholic University of America for their insightful comments about the program. They have provided invaluable feedback. We would especially like to thank Claire Magaha, Paulette Chandler, Nicole Dufresne, Laura Breckmann, and Laurence Denié for sharing their creative approaches to the use of *Motifs* with us. We would also like to thank Vera Klekovkina, Sylvie Young and a number of graduate students who helped develop our Web activities. Special thanks go to the undergraduate students who took time to pilot videos and helped select those that appear in this edition. We also extend our appreciation to our UCLA and CUA colleagues and to the following colleagues at other institutions who reviewed the manuscript and whose constructive suggestions have helped shape the project.

Kim Carter-Cram, Idaho State University

Helen Johnson, University of Wisconsin—Stevens Point

Marie-Leticée Camboulin, University of Central Florida

Fred Toner, Ohio University

Chantal Anne-Marie Marechal, Virginia Commonwealth University

Lionel Lemarchand, Georgia Institute of Technology

Béatrice Dupuy, Louisiana State University—Baton Rouge

Zujian Zhang, San Francisco State University

Karen S. McPherson, University of Oregon

Martine Debaisieux, University of Wisconsin—Madison

Lara Mangiafico, University of Michigan

Nina Furry, University of North Carolina—Chapel Hill

Jacqueline L. Diot, The University of Alabama at Huntsville

Beverly David, The University of Wisconsin—Stevens Point

Dominick A. DeFilippis, Ph.D., Wheeling Jesuit University

Rebecca Chism, Kent State University

Amanda Brooks-Carson, University of Miami

Amie Tannenbaum, Gettysburg College

Atiyeh Showrai, University of Southern California

Françoise Ghillebaert, Baylor University

We would also like to express our appreciation to the many people at Harcourt College Publishers who helped nurture this project: Phyllis Dobbins, our publisher;

Jeff Gilbreath, our managing development editor; Ken Kasee, our senior marketing strategist; Laura Miley, our project editor; Christy Brammer, who worked with us on the CD-ROM; Susan Journey, our art director; and Serena Sipho, our production manager. And special thanks to Nancy Siegel, our developmental editor, who guided and encouraged us every step of the way. Finally, we want to express our appreciation to our families for their patience, confidence, and invaluable insights, which sustained us through the completion of this work. We dedicate the book to them.

CONTENTS

CONTENTS

CONTENTS

CONTENTS

CONTENTS

CONTENTS

MOTIFS

An Introduction to French

SECOND EDITION

Module 1

Les camarades et la salle de classe

Thèmes et pratiques de conversation

Comment se présenter et se saluer
La salle de classe
La description de la personnalité
Les vêtements et les couleurs
Comment communiquer en classe

Culture

Bienvenue au monde francophone
Vocabulaire en mouvement

Lecture

« Avec *Web magazine*, cliquez sur vos envies ! »

Structures

1.1 **Tu** et **vous**
1.2 **Qui est-ce ? Qu'est-ce que c'est ? Est-ce que... ?**
1.3 Les articles indéfinis
1.4 Les pronoms sujets avec **être**
1.5 Les adjectifs (introduction)

Prononciation*

Un test d'orthographe
Le rythme et l'accent

Vidéo

Scène 1	Une rencontre entre amis
Scène 2	Une rencontre entre collègues
Scène 3	Au restaurant universitaire
Mini-drame	Bonjour !
Publicités	Bonjour café au lait à la chicorée de Nestlé

*The prononciation sections can be found in the Student Activities Manual. The topics listed on each Module opener show you what is available for each chapter.

Thèmes et pratiques de conversation

Comment se présenter et se saluer

Expressions utiles pour se présenter

Je m'appelle Denis Lamotte. Et vous ?

— Moi, je m'appelle Christine Botet.

Je suis de Marseille. Et vous ?

— Moi, je suis de Paris.

Comment s'appelle-t-il/elle ?

Elle s'appelle Juliette Binoche.

Il s'appelle Jacques Chirac.

Activité 1 : Comment vous appelez-vous ?

Suivez le modèle avec trois camarades de classe.

Modèle : Moi, je m'appelle <u>Jennifer</u>. Et vous ?

— Moi, je m'appelle <u>Jake</u>.

Je suis de <u>Salem</u>. Et vous ?

— Moi aussi, je suis de Salem. / Moi, je suis de Portland.

Activité 2 : Présentez vos camarades de classe.

Maintenant présentez vos camarades de classe aux autres étudiants.

Modèle : Il/Elle s'appelle _______________ . Il/Elle est de _______________ .

Activité 3 : Testez-vous !

Avec un(e) camarade, indiquez *(point out)* des étudiants et demandez « comment s'appelle-t-il/elle ? »

Modèle : Comment s'appelle-t-elle ?

— Elle s'appelle Candice.

Expressions utiles pour se saluer

Structure 1.1 *Tu et vous*	In French greetings, a distinction is made between formal and informal terms of address. See page 25 for guidelines on using the formal **vous** and the informal **tu.**

Bonjour, madame. Comment allez-vous ?

— Très bien, merci, et vous ?

Bonsoir, mademoiselle.

— Bonsoir, monsieur.

Salut, Paul. Ça va ?

— Oui, ça va. Et toi ?

Bonjour, Nicole. Ça va?
— Pas mal. Et toi?
Moi, ça va.

Au revoir, Pauline. À bientôt !
— Au revoir.

Salut, Marc. À tout à l'heure.
— Au revoir.

Comment ça va?
— Ça ne va pas du tout.

Activité 4 : Réponses logiques.

Choisissez la réponse appropriée.

1. Bonjour, monsieur. Comment allez-vous ?
a. Très bien, merci. Et vous ?
b. Je m'appelle Henri.
c. À bientôt.

2. Salut, Jean. Ça va ?
a. Je suis de Washington.
b. Oui, ça va.
c. Au revoir.

3. Au revoir, madame. À tout à l'heure.
a. Pas mal.
b. Au revoir.
c. Non, ça ne va pas.

4. Comment vous appelez-vous ?
a. Très bien, merci. Et vous ?
b. Je m'appelle Anne.
c. Bonsoir.

5. Bonsoir, monsieur.
a. Merci, madame.
b. Pas mal. Et toi ?
c. Bonsoir, mademoiselle.

6. Salut, Jean. À demain.
a. Bonjour. Comment ça va ?
b. Au revoir.
c. Bonsoir, monsieur.

7. Je suis de Los Angeles. Et vous ?
a. Je m'appelle Christophe.
b. Je suis de Chicago.
c. Il est de New York.

8. Regardez cet homme. Comment s'appelle-t-il ?
a. Elle s'appelle Juliette.
b. Moi aussi.
c. Il s'appelle Frédéric La Coste.

Activité 5 : Jouez le dialogue.

Saluez trois étudiants de la classe.

Modèle : Bonjour/Salut, Jeanne. Ça va ?
— Oui, ça va (Ça ne va pas / Ça va très bien / Ça va très mal).

A scene from Tunisia.

A scene from Québec.

A scene from Martinique.

Bienvenue au monde francophone

Perspectives culturelles

In this class, you are joining over 270,000 university students studying French in the United States. You also join 120 million French speakers throughout the world. The influence of the French language extends far beyond France and its over 60 million inhabitants. Diverse populations on virtually every continent of the globe communicate in French, including roughly 11 million Europeans in Belgium, Switzerland, and Luxembourg. In the Americas, French is spoken by 6 million Canadians, many the descendants of seventeenth-century traders. French is the official language of Haiti and of France's overseas departments of Martinique and Guadeloupe in the Caribbean. French-speaking communities can still be found in the United States in Louisiana, Missouri, and New England. Many island nations speak French, including Polynesia and New Caledonia.

In the nineteenth and twentieth centuries, colonial expansion brought French to North, West, and Central Africa. Substantial numbers of Arabs still speak French in the North African countries of Morocco, Algeria, and Tunisia. French is the official language of 18 sub-Saharan African nations, where it facilitates communication among diverse ethnic groups with differing indigenous languages. In today's postcolonial world, the population of France itself reflects considerable ethnic diversity, including immigrants from Africa, Asia, and other parts of Europe.

The French language draws people for many reasons. It is indispensable for business and cultural exchange in the European community; it continues to play a major role in international bodies such as the UN, NATO, UNESCO, and the Arab League, and it is the official language of development in the UN. Many people simply wish to learn French to get to know France, its people, and its rich cultural heritage. What influenced your decision to study French?

Structure 1.2
Qui est-ce ? Qu'est-ce que c'est ? Est-ce que... ?

Structure 1.3
Les articles indéfinis

One of the most basic needs in learning a new language is to identify the people and things around you and to ask others for this information. Identification questions appear on page 26. Identifying requires the use of indefinite articles (see p. 27).

La salle de classe
Identification des choses

Qu'est-ce que c'est ? C'est **un** bureau.

C'est **une** fenêtre. Ce sont **des** chaises.

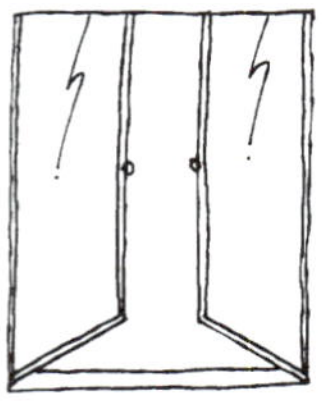

Est-ce que c'est **un** crayon ? Non, c'est **un** stylo.

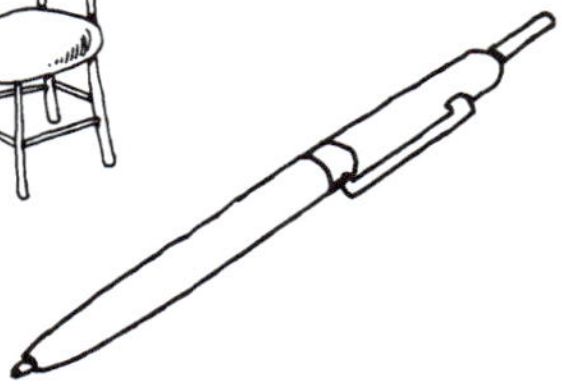

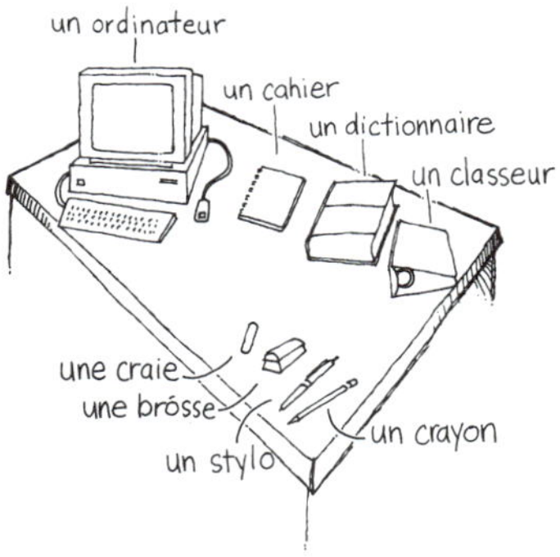

Activité 6 : Est-ce que c'est... ?

Suivez le modèle.

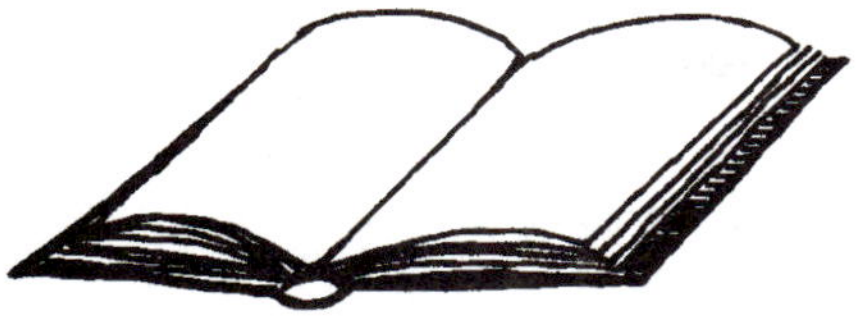

Modèle : Est-ce que ce sont des cahiers ?

— Non, c'est un livre.

1. Est-ce que c'est une porte ?

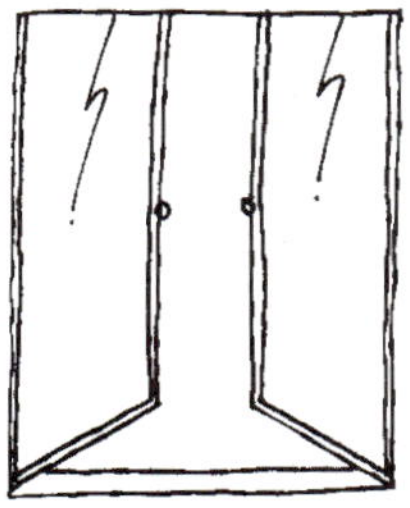

2. Est-ce que ce sont des chaises ?

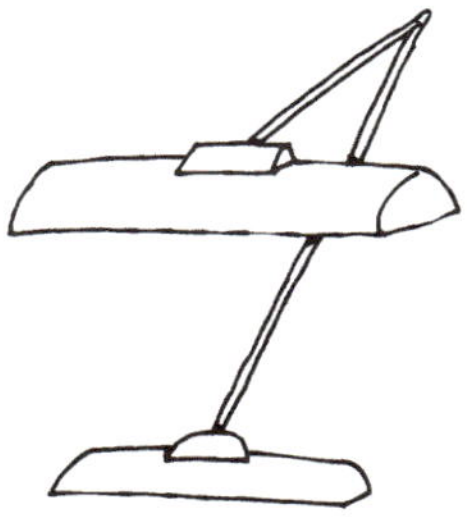

3. Est-ce que c'est un bureau ?

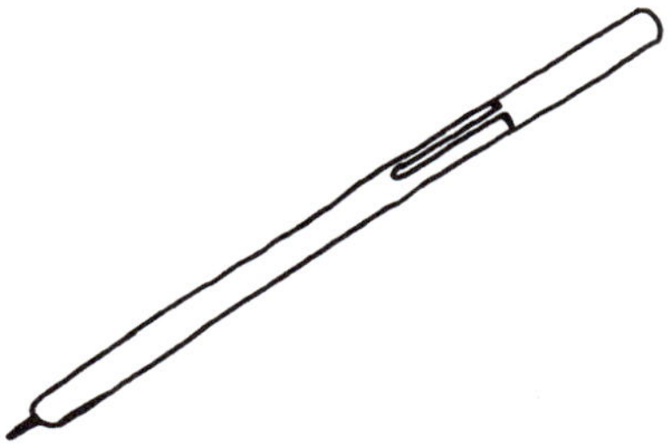

4. Est-ce que ce sont des cahiers ?

5. Est-ce que c'est une craie ?

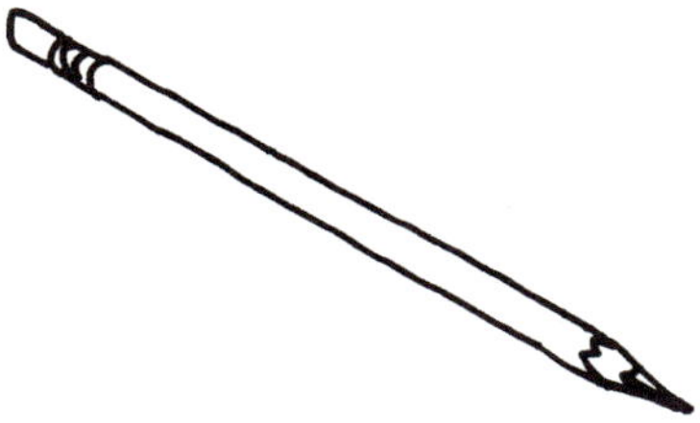

6. Est-ce que c'est un tableau ?

7. Est-ce que c'est un étudiant ?

Identification des personnes

Bulletin

The French media are filled with news about American celebrities, especially those in the fields of art and entertainment. French celebrities are less likely to be household names in the United States. Let us introduce you to a few here. You will gradually meet more throughout the text.

Qui est-ce ?

— C'est Gérard Depardieu.

Activité 7 : Qui est-ce ?

Suivez le modèle. ***Hints (not in this order)*** **: Marguerite Duras, la princesse Caroline, Emmanuelle Béart, Jean-Claude Van Damme, Johnny Hallyday, Daniel Auteuil, Zinedine Zidane.**

Modèle : C'est Tommy Hilfiger ?

— Non, c'est Yves Saint Laurent.

1. Sharon Stone

2. Pete Sampras

3. Marguerite Duras

4. Emmanuelle Béart

5. Arnold Schwarzenegger

6. Elvis Presley

7. Daniel Auteuil

La description

Structure 1.4 Les pronoms sujets avec être

Structure 1.5 Les adjectifs (introduction)

In the following **thème,** you will learn how to describe people. To accomplish this, you will need to learn the verb **être** *(to be)* and some descriptive adjectives. The verb **être** is presented on page 28. See page 29 for details on the formation of adjectives in French.

La description physique

Comment sont-ils?

Activité 8 : Qui est sur l'image ?

Qui est-ce que votre professeur décrit ?

Modèle : PROFESSEUR : C'est une vieille femme avec des cheveux gris. Elle est un peu forte et elle porte des lunettes *(wears glasses)*. Qui est-ce ?

ÉTUDIANT : C'est Mme Vincent.

La description de la personnalité

Comment est-il ?

« Moi ? euh... Je suis solitaire, assez optimiste et très patient. »

Activité 9 : Comment es-tu ?

Posez des questions à un(e) camarade de classe à propos de sa personnalité.

Modèles : optimiste

Tu es optimiste ?

— Oui, je suis assez optimiste.

timide

Tu es timide ?

— Non, je ne suis pas très timide.

1. idéaliste
2. sympathique
3. timide
4. sociable
5. sérieux (sérieuse)
6. nerveux (nerveuse)
7. fatigué(e)
8. patient(e)

Perspectives culturelles

Vocabulaire en mouvement

As an English speaker, you already have a more extensive French vocabulary than you may realize. Why? Because since the Middle Ages, English and French have been borrowing each other's words.

The English were the first to establish this tradition. In 1066, William the Conqueror of Normandy crossed the Channel and invaded England. With a French-speaking King on the English throne, French became the language of the Court, and soon was the language of choice among the aristocracy. French words were considered refined and cultivated in comparison to their plain English counterparts. **Combattre** (combat) was more stylish than *fight*, **économie** (economy) more refined than *thrift*, and **égoïsme** (egoism) more high-brow than *selfishness*.

A mass migration of words crossed the Channel in the other direction during the nineteenth century, the golden era of the English sportsman. Since this period, the French have enjoyed talking about **le golf, le tennis, le football,** and **le ski.**

More recently, the French have become disturbed by the mass influx of American words invading their country, especially in the areas of business, technology, and popular culture. Despite valiant efforts to stop the invasion of **le business, le walkman, le living,** and **le look,** the flow of words from the United States to France shows no sign of slowing down. It is simply the nature of languages to borrow from each other. All of this puts you at a great advantage learning French, especially when you read. To fully exploit this advantage, you'll need to learn to recognize these cognates, shared by French and English. **Il faut en profiter!**

Les vêtements et les couleurs

Les couleurs

Les vêtements

—Qu'est-ce que vous portez ?

—Moi, je porte...

Activité 10 : Vrai ou faux ?

Écoutez les descriptions de votre professeur. Sont-elles vraies *(true)* ou fausses *(false)* ?

Modèle : Le chapeau est blanc.
— Vrai.

Activité 11 : De quelle couleur est... ?

Avec un(e) camarade de classe, suivez le modèle.

Modèle : De quelle couleur est la veste ?
— Elle est noire.

1. De quelle couleur sont les tennis ? Elles sont...
2. De quelle couleur est la jupe ? Elle est...
3. De quelle couleur est la chemise ?
4. De quelle couleur est la robe ?
5. De quelle couleur est le short ?
6. De quelle couleur est le pull ?

Activité 12 : Test !

Qui est-ce ? Lisez les descriptions et identifiez les personnages célèbres.

Elizabeth Taylor
Gérard Depardieu
Céline Dion
Mike Myers
Catherine Deneuve
Michael Jordan
Michel Cousteau
Oprah Winfrey
Tom Hanks

1. C'est un acteur américain qui joue le rôle principal dans « Austin Powers. » Il est petit et il n'est pas très beau. Il est comique.
2. C'est une belle actrice d'un certain âge, célèbre pour ses yeux violets et ses mariages nombreux. Elle adore les diamants et le luxe.
3. C'est une femme noire de Chicago. Elle a une émission populaire à la télévision, et elle est très riche.
4. C'est un océanographe français. Il fait des documentaires sur l'océan pour la télévision. C'est le fils d'un autre océanographe célèbre.
5. C'est un acteur français, célèbre aux États-Unis pour les films *Green Card* et *My Father the Hero* ***(Mon père le héros).*** Il est grand et un peu fort avec les cheveux assez longs.

Comment communiquer en classe

Expressions utiles

Je ne comprends pas.

Écoutez.

Allez au tableau.

Asseyez-vous.

Ouvrez votre livre.

Fermez la porte.

Regardez.

Travaillez avec un(e) camarade de classe.

J'ai une question.

Comment dit-on « dog » en français ?

Les nombres de 0 à 60

0	zéro	10	dix	20	vingt	30	trente
1	un	11	onze	21	vingt et un	31	trente et un
2	deux	12	douze	22	vingt-deux	32	trente-deux
3	trois	13	treize	23	vingt-trois	40	quarante
4	quatre	14	quatorze	24	vingt-quaure	50	cinquante
5	cinq	15	quinze	25	vingt-cinq	60	soixante
6	six	16	seize	26	vingt-six		
7	sept	17	dix-sept	27	vingt-sept		
8	huit	18	dix-huit	28	vingt-huit		
9	neuf	19	dix-neuf	29	vingt-neuf		

L'alphabet

A-B-C-D-**E**-F-**G**-**H**-I-**J**-K-L-M-N-O-P-Q-R-S-T-U-V-**W**-X-**Y**-Z

Les accents

L'accent aigu : é. The é is pronounced [e]: **clé, thé, fée.**

L'accent grave : è. The è is pronounced [ɛ]: **cuillère, mère, père.**

L'accent circonflexe : î, ê, ô almost always represents an **s** that was part of a former spelling. A number of French words with this accent have a related English cognate spelled with an **s.**

la forêt *forest* **la fête** *feast* **l'hôpital** *hospital*

La cédille : ç indicates a soft **c** pronounced like an **s** in words like **garçon** and **ça va.**

Activité 13 : Devinez ensemble.

Écoutez les phrases suivantes prononcées par votre professeur et trouvez l'équivalent en anglais. Suivez le modèle.

Modèle : PROFESSEUR : Répétez, s'il vous plaît.
ÉTUDIANT : h.

1. Répétez, s'il vous plaît.
2. Lisez l'exercice à la page 4.
3. Écoutez.
4. Excusez-moi.
5. Étudiez le vocabulaire.
6. Posez la question à votre voisin.
7. En français, s'il vous plaît.
8. Travaillez avec un(e) camarade.
9. Comment dit-on « dog » en français ?
10. Les devoirs sont à la page 2.

a. *Study the vocabulary.*
b. *How do you say "dog" in French?*
c. *Excuse me.*
d. *Read the exercise on page 4.*
e. *Ask your neighbor the question.*
f. *In French, please.*
g. *Work with a partner.*
h. *Please repeat.*
i. *The homework is on page 2.*
j. *Listen.*

Activité 14 : Pour communiquer en classe.

Reliez les phrases et les images.

1. Travaillez avec un(e) camarade.
2. J'ai une question.
3. Écoutez.
4. Allez au tableau.
5. Je ne comprends pas.
6. Ouvrez le livre.

a.

b.

c.

d.

e.

f.

Activité 15 : Comptez.

Comptez avec votre professeur.

1. Comptez de 0 à 20.
2. Comptez jusqu'à 60 en multiples de 10.
3. Comptez jusqu'à 60 en multiples de 5.
4. Comptez jusqu'à 30 en multiples de 2.
5. Comptez jusqu'à 30 en multiples de 3.

Activité 16 : Nombres en désordre.

Identifiez la série de nombres prononcés.

liste A : 36, 38, 41, 43, 45, 18, 57, 12
liste B : 26, 38, 41, 52, 43, 18, 17, 12
liste C : 16, 28, 4, 52, 43, 13, 19, 2
liste D : 36, 28, 42, 62, 45, 8, 16, 22
liste E : 16, 8, 44, 50, 15, 13, 57, 2

Activité 17 : Épelez, s'il vous plaît.

Jouez le dialogue avec un(e) camarade de classe. Substituez votre nom et le nom de votre professeur.

Modèle : Comment vous appelez-vous ?

— Je m'appelle Claudine Rambouillet.

Rambouillet ? Épelez, s'il vous plaît.

— C'est R-A-M-B-O-U-I-deux L-E-T, Rambouillet.

Et comment s'appelle votre professeur ?

— Il s'appelle M. Picard. P-I-C-A-R-D.

Lecture

Anticipation

Based on your own experiences, make a list of the kind of information and services that are available on the World Wide Web.

Avec *Web magazine,* cliquez sur vos envies !

The Internet is rapidly gaining in popularity in France. There are over 2 million internautes, *with 150,000 more every month. The following is an ad for a new magazine named* Web Magazine.

Facilitez-vous la vie

Réservez vos billets sur le Net et partez en voyage. Aucun problème, *Web Magazine* vous guide.

Cliquez sur vos stars préférées

Web Magazine pousse la porte des célébrités : Cindy, Pamela, Sharon à portée de clic.

Vivez l'actualité du spectacle

Cinéma, concerts, musées, théâtre... tous les mois préparez vos sorties avec *Web Magazine.*

Egalement dans *Web Magazine*

- Chaque mois toute l'actualité du Web
- Les meilleurs CD et sites pour préparer son bac
- Dossier : connaître les vrais dangers d'Internet
- Généalogie : retrouver ses ancêtres sur le réseau
- Déposer son CV sur le Net
- Tout pour commander votre vin en ligne

Surfez sur vos passions

F1, tennis, football, golf, ou encore livres, jardin, déco... avec *Web Magazine* retrouvez vos loisirs préférés sur Internet.

Activité de lecture

Skim over the ads on page 21 and check off the items on your list that are mentioned.

Vocabulaire

1. From each of the four sections of the ad, find two cognates or **mots apparentés** (words whose meanings you recognize because of their similarity to English).
2. Note that the word **actualité** is a false cognate. It does not mean *actuality,* but rather *news.* The French word **spectacle** has a slightly different meaning from the English word *spectacle.* By relying on the context, what is the meaning of **spectacle** in French?
3. Circle the words on your list of cognates that have to do specifically with technology.

Compréhension et intégration

What bulleted line in the box is targeting someone who wants to:

a. find a job?

b. buy CDs?

c. learn more about the problems involved in using the Internet?

d. shop on line?

e. get information about his/her family tree?

Maintenant à vous

1. Which aspect of the Internet mentioned in the ad most appeals to you?
2. If you were creating an ad for such a magazine, what other Internet features would you highlight to attract readers?
3. Would you be interested in buying this magazine? Why or why not?

Un pas en avant

À jouer ou à discuter

1. You meet a friend at the bookstore. Greet her/him and ask how she/he is.
2. Your friend's mother opens the door. Greet her.
3. Ask your teacher or a classmate how to say something in French.
4. Find out someone's name and where he or she is from by asking another classmate.
5. You want to write someone's name and phone number in your address book. Ask him/her to spell his/her last name to make sure you write it down correctly.
6. Class is over. Say goodbye to a classmate you will not see until the next meeting.
7. Make a quick inventory of the fixtures and furniture in your French classroom. See who can write down accurately the greatest number of items the fastest.

Puzzle à deux

Do you know these famous French speakers? Guess which vowels and consonants complete the names and see who gets the most points. (10 points for each correct vowel, 20 points for each correct consonant; −5 points for each wrong letter)

Personne A will refer to the names listed below.
Personne B will refer to the Appendix on page A–20.

Personne A

Catégorie : Philosophes

□□L□□□□□E

Catégorie : Artistes

□A□□S□□

Catégorie : Personnages historiques

□E □□□□□L□

Catégorie : Acteurs

□E □□U□□

Réponses pour B:

Descartes	Cézanne
La Fayette	Binoche

Naviguez le Web ! Dis-moi ton prénom
(Tell me your name)

Is your name among the top ten for your generation? What names are popular in French-speaking countries today? In this Internet activity you will find out about the dynamic nature of names, and the cultural differences between the tradition of naming in France and the United States.

À écrire

1. Rewrite the following description changing *un chien* to *une chienne* (a female dog). You will need to change the gender of the underlined words.

> Voilà Médor. C'est <u>un</u> jeune <u>chien</u>. <u>Il</u> est <u>grand</u> et assez <u>gros</u> avec les poils *(fur)* longs et bruns. <u>Il</u> n'est pas très <u>beau</u>, mais <u>il</u> est très <u>patient</u> et fidèle.

2. Now describe a famous person, following the model. Attach a picture or photograph to your description.

Structures

Structure 1.1 *Tu* et *vous*

When we speak, our relationship to the listener influences many aspects of our behavior—from our choice of vocabulary to our pronunciation and gestures. French has a built-in method of revealing the intimacy between speakers in its two forms of address, the casual **tu** form and the more formal **vous** form. English, of course, relies on the all-purpose *you.* The following rules will help you decide which form to use.

Tu is generally used as follows:

- between students of the same age group and young people in general
- between people who are on a first-name basis
- among family members
- with children
- with animals

In some French-speaking countries, especially in Africa, the **tu** form is used almost exclusively when speaking to a single individual.

> Tu es nerveux, Paul ?
>
> Tu es étudiant ici ?

Vous is always used in addressing more than one person. It is also the form used with titles such as **monsieur, madame,** and **mademoiselle.**

> Dominique et Christine, vous comprenez le professeur ?
>
> Bonjour, monsieur, comment allez-vous ?
>
> Vous parlez très bien français, mademoiselle.

Vous is also generally used as follows:

- with people who are not on a first-name basis
- among people who are meeting for the first time
- with those who are older than you

In cases of doubt, it is always preferable to use **vous.**

Exercice 1.

***Tu* or *vous* ? Select the appropriate pronoun for the following situations.**

1. You are speaking with your friend's mother, Mme Arnaud.	tu	vous
2. You are speaking to your dog.	tu	vous
3. You are speaking to your instructor.	tu	vous
4. You are speaking with a school acquaintance.	tu	vous
5. Your grandmother is speaking to you.	tu	vous

6. You are speaking with a business acquaintance, Jean-Claude Cassin. tu vous
7. You are speaking to a group of friends. tu vous

Structure 1.2 *Qui est-ce ? Qu'est-ce que c'est ? Est-ce que... ?*

To inquire about someone's identity, ask **Qui est-ce?**

Qui est-ce?	*Who is it?*
— C'est Paul.	*It's Paul.*

If you want an object to be identified, ask **Qu'est-ce que c'est ?**

Qu'est-ce que c'est?	*What is it?*
— C'est un livre.	*It's a book.*

Any statement can be turned into a yes/no question by placing **est-ce que** in front of it and using rising intonation.

C'est Richard.	*It's Richard.*
Est-ce que c'est Richard?	*Is it Richard?*
C'est une table.	*It's a table.*
Est-ce que c'est une table?	*Is it a table?*

The **que** contracts to **qu'** when followed by a vowel sound.

Est-ce qu'il est étudiant?	*Is he a student?*

Exercice 2.

Match the questions in column A with the appropriate answers in column B.

A	B
1. Qu'est-ce que c'est?	a. Je m'appelle Patrick.
2. Qui est-ce?	b. Non, c'est la classe d'espagnol.
3. Est-ce que c'est Paul?	c. Non, c'est David.
4. Je m'appelle Fred. Et vous?	d. Non, elle s'appelle Margot.
5. Est-ce qu'elle s'appelle Marguerite?	e. Oui, c'est un dictionnaire.
6. Est-ce que c'est la classe de français?	f. C'est un livre.
7. Est-ce que c'est un dictionnaire?	g. C'est Jacqueline.

Exercice 3.

Write out an appropriate question for the following answers.

1. ____?

Non, c'est un bureau.

2. ____?

Non, il s'appelle Jean.

3. ____ ?

C'est un cahier.

4. ____ ?

C'est Jean-Jacques Rousseau.

5. ____ ?

Oui, c'est une chaise.

Structure 1.3 Les articles indéfinis

The French indefinite articles **un, une,** and **des** are equivalent to *a, an,* and *some.*

Genre *(gender)*

All French nouns are categorized by gender as masculine or feminine even when they refer to inanimate objects. The form of the article that precedes the noun indicates its gender.

	singular	plural
masculine	**un** livre	**des** livres
feminine	**une** fenêtre	**des** fenêtres

As one would expect, nouns that refer to males are masculine and, conversely, nouns that refer to females are feminine. However, the gender of inanimate nouns is unpredictable. For example, **parfum** *(perfume)* is masculine, **chemise** *(shirt)* is feminine, and **chemisier** *(blouse)* is masculine. We suggest that you learn each new noun together with the correct article as if it were one word.

Nombre *(number)*

French nouns are also categorized according to number, as singular (one) or plural (more than one). The indefinite article **des** is used in front of plural nouns, regardless of gender. The most common way to make a noun plural is by adding **-s.** If the noun ends in *eau*, add an *x* to form the plural. However, because final **s** generally is not pronounced in French, the listener must pay attention to the article to know whether a noun is plural or singular.

singular	plural
un cahier	des cahier**s**
un‿étudiant	des‿étudiant**s**
un professeur	des professeur**s**
une fenêtre	des fenêtre**s**
un tableau	des tableau**x**

Pronunciation note

If **des** is followed by a noun beginning with a vowel sound, the **s** is pronounced like a **z.** When **un** is followed by a vowel sound the **n** is pronounced. This linking is called **liaison.**

Exercice 4.

Make the following nouns plural.

Modèle : une fenêtre
des fenêtres

1. un professeur ________________
2. un étudiant ________________
3. un pupitre ________________
4. une porte ________________
5. un cahier ________________
6. un bureau ________________

Exercice 5.

Fill in the blanks with the appropriate indefinite article: *un, une,* or *des.*

1. C'est ________ livre.
2. Ce sont ________ fenêtres.
3. C'est ________ jeune homme.
4. C'est ________ femme extraordinaire !
5. Ce sont ________ étudiants.
6. C'est ________ table.
7. C'est ________ bureau.
8. Ce sont ________ cahiers.

Structure 1.4 Les pronoms sujets avec *être*

Subject pronouns enable you to refer to people and things without repeating their names.

Est-ce que Chantal est jolie?	*Is Chantal pretty?*
— Oui, **elle** est très jolie.	*Yes, she is very pretty.*
C'est Jean-Yves. **Il** est de Montréal.	*It's Jean-Yves. He's from Montreal.*

Subject pronouns

	singular		plural
je	*I*	nous	*we*
tu	*you* (informal)	vous	*you* (plural, formal)
il	*he*	ils	*they* (masculine or mixed masculine and feminine)
elle	*she*	elles	*they* (feminine)
on	*people, one, we* (familiar)		

French verb endings change according to the subject. Although most of these changes follow regular patterns, a number of common verbs are irregular. **Être** *(to be)* is one of these irregular verbs.

être *(to be)*	
je suis	nous sommes
tu es	vous êtes
il/elle/on est	ils/elles sont

Exercice 6.

Write the appropriate subject pronoun for the following situations.

1. You're talking to your best friend. ________
2. You're talking about your friend Anne. ________
3. You're discussing the students in your class. ________
4. You're talking about yourself and your family. ________
5. You're talking about the players on the women's basketball team. ________
6. You're addressing a group of people. ________

Exercice 7.

Jérôme overhears a student talking to his friends. Fill in the blanks with the verb *être.*

Philippe et Pierre, vous ____________[1] dans la classe de français de Mme Arnaud, n'est-ce pas? Moi, je ____________[2] dans la classe de Mme Bertheau. Elle ____________[3] très sympathique. Nous ____________[4] vingt-huit dans cette classe. La classe ____________[5] grande, et elle ____________[6] aussi très drôle. Les étudiants ____________[7] sympathiques et intelligents. Pierre, est-ce que les étudiants ____________[8] sympathiques aussi dans l'autre classe? Tu ____________[9] sûr *(sure)*?

Structure 1.5
Les adjectifs (introduction)

Adjectives describe people, places, or things. In French, they agree in number and gender with the noun they modify.

	singular	**plural**
masculine	Il est petit.	Ils sont petit**s**.
feminine	Elle est petit**e**.	Elles sont petit**es**.

Plural Adjectives

Most French adjectives form their plural by adding **s** to the singular form as just shown. However, if the singular form ends in a final **s, x,** or **z,** the plural form does not change.

singular	plural
Le pantalon est gris.	Les pantalons sont gris.

Feminine Adjectives

Most feminine adjectives are formed by adding an **e** to the masculine singular form. If the masculine form ends in an **e,** the masculine and feminine forms are identical.

masculine	feminine
Il est fort.	Elle est forte.
Le short est jaune.	La robe est jaune.

Pronunciation note

You can often distinguish between feminine and masculine adjectives by listening for the final consonant. In general, final French consonants are pronounced only when followed by an **e.**

Il est gran~~d~~ (**d** silent).	Elle est granDe (**d** pronounced).
Le bureau est peti~~t~~.	La table est petiTe (**t** pronounced).
Le cahier est ver~~t~~.	La robe est verTe.

Irregular Adjectives

French has a number of irregular adjectives that differ from the pattern just described. Additional irregular adjectives are presented in **Module 3.**

masculine	feminine
blanc	blanche
vieux	vieille
beau	belle
gentil	gentille

Exercice 8.

Marc's twin brother and sister are remarkably similar. Complete the following sentences describing them.

Modèle : Jean est petit; Jeanne est <u>petite</u> aussi.

1. Jean est blond; Jeanne est __________ aussi.
2. Jean est intelligent; Jeanne est __________ aussi.

3. Jean est charmant; Jeanne est ________ aussi.
4. Jeanne porte un vieux chemisier vert; Jean porte une ________ chemise ________ .
5. Jeanne est très belle et Jean est très ________ .
6. Jean est gentil; Jeanne est ________ aussi.

Exercice 9.

Complete the following passage using the appropriate form of the adjectives in parentheses.

Ma mère est une (beau) ________[1] femme (intelligent)[2] ________ avec des cheveux (blond)[3] ________ et (court)[4] ________ et les yeux (brun)[5] ________ .

Mon père est (fort)[6] ________ , et il est très sympathique. Mon frère et moi, nous sommes (content)[7] ________ de nos parents.

Tout ensemble!

Éric sees his friends Paul and Anne at the cafeteria. Complete their conversation with the words from the list.

ÉRIC	Salut, Paul et Anne. Comment ________[1] ?
PAUL	________[2] bien. ________[3] ?
ÉRIC	Bien, ________[4] . J'ai ________[5] pour vous. Regardez la ________[6] fille blonde là-bas. ________[7] ?
PAUL	La fille qui porte ________[8] jupe ________[9] ?
ÉRIC	Non, elle porte ________[10] jean.
ANNE	Ah oui. Elle ________[11] Nathalie. Elle est ________[12] New York.
ÉRIC	Ah bon ? Elle ________[13] étudiante ?
PAUL	Oui, en lettres *(humanities)*. Nous ________[14] dans la même classe de philosophie. Viens *(come on)*, je vais vous présenter.
ÉRIC	Excellente idée !

allez-vous	qui est-ce
bleue	s'appelle
ça va	sommes
de	et toi
est	un
grande	une
merci	une question

VOCABULAIRE

Vocabulaire fondamental

Noms

La salle de classe *the classroom*

une activité	*an activity*
un bureau	*a desk*
un cahier	*a notebook*
un(e) camarade de classe	*a classmate*
une chaise	*a chair*
une craie	*a chalk*
un crayon	*a pencil*
un devoir	*a homework assignment*
un(e) étudiant(e)	*a male (female) student*
une fenêtre	*a window*
une lumière	*a lamp*
un livre	*a book*
un mur	*a wall*
un ordinateur	*a computer*
une porte	*a door*
un professeur (prof *fam*)	*a teacher*
une question	*a question*
un stylo	*a pen*
une table	*a table*
un tableau	*a blackboard*

Les vêtements *clothing*

un blouson	*a jacket*
un chapeau	*a hat*
des chaussures *(f)*	*shoes*
une chemise	*a shirt*
un chemisier	*a blouse*
une jupe	*a skirt*
des lunettes *(f)*	*glasses*
un maillot de bain	*a bathing suit*
un manteau	*a coat*
un pantalon	*pants*
une robe	*a dress*
un sac	*a purse*

Mots apparentés : un jean, un T-shirt, un pull-over (pull *fam*), des sandales *(f)*, un short, des tennis *(f)*, un sweat

Les personnes *people*

un(e) ami(e)	*a friend*
un(e) enfant	*a child*
une femme	*a woman*
une fille	*a girl*
un garçon	*a boy*
un homme	*a man*

Pronoms

elle(s)	*she, they (f)*
il(s)	*he, they (m)*
je	*I*
nous	*we*
on	*people, one, we (fam)*
tu	*you (singular, informal)*
vous	*you (plural, formal)*

Adjectifs

La description physique *physical description*

beau (belle)	*handsome (beautiful)*
blond(e)	*blond*
brun(e)	*brown, brunette*
(les cheveux) blonds, bruns, roux, gris, courts, longs	*blond, brown, red, gray, short, long (hair)*
fort(e)	*heavy, stocky, strong*
grand(e)	*big, tall*
jeune	*young*
joli(e)	*pretty*
laid(e)	*ugly*
mince	*thin*
moche	*ugly (fam)*
petit(e)	*little, small, short (person)*
vieux (vieille)	*old, elderly*

La description de la personnalité *personal characteristics*

célèbre	*famous*
charmant(e)	*charming*
gentil(le)	*nice*
raisonnable	*sensible*
sportif/ive	*active in sports*
sympathique (sympa *fam*)	*nice*

Mots apparentés : amusant(e), fatigué(e), idéaliste, intellectuel(le), intelligent(e), nerveux (nerveuse), optimiste, patient(e), riche, sérieux (sérieuse), sociable, solitaire, timide

Les couleurs *colors*

blanc (blanche)	*white*
bleu(e)	*blue*
brun(e)	*brown*
gris(e)	*gray*
jaune	*yellow*
marron	*brown*
noir(e)	*black*
rose	*pink*

VOCABULAIRE

rouge	*red*
vert(e)	*green*

Mots apparentés : beige, orange, violet(te)

Les nombres

(see page 17 for numbers from 1–60) un, deux, trois... soixante

Verbes

être	*to be*
porter	*to wear*

Mots divers

assez	*somewhat, kind of*
un chien	*a dog*
et	*and*
merci	*thank you*
moi aussi	*me too*
pas	*not*
pas du tout	*not at all*
s'il vous plaît	*please*
très	*very*

Expressions utiles

Comment se présenter et se saluer
How to introduce oneself and greet people

(See pp. 3–5 for additional expressions.)

Au revoir. À bientôt.	*Goodbye. See you soon.*
Bonjour, madame. Comment allez-vous ?	*Hello (ma'am). How are you?*
Bonsoir, monsieur.	*Good evening, sir.*
Comment s'appelle-t-il/elle ?	*What's his/her name?*
Je m'appelle Marie. Et vous ?	*My name is Mary. What's yours?*
Je suis de Paris. Et vous ?	*I'm from Paris. And you?*
Salut, ça va ?	*Hi, how are you?*

Comment communiquer en classe
How to communicate in class

(See pp. 16–17 for additional expressions.)

Ouvrez votre livre.	*Open your book.*
J'ai une question.	*I have a question.*
Je ne comprends pas.	*I don't understand.*

Questions

De quelle couleur est... ?	*What color is . . . ?*
Qui est-ce ?	*Who is it?*
Qu'est-ce que c'est ?	*What is it?*
Est-ce que c'est un stylo ?	*Is it a pen?*

Vocabulaire supplémentaire

Noms

une brosse	*a chalkboard eraser*
une chose	*a thing*
un classeur	*a binder*
un complet	*a man's suit*
une cravate	*a tie*
une feuille de papier	*a sheet of paper*
un feutre	*a felt-tip pen*
une horloge	*a clock*
une idée	*an idea*
une lumière	*a light*
des lunettes de soleil	*sunglasses*
le monde francophone	*the French-speaking world*
un tailleur	*a woman's suit*
une veste	*a jacket*
un(e) voisin(e)	*a neighbor*
un pupitre	*a student desk*

Verbes

se présenter	*to introduce oneself*
se saluer	*to greet each other*

2

Module 2

La vie universitaire

Thèmes et pratiques de conversation

Les distractions
Comment exprimer ses préférences
Le campus
Le calendrier
Les cours

Culture

Le Quartier latin et la Sorbonne

Lecture

Beur is beautiful

Structures

2.1 **Aimer** et les verbes réguliers en **-er**
2.2 La négation **ne... pas**
2.3 Les articles définis
2.4 **Il y a/Il n'y a pas de**
2.5 Le verbe **avoir**

Prononciation

L'intonation des questions
Les phrases négatives

Vidéo

Scène 1	Une nouvelle camarade de classe
Scène 2	En classe
Document	Concerts à Québec : Jasjoby, Zachary Richard et Jean Leloup
Publicités	A. Anti-Tabac du comité français d'éducation pour la santé
	B. Minute Soup crème d'asperges de Royco.

Thèmes et pratiques de conversation

Les distractions

La musique, le cinéma et la télévision

Structures
2.1 ***Aimer* et les verbes réguliers en *-er***
2.2 **La négation *ne... pas***
2.3 **Les articles définis**

In the following activities, you will learn to talk about your preferences. To accomplish this, you will need to learn to conjugate the verb **aimer** *(to like),* to form negative sentences, and to use definite articles to talk about general likes and dislikes. See page 52 for the verb **aimer,** page 54 for negation, and page 54–55 for definite articles.

Tu connais MC Solaar?

—Oui, je n'aime pas beaucoup le rap, mais MC Solaar, il est super!

Bulletin

Paris est une grande capitale de la musique populaire internationale.

Sondage (poll) : Goûts et préférences

Philippe Dussert fait une enquête *(is doing a study)* sur les goûts *(tastes)* et les préférences des étudiants de son université. Voici le résumé de ses notes.

Portrait : Mounir Mustafa
12, rue des Gazelles
Aix-en-Provence
Tél. 04-26-60-35-10

Voici Mounir Mustafa. C'est un jeune étudiant algérien de 20 ans. Il étudie les sciences économiques à l'Université d'Aix-Marseille. C'est un étudiant sérieux, mais il aime aussi s'amuser. Mounir aime un peu la musique classique, mais il préfère le rock et il danse très bien. Il aime les films d'action et il va souvent au cinéma. Mounir n'aime pas beaucoup la télévision, mais il regarde parfois le sport à la télé, surtout des matches de football.

Activité 1 : Avez-vous compris ?

Dites si c'est vrai ou faux.

1. Mounir Mustafa est français.
2. Mounir n'est pas un bon étudiant.
3. Il aime le rock, mais il préfère la musique classique.
4. Il danse bien.
5. Il va rarement au cinéma.
6. Il aime les drames psychologiques.
7. Il préfère regarder les matches de football à la télévision.

Portrait : Jeanne Dumas
14, avenue Pasteur
Aix-en-Provence
Tél. 04-17-38-21-40

Voici Jeanne Dumas. C'est une jeune Française de 18 ans. Elle habite un petit studio avec une copine. Jeanne étudie l'anglais à l'Université d'Aix-Marseille (l'anglais est facile pour elle; sa mère est américaine). Elle aime un peu le jazz, mais elle préfère le rock. Elle n'aime pas du tout la musique classique. Jeanne aime aller au cinéma, et elle regarde aussi des vidéos chez elle. Elle préfère les comédies. Jeanne regarde régulièrement la série *Beverly Hills* à la télévision. Elle n'est pas très sérieuse.

Activité 2 : Avez-vous compris ?

Dites si c'est vrai ou faux.

1. Jeanne a 18 ans.
2. Elle habite avec sa famille.
3. Elle étudie l'anglais.
4. Elle parle bien l'anglais.
5. Elle adore Mozart et Chopin.
6. Elle aime les films sérieux.

Les activités

J'aime/Je n'aime pas
- travailler
- étudier
- fumer
- parler au téléphone
- jouer à des jeux sur ordinateur
- danser
- chanter
- manger
- regarder la télévision
- écouter la radio
- jouer au basket-ball
- rester à la maison le week-end
- voyager

Activité 3 : Tu aimes danser ?

Utilisez la liste d'activités pour poser des questions à un(e) camarade de classe.

Modèles : Tu aimes danser ?
—Oui, j'aime danser.

Tu aimes étudier ?
—Non, je n'aime pas étudier.

Comment exprimer ses préférences

Quelques expressions

Pour dire ce qu'on aime et ce qu'on n'aime pas

Tu aimes voyager ?

— Oui, j'aime **un peu**	▲	voyager.
J'aime **bien**	▲▲	
— J'aime **beaucoup**	▲▲▲	
J'adore	▲▲▲▲	
— Non, je n'aime **pas beaucoup**	▼	
Je n'aime **pas du tout**	▼▼	
Je déteste	▼▼▼	

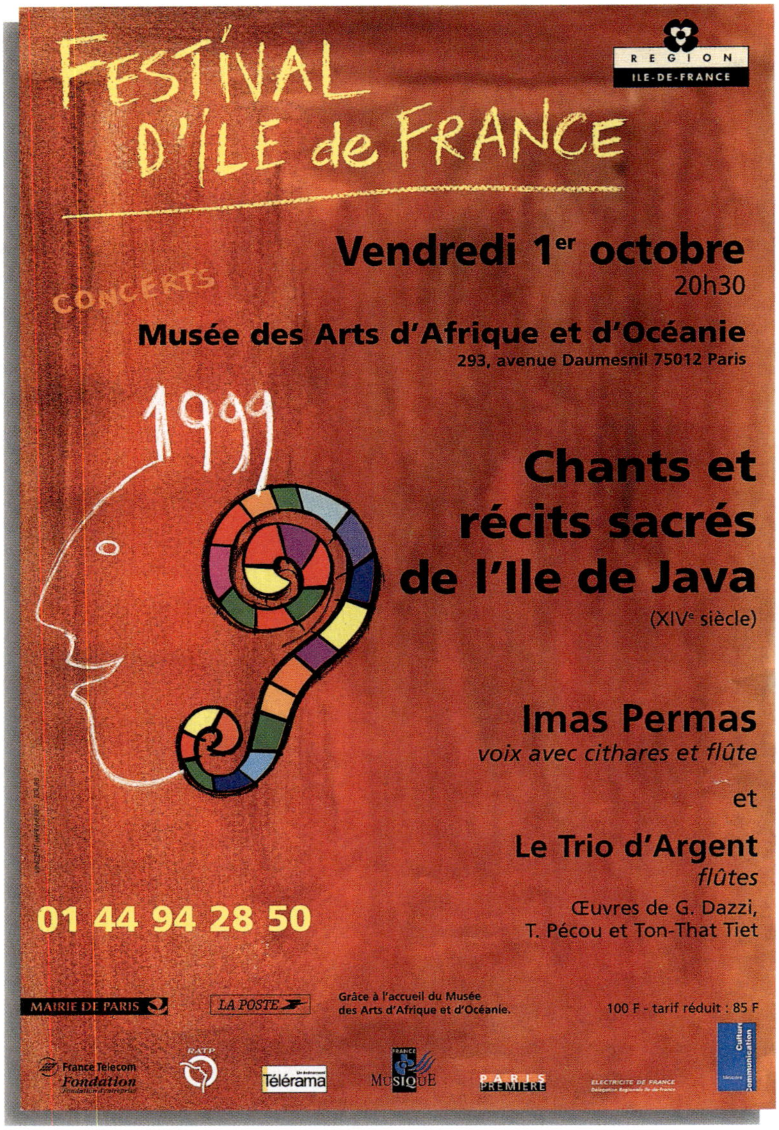

Pour dire ce qu'on préfère

Est-ce que tu préfères la sécurité ou le risque ?

—Moi, je préfère le risque. Je suis fou d'aventure ! *(I love adventure!)*

Activité 4 : Réponses courtes.

Répondez avec une réponse courte.

Modèle : le tennis

Tu aimes le tennis ?
—Oui, beaucoup !
—Oui, un peu.
—Non, pas beaucoup.
—Non, pas du tout !

} réponses possibles

1. le cinéma
2. travailler
3. les maths
4. étudier
5. fumer
6. les sports
7. l'aventure
8. parler au téléphone
9. le camping
10. danser
11. le football
12. écouter de la musique
13. voyager
14. étudier
15. les vacances
16. regarder la télévision

Activité 5 : Préférences.

Suivez le modèle.

Modèle : danser le rock ou le slow

Tu préfères danser le rock ou le slow ?
—Je préfère danser le rock.
Moi aussi. / Moi, je préfère le slow.

1. le tennis ou le golf
2. étudier l'anglais ou les maths
3. les films d'action ou les histoires d'amour
4. le jazz ou le rap
5. la montagne *(mountains)* ou la plage *(beach)*
6. les chats ou les chiens
7. le football français ou le football américain
8. parler ou écouter

Activité 6 : Sondage de la classe.

Interviewez un(e) camarade de classe à propos de *(about)* ses goûts et de ses préférences.

Modèle :	Nom de famille ?	Épelez, s'il vous plaît.
	—Corbette	—C-O-R-B-E-T-T-E
	Prénom ?	Vous aimez la musique un peu ?
	—John	beaucoup ? pas beaucoup ?

Goûts et préférences

Nom de famille : ____________________ **Prénom :** ____________________

1. **Vous aimez la musique... ?**
   un peu [ ]   beaucoup [ ]   pas beaucoup [ ]
2. **Vous préférez... ?**
   le rock [ ]   le jazz [ ]   la musique classique [ ]
   le rap [ ]   le country [ ]
3. **Vous aimez le cinéma... ?**
   un peu [ ]   beaucoup [ ]   pas beaucoup [ ]
4. **Vous préférez les... ?**
   drames psychologiques [ ]   films d'aventure [ ]
   comédies [ ]   films d'horreur [ ]
5. **Vous aimez la télévision... ?**
   un peu [ ]   beaucoup [ ]   pas beaucoup [ ]
6. **Vous préférez... ?**
   les jeux télévisés [ ]   les informations [ ]
   les séries [ ]   le sport [ ]

Le campus

Structure 2.4
Il y a/Il n'y a pas de

To talk about what is located on your campus, you will be using the expression **il y a** *(there is/there are)*. See page 56.

Perspectives culturelles

Le Quartier latin et la Sorbonne

Le Quartier latin, où se trouve la Sorbonne (fondée en 1253), est célèbre pour ses rues° animées, ses cafés pleins d'étudiants et ses librairies° excellentes. L'animation et le rythme du boulevard Saint-Michel attirent° les visiteurs du monde entier. D'où vient le nom ? On parlait latin à la Sorbonne jusqu'à° la Révolution. Aujourd'hui, la glorieuse Sorbonne s'appelle tout simplement Paris IV. C'est une faculté° de l'Université de Paris, qui a treize facultés différentes. À la Sorbonne, on étudie les lettres.°

streets/bookstores
attract
until
college
humanities

Avez-vous compris?

Répondez *vrai* ou *faux*. Corrigez les réponses fausses.

1. Il y a beaucoup d'étudiants au Quartier latin.
2. Saint-Michel est une université.
3. On parle latin au Quartier latin aujourd'hui.
4. La Sorbonne s'appelle Paris I.
5. On étudie les sciences à Paris I.

Qu'est-ce qu'il y a sur le campus ?

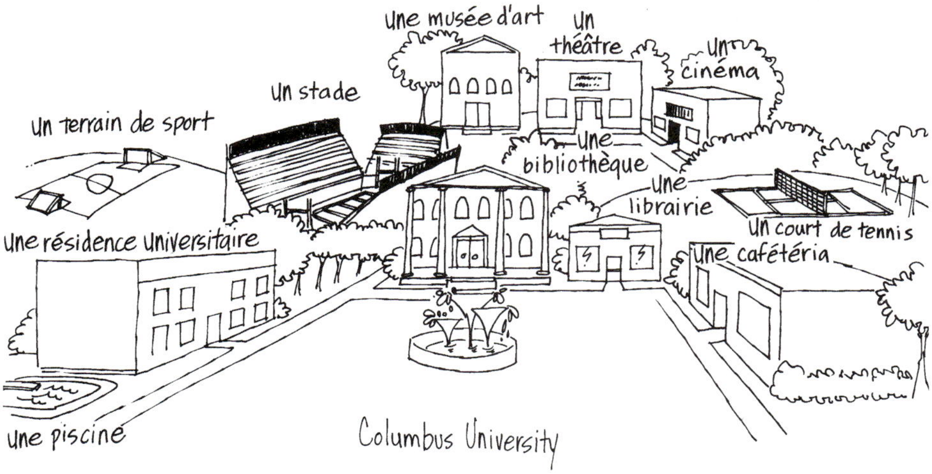

Voici Columbus University, une université typiquement américaine. Son campus est comme un parc. Il y a des résidences universitaires, des salles de classe, une bibliothèque excellente, des laboratoires, une librairie et des cafétérias. Pour les activités culturelles, il y a un musée d'art, un théâtre et des salles de cinéma. Il y a aussi bien sûr des terrains de sport, des courts de tennis, une piscine et un stade. Le campus a un jardin botanique avec des fleurs et des arbres exotiques.

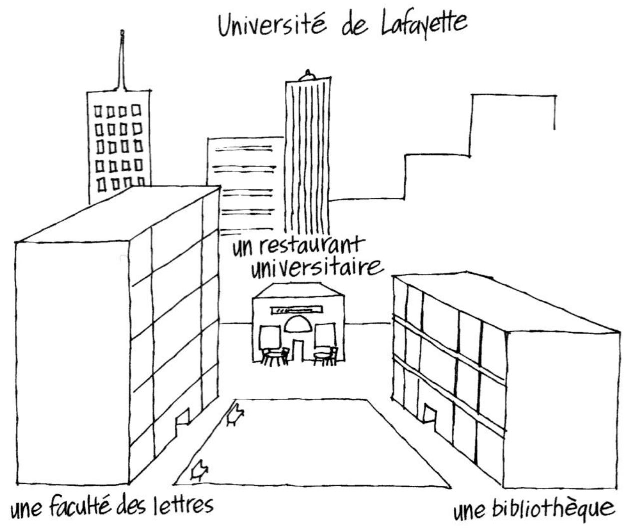

Voici l'Université de Lafayette, une université typiquement française. Le campus n'est pas extravagant. Il y a des salles de classes, des amphithéâtres, une bibliothèque et un restaurant universitaire, mais il n'y a pas de piscine, de terrain de football ou de stade. Beaucoup d'universités françaises sont au centre-ville où il n'y a pas beaucoup d'espace.

À noter : The abbreviation **la fac** from **la faculté** is often used to mean *university.* As in **Hélène est à la fac.** *Hèlène is at school (university).* French universities generally have a number of **facultés** or college divisions such as the **faculté de médecine** *(school of medicine)* or the **faculté de lettres** *(college of humanities).* These **facultés** are often located throughout a major city rather than on a single campus.

Activité 7 : Qu'est-ce qu'il y a sur le campus ?

Suivez le modèle.

Modèle : courts de tennis/Columbus
Est-ce qu'il y a des courts de tennis à Columbus ?
—Oui, il y a des courts de tennis.
piscine/Lafayette
Est-ce qu'il y a une piscine à Lafayette ?
—Non, il n'y a pas de piscine.

1. un restaurant universitaire/Lafayette
2. des courts de tennis/Lafayette
3. un stade/Lafayette
4. des résidences universitaires/Columbus
5. des amphithéâtres/Lafayette
6. une salle de cinéma/Lafayette
7. une librairie/Lafayette
8. un jardin botanique/Columbus

Activité 8 : Et votre campus ?

Est-ce que votre université ressemble plus à Lafayette ou à Columbus ? Pourquoi ?

Modèle : Notre université ressemble plus à Columbus parce qu'il y a des terrains de sport... Il n'y a pas de...

Activité 9 : Où êtes-vous ?

Lisez les descriptions et dites où vous êtes sur le campus.

Modèle : Vous portez un short blanc et des tennis. Vous jouez avec une raquette et trois balles. C'est votre service. Où êtes-vous ?
—Je suis sur un court de tennis.

1. Vous êtes dans une grande salle silencieuse. Il y a beaucoup de livres sur les tables. Les étudiants regardent leurs notes et étudient.
2. Vous êtes dans une grande salle de classe avec 400 étudiants. Vous écoutez un professeur qui parle dans un microphone.
3. Il y a beaucoup d'étudiants qui habitent avec vous dans ce bâtiment. Les chambres sont très petites et chaque personne habite avec un(e) camarade de chambre. Il y a aussi une cafétéria assez médiocre.
4. Vous êtes dans un bâtiment sur le campus où vous achetez *(buy)* des livres et des cahiers pour vos cours. Dans ce magasin, vous achetez aussi des stylos et des magazines.

5. Vous êtes assis(e) sur un banc avec beaucoup d'autres étudiants. Tout le monde regarde le match de football. Les spectateurs près de vous mangent des hot-dogs et du popcorn.

Le calendrier

Structure 2.5 Le verbe *avoir*	In the following activities, you will be using the verb **avoir** *(to have)* to say how old you are and to talk about the courses you're taking. For the conjugation of the verb **avoir,** see page 56.

Les jours de la semaine

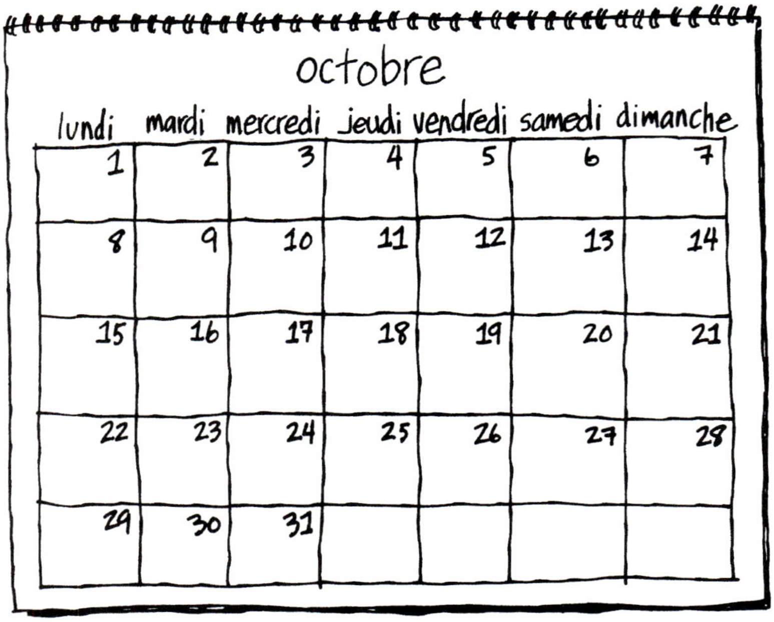

Les mois et les saisons

L'été, c'est les vacances. On passe les mois de juin, de juillet et d'août à la plage ou à la montagne.

juin

juillet

août

L'automne, c'est la rentrée. En septembre, on recommence le travail et les études.

septembre
octobre
novembre

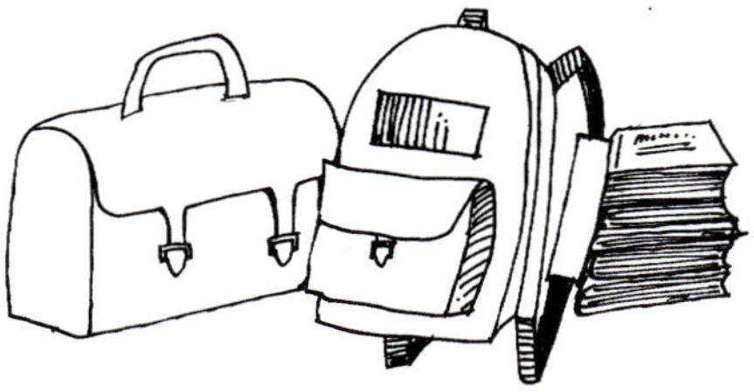

L'hiver, c'est le froid et la neige. Pendant les vacances d'hiver, on fait du ski.

décembre
janvier
février

Le printemps, c'est le beau temps. On fait des promenades dans le parc.

mars
avril
mai

Quelques fêtes de l'année

Jours fériés où l'on ne travaille pas :

la fête nationale.	le 14 juillet	le jour de l'an	le 1er janvier
la Toussaint	le 1er novembre	la fête du Travail.	le 1er mai
Noël	le 25 décembre	Pâques	mars/avril

Quelques expressions utiles

Quel jour sommes-nous ?
—Nous sommes lundi aujourd'hui.
Quel jour est-ce ?
—C'est lundi.
Quelle est la date aujourd'hui ?
—C'est le 20 septembre.

En quelle année sommes-nous ?

—Nous sommes en deux mille un.

Quels jours est-ce que tu as cours ?

—J'ai cours le mardi et le jeudi.

Quand est votre anniversaire ?

—C'est le 24 juillet.

Activité 10 : Dates importantes.

Donnez les dates suivantes.

1. la Saint-Valentin
2. le jour de l'an
3. votre anniversaire
4. la fête nationale américaine
5. la fête nationale française
6. Noël

Activité 11 : Interaction.

Aujourd'hui, c'est le 18 octobre. C'est l'anniversaire de Jean-Claude Van Damme. Il est né en 1960. Quel âge a-t-il ?

Posez les questions suivantes à votre camarade.

1. Quel jour de la semaine est-ce que tu préfères ?
2. Est-ce qu'il y a un jour que tu n'aimes pas ? lequel ?
3. Quel est le prochain jour férié *(holiday)* ?
4. Quelle fête de l'année est-ce que tu préfères ? Est-ce que tu passes cette fête en famille ou avec des amis ?
5. Quand est ton anniversaire ?

Activité 12 : Quelques anniversaires.

Donnez l'anniversaire des personnes suivantes. Suivez le modèle.

Modèle : la princesse Caroline (23.1.57)

Quand est l'anniversaire de la princesse Caroline ?

—C'est le vingt-trois janvier.

Elle est née en quelle année ?

—En 57.

Quel âge a-t-elle ?

—Elle a _____ ans.

1. Juliette Binoche (9.3.64)
2. Maya Angelou (4.4.28)
3. Luc Besson (18.3.59)
4. David Letterman (12.4.47)
5. Brigitte Bardot (28.10.34)
6. Jacques Chirac (29.11.32)

Activité 13 : Quel âge as-tu ?

Demandez l'âge de quatre camarades de classe.

Activité 14 : À quel âge ?

À quel âge est-ce qu'on commence à faire les activités suivantes ?

Modèle : On commence à parler...
—Généralement, on commence à parler à deux ans, mais ça dépend.

1. On commence à voter...
2. On commence l'école primaire...
3. On commence les études universitaires...
4. On commence à travailler...
5. On commence à conduire *(to drive)*...

Les cours

Les lettres	**Les sciences**	**Les sciences humaines**	**Les formations commerciales/ professionnelles**
la littérature	les sciences naturelles	la sociologie	les affaires *(business)*
la philosophie	les sciences physiques	la psychologie	le marketing
les langues	la biologie	l'anthropologie	le droit *(law)*
le français	la chimie	les sciences économiques	la comptabilité *(accounting)*
le japonais	les mathématiques		
le latin	le génie civil	les sciences politiques	la médecine
l'espagnol	l'informatique		
l'allemand			
l'italien			
l'histoire			

Quelques expressions pour parler des études

Mon cours de maths est (très) intéressant. ≠ ennuyeux
facile. ≠ difficile
utile. ≠ inutile

En français, j'ai beaucoup de travail.
de devoirs.
d'examens.

Je suis en { première / deuxième / troisième / quatrième } année.

Activité 15 : Quels cours est-ce que tu as ce trimestre/semestre ?

Suivez le modèle.

Modèle : Quels cours est-ce que tu as ce trimestre ?
—J'ai français, maths et sciences naturelles.
Quels jours as-tu maths ?
—J'ai maths le lundi, le mercredi et le vendredi.

Activité 16 : Qui a les mêmes cours que vous ?

A. Sur une feuille de papier, faites une liste des cours que vous suivez ce trimestre/semestre.

Modèle : ______________ biologie
______________ français

B. Circulez dans la salle et trouvez un(e) étudiant(e) qui a le même cours que vous.

Modèle : Tu étudies l'anglais ?
—Oui.
Signe ici, s'il te plaît. Samantha anglais

Activité 17 : Interaction.

Posez les questions suivantes à un(e) camarade de classe.

1. Quels cours est-ce que tu as ce trimestre/semestre ?
2. Quel(s) cours est-ce que tu préfères ? Pourquoi ?
3. Quelle est ta spécialisation ?
4. Est-ce que tu as beaucoup de devoirs ? pour quels cours ?
5. Tu travailles ? Quel(s) jour(s) ?
6. Qu'est-ce que tu aimes faire *(to do)* le week-end ?

Lecture

Anticipation

France is a country rich in ethnic diversity, much of which can be traced to its colonial past. Today, French of North African descent as well as those coming from West Africa and the Caribbean are enlivening France's cultural scene and entertainment industry. **Beur** is a popular term for people born in France of North African immigrant parents.

The title "Beur is beautiful" is a takeoff on a popular American slogan of the sixties. What slogan does it bring to mind?

Beur is beautiful

Faudel, Jamel, Yamina... sont les nouvelles stars. Que ce soit° à la télé, dans les salles de concerts, en littérature ou au cinéma, on est tous sous le charme de la « beur attitude » . — *Whether it is*

Qui remplit° les plus grandes salles de concerts ? Qui amuse la France entière ? Qui est la star du journal télévisé à 13 heures sur France 2 ? Leur famille vient d'Algérie, leurs cousins vivent° au Maroc... Ils sont de la première, deuxième, troisième génération... et sont glorifiés par tous les médias. Yamina, Rachid, Faudel, Khaled ou Jamel sont les héros de la « beur attitude » . Douce° et sensuelle, elle enrichit la France d'une fluidité méditerranéenne. En sport, en musique, au cinéma, les Beurs jouent avec optimisme.

fills

live

soft, sweet

Extrait d' « Elle », avril 1999

Compréhension et intégration

1. Look at the first sentences in bold. In what cultural arenas are **Beurs** playing a role?
2. What two North African countries are named?
3. Have these new stars recently arrived in France?
4. According to this reading, what qualities are these French stars of North African heritage bringing to French culture, that is what do you think is meant by **beur attitude?** Adjectives used in the text should give you a clue.

Maintenant à vous

Write the English words used in this text. What is it about the subject of this reading that might encourage the use of English?

Un pas en avant

À jouer ou à discuter

1. Une soirée *(a party).*

You are at a party where you want to get acquainted. Circulate in the room and talk to as many people as possible.

a. Go up to people; greet them and find out their names.

b. Ask them if they like the music.

c. Ask them what kind of music they prefer.

d. Find out where they study and what the campus is like.

e. Find out what courses they are taking and how they like them.

f. Find out where they live.

g. Excuse yourself by telling them you're looking for something to drink. **(Excusez-moi, je cherche quelque chose à boire);** then introduce yourself to someone new and start over again.

2. Êtes-vous compatible avec votre camarade de chambre *(roommate)*?

Find out if your partner is compatible with his/her roommate by asking about their interests, activities, and habits. Report your conclusion to the class.

Modèle : Est-ce que tu fumes ?

—Non.

Et ta/ton camarade de chambre ?

—Il/Elle ne fume pas non plus *(either).*

Puzzle à deux

You and your partner are responsible for compiling information about the counselors your organization has hired to lead a group of students coming to Quebec to study international development. Unfortunately, some of the material on their information cards is missing. You'll need to exchange information with your partner to complete this task. What do these counselors have in common?

Suggested questions: *Quel âge a-t-elle/il ? Elle/il est de quel pays d'origine ? Qu'est-ce qu'elle/il étudie ? Est-ce qu'elle/il a des passe-temps (préférés) ?*

Personne A will refer to the grid that follows.

Personne B will refer to the Appendix on page A–20.

Personne A

Nom :	**Camille Pivot**	**Annie Lacroix**	**Jérôme Ndombé**	**Samuel Chamoiseau**
Âge :	22 ans	________	30 ans	________
Pays d'origine :	________	Canada	________	France (Martinique)
Études :	marketing	________	informatique	________
Hobbies:	________	piano	basket-ball	________

Naviguez le Web !

1. Would you like to know what was big news in France the day of your birth? You can do this by going to the *Paris Match* Web site. You'll also see a number of photos showing recent current events.
2. Just how far does the influence of American media extend? What American television programs and films have crossed the Atlantic? When you go to the *France 2* site among others, you'll be able to find answers to these questions and get a picture of French TV viewing habits.

À écrire

In this activity, you will write a descriptive portrait of a classmate.

Première étape

Interview a member of the class to find out the following information, which you will include in your portrait. Use *tu* in your interview.

1. Quel âge a-t-il/elle ?
2. D'où est-il/elle ?
3. Où est-ce qu'il/elle habite maintenant ?
4. En quelle année universitaire est-il/elle ?
5. Où est-ce qu'il/elle passe beaucoup de temps sur le campus ?
6. Qu'est-ce qu'il/elle aime faire le week-end ?
7. Qu'est-ce qu'il/elle n'aime pas ?

Deuxième étape

Follow the model to write your portrait.

Voici Jennifer. C'est une étudiante de 19 ans. Elle est de Miami mais maintenant, elle étudie à Brandeis où elle habite sur le campus dans une résidence universitaire. Jennifer est en première année à l'université. Elle étudie... Jennifer est *(deux adjectifs).*

Structures

Structure 2.1 *Aimer* et les verbes réguliers en *-er*

Verbs are classified by their infinitive form. An infinitive is preceded by *to* as in *to like.* The largest group of French verbs have infinitives that end in **-er.** These regular **-er** verbs have the same conjugation pattern. To conjugate the verb **aimer,** remove the infinitive ending **-er** and add the endings shown in the chart in bold type.

aimer *(to like, to love)*	
j'aim**e**	nous aim**ons**
tu aim**es**	vous aim**ez**
il/elle/on aim**e**	ils/elles aim**ent**

The subject pronoun **je** contracts with the verb that follows if it begins with a vowel sound. Drop the **-e** in **je** and add an apostrophe. This is called **élision.**

je chante   j'aime   j'écoute   j'insiste   j'habite (mute **h**)*

Pronunciation note

- With the exception of the **nous** and **vous** forms, the **-er** verb endings are silent.

ils aim~~ent~~   tu dans~~es~~   elles jou~~ent~~

- The final **-s** of **nous, vous, ils,** and **elles** links with verbs beginning with a vowel sound, producing a **-z** sound. This pronunciation linking is an example of **liaison.**

vous aimez	nous écoutons	ils adorent	elles insistent	ils habitent*
z	z	z	z	z

Here are some common **-er** verbs.

adorer	*to adore*	jouer	*to play*
chanter	*to sing*	manger	*to eat*
danser	*to dance*	parler	*to speak*
détester	*to hate*	préférer	*to prefer*
écouter	*to listen (to)*	regarder	*to watch, look at*
fumer	*to smoke*	rester	*to stay*
habiter	*to live*	travailler	*to work*

*French distinguishes between "mute **h,**" where **élision** and **liaison** occur (e.g., **l'homme, l'hôtel, habiter**), and "aspirated **h,**" where there is no **élision** or **liaison** (e.g., **le héros, le hockey**). Most words beginning with **h** are of the first type. Note, however, that the **h** is never pronounced in French.

Verbes de préférence

Verbs of preference **(aimer, détester, préférer)** can be followed by a noun or an infinitive.

J'aime les films étrangers.	*I like foreign films.*
Nous aimons habiter sur le campus.	*We like to live on campus.*

To express how much you like something, you can use one of the adverbs shown here. Adverbs generally follow the verb they modify.

pas du tout	un peu	assez bien	bien	beaucoup
not at all	*a little*	*fairly well*	*well*	*a lot, very much*

J'aime **beaucoup** la musique brésilienne.	*I like Brazilian music a lot.*
Nous aimons **un peu** regarder la télé.	*We like watching television a little.*
Marc aime **bien** danser.	*Marc likes to dance.*
Paul danse **assez bien.**	*Paul dances fairly well.*
Je n'aime pas **du tout** les films policiers.	*I don't like detective films at all.*

Because **aimer** means both *to like* and *to love,* **aimer bien** is used to clarify that *like* is intended.

Tu aimes Chantal?	*Do you like Chantal?*
—Oui, j'aime bien Chantal.	*—Yes, I like Chantal (just fine).*

Note the accents on the verb **préférer.**

préférer *(to prefer)*	
je préfère	nous préférons
tu préfères	vous préférez
il/elle/on préfère	ils/elles préfèrent

Exercice 1.

You overhear parts of conversations at a party. Complete the following sentences by conjugating the verbs in parentheses, if necessary.

1. Tu ________ (aimer) cette musique?
2. Tu ________ (préférer) danser ou ________ (écouter) de la musique?
3. Ce groupe ________ (chanter) très bien.
4. Mes copains ________ (chercher) un bon film. Ils ________ (préférer) les drames psychologiques.
5. Vous ________ (regarder) beaucoup la télévision le week-end?
6. Nous ________ (habiter) près de l'université.

Exercice 2.

Put the adverbs in parentheses in the correct place.

1. Pierre danse beaucoup. Il aime danser. (bien)
2. Je regarde les films avec Cary Grant à la télé. J'aime les films classiques. (beaucoup)
3. Malina n'aime pas aller aux concerts avec ses copains. Elle n'aime pas la musique classique. (du tout)
4. J'aime la musique brésilienne (un peu), mais j'adore la musique africaine !
5. Marc aime les films (assez bien), surtout les comédies.

Structure 2.2 La négation *ne... pas*

To make a verb negative, frame it with the negative markers **ne** and **pas.**

ne + verb + **pas**

Je **ne** chante **pas** dans un groupe.	*I don't sing in a group.*
Nous **ne** parlons **pas** italien.	*We don't speak Italian.*

Verbs that begin with a vowel, such as **aimer** and **avoir,** drop the **e** in **ne** and add an apostrophe.

Je **n'**aime **pas...**	*I don't like . . .*
Tu **n'**étudies **pas...**	*You don't study . . .*
Je **n'**ai **pas...**	*I don't have . . .*
Tu **n'**as **pas...**	*You don't have . . .*

Exercice 3.

Contradict the following statements by making the affirmative sentences negative and the negative sentences affirmative.

1. Vous regardez la télévision.
2. Joëlle et Martine n'aiment pas le cinéma.
3. Tu habites à Boston.
4. Nous ne fermons pas la porte.
5. Marc et moi, nous écoutons la radio.
6. Tu étudies l'anglais.
7. Je n'écoute pas le professeur.

Structure 2.3 Les articles définis

The definite article (*the* in English) has the following forms:

	singular	plural
masculine	**le** professeur	**les** étudiants
feminine	**la** musique	**les** femmes

Note that **l'** is used with singular nouns beginning with a vowel or a mute **h.**

> **l'**étudiant, **l'**amour, **l'**homme

Definite articles are used to refer to specific people or things.

Regardez **le** professeur.	*Look at the teacher.*
La porte est fermée.	*The door is closed.*

French also uses definite articles for making general statements; this is why they are used with preference verbs. Notice that in the corresponding English sentences, no article is used.

Vous aimez **le** jazz ?	*Do you like jazz ?*
Je préfère **les** gens sérieux.	*I prefer serious people.*
L'amour est essentiel dans la vie !	*Love is essential in life !*

Note that the definite article remains unchanged in negative sentences.

J'aime **le** jazz, mais je n'aime pas **la** musique classique.	*I like jazz, but I don't like classical music.*

Exercice 4.

Add the appropriate definite article.

1. la musique	5. le cinéma	9. les fenêtres
2. les étudiants	6. le arbre	10. le film
3. le chaise	7. la danse	11. le week-end
4. l' homme	8. le crayon	12. le tableau

Exercice 5.

Use the correct definite article to complete the following interview with Léo Hardy, a young Brazilian performing in Paris.

INTERVIEWER Vous aimez danser ?

LÉO HARDY Oui, j'adore danser ! Je danse ______[1] tango *(m)*, ______[2] valse *(f)*, ______[3] samba *(f)* et ______[4] danses folkloriques.

INTERVIEWER Et vous êtes sportif aussi ?

LÉO HARDY Oui ! J'aime ______[5] football *(m)*, ______[6] tennis *(m)*, ______[7] golf *(m)* et ______[8] natation *(f, swimming)*, mais pas ______[9] ski *(m)*.

INTERVIEWER Pas ______[10] ski ? Pourquoi pas ?

LÉO HARDY ______[11] Brésiliens n'aiment pas ______[12] froid *(m, cold)*.

Structure 2.4 Il y a/Il n'y a pas de

Il y a *(there is/there are)* is used to state the existence of people and things. The negative expression **il n'y a pas** is followed by **de** or **d'.**

Il y a **un** Il y a **une** Il y a **des**	➪	Il n'y a pas **de/d'**

Il y a **un** concert aujourd'hui?	Non, il n'y a pas **de** concert.
Is there a concert today?	*No, there isn't a concert.*
Il y a **des** devoirs ce soir?	Non, il n'y a pas **de** devoirs.
Is there homework tonight?	*No, there isn't any homework.*
Il y a **une** fête à la résidence?	Non, il n'y a pas **de** fête.
Is there a party in the dorm?	*No, there isn't a party.*
Il y a **une** exposition au musée cette semaine?	Non, il n'y a pas **d'**exposition.
Is there an exhibit at the museum this week?	*No, there isn't an exhibit.*

Exercice 6.

Complete this passage about an unusual classroom by adding the correct indefinite article *(un, une, des,* or *de).*

Dans la salle de classe, il y a (1) ______________ tableau, mais il n'y a pas (2) ______________ craie. Il y a (3) ______________ bureau pour le professeur, mais il n'y a pas (4) ______________ chaise. Il y a (5) ______________ porte, mais il n'y a pas (6) ______________ fenêtres. Il y a (7) ______________ étudiants, mais il n'y a pas (8) ______________ professeur.

Structure 2.5 Le verbe *avoir*

The verb **avoir** *(to have)* is irregular.

avoir *(to have)*	
j'ai	nous avons
tu as	vous avez
il/elle/on a	ils/elles ont

Nous avons beaucoup de devoirs ce soir.	*We have a lot of homework tonight.*
Tu as un nouveau numéro de téléphone?	*Do you have a new phone number?*

In French, the verb **avoir** is used to express age.

Quel âge **as**-tu?	*How old are you?*
J'ai 19 ans.	*I'm 19 (years old).*

Avoir is often followed by an indefinite article **(un, une,** or **des).** In negative sentences, these articles become **de.**

Il a **des cassettes,** mais il **n'**a **pas de** CD.	*He has cassettes, but he doesn't have any CDs.*

Exercice 7.

Use the correct form of the verb *avoir* to complete the following mini-dialogues.

1. Quel âge avez-vous?
   —Moi, j(e) (1) ________ 18 ans et ma camarade de chambre, Hélène, elle (2) ________ 20 ans.
2. Est-ce que vous (3) ________ une télé dans votre studio?
   —Oui, nous (4) ________ une petite télé.
3. Tu (5) ________ un groupe préféré?
   —Oui, j(e) (6) ________ quelques groupes préférés.
4. Est-ce que vos amis (7) ________ beaucoup de disques compacts?
   —Jean-Claude (8) ________ beaucoup de CD, et Manuel (9) ________ de vieilles cassettes.

Exercice 8.

Complete the following exchanges with a definite article *(le, la, les)* or an indefinite article *(un(e), des,* or *de.)*

1. Tu aimes (1) ___le___ week-end?
   —Oui, j'adore (2) ___le___ week-end, mais je n'aime pas (3) ___le___ lundi.
2. Vous êtes Français et vous n'aimez pas (4) ________ pain *(m.)*? C'est incroyable!
3. Y a-t-il une piscine à la résidence universitaire?
   —Il n'y a pas (5) ________ piscine, mais il y a (6) ________ courts de tennis.
4. Est-ce que vous avez un animal dans votre chambre?
   —Oui, nous avons (7) ________ chat.
5. Vous aimez (8) ________ sciences naturelles?
   —Oui, beaucoup, mais je n'aime pas (9) ________ anglais.

Tout ensemble!

Complete this description of Jean Luc and his friends by selecting the correct words to go in the blanks from the list below. Be sure to conjugate the verbs correctly.

aimer	**maths**
avoir	**parler**
cours	**piscine**
danser	**résidence**
de	**stade**
être	**une**
jouer	

Jean-Luc ______________[1] 18 ans. Cette année, il commence ses études à l'Université de Lyon. Jean-Luc a trois ______________[2] : biologie, chimie et ______________.[3] Comme *(Since)* Jean-Luc n(e) ______________[4] pas de la région de Lyon, il habite dans une ______________[5] universitaire près de la faculté des sciences. L'université ______________[6] excellente, mais elle n'a pas ______________[7] campus « à l'américaine ». Il n'y a pas de ______________[8] pour nager par exemple ou de ______________[9] pour les matches de sport.

Jean-Luc et ses copains ______________[10] contents d'être indépendants. Ils ______________[11] la vie d'étudiant. Le week-end, ils ______________[12] avec leurs amis au café, ______________[13] au basket ou ______________[14] le salsa dans un club latin. (C'est ______________[15] danse très populaire cette année.)

VOCABULAIRE

Vocabulaire fondamental

Noms

Les distractions *entertainment*

le cinéma	*the movies*
un copain (une copine) *(fam)*	*a friend*
la danse	*dance*
une fête	*a party, a holiday*
un film	*a film*
un match (de football)	*a (soccer) game*
la musique	*music*
la musique classique	*classical music*
le jazz	*jazz*
le rap	*rap music*
le rock	*rock music, rock 'n roll*
la radio	*radio*
la télévision (la télé *fam*)	*television*

L'identification *identification*

l'âge *(m)*	*age*
un anniversaire	*a birthday*
un nom de famille	*a last name*
un prénom	*a first name*

Mots apparentés : une adresse, un numéro de téléphone

Les cours *courses*

les affaires *(f pl)*	*business*
un cours	*a course*
la chimie	*chemistry*
la comptabilité	*accounting*
les devoirs *(m pl)*	*homework*
le droit	*law*
le génie civil	*civil engineering*
l'histoire *(f)*	*history*
l'informatique *(f)*	*computer science*
les langues *(f pl)*	*languages*
l'allemand *(m)*	*German*
l'anglais *(m)*	*English*
l'espagnol *(m)*	*Spanish*
le français	*French*
l'italien *(m)*	*Italian*
le japonais	*Japanese*
le latin	*Latin*
les sciences économiques *(f pl)*	*economics*
les sciences politiques *(f pl)*	*political science*
la spécialisation	*major*
le travail	*work*

Mots apparentés : l'anthropologie *(f),* la biologie, la littérature, les mathématiques *(f pl;* les maths, *fam*), la médecine, la philosophie, la physique, la psychologie, la science, le semestre, la sociologie, le trimestre

Le campus *the campus*

une bibliothèque	*a library*
un examen	*an exam*
la fac *(fam)*	*university*
le jardin	*garden*
une librairie	*a bookstore*
un musée	*a museum*
un parc	*a park*
une piscine	*a pool*
une résidence universitaire	*a college dorm*
un restaurant universitaire, (un resto-U *fam*)	*a university restaurant*
une université	*a university*

Mots apparentés : une cafétéria, un laboratoire, un théâtre

Les jours de la semaine *days of the week*

lundi	*Monday*
mardi	*Tuesday*
mercredi	*Wednesday*
jeudi	*Thursday*
vendredi	*Friday*
samedi	*Saturday*
dimanche	*Sunday*
aujourd'hui	*today*
le jour	*day*
la semaine	*week*

Mots apparentés : le week-end, la date

Les mois de l'année *months of the year*

le calendrier	*calendar*
janvier	
février	
mars	
avril	
mai	
juin	
juillet	
août	
septembre	
octobre	
novembre	
décembre	

Les saisons *seasons*

l'automne *(m)*	*autumn*
l'été *(m)*	*summer*

VOCABULAIRE

l'hiver *(m)*	*winter*
le printemps	*spring*

Mots divers

mais	*but*
voici	*here is*

Verbes

adorer	*to adore*
aimer	*to like; to love*
aimer mieux	*to prefer*
s'amuser	*to have fun*
avoir	*to have*
chanter	*to sing*
danser	*to dance*
détester	*to hate*
écouter	*to listen (to)*
étudier	*to study*
fumer	*to smoke*
habiter	*to live (in a place)*
jouer	*to play*
manger	*to eat*
parler	*to speak*
préférer	*to prefer*
regarder	*to watch*
rester	*to stay*
travailler	*to work*
voyager	*to travel*

Adjectifs

bon(ne)	*good*
ennuyeux/euse	*boring*
facile	*easy*
intéressant(e)	*interesting*
inutile	*useless*
utile	*practical, useful*

Mots apparentés : difficile, excellent(e)

Adverbes

assez bien	*fairly well*
beaucoup	*a lot*
bien	*well*
un peu	*a little*

Expressions utiles

Vous connaissez/Tu connais (Francis Cabrel) ?	*Are you familiar with (Francis Cabrel) ?*
Quel âge avez-vous ?	*How old are you ?*
J'ai trois ans.	*I'm three years old.*
J'ai cours le samedi.	*I have classes on Saturday.*

Comment exprimer ses préférences
How to express preference

(See pages 38–39 for additional expressions.)

J'aime bien (beaucoup) voyager.	*I (really) like to travel.*
Je déteste voyager.	*I hate to travel.*

Vocabulaire supplémentaire

un amphithéâtre	*an amphitheater, a lecture hall*
un arbre	*a tree*
un banc	*a bench*
un bâtiment	*a building*
le beau temps	*good weather*
le centre-ville	*downtown*
l'espace *(m)*	*space*
une exposition	*an exhibit*
une fleur	*a flower*
le froid	*cold*
le goût	*taste*
les informations *(f pl)* (les infos *fam*)	*the news*
les jeux télévisés *(m pl)*	*game shows*
la montagne	*mountain*
la neige	*snow*
la plage	*beach*
la rentrée	*back to school/work*
une série	*TV series*
un stade	*a stadium*
un studio	*a studio apartment*
un terrain de football	*a soccer field*
les vacances	*vacation*

Mots divers

dur(e)	*hard, difficult*
en première (deuxième, troisième, quatrième) année	*1st (2nd, 3rd, 4th) year*
fou (folle)	*crazy*
parfois	*sometimes*
quel(s), quelle(s)	*which, what*
rarement	*rarely*
souvent	*often*
surtout	*most of all*

Mots apparentés : un centre culturel, un court de tennis, un documentaire, une interview, le marketing, médiocre, une préférence, régulièrement, le risque, la sculpture, la sécurité, silencieux/euse, typiquement

3

Module 3

Chez l'étudiant

Thèmes et pratiques de conversation

La famille
Les caractéristiques personnelles
La chambre et les objets personnels
Des nombres à retenir (60 à 1.000.000)
Comment louer une chambre

Culture

La famille française
La famille en Afrique francophone

Lecture

La famille Bellelli, du Guide du musée d'Orsay

Structures

3.1 Les adjectifs possessifs
3.2 Le verbe **venir**
3.3 La possession : **de + nom**
3.4 Les adjectifs (suite)
3.5 Les prépositions de lieu

Prononciation

Les lettres muettes
Les terminaisons féminines

Vidéo

Scène 1	L'appartement
Scène 2	Un nouvel appartement
Mini-drame	Un petit studio
Publicité	Stylo de Reynolds

Thèmes et pratiques de conversation

La famille

Structures
3.1 Les adjectifs possessifs
3.2 Le verbe *venir*
3.3 La possession : *de* + nom

La famille introduces possessive adjectives and the preposition **de** + **nom** to express relationships. It also introduces the verb **venir,** *to come*, for talking about where people are from. For an explanation of possessive adjectives, see page 83. For the verb **venir,** see page 84. See page 85 for **de** + **nom.**

Activité 1 : La famille Dubois.

Regardez l'arbre généalogique de Pauline et répondez aux questions suivantes.

1. Combien d(e)... a-t-elle ?
- a. frères
- b. cousins
- c. oncles
- d. cousines
- e. enfants

2. Comment s'appelle(nt)...
- a. la femme de son oncle Serge ?
- b. sa tante célibataire ?
- c. le mari de sa tante Marianne ?
- d. son cousin qui est fils unique ?
- e. ses cousins jumeaux ?
- f. ses grands-parents du côté de sa mère ?
- g. ses sœurs ?

3. Qui est/sont...
- a. Samuel et Sara ?
- b. Gérard et Soline Dubois ?
- c. Thierry et Sandrine ?
- d. Amélie et Catherine ?
- e. Jean-Pierre ?
- f. Manuel et Geoffroy ?

Bulletin

Les jeunes Français habitent de plus en plus longtemps avec leurs parents. Entre 20 et 24 ans, 60 % des garçons et 49 % des filles continuent à vivre chez leurs parents. La proportion est plus forte chez les étudiants.

CD ROM

D'après G. Mermet, *Francoscopie,* 1999 © Larousse-Bordas, 1998

Portraits de famille

Thu et ses amis sont étudiants à l'université, mais ils habitent en famille. Ils ont des situations familiales différentes.

THU Ma famille est assez nombreuse. Mes parents viennent du Vietnam et ils ont un petit restaurant vietnamien dans le Quartier latin. J'ai trois frères et une sœur. Nous travaillons tous ensemble dans le restaurant. Mon frère aîné est marié. Lui et sa femme habitent l'appartement d'à côté.

CAROLE Mon père et ma mère sont divorcés. Moi, j'habite avec ma mère, mon beau-père et mon demi-frère Serge. C'est le bébé de la famille. Il est gâté et difficile ! Je passe souvent les vacances en Bretagne avec mon père. Il habite seul.

MOUSTAFA Mes parents viennent d'Algérie, mais je suis de nationalité française. J'ai deux frères et une sœur. Mon frère aîné a 20 ans et mon frère cadet a 16 ans. Ma sœur Feza est institutrice. Elle est célibataire mais elle a un nouveau fiancé.

JEAN-CLAUDE Je n'ai pas de frère ni de sœur; je suis fils unique. Ma mère est morte. J'habite avec mon père et ma belle-mère qui est super.

Activité 2 : Vrai ou faux ?

Indiquez si la phrase est vraie ou fausse. Corrigez les phrases fausses.

1. La famille de Thu vient du Vietnam.
2. Thu a une belle-sœur.
3. Carole est la demi-sœur de Serge.
4. Les parents de Moustafa viennent d'Afrique du Nord.
5. La belle-mère de Jean-Claude est sympathique.
6. Jean-Claude a une famille nombreuse.

Activité 3 : Définitions.

Quelle définition correspond à chaque membre de la famille ?

1. le grand-père	a. la mère de la mère ou du père
2. la grand-mère	b. l'époux de la femme
3. la belle-mère	c. le fils du frère ou de la sœur
4. la tante	d. les enfants de l'oncle et de la tante
5. les cousins	e. la sœur de la mère ou du père
6. le neveu	f. le frère de la mère ou du père
7. le mari	g. la mère de la femme ou du mari
8. l'oncle	h. le père de la mère ou du père

Activité 4 : La parenté de gens célèbres.

Quelles sont les relations entre les personnes suivantes ?

Modèle : Caroline Kennedy (sœur)/Ted Kennedy

Est-ce que Caroline Kennedy est la sœur de Ted Kennedy ?

—Non, c'est sa nièce.

la princesse Caroline et la princesse Stéphanie (fils)/Le prince Rainier

Est-ce que la princesse Caroline et la princesse Stéphanie sont les fils du prince Rainier ?

—Non, ce sont ses filles.

1. Bill Clinton (oncle)/Chelsea Clinton
2. la reine Elizabeth(belle-mère)/le prince William
3. Bart et Maggie Simpson (enfants)/Marge et Homer Simpson
4. Michel Cousteau (cousin)/Jacques Cousteau

Perspectives culturelles

La famille française

Comme la famille américaine, la famille française se transforme : la mère travaille, le père participe plus à l'éducation de l'enfant et les grands-parents habitent moins souvent° dans la maison de famille. La famille traditionnelle—homme, femme et leurs enfants—coexiste maintenant avec d'autres modèles familiaux. Le divorce (42 divorces sur 100 mariages) crée° un grand nombre de familles monoparentales.° Il y a de plus en plus d'enfants nés° de couples non mariés (40 % des naissances). Et les remariages produisent des familles recomposées.°

Malgré° ces changements, la famille reste une valeur sûre° pour les Français. La vie de famille est le centre de la vie sociale. La majorité des fêtes se passent° en famille. Pour l'étudiant, l'indépendance des parents n'est pas une grande valeur. On choisit souvent une université près de la maison et on rentre le week-end pour passer des moments agréables en famille. Beaucoup de jeunes estiment° les relations avec leurs parents excellentes. Dans un monde° incertain, le cocon familial offre protection et stabilité et le foyer° est un lieu sûr° pour développer son identité personnelle.

less often
creates
single-parent families/born
blended families
Despite / clear cut
Most holidays are spent
consider / world
home
safe place

Avez-vous compris?

Dites si les phrases suivantes sont vraies ou fausses.

1. Les mères françaises ne travaillent pas.
2. Il y a plus d'un modèle familial en France maintenant.
3. Dans la famille traditionnelle française, il y a un seul (*only one*) parent.
4. La famille recomposée est souvent le résultat du divorce et du remariage.
5. La famille joue un rôle central dans la vie des Français.
6. Les rapports entre les parents et les jeunes Français sont généralement mauvais.
7. La famille aide au développement de l'individu.

Les caractéristiques personnelles

Structure 3.4 Les adjectifs (suite)

The following **thème** presents additional adjectives for describing personal characteristics. See pages 86–87 for information on adjective placement and agreement rules.

optimiste, réaliste	pessimiste
bavard(e) *(talkative),* sociable	timide, solitaire, réservé(e)
sympathique, gentil(le), agréable	désagréable, snob, égoïste, méchant(e)
compréhensif/ive	strict(e), sévère
heureux (heureuse), content(e), gai(e)	mécontent(e), triste
intelligent(e)	stupide, bête (*fam*)
calme, tranquille, décontracté(e) *(relaxed)*	nerveux/euse, stressé(e)
enthousiaste, passionné(e)	indifférent(e)
travailleur/euse	paresseux/euse
énergique, actif/ive, sportif/ive	passif/ive
flexible	têtu(e)
sage, bien élevé(e) *(well-behaved)*	gâté(e) *(spoiled)*, mal élevé(e)
affectueux/euse	agressif/ive
joli(e), adorable, mignon (mignonne) *(cute)*	laid(e), moche (*fam*) *(ugly)*

À noter : In a glossary or vocabulary list, which adjective form is presented first, the masculine form or the feminine form? How are feminine forms indicated? What feminine endings do you find in this list?

Activité 5 : Votre famille.

Quel membre de votre famille associez-vous aux adjectifs suivants ? Pour qualifier votre description, utilisez *un peu, assez* ou *très*.

Modèle : travailleur (travailleuse)
Ma sœur est très travailleuse.
pessimiste
Personne n'est *(no one is)* pessimiste dans ma famille.

1. calme
2. agressif/ive
3. têtu(e)
4. sportif/ive
5. pessimiste
6. égoïste
7. nerveux/euse
8. désagréable
9. bien élevé(e)
10. enthousiaste

Activité 6 : Êtes-vous d'accord ?

Un(e) ami(e) parle de votre famille. Vous êtes d'accord, mais vous atténuez *(tone down)* les remarques en suivant le modèle.

Modèle : Ta mère est pessimiste.

—Oui, elle n'est pas très optimiste, ma mère.

Ton oncle est gentil.

—Oui, il est très sympathique, mon oncle.

Ton cousin Louis est nerveux.

—Oui, il n'est pas très calme, mon cousin.

1. Comme tes grands-parents sont sympathiques !
2. Ta cousine Claudine est moche !
3. Je trouve tes frères réservés.
4. Ton chien est méchant.
5. Ta mère est énergique.
6. Ton oncle Georges est paresseux.

Astérix est un petit homme courageux. Son ami Obélix est un gros homme fidèle.

À noter : Most descriptive adjectives follow the nouns they modify. Which adjectives in the caption describing Astérix and Obélix follow this pattern? Some adjectives precede the nouns they modify. A simple mnemonic device that may help you remember this group of adjectives is BAGS—Beauty, Age, Goodness, and Size. Which category applies to the adjectives that precede the noun in the cartoon caption?

Activité 7 : Identification.

Identifiez les personnes et les choses suivantes.

1. C'est une belle ville célèbre.	a. Paris
2. C'est le joli jardin de Monet.	b. Internet
3. C'est un grand compositeur français.	c. 13
4. C'est une nouvelle invention importante.	d. la Martinique
5. C'est une bonne montre *(watch)* suisse.	e. le Tour de France
6. C'est une vieille course de vélo.	f. une Swatch
7. C'est un numéro porte-malheur *(luck)*.	g. Giverny
8. C'est une petite île francophone.	h. Claude Debussy

Activité 8 : Ma grand-mère.

Ce portrait n'est pas très descriptif. Ajoutez des adjectifs : beau/belle; joli(e); jeune; petit(e); grand(e); vieux/vieille; nouveau/nouvelle; sympathique; moderne; bon(ne).

1. Ma grand-mère est une femme. *(deux adjectifs)*
2. Elle habite avec ses quatre chats dans une maison avec un jardin. *(deux adjectifs)*
3. Elle adore la musique. *(un adjectif)*
4. Elle a aussi beaucoup de disques de jazz. *(un adjectif)*

Activité 9 : Interaction.

Répondez directement aux questions et ajoutez une ou deux remarques.

Modèle : Est-ce que tu viens d'une famille nombreuse ?

—Non, je viens d'une famille moyenne. J'ai une sœur et un frère. Ma sœur a 15 ans et mon frère a 20 ans.

1. Est-ce que tu viens d'une famille nombreuse ?
2. D'où viennent tes parents ? Où habitent-ils maintenant ? Comment sont-ils ?
3. Est-ce que tu préfères les petites familles ou les grandes familles ? Pourquoi ?
4. Est-ce que tu aimes les parents de tes amis ? Comment sont-ils ?
5. Est-ce que tes grands-parents sont vivants *(living)* ? Quel âge ont-ils ?

La chambre et les objets personnels

Structure 3.5 Les prépositions de lieu	In the following descriptions, you will learn how to use prepositions to describe the location of objects. For a list of these prepositions, see page 88.

Chez Claudine

Regardez la chambre de Claudine. Il y a un lit **entre** la table de nuit et le bureau. **Derrière** le lit, il y a une fenêtre avec des rideaux. **Sur** la table de nuit, il y a des fleurs dans un vase. **Dans** son placard, il y a des vêtements. **Devant** son bureau, il y a une chaise. Son petit chat blanc est assis **sous** la chaise. Son ordinateur est sur son bureau. **Au-dessus** du bureau, il y a une affiche d'Einstein. Le chapeau préféré de Claudine se trouve **sur** le tapis **près du** lit. Il y a une radio-cassette **sur** l'étagère.

Chez Christian

Regardez la chambre de Christian. Son miroir est **à côté de** la fenêtre. Il y a un gros chat noir **sur** le lit. **Au-dessus du** lit, il y a une affiche d'Einstein. **En face du** lit, il y a une télé et un magnétoscope. La table de nuit est **entre** le lit et le bureau. **Devant** le bureau, il y a une chaise. **Dans** un aquarium **sur** le bureau, il y a des poissons rouges. **Près de** l'aquarium, il y a des livres et une photo. Le chapeau préféré de Christian est **sur** le fauteuil. Il y a une plante **dans** le lavabo.

Activité 10 : Vrai ou faux ?

Dites si les phrases suivantes sont vraies ou fausses. Corrigez les réponses fausses.

1. Dans la chambre de Claudine, il y a...
a. une chaise devant la fenêtre.
b. un lit entre la table de nuit et le bureau.
c. un chat sous la chaise.
d. une affiche au-dessus du lit.
e. des poissons rouges dans un aquarium.

2. Dans la chambre de Christian, il y a...
a. un chat sur le tapis.
b. un lit entre le bureau et la table de nuit.
c. une affiche au-dessus du lit.
d. un vase de fleurs sur le bureau.
e. une plante dans le lavabo.

Activité 11 : Les objets personnels et le caractère personnel.

Donnez vos impressions de Jean-Marie en regardant sa chambre et ses objets personnels. Comment est-il ? Qu'est-ce qu'il aime faire ?

Jean-Marie habite un studio près de la Faculté de lettres.

Les objets personnels

Activité 12 : Sondage *(poll)* sur les objets personnels.

En groupes de trois ou quatre, trouvez quatre objets que tout le monde *(everyone)* possède et un objet qui n'appartient à personne *(no one has)*. Travaillez vite—le groupe qui finit le premier, gagne !

Modèle : Qui a un livre de Shakespeare ?
— Moi.
— Moi aussi.
Et un livre de Stephen King ?
— Personne *(no one)* ?

un baladeur

une calculatrice

un dictionnaire anglais-français
un CD de Dave Matthews
des cassettes de Céline Dion
des affiches
une raquette de tennis
un ordinateur
une montre
un vélo
un sac à dos
des disques d'Elvis Presley
des skis
un chapeau de cow-boy
un instrument de musique
un baladeur
un répondeur
un livre de Proust
une télé
des plantes
une chaîne-stéréo
une calculatrice
un magnétoscope
un téléphone
des livres de Stephen King
un petit frigo
un ballon
un radio-réveil

une montre

un magnétoscope

un radio-réveil

un sac à dos

un vélo

un ballon

Activité 13 : Interrogez le professeur.

Vous avez huit chances pour identifier quatre choses que votre professeur *ne* possède *pas*. Utilisez *vous* dans vos questions.

Modèle :

ÉTUDIANT : Vous n'avez pas de raquette, n'est-ce pas ?

PROFESSEUR : Mais si, j'ai une raquette.

Des nombres à retenir (60 à 1.000.000)

Votre numéro de téléphone ? —C'est le 04 60 58 85 48.

Votre adresse ? —C'est 69, avenue des Lilas.

60	**soixante**	**70**	**soixante-dix**	**80**	**quatre-vingts**
61	soixante et un	71	soixante et onze	81	quatre-vingt-un
62	soixante-deux	72	soixante-douze	82	quatre-vingt-deux
63	soixante-trois	73	soixante-treize	83	quatre-vingt-trois
64	soixante-quatre	74	soixante-quatorze	84	quatre-vingt-quatre
65	soixante-cinq	75	soixante-quinze	85	quatre-vingt-cinq
66	soixante-six	76	soixante-seize	86	quatre-vingt-six
67	soixante-sept	77	soixante-dix-sept	87	quatre-vingt-sept
68	soixante-huit	78	soixante-dix-huit	88	quatre-vingt-huit
69	soixante-neuf	79	soixante-dix-neuf	89	quatre-vingt-neuf

90	**quatre-vingt-dix**	**100**	**cent**	**1.000**	**mille**
91	quatre-vingt-onze	101	cent un	1.001	mille un
92	quatre-vingt-douze	102	cent deux	1.002	mille deux
93	quatre-vingt-treize	103	cent trois	2.000	deux mille
94	quatre-vingt-quatorze	200	deux cents	2.001	deux mille un
95	quatre-vingt-quinze	201	deux cent un	2.002	deux mille deux
96	quatre-vingt-seize	202	deux cent deux	2.500	deux mille cinq cents
97	quatre-vingt-dix-sept				
98	quatre-vingt-dix-huit			1.000.000	un million
99	quatre-vingt-dix-neuf				

À noter : For numbers from 70 to 99, keep these "formulas" in mind:

$70 = 60 + 10$ (soixante-dix)

$80 = 4 \times 20$ (quatre-vingts)

$81 = 4 \times 20 + 1$ (quatre-vingt-un)

$90 = 4 \times 20 + 10$ (quatre-vingt-dix)

$95 = 4 \times 20 + 15$ (quatre-vingt-quinze)

Try using these formulas to break down the following numbers, and check your answers with the list.

78 85 93

Activité 14 : Comptez !

Pratiquez les nombres indiqués.

1. Comptez de 70 jusqu'à 100.
2. Donnez les multiples de dix de 60 jusqu'à 120.
3. Donnez les multiples de cinq de 50 jusqu'à 80.
4. Donnez les nombres impairs (*odd*) de 71 jusqu'à 101.
5. Lisez : 13, 15, 19, 25, 61, 71, 81, 91, 101, 14, 1.000, 186, 1.000.000.

Soldes

Activité 15 : Ça coûte...

Identifiez l'objet par son prix.

Modèle : Ça coûte quatre cent quatre-vingt-trois francs.
—C'est la montre.

Ça coûte...

1.	725 F	5.	6.490 F
2.	2.985 F	6.	1.895 F
3.	108.599 F	7.	79 F
4.	483 F	8.	2.100 F

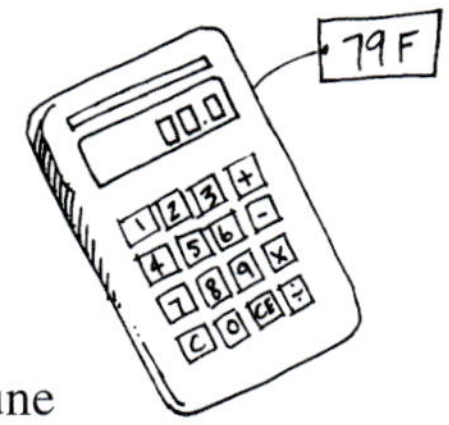

une calculatrice

un ordinateur

un baladeur

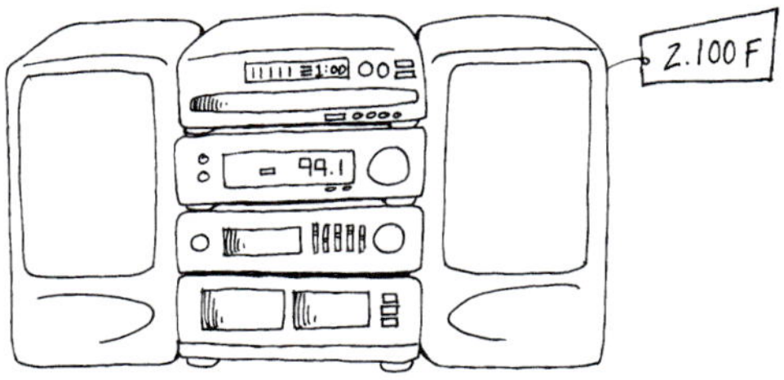

une chaîne-stéréo

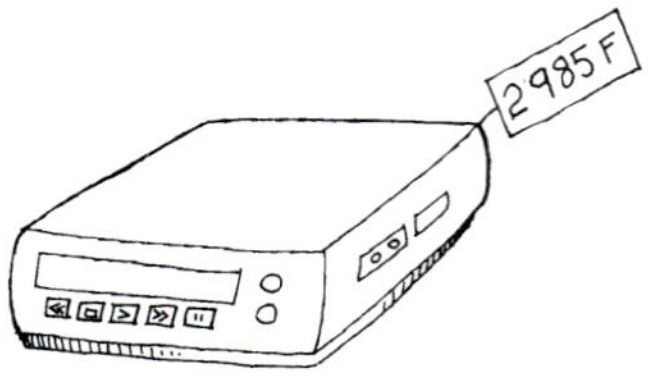

un magnétoscope

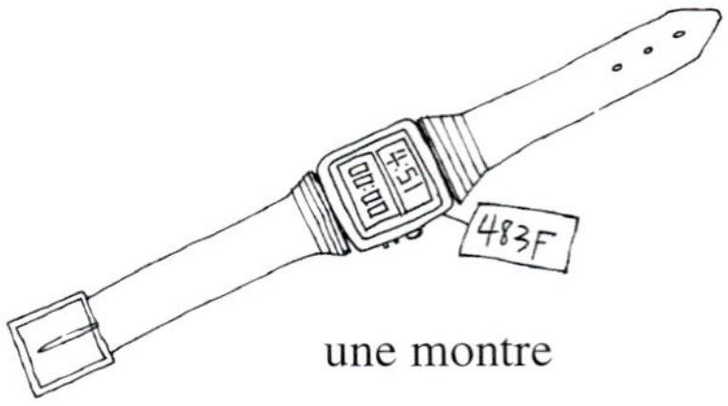

une montre

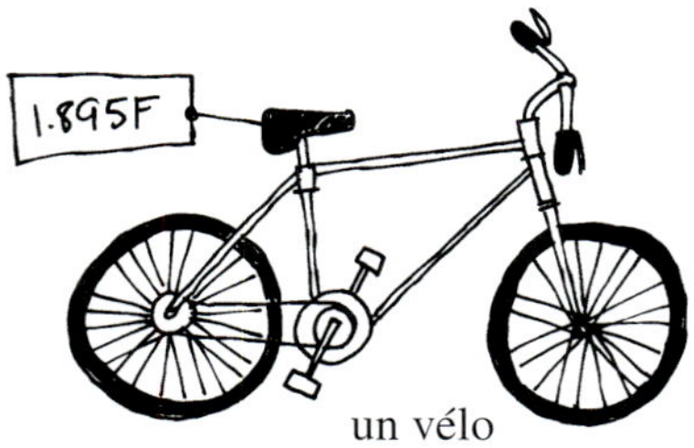

un vélo

une voiture

CD-ROM

Perspectives culturelles

La famille en Afrique francophone

L'Afrique est un continent riche en diversité culturelle et ethnique. Pourtant° beaucoup d'Africains partagent° la même perspective en ce qui concerne la famille. Pour eux, la famille est une valeur clé. On s'occupe des° membres de la famille qui sont en vie et, dans certains groupes traditionnels, on cherche à plaire° aussi aux ancêtres. La famille nucléaire est remplacée par la famille étendue°—on compte l'oncle aussi bien que° le père des parents. Et tout le monde, adultes et jeunes, prend soin° des petits. Puisque le taux de mortalité infantile° est assez élevé,° on a tendance° à avoir beaucoup d'enfants. Le rôle de père et de mère est si° important dans les pays où l'on parle swahili qu'on appelle un homme « baba » et une femme « mama ».

Les mariages sont souvent des mariages de convenance° et la dot° joue un rôle important dans le succès de l'union. Bien qu'illégale° dans beaucoup de pays, la polygamie existe de façon nonofficielle, surtout dans les régions rurales où on a besoin° d'enfants qui puissent travailler dans les champs.

however
share
cares for
try to please
extended / as well as
takes care of
infant mortality rate / high / there is a tendency
so
arranged marriages / dowry / Even though it
they need

Avez-vous compris?

Indiquez si les phrases suivantes sont vraies ou fausses.

1. La famille africaine typique se compose uniquement du père, de la mère et des enfants.
2. C'est uniquement la mère qui s'occupe des enfants.
3. Le nombre d'enfants par couple est très bas *(low)*.
4. L'équivalent de « papa » en swahili, c'est « baba ».
5. Les parents choisissent souvent les époux de leurs enfants.
6. La pratique d'avoir plus d'une femme a été *(has been)* éliminée en Afrique.

Comment louer une chambre

Quelques expressions utiles pour louer une chambre

Est-ce que vous avez une chambre/ un studio/un appartement à louer° ?	*to rent*
Je cherche° un studio à louer.	*I'm looking for*
C'est combien le loyer° ?	*the rent*
Il y a des charges° ?	*utility charges*
Est-ce qu'il y a une caution° ?	*a deposit*
Vous avez l'air conditionné ?	
Je peux fumer ?	
Je peux avoir un chat ?	
Les animaux sont interdits° ?	*prohibited*
Je voudrais le prendre.	*I'd like to take it.*
Je voudrais réfléchir un peu.	*I'd like to think it over.*

Activité 16 : Le studio idéal.

Évaluez l'importance des caractéristiques suivantes.

Modèle : Pour moi, un studio meublé est essentiel. Je n'ai pas de lit.

	Essentiel	Important	Pas important
1. un studio meublé *(furnished)*			
2. un studio près de la fac			
3. un studio près du centre-ville *(downtown)*			
4. un studio avec un garage			
5. un studio dans un quartier calme			
6. un studio lumineux *(bright)*			
7. un loyer bon marché *(inexpensive)*			
8. un studio dans un immeuble *(building)* avec d'autres étudiants			
9. un studio où on accepte les animaux			
10. un grand studio			
11. un studio dans un immeuble avec un beau jardin et une piscine			
12. d'autres qualités ?			

25 ans
d'Immobilier entre Particuliers
Etudiants,
vous cherchez un logement ?
vous voulez payer moins cher ?
La solution : le Pass Hestia.
Le Pass Étudiant HESTIA, c'est :
■ Le moyen le plus économique et efficace pour louer en direct.
■ Des prix "Spécial Etudiant"
■ Un grand choix de chambres, studios, F1, F2 et plus, vides ou meublés.
■ Des informations ALS et des conseils.
HESTIA pass
N° 1 du logement étudiant
Économique, Facile, Pratique...
de se loger avec HESTIA
HESTIA DANS TOUTE LA FRANCE
RÉGION PARISIENNE PARIS 9e 01 48 24 65 65 ■ PARIS 11e 01 43 72 40 40 ■ PARIS 13e 01 45 65 18 18 ■ PARIS 15e 01 43 06 23 23 ■ PARIS 17e 01 45 74 33 03
■ ARGENTEUIL (95) 01 39 61 69 66 ■ BOULOGNE (92) 01 49 09 09 00 ■ CERGY PONTOISE (95) 01 30 32 30 32 ■ EVRY (91) 01 60 77 77 77 ■
MANTES LA JOLIE (78) 01 30 98 79 79 ■ MELUN (77) 01 64 37 73 00 ■ NANTERRE (92) 01 40 97 05 05 ■ ST GERMAIN EN LAYE (78) 01 30 87 03 87 ■
ST MAUR (94) 48 89 40 00 ■ VERSAILLES (78) 01 39 02 15 55
PROVINCE ANGERS (49) 02 41 88 99 66 ■ BESANCON (25) 03 81 81 06 06 ■ BORDEAUX (33) 05 57 95 88 88 ■ BREST (29) 02 98 44 00 33 ■
CAEN (14) 02 31 50 12 00 ■ DIJON (21) 03 80 67 55 55 ■ GRENOBLE (38) 04 76 87 26 65 ■ LA ROCHELLE (17) 05 46 28 12 28 ■ LE HAVRE (76) 02 35 21 69 19
■ LILLE (59) 03 20 57 23 30 ■ LYON (69) 04 72 61 14 15 ■ MONTPELLIER (34) 04 67 66 03 15 ■ NANTES (44) 02 40 20 12 12 ■ ORLÉANS (45) 02 38 81 74 75
■ PAU (64) 05 59 27 00 63 ■ POITIERS (86) 05 49 30 30 00 ■ REIMS (51) 03 26 07 09 07 ■ RENNES (35) 02 99 78 21 81 ■ ROUBAIX (59) 003 20 36 27 29 ■
ROUEN (76) 02 35 88 91 01 ■ SAINT-BRIEUC (22) 02 96 33 49 59 ■ TOULON (55) 04 94 31 11 11 ■ TOULOUSE (31) 05 61 62 47 00 ■ TOURS (37) 02 47 66 49 96
■ TROYES (10) 03 25 73 56 05 ■ VALENCIENNES (59) 03 27 45 02 03
3615 HESTIA
2,23 F/m
HESTIA
N°1 du logement Etudiant.
INTERNET
www.hestia.fr

Activité 17 : Je cherche un studio.

Complétez le dialogue avec un(e) camarade de classe.

LOCATAIRE Bonjour, madame/monsieur. Vous __________ un studio à __________ ?

PROPRIÉTAIRE Oui, mademoiselle/monsieur. Il y __________ le studio numéro 25 en face du jardin.

LOCATAIRE Est-ce qu'il est meublé ?

PROPRIÉTAIRE Oui, il y a un __________ , une __________ , des __________ et un __________.

LOCATAIRE Très bien. Et vous êtes __________ de la fac ?

PROPRIÉTAIRE Oui, ici nous sommes à trois kilomètres de l'université. J'ai beaucoup d'étudiants comme locataires.

LOCATAIRE ____ ?

PROPRIÉTAIRE 2.400 francs par mois plus les charges.

LOCATAIRE ____ ?

PROPRIÉTAIRE Oui, la caution est de 600 francs.

LOCATAIRE ____ ?

PROPRIÉTAIRE Non, les animaux sont strictement interdits !

LOCATAIRE Je voudrais réfléchir un peu. Merci, madame/monsieur.

Lecture

Anticipation

Degas, whose painting *La famille Bellelli* is reproduced here, is just one of the famous artists whose works are found in the **musée d'Orsay,** the former Parisian train station that now contains one of the world's finest collections of mid- to late-nineteenth-century art.

The description of Degas's painting on page 79 is excerpted from an official museum guide. By looking for cognates and guessing at meaning based on what you would expect to find in this kind of text, try to understand the gist of the reading.

Which of the following topics do you expect the guidebook to mention?

a. subject matter
b. composition and/or style
c. price
d. color
e. identity of painter's spouse

Activités de lecture

Scan the text to find the French equivalents of the following words.

a. was started
b. a sojourn
c. baroness
d. monumental
e. portraits
f. interior
g. enriched
h. sober
i. refined
j. painting
k. family drama

La famille Bellelli

La famille Bellelli a été commencé par Degas lors° d'un séjour à Florence chez sa tante, la baronne Bellelli. Ce tableau° monumental de portraits dans un intérieur, à la composition simple mais enrichie à l'aide de perspectives ouvertes par une porte ou un miroir, aux couleurs sobres mais raffinées (jeu des blancs et des noirs), est aussi la peinture d'un drame familial qui se joue° entre Laure Bellelli et son mari, et dans lequel on reconnaît le goût° de Degas pour l'étude psychologique.

during
painting
is taking place
taste

extrait du *Guide du musée d'Orsay*

Compréhension et intégration

1. Look again at the topics proposed in the **Anticipation** section. Were your predictions accurate? Explain.
2. Answer the following questions.
   a. Where was Degas when he began this painting?
   b. With whom was he staying?
   c. Is the painting small or large?
   d. What two possible sources of light in the room are suggested?
   e. What adjectives describe the quality of the color in the painting?
   f. What two colors predominate?
   g. Is Degas interested in capturing the interaction between family members?

Maintenant à vous

1. Qui regarde qui dans le tableau?
2. Comment est l'atmosphère? Choisissez parmi les adjectifs suivants : calme, tranquille, gai, décontracté *(relaxed),* tendu *(tense).*
3. Quelles sont les qualités universelles de cette famille? Quels aspects de la famille sont démodés *(out of date)*?

Un pas en avant

À jouer ou à discuter

1. As a landlord, you've had bad experiences with renters in the past. Interview a potential renter to decide whether or not you'll accept him/her as a tenant. Find out about what he/she studies, his/her likes and dislikes, whether he/she smokes, if he/she has pets, and so on.
2. (Groups of five to eight) On a piece of paper, list four of your belongings that reflect something about you. Pass the paper to another person. He/she will write down an impression of you based on your belongings. He/she will then conceal his/her comments by folding back the paper accordion style, and will pass the paper to another person. Continue until each group member has put comments on each paper. Finally, each member of the group will receive a set of comments from the other members.

Puzzle à deux

INFO

Some items are missing from your room and you need your partner's help to locate them. Draw in the missing items, and, when you and your partner have your rooms in order, compare them—the two rooms should be the same!

Suggested question: *Où est/sont... ?*
Personne A will refer to the room that follows.
Personne B will refer to the Appendix on page A–21.

Missing items :
un radio-réveil   un tapis   une chaise   une mini-chaîne   des livres   une fenêtre

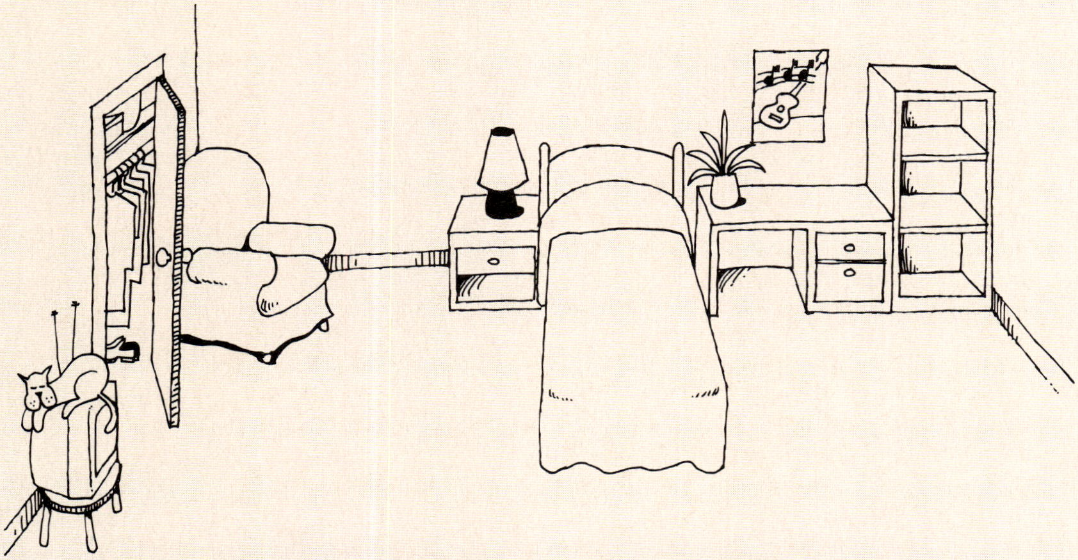

Naviguez le Web !

Are you planning to study abroad? Do you need to make housing arrangements? Or would you simply like to compare the student housing situation between your college town and France? You can use the Internet to find a place that suits your needs, or simply satisfy your curiosity.

À écrire

In this writing activity, you will complete a letter about yourself to the *Club des 4 Vents* to assist them in finding you an appropriate host family.

Venez découvrir la France avec le CEI / CLUB des 4 Vents !

A bientôt...!

Vous avez envie de vacances originales

CEI
CLUB DES 4 VENTS

1, rue Gozlin - 75006 Paris - France
Tél. 33 (1) 43 29 60 20
Télex 202789 F CQV
Télécopieur / Téléfax 33 (1) 43 29 06 21

FIYTO

Séjours linguistiques en famille Partager° la vie d'une famille, c'est une expérience riche en rencontres et en découvertes. La famille d'accueil° reçoit un ou deux jeunes étrangers° de langue et de nationalité différentes, et considère son hôte comme un membre de la famille. Elle offre la pension complète° et la possibilité de visiter la région.

Sharing
host family
foreigners
room and meals

Première étape

Begin by jotting down the following information about yourself.

votre nationalité	vos passe-temps
votre âge	vos études universitaires
vos qualités	votre niveau (level) de français (débutant intermédiare)
une description de votre famille	les gens que vous aimez

Deuxième étape

To convert your short answers into a letter, you will need to write complete sentences in paragraph form. For example, if you listed your hobbies as *le jogging, le cinéma,* you might write J'aime le jogging et le cinéma.

Following the letter guide provided, write a letter of inquiry to the *Club des 4 Vents,* including your personal information.

Le Club des 4 Vents
(adresse)

Chers Messieurs,

Je désire participer à votre programme de séjours linguistiques en famille pour perfectionner mon français. Je suis de nationalité...

____
____
____
____
____
____
____
____
____
____
____
____
____
____

J'aimerais beaucoup avoir l'occasion de vivre comme un membre d'une famille française et de suivre des cours de langue. Je suis très intéressé(e) par votre programme.

En attendant votre réponse, je vous prie d'agréer, Messieurs, l'expression de mes sentiments distingués.

(signature)

Structures

Structure 3.1 Les adjectifs possessifs

Possessive adjectives are used to express relationship and possession. In French, they agree with the noun they modify, not with the possessor.

The following chart summarizes possessive adjectives.

Subject	Masculine	Feminine	Plural	English equivalent
je	mon	ma	mes	*my*
tu	ton	ta	tes	*your*
il, elle, on	son	sa	ses	*his, her, its*
nous	notre		nos	*our*
vous	votre		vos	*your*
ils, elles	leur		leurs	*their*

Regardez M. Leclerc. Il est avec **sa** femme et **ses** enfants.
Look at Mr. Leclerc. He is with his wife and his children.

Ma tante Simone et **mon** oncle Renaud arrivent avec **leur** fille.
My Aunt Simone and my Uncle Renaud are arriving with their daughter.

Mes parents parlent rarement de **leurs** problèmes.
My parents rarely talk about their problems.

The masculine form **(mon, ton, son)** is used before singular feminine nouns beginning with a vowel or a mute **h** to provide **liaison.**

Mon oncle et **son**‿amie Susanne habitent à New York.
My uncle and his friend Susanne live in New York.

Exercice 1.

Chantal is discussing her family reunions with a friend. Choose the correct form of the possessive adjective.

1. Je danse avec (mon, ma, mes) cousins.
2. Charles et (son, sa, ses) sœur regardent souvent la télé.
3. (Mon, ma, mes) frère et moi, nous travaillons dans la cuisine *(kitchen).*
4. (Ton, ta, tes) mère prend souvent des photos.
5. (Mon, ma, mes) tante et (mon, ma, mes) oncle arrivent avec (leur, leurs) chien.
6. Nous chantons (notre, nos) chansons *(songs)* préférées autour du piano.

Exercice 2.

Monique and Guy have struck up a conversation at the cafeteria. Complete their conversation with the correct possessive adjective (*mon, ma, mes, ton, ta, tes,* etc.).

GUY — Est-ce que tu habites à la résidence universitaire ou avec ____ta____[1] famille ?

MONIQUE — J'habite à la résidence universitaire, mais je rentre dans ____ma____[2] famille le week-end. J'aime voir ____ma____[3] mère, ____mon____[4] père et surtout ____mon____[5] frère Manuel.

GUY — Est-ce que ____tes____[6] grands-parents habitent chez toi ?

MONIQUE — Non. ____mes____[7] grands-parents habitent à la campagne. ____leur____[8] maison est très vieille et charmante. Et toi, est-ce que tu habites chez ____tes____[9] parents ?

GUY — Non, j'habite avec ____mes____[10] amis François et Jean-Luc.

Structure 3.2 Le verbe *venir*

Venir is an irregular verb.

venir *(to come)*	
je viens	nous venons
tu viens	vous venez
il/elle/on vient	ils/elles viennent

The verb **venir** can be used for talking about one's place of origin.

Je suis canadienne. Je **viens** de Toronto. — *I'm Canadian. I come from Toronto.*

Est-ce que vous **venez** des États-Unis ? — *Do you come from the United States?*

Exercice 3.

Ousmane is talking about his friends who live in the international residence hall. Complete his sentences with the verb *venir.*

1. Nous ______________ tous de pays différents.
2. Moi, par exemple, je suis sénégalais. Je ______________ de Dakar.
3. Mes copains Miguel et Hector ______________ de Barcelone; ils ont un léger accent espagnol.
4. Kim, tu ______________ de Corée, n'est-ce pas ?
5. Jean-Marc et Bernard, vous ______________ de Montréal, non ?
6. Et il y a Tsien. Il ______________ de Chine.

Structure 3.3 La possession : *de* + nom

The preposition **de** (or **d'**) *(of)* used with nouns expresses possession and relationship. This structure is used in place of the possessive *'s* in English.

Voici la mère **de** Charles.	*Here is Charles's mother.*
J'adore la maison **d'**Anne.	*I love Anne's house.*
Quel est le numéro **de** ton appartement ?	*What is your apartment number?*

The preposition **de** contracts with the definite articles **le** and **les.**

de + le = du	C'est le chien **du** petit garçon. *It's the little boy's dog.*
de + les = des	Je n'ai pas l'adresse **des** parents de Serge. *I don't have Serge's parents' address.*

De followed by **la** or **l'** is unchanged.

Nous écoutons les CD **de l'**oncle **d'**Antoine.	*We're listening to Antoine's uncle's CDs.*
Les clés **de la** voiture sont dans son sac.	*The car keys are in her purse.*

Exercice 4.

Henriette and Claudine are talking about the people they observe in the park. Complete their conversation with *du, de la, des,* or *d'*.

1. Les enfants ______________ ville *(f)* adorent jouer avec leurs bateaux *(boats)* dans le bassin *(pond)* ______________ parc.
2. Regarde le gros chien ______________ petits enfants. Il est adorable !
3. J'aime le chapeau ______________ jeune homme avec le baladeur.
4. Regarde la robe ______________ femme africaine. Elle est belle, non ?
5. Tu as remarqué que l'ami ______________ homme sur le banc *(bench)* ne parle pas ?
6. Regarde les cheveux ______________ Sylvie. Elle est rousse aujourd'hui !

Structure 3.4 Les adjectifs (suite)

As you saw in **Module 1,** most feminine adjectives are formed by adding an **-e** to the masculine ending.

Ton père est bavard. Ta mère est-elle bavarde aussi ?

Your father is talkative. Is your mother talkative too?

Several other common regular endings are shown on the following chart.

masculine ending	feminine ending	examples
-é	-ée	gâté/gâtée; stressé/stressée
-if	-ive	sportif/sportive; actif/active compréhensif/compréhensive
-eux -eur	-euse	nerveux/nerveuse sérieux/sérieuse travailleur/travailleuse
-on	-onne	bon/bonne; mignon/mignonne
-os	-osse	gros/grosse

The following chart displays irregular feminine forms.

masculine	feminine	
doux	douce	*soft, gentle, sweet*
gentil	gentille	*nice*
jaloux	jalouse	*jealous*
long	longue	*long*

Placement de l'adjectif

As a general rule, adjectives in French follow the nouns they modify.

Elle a les cheveux **blonds** et les yeux **bleus.** — *She has blond hair and blue eyes.*

Est-ce que tu aimes les gens **agressifs** ? — *Do you like aggressive people?*

However, there are a small number of adjectives that precede the noun. These are shown in the following chart.

Adjectives that precede the noun

Adjective	Examples	
grand(e)	une grande maison	*a big house*
petit(e)	une petite fille	*a little girl*
jeune	un jeune garçon	*a young boy*
vieux, vieille	un vieux livre	*an old book*
joli(e)	une jolie fleur	*a pretty flower*
beau, belle	une belle chanson	*a beautiful song*
bon(ne)	un bon restaurant	*a good restaurant*
mauvais(e)	une mauvaise idée	*a bad idea*
nouveau, nouvelle	un nouveau président	*a new president*

The adjectives **beau, vieux,** and **nouveau** have a special form used when they precede a masculine singular noun beginning with a vowel or a mute **h.**

un **beau** garçon	un **bel** homme
un **vieux** livre	un **vieil** ami
un **nouveau** film	un **nouvel** acteur

Exercice 5.

Armand is in a bad mood. Complete his description of his family with the correct form of the adjective in parentheses.

Je m'appelle Armand et je suis ______________[1] (pessimiste). Ma mère est ______________[2] (ennuyeux) et peu ______________[3] (compréhensif). Mes parents ne sont pas assez ______________[4] (enthousiaste). J'ai deux sœurs, Nadine et Claire. Elles sont ______________[5] (paresseux), ______________[6] (gâté) et ______________[7] (têtu). Toute ma famille est ______________[8] (désagréable) sauf *(except)* nos deux chattes *(female cats).* Elles sont ______________[9] (mignon).

Exercice 6.

Armand's sister is more optimistic. Complete her family description with the correct form of the adjective in parentheses.

Je m'appelle Nadine et je suis ______________[1] (optimiste). Ma mère est très ______________[2] (actif) et mon père est ______________[3] (compréhensif). J'ai un frère, Armand, qui est ______________[4] (optimiste) comme moi. Ma sœur Claire est ______________[5] (travailleur) et ______________[6] (intelligent). Elle est très ______________[7] (bien élevé). Toute la famille est ______________[8] (gentil). Il y a deux petites exceptions : nos chattes. Elles sont trop ______________[9] (indépendant) et ______________[10] (agressif).

Exercice 7.

Expand on the following sentences by inserting the adjectives in parentheses. Be careful with both adjective agreement and placement.

Modèle : Annette est une fille (jeune, sérieux).
Annette est une jeune fille sérieuse.

1. C'est une chambre (lumineux, petit).
2. Je préfère la robe (blanc, joli).
3. Voilà un étudiant (jeune, énergique).
4. J'aime les films (vieux, américain).
5. Le sénateur est un homme (vieux, ennuyeux).
6. Marc est un homme (beau, riche et charmant).
7. Le Havre est un port (vieux, important).
8. Paris est une ville (grand, magnifique).
9. J'écoute de la musique (beau, doux).

Exercice 8.

Describe Jean-Claude's room using the words in parentheses.

La chambre de Jean-Claude est un désastre! Il y a une (photo/vieux) ______________[1] par terre, et une (plante/petit) ______________[2] dans le lavabo. Sur une chaise, il y a des (draps/sale [*dirty*]) ______________[3] et beaucoup de (cassettes/vieux) ______________[4]. Près de la photo d'une (fille/joli, blond) ______________[5] sur la table de nuit, il y a une (chemise/bleu) ______________[6] et un (sandwich/gros) ______________[7]. La chambre a une (odeur/mauvais) ______________[8]. Ce n'est pas une (chambre/agréable) ______________[9].

Structure 3.5 Les prépositions de lieu

Prepositions are used to describe the location of people and things. The following is a list of common prepositions.

dans	*in*	loin de	*far from*
devant	*in front of*	près de	*near*
sur	*on*	en face de	*facing*
sous	*under*	au-dessus de	*above*
entre	*between*	au-dessous de	*below*
derrière	*behind*	à côté de	*next to*

Prepositions that end in **de** contract with **le** and **les,** as shown in the following examples.

La table est à côté **du** mur. *The table is next to the wall.*

La porte est près **des** fenêtres. *The door is near the windows.*

Exercise 9.

Lucas is a foreign student at the University of Columbus. Use the picture on page 41 to help him describe the campus to his friends in France. Use the appropriate preposition plus the article as needed.

1. La librairie est ______________ bibliothèque.
2. ______________ la bibliothèque, il y a une fontaine.
3. Le musée d'art est ______________ bibliothèque.
4. La résidence est ______________ cafétéria.
5. Les courts de tennis sont ______________ terrain de sport.
6. Le théâtre est ______________ le musée et le cinéma.

Tout ensemble!

Complétez le paragraphe avec les mots de la liste.

belle	nouveau
bons	petit
de	récents
de la	ses
française	son
grand	viennent
leurs	vient
meublé	

Jean-Marc est étudiant à l'Université de Lyon. Il ______________[1] de Beaune, une ville pas loin ______________[2] Lyon. Il habite un studio près ______________[3] faculté de sciences. C'est un ______________[4] studio ______________[5] avec l'essentiel : un lit, un fauteuil, un sofa, un bureau, une chaise. Sur le mur de ______________[6] studio, Jean-Marc a une ______________[7] affiche de son footballeur préféré, Zidane, ______________[8] champion de l'équipe ______________[9]. Il a aussi un ______________[10] lecteur de CD et beaucoup de ______________[11] CD ______________[12]. Quand ______________[13] amis ______________[14] le voir *(to see him)*, ils aiment apporter ______________[15] CD préférés et ils écoutent de la musique ensemble.

VOCABULAIRE

Vocabulaire fondamental

Noms

La famille *family*

un bébé	*a baby*
un(e) chat(te)	*a cat*
un(e) cousin(e)	*a cousin*
une femme	*a wife, a woman*
une fille	*a girl, a daughter*
un fils	*a son*
un frère	*a brother*
une grand-mère	*a grandmother*
un grand-père	*a grandfather*
des grands-parents	*a grandparents*
un mari	*a husband*
une mère	*a mother*
un neveu	*a nephew*
une nièce	*a niece*
un oncle	*an uncle*
un père	*a father*
une sœur	*a sister*
une tante	*an aunt*

La chambre *bedroom*

une étagère	*a bookshelf*
une fleur	*a flower*
un lit	*a bed*
des meubles *(m pl)*	*furniture*
un miroir	*a mirror*
un placard	*a closet*
une plante	*a plant*
des rideaux *(m)*	*curtains*
une table de nuit	*a nightstand*
un tapis	*a rug*
un vase	*a vase*

Les objets personnels *personal possessions*

une affiche	*a poster*
un ballon	*a ball (soccer), a balloon*
une bicyclette, un vélo	*a bicycle*
une calculatrice	*a calculator*
une chaîne-stéréo	*a stereo player*
une chose	*a thing*
un dictionnaire (un dico *fam*)	*a dictionary*
un instrument de musique	*a musical instrument*
une montre	*a watch*
une radio-cassette	*a radio cassette player*
un sac à dos	*a backpack*
une télévision (une télé *fam*)	*a television, TV*
une voiture	*a car*

Mots apparentés : une cassette, une photo, un téléphone

Le logement *housing*

un appartement	*an apartment unit*
une maison	*a house*
un(e) propriétaire	*a landlord/landlady*
un studio	*a studio apartment*

Verbes

You are responsible only for the infinitive form of the verbs marked with an asterisk.

coûter	*to cost*
chercher	*to look for*
louer	*to rent*
passer	*to pass (spend) time*
*payer	*to pay*
*prendre	*to take*
*réfléchir	*to think over*
venir	*to come*
*voir	*to see*

Adjectifs

agréable	*likeable*
bête *(fam)*	*stupid*
bon marché	*inexpensive*
célibataire	*unmarried*
cher (chère)	*expensive*
désagréable	*unpleasant*
divorcé(e)	*divorced*
gros(se)	*large*
heureux/euse	*happy*
marié(e)	*married*
mauvais(e)	*bad*
nouveau (nouvelle)	*new*
paresseux/euse	*lazy*
réaliste	*realistic*
réservé(e)	*reserved*
travailleur/euse	*hardworking*
triste	*sad*

Mots apparentés : actif/ive, calme, content(e), énergique, long(ue), pessimiste, strict(e), stupide

Mots divers

ici	*here*
où	*where*

Les nombres 60–1.000.000 *(see p. 72)*

VOCABULAIRE

Prépositions

à côté de	*next to*
au-dessous de	*underneath, below*
au-dessus de	*above*
chez	*at the home (place) of*
dans	*in*
derrière	*behind*
devant	*in front of*
en face de	*facing*
entre	*between*
loin de	*far from*
près de	*near*
sous	*under*
sur	*on*

Expressions utiles

Comment louer une chambre
How to rent a room

(See other expressions on p. 75)

Est-ce que vous avez une chambre à louer?	*Do you have a room to rent?*
C'est combien le loyer?	*How much is the rent?*
Vous avez l'air conditionné?	*Do you have air conditioning?*
Je peux avoir un chien?	*Can I have a dog?*
Je voudrais réfléchir un peu.	*I'd like to think it over.*

Vocabulaire supplémentaire

Noms

La famille

un(e) fille/fils unique	*an only child*
un beau-frère	*a brother-in-law*
un demi-frère	*a half brother; a step-brother*
un beau-père	*a father-in-law; a stepfather*
une belle-mère	*a mother-in-law; a stepmother*
une belle-sœur	*a sister-in-law*
une demi-sœur	*a half sister; a stepsister*
une épouse	*a wife*
un époux	*a husband*
une famille moyenne	*an average-size family*
une famille nombreuse	*a large family*
un frère, une sœur aîné(e)	*an older brother, sister*
des petits-enfants	*grandchildren*
une petite-fille	*a granddaughter*
un petit-fils	*a grandson*

La chambre

un aquarium	*an aquarium*
une corbeille à papier	*a wastebasket*
un fauteuil	*an armchair*
un frigo *(fam)*	*a refrigerator*
un lavabo	*a sink*
des volets *(m)*	*shutters*

Les objets personnels

un baladeur	*a Walkman*
une encyclopédie	*an encyclopedia*
une guitare	*a guitar*
un lecteur de CD	*a CD player*
un magnétoscope	*a VCR*
un radio-réveil	*a clock radio*
une raquette de tennis	*a tennis racket*
un répondeur	*an answering machine*
un réveil	*an alarm clock*
des skis *(m)*	*skis*

Le logement

une caution	*a deposit*
des charges *(f pl)*	*utilities (charges)*
un immeuble	*a building*
un locataire	*a tenant*
une location	*a rental*

Adjectifs

affectueux/euse	*affectionate*
aîné(e)	*older (brother or sister)*
bavard(e)	*talkative*
bien/mal élevé(e)	*well/bad mannered*
cadet (cadette)	*younger (brother or sister)*
lumineux/euse	*sunny, bright (room)*
compréhensif/ive	*understanding*
doux, douce	*sweet, soft*
égoïste	*selfish*
gâté(e)	*spoiled*
jaloux(ouse)	*jealous*
jumeau (jumelle)	*twin*
méchant(e)	*mean*
meublé(e)	*furnished*
mignon (mignonne)	*cute*
mort(e)	*dead*
ouvert(e)	*open*
sage	*well behaved*
sévère	*severe, strict*
super *(fam)*	*great*
têtu(e)	*stubborn*
vivant(e)	*alive, living*

Mots apparentés : agressif/ive, enthousiaste, indépendant(e), passif/ive, stressé(e), tranquille

4

Module 4

Travail et loisirs

Thèmes et pratiques de conversation

Les métiers
Les lieux de travail
Comment dire l'heure
Les loisirs
Les projets

Culture

Le travail moins traditionnel

Lecture

Un coup d'œil sur le Tour de France
Victoire aux Américains—Armstrong remporte la victoire !

Structures

4.1 **Il/elle est** ou **C'est** + métier
4.2 Le verbe **aller** et la préposition **à**
4.3 Les verbes **faire** et **jouer** pour parler des activités
4.4 Le futur proche
4.5 L'interrogatif

Prononciation

Les voyelles françaises : /a/, /e/, /i/
Masculin ou féminin ?

Vidéo:

Scène 1	Chez une amie
Scène 2	Travaillons ensemble
Scène 3	Des goûts différents
Publicité	Petits cœurs de Belin

Thèmes et pratiques de conversation

Les métiers

Structure 4.1 *Il/elle est ou C'est* + métier	When talking about professions, you will need to know the masculine and feminine forms of job titles. You will also have to choose between the structures **il/elle est** and **c'est** to state someone's profession. See page 114 for more information.

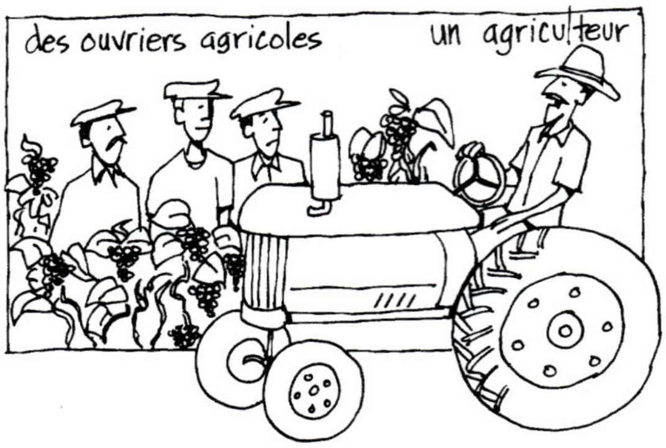

Activité 1 : Classez les métiers.

Avec un(e) camarade, classez les métiers où...

1. on a besoin d'un diplôme universitaire.
2. on emploie beaucoup de jeunes.
3. on gagne beaucoup d'argent.
4. on emploie traditionnellement beaucoup de femmes.
5. on est très stressé.

Activité 2 : Quel métier ?

Avec un(e) autre étudiant(e), associez chaque activité à un métier.

Modèles : Il travaille avec les mains *(hands).*

— C'est un ouvrier.

Elle travaille avec les mains.

— C'est une ouvrière.

ACTIVITÉ	MÉTIER
1. Il répare les voitures.	secrétaire
2. Il tape à l'ordinateur et organise un bureau.	chômeur/euse
3. Il baptise les bébés.	agriculteur
4. Elle chante dans un groupe.	chanteur/euse
5. Il cultive la terre.	mécanicien(ne)
6. Elle défend ses clients devant le juge.	homme (femme) au foyer
7. Il ne travaille pas mais il cherche un travail.	avocat(e)
8. Il reste à la maison pour s'occuper *(take care of)* des enfants.	prêtre

À noter : Notice that in the photo captions on page 95, some descriptions begin with **c'est/ce sont** and others with **il/elle est.**
1. Which form is followed by an article and a noun?
2. Find an example of a profession being used like an adjective.

Voici Zinedine Zidane et Emmanuel Petit. **Ce sont des** *footballeurs de l'équipe de France qui a gagné la Coupe du monde en 1998.*

Voici Marc Verstaen, 38 ans, le patron de BeatWare dans la Silicon Valley. ***C'est un créateur d'entreprise.*** *Ingénieur chez Renault, Verstaen, qui est belge, est venu* (came) *en Californie pour développer des logiciels* (software), *car il trouve que cette région offre des avantages aux entrepreneurs.*

Patrick Chamoiseau ? ***Il est martiniquais.*** *Il écrit en français avec quelques expressions créoles. Chamoiseau a reçu le prix Goncourt pour son livre Texaco en 1992.*

Voici Anne Lauvergeon. ***Elle est ingénieur*** *par formation* (training). *Maintenant* ***c'est le chef d'entreprise*** de Cogema, *une entreprise nucléaire. C'est un poste très important. Lauvergeon a aussi beaucoup d'expérience en politique.*

Activité 3 : Faisons connaissance.

Les personnes suivantes sont célèbres dans le monde francophone. Décrivez-les en employant *il/elle est, c'est* ou *ce sont.*

1. Zinedine Zidane et Emmanuel Petit ? __________ des champions de football.
2. Le prince Rainier ? __________ très riche et élégant.
3. Céline Dion ? __________ chanteuse.
4. Pierre Boulez ? __________ un compositeur et un chef d'orchestre.
5. Anne Hébert et Gabrielle Roy ? __________ des écrivaines canadiennes.
6. Christiane Taubira-Delannon ? __________ une des deux députées *(congress women)* noires de France.

Activité 4 : Jouons à Jeopardy.

Devinez les questions associées aux réponses suivantes.

Modèle : C'est un vieil acteur.
— Qui est Marlon Brando ?

C'est/Ce sont...

1. un avocat célèbre.
2. des hommes politiques conservateurs.
3. des chanteuses populaires.
4. un vieil acteur.
5. un danseur classique.
6. une athlète célèbre.
7. des femmes politiques.
8. des journalistes célèbres.

Les lieux de travail

Structure 4.2 Le verbe *aller* et la préposition *à*	In the working world, people are in constant movement. In this **thème,** you will learn the verb **aller,** *to go,* and the forms of the preposition **à** to talk about the active, everyday world of work. See page 116 for an explanation.

Activité 5 : Où vont-ils?

Où est-ce que les personnes suivantes vont pour travailler ? Regardez le plan de la ville et répondez d'après le modèle.

Modèle : le cuisinier

Il va au restaurant Gaulois.

1. le médecin
2. l'agriculteur
3. l'ouvrier
4. l'agent de police
5. le professeur
6. le serveur
7. l'employé(e) de banque
8. le prêtre
9. le pilote

Activité 6 : Où...

Demandez à un(e) autre étudiant(e) où il/elle va d'habitude dans les situations indiquées.

Modèle : le samedi soir

Où est-ce que tu vas le samedi soir ?

—D'habitude, je vais au cinéma.

1. après la classe de français

2. pour travailler
3. le dimanche matin
4. pour étudier
5. pour déjeuner
6. le vendredi soir

in the working world
the highest

CD ROM

Bulletin

De tous les pays de l'Union européenne, c'est en France où la proportion de femmes dans la vie active° est la plus élevée.°

D'après G. Mermet, *Francoscopie,* 1999 © Larousse-Bordas, 1998

Comment dire l'heure

Il est quelle heure, s'il vous plaît ?

—Il est midi vingt.

Déjà ? C'est l'heure de manger.

Tu as l'heure ?

—Oui, il est deux heures et demie.

J'ai cours dans une demi-heure, à trois heures.

À quelle heure commence le film ?

À 20 heures.

Zut ! Il a déjà commencé !

Quelques expressions utiles

Pour dire l'heure non-officielle

(Excusez-moi,) quelle heure est-il ?

Tu as l'heure ? *(fam)*

Il est dix heures du matin.

Il est dix heures et quart.

Il est dix heures vingt-cinq.

Il est dix heures et demie.

Il est trois heures de l'après-midi.

Il est quatre heures moins le quart.

Il est quatre heures moins dix.

Il est neuf heures du soir.

Il est midi/minuit.

Il est midi/minuit et demi.

À noter : The French frequently tell time based on a 24-hour clock. What American institution uses this system? What are its advantages?

Pour dire l'heure officielle basée sur 24 heures

À quelle heure est-ce que la banque ferme ?

La banque ferme à 18 h 00 (dix-huit heures).

L'autobus arrive à 10 h 55 (dix heures cinquante-cinq).

about Le bal commence vers° 21 h 30 (vingt et une heures trente).

Pour parler de l'heure

La banque ouvre/ferme dans cinq minutes.°	*in five minutes*
Tu es à l'heure.°	*on time*
en avance.°	*early*
en retard.°	*late*
C'est l'heure (de manger).	*It's time (to eat).*
Qu'est-ce que tu fais le matin° ?	*in the morning*
l'après-midi° ?	*in the afternoon*
le soir° ?	*in the evening*
Où vas-tu avant/après° ton travail ?	*before/after*

Activité 7 : Quelle heure est-il ?

Un(e) collègue impatient(e) vous demande souvent l'heure. Répondez avec l'heure non-officielle.

1. 

2. 

3. 

4. 

5. 

6. 

7. 

Activité 8 : Heures d'ouverture.

À quelle heure ouvrent les endroits suivants ? À quelle heure est-ce qu'ils ferment ? Donnez d'abord l'heure officielle et ensuite l'heure non-officielle.

Banque Nationale de Paris
8 h 30–12 h 30; 15 h 30–17 h 30; fermeture les samedi et dimanche

Bureau de Poste
du lundi au vendredi 8 h–19 h; le samedi 9 h–12 h

Pharmacie Dhéry
9 h 00–1 h 00; 7 jours/7

Galeries Lafayette
9 h 30–18 h 30

Samaritaine
9 h 35–19 h 00; les mardi et vendredi 9 h 30–20 h 30

Hypermarché Auchan
Du lundi au jeudi 8 h–21 h; le vendredi 8 h–22 h; le samedi 8 h–19 h

1. Le bureau de poste ferme à quelle heure le jeudi ?
2. Est-ce que les Galeries Lafayette ferment à midi ? À quelle heure ce magasin ouvre-t-il ?
3. À quelle heure de l'après-midi la Banque Nationale de Paris ouvre-t-elle ?
4. Est-ce que l'Hypermarché Auchan est ouvert le plus longtemps mercredi ou le vendredi ?

Activité 9 : Réponses logiques.

Vous entendez chacune des questions de la colonne A. Comment répondre ? Choisissez la réponse logique dans la colonne B.

A

1. Tu as cours à quelle heure ?
2. Il est déjà dix heures. Où est Michel ?
3. Il est midi et demi ?
4. Tu es libre maintenant ?
5. Tu as l'heure ?
6. Excusez-moi, monsieur. Quelle heure est-il ?

B

a. Oui, c'est l'heure de déjeuner.
b. Il est deux heures dix.
c. À onze heures.
d. Non, je n'ai pas de montre.
e. Je ne sais pas. Il est en retard.
f. Non, j'ai cours dans un quart d'heure.

Perspectives culturelles

Le travail moins traditionnel

Introduction

salary

En France la conception du travail, surtout chez les jeunes, est en évolution. Un bon salaire° est important, mais on accorde une importance prioritaire aux relations humaines dans le travail et on recherche le développement personnel. Beaucoup de jeunes envisagent le travail comme une aventure personnelle. Ils sont ouverts à toutes les nouvelles formes de travail et à l'utilisation des technologies dans l'entreprise. Ils sont aussi généralement plus mobiles et considèrent tout changement de travail, d'entreprise ou de région comme une opportunité.

Voici deux portraits des jeunes qui exemplifient cette tendance. Pour eux, profession et passion vont ensemble.

Alain, un producteur nouvelle génération

Sara « trekker » dans le désert

Profils

met

shorts/receives

À 30 ans, Alain Ginot fait partie de la nouvelle génération de producteurs de cinéma. Il a rencontré° son associé, Marc Mouger, à l'université. Les deux étudiants sont en première année à la fac quand ils créent Fidélité Productions et produisent leur premier film. Pendant trois ans, parallèlement à leurs études, les associés produisent des courts métrages.° Aujourd'hui, Alain reçoit° près de vingt propositions par semaine.

excursion guide

travel agency

À 22 ans, Sara Marceau est un « trekker » de choc. Cette accompagnatrice de randonnées touristiques° passe six mois de l'année à Madère ou à Chypre et six mois dans le Sahara. Spécialiste du Sahara, elle accompagne pour « Terres d'aventure », une agence de voyages° spécialisée dans les randonnées à pied, des groupes de touristes qui vont « faire le désert ».

reassure them

about

except/full time

Chef d'expédition, elle organise le trek—d'une ou deux semaines—de A à Z. « Je guide les touristes, je les rassure°. » Une grande responsabilité mais parfaitement adaptée à Sara qui adore le voyage. « Je travaille environ° quinze jours par mois, sauf° l'été, où je suis à plein temps°. De septembre à avril je suis en Afrique. »

Adapté de « Ils ont fait de leur passion leur métier » dans *L'Étudiant,* juillet et août 1999

Avez-vous compris ?

A. Dites si les phrases suivantes sont vraies ou fausses. Corrigez les phrases fausses.

1. Pour les jeunes, un bon salaire est une priorité.
2. Beaucoup de jeunes utilisent les nouvelles technologies dans leur travail.
3. Les jeunes n'aiment pas changer de région pour travailler.

B. Attribuez les phrases à la personne appropriée : Alain Ginot ou Sara Marceau.

1. Cette personne préfère travailler en plein air *(fresh air).*
2. Cette personne travaille avec des clients qui cherchent l'aventure.
3. Cette personne travaille dans le cinéma pendant ses études universitaires.
4. Cette personne travaille avec un ami de l'université.

Les loisirs

Structure 4.3 Les verbes *faire* et *jouer* pour parler des activités	In this **thème**, you will use the verbs **faire** and **jouer** to talk about a number of sports and leisure activities. For additional information about these expressions, see page 117.

Dans le parc

faire une promenade à vélo

faire du jogging

jouer au football

faire du tennis
jouer au tennis

À la maison

faire le ménage

faire la cuisine

faire les devoirs

jouer du piano

faire la grasse matinée

En ville

faire les courses

faire du travail bénévole

faire un voyage

Qu'est-ce que vous faites après les cours ou après le travail ? et le week-end ?

Bulletin

Une année de loisirs

Activités pratiquées en 1997 en % de la population de 15 ans et plus.

Activité	Ont pratiqué	
—Jouer aux cartes ou à des jeux de société°	53 %	*parlor and board games*
—Faire de « bons plats » ou essayer de nouvelles recettes°	50 %	*good dishes* *recipes*
—Faire une randonnée à pied ou à vélo	34 %	
—Faire des mots croisés°	32 %	*crossword puzzles*
—Faire du footing ou du jogging	18 %	
—Jouer à des jeux électroniques	16 %	
—Aller à la pêche°	14 %	*fishing*
—Faire du yoga ou de la relaxation	4 %	
—Pratiquer une autre activité physique ou sportive	23 %	

CD ROM

Activité 10 : Associations.

Éliminez le mot qui ne va pas avec les autres et identifiez l'activité que vous associez à chaque liste.

1. la piscine	l'été	la plage	une balle	un maillot de bain
2. le printemps	la ville	un sac	une liste	le supermarché
3. un uniforme	une équipe	un ballon	un stade	l'église
4. un jean	la montagne	une raquette	des bottes	un pique-nique

Activité 11 : La vie active des célébrités.

Que font les gens suivants ? Formez des phrases avec le verbe *faire.*

1. Gérard Depardieu	du football américain
2. le rappeur MC Solaar	la cuisine
3. les Cowboys de Dallas	du football
4. Olympique de Marseille	de la musique
5. Emeril Lagrasse	des promenades dans l'espace
6. les astronautes	des films
7. le prof de français	?
8. mes amis et moi	?

Activité 12 : Signez ici.

Qui dans la classe fait les activités suivantes ? Préparez une feuille de papier avec les nombres de 1 jusqu'à 10. Circulez dans la classe en posant les questions appropriées pour trouver une réponse affirmative à chaque question. La personne qui répond « oui » doit signer votre papier.

Modèle : jouer du piano

Est-ce que tu joues du piano ?

—Oui, je joue du piano. *(Cette personne signe.)*

—Non, je ne joue pas de piano. *(Cette personne ne signe pas.)*

______________ 1. jouer de la musique

______________ 2. faire du ski sur les pistes *(slopes)* difficiles

______________ 3. jouer dans une équipe de sport à l'université

______________ 4. faire ses devoirs à la bibliothèque

______________ 5. faire du jogging régulièrement

______________ 6. faire du travail bénévole

______________ 7. faire souvent des voyages

______________ 8. faire son lit tous les jours

Activité 13 : Interaction.

Répondez aux questions suivantes.

1. Ton premier cours commence à quelle heure ? Et quand est-ce que tu rentres chez toi après les cours ?
2. Est-ce que tu es très occupé(e) aujourd'hui ?
3. Qu'est-ce que tu fais après ta classe de français ?
4. Est-ce que tu travailles ? Où ? Combien d'heures par semaine ?
5. Qu'est-ce que tu aimes faire le week-end ?
6. Tu aimes faire du sport ? Quels sports est-ce que tu pratiques souvent ? rarement ? parfois ?
7. Est-ce que tu fais le ménage chez toi ? la cuisine ? les courses ?
8. Est-ce que tu es plus souvent à l'heure, en retard ou en avance ?

Les projets

Structure 4.4 Le futur proche	In this **thème,** you will learn the **futur proche** to talk about your plans. See page 119 for an explanation.

Luc est un musicien qui joue du saxophone avec un groupe de jazz. Ce vendredi, il va donner un concert et sa femme est en voyage d'affaires, donc *(therefore)* il va s'occuper *(take care of)* des enfants. Quel emploi du temps chargé ! Qu'est-ce qu'il va faire ?

vendredi 4 octobre

6 h 00	*jogging*
7 h 30	*petit déjeuner*
8 h 00	*amener les enfants à l'école*
1 h 00	*faire les courses*
13 h 00	*déjeuner avec Rémy—directeur de production*
14 h 30	*gym*
16 h 00	*aller chercher les enfants à l'école—les déposer chez le baby-sitter*
16 h 30	*partir pour la salle de concert—vérifier l'acoustique*
17 h 30	*répéter*
20 h 00	*Concert!*

Activité 14 : Les projets de Luc.

Étudiez l'agenda de Luc et indiquez si les phrases suivantes sont vraies ou fausses. Corrigez les phrases fausses.

1. Il va faire une promenade dans le parc vendredi matin.
2. À 8 h, il va amener ses enfants à l'école.
3. Ses enfants vont à l'école jusqu'à *(until)* trois heures de l'après-midi.
4. Il va déjeuner avec le directeur de production de son label à une heure.
5. Il va faire la sieste *(take a nap)* avant le concert.
6. La baby-sitter va garder ses enfants pendant qu'il donne son concert.

Structure 4.5
L'interrogatif

In order to make plans with others, you must first coordinate your schedules; this involves asking questions. See page 120 for a summary of question forms and an explanation of inversion.

À noter : Look at the dialog and count the number of ways questions are formed.

PHILIPPE	Alors, on va à la piscine demain matin ?
JEAN-PIERRE	Je ne sais pas... Qu'en penses-tu ?
VALÉRIE	C'est une bonne idée. Est-ce que c'est une piscine olympique ?
PHILIPPE	Oui, et tu aimes faire de la natation, n'est-ce pas ?
VALÉRIE	En général, oui... À quelle heure veux-tu y aller ?
PHILIPPE	Je ne sais pas. À 9 h 30 ?
JEAN-PIERRE	C'est trop tôt !
PHILIPPE	Tu veux y aller l'après-midi ?
VALÉRIE	Oui, nous allons faire la grasse matinée.
PHILIPPE	Alors, on se retrouve *(meet each other)* devant la piscine demain à 14 h 30 ?
VALÉRIE	D'accord. À demain.

Activité 15 : Quels sont les projets ?

Jean-Pierre n'a pas fait attention pendant la conversation. Il téléphone donc à Philippe pour confirmer leurs projets. Jouez les rôles de Jean-Pierre et de Philippe. Variez la forme des questions.

Modèle : On va au cinéma.

JEAN-PIERRE : *(intonation)* On va au cinéma ?

(n'est-ce pas) On va au cinéma, n'est-ce pas *(right)* ?

(est-ce que) Est-ce qu'on va au cinéma ?

(inversion) Va-t-on au cinéma ?

PHILIPPE : Mais non, on va à la piscine.

1. On va à la piscine dimanche prochain.
2. C'est une petite piscine.
3. Valérie déteste faire la grasse matinée.
4. On va à la piscine à 15 h 30.
5. On se retrouve devant la station de métro.

Activité 16 : Ce week-end.

Demandez à un(e) autre étudiant(e) s'il/si elle va faire les activités suivantes ce week-end. Si la réponse est « non » , demandez ce qu'il/elle va faire.

Modèle : aller au match de basket

Tu vas aller au match de basket ce week-end ?

—Oui, je vais aller au match. *ou*

—Non, je ne vais pas aller au match.

Qu'est-ce que tu vas faire alors ?

—Je vais aller à la bibliothèque.

1. retrouver des amis au café
2. aller au gymnase
3. travailler
4. aller au cinéma
5. aller en boîte *(a club)*
6. faire la cuisine
7. faire les devoirs
8. regarder une vidéo

Activité 17 : Organisez-vous.

Faites une liste de ce que vous allez faire aujourd'hui. Ensuite, mettez-vous en groupes de quatre. Trouvez la personne la plus occupée *(busy)*.

Lecture

Anticipation

1. Cycling is a popular sport in France, for professionals and amateurs alike. Classify the following terms according to whether you associate them with professional *(professionnel)* cycling or pleasure biking *(amateur)*, or both *(les deux)*.

un vélo de course *(a racing bike)*
un vélo de montagne
une épreuve contre la montre *(a time trial)*
un(e) athlète
des chaussures de tennis
un pique-nique
l'entraînement *(training)*
une promenade
une course *(a race)*
une équipe
le cyclotourisme
un club
un casque *(helmet)*
remporter la victoire

2. You are going to read some facts about the Tour de France, an annual bike race, and a news story about the 1999 winner, American Lance Armstrong. What would you expect to find in each of these segments?

Un coup d'œil sur le Tour de France

- **Origine :** créé en 1903 par le directeur du journal *L'Auto*
- **Date :** mois de juillet
- **Nombre de participants :** minimum, 60 en 1903; maximum, 210 en 1988
- **Nombre d'arrivants :** minimum, 11 en 1911; maximum, 151 en 1988
- Course : divisée en une vingtaine° d'étapes journalières; composée d'étapes sur route et d'étapes de montagne
- **Maillot° jaune :** donné après chaque étape au coureur avec le meilleur temps pour cette étape
- **Vainqueur :** le coureur qui a le meilleur temps, calculé par l'addition de temps journaliers
- **Nationalité des vainqueurs** (jusqu'en 1999) : 36 victoires françaises, 18 belges, 9 italiennes, 8 espagnoles, 4 luxembourgeoises, 4 américaines, 1 danoise
- **Position dans le hit-parade du sport :** 3e place après la Coupe du monde de football et les jeux Olympiques

about 20
jersey

Victoire aux Américains—Armstrong remporte la victoire !

Lance Armstrong remporte le 85e Tour de France. Ce cycliste de vingt-sept ans est le seul Américain à avoir dominé le Tour après Greg LeMond, champion en 1986 et 1990.

Armstrong revient de loin, comme on le sait ! C'est une histoire inspiratrice, voire miraculeuse. Il y a deux ans, victime d'un grave cancer, il commence les traitements douloureux° de chimiothérapie, mais refuse de renoncer au sport. Quittant l'hôpital, il annonce son intention de continuer à participer aux courses de compétition. Le monde du cyclisme est sceptique°. Mais en juillet, il est impressionnant dès le début°, dans les épreuves contre la montre comme en montagne. C'est le premier cycliste depuis le champion espagnol, Miguel Indurain, à gagner toutes° les épreuves contre la montre. Avec une moyenne de 40, 55 km/h, Lance Armstrong pulvérise le record de 1998. C'est en effet le Tour de France le plus rapide de l'histoire. Lors des célébrations sur les Champs Elysées, il monte° sur le podium victorieux et rayonnant de santé°. Cette belle victoire de l'esprit° est un record important.

painful treatments
skeptical
from the beginning
all
climbs/beaming with health/spirit

Voici Armstrong en direct...

« Je suis sous le choc, sous le choc ! Le chemin pour arriver à ce Tour de France a été long mais celui pour le gagner aussi. Pour ceux qui me prennent en exemple°, je leur dis une seule chose : Si vous avez une seconde chance, ne la manquez pas !° »
(comments reprinted from Tour de France Web site)

For those who take me as an example / don't waste it

Compréhension et intégration

Répondez *vrai* ou *faux*. Trouvez les mots ou les phrases dans le texte qui expliquent votre réponse.

1. Armstrong est le seul Américain des années 90 à gagner le Tour.
2. Avant le Tour, il n'avait pas les meilleures *(best)* chances de gagner.
3. Sa meilleure performance a été dans les épreuves de résistance.
4. Il a fait le Tour le plus rapide de l'histoire.
5. Il est tombé malade *(got sick)* juste après le Tour.
6. Il encourage les autres à profiter d'une seconde chance.

Maintenant à vous

Imaginez qu'un reporter français interviewe Armstrong. Écrivez cinq questions qu'on aimerait lui poser.

Un pas en avant

À jouer ou à discuter

1. You are in a bank and need to cash a traveler's check in a hurry. Ask the teller for the time and find out when the bank closes.
2. Talk to several classmates to find out what profession they would like to practice after college and why they find it interesting.

Modèle : J'aimerais être *(I would like to be)* ______________ parce que ______________ (gagner beaucoup d'argent, aider les gens, voyager, avoir des vacances, être intéressant).

3. Talk to several classmates to compare what you like to do during your free time. With whom do you have the most in common?

Puzzle à deux

INFO

You need to arrange a time to work on a class project tomorrow with another student. Based on the schedules provided, make suggestions for times to meet. When you agree on a time, also name a place to meet. You'll need at least one and a half hours to complete the class project together.

Possible questions:

Est-ce que tu es libre à 8 heures du matin ?

Je suis libre à 9 heures. Et toi ?

Qu'est-ce que tu fais à midi ?

Personne A will consult the schedule that follows.

Personne B will consult the schedule on page A–21.

Personne A: ***Votre agenda***

8 h–9 h	biologie
9 h–10 h	__________
10 h–11 h	histoire
11 h–12 h	__________
12 h–12 h 45	déjeuner
13 h–14 h	laboratoire
14 h 30–16 h 30	travail—banque
16 h 30–18 h	__________
18 h–19 h	dîner en famille
19 h–21 h 00	étudier
21 h 30–24 h 30	baby-sitting

Naviguez le Web!

1. Visit a Web site that offers a cornucopia of job information. You'll find out about the advantages and disadvantages of jobs in a number of different fields as well as the background and qualities that are required to succeed in these professions. See how many of these professions you recognize.
2. The Tour de France is a French sporting institution. Visit an official Tour de France Web site and find out more about this event—its itinerary, winners, and history.

À écrire

We often begin a new quarter or semester by setting specific goals for ourselves; maybe it's getting more exercise, studying more efficiently, improving our social life, doing something for others, or trying something new and adventurous. In this writing assignment, you'll write a fairly detailed *journal entry* in which you outline your goals and make an action plan for accomplishing them. Remember, as in most writing activities, you can choose to write as yourself or take on a fictional identity.

Première étape

Make a list of the following:

1. two projects you're going to complete
2. one new activity you're going to try
3. two good habits you plan to adopt
4. two steps you'll take to improve your social life

Modèle : Je vais réorganiser mes placards, ranger ma chambre et organiser mes affaires *(things)*.

Je vais m'inscrire *(sign up)* au club de ski.

Je vais dormir moins et étudier plus.

Je vais inviter René à mon match de tennis.

Deuxième étape

Now make a journal entry in which you record your good intentions to check in one year's time. Follow the model provided, using the *futur proche* for discussing your plans.

5 octobre 2001

Salut, c'est moi,

Il y a beaucoup de choses que j'aimerais accomplir *(would like to accomplish)* (ce trimestre/semestre/cette année, etc.). C'est un bon moment pour commencer à changer ma vie et développer mes aptitudes. Tout d'abord, j'ai de mauvaises habitudes à changer. Je ne vais plus *(anymore)* __________. C'est une perte *(waste)* de temps! Je vais __________. Je vais aussi faire des changements dans ma vie sociale. Je vais __________. J'ai tendance à ne pas finir les projets que je commence. Je vais finir __________. Et finalement, j'aimerais essayer *(to try)* quelque chose de nouveau. Par exemple, ______________________________.

Voici mes projets. Maintenant à l'action!

Structures

Structure 4.1 *Il/elle est* ou *C'est* + métier

Les métiers et les genres

Most professions in French have a masculine and a feminine form. In many cases, they follow the same patterns as adjectives.

ending		profession		
masculine	**feminine**	**masculine**	**feminine**	
—	-e	un avocat un écrivain	une avocate une écrivaine	*a lawyer* *a writer*
-ier	-ière	un infirmier	une infirmière	*a nurse*
-ien	-ienne	un informaticien	une informaticienne	*a computer specialist*
-eur	-euse	un serveur	une serveuse	*a waiter/ waitress*
-eur	-rice	un acteur	une actrice	*an actor/ actress*

For some professions where the masculine form ends in **-e,** the article indicates the gender.

un secrétaire	une secrétaire	*a secretary*
un architecte	une architecte	*an architect*

The word **homme** or **femme** is included in some titles.

un homme d'affaires	une femme d'affaires	*a businessman/woman*

In spite of the growing range of work options available to French women, the French language does not always immediately reflect such changes in society. The following traditionally masculine professions have only a masculine form.

Il/Elle est professeur.	*He/She is a professor.*
Il/Elle est médecin.	*He/She is a doctor.*
Il/Elle est cadre.	*He/She is an executive.*

These professions are modified by masculine adjectives.

Mme Vonier est un bon professeur.	*Mrs. Vonier is a good professor.*
Mlle Dulac est un excellent médecin.	*Miss Dulac is an excellent doctor.*
Mme Vivier est un cadre compétent.	*Mrs. Vivier is a competent executive.*

Il/elle est ou C'est

Professions and nationalities in French can be used like adjectives without an article, as in the following structure:

subject + **être** + métier

Marc est avocat. Il est très travailleur.	*Marc is a lawyer. He is very hardworking.*
Mes sœurs sont médecins. Elles sont intelligentes.	*My sisters are doctors. They are intelligent.*
Céline est canadienne. Elle vient du Québec.	*Celine is Canadian. She comes from Quebec.*

Unlike English, no indefinite article is used before professions in French.

Vous êtes étudiant. *You are **a** student.*

Professions and nationalities can also be expressed as nouns with **c'est** or **ce sont.** In this case, the indefinite article **(un, une, des)** is required. Note that nouns of nationality are capitalized, whereas adjectives are written in lower case.

C'est un médecin.	*He/She is a doctor.*
Ce sont des étudiants.	*They are students.*
C'est une Belge.	*She's Belgian.*

Whenever you modify the profession or nationality, you must use **c'est** or **ce sont** or the appropriate noun.

C'est un bon médecin.	*She is/He is a good doctor.*
Ce sont des étudiants paresseux.	*They are lazy students.*
Ce sont des Suisses de Genève.	*They're Swiss from Geneva.*

Some additional common nationalities are **allemand(e)** *(German),* **anglais** *(English),* **chinois(e)** *(Chinese),* **espagnol** *(Spanish),* **italien(ne), mexicain(e),** and **russe** *(Russian).*

Exercice 1.

Complete each sentence with the appropriate job title for the female described. Choose from the list, making changes as needed.

architecte, cuisinier, employé, homme d'affaires, ingénieur, instituteur, musicien, serveur, vendeur, canadien

1. Francine joue du piano dans un orchestre à Lyon. Elle est ________.
2. Geneviève travaille dans une banque. C'est une ________ de banque.
3. Christine travaille dans un restaurant où elle prépare des repas et fait de bonnes sauces. Elle est ________

4. Massa travaille dans une boutique de vêtements. Elle est vendeuse.
5. Céline Dion est célèbre. Elle est chanteuse.
6. Simone travaille au Café du Parc. C'est une serveuse.
7. Colette est directrice du marketing pour une grosse entreprise. Elle est une femme d'affaire.

Exercice 2.

Mme Thu is explaining to her granddaughter where different family members and friends work, what they do, and where they're from. Complete her descriptions using *il/elle est* and *ils/elles sont* or *c'est* and *ce sont.*

1. Ton oncle Nguyen travaille à l'Université de Montréal. ______________ un bon professeur.
2. Ta tante travaille dans une boutique de prêt-à-porter. ______________ vendeuse.
3. M. et Mme Tranh travaillent en ville. ______________ cadres.
4. Le père de ton cousin Anh est très gentil. ______________ un dentiste sympathique.
5. La mère d'Anh adore dessiner des maisons modernes. ______________ architecte.
6. Tes parents travaillent au restaurant Apsara. __________ de bons cuisiniers.
7. Ta cousine est mariée à Paul. ______________ français.

Structure 4.2 Le verbe *aller* et la préposition *à*

The verb **aller,** *to go,* is irregular.

aller ***(to go)***	
je vais	nous allons
tu vas	vous allez
il/elle/on va	ils/elles vont

Je vais en classe. *I'm going to class.*

Ils vont à Paris. *They are going to Paris.*

The preposition **à,** *to, at,* or *in,* is frequently used after verbs such as **aller** and **être.** When **à** is followed by the definite article **le** or **les,** a contraction is formed as shown in the chart.

à + le →	**au**	Mon père travaille **au** commissariat de police.
à + la →	**à la**	Vous allez **à la** banque?
à + l' →	**à l'**	L'institutrice est **à l'**école.
à + les →	**aux**	Nous travaillons **aux** champs.

Aller is also used to talk about how someone is feeling.

Comment allez-vous ?	*How are you?*
Ça va bien.	*I'm fine.*

Exercice 3.

Élisabeth is telling her mother about her afternoon plans. Complete her description with *au, à la, à l',* or *aux.*

D'abord, j'emmène *(take)* les enfants ________[1] école. Puis, je vais ________[2] hôpital pour faire du travail bénévole. Avant midi, je passe ________[3] banque pour toucher *(cash)* mon chèque et puis je retrouve mes copains ________[4] gymnase *(m).* Après notre cours d'aérobic, nous allons déjeuner ________[5] café ensemble. Jean-Claude et Pierre ne déjeunent pas avec nous parce qu'ils travaillent ________[6] champs cet après-midi. Finalement, je vais ________[7] supermarché et je passe ________[8] école chercher les enfants à cinq heures.

Exercice 4.

Where are the following people likely to go? Complete each sentence logically, as in the model.

Modèle : Vous aimez dîner en ville. Vous...
Vous allez au restaurant.

1. Vous aimez skier. Vous...	les courts de tennis
2. Kevin et Christine aiment le tennis. Ils...	la montagne
3. Nous aimons étudier. Nous...	le café
4. Mon père aime écouter un bon sermon. Il...	la librairie
5. Tu aimes acheter des livres. Tu...	le restaurant
6. J'aime retrouver mes amis. Je...	la bibliothèque
	l'église

Structure 4.3 Les verbes *faire* et *jouer* pour parler des activités

The irregular verb **faire,** *to do* or *to make,* is one of the most commonly used verbs in French.

faire *(to do, to make)*	
je fais	nous faisons
tu fais	vous faites
il/elle/on fait	ils/elles font

A number of expressions for talking about work and leisure activities use **faire.**

Je fais les courses le vendredi.	*I go shopping on Fridays.*
Mme Lu fait un voyage au Japon.	*Mrs. Lu is taking a trip to Japan.*

Nous faisons du ski à Noël.	*We go skiing at Christmas.*
Mon père aime faire la cuisine.	*My father likes to cook.*

Note that the question **Qu'est-ce que tu fais ?** can be answered with a variety of verbs.

Qu'est-ce que tu fais cet après-midi ?	*What are you doing this afternoon?*
J'étudie. Plus tard, je fais une promenade en vélo.	*I'm studying. Later on, I'm going for a bike ride.*

Another way of expressing sports activities and games is with the regular **-er** verb **jouer** *(to play).* Use the following structure:

jouer + **à** + definite article + **sport**

Je joue au tennis.	*I play tennis.*
Vous jouez aux cartes.	*You play cards.*
Ils jouent à la marelle.	*They play hopscotch.*

In most cases, either a **faire** expression or **jouer à** can be used. Compare the following:

Zinedine Zidane fait du football.
Zinedine Zidane joue au football. } *Zinedine Zidane plays soccer.*

To talk about playing a musical instrument, you use either a **faire** expression or the following construction:

jouer + **de** + definite article + instrument

Il fait de la guitare.
Il joue de la guitare. } *He plays guitar.*

Exercice 5.

Mme Breton wants to know what everyone in the family is doing. Using the model as a guide, write five questions she might ask with the verb *faire* and five answers using the vocabulary provided.

Modèle : Jacques et Renée, qu'est-ce qu'ils font ?
Ils font une randonnée.

Jacques et Renée	faire	une promenade
Martine	jouer	de la natation

Jean-Claude et moi	le ménage
Philippe	une randonnée
Tante Hélène	au football
les gosses *(kids) (fam)*	du ski
Papa	aux cartes
	leurs devoirs

Exercice 6.

What are the residents of the *Cité universitaire* doing today? Use the elements provided to write sentences describing their activities. Make any necessary changes.

1. Vous / faire / la grasse matinée / ce matin.
2. Évelyne / faire / ménage / quand / sa camarade de chambre / être / bureau.
3. Philippe et moi / faire / randonnée / à la campagne.
4. Les frères Thibaut / jouer / football.
5. Tu / jouer / basketball.
6. Je / faire / piano / après mes cours.

Structure 4.4 Le futur proche

Aller + infinitif is used to express a future action. This construction is known as the **futur proche.**

Nous allons faire du ski.	*We're going to go skiing.*
Tu vas étudier.	*You are going to study.*

To negate the **futur proche,** put **ne... pas** around the conjugated form of **aller.**

Il ne va pas travailler.	*He is not going to work.*
Vous n'allez pas jouer au football.	*You are not going to play soccer.*

The following time expressions are often used with the future.

ce soir	*this evening*
la semaine prochaine	*next week*
demain	*tomorrow*
demain matin	*tomorrow morning*

Exercice 7.

What are the following people going to do this weekend, given their particular circumstances? Complete the sentences with the *futur proche* using the information in parentheses.

1. Paul et Charlotte ont un rendez-vous ce week-end. Ils _______________ (aller) au cinéma.
2. Nous invitons des amis à dîner. Nous _______________ (faire) la cuisine.

3. Maurice a un examen lundi. Il ______________ (ne pas sortir) avec ses amis.
4. Tu détestes le football. Tu ______________ (ne pas aller) au match.
5. Vous allez en boîte samedi soir. Vous ______________ (danser).
6. Le film commence à 22 h 00. Je ______________ (ne pas être) en retard.

Exercice 8.

Pauline describes what she is going to do on her day off from school. Use the *futur proche* of the verbs in the list to tell what is going to happen.

ne pas aller	prendre *(to take)*	écouter	faire (trois fois)
jouer	étudier	rester	retrouver

Demain, c'est un jour de congé *(holiday)*. Je ______________[1] à l'université. Je ______________[2] au lit jusqu'à 10 heures du matin. À 11 heures, je ______________[3] mes amis chez Michelle et nous ______________[4] une promenade à vélo. On ______________[5] un panier de pique-nique et un radio-cassette. À midi, nous ______________[6] un pique-nique et ______________[7] de la musique. Si nous avons le temps, nous ______________[8] au tennis dans le parc. Et vous, qu'est-ce que vous ______________[9]? Comment?! Vous ______________[10] à la bibliothèque?

Structure 4.5 L'interrogatif

You are already familiar with two basic ways to form questions in French.

- By using rising intonation:

  Tu parles français? *You speak French?*

- By adding **est-ce qu(e)** to a sentence:

  Est-ce que tu parles français? *Do you speak French?*
  Est-ce qu'ils jouent au rugby? *Do they play rugby?*

To create a confirmation question (for which you expect only a *yes* or *no* answer), add the tag question **n'est-ce pas** at the end of the sentence. Note the varied meanings of **n'est-ce pas.**

Tu parles français, n'est-ce pas?	*You speak French, don't you?*
Nous n'allons pas jouer aux cartes, n'est-ce pas?	*We aren't going to play cards, are we?*
Paul n'a pas de voiture, n'est-ce pas?	*Paul doesn't have a car, does he?*

Inversion, in which the normal position of the subject and the verb is reversed, is another way to form a question.

Tu parles français. Parles-tu français? *Do you speak French?*

Follow these guidelines for forming inversion questions:

1. When you invert the subject and verb, connect them with a hyphen.

   Allez-vous au bureau? *Are you going to the office?*

2. When inverting **il, elle,** or **on** with a verb that does not end in **d** or **t,** add a **t** between the verb and the subject.

   Joue-t-elle de la guitare? *Does she play the guitar?*
   Va-t-on à la banque? *Are we going to the bank?*

   But:

   Fait-il les courses? *Is he going shopping?*
   Est-ce ta raquette? *Is it your tennis racket?*

3. When nouns are used in inversion questions, restate the noun and then invert the verb with the corresponding subject pronoun.

   Ton ami fait-il le ménage? *Does your friend do housework?*
   Véronique va-t-elle en classe? *Is Véronique going to class?*

4. Inversion is generally not used when the subject is **je.** Use **est-ce que** instead.

   Est-ce que je vais chez Paul ou pas? *Am I going to Paul's or not?*

Inversion is considered somewhat formal, but it is usually used in the following questions:

Quel âge as-tu?	*How old are you?*
Comment t'appelles-tu?	*What is your name?*
Quelle heure est-il?	*What time is it?*
Quel temps fait-il?	*What's the weather like?*
Comment vas-tu?	*How are you?*
D'où es-tu?	*Where are you from?*

Exercice 9.

The following questions are included in a survey about finding a perfect partner. You decide to work some of the questions into a conversation with your boy/girlfriend. Use *est-ce que* in your questions in this casual context.

1. Aimes-tu danser?
2. Es-tu nerveux (nerveuse) quand tu es avec mes parents?
3. Tes parents sont-ils compréhensifs?
4. Aimes-tu passer du temps devant la télévision?
5. Ton (ta) meilleur(e) ami(e) est-il (elle) bavard(e)?
6. Caches-tu *(Are you hiding)* quelque chose?

Exercice 10.

You work for the school paper and plan to interview a new professor from France. As you prepare your notes for this formal interview, reformulate your questions with inversion.

1. Vous êtes d'où ?
2. Vous enseignez les sciences politiques ?
3. C'est votre première visite aux États-Unis ?
4. Votre famille est avec vous ?
5. Vous avez des enfants ?
6. Votre mari est professeur aussi ?
7. Il parle anglais ?
8. Vous pensez rester aux États-Unis ?

Tout ensemble!

Complétez le passage suivant avec des mots et des expressions de la liste.

Voici Sébastien Sportiche. ________[1] un étudiant en finance à l'École de commerce. Il ________[2] 22 ________[3]. En juin, il ________[4] finir ses études et après *(after)*, il va chercher du ________[5] aux États-Unis. Sébastien vient d'une famille bourgeoise. Son père est ________[6]. Il travaille ________[7] Hôpital Saint Charles. Sa mère travaille comme chef ________[8] à l'Oréal. Sebastien ne sait pas *(doesn't know)* exactement quel ________[9] il va faire. Avec son diplôme, il peut *(can)* travailler dans une ________[10], mais il trouve ça ennuyeux et il recherche l'aventure. Il a beaucoup de talents. Il ________[11] musicien—il joue ________[12] piano et ________[13] guitare *(f)*. Il est aussi très ________[14]. Il aime faire des ________[15] à vélo le week-end avec ses copains et il a toujours sa raquette pour jouer ________[16]. Une fois par semaine, il fait du travail ________[17] dans une école primaire. Il aide des enfants immigrés avec leurs devoirs. Sébastien adore les ordinateurs et il est doué *(gifted)* en ________[18] Il parle aussi plusieurs ________[19]. Aux États-Unis, il va ________[20] à Yellowstone et à Yosemite avant de s'installer *(settle)* à San Francisco où il va habiter chez des amis. Sa copine, Anne, est ________[21] dans une école bilingue français/anglais, et son copain Henri a un excellent poste au *Gap* où il est ________[22].

Réponses :

randonnées	de la	à l'	banque	du
d'entreprise	métier	sportif	médecin	voyager
c'est	institutrice	aller	informatique	au tennis
cadre	travail	est	bénévole	ans
		a	langues	

VOCABULAIRE

Vocabulaire fondamental

Noms

Les métiers *professions*

un(e) acteur/trice	*an actor (actress)*
un agent de police	*a policeman/woman*
un(e) avocat(e)	*a lawyer*
un cadre	*an executive*
un(e) chanteur/euse	*a singer*
un(e) chômeur/euse	*an unemployed person*
un(e) commerçant(e)	*a shopkeeper*
un homme (une femme) au foyer	*a homemaker*
un homme (une femme) d'affaires	*a businessman/woman*
un(e) infirmier/ière	*a nurse*
un médecin	*a doctor*
un(e) ouvrier/ière	*a worker*
un poste	*a position (job)*
un(e) secrétaire	*a secretary*
un(e) serveur/euse	*a waiter (waitress)*
un(e) vendeur/euse	*a salesperson*

Mots apparentés : un(e) artiste, un(e) client(e), un(e) employé(e), un(e) journaliste, un(e) patient(e), un pilote

Les lieux de travail *workplaces*

un aéroport	*an airport*
un bureau	*an office*
un bureau de poste, une poste	*a post office*
le centre-ville	*downtown*
une école	*a school*
une église	*a church*
une entreprise	*a company*
un lycée	*a high school*
une usine	*a factory*
une ville	*a city, town*

Mots apparentés : une banque, une boutique, un hôpital, un restaurant

Les sports *sports*

une équipe	*a team*
le football	*soccer*
le football américain	*football*
la natation	*swimming*
la planche à voile	*windsurfing*

Mots apparentés : le basket-ball (basket *fam*), le jogging, le rugby, le ski, le tennis, le yoga

L'heure et les projets *time and plans*

après	*after*
l'après-midi *(m)*	*afternoon, in the afternoon*
avant	*before*
un agenda	*a daily planner*
déjà	*already*
demain	*tomorrow*
en avance/en retard	*early/late*
maintenant	*now*
le matin	*morning, in the morning*
une minute	*minute*
la semaine prochaine	*next week*
le soir	*evening, in the evening*
(trop) tôt/tard	*(too) early/late*

Verbes

aider	*to help*
aller	*to go*
arriver	*to arrive*
déjeuner	*to eat breakfast, to eat lunch*
demander	*to ask*
dîner	*to eat dinner*
faire	*to do, to make*
fermer	*to close*
gagner	*to win, earn*
jouer à	*to play (a sport)*
jouer de	*to play (a musical instrument)*
ouvrir (il ouvre, ils ouvrent)	*to open*
poser une question	*to ask a question*
pratiquer un sport	*to practice (play) a sport*
prendre	*to take*
retrouver	*to meet up with*
skier	*to ski*

Les loisirs *leisure activities*

faire de la natation	*to swim*
faire du français	*to study French*
faire du jogging/du ski	*to jog/to ski*
faire du piano/du violon	*to play the piano/the violin*
faire du sport	*to play a sport*
faire la cuisine	*to cook*
faire le ménage	*to do housework*
faire les courses	*to go shopping, to do errands*
faire les devoirs	*to do homework*
faire une promenade à pied/à vélo	*to take a walk/a bike ride*
faire une randonnée	*to take a hike, an excursion*

VOCABULAIRE

faire un voyage	*to take a trip*
jouer au tennis/au volley	*to play tennis/volleyball*
jouer aux cartes	*to play cards*
jouer de la guitare/du piano	*to play the guitar/piano*

Adjectifs

allemand(e)	*German*
anglais(e)	*English*
cher (chère)	*dear . . . (in a letter)*
espagnol	*Spanish*
occupé(e)	*busy*
ouvert(e)	*open*
prochain(e)	*next*

Mots apparentés : belge, canadien(ne), chinois(e), important(e), individualiste, italien(ne), mexicain(e), populaire, russe, Suisse

Mots divers

l'argent *(m)*	*money*
parfois	*sometimes*
rarement	*rarely*
un salaire	*a salary*
souvent	*often*

Expressions utiles

Comment dire l'heure *how to tell time*

(See other expressions on pp. 98–100.)

Excusez-moi.	*Excuse me.*
Quelle heure est-il?	*What time is it?*
Il est dix heures du matin.	*It's ten o'clock in the morning.*
Il est dix heures et quart.	*It's ten-fifteen.*
Il est dix heures et demie.	*It's ten-thirty.*
Il est onze heures moins le quart.	*It's a quarter to eleven.*
Il est midi/minuit.	*It's noon/midnight.*
À quelle heure commence...?	*What time does . . . begin?*

Vocabulaire supplémentaire

Noms

Les métiers *professions*

un agriculteur	*an agriculturalist, a farmer*
un chauffeur de taxi	*a taxi driver*
un chef d'entreprise	*a company president*
un(e) cuisinier/ière	*a cook*
un(e) écrivain(e)	*a writer*
un homme (une femme) politique	*a politician*
un(e) informaticien(ne)	*a computer specialist*
un ingénieur	*an engineer*
un(e) instituteur/trice	*an elementary school teacher*
un(e) mécanicien(ne)	*a mechanic*
un prêtre	*priest*

Mots apparentés : un(e) architecte, un(e) artiste, un(e) athlète, un(e) baby-sitter, un(e) champion(ne), un(e) danseur/euse, un juge, un(e) musicien(ne), un pasteur

Les lieux de travail et de loisirs work and leisure places

une boîte (de nuit)	*a (night) club*
un champ	*a field*
un commissariat	*a police station*
une ferme	*a farm*
une gym	*a gym*
un horaire	*a schedule*
une mairie	*a town hall*

Verbes

amener	*to bring (a person)*
baptiser	*to baptize*
bavarder	*to chat*
commencer	*to begin*
cultiver	*to cultivate, to grow*
enseigner	*to teach*
exercer une profession	*to practice a profession*
faire attention	*to pay attention*
faire du travail bénévole	*to do charity/volunteer work*
faire la grasse matinée	*to sleep in*
faire la sieste	*to take a nap*
organiser	*to organize*
réparer	*to repair*
répéter	*to rehearse*
se retrouver	*to meet each other (by arrangement)*
taper (à l'ordinateur)	*to type (on a computer)*

Adjectifs

avancé(e)	*advanced*
conservateur/trice	*conservative*
prestigieux/euse	*prestigious*
récent(e)	*recent*

5

Module 5

On sort ?

Thèmes et pratiques de conversation

Au téléphone
Comment inviter
Rendez-vous au café
La météo
Comment faire connaissance

Culture

Le cinéma français
Le café

Lecture

Salut, Virginie ! C'est la rentrée.
(une lettre de Fabienne)

Structures

5.1 Les verbes **vouloir, pouvoir** et **devoir**
5.2 Les verbes comme **sortir**
5.3 Les pronoms accentués
5.4 **Prendre, boire** et les verbes réguliers en **-re**
5.5 Les mots interrogatifs

Prononciation

Les voyelles françaises (suites) : /o/, /u/, les lettres
L'intonation des questions (suite)
Singulier ou pluriel ?

Vidéo

Scène 1	Au parc
Scène 2	On commande des boissons
Scène 3	L'addition, s'il vous plaît
Mini-drame	Jean-Marie n'a pas de chance
Publicité	Badoit

Thèmes et pratiques de conversation

Au téléphone

Structure 5.1 Les verbes *vouloir, pouvoir* et *devoir*	You **want** to go out this weekend but you **can't** because you **have** to work. You can use the verbs **vouloir** *(to want),* **pouvoir** *(to be able to),* and **devoir** *(to have to)* to talk about your work and leisure plans. To see the present tense forms of these verbs, refer to page 151.

MARIE-JOSÉE Allô. Je **peux** parler à Marc ?
PHILIPPE C'est de la part de qui ?
MARIE-JOSÉE De Marie-Josée.
PHILIPPE Marc n'est pas là pour le moment.
MARIE-JOSÉE Est-ce que je **peux** laisser un message ?
PHILIPPE Ne quittez pas. Je cherche un crayon.

Bulletin

- Si vous voulez téléphoner d'une cabine téléphonique en France, vous devez acheter une télécarte dans un tabac ou à la poste. À chaque fois° que vous introduisez la carte dans le téléphone, le coût de l'appel° est débité.
- En France comme dans le reste de l'Europe, le téléphone portable est devenu très populaire. Avec cette popularité, une étiquette se développe pour son emploi°: oui, dans les restaurants, les cafés, les gares°, ou les aéroports; non, dans les musées et les salles de spectacles. Quant à° son emploi au cinéma, 69 % des Français pensent que les téléphones mobiles doivent être interdits°.

each time
cost of the call

use
train stations
As far
banned

D'après G. Mermet, *Francoscopie,* 1999 © Larousse-Bordas, 1998

MARIE-JOSÉE	Allô, Henri ? C'est Marie-Josée.
HENRI	Bonjour. Comment ça va ?
MARIE-JOSÉE	Bien. Dis, Henri, j'ai des billets pour un concert de jazz. Tu **veux** m'accompagner ?
HENRI	Oui, je **veux** bien. C'est quand ?
MARIE-JOSÉE	Demain à 19 h 00.
HENRI	Ah, zut alors. Je ne **peux** pas. Je suis occupé demain soir. Je **dois** travailler.
MARIE-JOSÉE	C'est dommage. Un autre jour alors.
HENRI	D'accord. Merci et au revoir.
MARIE-JOSÉE	Allez, au revoir. Je t'embrasse.

Ce long week-end, qu'est-ce que tu ***voudrais*** *faire ? J'****aimerais*** *faire de l'escalade. En plus, mes amis et moi* ***voudrions*** *jouer au tennis mais nous ne pouvons pas. Nous devons faire les devoirs.*

À noter : Find the verbs **aimer** and **vouloir** in the caption. These verbs are used here in the polite conditional form. If **j'aime** means *I like* and **je veux** means *I want*, what do **j'aimerais** and **je voudrais** mean?

Activité 1 : Est-ce que Jacques est là ?

Vous appelez la résidence universitaire pour demander si vos copains peuvent sortir. Utilisez l'image pour créer quelques mini-dialogues.

ÉTUDIANT 1 Allô... ici ______________ . Je peux parler à ______________ ?
ÉTUDIANT 2 Non, il/elle ______________ .
ÉTUDIANT 1 Bon, alors est-ce que je peux parler à ______________ ?
ÉTUDIANT 2 À ______________ ? Non, il/elle ______________ .
ÉTUDIANT 1 Eh bien, tu es là, toi. Qu'est-ce que tu fais ?
ÉTUDIANT 2 Moi, je ______________ .
ÉTUDIANT 1 Tu veux ______________ ?
ÉTUDIANT 2 ______________ .

Activité 2 : Projets pour demain.

Voici les messages laissés sur votre répondeur mercredi. Consultez votre horaire pour jeudi (voir ci-dessous) et téléphonez à chaque personne pour lui répondre. Utilisez les verbes *vouloir, pouvoir* et *devoir* dans votre message.

jeudi	
8	
9	cours d'anglais
10	cours de maths
11	
12	
13	déjeuner avec Alice — cafétéria
14	travaux pratiques
15	travaux pratiques
16	médecin
17	
18	
19	
20	étudier avec Martine

Modèle : Message : Allô, chéri(e), c'est ta mère. Veux-tu venir dîner avec nous demain soir vers sept heures ? Je vais sortir maintenant, mais rappelle-moi et laisse un message.

Réponse : Maman, j'aimerais beaucoup dîner à la maison, mais je dois étudier avec Martine à huit heures. Pourrions-nous dîner un peu plus tôt ?

Message 1 : Salut. C'est Martine. Tu viens chez moi demain soir à huit heures, n'est-ce pas ? Peux-tu apporter ton manuel d'anglais ?

Message 2 : Bonjour. C'est la secrétaire du docteur Briant. Je vous appelle pour vous dire qu'il est nécessaire de changer votre rendez-vous pour demain. Le docteur a besoin *(needs)* d'aller à l'hôpital à seize heures. Pourriez-vous arriver à 15 h 00 avant son départ ? Téléphonez-nous pour nous le dire aussitôt que *(as soon as)* possible. Merci beaucoup.

Message 3 : Allô, ici Paul. Veux-tu aller à la salle de sport demain après les cours ? Je peux te retrouver là-bas à 11 h 30.

Message 4 : Bonjour. C'est Georges. Est-ce que tu es libre demain vers midi ? On pourrait déjeuner ensemble avant les travaux pratiques.

Comment inviter

Structure 5.2 Les verbes comme *sortir*	To talk about dating and going out with friends, you will need to use the verb **sortir** *(to go out, leave)*. Its forms and several verbs conjugated similarly are presented on page 153.

Quelques expressions utiles

Pour inviter quelqu'un à faire quelque chose

Tu veux sortir ce soir ?	
Tu es libre° ce soir ?	*free*
Tu aimerais faire quelque chose° ?	*something*
Tu aimes...	
danser ?	
les films français ?	
Tu aimerais (voudrais)...	
aller en boîte ?	
voir le nouveau film de Luc Besson ?	
Ça te dit d'aller prendre un café ?	*How about going for a cup of coffee?*
Qu'est-ce que tu vas faire ce week-end ?	
Je t'invite.	*It's my treat.*

Pour accepter

D'accord.	*O.K.*
Oui, j'aimerais (je veux) bien. / Oui, volontiers.	*Sure, I'd like to.*
C'est une bonne/excellente idée.	
Oui, à quelle heure ?	

Pour hésiter

Euh... je ne sais pas.	
Je dois réfléchir.	
Peut-être,° mais je dois regarder mon agenda.	*maybe*
Euh... pourquoi ?	

Pour refuser

Non, c'est pas possible samedi. *(fam)*	
Tu sais, ça ne m'intéresse pas.	*You know, that doesn't interest me.*
Désolé(e). Je suis occupé(e).	*I'm sorry. I'm busy.*
Non, malheureusement,° je ne peux pas.	*unfortunately*
Je dois... travailler. étudier.	
Je vais partir° pour le week-end.	*to go away, leave*

Activité 3 : Une invitation au cinéma.

Henri et Pauline essaient de prendre rendez-vous. Complétez leur conversation.

HENRI Tiens, Pauline. Qu'est-ce que tu ________[1] ce week-end ?
PAULINE Oh là, là, je vais travailler. J'ai beaucoup de choses à étudier.
HENRI Est-ce que tu es ________[2] samedi soir ?
PAULINE Euh, je ne sais pas. Je dois ________[3] mon agenda. ________[4] ?
HENRI Il y a un très bon film au cinéma, un film avec Emmanuelle Béart.
PAULINE Ah oui ? J'aime bien ses films. Voyons. ________[5] est le film ?
HENRI À 20 h 00.
PAULINE Bon, d'accord, ________[6] bien y aller.

Perspectives culturelles

Le cinéma français

Connaissez-vous les grands classiques du cinéma français ? Les films de Jean Renoir, de Jean-Luc Godard et de François Truffaut sont très importants dans l'histoire du cinéma. Vous savez peut-être que c'est en 1895, dans un café de Paris, que les frères Lumière ont présenté leur invention, le cinématographe, et les premiers courts métrages.° *short films*

Aujourd'hui, le cinéma est toujours très apprécié en France. Chaque année en mai, le Festival International du Film de Cannes attire° l'attention *attracts*

(continued)

Perspectives culturelles

Le cinéma français (continued)

du monde entier sur les meilleurs° films. Les Français regardent plus de films que jamais° mais ils vont moins souvent au cinéma. Pouvez-vous deviner pourquoi ? Naturellement, c'est à cause de la télévision et du magnétoscope. On peut regarder des films sans quitter la maison et sans payer le prix des billets (40 à 60 francs).

Quels genres de films sont les plus populaires en France ? Les films comiques, les films d'aventure et les films avec des effets spéciaux sont aux premières places du hit-parade cinématographique.

best
more films than ever

Avez-vous compris ?

Choisissez la meilleure réponse.

1. **Renoir, Godard et Truffaut sont des _______________.**
   a. acteurs b. metteurs en scène *(directors)* c. critiques de film
2. **On a montré les premiers films _______________.**
   a. dans un café b. dans une salle de cinéma c. à un festival de film
3. **L'attitude des Français envers le cinéma est _______________.**
   a. neutre b. positive c. négative
4. **Les meilleurs films de l'année sont présentés _______________.**
   a. en avril b. à la maison c. à Cannes
5. **Aujourd'hui il est souvent plus économique de regarder un film _______________.**
   a. au cinéma b. aux festivals de films c. à la maison
6. **Le public français aime surtout les _______________.**
   a. histoires d'amour b. films d'aventure c. drames psychologiques

François Truffaut, metteur en scène du film L'Histoire d'Adèle H., *avec Isabelle Adjani.*

Activité 4 : Que répondez-vous ?

Répondez aux invitations. Acceptez si vous voulez. Si vous refusez, donnez vos raisons.

1. Tu veux faire du ski avec nous ? On part vendredi.
2. Ça te dit d'aller au concert ce week-end ?
3. Allons au café. Je t'invite.
4. Tu es libre ce soir ?
5. On va au cinéma demain soir ?
6. Il y a une nouvelle exposition d'art expressionniste au musée. Tu aimerais y aller ?

Activité 5 : Invitations.

Invitez un(e) autre étudiant(e) à faire les activités suivantes. Il/Elle accepte, hésite ou refuse.

1. faire une promenade en vélo après la classe de français
2. aller dans un restaurant élégant en ville ce soir
3. regarder un film français demain soir
4. faire un voyage ensemble le week-end prochain
5. aller au café ensemble à midi
6. aller écouter de la musique dans (votre boîte préférée)

Activité 6 : Interactions.

Posez les questions suivantes à un(e) autre étudiant(e).

1. Tu sors souvent avec tes amis ? Où allez-vous d'habitude ?
2. Quel film veux-tu voir maintenant ? À quel concert est-ce que tu aimerais aller ?
3. Quand tu sors au cinéma ou au concert avec un(e) ami(e), qui doit payer ?
4. Où vas-tu d'habitude après un film ou un concert ?
5. Combien d'heures dors-tu normalement le week-end? Est-ce que tu voudrais dormir plus *(more)* ?
6. Est-ce que tu pars en voyage bientôt ? Où vas-tu ?

Rendez-vous au café

Structure 5.3
Les pronoms accentués

Structure 5.4
***Prendre, boire* et les verbes réguliers en -re**

You will frequently use stress pronouns, **les pronoms accentués,** when ordering food and drinks. To order, you need the verb **prendre,** *(to take, have something to eat or drink),* an irregular verb. Several **-re** verbs, such as **boire** *(to drink)* and **attendre** *(to wait),* are also useful during conversations at the café. To learn more about stress pronouns, see page 154. **Prendre, boire,** and regular **-re** verbs are explained on page 156.

Activité 7 : Catégories.

Classez les boissons dans chaque catégorie.

1. des boissons chaudes
2. des boissons fraîches
3. des boissons pour enfants
4. des boissons alcoolisées
5. des boissons sucrées

Activité 8 : Préférences.

Choisissez la boisson que vous préférez.

Modèle : le jus d'orange ou le jus de pomme

Je préfère le jus de pomme.

1. le café ou le thé
3. l'eau minérale ou la limonade
4. la bière ou le champagne
2. le coca ou le coca light
5. le chocolat chaud ou le café crème
6. le thé ou les infusions *(herbal teas)*

Perspectives culturelles

Le café

Le café fait partie de la vie française depuis le 17e siècle°. Le café le plus ancien de Paris, le Procope, 13, rue de l'Ancienne Comédie, date de 1686. Parmi° ses clients célèbres figurent La Fontaine, Voltaire, Benjamin Franklin, Robespierre, Napoléon, Victor Hugo, George Sand, Simone de Beauvoir et Jean-Paul Sartre. C'est surtout au café que les gens découvraient de nouvelles idées et discutaient de ces nouveaux concepts en politique, en art et en philosophie.

Au 20e siècle, le nombre de cafés diminue, le rythme de la vie s'accélère, on passe plus de temps devant la télévision et on a moins de temps pour la vie de café. Le café disparaîtra-t-il° au 21e siècle? Très douteux°! Le café continue à jouer un rôle important dans la vie française. Les étudiants vont au café entre les cours. À midi, beaucoup de gens déjeunent au café. Après le travail, on va souvent au café pour se détendre° avant de rentrer à la maison. Et le café évolue selon les goûts° populaires : il y a maintenant des cybercafés où l'on peut surfer le Web et des cafés philosophiques où l'on va pour écouter et participer à des discussions de philosophie.

century
Among
will disappear/doubtful
relax
tastes

Avez-vous compris?

Répondez *vrai* ou *faux*. Corrigez les phrases fausses.

1. Le café est une invention récente.
2. Avant l'arrivée de la radio et de la télé, on allait au café pour apprendre les nouvelles et aussi pour en discuter.
3. Il y a de moins en moins de cafés en France.
4. On ne peut pas déjeuner au café.
5. Le café est un endroit populaire pour retrouver des amis.
6. Aujourd'hui, on ne parle pas de sujets à controverse dans les cafés.

Activité 9 : Quelque chose à boire.

Dites ce que vous voudriez prendre dans les situations suivantes.

Modèle : un après-midi gris de novembre
Je prends un thé au lait. Et toi ?
—Moi, je prends une infusion.

1. à la terrasse d'un café en juillet
2. en février au café d'une station de ski *(ski resort)*
3. à six heures du matin à la gare *(train station)*
4. au cinéma
5. après un film samedi soir
6. chez des amis

Commandons !

D'autres expressions utiles

Pour le client :

Monsieur/Madame/Mademoiselle, s'il vous plaît.	*Waiter . . . please (to call the waiter)*
Moi, je prends...	*I'll have . . .*
C'est tout.	*That's all.*

Pour le serveur (la serveuse) :

Messieurs-dames.	*Ladies and gentlemen . . . (waiter addresses group)*
Un instant, s'il vous plaît.	*Just a moment, please . . .*
Vous voulez autre chose ?	*Would you like something else ?*

Activité 10 : Des commandes.

Voici des commandes du café de Flore. En groupes de trois, recréez la conversation entre le serveur (la serveuse) et les clients pour chaque commande.

Activité 11 : Je vous invite.

Vous avez invité un groupe d'amis au café. Tout le monde a fait son choix, alors vous passez la commande pour eux.

Modèle : Fabien veut un jus d'orange.
Commande : Pour lui, un jus d'orange.

1. Marie veut une eau minérale.
2. Suzanne et Mélanie prennent des cocas light.
3. David et Jennifer aiment le café crème.
4. Toi et moi, nous voulons des sandwiches au fromage.
5. Je prends aussi une infusion.

Activité 12 : Commandons (jeu de rôle en groupes de quatre).

Vous êtes au café de Flore avec deux amis. Vous regardez la carte et discutez de ce que vous voulez commander. Une personne appelle le serveur (la serveuse) et passe la commande pour le groupe, comme dans le modèle.

Modèle :

ISABELLE	Je prends un thé citron.
FABIENNE	Un express pour moi.
FRÉDÉRIC	Monsieur, s'il vous plaît...
SERVEUR	Oui, monsieur. Un instant, s'il vous plaît... Oui, messieurs-dames. Vous désirez ?
FRÉDÉRIC	Un thé citron pour mademoiselle, un express pour lui, et un demi pour moi.
SERVEUR	Alors, un thé citron, un express et un demi.
FRÉDÉRIC	Et un sandwich au jambon pour moi.
SERVEUR	C'est tout ?
FABIENNE	Oui, c'est tout, merci.

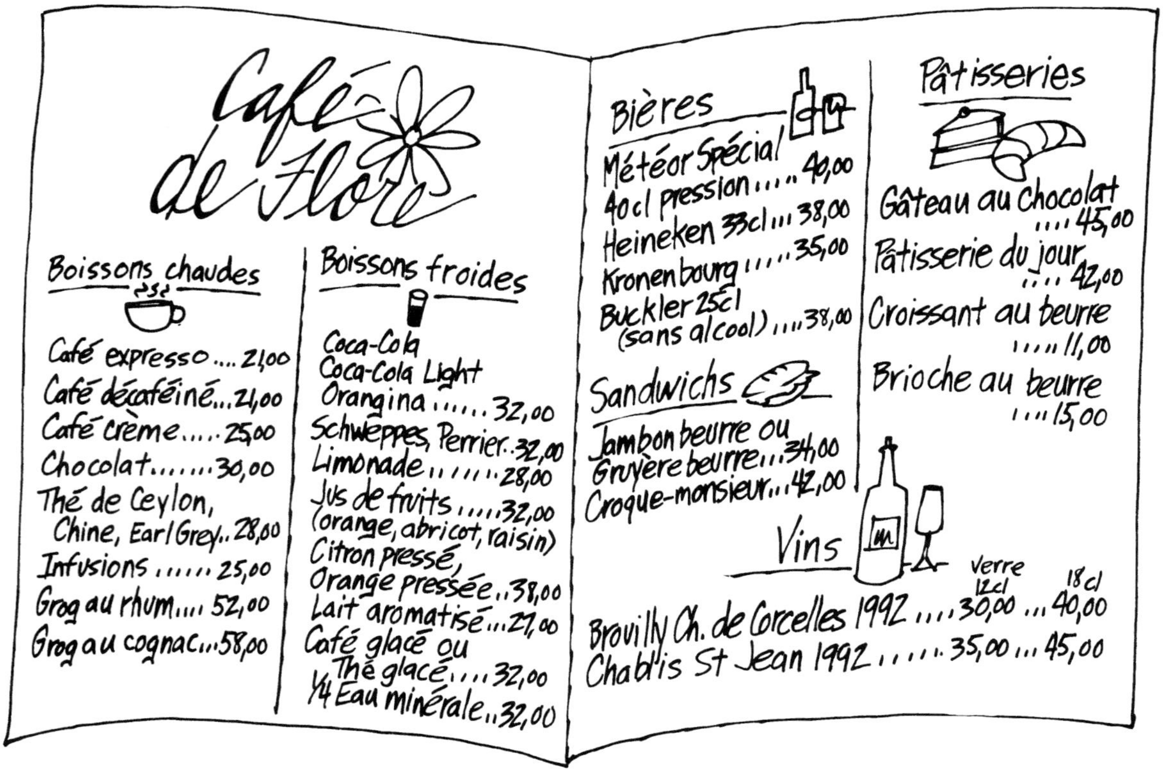

La météo

Quel temps fait-il ?

Il fait beau.

Il fait mauvais.

Il fait chaud. Il fait 36°.

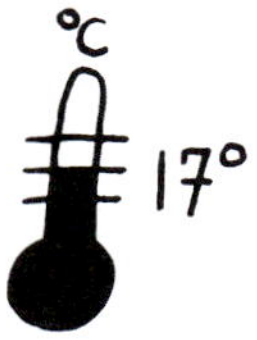

Il fait doux. Il fait 17°.

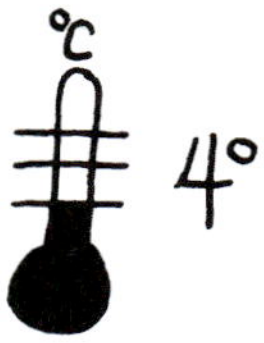

Il fait froid. Il fait 4°.

Il fait du soleil.

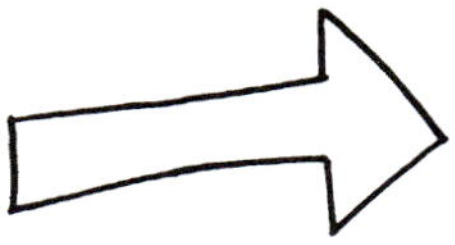

Il fait du vent.

Il y a des nuages.

Il pleut.

Il y a des averses.

Il y a des orages.

Il y a des éclaircies.

Il neige.

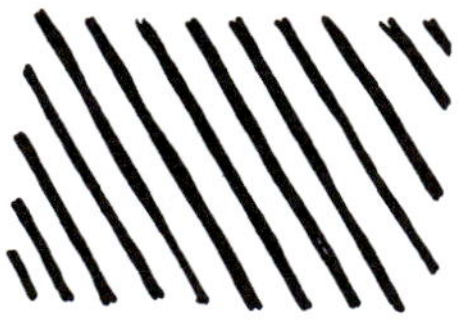

Il y a du brouillard.

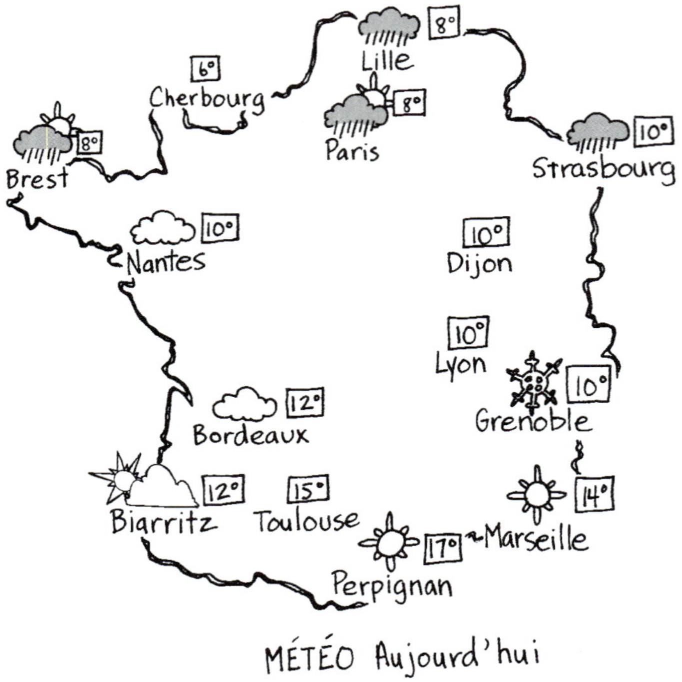

Activité 13 : Quel temps fait-il ?

Choisissez une ville et demandez à un(e) camarade de classe quel temps il y fait.

Modèle : Quel temps fait-il à Paris ?
—Il fait froid et il y a des averses.

1. Dijon
2. Biarritz
3. Grenoble
4. Lille
5. Perpignan
6. Nantes

Activité 14 : Le temps chez vous.

Quel temps fait-il où vous habitez aux moments indiqués ? Quels vêtements portez-vous d'habitude ?

Modèle : en février
En février, il fait froid et il neige. Je porte un manteau.

1. en janvier
2. en mars
3. en mai
4. en août
5. en novembre

un chapeau de paille *(straw)*
un short
un pull
un maillot de bain
un jean
un blouson
des lunettes de soleil
un manteau
un tee-shirt

Mont-Saint-Michel en France

Ville de Fès au Maroc

Ville de Québec au Canada

Activité 15 : Sur la photo.

Décrivez le temps qu'il fait sur chaque photo.

Comment faire connaissance

Structure 5.5 Les mots interrogatifs	What are some strategies for starting up a conversation with someone in French? In addition to commenting about the weather or introducing yourself, you will probably want to ask a few simple questions. Interrogative expressions are presented on page 158.

Quelques expressions utiles

Pour commencer la conversation

Pardon, est-ce que cette place° est libre ?	*this seat*
Vous attendez (tu attends) quelqu'un° ?	*someone*
Je vous (t')en prie.	*(signaling to chair) Go ahead.*
Quel beau/mauvais temps, n'est-ce pas ?	*What good/bad weather, isn't it?*
Qu'est-ce qu'il fait froid/chaud !	*My, it's cold/hot!*
Quelle neige !	*What snow!*
Je vous (te) connais ?	*Do I know you?*
Vous êtes (tu es) dans ma classe de philo?	

Pour continuer la conversation

Vous êtes (Tu es) étudiant(e) ?

D'où êtes-vous (es-tu) ?

Qu'est-ce que vous étudiez (tu études) ?

Où travaillez-vous (travailles-tu) ?

Moi, je m'appelle...

Activité 16 : Conversations au café.

Voici deux couples qui entrent en contact. Complétez leurs mini-conversations.

1. MONSIEUR ____________, mademoiselle. Est-ce que ____________ est libre ?
   MADEMOISELLE Oui, monsieur. Je vous ____________.
   MONSIEUR ____________ mauvais temps !
   MADEMOISELLE Oui, il pleut à verse *(it's pouring)*.
   MONSIEUR Vous êtes ____________ ?
   MADEMOISELLE Oui, j'étudie...
2. ÉTUDIANT 1 Pardon, tu es dans ____________ d'anglais ?
   ÉTUDIANT 2 Euh, je pense que oui.
   ÉTUDIANT 1 Tu ____________ quelqu'un ?
   ÉTUDIANT 2 Non, non. Je ____________ prie.
   ÉTUDIANT 1 Moi, je ____________ Françoise...

Activité 17 : Réponses au café.

Au café, vous entendez les questions de la colonne A dans des conversations aux tables voisines. Choisissez les réponses logiques dans la colonne B.

A	B
_____ 1. D'où es-tu ?	a. Oui, je t'en prie.
_____ 2. Qu'est-ce que tu prends ?	b. Ils habitent à San Francisco.
_____ 3. Est-ce que cette place est libre ?	c. Les sciences politiques.
_____ 4. Qu'est-ce que tu étudies ?	d. Un chocolat chaud.
_____ 5. Comment s'appelle ton frère ?	e. Oui, j'adore la neige, moi.
_____ 6. Où habitent tes parents ?	f. Je suis de Philadelphie.
_____ 7. Il fait froid, n'est-ce pas?	g. Christophe.

Activité 18 : Comment faire de nouvelles connaissances ?

Voici quelques suggestions pour faire connaissance. Choisissez les quatre qui vous semblent les plus utiles puis ajoutez une autre suggestion. Ensuite, avec un(e) autre étudiant(e), identifiez deux suggestions que vous avez en commun et une qui est différente.

Modèle : On ne doit pas _______________. On doit _______________.

1. aller au gymnase de l'université
2. aller voir des matches de sport
3. passer du temps dans les magasins de disques ou les librairies
4. suivre un cours (de photo, de mécanique, d'informatique, de danse)
5. passer du temps dans un bar
6. s'inscrire *(register)* dans une agence de rencontres
7. mettre *(to put)* une petite annonce *(personal ad)* dans un journal
8. ?

Lecture

Fabienne, 18 ans, est étudiante à Nantes.

Anticipation

In France, coming back to school or work after summer vacation, known as **la rentrée,** is a big event. What are your main concerns when you go back to school in the fall? Select your top five, and then compare them with those of another student.

les amis	les sports	le travail	le shopping
les camarades de chambre	les professeurs	les films	le parking
le logement	la musique	les projets du week-end	les transports
l'argent	le temps	les cours	autre: _____
les parents	les vêtements	l'amour	

Salut, Virginie ! C'est la rentrée

Fabienne, 18 ans, est étudiante à Nantes. Voici la lettre qu'elle a écrite à son amie Virginie, étudiante à Lille, à propos de sa rentrée à l'université.

Chère Virginie,

Comment vas-tu ? Pour moi, tout se passe° bien. Ma rentrée à — *is going*
Nantes s'est plutôt bien déroulée° et je me suis déjà fait des amis. — *went rather smoothly*
Tu sais que Nantes est une ville étudiante : les cafés sont sympa
et j'apprécie d'aller prendre un verre avec mes amis après les
cours. Je m'entends bien° avec une fille, Séverine, et j'ai aussi — *get along well with*
plusieurs copains avec qui je rigole bien.° D'ailleurs, ils aiment — *I have fun*
aller au cinéma, tout comme moi. Comme tu peux le constater,° — *As you can see*
je suis loin de m'ennuyer° à la fac. — *far from being bored*

Les week-ends sont aussi très animés. Certains de mes amis vont en boîte, mais tu sais que moi, je préfère les soirées tranquilles où on chante et on joue de la guitare. Au fait, mes copains sont musiciens. En plus, on aime le même genre de musique : Radiohead, Portishead et Jeff Buckley font notamment partie de leur discothèque. C'est cool parce qu'on va pouvoir faire des concerts ensemble.

Côté cœur,° plusieurs de mes copains et copines ont des petits amis : Séverine est avec David et Guillaume avec Isabelle. De toute façon, nous aimons tous sortir en groupe pour nous amuser ensemble.

As for relationships

À part ça, je compte reprendre° le sport. Je ne sais pas trop ce que je vais faire : la fac propose plusieurs activités sportives comme le volley, le basket et d'autres sports collectifs. Je vais essayer° de persuader mes amis de s'inscrire,° mais malheureusement, le sport, ce n'est pas leur passe-temps favori.

take back up

to try / to sign up

Voilà, tu sais tout de ma nouvelle vie d'étudiante. Je te laisse et te fais de gros bisous,

Fabienne

Activités de lecture

A. Qu'est-ce qui est important pour Fabienne au moment de la rentrée ? Utilisez la liste de *l'Anticipation* et mettez un X à côté de chaque chose mentionnée dans la lettre. Qu'est-ce que vous avez en commun avec Fabienne ?

B. Choisissez l'idée principale de chaque paragraphe.

1. paragraphe 1
a. les amis et les copains
b. les cafés de Nantes
c. la vie à la fac

2. paragraphe 2
a. les préférences musicales
b. les activités le week-end
c. les soirées tranquilles

3. paragraphe 3
a. les petits amis
b. Séverine et David
c. les sorties à deux ou en groupe

4. paragraphe 4
a. les sports à la fac
b. l'équipe de basket
c. les amis sportifs

Expansion de vocabulaire

Trouvez le(s) mot(s) ou expression(s) dans le texte.

1. boyfriend
2. to go have a drink
3. a university town

4. music collection
5. it's cool
6. their preference ("cup of tea")

Compréhension et intégration

Avez-vous compris les commentaires de Fabienne sur sa rentrée à l'université ? Répondez *vrai* ou *faux* aux phrases suivantes et trouvez, dans le texte, les phrases qui justifient vos réponses.

_____ 1. Fabienne aime retrouver ses copains au café. (ligne ___)

_____ 2. Fabienne préfère sortir en boîte avec ses copains. (ligne ___)

_____ 3. Les copains de Fabienne aiment faire de la musique. (ligne ___)

_____ 4. Son amie Séverine n'a pas de petit ami. (ligne ___)

_____ 5. Fabienne veut faire du sport. (ligne ___)

_____ 6. Ses copains n'aiment pas beaucoup le sport. (ligne ___)

Maintenant à vous

Comparez-vous à Fabienne et à ses copains.

1. Est-ce que vous retrouvez vos amis au café ? Où aimez-vous vous retrouver ?
2. Est-ce que vous aimez les soirées tranquilles ou préférez-vous sortir en boîte ?
3. Faites-vous de la musique ? Écoutez-vous de la musique avec vos copains ? Quels groupes aimez-vous ?
4. Avez-vous un(e) petit(e)ami(e) ? Sortez-vous en général avec un groupe de copains ou préférez-vous sortir à deux ?
5. Faites-vous du sport ? et vos copains ? Aimez-vous mieux les sports collectifs ou les sports individuels ?

Un pas en avant

À jouer ou à discuter

1. You and a friend want to get together to study for the next French test. One of you phones the other to set up a date and time for your study session. Check your schedule to make sure there are no conflicts.
2. You try to call a friend but he/she is not home. Leave a message with his/her roommate.
3. You really want to go out with a particular person but the first time you asked him/her out, the person was busy. Try again, making several suggestions until you finally arrange something.
4. You go to the café after class where you think you see someone who is in your biology lab sitting alone at a table. Go up to that person and strike up a conversation.

Puzzle à deux

You and a friend want to go to the movies. Compare your plans during the evenings this week. Then pick a movie you both want to see and decide on a time to go.

Personne A will refer to the emploi du temps that follows.

Personne B will refer to the Appendix on page A–22.

Personne A

	lundi	mardi	mercredi	jeudi	vendredi	samedi	dimanche
18 h		travailler au		travailler au		rentrer	faire les
19 h		restaurant		restaurant		chez	devoirs
20 h					rendez-vous	mes	
21 h	devoirs de				avec Paul,	parents	
22 h	maths				Guy et Simone		

Naviguez le Web !

Are you going on a trip? What will you need to pack? What sorts of activities can you plan? In order to decide, you need to know what the weather will be like. In the Web activity for this module, you will access French language weather sites to see what the weather is like in francophone countries around the world, and you will see examples of more precise language for talking about the weather.

À écrire

In this activity, you will write a short letter to someone you haven't seen for a while to invite him/her to visit you.

Première étape

Write down who you want to invite and when you would like him/her to visit you.

Deuxième étape

Jot down the weather that can be expected and three or four activities you would like to suggest to your guest.

Troisième étape

Write out a sentence or two in which you make your invitation. Review *Comment inviter* (pp. 130–132) for some suggestions.

Quatrième étape

What other details would be helpful to the person you are inviting to help him/her plan for the trip (clothes, interesting sites to see, etc.)? Is your invitation appealing?

Cinquième étape

Now put together the information in the form of a brief letter.

Greeting: Cher (Chère) _______________

Closing: Amitiés
Bisous, Grosses bises *(big kisses)*

Structures

Structure 5.1 Les verbes *vouloir, pouvoir* et *devoir*

The verbs **vouloir** *(to want),* **pouvoir** *(to be able to),* and **devoir** *(must, to have to)* are irregular verbs. They are presented together because they have similar, although not identical, structures and are frequently used in the same context.

vouloir *(to want)*	
je veux	nous voulons
tu veux	vous voulez
il/elle/on veut	ils/elles veulent

pouvoir *(can, to be able to)*	
je peux	nous pouvons
tu peux	vous pouvez
il/elle/on peut	ils/elles peuvent

devoir *(must, to have to)*	
je dois	nous devons
tu dois	vous devez
il/elle/on doit	ils/elles doivent

Tu veux aller au concert. — *You want to go to the concert.*
Ma sœur ne peut pas y aller. — *My sister can't go.*
Je dois travailler. — *I have to work.*

Note the slight change in the stem in all but the **nous** and **vous** forms.

Nous **voul**ons faire une promenade en voiture demain. Tu **veu**x venir ? — *We want to take a drive tomorrow. Do you want to come?*
Pouvez-vous jouer au tennis aujourd'hui ? — *Can you play tennis today?*
—Non, je ne **peu**x pas. — *No, I can't.*

The verb **devoir** can also mean "to owe." You will use it this way in **Module 12.**

Je dois 10F à mon père. — *I owe my father 10F.*

Conditional forms of the verbs **vouloir** and **pouvoir** are frequently used to soften these verbs, making them sound more polite. This usage is known as the polite conditional, **le conditionnel de politesse.** Compare the following pairs of sentences:

Tu veux sortir ce soir ? — *Do you want to go out tonight?*
Tu voudrais sortir ce soir ? — *Would you like to go out tonight?*

Vous pouvez aller au cinéma ce soir?	*Can you go to the movies this evening?*
Vous pourriez aller au cinéma ce soir?	*Could you go to the movies this evening?*

The conditional of **aimer** is also used for polite requests.

Je voudrais sortir ce soir. J'aimerais sortir ce soir.	*I would like to go out this evening.*

You will study the conditional further in **Module 15.** For now, you will use **j'aimerais/tu aimerais** and **je voudrais/tu voudrais.** The other forms are presented here primarily for recognition.

vouloir : je voudrais, tu voudrais, il/elle/on voudrait, nous voudrions, vous voudriez, ils/elles voudraient

pouvoir : je pourrais, tu pourrais, il/elle/on pourrait, nous pourrions, vous pourriez, ils/elles pourraient

aimer : j'aimerais, tu aimerais, il/elle/on aimerait, nous aimerions, vous aimeriez, ils/elles aimeraient

Exercice 1.

Jean-Marie wants to do something with his friends but everyone is busy. Complete the conversation with the correct forms of the verbs given in parentheses.

JEAN-MARIE Dis Christine, tu ____________[1] (vouloir) aller au cinéma ce soir?

CHRISTINE Je ____________[2] (vouloir) bien, mais je ne ____________[3] (pouvoir) pas. Je ____________[4] (devoir) travailler.

JEAN-MARIE Marc, toi et Jean-Claude, vous ____________[5] (vouloir) y aller?

MARC Non, nous ne ____________[6] (pouvoir) pas. Nous n'avons pas assez de fric *(money, fam).*

JEAN-MARIE Mais dis donc... Vous êtes impossibles! Et ta sœur Martine, qu'est-ce qu'elle ____________[7] (faire)? Peut-être qu'elle ____________[8] (pouvoir) y aller avec moi.

MARC Impossible. Elle ____________[9] (devoir) garder la petite Pauline.

JEAN-MARIE Mais je ne ____________[10] (vouloir) pas y aller tout seul!

Exercice 2.

You hear the following remarks at the café. Restate each remark, replacing the more polite conditional form of the verb with the more direct present tense form.

1. Nous pourrions aller au cinéma.
2. Tu voudrais voir le nouveau film de Depardieu?
3. Pourriez-vous téléphoner à Martine?

4. Tu ne pourrais pas parler plus lentement ?
5. On voudrait faire une promenade.
6. Vous voudriez aller danser ce week-end ?

Structure 5.2
Les verbes comme *sortir*

The verb **sortir** means *to leave, to exit an enclosed place,* or *to go out with friends.*

sortir ***(to leave, exit, go out)***	
je sors	nous sortons
tu sors	vous sortez
il/elle/on sort	ils/elles sortent

Notice that the verb **sortir** has two stems, one for the singular forms **(sor-)** and a slightly different stem for the plural forms **(sort-).**

Tu sors avec Michel et Nicole ?	*You're going out with Mike and Nicole?*
Nous sortons du gymnase à 9 h 00.	*We leave the gym at 9 o'clock.*

The following verbs are conjugated like **sortir.** Note the different singular and plural stems.

	singulier	pluriel
partir *to leave, depart*	je **par**s	nous **part**ons
servir *to serve*	je **ser**s	nous **serv**ons
dormir *to sleep*	je **dor**s	nous **dorm**ons

The verbs **sortir, partir, quitter,** and **laisser** all mean roughly *to leave.* However, they are used in different contexts.
Quitter means *to leave someone or something*; it is always used with a direct object. **Laisser,** also used with a noun, means to *leave behind.*

Elle quitte la salle de classe à 10 h 00.	*She leaves the classroom at 10 o'clock.*
Elle quitte son emploi.	*She is leaving her job.*
Voulez-vous laisser un message ?	*Do you want to leave a message?*

The verbs **sortir** and **partir** may be followed by a time expression or a prepositional phrase. Both may also be used alone. **Partir** is often used with a destination.

Elle sort avec Patrice.	*She is going out with Patrick.*
Elle part demain.	*She's leaving (departing) tomorrow.*

Tu sors?	*Are you going out?*
Moi, je pars pour Calais.	*I'm leaving for Calais.*

Exercice 3.

What are the following people doing this weekend? Fill in the blanks with the correct forms of *dormir, partir, servir,* or *sortir* according to the context.

1. Nous __________ tard ce week-end. Nous adorons faire la grasse matinée.
2. Vous __________ avec Pierre ce soir? Vous allez au cinéma?
3. Elle __________ pour son bureau à neuf heures samedi matin.
4. Mes copains __________ de la boîte à minuit parce que leur résidence ferme à 1 h 00.
5. Tu __________ une salade et des sandwichs à tes amis.
6. Faustine et moi, nous __________ du magasin avec beaucoup de paquets.

Exercice 4.

Just as Suzanne is leaving for work, her roommate asks her about the evening's plans. Complete their conversation with appropriate forms of the verbs *quitter, sortir, partir,* and *laisser.*

ANNE-MARIE Vous ______________[1] ce soir?
SUZANNE Oui, Olivier veut aller au cinéma. Tu veux y aller?
ANNE-MARIE À quelle heure commence le film?
SUZANNE À 19 h 30. Il faut ______________[2] à 19 h 00 pour arriver à l'heure.
ANNE-MARIE Tu dois ______________[3] un message pour Olivier. Normalement, il ______________[4] son bureau vers sept heures. Il doit se dépêcher *(hurry up)*.
SUZANNE Je vais lui téléphoner à midi. Maintenant, je ______________[5] pour ma classe de chimie. À ce soir.

Structure 5.3 Les pronoms accentués

French has a special set of pronouns called **pronoms accentués,** or stress pronouns. The chart that follows summarizes the subject pronouns and their corresponding stress pronouns.

pronom sujet	pronom accentué	pronom sujet	pronom accentué
je	**moi**	nous	**nous**
tu	**toi**	vous	**vous**
il	**lui**	ils	**eux**
elle	**elle**	elles	**elles**

The primary function of stress pronouns is to highlight or to show emphasis.

J'aime le jus d'orange, moi.	***I** like orange juice.*
Lui, il aime le café.	***He** likes coffee.*
Qui est-ce ?	*Who is it?*
— C'est moi.	*It's me.*

Stress pronouns appear in many common expressions without a verb.

J'aime le thé. Et toi ?	*I like tea. And you?*
Moi aussi.	*Me too.*
Et lui ?	*And him?*

They frequently appear after prepositions.

Pour nous, deux chocolats chauds.	*For us, two hot chocolates.*
Tu vas chez toi ?	*Are you going home?*
Elle vient avec eux ?	*Is she coming with them?*

They can be used with **à** to show possession.

Ce livre est à toi ?	*Is this book yours?*

Exercice 5.

Max and some friends meet at the café. Complete their conversation with the appropriate stress pronouns. Read each group of sentences carefully to determine which pronouns are needed.

CLAIRE Michel, ______________[1], il aime le chocolat chaud. ______________[2], nous préférons l'eau minérale. Et ______________[3], qu'est-ce que tu préfères ?

MAX J'aime le jus de fruits, alors pour ______________[4], un jus d'orange. Et pour ______________[5], Monique et Serge ? Qu'est-ce que vous voulez ?

MONIQUE J'aime bien le thé au lait, ______________[6]. Et ______________[7], Serge ?

SERGE Je ne veux rien. Ah ! Voilà mes frères. Je dois partir avec ______________[8]. Au revoir.

MICHEL Où sont Nicole et Sandrine ? Regarde, ce sont ______________[9] à la terrasse. Mais, qui est avec ______________[10] ?

MAX Je pense que c'est Amadou. Il est très sympa. Je vais chez ______________[11] pour mes leçons de piano. Sa mère est prof de musique....

Structure 5.4 *Prendre, boire* et les verbes réguliers en *-re*

Prendre

The verb **prendre,** *to take,* is irregular. It is used figuratively to mean *to have something to eat or drink.*

prendre *(to take)*	
je prends	nous prenons
tu prends	vous prenez
il/elle/on prend	ils, elles prennent

Elles ne prennent pas l'autobus. — *They're not taking the bus.*

Nous prenons deux chocolats chauds. — *We'll have two hot chocolates.*

Two other verbs that are formed like **prendre** are **apprendre** *(to learn)* and **comprendre** *(to understand).*

Je ne comprends pas. — *I don't understand.*

Nous apprenons le français. — *We are learning French.*

Boire

The verb **boire,** *to drink,* is also irregular. It is used to talk about drinking habits and in the fixed expression **quelque chose à boire,** *something to drink,* but it is not used when you place an order.

boire *(to drink)*	
je bois	nous buvons
tu bois	vous buvez
il/elle/on boit	ils/elles boivent

À midi, je bois de l'eau. — *At noon, I drink water.*

Vous voulez quelque chose à boire? — *Do you want something to drink?*

Verbes réguliers en *-re*

To conjugate regular **-re** verbs, drop the **-re** ending of the infinitive and add the endings shown in the chart.

attendre *(to wait for)*	
j'attend**s**	nous attend**ons**
tu attend**s**	vous attend**ez**
il/elle/on attend	ils/elles attend**ent**

Ils attendent leurs amis au café.	*They are waiting for their friends at the café.*
Je n'attends pas le bus.	*I'm not waiting for the bus.*

Note that the verb **attendre** means *to wait for,* so it is never followed by a preposition. The prepositon is already included in the meaning of the verb.

Other common regular **-re** verbs are the following:

descendre	*to go downstairs, to get off (a train, bus, etc.)*
entendre	*to hear*
perdre	*to lose*
rendre	*to return (something)*
rendre visite à	*to visit (a person)*
répondre	*to answer*
vendre	*to sell*

Tu vends ton vélo?	*Are you selling your bike?*
Vous descendez de l'autobus.	*You get off the bus.*

Note that the verb **visiter** is used only with places, whereas **rendre visite à** is used with people. You may wish to use **aller voir** *(to go see)* as an alternative.

Nous visitons Montréal.	*We are visiting Montreal.*
Nous rendons visite à nos grands-parents.	*We are visiting our grandparents.*
Nous allons voir nos cousins aussi.	*We are going to see our cousins too.*

Exercice 6.

Paul and his friends are at the café. Complete their dialog with the appropriate forms of the verb *prendre*.

PAUL Qu'est-ce que vous ______________[1]?
GUY Je ______________[2] euh... je ne sais pas. Marie, qu'est-ce que tu ______________[3]?
MARIE Un express.
GUY Moi, je préfère quelque chose de sucré. Alors, je voudrais un Orangina.
PAUL Alors, Marie et moi, nous ______________[4] des cafés. Guy ______________[5] un Orangina.

Exercice 7.

It's 11 o'clock and everyone is busy. Fill in the blanks to describe what people are doing, using the correct forms of the verbs given in parentheses.

1. J' ______________ (attendre) ma camarade de chambre au café.
2. L'instituteur ______________ (perdre) patience avec les élèves.
3. Nous ______________ (boire) du thé avec nos croissants.
4. Tu ______________ (descendre) l'escalier *(stairs).*

5. Les professeurs ______________ (rendre) les devoirs aux étudiants.
6. Toi et moi, nous ______________ (attendre) l'autobus.
7. Christine ______________ (vendre) un livre à un client à la librairie universitaire.
8. Vous ______________ (apprendre) le français.

Exercice 8.

Françoise is just leaving the café and sees her friend Lucienne at another table. Complete their conversation by choosing the logical verb for each sentence from the list provided and writing in the appropriate form.

aller	entendre
attendre (2 fois)	être
comprendre	prendre (2 fois)
descendre	

FRANÇOISE Salut, Lucienne. Ça va?
LUCIENNE Oui, ça va.
FRANÇOISE Tu ______________ [1] quelqu'un?
LUCIENNE J(e) ______________ [2] mon ami Denis. Et toi?
FRANÇOISE J'étudie. Écoute... qu'est-ce que c'est? Est-ce que tu ______________ [3] de la musique?
LUCIENNE Oui, ça doit être Denis. Il a toujours sa radiocassette. Le voilà. Il ______________ [4] de l'autobus.
DENIS Salut, vous deux. Vous ______________ [5] quelque chose? Moi, j(e)______________ [6] une bière.
FRANÇOISE Bonjour, Denis. Je vous laisse. Je vais à la bibliothèque pour étudier ma leçon de chimie. Le cours ______________ [7] très difficile et mes amis et moi, nous ne ______________ [8] rien *(nothing)*.
LUCIENNE Bon courage, Françoise. Au revoir et étudie bien.

Structure 5.5 Les mots interrogatifs

Learning the basic question words can boost your communication skills in French. These words usually come first in the sentence, and they give you an important clue to what the speaker is asking.

You will be able to get the information you want more effectively when you know the appropriate question words to use.

combien (de) *how much, how many*

comment *how, what*

où *where*

pourquoi *why*

quand *when*

que (qu') *what*

quel(le) *which, what*

qui *who*

quoi *what*

Questions are formed using the interrogative word and one of the basic patterns for forming questions: intonation, **est-ce que,** and inversion.

- intonation *(in conversation; fam)*

Où tu habites ?	*Where do you live?*
Tu habites où ?	*You live where?*

- est-ce que

Qui est-ce que tu attends ?	*Who are you waiting for?*
Qu'est-ce que tu prends ?	*What'll you have?*

- Inversion

Pourquoi vas-tu au café ?	*Why are you going to the café?*
Où va-t-elle ?	*Where is she going?*

The following guidelines will help you use interrogative words correctly.

1. **Combien** is used alone, whereas **combien de** is followed by a noun.

C'est combien ?	*How much is it?*
Combien de croissants voulez-vous ?	*How many croissants do you want?*

2. Depending on the context, **comment** is the equivalent of *how* or *what.*

Comment ça va ?	*How are you?*
Comment vous appelez-vous ?	*What is your name?*
Comment est ton frère ?	*What is your brother like?*
Comment ?	*What? Huh ?*

3. **Où** becomes **d'où** when asking *where . . . from?*

Où est le café de Flore ?	*Where is the Café de Flore?*
D'où êtes-vous ?	*Where are you from?*

4. The question **pourquoi** is usually answered with **parce que...**

Pourquoi étudies-tu l'anglais ?	*Why are you studying English?*
—Parce que j'aime Shakespeare.	*—Because I like Shakespeare.*

5. **Quel,** *which* or *what,* is an adjective that must agree with the noun it modifies. Its four forms are **quel, quelle, quels, quelles.**

Quel jus préfères-tu ?	*What/Which juice do you prefer?*
Quelle heure est-il ?	*What time is it?*
Quels films veux-tu voir ?	*What movies do you want to see?*
Quelles places sont libres ?	*Which seats are free?*

Quel and its forms are also used to make exclamations.

Quel beau temps !	*What beautiful weather!*
Quelle belle robe !	*What a beautiful dress!*

6. **Qu'est-ce que** is followed by normal word order, but **que** is used only with inversion.

Qu'est-ce que tu prends?	*What are you having?*
Que prends-tu ?	

7. In casual conversation, you may ask *what* using **quoi,** as in the following examples.

Tu prends quoi ?	*You are having what?*
Quoi ? Pas possible !	*What? That's not possible!*

Exercice 9.

The following exchanges might be heard in a café as people chat. Based on the information provided in the answers, complete the questions with the appropriate question word(s).

1. ______________ sont tes parents?
—Mes parents sont attentifs et relax.
2. ______________ habite ta sœur ?
—Elle habite à Atlanta.
3. ______________ est-ce ?
—C'est ma tante.
4. ______________ prends-tu un café ?
—Parce que j'ai un examen dans une heure.
5. ______________ tu étudies ?
—J'étudie la biologie.
6. ______________ s'appelle ton copain ?
—Il s'appelle Marc.
7. ______________ es-tu ?
—Je suis de Minneapolis.
8. ______________ chiens as-tu ?
—J'ai deux chiens.

9. ______________ cours as-tu aujourd'hui ?
—J'ai un cours d'histoire et un cours de maths.

10. ______________ ? Il est marié ?
—Oui, il est marié.

11. ______________ prends-tu, une eau minérale ou une bière ?
—Je prends une eau minérale.

12. Tu vends ______________ ?
—Je vends mon ordinateur.

Tout ensemble!

Two friends, Kathy and Isabelle, meet at the café. Complete their conversation by selecting the appropriate words from the list below.

à quelle	où	que	sortent
dois	pour	quelle	toi
est-ce que	pourquoi	rendons	voudrais
moi	prenez	sors	voulez

LE GARÇON Mesdemoiselles, qu'est-ce que vous __________[1] ?

ISABELLE Je __________[2] un rouge, s'il vous plaît.

KATHY Et __________[3] moi, un crème. Tiens, voilà ta sœur et son petit ami. Eux, ils __________[4] ensemble très souvent, n'est-ce pas ? __________[5] vont-ils ce soir ?

ISABELLE Au cinéma. Ils vont voir le nouveau film de Béart. C'est mon actrice préférée. Quelle actrice __________[6] tu préfères ?

KATHY J'aime Juliette Binoche, __________[7].

ISABELLE Ah, __________[8] ?

KATHY Mmm, parce qu'elle est belle et puis, elle a du talent.

LE GARÇON Voilà, mesdemoiselles. Un rouge et un crème. Vous __________[9] autre chose ?

ISABELLE Non, c'est tout, merci. Kathy, il est déjà neuf heures. __________[10] heure est-ce que tu dois partir ?

KATHY Je __________[11] rentrer chez moi vers dix heures. __________[12] fais-tu ce week-end?

ISABELLE Ce week-end ? Dimanche, nous __________[13] visite à ma grand-mère. Et __________[14] ?

KATHY Je travaille. Mais je __________[15] aussi avec des amis samedi soir. Tu veux venir avec nous ?

ISABELLE Chouette ! __________[16] bonne idée !

VOCABULAIRE

Vocabulaire fondamental

Noms

Les boissons (*f*) *drinks*

une bière	*a beer*
un café (au lait)	*a coffee (with milk)*
un (café à la) crème	*a coffee with cream*
un chocolat chaud	*a hot chocolate*
un coca (light)	*a (diet) Coca-Cola*
un demi	*a glass of draft beer*
une eau minérale	*a mineral water*
un express	*an espresso*
un jus d'orange	*an orange juice*
un thé au citron	*a hot tea with lemon*
un thé au lait	*a hot tea with milk*
un thé nature	*a hot tea (plain)*
un (verre de vin) rouge	*a (glass of) red wine*

Le café *café*

une addition	*a check*
une carte	*a menu*
un sandwich jambon beurre	*a ham sandwich with butter*

Mots apparentés : un croissant, un sandwich

Verbes

aller en boîte	*to go to a club*
aller voir	*to go see*
apprendre	*to learn*
attendre	*to wait for*
boire	*to drink*
commander	*to order (at a café, restaurant)*
comprendre	*to understand*
descendre	*to go downstairs, get off (a bus, a plane, etc.)*
désirer	*to want*
devoir	*must, to have to, owe*
discuter (de)	*to discuss*
dormir	*to sleep*
entendre	*to hear*
faire la connaissance (de)	*to meet, make someone's acquaintance*
inviter	*to invite*
laisser	*to leave behind*
partir	*to leave*
perdre	*to lose*
pouvoir	*can, to be able to*
prendre	*to take, have food*
quitter	*to leave*
rendre	*to return (something)*
rendre visite à	*to visit (a person)*
répondre	*to answer*
sortir	*to leave, go out*
vendre	*to sell*
vouloir	*to want*

Le temps *weather*

Il fait 30° (trente degrés).	*It's 30 degrees.*
Il fait beau.	*It's nice weather.*
Il fait chaud.	*It's hot.*
Il fait du soleil.	*It's sunny.*
Il fait du vent.	*It's windy.*
Il fait froid.	*It's cold.*
Il fait mauvais.	*It's bad weather.*
Il neige.	*It's snowing.*
Il pleut.	*It's raining.*
Il y a des nuages.	*It's cloudy.*
la neige	*snow*
le soleil	*sun*
le vent	*wind*

Adjectifs

chaud(e)	*hot*
désolé(e)	*sorry*
frais (fraîche)	*cool*
froid(e)	*cold*
impossible	*impossible*
libre	*free, available*

Pronoms

moi	*me*
toi	*you*
elle(s)	*her (them)*
lui	*him*
nous	*us*
vous	*you*
eux	*them*

Mots interrogatifs

combien (de)	*how much/how many?*
comment	*how? (what?, huh?)*
(d')où	*(from) where?*
pourquoi	*why?*
quand	*when?*
que	*what?*
quel(le)	*which/what?*
quoi	*what?*

Mots divers

allô	*hello (on phone)*
avec	*with*

VOCABULAIRE

une boîte (de nuit)	*a nightclub*
d'accord	*OK*
d'habitude	*usually*
un emploi du temps	*a schedule*
ensemble	*together*
parce que	*because*
peut-être	*maybe*
une place	*a seat*
pour	*for*
quelque chose (à boire)	*something (to drink)*
quelqu'un	*someone*
un rendez-vous	*an appointment, a date*

Mots apparentés : un concert, une idée, un message, un moment, un téléphone mobile (portable)

Expressions utiles

Comment inviter *How to make plans*

(See pp. 130–132 for additional expressions.)

Tu veux sortir ce soir ?	*Do you want to go out tonight?*
Tu aimerais faire quelque chose ?	*Would you like to do something?*
Qu'est-ce que tu vas faire ce week-end ?	*What are you going to do this weekend?*
Je veux bien.	*Sure. I'd like to.*
Désolé(e). Je suis occupé(e).	*Sorry. I'm busy.*
Malheureusement, je ne peux pas.	*Unfortunately, I can't.*

Comment faire connaissance *How to get acquainted*

(See p. 144 for additional expressions.)

D'où êtes-vous ?	*Where are you from?*
Je vous (te) connais ?	*Do I know you?*
Pardon, est-ce que cette place est libre ?	*Excuse me, is this seat free?*
Quel beau temps, n'est-ce pas ?	*What nice weather, isn't it?*
Vous attendez (tu attends) quelqu'un ?	*Are you waiting for someone?*

Vocabulaire supplémentaire

Noms

Les boissons *drinks*

le champagne	*champagne*
un citron pressé	*a lemonade*
une infusion	*an herbal tea*
un jus de pomme	*an apple juice*
une limonade	*a lemon-lime soda*
un Orangina	*an orange soda (brand name)*

Le temps

Il fait doux.	*It's mild.*
Il y a des averses.	*There are showers.*
Il y a des orages.	*There are storms.*
Il y a du brouillard.	*There is fog.* *It's foggy.*
Il y a des éclaircies.	*It's partly cloudy.*

Verbes

appeler	*to call*
continuer	*to continue*
diminuer	*to diminish*
rappeler	*to call back*
récupérer	*to pick up something*

Adjectifs

alcoolisé(e)	*containing alcohol*
sucré(e)	*sweetened*

Mots divers

un billet	*a ticket*
une cabine téléphonique	*a phone booth*
un moteur de recherche	*a search engine*
une soirée	*an evening*
une télécarte	*a phone card*
une terrasse	*an outdoor sitting area of a café*

6

Module 6

Qu'est-ce qui s'est passé ?

Thèmes et pratiques de conversation

- Hier
- Comment raconter une histoire (introduction)
- Les informations
- Personnages historiques
- Les années 90

Culture

- Comment les Français s'informent
- Napoléon I

Lecture

- *Jacques Brel : Chanteur en rébellion*

Structures

- **6.1** Le passé composé avec **avoir**
- **6.2** Les expressions de temps au passé
- **6.3** Le passé composé avec **être**
- **6.4** Les verbes comme **finir**
- **6.5** Les verbes comme **venir** et **venir de** + infinitif

Prononciation

Mots apparentés : -tion, -ité, -isme
Test d'orthographe

Vidéo

Scène 1	J'ai mangé un snack
Mini-drame	Les vacances
Publicités	A. E.D.F.—Électricité de France B. Skip micro-liquide des Laboratoires Skip

Thèmes et pratiques de conversation

Hier soir, les Mauger ont dîné en famille.

Hier

Structure 6.1 Le passé composé avec *avoir* **Structure 6.2** Les expressions de temps au passé	The **thème Hier** highlights the **passé composé,** a verb tense used for telling what happened and recounting past events. See page 188 for a discussion of this tense. Time expressions used with the **passé composé** appear on page 190.

Angèle a étudié pour un examen.

M. et Mme Montaud ont joué aux cartes.

Yvette a travaillé à l'ordinateur.

Serge a regardé son émission favorite à la télévision.

Marthe et Joëlle ont parlé au téléphone pendant des heures.

Mme Ladoucette a fait une promenade dans le parc avec son chien.

Stéphane a perdu ses lunettes.

Véronique a pris des photos du coucher de soleil.

Activité 1 : Interaction.

Qu'est-ce que les étudiants de la classe ont fait hier soir ? Posez les questions suivantes à un(e) camarade.

Modèle : As-tu écouté la radio ?
—Oui, j'ai écouté la radio.

1. As-tu regardé la télé ? À quelle heure ? Où ? Quelle(s) émission(s) ?
2. As-tu parlé au téléphone ? Quand ? Avec qui ?
3. As-tu travaillé ? Quand ? Où ?
4. As-tu dîné au restaurant universitaire ? Avec qui ? À quelle heure ?
5. As-tu retrouvé des amis ? Qui ? Où ? Quand ?
6. As-tu étudié ? Pendant combien de temps ?

Activité 2 : Routines logiques ?

Arrangez les activités en ordre chronologique et lisez vos solutions à la classe. Utilisez *puis, ensuite, alors* et *enfin*.

1. Une soirée entre amis. Le week-end dernier, j'ai invité des amis chez moi pour une soirée. D'abord, j'ai...
a. préparé le dîner.
b. fait les présentations.
c. téléphoné à mes amis pour les inviter.
d. fait les courses.

2. Un examen. Vendredi dernier, Manuel avait un examen d'histoire. D'abord, il a...
a. retrouvé un groupe d'amis pour étudier ensemble.
b. passé l'examen pendant deux heures dans l'amphithéâtre.
c. révisé les notes de classe.
d. beaucoup dormi après l'examen.

3. Un match de tennis. Samedi dernier, tu as joué au tennis. D'abord, tu as...
a. réservé un court au stade municipal.
b. pris une douche *(shower)* avant de rentrer.
c. joué deux sets de tennis.
d. retrouvé ton partenaire au stade.

4. Une soirée au cinéma. Le week-end dernier, nous avons vu un film avec des amis. D'abord, nous avons...
a. vu le film.
b. pris le métro jusqu'au cinéma Rex.
c. dîné dans un restaurant qui reste ouvert jusqu'à minuit.
d. cherché un bon film dans *Pariscope.*

Ils ont trouvé ce film dans Pariscope.

5. Pour louer un appartement. D'abord, Marianne a...
a. regardé dans les petites annonces pour trouver un studio pas cher.
b. décidé de le louer.
c. téléphoné à la propriétaire pour prendre rendez-vous.
d. visité le studio.

6. La fin de la journée. D'abord, j'ai...
a. fait mes devoirs.
b. décidé d'aller au lit.
c. commencé à regarder un mauvais film.
d. regardé les infos à la télé.

Activité 3 : Vous êtes curieux !

Qu'est-ce que votre professeur a fait le week-end dernier ? Posez-lui dix questions pour obtenir le plus d'informations possibles. Il/Elle peut seulement répondre par *oui* ou *non*. Ensuite, faites la même activité avec un(e) camarade de classe.

Activité 4 : La dernière fois...

Dites la dernière fois que vous avez fait les activités suivantes.

Vocabulaire utile : hier, hier soir, hier matin, la semaine dernière, le week-end dernier, mardi dernier, il y a (une semaine)

Modèle : parler anglais en classe

Quelle est la dernière fois que tu as parlé anglais en classe ?
—J'ai parlé anglais en classe ce matin.

1. écouter la radio
2. faire un voyage
3. être en retard pour un rendez-vous
4. téléphoner à tes parents
5. perdre tes clés *(keys)*
6. sécher *(skip)* un cours

Activité 5 : Un voyage mal commencé.

Regardez les images et écoutez l'histoire racontée par votre professeur. Ensuite, recomposez l'histoire vous-même.

Expressions utiles : chercher les affaires de camping, amener le chat, fermer les volets, arranger les bagages dans le coffre, accrocher la caravane, chercher les clés, trouver, démarrer, entendre un bruit

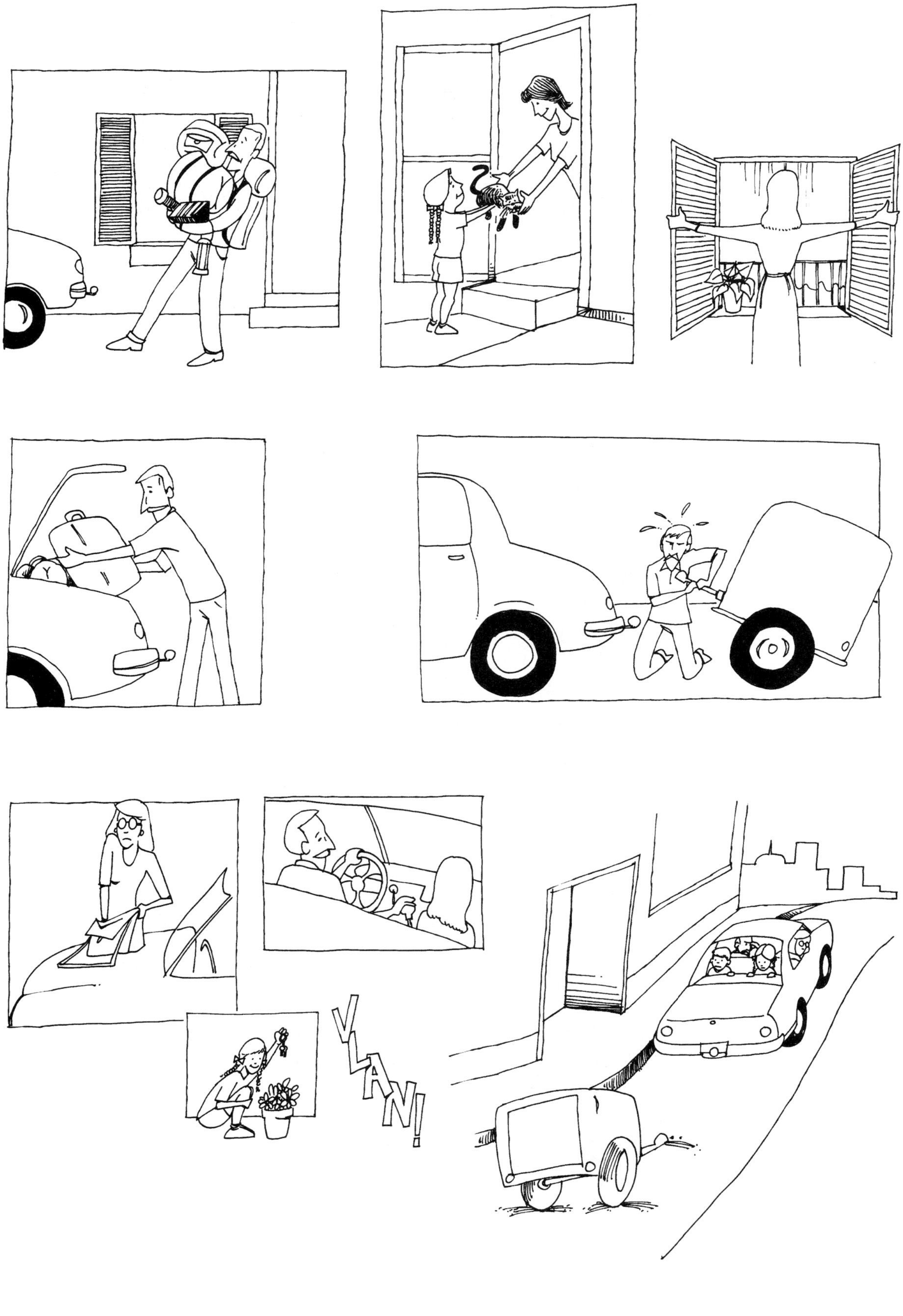
VLAN!

Comment raconter une histoire (introduction)

Structure 6.3
Le passé composé avec être

You have just learned to form the **passé composé** with the auxiliary verb **avoir.** French also has a small number of verbs conjugated with **être** in the **passé composé.** Many of them involve movement. For a complete discussion of the **passé composé** with **être,** see page 191.

Expressions utiles

Si vous écoutez une histoire

Pour commencer

Qu'est-ce qui s'est passé ?	*What happened?*
Racontez-moi ce qui s'est passé.	*Tell me what happened.*

Nicole a fait un voyage en Grèce pendant les vacances. Ses copines sont allés la chercher à l'aéroport, mais elles ont dû l'attendre longtemps. Son avion est arrivé en retard. Finalement, quand Nicole a débarqué de l'avion, elle a tout expliqué à ses copines. — « Voilà ce qui s'est passé... »

Pour réagir

Et alors ?	*And then (what)?*
Ah, oui ?	*Yes? (Go on . . .)*
Vraiment ?	*Really?*
Oh là là !	*Wow!*

Si vous racontez une histoire

Pour commencer

Voilà ce qui s'est passé.	*Here's what happened.*
Bon, je commence. Voilà.	
Euh, c'est comme ça.	*Uh, it's like this.*

Pour continuer

Et puis...	*And then . . .*
Alors...	
Ensuite...	
Euh...	*Uh, um . . .*
Enfin...	*Finally . . .*
Après...	*Then . . .*

Activité 6 : La Route des Montaud.

(En groupes de quatre) Deux personnes jouent le rôle de Monsieur et Madame Montaud qui racontent leur voyage. Les deux autres—les auditeurs *(listeners)*—réagissent à l'histoire avec des expressions appropriées.

> **À noter :** You can use the events depicted in **Activité 6** as a mnemonic device to help you remember some of the verbs that form the *passé composé* with *être*. Note that the actions involve movement.

Verbes utiles : entrer, monter, passer, arriver, sortir, revenir, aller, tomber en panne, venir, partir

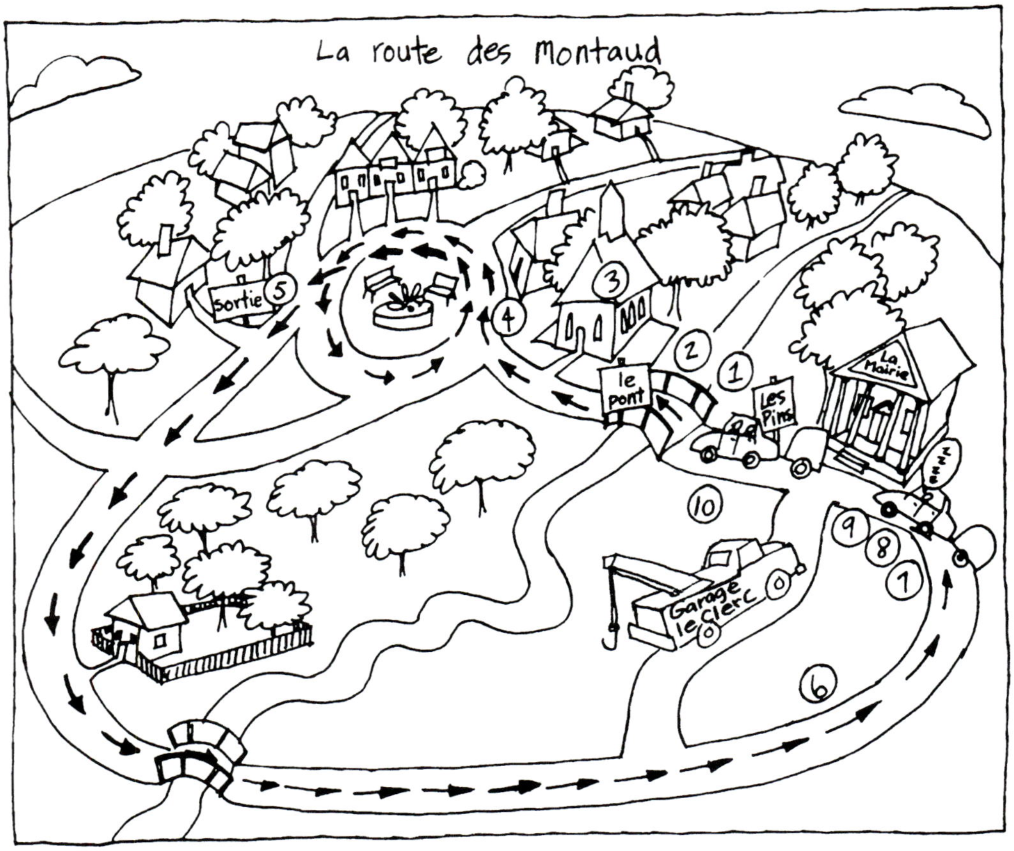

Activité 7 : Des vacances ratées ou réussies ?

Est-ce que vos dernières vacances ont été merveilleuses, médiocres ou désastreuses ? Dites pourquoi en utilisant les éléments des deux colonnes. Commencez avec le modèle.

Modèle : Avez-vous passé de bonnes vacances ?

—Oui et non.

Comment ? Qu'est-ce qui s'est passé ?

—Bon, voilà, je commence...

DES VACANCES RATÉES

1. J'ai perdu mon argent.
2. Il a plu.
3. Les hôtels ont coûté trop cher.
4. Ma voiture est tombée en panne.
5. J'ai eu un accident.
6. J'ai manqué *(missed)* mon avion *(plane)*.
7. Je suis tombé(e) malade.
8. ?

DES VACANCES RÉUSSIES

1. J'ai rencontré des gens très sympathiques.
2. J'ai trouvé de bons restaurants.
3. Mes parents ont payé le voyage.
4. Je suis sorti(e) dans des clubs super !
5. Il a fait beau.
6. Je suis toujours arrivé(e) à l'aéroport à l'heure.
7. J'ai trouvé une plage *(beach)* exotique.
8. ?

Activité 8 : Interaction.

Posez les questions suivantes à un(e) camarade. Ensuite, racontez sa réponse la plus intéressante à la classe.

1. Où as-tu passé tes meilleures *(best)* vacances ?
2. Comment as-tu voyagé ?
3. Avec qui y es-tu allé(e) ?
4. Combien de temps y es-tu resté(e) ?
5. Qu'est-ce que tu as vu d'intéressant ?
6. Qu'est-ce que tu as fait pendant la journée ? la nuit ?
7. Aimerais-tu y retourner l'année prochaine ?

Activité 9 : Toujours des excuses !

Vous êtes toujours prêt(e) à vous trouver des excuses. Utilisez les excuses suivantes et les expressions pour raconter une histoire (pp. 170–171). Votre camarade va réagir. Puis changez de rôle.

Modèle : Pourquoi êtes-vous arrivé(e) à l'école en retard ?

—Euh, et bien... d'abord, je suis allé(e) au lit très tard parce que j'ai travaillé jusqu'à une heure du matin.

Ah, oui. Et après... ?

1. Pourquoi êtes-vous arrivée à l'école en retard ?

a. je / aller au lit très tard hier soir parce que je / beaucoup / travailler
b. je / ne pas entendre le réveil ce matin
c. je / ne pas trouver mes clés
d. je / décider de prendre le bus / mais je / arriver trop tard à l'arrêt d'autobus
e. je / être à l'heure demain / je vous promets

2. Vous n'avez pas rendu votre composition !

a. je / passer / toute la nuit / à préparer la composition
b. je / taper la composition à l'ordinateur
c. on / couper le courant *(the power went off)* / et donc / je / perdre tout mon travail
d. mon ami / retrouver mon travail
e. mon imprimante *(printer)* / tomber en panne

3. Tu n'as pas répondu à ma lettre. Qu'est-ce qui s'est passé ?

a. ta lettre / arriver / quand j'étais en vacances
b. je / répondre à la lettre tout de suite
c. je / perdre / ton adresse
d. je / trouver / l'adresse dans l'annuaire *(phone book)*
e. ma secrétaire / oublier / d'envoyer la lettre, désolé(e)

Activité 10 : L'inquisition d'un parent possessif.

Un parent possessif veut tout connaître sur la soirée de sa fille. Avec un(e) camarade, jouez le rôle du parent et de la fille.

Modèle : Avec qui es-tu sortie ?
—Je suis sortie avec des copains.

1. Avec qui es-tu sortie ?
2. Où es-tu allée ?
3. Combien de copains sont sortis avec toi ?
4. Comment y es-tu allée ?
5. Par où es-tu passée après ?
6. Pendant combien de temps y es-tu restée ?
7. À quelle heure es-tu rentrée ?

Les informations

Structure 6.4 Les verbes comme *finir*

You have already learned to conjugate a number of irregular **-ir** verbs. **Les informations** introduces regular **-ir** verbs. For a list of these verbs and their conjugation, see page 192.

Perspectives culturelles

Comment les Français s'informent

Les Français font plus confiance à la presse qu'à la télévision ou à la radio pour leurs informations. Traditionnellement, ils s'informent en lisant° un quotidien, un journal publié chaque° jour. Cependant, de plus en plus, le journal télévisé du soir et les informations écoutées à la radio le matin remplacent la lecture d'un quotidien. Pour ceux qui veulent une analyse plus détaillée, il y a les hebdomadaires—les magazines qui paraissent chaque semaine. Ces magazines sont souvent plus agréables à lire avec leurs belles photos et leurs images. Le prix des journaux est un autre facteur qui contribue à la désaffection des quotidiens. Un Français paie 7 F pour *Le Monde* alors qu'un New Yorkais paie 5 F pour le *New York Times,* un journal semblable.

by reading
each

En se promenant dans une ville française, l'Américain remarque tout de suite les kiosques où on vend une multitude de magazines de toute catégorie. Parmi les hebdomadaires d'actualité générale, *Paris-Match* a le plus grand nombre de lecteurs. C'est un magazine avec beaucoup de photos en couleurs—style *Life Magazine.* Il est rare de ne pas y trouver un article sur une personnalité américaine telle que Madonna, Hillary Clinton ou Michael Jackson. Les magazines d'information *L'Express* et *Le Point* ressemblent à *Time* et *Newsweek.* Ils contiennent toujours des analyses politiques. Récemment, la vente de magazines d'information a diminué, mais il y a une expansion des magazines spécialisés dans tous les domaines : de l'aventure à l'informatique. Les hommes sont plus concernés par les revues de loisirs : sport, automobile, bricolage°. Les femmes s'intéressent davantage° aux magazines féminins et à ceux de décoration tels que *Marie-Claire, Elle, Art et Décoration* et *Femme actuelle.*

do-it-yourself projects/
more

Avez-vous compris?

1. Les Français font-ils plus confiance aux informations qui se trouvent dans la presse ou à la télévision ?
2. Qu'est-ce qu'on regarde à la télévision pour les informations ?
3. Comment s'appelle un journal qui sort tous les jours ?
4. Comment s'appelle un magazine qui sort toutes les semaines ?
5. Qui paie plus pour son quotidien ? un New Yorkais ou un Parisien ?
6. Pourquoi *Paris-Match* est-il si populaire ?
7. *L'Express* et *Le Point* ressemblent à quels magazines américains ?
8. Où peut-on acheter *(buy)* des journaux en France ?

Activité 11 : Interaction.

Quelles sont vos préférences et vos opinions en ce qui concerne les médias ? Posez les questions suivantes à un(e) autre étudiant(e).

1. Est-ce que tu choisis de t'informer à travers la presse ou la télévision ? Pourquoi ?
2. Réussis-tu à lire *(to read)* le journal tous les jours ? Quel journal préfères-tu ?
3. Est-ce que tu réagis contre la violence à la télévision ?
4. La télévision réussit-elle à nous instruire ou seulement à nous amuser ?
5. Est-ce qu'il y a une émission de télévision que tu regardes avant de te coucher ? À quelle heure finit-elle ?
6. Est-ce que les gens réfléchissent quand ils regardent la télévision ou sont-ils plutôt passifs ?

Activité 12 : Classez les informations.

(À deux) Vous travaillez pour un magazine avec un(e) assistant(e). Lisez les informations suivantes à votre assistant(e). Il/Elle va les classer sous la rubrique appropriée sans regarder le texte. Changez de rôle après avoir fait 1–4.

Rubriques : sport, politique, économie, culture, monde, société, fait divers, mode

Modèle : Venus Williams a remporté la victoire à Wimbledon.
—sport

1. Un film français a gagné la palme d'or à Cannes.
2. Bull, l'entreprise d'informatique, a perdu 15 milliards de francs.
3. Les socialistes ont perdu les élections nationales.
4. On a massacré des civils en Tchétchénie.
5. La police a arrêté des trafiquants de drogues à Marseille.

6. Une femme a tué son mari avant de se suicider.
7. Un Espagnol a gagné le Tour de France.
8. La nouvelle collection Chanel a fait sensation à Paris.

L'EXPRESS SOMMAIRE

n° 2510 - Semaine du 12 au 18 août 1999

Ce numéro, toutes éditions confondues, a été tiré à 640 000 exemplaires.

Encart abonnements placé entre les pages 20-21 et 52-53.
L'Express Le Magazine placé en central sur la Suisse, l'Italie et la Grande-Bretagne.

L'Express is published weekly in Paris by Groupe Express at a yearly subscription rate of : 148 $ US. Printed in France.
Address changes should be sent to : IMS OF NY, BOX 1518, CHAMPLAIN, NY 12919 - 1518. Periodicals postage paid at Champlain NY and additional mailing offices. USPS n° 298800.
Registered as a newspaper at the London post office. Courrier 2e classe, n° permis 9060. Port payé à Montréal.
Rappresentante e direttore responsabile in Italia : Tassinari Domenico - I. M. D. srl, via G. da Velate, 20162 Milano, tel. : 02. 6428135. Autorizzazione tribunale di Milano n° 401 del 13.6.1990. Sped. Abb. Post. Art. 2 Comma 19-20 Legge 23/12/96 n. 662 Milano.

Personnages historiques

Structure 6.5
Les verbes comme *venir* et *venir de* + infinitif

This **thème** presents a set of irregular **-ir** verbs conjugated like **venir.** You will also be working with **venir de** followed by the infinitive to talk about what has just taken place. See page 193 for further information.

Perspectives culturelles

Napoléon I

Né en 1769, Napoléon Bonaparte **vient** d'une famille corse. Après une éducation militaire en France, il **devient** soldat. En 1796, il **obtient** le commandement de l'armée d'Italie où il a des victoires. Le gouvernement l'envoie au Moyen-Orient où il organise l'Égypte et bat les Turcs en Syrie. Après ses campagnes militaires, il **revient** en France où les modérés dans le gouvernement l'aident dans un coup d'état. Napoléon **devient** premier consul et **obtient** de plus en plus de pouvoir° grâce à la constitution autoritaire qu'il impose. Il gagne beaucoup de territoires en conquérant des pays voisins et amasse un empire européen. Napoléon **tient à** la gloire et il se proclame empereur des Français en 1804. Hélas, Napoléon ne réussit pas à maintenir son Grand Empire. Après plusieurs défaites militaires qui finissent par l'invasion de la France, Napoléon doit abdiquer et il part en exil sur l'île d'Elbe. En 1815, il **revient** en France où il reste pendant cent jours. Mais son armée est battue à Waterloo et il doit abdiquer une seconde fois. Les Anglais l'envoient à Sainte-Hélène, une île où il meurt en exil.

° *power*

Avez-vous compris ?

1. D'où vient Napoléon ?
2. Qu'est-ce qu'il obtient en 1796 ?
3. Comment devient-il premier consul ?
4. Est-ce un homme de paix ou de guerre ?
5. Reste-t-il sur l'île d'Elbe après son premier exil ?
6. Quel est le lieu célèbre où son armée a été vaincue *(defeated)* ?

Activité 13 : Une biographie historique.

Faites un bref portrait des personnages présentés aux pages 178–179 en répondant aux questions suivantes.

1. Où est-il/elle né(e) ? En quelle année ?
2. Où a-t-il/elle grandi ?
3. Qu'est-ce qu'il/elle est devenu(e) (quelle a été sa profession) ?
4. Comment a-t-il/elle contribué à l'histoire ?
5. Quand est-il/elle mort(e) ?

Mini-portraits historiques

Nom : Marie Joseph Gilbert Motier, Marquis de La Fayette
Lieu et date de naissance : 1757, château de Chavaniac
Jeunesse : Auvergne
Profession : général et homme politique
Contribution : Il a aidé dans la guerre d'indépendance en Amérique.
Mort : 1834

Nom : Jean-Paul Sartre
Date et lieu de naissance : 1905, Paris
Jeunesse : Paris
Profession : écrivain, philosophe
Contribution : Il a développé la philosophie appelée « existentialisme ». Ses livres *Huis clos* et *La Nausée* ont beaucoup influencé la pensée intellectuelle de son époque.
Mort : 1980

Nom : Marie Curie
Date et lieu de naissance : 1867, Varsovie
Jeunesse : Pologne
Profession : savante, chercheuse
Contribution : Avec son mari Pierre Curie, elle a découvert le radium.
Mort : 1934 par exposition au radium

Nom : Charles de Gaulle
Date et lieu de naissance : 1890, Lille
Jeunesse : Lille
Profession : général et président
Contribution : Général et homme d'état français, il a refusé l'armistice pendant la Seconde Guerre mondiale. De Londres, il a lancé un appel à la résistance et a mené la France Libre *(Free France)*. En 1944, il est devenu président de la République française.
Mort : Il a démissionné en 1969 et est mort en 1970.

Activité 14 : Histoire personnelle.

Répondez aux questions suivantes et ensuite, utilisez les questions pour interviewer votre camarade.

1. D'où viennent tes ancêtres ?
2. Pourquoi sont-ils venus aux États-Unis ?
3. Où tes grands-parents sont-ils nés ?
4. Combien d'enfants ont-ils eus ?
5. Où tes parents ont-ils grandi ?
6. Est-ce que quelqu'un dans ta famille est célèbre ? Expliquez.

Activité 15 : Étapes importantes.

Dites quand vous avez fait les choses suivantes.

Note: To avoid giving your age, you may use the indefinite expression **il y a longtemps** *(a long time ago)*.

Modèle : Quand est-ce que vous avez appris à conduire *(to drive)* ?
—J'ai appris à conduire à l'âge de seize ans, il y a quatre ans.

1. Quand est-ce que vous avez appris à utiliser un ordinateur ?
2. Quand est-ce que vous avez commencé à travailler ?
3. Quand est-ce que vous avez commencé à apprendre le français ?
4. Quand est-ce que vous avez commencé à boire du café ou du thé ?
5. Quand est-ce que vous avez commencé à conduire ?
6. Quand est-ce que vous avez fini le lycée ?

Et maintenant pour le passé récent

Activité 16 : Qu'est-ce qu'on vient de faire ?

Lisez les descriptions suivantes et imaginez ce que ces personnages viennent de faire.

Modèle : Jean-Marc est couvert de sueur *(perspiration).*
Il vient de courir dix kilomètres.

1. Étienne rentre de la bibliothèque.
2. Les Dupuis défont *(unpack)* leurs valises.
3. Nous quittons le cinéma.
4. Tu attends tes boissons au café.
5. Maurice raccroche *(hangs up)* le téléphone.
6. Les garçons rentrent tout contents du stade municipal.

Les années 90

Activité 17 : Qu'est-ce qui s'est passé dans les années 90 ?

Lisez les informations et ensuite, posez des questions à vos camarades de classe sur les événements de cette époque.

Modèle : —Qu'est-ce qui s'est passé en 1995 ?
—Jacques Chirac a gagné les élections présidentielles en France.

1990 On a libéré Nelson Mandela, chef du Congrès national africain (ANC), après 26 ans de prison pour raisons politiques.
La République fédéral d'Allemagne a fêté sa réunification officielle.

1991 Les États-Unis ont lancé l'Opération « Tempête du Désert » dans le cadre de la guerre du Golfe pour ramener la paix au Koweit.

1992 Bill Clinton, ancien gouverneur de l'état d'Arkansas, est devenu le 42e président des États-Unis. Il a reçu 43 % des votes contre 38 % pour George Bush.

1993 Arthur Ashe, tennisman américain, et Rudolph Nureyev, danseur russe, sont morts du SIDA.
Les Européens ont créé un marché unique qui comprend plus de 375 millions de personnes.

1994 La reine Elizabeth d'Angleterre et François Mitterrand, président de la France, ont inauguré l'Eurotunnel, un tunnel de 50 kilomètres qui relie le continent européen à l'Angleterre.

1995 Jacques Chirac a gagné les élections présidentielles en France.

1996 François Mitterrand, président de la République française de 1981 à 1995, est mort.
Le vol TWA 800, New York–Paris, a explosé en vol; 228 passagers sont morts.

1997 La ville de Hong Kong, dernier vestige de la colonialisation anglaise, a été rendue à la Chine.
La princesse Diana et son compagnon Dodi al-Fayed sont morts dans un accident de voiture dans le tunnel du Pont de l'Alma à Paris.
Des scientifiques écossais ont annoncé la naissance de la brebis Dolly, premier animal cloné.

1998 La France a battu le Brésil et est devenue la 16e championne de la Coupe du monde de football.
Titanic, film couronné de 11 Oscars, a battu tous les records de fréquentation et de recettes (plus de $1 milliard) du monde.

1999 L'euro est devenu la monnaie officielle de 11 membres de l'Union européenne : l'Allemagne, l'Italie, l'Espagne, le Portugal, la Finlande, l'Irlande, la Belgique, le Luxembourg, les Pays-Bas, l'Autriche et la France.
Médecins Sans Frontières a reçu le prix Nobel de la Paix.
Le bogue de l'an 2000 a provoqué quelques peurs à la fin du millénium.

Activité 18 : « Trivial poursuite ». Catégorie : les années 90.

Avez-vous une bonne mémoire ? Répondez aux questions suivantes.

1. Quand est-ce que l'Europe a formé un marché unique ? Quand est-ce qu'on a commencé à utiliser l'euro ?
2. Quel avion a explosé en vol ? En quelle année ?
3. Quel film a eu le plus de succès au box-office ? En quelle année ?
4. Qui est le président actuel de la France ? En quelle année a-t-il été élu ? À qui a-t-il succédé ?
5. En quelle année Bill Clinton est-il devenu président des États-Unis ?
6. Où la princesse Diana a-t-elle eu un accident fatal ? En quelle année ?
7. Qui a gagné la Coupe du monde en 1998 ?
8. Une autre question ?

eurostar

Lecture

Anticipation

1. Les années 60 ont été une période de rébellion des jeunes contre l'autorité en France comme aux États-Unis. À Paris, les étudiants ont manifesté *(protested)* contre le gouvernement. Quelle université américaine associez-vous aux manifestations américaines des années 60 ?

2. D'après le titre, est-ce que Jacques Brel a été un chanteur conformiste ou non-conformiste ?

3. La bourgeoisie est une catégorie sociale de gens relativement aisés *(well off)* qui ne font pas de travail manuel. Certaines valeurs sociales *(social values)* sont traditionnellement associées à la bourgeoisie. Quels adjectifs associez-vous à la bourgeoisie : riche, pauvre, conservatrice, traditionnelle, confortable, ouverte, fermée, conformiste, anti-conformiste, capitaliste, socialiste, scandaleuse ?

4. On dit qu'avec sa chanson *(song)* « Les bourgeois », Jacques Brel est devenu le « porte-parole » *(spokesperson)* de sa génération. Quel chanteur a été le porte-parole des années 60 aux États-Unis ? Quel chanteur est le porte-parole de votre génération ?

Activités de lecture

1. La chronologie des événements est souvent importante dans une biographie. Parcourez *(scan)* le texte pour repérer toutes les dates et leur importance.

2. Parcourez le texte pour trouver ses chansons les plus célèbres.

Jacques Brel : Chanteur en rébellion

Jacques Brel, auteur et compositeur, est né en 1929 en Belgique.
Il a quitté l'usine° familiale pour aller chanter avec sa guitare *factory*
dans les cabarets de Paris. Ses chansons les plus célèbres, souvent
sur le rythme d'une valse, sont « Quand on n'a que l'amour »,
« Ne me quitte pas », reprise par Nina Simone, « Le port
d'Amsterdam » et « Les amants ».

Il parle de la solitude, de la vie quotidienne, de l'amour, de la
mort et de la bêtise° des gens. Mais il a surtout décrit et critiqué *stupidity*
la classe bourgeoise française et ce qu'elle a représenté dans les
années 60 : la peur° du changement et de tout risque, l'étroitesse° *fear/narrowness*
d'esprit, le conformisme et le désir de maintenir le pouvoir° par *power*
l'argent.

Il a fait beaucoup de portraits satiriques. Avec sa chanson
« Les bourgeois » qui dit que la liberté est le contraire de la
sécurité, il est devenu le porte-parole de la rébellion de beaucoup

de jeunes contre l'autorité et les contraintes de toutes sortes. Contre la guerre,° il a chanté la force et la violence de l'amour, de la jeunesse, de l'espoir. *war*

En 1966, fatigué de son succès, il a arrêté de faire des concerts° pour vivre ses passions : il a appris à piloter et il a navigué autour du monde. En 1972, l'Amérique l'a invité à fêter sa carrière. Il a écrit ses dernières chansons sur la mort et a fini sa vie à Tahiti en 1978, atteint d'un cancer, à 49 ans. *touring*

Expansion de vocabulaire

1. Utilisez le contexte et les mots apparentés pour trouver l'équivalent anglais des mots en italiques.
   a. Ses chansons célèbres, souvent sur le rythme d'une *valse,* sont...
   b. La classe bourgeoise a représenté la peur du *changement* et de tout *risque*...
   c. Il a critiqué le désir de la classe bourgeoise de *maintenir* le pouvoir par l'argent.
   d. « *Les bourgeois* » disaient que la liberté était le *contraire* de la sécurité.
   e. Une rébellion contre l'autorité et les *contraintes* de toutes sortes...

2. Dans ce texte, il y a beaucoup de mots comme l'**autorité** qui se terminent en **-ité** ou **-été.** Ces mots représentent souvent une idée abstraite.
   a. Trouvez tous les mots qui se terminent en **-té** et notez leur genre.
   b. Traduisez les mots suivants en français : *society, fraternity, quality, maturity, identity, complexity.*

Compréhension et intégration

1. Où Jacques Brel est-il né ?
2. Quelle était sa nationalité ?
3. Quel a été son premier acte de rébellion ?
4. De quoi parlait-il dans ses chansons ?
5. Quel groupe a-t-il critiqué et pourquoi ?
6. Qu'est-ce qu'il a fait en 1966 ?
7. Comment et où est-il mort ?

Maintenant à vous

1. Choisissez un(e) étudiant(e) pour jouer le rôle d'un(e) musicien(ne) célèbre. La classe va l'interviewer pour savoir : où il/elle est né(e), où il/elle a grandi, où il/elle est allé(e) au lycée, quand il/elle a commencé à faire de la musique ou à chanter, ce qu'il/elle pense de l'amour, la vie, la société, la musique, etc.
2. D'après ce texte, quel chanteur (quelle chanteuse) contemporain(e) ressemble le plus à Jacques Brel ? Faites une liste de chanteurs qui ressemblent à Brel et une autre liste de chanteurs qui ne lui ressemblent pas. Trouvez des adjectifs pour décrire chaque chanteur. Ensuite, en groupes de trois ou quatre, échangez vos idées et présentez vos listes à la classe.

OUI	ADJECTIFS	NON	ADJECTIFS
Bob Dylan	anti-conformiste		

Un pas en avant

À jouer et à discuter

1. Write down something interesting you did last weekend. Your partner will try to guess what it is by asking you yes/no questions.
2. **20 questions.** Students divide into two teams. One team pins the name of a famous person on the back of a representative of the opposing team. That player can ask up to twenty yes/no questions to figure out his/her identity.

Modèle : Est-ce que je suis mort ?

Puzzle à deux

INFO

Vous et votre partenaire avez une nouvelle identité: un personnage historique célèbre. Chacun à votre tour, vous allez poser des questions oui/non pour deviner *(guess)* l'identité de l'autre. Limite: 20 questions.

Exemples : Êtes-vous un homme ?
Êtes-vous vivant(e) *(alive)* ?
Êtes-vous acteur ?

Personne A will refer to the information below.

Personne B will refer to the Appendix on page A–22.

Personne A:

Voici des informations sur votre vie.

Lieu et date de naissance : 1841 à Paris
Jeunesse : Le Havre, où il a commencé à dessiner *(draw)* des caricatures contre la volonté de ses parents
Profession : peintre, connu surtout pour la façon dont il a peint les effets de lumière
Contribution : Il a été un des grands peintres impressionnistes
Mort : 1926 à Giverny, d'un cancer aux poumons

Vous êtes Claude Monet.

Naviguez le Web!

Do you want to get an international perspective on world news? In this Web activity, you will see what the lead stories are in several French-speaking countries, and you can see how events in the U.S. are represented abroad. You will also access magazine sites that interest you on topics such as movies, TV, health and food, home and family, fashion, and sports.

À écrire

With your classmates you will create a student newspaper, « **Échos »,** by completing the following steps.

Première étape

In a brainstorming session with your class, select the kinds of stories you wish to include in the student paper: *sports, météo, santé, économie, monde, société, célébrités, arts/spectacles,* and so forth. Think together about the events you might want to include in these categories.

Deuxième étape

In groups of three, select a topic area: Each member may develop his/her own "slant" to write up for homework.

Troisième étape

Read over your drafts to your reporting team. They will make suggestions, additions, clarifications, and corrections. Submit the corrected drafts to your instructor. Finally, news teams will present their stories to the class.

Quatrième étape

Your instructor will edit your work; your group will retype your column to be included in the student newspaper and published for the class.

Structures

Structure 6.1
Le passé composé avec *avoir*

The **passé composé** *(compound past)* is used to talk about past events. Its English equivalent will depend on the context.

	I saw a good movie.
J'ai vu un bon film.	*I have seen a good movie.*
	I did see a good movie.

The **passé composé** has two parts: a helping or auxiliary verb, **l'auxiliaire,** and a past participle, **le participe passé.** The verb **avoir** is the most common auxiliary. Here is a chart of **voyager** conjugated in the **passé composé.**

j'ai voyagé	nous avons voyagé
tu as voyagé	vous avez voyagé
il/elle/on a voyagé	ils/elles ont voyagé

The past participle is formed by adding an ending to the verb stem.
Regular verbs take the following endings:

Regular past participles

-er verbs take **-é :** parler → parlé
-ir verbs take **-i :** finir → fini; choisir → choisi
-re verbs take **-u :** perdre → perdu; répondre → répondu

Many verbs have irregular past participles.

Irregular past participles

Infinitive	Past participle
avoir	eu
boire	bu
devoir	dû
être	été
faire	fait
pleuvoir	plu
prendre	pris
recevoir	reçu
voir	vu

For negative sentences, place the **ne... pas** around the auxiliary verb; then add the past participle.

J'ai trouvé mes chèques de voyage.	*I found my traveler's checks.*
Je **n'**ai **pas** trouvé mes chèques de voyage.	*I didn't find my traveler's checks.*

For inversion questions, invert the pronoun and the auxiliary.

Tu as trouvé la clé ?	*You found the key?*
As-tu trouvé la clé ?	*Did you find the key?*

Exercice 1.

Écrivez le participe passé des verbes suivants.

1. parler	4. voir	7. prendre	10. choisir
2. voyager	5. jouer	8. dormir	11. finir
3. faire	6. avoir	9. recevoir	12. être

Exercice 2.

Écrivez le participe passé du verbe approprié pour compléter les phrases suivantes : *prendre, perdre, finir, téléphoner, trouver, parler, recevoir, voir, faire, répondre.*

1. As-tu ______________ le dernier film de Tom Hanks ?
2. J'ai ______________ mes clés; as-tu ______________ des clés ?
3. Est-ce que vous avez ______________ vos devoirs ?
4. Hélène a ______________ la lettre, mais elle n'y a pas encore ______________.
5. J'ai ______________ à ma famille et nous avons ______________ pendant une heure.

Exercice 3.

Racontez le voyage en Amérique d'Arnaud et de son copain Renaud en écrivant les phrases au passé.

1. Arnaud et Renaud saluent leurs copains à l'aéroport.
2. Ils voyagent pendant huit heures.
3. Dans l'avion, Renaud regarde deux films, mais Arnaud écoute de la musique, puis il dort.
4. Arnaud appelle un taxi pour aller à l'hôtel.
5. Renaud prend beaucoup de mauvaises photos en route pour l'hôtel.
6. Après un peu de repos, ils boivent une bière au restaurant de l'hôtel et regardent les gens.

Structure 6.2
Les expressions de temps au passé

The adverbial expressions in the following list often accompany the **passé composé.** They generally appear at the beginning or end of sentences.

hier (matin, soir)	*yesterday (morning, evening)*
ce matin	*this morning*
le week-end dernier	*last weekend*
le mois dernier	*last month*
la semaine dernière	*last week*
l'année dernière	*last year*

il y a + time expression

il y a un an	*a year ago*
il y a deux jours	*two days ago*

La semaine dernière, j'ai vu un ancien ami.

J'ai commencé mes études **il y a un an.**

Note that the preposition **pendant** in the following examples expresses duration and can be used with any verb tense. Use **pendant** and not **pour** when you are talking about a length of time.

Pendant combien de temps avez-vous regardé le film ?	*How long did you watch the film?*
Hier soir, j'ai travaillé **pendant** deux heures.	*Last night I studied for two hours.*

Most one- and two-syllable adverbs precede the past participle in the **passé composé.**

beaucoup	*a lot*	mal	*badly, poorly*
bien	*well*	pas encore	*not yet*
déjà	*already*	peu	*little*

Avez-vous **déjà** fini ?

— Non, je n'ai **pas encore** commencé.

Exercice 4.

Complétez chaque phrase avec l'adverbe approprié : *mal, bien, beaucoup, déjà, encore.*

1. Mary Pierce a perdu le match parce qu'elle a ______________ joué.
2. Répétez, s'il vous plaît, je n'ai pas ______________ compris.
3. Le candidat a ______________ voyagé pendant la campagne éléctorale.
4. Elles ont ______________ visité Paris; maintenant elles veulent voir Londres.
5. Tu veux aller au cinéma ? Je n'ai pas ______________ vu ce film.
6. Tu as dix-huit ans; as-tu ______________ appris à conduire ?

Structure 6.3
Le passé composé avec *être*

A small group of verbs is conjugated in the passé composé with the auxiliary **être** instead of **avoir.** Here is a list of the most common verbs conjugated with **être.** Irregular past participles are indicated in parentheses.

aller *to go*
arriver *to arrive*
descendre *to go down, get off*
entrer *to enter*
monter *to go up, get on*
mourir (*pp.* mort) *to die*
naître (*pp.* né) *to be born*
partir *to leave*
passer *to pass; to come*
rentrer *to go back, go home*
rester *to stay*
retourner *to return somewhere*
sortir *to go out, leave*
tomber *to fall*
tomber en panne *to break down*
venir (*pp.* venu) *to come*
revenir (*pp.* revenu) *to come back*
devenir (*pp.* devenu) *to become*

The past participle of verbs conjugated with **être** agrees in gender and number with the subject.

feminine singular: add **-e**
masculine plural: add **-s**
feminine plural: add **-es**

Mon père est resté à la maison. *My father stayed home.*

La voiture est tombée en panne. *The car broke down.*

Eric et Claudine sont sortis ensemble. *Eric and Claudine went out together.*

Ma sœur et sa copine sont parties à l'heure. *My sister and her friend left on time.*

Exercice 5.

Nicolas écrit une composition sur sa visite d'un château avec des copains le week-end dernier. Mettez les verbes entre parenthèses au passé composé avec *être.* Attention à l'accord du participe passé.

Dimanche, on (aller) ______________ [1] visiter un château. D'abord, nous (arriver) ______________ [2] dans un parc magnifique. Puis, nous (entrer) ______________ [3] dans le hall du château. Des guides (venir) ______________ [4] nous chercher pour la visite. On (monter) ______________ [5] dans la tour *(tower)* par un escalier étroit *(a narrow staircase)*. Céline (rester) ______________ [6] au premier étage à admirer les tapisseries. Son frère Jean-Guillaume (tomber) ______________ [7] dans l'escalier. Ensuite, Céline (descendre) ______________ [8] aux oubliettes *(dungeon)*. Beaucoup de prisonniers y ______________ [9] (mourir) ! Céline avait peur *(was afraid)* et elle (remonter) ______________ [10] très vite ! Nous (ressortir) ______________ [11] par une grande porte. À la fin de la visite, nous (remonter) ______________ [12] dans l'autocar et je (repartir) ______________ [13] pour ma modeste maison.

Exercice 6.

Complétez cette description d'une randonnée en montagne au passé composé. Choisissez entre l'auxiliaire *avoir* ou *être.*

La semaine dernière, nous (aller) ______________[1] en montagne. On (prendre) ______________[2] les sacs à dos et on (emprunter [*to borrow*]) ______________[3] la tente aux voisins. Nous (quitter) ______________[4] la ville très tôt le matin. En route, nous (passer) ______________[5] par un magasin où Jean (sortir) ______________[6] acheter des boissons. Nous (rouler [*to drive*]) ______________[7] toute la journée. Enfin, quand nous (arriver) ______________[8] au camping, Jean et moi, nous (installer) ______________[9] la tente tout de suite et on (dormir) ______________[10]. Nous (partir) ______________[11] en randonnée le matin.

Structure 6.4
Les verbes comme *finir*

You have already learned a type of irregular **-ir** verb (**dormir, sortir,** etc.). **Finir** *(to finish)* follows a slightly different pattern.

finir *(to finish)*	
je finis	nous finissons
tu finis	vous finissez
il/elle/on finit	ils/elles finissent

passé composé : j'ai **fini**

Mon cours de français **finit** à onze heures. — *My French class finishes at 11.*

Other regular **-ir** verbs include **réfléchir** *(to think),* **obéir** *(to obey),* **agir** *(to act),* **réagir** *(to react),* **choisir** *(to choose),* and **réussir** *(to succeed).*

Je ne réussis pas à faire obéir mon chien. Quand je dis « assieds-toi », il finit par faire exactement ce qu'il veut. — *I'm not successful at making my dog obey. When I say, "sit down," he ends up doing exactly what he wants.*

A number of regular**-ir** verbs conjugated like **finir** are derived from adjectives, as in the examples shown here.

adjective	**verb**	**meaning**
brun(e)	brunir	*to become brown; to tan*
grand(e)	grandir	*to grow (up)*
rouge	rougir	*to redden; to blush*
pâle	pâlir	*to turn pale*
maigre	maigrir	*to lose weight*
gros(se)	grossir	*to gain weight*

Tu ne manges pas assez, tu maigris ! — *You aren't eating enough, you're getting thin!*

Est-ce que vous rougissez de colère ? — *Do you blush when you're angry?*

Exercice 7.

Complétez les phrases suivantes avec la forme correcte des verbes entre parenthèses.

1. Est-ce que vous ______________ (maigrir) ou ______________ (grosser) quand vous êtes stressé(e) ?
2. Je suis impulsive. Je ne ______________ (réfléchir) pas assez avant d'agir.
3. Vous ______________ (choisir) de rester ici, n'est-ce pas ?
4. Nous ______________ (finir) nos devoirs et puis nous sortons.
5. Les enfants ______________ (grandir) trop vite !
6. Nous, les roux, nous ______________ (rougir) de colère.

Exercice 8.

Monique, à table chez elle, se plaint de *(is complaining about)* M. Éluard, son professeur d'anglais. Complétez le passage avec les verbes suivants : *agir, rougir, réussir, finir, choisir, obéir.*

Je ne comprends pas pourquoi M. Éluard ______________[1] (passé composé) d'être professeur. Il ne ______________[2] pas à maintenir l'ordre en classe parce qu'il n' ______________[3] pas avec autorité. Ses étudiants n' ______________[4] pas à ses ordres. Ils ne ______________[5] jamais leurs devoirs et ils ne ______________[6] pas à leurs examens. Le pauvre professeur est timide, et il ______________[7] quand il parle à la classe.

Structure 6.5 Les verbes comme *venir* et *venir de* + infinitif

You learned the verb **venir** in **Module 3.** Here are some other useful verbs conjugated like **venir.** Derivations of **venir** are conjugated with **être** in the **passé composé.** Derivations of **tenir** are conjugated with **avoir.**

venir *(to come)*	
je viens	nous venons
tu viens	vous venez
il/elle/on vient	ils/elles viennent

passé composé : je suis **venu(e)**

être auxiliary	**avoir** auxiliary
devenir *(to become)*	tenir *(to hold; to keep),* tenir à *(to want to)*
revenir *(to come back)*	appartenir à *(to belong to)*
	maintenir *(to maintain)*
	obtenir *(to obtain)*

Après huit ans d'études universitaires, Paul **est devenu** professeur de chimie. — *After eight years of university study, Paul became a chemistry professor.*

Est-elle **revenue** en train ?	*Did she come back by train?*
Les enfants **tiennent** la main de leur mère.	*The children are holding their mother's hand.*

Tiens and **tenez** can be used idiomatically in conversation to attract the listener's attention.

—**Tiens,** Jacques est à l'heure !	*—Well (hey), Jacques is on time!*
—Tu n'as pas de nouvelles de Claude ? **Tiens,** je te donne sa dernière lettre.	*—You don't have any news from Claude? Here, I'll give you his last letter.*

Venir de + infinitif *(passé récent)*

Just as **aller** combined with the infinitive **(futur proche)** expresses an action that is going to take place, **venir de** combined with the infinitive (**passé récent**) expresses an action that has just taken place.

Avez-vous faim ?	*Are you hungry?*
— Non, je **viens de** manger.	*—No, I just ate.*
Nous sommes fatigués. Nous **venons de** courir cinq kilomètres.	*We're tired. We just ran five kilometers.*

Exercice 9.

Regardez les images aux pages 165–166. Dites ce que les gens suivants viennent de faire.

Modèle : Angèle

Angèle vient d'étudier pour un examen.

1. M. et Mme Montaud
2. Yvette
3. Serge
4. Marthe et Joëlle
5. Mme Ladoucette
6. Stéphane
7. Véronique

Exercice 10.

Complétez ce profil de Marjan. Choisissez les verbes appropriés et mettez-les au temps qui convient : *devenir, venir, tenir, obtenir, maintenir, appartenir, revenir.*

Marjan ______________[1] de finir ses études universitaires à Aix-en-Provence. Elle ______________[2] son diplôme universitaire il y a un mois. Maintenant, elle cherche à trouver un bon poste dans le gouvernement. Elle n'a rien trouvé à Aix, donc Marjan ______________[3] habiter à Lyon, dans un appartement qui ______________[4] à ses parents. Elle travaille chez M. Forestier, un ami de son père qui __________[5] une petite boutique en ville. Marjan est contente parce qu'elle a du travail et parce qu'elle __________[6] amie avec la fille de M. Forestier.

Tout ensemble!

Marie-Josée, avocate, parle de son premier jour à son poste de juge. Choisissez un mot de la liste pour compléter son histoire. Mettez les verbes à l'infinitif au passé composé.

Je suis avocate et j(e) __________[1] être nommée *(named)* au poste de juge __________[2] un mois. J'ai commencé ce nouveau travail la semaine __________[3]—et ma première journée a été inoubliable *(unforgettable)* pour beaucoup de raisons. D'abord, mon radio-réveil __________[4] et ma journée __________[5] en retard. J'ai __________[6] fini mon café et j(e) __________[7] à partir à l'heure. Mais, malheureusement, en sortant de mon immeuble, j(e) __________[8] dans l'escalier et j(e) __________[9] retourner à mon appartement pour changer de bas *(hose)*. Ensuite, en route, je pensais à mes nouvelles responsabilités sans faire trop attention à ma vitesse *(speed)*—et voilà un agent de police m'a arrêtée *(stopped me)* ! Il __________[10] gentil avec moi et j(e) __________[11] de contravention *(ticket)*. Puis, quand je __________[12] au tribunal, j(e) __________[13] trouver la clé de mon bureau. Donc j(e) __________[14] la concierge pour ouvrir *(to open)* la porte. Qu'est-ce que j(e) __________[15] en lui expliquant ma situation ! Finalement, à dix heures, je __________[16] dans la salle du tribunal *(courtroom)*. Tout le monde *(everyone)* __________[17] silencieux. J'ai donné l'impression d'être calme, mais à l'intérieur, j'étais très nerveuse. J(e) __________[18] quand on m'a présentée, mais une fois que le procès a commencé, j(e) __________[19] mes doutes pour me concentrer sur mon travail. Après ça, tout s'est bien passé—j(e) __________[20] une bonne leçon : ce qui commence mal peut bien finir.

apprendre
arriver
chercher
commencer
dernière
devenir
devoir
entrer
être
il y a
ne pas marcher
ne pas pouvoir
ne pas avoir
oublier
pâlir
recevoir
réussir
rougir
tomber
viens d'
vite

VOCABULAIRE

Vocabulaire fondamental

Noms

un accident	*an accident*
un(e) adulte	*an adult*
un bruit	*a sound*
un château	*a château, a castle*
un coup de téléphone	*a telephone call*
un événement	*an event*
une guerre	*a war*
une histoire	*a story*
les informations (*f pl*)	*the news*
un journal	*a newspaper*
un magazine	*a magazine*
un pont	*a bridge*
la presse	*the press*
les provisions (*f pl*)	*food*

Verbes conjugués avec l'auxiliaire *avoir*

agir	*to act*
amener	*to bring*
arranger	*to arrange*
brunir	*to tan, get brown*
choisir	*to choose*
contribuer	*to contribute*
décider	*to decide*
expliquer	*to explain*
finir	*to finish*
grandir	*to grow, grow up*
grossir	*to gain weight*
informer	*to inform*
maigrir	*to lose weight*
manquer	*to miss*
obéir	*to obey*
réagir	*to react*
réfléchir	*to think, consider*
réparer	*to repair*
réussir	*to succeed*
rougir	*to blush; to turn red*
tenir	*to hold*
tenir à	*to want*
trouver	*to find*
vivre (*p.p.* vécu)	*to live*

Verbes conjugués avec l'auxiliare *être*

descendre	*to come or go down, to descend*
devenir (*p.p.* devenu)	*to become*
entrer (dans)	*to enter*
monter	*to go up*
mourir (*p.p.* mort)	*to die*
naître (*p.p.* né)	*to be born*
se passer	*to happen*
passer	*to pass (by)*
rentrer	*to return (home)*
revenir (*p.p.* revenu)	*to come back*
tomber	*to fall*
tomber en panne	*to break down*

Expressions de temps au passé

la dernière fois	*the last time*
hier matin	*yesterday morning*
hier soir	*last night, yesterday evening*
il y a six ans (mois, jours)	*six years (months, days) ago*
longtemps	*a long time*
le mois dernier	*last month*
la semaine dernière	*last week*
le week-end dernier	*last weekend*

Mots divers

mal	*badly*
pas encore	*not yet*
jusqu'à	*until*
pendant	*during, for*
peu	*little*

Expressions utiles

Comment raconter une histoire
How to tell a story

(See other expressions on pp. 170–171.)

après	*then*
d'abord	*first*
enfin	*finally*
ensuite	*then*
Et alors ?	*And then?*
puis	*then*
Qu'est-ce qui se passe ?	*What's happening? What's going on?*
Qu'est-ce qui s'est passé ?	*What happened?*
Racontez-moi ce qui s'est passé.	*Tell me what happened.*
Vraiment ?	*Really?*

VOCABULAIRE

Vocabulaire supplémentaire

Noms

une caravane	*a trailer, a caravan*
un(e) chercheur/euse	*a scientist*
une clé	*a key*
un coffre	*a car trunk*
le coucher de soleil	*the sunset*
une émission	*a (TV, radio) program*
un hebdomadaire	*a weekly (publication)*
la paix	*peace*
un quotidien	*a daily (publication)*
une rubrique	*a heading, a news column*
les volets *(m pl)*	*shutters*

Verbes

accrocher	*to hook; to hitch on*
appartenir à	*to belong to (used with things)*
découvrir (*p.p.* découvert)	*to discover*
démarrer	*to start*
exploser	*to explode*
maintenir	*to maintain*
obtenir	*to obtain*
ouvrir (*p.p.* ouvert)	*to open*
recevoir (*p.p.* reçu)	*to receive*
sécher un cours	*to skip class*

7

Module 7

On mange bien

Thèmes et pratiques de conversation

Manger pour vivre

Structure 7.1
Les verbes avec changements orthographiques
Structure 7.2
Le partitif

To express your eating habits and preferences in French, you will need to use some **-er** verbs such as **manger** and **acheter,** which have slight spelling changes in their conjugations. You will also need to use the partitive article to discuss what you eat and drink. Verbs that require spelling changes are presented on page 225. See page 227 for an explanation of partitive articles.

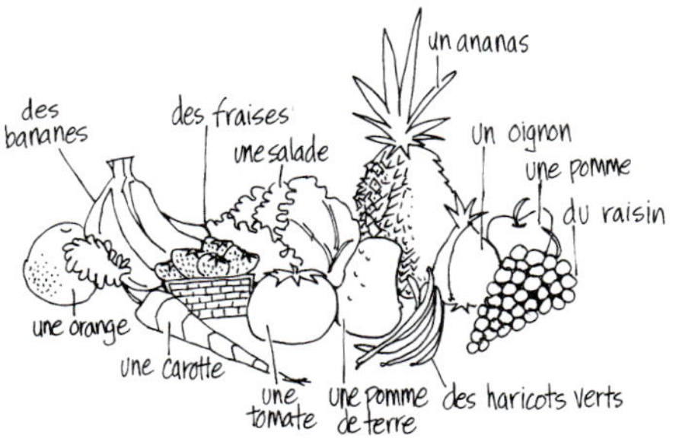

Les fruits et les légumes

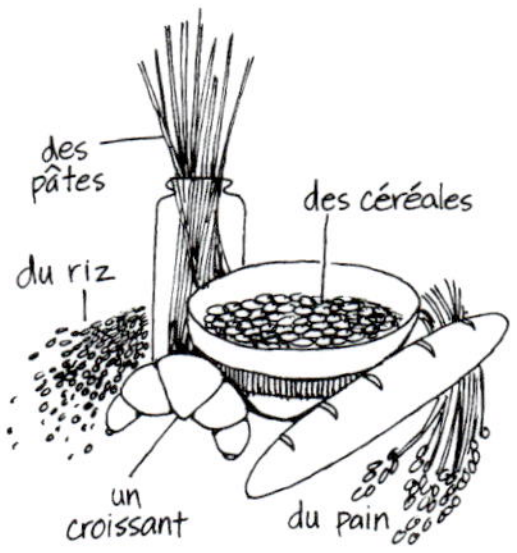

Les céréales

Les produits laitiers

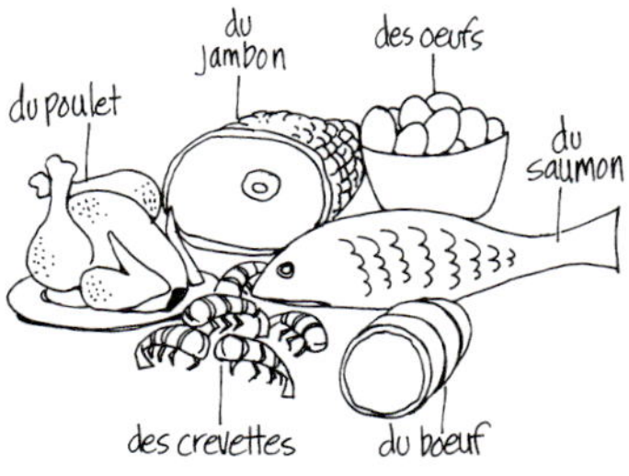

La viande, le poisson et les oeufs

Mangez-vous { des fruits et des légumes / des céréales / des produits laitiers / de la viande, du poisson ou des œufs } tous les jours?

Activité 1 : Goûts personnels.

Pour chaque catégorie, indiquez les aliments que a) vous aimez beaucoup, b) vous aimez assez et c) vous n'aimez pas du tout.

Modèle : Catégorie: les fruits et les légumes

a. J'aime beaucoup les pommes.

b. J'aime assez les fraises.

c. Je n'aime pas du tout les bananes.

1. Catégorie: les fruits et les légumes
2. Catégorie: les céréales
3. Catégorie: les produits laitiers
4. Catégorie: la viande

Maintenant, pour chaque catégorie, dites ce que a) vous mangez souvent, b) vous mangez rarement and c) vous ne mangez pas.

Modèle : Catégorie: les fruits et les légumes

a. Je mange souvent des oranges.

b. Je mange rarement des cerises.

c. Je ne mange pas de bananes.

5. Catégorie: les fruits et les légumes
6. Catégorie: les céréales
7. Catégorie: les produits laitiers
8. Catégorie: la viande

Activité 2 : Liste d'achats.

Qu'est-ce qu'on achète pour préparer les plats suivants ?

Modèle : Pour préparer un sandwich, on achète du pain, du fromage, de la salade et de la moutarde.

1. une salade verte

2. une soupe

3. une omelette

4. une salade de fruits

5. une tarte aux fraises

Perspectives culturelles

Les Français à table

Les repas jouent un rôle central dans la vie des Français. Quelles sont les habitudes quotidiennes° des Français d'aujourd'hui en ce qui concerne les repas ? Pendant la semaine, les repas sont assez simples. Le matin, vers 7 h 00 ou 7 h 30, on prend le **petit déjeuner,** un repas léger° composé de pain, de confiture et de café au lait. Les céréales sont de plus en plus populaires avec les enfants. Entre midi et deux heures, c'est l'heure du **déjeuner.** Traditionnellement, on rentre à la maison pour un repas copieux : entrée, plat principal garni de légumes, salade, fromage, dessert et café. Cette tradition se simplifie avec les besoins° du travail; on passe un peu moins de temps à table et on mange moins : un plat principal (bifteck ou poulet frites) avec un petit dessert et un café. On prend le déjeuner à la maison, au restaurant ou à la cafétéria du lieu de travail. Les enfants déjeunent souvent à la cantine de l'école. Le repas du soir, le **dîner,** est souvent assez léger (une soupe, une omelette ou de la charcuterie, du fromage et un dessert). On respecte les heures de repas; on grignote° très peu.

On constate une différence entre les repas quotidiens et les **repas de fêtes.** Au moment des repas de fêtes ou du week-end, les traditions reviennent. Ce n'est pas rare de passer la plus grande partie de la journée à préparer et à manger un repas. On peut passer une heure avec un apéritif avant même de commencer les hors-d'œuvre. Et bien sûr, il faut arroser les plats variés avec du vin. On finit le repas avec un dessert et un petit café. On profite de ce moment agréable de détente pour discuter de la bonne cuisine, du bon vin, de la politique et des nouvelles° de la famille.

daily
light
needs
snack
news

Avez-vous compris?

Répondez *vrai* ou *faux;* corrigez les réponses fausses.

1. Les Français prennent le déjeuner vers 7 h 00 ou 7 h 30.
2. Le petit déjeuner est un repas copieux.
3. Un déjeuner typiquement français est composé d'un sandwich, d'une salade et d'un fruit.
4. La salade est servie avant le plat principal pendant le déjeuner.
5. Le fromage est considéré comme un hors-d'œuvre en France.
6. Contrairement aux repas de la semaine, les repas du week-end sont élaborés.

Activité 3 : Interaction.

Posez les questions suivantes à un(e) camarade de classe.

1. Où est-ce que tu déjeunes d'habitude ? Qu'est-ce que tu manges au déjeuner ? Que prends-tu comme boisson ?
2. Qu'est-ce que tu préfères boire quand il fait chaud ? quand il fait froid ?
3. Quel jus de fruit préfères-tu, le jus d'orange, le jus de pomme, le jus d'ananas, etc. ?
4. Est-ce que tu aimes grignoter *(to snack)* ? Qu'est-ce que tu manges quand tu as faim entre les repas ?
5. Où est-ce que tu as dîné hier soir ? À quelle heure ? Qu'est-ce que tu as mangé ?
6. Décris ton repas favori.

Les courses

Structure 7.3 Les expressions de quantité et le pronom *en*	Food is bought, sold, and prepared in measured amounts or specific containers: *a liter, a can, a teaspoonful,* and so on. In this **thème,** you will learn these quantity expressions. You will also learn about the pronoun **en,** roughly the equivalent of *some (of it)* or *any.* For further explanations, see page 229.

Une boulangerie

Une boucherie

Une charcuterie

Une pâtisserie

Une poissonnerie

Activité 4 : Les petits commerçants.

Vous voulez faire les courses dans des petits commerces. Où est-ce qu'on va pour acheter les produits suivants ?

Modèle : Pour acheter du fromage, on va à l'épicerie.

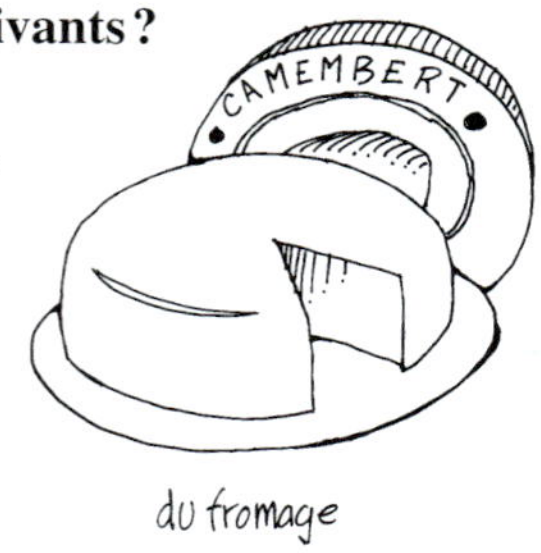

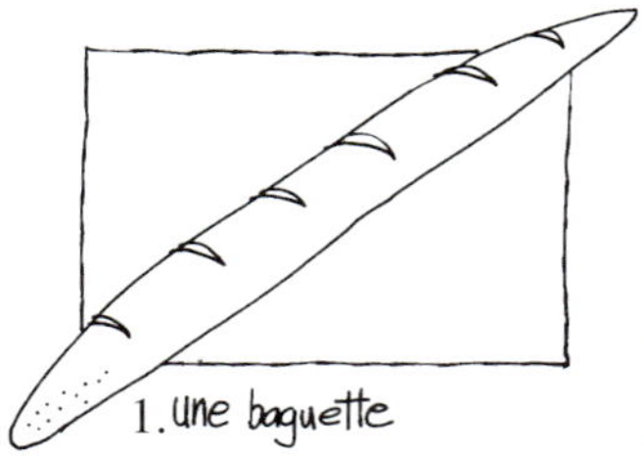

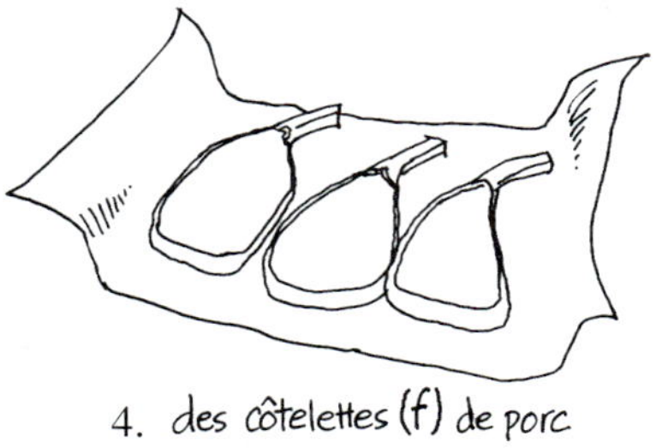

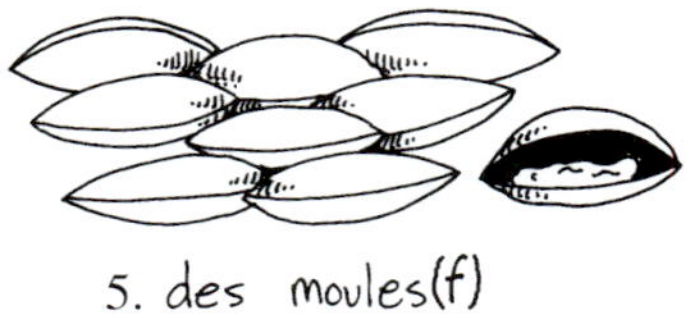

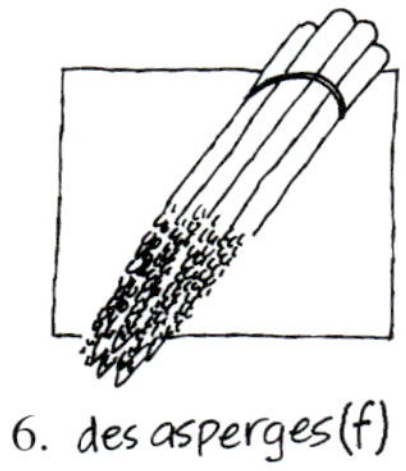

Activité 5 : Au supermarché.

Qu'est-ce que vous allez mettre dans votre chariot *(shopping cart)* ?

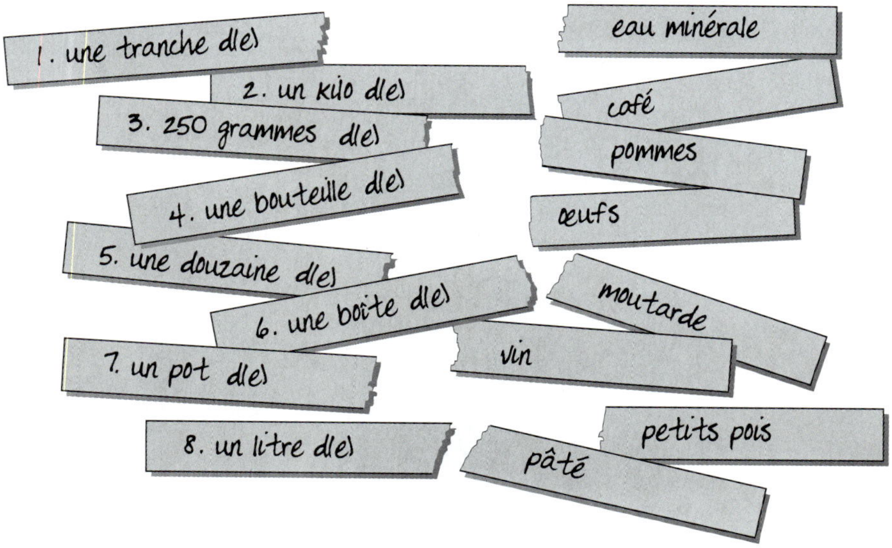

Perspectives culturelles

Où faire les courses ?

Faire les courses tous les jours chez les commerçants du quartier fait partie du rythme de la vie française. On va acheter du pain à la boulangerie, des légumes frais à l'épicerie, de la viande chez le boucher et des produits faits avec la viande de porc à la charcuterie. Ces petits commerces offrent plusieurs avantages : des produits frais locaux, un service personnalisé et aussi l'occasion de parler avec les voisins.

Les consommateurs français ont aussi d'autres possibilités. Il y a le marché en plein air, un véritable spectacle qui a lieu une ou deux fois par semaine sur une place° ou dans une rue spécifique. Là, les agriculteurs de la région vendent leurs produits : miel,° confiture maison,° fromage, charcuterie, fruits et légumes, fleurs, olives, viande et poissons frais, etc. Ces marchés, très pittoresques, offrent l'occasion d'admirer et de profiter de l'abondance et de la qualité des produits français.

town square
honey/homemade

Un phénomène assez récent mais de plus en plus populaire est le supermarché. Grâce à la quantité de produits vendus en grandes surfaces, les prix sont généralement meilleurs° que dans les petits commerces. La variété de produits permet aux clients de gagner du temps;° il n'est pas nécessaire d'aller d'un petit magasin à un autre pour trouver ce qu'on cherche.

better
save time

Une épicerie

Avez-vous compris?

Quelle(s) option(s) pour faire les courses associez-vous aux descriptions suivantes ? Complétez les phrases suivantes en choisissant entre *à la boulangerie, à la boucherie, à l'épicerie, à la charcuterie, au marché* et *au supermarché.*

1. On trouve des produits régionaux...
2. On peut faire les courses tous les jours...
3. On fait les courses à l'extérieur...
4. On trouve du pain frais trois à quatre fois par jour...
5. Le service est impersonnel...
6. On trouve des saucissons...

7. La viande est coupée sur commande...
8. Il y a de bons prix...

Activité 6 : Faisons les courses !

Vous êtes au supermarché et vous entendez la conversation suivante. Maintenant, c'est votre tour ! Avec un(e) camarade de classe, jouez la scène entre l'épicier et la cliente pour acheter les produits indiqués.

1. spaghettis, un paquet (7 F)
2. confiture de fraises, un pot (4 F)
3. Orangina, une bouteille de 2 litres (10 F 45)
4. Camembert, 250 g (8 F 50)
5. beurre, 250 g (28 F/kilo)
6. pommes rouges, 0,5 kg (36 F/kilo)

Activité 7 : Au marché en plein air.

Vous achetez des provisions avec un(e) ami(e) au marché en plein air. Votre ami(e) remarque la qualité des produits et vous demande combien vous voulez en acheter. Répondez selon vos préférences en utilisant le pronom *en*.

Un marché en plein air le dimanche

Modèle : —Ces tomates sont bien rouges. Combien de kilos veux-tu ?
—J'en veux un.

1. Quelles belles cerises ! Combien de kilos veux-tu ?
2. Ces carottes ont l'air *(seem)* délicieux. Combien de kilos veux-tu ?
3. Regarde les fraises ! Combien de barquettes veux-tu ?
4. J'adore la confiture maison. Combien de pots veux-tu ?
5. Voici du fromage de ferme. Combien de paquets veux-tu ?

Activité 8 : Combien ?

Quelles sont vos habitudes alimentaires ? Posez des questions à un(e) camarade de classe en utilisant les éléments suivants. Faites une liste des habitudes que vous avez en commun.

Modèle : verres de lait par jour
Combien de verres de lait est-ce que tu bois par jour?
—J'en bois deux. (Je n'en bois pas.)

1. tasses de café le matin
2. pizzas/hamburgers/tacos par semaine
3. verres d'eau par jour
4. boules de glace quand tu vas au glacier
5. tranches de pain par jour
6. heures à table par jour

À table

Bulletin

Les Français sont parmi les plus grands consommateurs de vin du monde. Cependant, ces dernières années, la consommation de vin diminue. On boit de plus en plus du jus de fruits, des boissons gazeuses et, naturellement, de l'eau minérale dont les Français sont parmi les premiers consommateurs du monde.

D'après G. Mermet, *Francoscopie,* 1999 © Larousse-Bordas, 1998

CD ROM

Structure 7.4 L'impératif

When giving directions or orders or making suggestions, you often use the imperative verb form. The formation of the imperative **(l'impératif)** is explained on page 232.

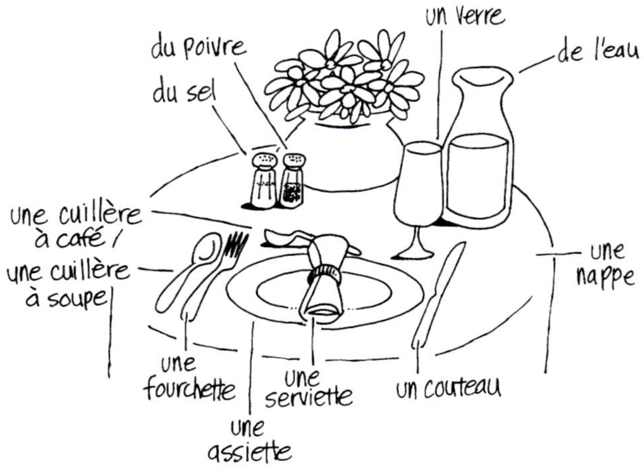

Il faut mettre la table.

Apportez les assiettes et les verres à table.

N'oubliez pas les serviettes.

Activité 9 : La table à la française.

Denis explique comment mettre la table mais il fait des erreurs. Corrigez ses instructions.

Nouveau vocabulaire :

à droite (de)	*to the right (of)*	à gauche (de)	*to the left (of)*

1. D'abord, couvrez la table avec la serviette.
2. Ensuite, placez une assiette par personne sur la table.
3. Placez les fourchettes au-dessus de l'assiette.
4. Mettez le couteau à côté de la petite cuillère.
5. Mettez la cuillère à soupe à droite de l'assiette.
6. N'oubliez pas les verres; ils vont à gauche, au-dessus de la fourchette.

7. Et la serviette va à gauche des fourchettes.
8. Finalement, mettez de l'eau dans l'assiette.

Activité 10 : Les bonnes manières.

Lesquelles de ces bonnes manières sont françaises, lesquelles sont américaines et lesquelles sont partagées par les deux cultures ? Classez-les.

Bonnes manières	française	américaine
1. Quand on vous invite à la maison, apportez un petit cadeau (fleurs, bonbons, etc.) pour l'hôtesse.		
2. Ne posez pas les coudes *(elbows)* sur la table.		
3. Tenez la fourchette dans la main gauche.		
4. Ne demandez pas de ketchup.		
5. Ne parlez pas la bouche pleine *(full).*		
6. Ne buvez pas de coca avec le repas.		
7. Posez les mains sur la table, pas sur les genoux *(lap).*		
8. Ne commencez pas à manger avant l'hôtesse.		

Activité 11 : Un nouveau régime.

Votre petit(e) ami(e) veut commencer un nouveau régime. Expliquez-lui ce qu'il doit et ne doit pas faire. Utilisez l'impératif.

1. Vous devez faire les courses dans un magasin diététique.
2. Vous devez marcher pendant une demi-heure avant de manger.
3. Vous devez boire huit verres d'eau par jour.
4. Vous ne devez pas manger de pizza.
5. Vous ne devez pas boire de bière.
6. Vous devez manger beaucoup de légumes frais.
7. Vous ne devez pas oublier de prendre des vitamines.
8. Vous devez...

Les plats des pays francophones

Structure 7.5
Les pronoms d'object direct : *(me, te, le, la, nous, vous* and *les)*

In this **thème,** you will use the direct object pronouns **me, te, le, la, nous, vous** and **les** to talk about specific people and things without repeating their names. For more information about these pronouns, see page 233.

mixed/chick peas
semolina

Ici, en Algérie, le couscous est un plat typique. On **le** prépare avec de la viande (normalement de l'agneau) mélangée° avec des carottes et des pois chiches° et servie sur du couscous, petits grains de semoule.° On **le** sert dans un grand plat au centre de la table et tout le monde en mange. Pas besoin d'assiettes individuelles : on mange dans le même plat !

cherry liqueur
fondue pot
dip
turning/to coat

La Suisse est célèbre pour ses fromages. La fondue est un plat traditionnel. On **la** prépare avec du fromage Emmental ou du Gruyère, du vin blanc et un peu de Kirsch.° On **la** sert dans un caquelon° sur un réchaud à fondue. Pour en manger, on pique un morceau de pain du bout de sa fourchette à fondue et on **le** trempe° dans la fondue en **le** tournant° pour bien **l'**enrober° de fromage.

codfish fritters
browned

Bienvenue à la Martinique. Pendant votre visite, vous devez goûter les accras de morue,° une sorte de beignet antillais. On **les** prépare avec de la morue, de l'oignon, de l'ail, du persil et du piment. Ensuite, ils sont dorés° dans de l'huile très chaude. On doit **les** servir chaud avec l'apéritif.

À noter : Where are the highlighted direct object pronouns located in relation to the verb? Is this also the case when the verb is in the infinitive form?

Activité 12 : Voulez-vous goûter ?

Vous êtes à un festival francophone. Quels plats voulez-vous goûter ?

Modèle : la fondue suisse
Je voudrais la goûter.
Je ne voudrais pas la goûter.

1. la fondue suisse
2. les accras de morue
3. le couscous algérien
4. la choucroute *(sauerkraut)* alsacienne
5. le jambalaya cajun
6. la quiche lorraine
7. la salade niçoise
8. la tarte canadienne au sirop d'érable *(maple syrup)*

Activité 13 : Chéri(e)...

Votre petit(e) ami(e) vous pose des questions à propos de vos préférences. Répondez aux questions en utilisant un pronom pour remplacer les mots en italiques. Jouez les deux rôles avec un(e) autre étudiant(e) et changez de rôle au milieu.

1. En général, à quelle heure est-ce que tu prends le *petit déjeuner* ?
2. J'aime beaucoup la cuisine exotique. Et toi, aimes-tu *la cuisine chinoise* ? *africaine* ? *mexicaine* ?
3. Aimes-tu regarder *les infos* à la télé pendant que tu dînes ?
4. Quand je vais te raconter ma journée, est-ce que tu vas *m*'écouter ?
5. Comment est-ce que tu trouves *mon rôti de porc* ? C'est ma spécialité !
6. Est-ce que tu vas *m*'aider à laver la vaisselle *(to wash the dishes)* ?
7. Si tu penses arriver en retard pour le dîner, est-ce que tu vas *m*'appeler pour me le dire ?
8. Quand ma petite sœur va me rendre visite, est-ce que tu vas *nous* inviter au restaurant ?

Activité 14 : Leçon de cuisine.

Voici la liste d'ingrédients qu'il faut pour préparer une salade niçoise. Complétez les instructions avec le verbe qui convient.

Ingrédients :

· 300 g de haricots verts · 1 concombre · 4 tomates · 1 poivron jaune · ½ poivron vert · ½ poivron rouge · 2 laitues · 10 filets d'anchois · 1 cuil. à café de moutarde · 1 cuil. à soupe de vinaigre · le jus d' ½ citron · 5 cuil. à soupe d'huile d'olive · sel, poivre

Verbes :

ajouter couper laver mélanger mettre plonger poivrer préparer

1. ______________ le concombre en rondelles *(slices),* les tomates en quartiers et les poivrons en morceaux.
2. ______________ les haricots verts dans de l'eau bouillante *(boiling)* salée pendant 5 à 6 minutes et puis ______________ dans de l'eau froide.
3. Dans un saladier, ______________ une vinaigrette en mélangeant la moutarde, le vinaigre, le jus de citron et l'huile.
4. ______________ et séchez les salades.
5. ______________ dans un grand récipient : laitues, haricots verts, concombre, poivrons, anchois. Au moment de servir, ______________ la vinaigrette. Salez et ______________ selon le goût.

Comment se débrouiller au restaurant

Bulletin

Les Français ont adopté des plats étrangers comme la pizza, la paella et le tex-mex. Chez les jeunes de 15 à 19 ans, les trois plats les plus populaires sont le steak-frites, le couscous et le hamburger.

D'après G. Mermet, *Francoscopie,* 1999 © Larousse-Bordas, 1998

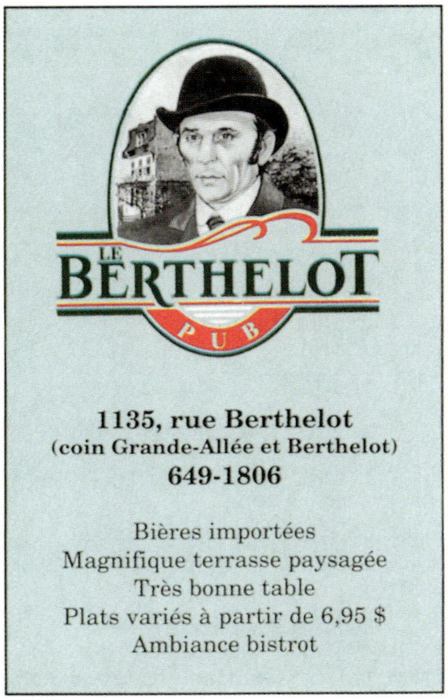

Quelques expressions utiles au restaurant

Pour réserver ou demander une table

(au téléphone) Je voudrais réserver une table pour six à 20 h 00 ce soir.
(au restaurant) Une table pour six, s'il vous plaît.

Pour appeler le serveur ou la serveuse

S'il vous plaît...	
La carte,° s'il vous plaît.	*menu*

Pour prendre la commande

Que désirez (voulez)-vous comme...	
hors-d'œuvre° ?	*appetizer*
entrée°?	*small first course*
plat principal° ?	*main course*
dessert ?	
boisson° ?	*drink*

Pour commander

Qu'est-ce que vous nous conseillez ?	*What do you recommend to us?*
Pour commencer, je vais prendre...	
Ensuite, je voudrais...	
C'est tout.	*That's all.*

Pour parler de votre appétit

J'ai (très) faim.	*I'm (very) hungry.*
J'ai soif.	*I'm thirsty.*
Je n'ai plus faim.	*I'm no longer hungry.*

Pour parler de la cuisine

C'est...	
chaud/froid.	
délicieux/horrible.	
dégoûtant.°	*disgusting*
frais.°	*fresh*
parfait.	
piquant/salé/sucré.°	*spicy/salty/sweet*
tendre/dur.°	*tender/tough*
Ça a un goût° bizarre.	*taste*

Pour régler l'addition

L'addition,° s'il vous plaît.	*the check*
Je crois qu'il y a une erreur.	*I think there is a mistake.*
Le service est compris ?	*Is the tip included?*
Vous acceptez les cartes de crédit ?	
On laisse un petit pourboire° ?	*tip*

Activité 15 : Rendez-vous au restaurant.

Marie-Claire et son copain Charles ont rendez-vous au restaurant. Recréez la conversation suggérée par les scènes suivantes.

RESTAURANT
AUX ANCIENS CANADIENS

Activité 16 : Aux Anciens Canadiens.

Un repas français traditionnel se compose des plats suivants :

un hors-d'œuvre (un plat chaud ou froid) ou une soupe
une entrée (un plat chaud ou froid)
le plat principal garni (avec légumes)
la salade
le fromage
le dessert
le café

Regardez le menu du jour de ce restaurant canadien et identifiez les plats offerts. Quels plats ne sont pas offerts sur ce menu ? Quels plats ou ingrédients vous semblent typiquement canadiens ?

Notre table d'hôte - Menu Complet

Entrée
Potage
Plat principal
Dessert
Café ou thé

Nos Plats Principaux

	Table d'hôte	*À la carte*
Volailles		
Suprême de poulet en feuilleté	28.50	19.50
Médaillons de dindon[1], grillés, sauce au parfum de noisettes[2]	27.50	18.50
Spécialites Québecoises et Gibiers		
Tourtière[3] du Lac St-Jean et son mijoté de bison	33.00	24.00
Caribou à la crème et au vin du bleuet	34.00	25.00
Viandes et poissons		
Filet d'agneau grillé, sauce à la menthe et au sherry	31.00	22.00
Mignon de bœuf, sauce à l'oseille	36.50	26.50
Assiette de fruits de mer et sa fricassée de légumes	41.50	32.50
Filet de saumon frais, sauce bisque de crevettes	29.50	20.50
Plat végétarien		
Jardinière de légumes frais	25.50	16.50

[1] turkey
[2] hazelnuts
[3] meat pie

Nos Entrées

	Table d'hôte	*À la carte*
Salade verte, crème fraîche et ciboulette	Inclus	4.00
Marmite de fèves au lard[4]	Inclus	4.00
Escargots à l'ail façon « Jean Michel »	suppl. 3.75	7.75
Fromage de chèvre grillé, en salade parfumé au basilic	suppl. 3.75	7.75

Nos Potages

	Table d'hôte	*À la carte*
Potage du chef en soupière	Inclus	4.00
Soupe aux pois Grand-mère	suppl. 1.00	5.00
Soupe à l'oignon gratinée	suppl. 3.25	7.25

Nos Desserts

	Table d'hôte	*À la carte*
Tarte au sirop d'érable[5] et crème fraîche	Inclus	5.00
Tarte au fudge, coulis[6] de framboises	Inclus	5.00
Gâteau au chocolat et noisettes, coulis de fraises	Inclus	5.00
Glace maison à la vanille et coulis de fruits frais	Inclus	5.00
Assiette de fromages	Inclus	5.00

[4] pot of baked beans
[5] maple syrup
[6] purée

Activité 17 : Commandons.

Les gens suivants sont au restaurant *Aux Anciens Canadiens*. Sélectionnez un repas (**p. 215****) pour chaque personne.**

1. une jeune femme qui est végétarienne
2. un homme qui a très faim
3. une touriste qui aime goûter les spécialités régionales
4. un enfant qui aime les plats sucrés
5. un homme qui ne veut pas grossir
6. vous-même

Lecture

Anticipation

1. Quand vous êtes au régime, qu'est-ce que vous mangez et qu'est-ce que vous ne mangez pas ? Pourquoi ?
2. Quelles modes alimentaires *(diet fads)* connaissez-vous ? Le régime...

□ pamplemousse	□ hydrates de carbone	□ liquide
□ chocolat	□ protéines	□ banane
□ pommes de terre	□ pâtes	□ ananas
□ jus de fruits et de légumes	□ Weight Watchers	□ macrobiotique

3. Gérard Apfeldorfer est psychiatre et spécialiste des troubles alimentaires. Avec vingt spécialistes, anthropologues, historiens, nutritionnistes, physiologistes, œnologues *(wine experts)* et diététiciens, il a publié en 1994 une véritable bible de l'alimentation : *Traité de l'alimentation et du corps.*
Regardez la lecture et cochez la bonne réponse. Ce texte est...

□ un extrait de son livre
□ une critique de son livre
□ une entrevue avec l'auteur
□ un sondage sur la nutrition

Activité de lecture

Que représentent les lignes en caractères gras ? Et les autres lignes ?

Gérard Apfeldorfer : *Les histoires qu'on vous dit sur ce que vous mangez*

Extrait de *L'Événement du jeudi,* 24–30 mars 1994

L'ÉVÉNEMENT DU JEUDI : S'il y avait un seul message dans votre très complète encyclopédie de l'alimentation, ce serait quoi ?

Dr Gérard APFELDORFER : Il faut° manger de tout un peu et ne pas trop se laisser emporter° par les modes. C'est ça le message du livre. Ne vous cassez pas trop la tête,° mangez plutôt des choses que vous aimez. Si vous avez une alimentation variée, tout devrait bien se passer.

is necessary / *get carried away* / *Don't worry*

Pendant longtemps, on a interdit° des produits, maintenant on en conseille°...

advised against / *recommend*

Ce qui est à la mode aujourd'hui, c'est la forme, l'épanouissement physique.° On est passé de l'idée qu'il fallait

physical peak

éviter° des substances à l'idée qu'il faut en prendre. Des vitamines, des sels minéraux... Les fibres, par exemple, protégeraient du cancer du colon. Mais, pour en être sûr, il faut suivre° des gens pendant vingt ans. L'étude est encore en cours...

avoid / *follow*

On ne cesse donc de faire des variations...

Les régimes jouent avec trois catégories de nutriments : les graisses, les sucres et les protéines. Si vous en éliminez une, vous êtes obligé d'augmenter les deux autres. Quand on déconseille° les graisses et les sucres, vous vous retrouvez forcément avec un régime basé de protéines. Le meilleur régime, c'est quand même manger de tout, mais pas trop.

advises against

Mais on maigrit?

Oui, l'amaigrissement, c'est à 90 % une affaire de calories. Si vous baissez votre niveau calorique, quoi que vous mangiez,° vous allez maigrir. Donc si vous mangez de tout, mais un peu, vous allez maigrir. Il n'y a pas de doute.

whatever you eat

Est-ce à dire qu'il n'y a pas de régimes alimentaires meilleurs que° d'autres?

better than

Bien sûr, certaines façons de manger sont meilleures. Il y a moins de° maladies cardio-vasculaires en France qu'ailleurs.° La question, c'est de savoir pourquoi. La tendance, en ce moment, c'est d'attribuer cette situation au vin. D'autres, qui sont opposés au beurre, disent que c'est grâce à° l'huile. En fait, on ne sait pas. C'est pourquoi les nutritionnistes anglo-saxons parlent de la fameuse « exception française ». La vérité, c'est qu'aujourd'hui les scientifiques sont incapables de donner des directives alimentaires précises.

fewer/elsewhere / *due to*

En plus, ça dépend des individus?

Bien sûr. Pour le cholestérol, il est clair qu'il y a un facteur génétique très important. Certains peuvent manger du cholestérol sans risque de maladie cardio-vasculaire. D'autres ne doivent pas en manger.

On en revient toujours au même problème insoluble : que manger?

Au niveau scientifique, il n'y a pas de vérité. On n'a que° des vérités provisoires° qui peuvent être contestées par d'autres découvertes.

One has only / *temporary*

Compréhension et intégration

Complétez les phrases suivantes.

1. Le message fondamental du livre est qu'on doit ______________.

a. manger beaucoup de fibres
b. manger peu de calories
c. avoir un régime varié
d. prendre beaucoup de vitamines

2. Si on veut maigrir, il faut ______________.

a. éliminer le sucre
b. réduire le nombre de calories
c. manger des protéines
d. éliminer les graisses

3. Les conseils alimentaires changent parce qu(e) ______________.

a. on aime la variété
b. les scientifiques sont mauvais
c. on fait de nouvelles découvertes
d. les nutritionnistes compliquent la situation

4. On appelle « l'exception française » le fait qu'en France, il y a ______________.

a. moins de maladies cardio-vasculaires
b. moins de cancers du colon
c. moins de directives alimentaires précises
d. moins de graisses dans le régime

5. Une explication possible pour cette différence est ______________.

a. la génétique
b. la consommation de beurre
c. l'absence d'huile dans le régime
d. la consommation de vin

6. Le cholestérol est dangereux pour ______________.

a. certains individus
b. tout le monde
c. les Français
d. les Anglos-Saxons

Expansion de vocabulaire

Trouvez les équivalents.

1. Un autre mot de la même famille que **maigrir** est ______________.
2. Les trois éléments de base d'un régime sont ______________, ______________ et ______________.
3. Le contraire de **conseiller** est ______________.

Maintenant à vous

1. Mangez-vous des produits allégés comme le coca light ou le fromage maigre ? Pourquoi ou pourquoi pas ?
2. L'épanouissement physique est-il à la mode aux États-Unis maintenant ? Faites une liste des facteurs qui corroborent votre opinion.
3. Interviewez un(e) autre étudiant(e) sur ses conseils alimentaires.

Un pas en avant

À jouer ou à discuter

1. Sondage.

Prepare a signature sheet numbered 1 to 10. Circulate around the room finding out who can respond affirmatively to the statements below. The person who answers "yes" signs your sheet. (Only one question per person.)

Trouvez quelqu'un qui...

1. ______________ déteste le brocoli
2. ______________ ne mange pas de chocolat
3. ______________ a horreur du lait
4. ______________ aime la cuisine thaïlandaise
5. ______________ ne boit pas de café
6. ______________ mange des légumes frais tous les jours
7. ______________ aime les escargots
8. ______________ sait préparer des crêpes
9. ______________ n'a pas faim
10. ______________ ne mange pas de dinde à Noël

2. Test.

Savez-vous manger pour vivre ? Répondez aux questions suivantes.

1. **On doit consommer au moins ______________ portions de fruits et légumes par jour.**
   a. deux   b. trois   c. cinq   d. sept
2. **Les légumes à feuilles vert foncé ______________ le risque de certains cancers.**
   a. diminuent   b. augmentent   c. n'affectent pas   d. éliminent
3. **Une alimentation équilibrée doit être ______________ en matières grasses et en calories mais ______________ en fibres.**
   a. pauvre, pauvre   b. pauvre, riche   c. riche, pauvre   d. riche, riche
4. **N'oubliez pas de boire ______________ chaque jour.**
   a. un litre d'eau   b. un litre de lait   c. deux verres de vin   d. deux tasses de café

5. Un adulte a besoin de ____________ calories par jour.
a. 1.000 à 1.500 c. 2.000 à 2.500
b. 1.500 à 2.000 d. 2.500 à 3.000

3. Scènes à jouer.

a. Au restaurant

1. Before ordering, your dinner companion tries to tempt you with suggestions that are not on your diet.
2. You can't make up your mind about what to order. Ask the waiter for a suggestion and then order.
3. The waiter mixes up the orders. Once you have tasted your meal, comment on the food to your dinner companion.
4. The bill arrives and you think there has been a mistake in the calculations. Clear up the matter. Also find out if the service was included or if you need to leave a tip.

b. À l'épicerie

With a partner, role-play a scene in the **épicerie** with the shopkeeper and a customer who is shopping for the ingredients necessary to make **salade niçoise** (p. 211).

Puzzle à deux

INFO

Vous et votre partenaire voulez préparer une tarte Tatin, un dessert typiquement français, pour votre classe. Voici la recette et les ingrédients que vous avez à la maison. Votre partenaire a d'autres ingrédients chez lui/elle. Expliquez à votre partenaire ce que vous avez à la maison, et demandez-lui ce qu'il/elle a. Ensuite écrivez une liste de ce qu'il faut acheter pour préparer ce dessert.

Personne A will refer to the information on pages 221–223.
Personne B will refer to the Appendix on page A–23.

Useful expressions:

Moi, j'ai _________. Est-ce que tu as _________?

—Oui, j'en ai _________ (Non, je n'en ai pas).

Il faut acheter _________.

Recette : Tarte Tatin
Préparation : 10 min.
Cuisson : 35–40 min.

Ingrédients (pour 6–8 personnes)

4 c. à s.° de sucre — cuillère à soupe *(tablespoon)*
4 c. à s. de farine° — *flour*
250 ml de lait
2 c. à s. d'huile
2 c. à s. de crème épaisse° — *heavy cream*
4 œufs bien battus
7 pommes pelées et tranchées

Préparation

1. mélanger le sucre et la farine;
2. verser° peu à peu les ingrédients liquides : lait, huile, crème et œufs; — *pour in*
3. beurrer généreusement un moule à gâteau; — *deep cake pan*
4. chemiser le fond° du moule avec les pommes; — *cover the bottom*
5. verser la préparation dessus;
6. enfourner° à 100 degrés C pour 35–40 min.; — *bake*
7. renverser° la tarte; servir chaude ou tiède.° — *invert/warm*

Naviguez le Web!

Looking for a recipe? Want to cook something Canadian? Senegalese? Belgian? In this activity, you will visit a Web page where you can find recipes from a number of francophone countries. If you'd rather go out to eat, go online to find out about restaurants in Paris. Where would you like to go and what would you like to order there?

À écrire

À la fortune du pot.

Your friends invite you to a potluck dinner. You want to make something relatively simple because you are busy with school and work. You will first plan what you are going to make, write out the recipe, and, finally, prepare it for the class.

Première étape

Decide what you want to bring.

un hors-d'œuvre	une entrée	un plat principal	un légume
une salade	un fromage	un dessert	

Deuxième étape

Make a list of the ingredients you will need for your dish.

Troisième étape

At the dinner, everyone raves about your dish and asks you to write out the recipe. Use a recipe card like the one here. See *Activité 14* on pages 211–212 or the *Puzzle à deux* on p. 221 for useful expressions.

____

Pour ______________ personnes Préparation : ______________ minutes
Cuisson : ______________ minutes
Ingrédients :

Préparation :

Quatrième étape

Give a cooking demonstration in which you teach the class how to make your recipe.

Structures

Structure 7.1 Les verbes avec changements orthographiques

Some **-er** verbs in French have regular endings but require slight spelling changes in the present tense to reflect their pronunciation.

For verbs ending in **-érer** and **-éter,** the pronunciation of the last vowel of the stem changes slightly when the ending is silent, and the written **é (e accent aigu)** becomes an **è (e accent grave)** in these forms (see the shaded portion of the chart). The verbs **préférer,** *to prefer,* introduced in **Module 2**, **espérer,** *to hope (for),* and **répéter,** *to repeat,* follow this pattern.

espérer ***(to hope (for))***	
j'esp**è**re	nous espérons
tu esp**è**res	vous espérez
il/elle/on esp**è**re	ils/elles esp**è**rent

Ils espèrent trouver un bon restaurant.	*They hope to find a good restaurant.*
Nous préférons les légumes frais.	*We prefer fresh vegetables.*
Le serveur répète la commande.	*The waiter repeats the order.*

For the verb **acheter,** the **e** of the stem is pronounced when the ending is silent, and is written **è (e accent grave),** as shown in the shaded portion of the chart.

acheter ***(to buy)***	
j'ach**è**te	nous achetons
tu ach**è**tes	vous achetez
il/elle/on ach**è**te	ils, elles ach**è**tent

Tu achètes du fromage et du pain.	*You're buying cheese and bread.*
Nous achetons du vin.	*We're buying wine.*

Most verbs ending in **-eler** or **-eter** double the consonant before the silent endings. This is the case of the verbs **appeler** *(to call),* **s'appeler** *(to be named),* (which you saw in **Module 1**), and **jeter** *(to throw).*

appeler ***(to call)***	
j'appe**ll**e	nous appelons
tu appe**ll**es	vous appelez
il/elle/on appe**ll**e	ils/elles appe**ll**ent

J'appelle mes parents le dimanche.	*I call my parents on Sunday.*
Elles s'appellent Marianne et Laure.	*Their names are Marianne and Laure.*
Comment vous appelez-vous?	*What is your name?*
Nous jetons la mauvaise poire dans la poubelle.	*We're throwing the rotten pear in the garbage can.*

In **-ger** verbs like **manger** *(to eat),* an **e** is added before the ending **-ons** to maintain the soft **g** sound. Similiarly, in **-cer** verbs like **commencer** *(to begin),* **c** changes to **ç** before the ending **-ons** to maintain the soft **c** sound.

Mon frère mange de la viande mais mes sœurs et moi ne **mangeons** pas de bœuf.	*My brother eats meat but my sisters and I do not eat beef.*
Tu voyages souvent mais nous, nous **voyageons** très peu.	*You travel often but we travel very little.*
Le dîner commence à 20 h 00 et nous **commençons** à le préparer maintenant.	*Dinner begins at 8 and we are now beginning to prepare it.*

The **passé composé** of these verbs with spelling changes is formed regularly.

espérer → j'ai espéré
répéter → j'ai répété
acheter → j'ai acheté
appeler → j'ai appelé
manger → j'ai mangé
commencer → j'ai commencé

Exercice 1.

On fait une enquête *(poll)* sur les habitudes des consommateurs au supermarché. Complétez les questions et les réponses avec la forme qui convient du verbe indiqué.

1. préférer

ENQUÊTEUR Madame, que ______________-vous comme légume?
CLIENTE Moi, je ______________ la salade; mon mari ______________ les haricots verts et nos enfants ______________ les pommes de terre.

2. acheter

ENQUÊTEUR Et ______________-vous des aliments surgelés *(frozen)*?
CLIENTE Pas très souvent. Nos voisins ______________ souvent des produits surgelés mais nous, nous ______________ surtout des légumes frais. Euh, parfois quand je n'ai pas le temps de cuisiner, j(e) ______________ un paquet d'épinards surgelés ou un sac de pommes frites surgelées.

3. manger

ENQUÊTEUR	Que _____________-vous quand vous êtes pressés *(in a hurry)*?
CLIENTE	Bof, je ne sais pas. Nous _____________ un peu de tout. Les enfants aiment _____________ des tartines. Mon mari, lui, il _____________ un sandwich au fromage. Et moi, euh, je _____________ des fruits.

4. commencer, espérer

ENQUÊTEUR	Et pour _____________ un dîner typique, que prenez-vous?
CLIENTE	Nous _____________ avec une soupe ou un peu de charcuterie.
ENQUÊTEUR	Eh bien, j(e) _____________ que vous allez trouver tout ce qu'il vous faut ici au supermarché Champion. Merci, madame, de vos très aimables réponses.
CLIENTE	Je vous en prie.

Exercice 2.

Fabienne parle de ses projets pour un repas de fête. Complétez ses remarques avec la forme qui convient du verbe entre parenthèses. Choisissez entre le *présent* et le *passé composé.*

Aujourd'hui, c'est l'anniversaire de mon ami et il _____________[1] (préférer) dîner à la maison plutôt que d'aller au restaurant. Alors, je prépare un repas de fête délicieux. Hier j(e) _____________[2] (commencer) les préparatifs. J(e) _____________[3] (appeler) des copains pour les inviter. Il va y avoir donc six personnes. J(e) _____________[4] (espérer) que tout le monde aime le bœuf parce que j(e) _____________[5] (acheter) un bon filet à la boucherie ce matin. La dernière fois que nous _____________[6] (manger) ensemble, nous avons amené le vin, alors cette fois-ci, Richard et Jules _____________[7] (acheter) deux bouteilles de vin rouge. Et quoi d'autre? Ah oui, le dessert! Nicole _____________[8] (acheter) un gros gâteau d'anniversaire. On va bien manger!

Structure 7.2 Le partitif

By their nature, some nouns cannot be counted. In French, the partitive article is used to refer to *some* or a *part* of such noncount nouns.

de la viande	*some meat*
de l'eau	*some water*
du temps	*some time*

The partitive is also used with abstract qualities.

Il a du courage. *He is brave (has some courage).*

Although the English equivalent for the partitive, *some* or *any,* can be omitted, the partitive article is necessary in French. Here are the forms of the partitive article:

de + le	**du**	Vous prenez du vin.	*You're having some wine.*
de + la	**de la**	Il y a de la soupe à l'oignon.	*There is (some) onion soup.*
de + l'	**de l'**	Je bois de l'eau minérale.	*I drink mineral water.*

In the negative, the partitive article becomes **de** (or **d'** before a vowel sound).

Il n'y a pas de tarte.	*There isn't any pie.*
Elle ne mange pas d'ail.	*She doesn't eat garlic.*

Article partitif, indéfini ou défini ?

The following guidelines will help you choose the appropriate article.

Verbs that frequently require the partitive article are **prendre, manger, boire, avoir,** and **acheter.**

Vous prenez **du** café ?	*Are you having coffee?*
Mon père ne boit pas **de** café.	*My father doesn't drink (any) coffee.*
Est-ce qu'il y a **de la** confiture ?	*Is there any jam?*

Some nouns can be both count and noncount nouns. In these cases, either the indefinite article **(un, une)** or the partitive can be used with a slight difference in meaning.

Je voudrais **une** salade.	*I'd like a salad.*
Je voudrais **de la** salade.	*I'd like some salad.*

Preference verbs such as **aimer, préférer, adorer,** and **détester** take the definite article **(le, la, les).**

J'adore **la** viande mais je n'aime pas **le** poisson.	*I love meat but I don't like fish.*

Use the definite article when referring to a specific item or when ordering a particular dish on a menu.

Passez-moi **le** sel, s'il vous plaît.	*Pass me the salt, please.*
Je voudrais **le** saumon.	*I'd like the salmon.*

Exercice 3.

Anaïs explique ses habitudes culinaires. Complétez les phrases avec l'article partitif ou indéfini approprié.

1. Je suis toujours pressée *(in a hurry)* le matin, donc je mange peu pour le petit déjeuner. Je prends ______________ pain grillé avec ______________ beurre et ______________ confiture. Avec ça, je prends ______________ chocolat chaud ou ______________ café au lait; je ne bois pas ______________ jus de fruits.
2. Normalement, à midi, je retrouve mes amis au resto-U et nous déjeunons ensemble. Parfois, je mange ______________ soupe avec ______________ poulet et ______________ haricots verts. Généralement, je prends ______________ eau minérale avec mes repas.
3. Le soir, je n'ai pas très faim et je n'ai pas ______________ talent pour la cuisine. J'aime préparer ______________ salade. Ma salade préférée est

la salade composée. On utilise ______________ salade, ______________ tomates, ______________ olives, ______________ concombre, ______________ champignons, et ______________ fromage. Et pour moi, pas ______________ « French dressing » à l'américaine. Je prends ______________ vinaigrette.

Exercice 4.

Émilie décrit sa routine du matin. Complétez le paragraphe avec la forme de l'article défini, indéfini ou partitif qui convient.

Voici ma routine du matin pendant la semaine. À 8 h 00, si j'ai ______________[1] énergie, je fais du jogging. Vers 8 h 30, je me lave et je prépare le petit déjeuner. D'abord, je prends ______________[2] jus; je préfère ______________[3] jus d'orange. Ensuite, je me prépare ______________[4] café. Je ne prends pas ______________[5] sucre dans mon café mais j'aime ajouter ______________[6] lait. Puis je mange ______________[7] tartines de pain complet (je n'aime pas ______________[8] baguettes) avec ______________[9] beurre et ______________[10] confiture d'orange. S'il n'est pas trop tard, je prépare ______________[11] salade pour midi. À 9 h 00, je pars pour mon bureau en métro car je n'ai pas ______________[12] voiture. C'est un matin bien rempli !

7.3 Les expressions de quantité et le pronom *en*

Quantity expressions have the following structure:

	quantity + de + item		
	beaucoup	de	beurre.
Elle achète...	une bouteille	d'	eau minérale.
	un morceau	de	chocolat.

Note that **d(e)** is used alone rather than with any other articles.

Il y a trop **d'**huile dans la salade. — *There is too much oil in the salad.*

Elle a peu **de** patience. — *She has little patience.*

The choice of unit of measure often depends on the item itself. In the metric system, liquids are usually measured in **litres** *(liters)* and solids in **grammes** *(grams)* or **kilos** *(kilograms).*

un demi-litre d'huile — *a half liter of oil*
un kilo de pommes de terre — *a kilo of potatoes*

Sometimes the packaging determines the quantity.

une boîte de petits pois — *a can of peas*
un sac d'oranges — *a bag of oranges*

Le pronom *en*

Broadly speaking, pronouns replace nouns that have already been mentioned in order to avoid repetition. In French, the pronoun **en** is used with quantities and quantity expressions to avoid repeating the name of the food item. Notice how the boldfaced words in the following question are replaced by the pronoun **en** in the answer.

Y a-t-il **des fraises?**	*Are there any strawberries?*
Oui, il y **en** a.	*Yes, there are (some).*

En replaces nouns preceded by indefinite or partitive articles.

Tu veux un coca?	*Do you want a Coke?*
—Non, je n'**en** veux pas.	*No, I don't want one (any).*
Avez-vous des cerises?	*Do you have any cherries?*
—Oui, nous **en** avons.	*Yes, we do (have some).*

Note that with quantity expressions and numbers, **en** replaces the noun and the quantity or number is stated.

Combien de baguettes voulez-vous?	*How many baguettes do you want?*
—J'**en** veux **deux.**	*I want two.*
Achètes-tu beaucoup de bananes?	*Do you buy a lot of bananas?*
—Non, je n'**en** achète pas **beaucoup.**	*No, I don't buy a lot (of them).*

Place du pronom

En precedes the conjugated verb and the expressions **voilà** and **voici.**

Il y **en** a cinq.	*There are five (of them).*
J'**en** ai beaucoup mangé.	*I ate a lot (of it).*
Elle n'**en** veut pas.	*She doesn't want any (of it, them).*
En voilà un.	*There's one.*

In sentences with a conjugated verb followed by an infinitive, **en** precedes the infinitive.

Je vais **en** prendre.	*I'll have some.*
Nous voulons **en** acheter.	*We want to buy some.*

Exercice 5.

C'est mercredi, le jour du marché. Composez des phrases avec les éléments donnés pour indiquer ce que chaque personne achète. Ensuite, devinez le plat qu'on va préparer avec ces ingrédients.

1. M. Laurent : paquet/beurre; douzaine/œufs; 200 g/fromage
2. Paulette : litre/huile d'olive; bouteille/vinaigre; 500 g/tomates; et salade
3. Jacques : trois tranches/pâté; un morceau/fromage; baguette; et bouteille/vin
4. Mme Pelletier : un peu/ail; 250 g/beurre; et douzaine/escargots
5. Nathalie : 1 melon; 1 ananas; 3 bananes; et barquette/fraises

Exercice 6.

Anne veut préparer un gâteau. Elle examine ce qu'elle a dans sa cuisine. Complétez ses pensées en choisissant la réponse parmi les options données entre parenthèses.

Bon, dans le réfrigérateur il y a (1. un kilo, assez, un sac) de lait. Mais je n'ai pas (2. d', des, les) œufs. Que faire alors ? Peut-être que je peux emprunter *(to borrow)* (3. d', des, un) œufs à la voisine. Et, dans le placard... il y a (4. de, de la, un litre de) farine *(flour)* et (5. des, un paquet, du) sucre. Il y a encore (6. la, de la, de) vanille dans la bouteille. Selon la recette, il faut aussi (7. de, le, 100 g. de) chocolat. Où est mon chocolat ? Zut ! Il n'y en a pas ! Je dois donc aller au supermarché. Je vais acheter (8. une douzaine, une boîte, un pot) d'œufs et (9. de, du, un) chocolat. Je me dépêche *(to hurry)*. Je n'ai pas beaucoup (10. du, des, de) temps !

Exercice 7.

Michel va à l'épicerie pour faire les courses. Dans sa conversation avec l'épicière, remplacez les mots en italique par le pronom *en* pour éviter la répétition.

MICHEL Bonjour, madame. Avez-vous des cerises ?
EPICIÈRE (1.) Bien sûr, nous avons *des cerises !* Elles sont très belles parce que c'est la saison.
MICHEL Avec ça, donnez-moi une bouteille de vin blanc.
EPICIÈRE (2.) Voilà une bouteille *de vin blanc.* Et avec ça ?
MICHEL Avez-vous du gruyère ?
EPICIÈRE Oui. (3.) Vous voulez combien *de gruyère ?*
MICHEL (4.) Je veux 200 grammes *de gruyère,* s'il vous plaît. Je vais acheter aussi des petits pois. (5.) Je voudrais deux boîtes *de petits pois.* Et c'est tout.
EPICIÈRE Très bien.

Exercice 8.

Voici des bribes d'une conversation à table. Répondez selon les indications. Employez le pronom *en* pour éviter les répétitions.

1. Voulez-vous des pommes de terre gratinées ? (oui)
2. Vous allez prendre du pâté ? (non)
3. Prennent-ils du vin ? (oui)
4. Vous prenez de la salade verte ? (non)

5. Moi, je prends des escargots. Et toi ? (oui)
6. Mangez-vous souvent du pain complet ? (oui)
7. Vas-tu prendre un dessert ? (oui)

Structure 7.4 L'impératif

The imperative verb form is used to give commands and directions and to make suggestions. The three forms of the imperative, **tu, nous,** and **vous,** are similar to the present tense, but the subject pronoun is omitted.

Présent	Impératif	
tu achètes	Achète du pain.	*Buy some bread.*
nous achetons	Achetons du fromage.	*Let's buy some cheese.*
vous achetez	Achetez des crevettes.	*Buy some shrimp.*

For the **tu** command form of **-er** verbs, including **aller,** drop the **s** from the **tu** form of the present tense verb.

Mange tes légumes. *Eat your vegetables.*
Va à la boulangerie. *Go to the bakery.*

With **-ir** and **-re** verbs, the **s** remains.

Finis ton dîner. *Finish your dinner.*
Prends du sucre. *Have some sugar.*

Avoir and **être** have irregular imperative forms.

avoir	aie, ayons, ayez	Ayez de la patience.	*Have patience.*
être	sois, soyons, soyez	Sois sage.	*Be good.*

In negative commands, the **ne** precedes the verb and the **pas** follows it.

Ne bois pas de café après 16 h 00. *Don't drink coffee after 4 o'clock.*
N'allons pas au restaurant. *Let's not go to the restaurant.*

Because the imperative can be harsh, you can make suggestions using **on** + verb.

On prend un café ? *Shall we get a cup of coffee?*

Exercice 9.

La famille Gilbert est à table et Mme Gilbert donne des ordres à tout le monde. Complétez ce qu'elle dit avec la forme du verbe qui convient.

aider aller attendre boire être ne pas manger passer prendre

1. ______________ votre père. Il arrive dans un instant.

2. ________-moi le sel, s'il te plaît.
3. Jeannot, ________ avec les doigts.
4. Chéri, ________ encore des haricots.
5. ________ chercher du pain dans la cuisine, Alexia.
6. ________ patiente avec ton petit frère.
7. Les enfants, ________-moi avec les assiettes.
8. ________ ton eau minérale.

Exercice 10.

C'est l'anniversaire de votre amie Carole. Faites des projets avec vos amis en acceptant ou refusant leurs suggestions selon l'indication entre parenthèses.

Modèle : On célèbre l'anniversaire de Carole ? (oui)
Oui, célébrons l'anniversaire de Carole.

1. On invite Jérôme ? (oui)
2. On fait un pique-nique ? (non)
3. On va dîner dans un restaurant ? (oui)
4. On rentre chez nous après ? (oui)
5. On achète un gros gâteau au chocolat ? (oui)
6. On achète aussi de la glace ? (non)
7. On prend du champagne ? (oui)

Structure 7.5 Les pronoms d'objet direct

In French as in English, the direct object commonly follows the verb:

Suzanne aime **les haricots verts.**	*Suzanne likes green beans.*
sujet verbe objet direct	
Nous retrouvons **Paul** au restaurant.	*We are meeting Paul at the restaurant.*

The direct object can be replaced with a direct object pronoun to avoid repeating a noun that has already been mentioned. The direct object pronoun generally precedes the verb.

Les haricots verts ? Elle **les** aime.	*She likes them.*
Paul ? Nous **le** retrouvons au café.	*We are meeting him at the café.*
Toi et moi ? Oui, papa **nous** aime beaucoup.	*He loves us very much.*

Here are the French direct object pronouns:

singular	plural
me (m')	nous
te (t')	vous
le, la (l')	les

Note that **me, te, le,** and **la** contract before a vowel or a vowel sound.

Je t'invite à prendre un verre. *I'm inviting you to have a drink.*

Tu ne l'as pas acheté. *You didn't buy it.*

Place des pronoms d'objet direct

Place direct object pronouns in sentences according to these guidelines:

- in front of the conjugated verb:

  Le couscous ? Oui, je l'aime. *Couscous? Yes, I like it.*

  Serge ? Je l'ai vu au café. *Serge? I saw him at the café.*

- in two-verb constructions such as the **futur proche,** the pronoun should be placed immediately before the infinitive:

  Le pourboire ? Je vais le laisser sur la table. *The tip? I'm going to leave it on the table.*

Verbes qui sont suivis d'objet direct.

The following are some frequently used verbs that often have direct objects: **appeler, chanter, connaître** *(to be acquainted with),* **faire, finir, inviter, mettre** *(to put, to place),* **payer, porter, prendre, savoir** *(to know)*, **vendre, visiter, voir.**

Il nous a invités au concert. *He invited us to the concert.*

Unlike English, the following verbs take direct objects in French.

attendre *(to wait for)*	Je l'attends.	*I'm waiting for him/her.*
chercher *(to look for)*	On l'a cherché.	*We looked for it.*
écouter *(to listen to)*	Tu ne m'écoutes pas.	*You're not listening to me.*
regarder *(to look at)*	Il va les regarder.	*He is going to look at them.*

Pronom d'objet direct ou en?

In French, when a direct object is a proper name, a pronoun, or a noun preceded by a definite article **(le, la, les),** it can be replaced by a direct object pronoun **(me, te, le, la, l', nous, vous, les).**
Objects that are preceded by an indefinite article **(un, une, des)** or a partitive article **(du, de la, de l')** are replaced by **en.**

Je **te** connais ? *Do I know you?*

—Oui, tu **me** connais. Je suis dans ta classe de biologie. *—Yes, you know me. I am in your biology class.*

Tu aimes **la** glace au chocolat?	*Do you like chocolate ice cream?*
—Oui, je **l'**aime beaucoup.	*Yes, I like it a lot.*
Y a-t-il **des** oranges dans le frigo?	*Are there any oranges in the fridge?*
—Oui, il y **en** a.	*Yes, there are (some).*
Vous prenez **du** café?	*Are you having coffee?*
—Non, merci. Je n'**en** prends pas.	*No, thank you. I'm not having any.*

Exercice 11.

Dans les phrases suivantes, les pronoms soulignés peuvent représenter plusieurs noms. Trouvez l'élément (ou les éléments) que le pronom *ne peut pas* répresenter.

1. Je les aime beaucoup.
   a. les chocolats b. du sucre c. la confiture d. mes cousins
2. Ma mère va la préparer ce soir.
   a. le bœuf bourgignon b. la fondue suisse c. la salade niçoise d. le steak au poivre
3. On ne l'a pas vu depuis une semaine.
   a. mon oncle b. mon oncle et ma tante c. le livre de recettes d. le CD de Ricky Martin
4. Stéphanie m'a invité au cinéma.
   a. toi et moi b. moi c. moi et mes amis d. nous
5. Cédric en boit beaucoup.
   a. le vin b. de la bière c. l'autobus d. du lait
6. Tu vas le mettre sur la table.
   a. la pomme b. le verre c. le plat d. les tartelettes
7. J'en ai acheté.
   a. des crevettes b. du pain c. la viande d. de la glace
8. Vous nous avez invités au restaurant.
   a. moi b. toi et ton copain c. toi et moi d. Marc et moi

Exercice 12.

François aide sa mère à préparer le dîner. Complétez ce que sa mère lui dit avec le pronom d'objet direct qui convient.

1. Voici les tomates. Pourrais-tu ________ ajouter à la salade?
2. Je viens d'acheter la baguette. Maintenant nous devons ________ couper en tranches.
3. N'oublie pas la charcuterie. Tu devrais ________ apporter à table.
4. Voici les fourchettes. On ________ met à gauche des assiettes.
5. Et le sel? Où est-ce que je ________ ai laissé?
6. J'ai acheté ces raisins. Tu veux ________ laver?

7. Où est ta sœur ? Tu vas ______________ appeler ? C'est l'heure de nous mettre à table.

8. Enfin, voilà ton père qui arrive. On __________ attend depuis une demi-heure.

Exercice 13.

Julie et Daniel sont des jeunes mariés *(newlyweds)*. Julie pose beaucoup de questions à Daniel. Répondez à ses questions en employant un pronom d'objet direct ou *en* pour éviter la répétition des mots soulignés.

1. Je trouve tes parents très gentils. Comment est-ce qu'ils me trouvent ?
2. Est-ce que je peux voir les photos de ton enfance ?
3. Est-ce que nous pouvons visiter la ville où tu es né ?
4. Est-ce que nous allons inviter tes parents à dîner bientôt ?
5. J'utilise les recettes de ma mère quand je fais la cuisine. Aimes-tu ses recettes ?
6. Nous mangeons toujours de la dinde à Noël. Et ta famille ?
7. Tu veux aller voir ma mère à Noël ?

Tout ensemble!

Thomas et sa femme, Janine, font les courses ensemble à Casino. Complétez leur conversation en utilisant les verbes entre parenthèses et les mots de la liste.

THOMAS Tu as la liste d'achats que nous avons préparée ?

JANINE ________[1] voilà. ________[2] (commencer) par les légumes et les fruits.

THOMAS Voici de ________[3] salades. Tu ________[4] veux ?

JANINE Absolument ! Si nous allons suivre notre régime *(diet)*, nous devrions manger beaucoup ________[5] salade. Nous allons en acheter deux.

THOMAS Avec ça, prenons ________[6] tomates.

JANINE Thomas, ________[7] (choisir) trois belles tomates bien rouges. Je vais chercher les poivrons—un rouge et un vert.

THOMAS Avons-nous assez ________[8] oignons ?

JANINE Oui, mais nous devons acheter ________[9] ail.

THOMAS Qu'est-ce qu'on va manger demain pour le déjeuner ?

JANINE Euh... peut-être des ________[10] de porc avec ________[11] riz.

THOMAS Pas de pommes de terre ?

JANINE Si, si tu ________[12] (préférer)...

THOMAS Et au dessert ?

JANINE Thomas, n'oublie pas que nous sommes au régime. ________[13] (prendre) un fruit avec un fromage maigre. Ces pommes ont l'air délicieux.

THOMAS Nous ________[14] (manger) trop de pommes. ________[15] (acheter) plutôt des poires. En voici deux qui sont belles.

JANINE D'accord. Veux-tu ________[16] mettre dans le chariot *(shopping cart)* ?

THOMAS Est-ce que nous avons fini ?

JANINE Non, il nous faut *(we need)* aussi ________[17] viande, du lait et du ________[18]. ________[19] (aller) chercher le pain et le lait pendant que je vais à la ________[20].

THOMAS ________[21] (ne pas acheter) de saucissons—ils ont trop de matière grasse.

JANINE Bien. J(e) ________[22] (espérer) trouver des côtelettes bien maigres...

THOMAS Je ________[23] retrouve alors à la boucherie.

belles	côtelettes	de	de la	du	la	pain
boucherie	d'	de l'	des	en	les	te

VOCABULAIRE

Vocabulaire fondamental

Noms

La nourriture *food*

des asperges *(f)*	*asparagus*
une baguette	*a loaf of French bread*
le beurre	*butter*
le bœuf	*beef*
des céréales *(f pl)*	*cereals, grains*
la charcuterie	*deli cold cuts*
la confiture	*jam*
une côtelette	*a meat cutlet*
des crevettes *(f pl)*	*shrimp*
des fraises *(f pl)*	*strawberries*
le fromage	*cheese*
la glace	*ice cream*
des haricots (verts) *(m pl)*	*(green) beans*
le jambon	*ham*
le lait	*milk*
un légume	*a vegetable*
la moutarde	*mustard*
un œuf	*an egg*
un oignon	*an onion*
le pain	*bread*
les pâtes	*pasta; pastry dough*
le pâté (de campagne)	*(country style) meat spread*
des petits pois *(m pl)*	*green peas*
le poisson	*fish*
le poivre	*pepper*
une pomme	*an apple*
une pomme de terre	*a potato*
des pommes frites (frites, *fam)*	*French fries*
le porc	*pork*
le poulet	*chicken*
du raisin	*grapes*
le riz	*rice*
un saucisson	*a dry sausage*
le saumon	*salmon*
le sel	*salt*
une tarte(lette)	*a tart(let), a pie*
le thon	*tuna*
la viande	*meat*
le yaourt	*yogurt*

Mots apparentés : une banane, une carotte, le dessert, le fruit, la mayonnaise, une orange, une salade, une soupe, une tomate

Les repas *meals*

la cuisine	*food; cooking*
une entrée	*hot or cold dish served before the main course*
un goût	*a taste*
un goûter	*an afternoon snack*
les hors-d'œuvre *(m pl)*	*appetizers*
le menu	*fixed-price meal*
le petit déjeuner	*breakfast*
un plat (principal)	*a (main) course, dish*
un pourboire	*a tip*
le service	*service*
le service (non) compris	*tip (not) included*

Les petits commerces *shops*

une boucherie	*a butcher shop*
une boulangerie	*a bakery (for bread)*
une charcuterie	*a delicatessen*
une épicerie	*a neighborhood grocery store*
un marché (en plein air)	*a(n) (open air) market*
une pâtisserie	*a pastry shop*
un supermarché	*a supermarket*

Les ustensiles de cuisine *kitchen utensils*

une assiette	*a plate*
un couteau	*a knife*
une cuillère	*a spoon*
une fourchette	*a fork*
une nappe	*a tablecloth*
une serviette	*a napkin*
une tasse	*a cup*
un verre	*a glass*

Les quantités

assez (de)	*enough (of)*
beaucoup (de)	*a lot (of)*
une boîte (de)	*a box, can (of)*
une bouteille (de)	*a bottle (of)*
une douzaine (de)	*a dozen (of)*
un gramme (de)	*a gram (of)*
un (demi-) kilo (de)	*(half) a kilogram (of)*
un (demi-) litre (de)	*a (half) liter (of)*
un morceau (de)	*a piece (of)*
(un) peu (de)	*(a) little (of)*
un sac (de)	*a sack, bag (of)*
une tranche (de)	*a slice (of)*
trop (de)	*too many, too much (of)*

Verbes

acheter	*to buy*
appeler	*to call*
s'appeler	*to be named*
avoir faim	*to be hungry*
avoir soif	*to be thirsty*
commencer	*to begin*
espérer	*to hope (for)*
être au régime	*to be on a diet*
manger	*to eat*
mettre (la table)	*to put, set (the table)*
oublier	*to forget*

VOCABULAIRE

préférer	*to prefer*
réserver	*to reserve*

Adjectifs

délicieux/euse	*delicious*
dur(e)	*tough*
frais (fraîche)	*fresh*
horrible	*horrible*
sucré(e)	*sweetened*
tendre	*tender*

Mots divers

un ingrédient	*an ingredient*
par jour (semaine)	*per day (week)*
un pays francophone	*a country where French is spoken*
une recette	*a recipe*
un régime	*a diet*

Expressions utiles

Comment se débrouiller au restaurant *How to get along at a restaurant*

(See pp. 213-214 for additional expressions.)

Une table pour six, s'il vous plaît.	*A table for six, please.*
Que désirez-vous comme plat principal ?	*What do you want for your main course?*
Pour commencer, je vais prendre...	*To start with, I'll have. . .*
J'ai faim (soif).	*I'm hungry (thirsty).*
C'est délicieux (tendre).	*It's delicious (tender).*
Le service est compris ?	*Is the tip included?*

Vocabulaire supplémentaire

Noms

La nourriture *food*

l'agneau *(m)*	*lamb*
l'ail *(m)*	*garlic*
l'alimentation *(f)*	*food*
un ananas	*a pineapple*
des anchois *(m pl)*	*anchovies*
un biscuit	*a cookie, cracker*
une cerise	*a cherry*
un champignon	*a mushroom*
un concombre	*a cucumber*
une crêpe	*a crepe (thin pancake)*
une épice	*a spice*
les fruits de mer	*seafood*
un gâteau	*a cake*
la graisse	*fat*
l'huile *(f)* (d'olive)	*(olive) oil*
le pain complet	*whole wheat bread*
un pamplemousse	*a grapefruit*
une poire	*a pear*
un poivron	*a bell pepper*
un produit laitier	*milk product*
une tartine	*bread with butter*
la vinaigrette	*salad dressing made with oil and vinegar*

Mots apparentés : le brocoli, une sauce, la sole, la vanille, une vitamine

Les quantités

un bol	*a bowl*
une cuillerée à café (à soupe)	*a teaspoonful (tablespoon)*
un paquet	*a packet*
une pincée	*a pinch*
un pot	*a ceramic or glass jar*

Les ustensiles *kitchen utensils*

un cuillère à café (à soupe)	*a teaspoon (tablespoon)*
une poêle	*a frying pan*
un récipient	*a container*
un saladier	*a large (mixing) bowl*

Verbes

ajouter	*to add*
conseiller	*to recommend; to advise*
couper	*to cut*
se débrouiller	*to get along*
éviter	*to avoid*
faire bouillir	*to bring to a boil*
faire cuire	*to cook*
faire fondre	*to melt*
faire mariner	*to marinate*
faire revenir	*to sauté*
goûter	*to taste*
jeter	*to throw*
mélanger	*to mix*
plonger	*to immerse in water*
réduire	*to reduce*
régler	*to pay (take care of) a bill*

Adjectifs

allégé(e)	*reduced fat/calories*
allergique	*allergic*
culinaire	*culinary*
dégoûtant(e)	*disgusting*
fondu(e)	*melted*
garni(e)	*garnished*
gratiné(e)	*with melted cheese*
grillé(e)	*grilled*
léger (légère)	*light*
maigre	*low fat*
végétarien(ne)	*vegetarian*

8

Module 8

Souvenirs

Thèmes et pratiques de conversation

Souvenirs d'enfance
L'album de photos
Comment exprimer l'impatience
Comment comparer (introduction)
Souvenirs d'une époque

Culture

Un survol du 20e siècle

Lecture

Alceste a été renvoyé, de Sempé et Goscinny

Structures

8.1 L'imparfait
8.2 Les pronoms relatifs **qui, que** et **où**
8.3 Les verbes de communication : **lire, dire** et **écrire** avec les pronoms d'objet indirect
8.4 Le comparatif (introduction)
8.5 Le passé composé et l'imparfait (introduction)

Prononciation

Le groupe rhythmique
L'enchaînement et la joncture

Vidéo

Mini-drame — Les bons souvenirs
Publicités — A. Pâte à tarte prête à dérouler de Herta
B. Petits filous : yaourt de Yoplait
C. Lait Lactel

Thèmes et pratiques de conversation

Souvenirs d'enfance

Structure 8.1 L'imparfait	The **thème Souvenirs d'enfance** highlights the imperfect, **l'imparfait.** This past tense verb form is suited for talking about memories because it describes how things were. Whereas the **passé composé** tells what happened, the **imparfait** is descriptive. For further information on the **imparfait,** see page 266.

Quand j'étais petit(e)...

Ma mère ne **travaillait** pas à l'extérieur. Elle **restait** à la maison avec nous les enfants.

Nous **habitions** une petite maison à la campagne.

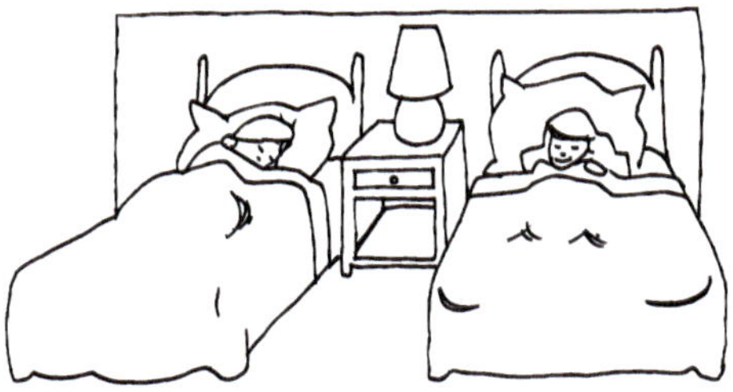

Je **dormais** dans une chambre avec ma sœur.

Mes parents n'**avaient** pas de télévision. Ils **écoutaient** la radio.

Nous **avions** une vieille Renault.

Les hommes **jouaient** aux boules sur la place.

Après l'école, je **jouais** à la poupée ou je **chassais** des papillons avec mon frère.

L'été, nous **allions** à la mer.

Activité 1 : Interaction. Quand tu étais petit(e)...

Posez les questions suivantes à vos camarades de classe.

1. Où est-ce que tu habitais ?
2. Avais-tu un ordinateur ? À quels jeux jouais-tu ?
3. Ta mère travaillait-elle à l'extérieur ?
4. Partageais-tu ta chambre avec un frère ou une sœur?
5. Que faisais-tu après l'école ? Avec qui ?
6. Est-ce que tu allais en vacances avec ta famille ? Où ?
7. Qu'est-ce que tu n'aimais pas manger ?
8. Avais-tu beaucoup de copains dans ton quartier *(neighborhood)* ?

Régine raconte ses souvenirs d'école

Régine Montaut, 49 ans, raconte ses souvenirs de l'école primaire dans un village français pendant les années 50.

L'information scolaire de Doisneau

Régine Montaut

Est-ce que l'école primaire en France a beaucoup changé depuis votre jeunesse ?

RM : Oui, beaucoup. Par exemple, quand j'**étais** jeune, il y **avait** une école pour les filles et une autre école pour les garçons. Il n'y **avait** pas d'école mixte. À cette époque-là, les filles ne **portaient** pas de pantalon à l'école.

Les élèves portaient-ils des uniformes ?

RM : Seulement dans les écoles privées. Mais pour protéger leurs vêtements les filles **portaient** un tablier° rose, et les garçons, une blouse noire ou grise. *smock*

Est-ce que le bâtiment ressemblait à une école américaine ?

RM : Non, pas du tout ! Mon école **était** dans un vieux bâtiment autour d'une cour; il n'y **avait** pas de pelouse,° pas de terrain de sport. Mais il y **avait** quatre arbres plantés au milieu de la cour. Toujours les quatre arbres. *grass*

Et à l'intérieur ?

RM : Il y **avait** des pupitres en rang. Sur les murs, il y **avait** une carte de France.

Et comment une journée typique commençait-elle ? Est-ce qu'on saluait le drapeau ?

RM : Non, la première leçon du matin **était** l'instruction civique, ce qu'on **appelait** « la leçon de morale ». L'instituteur **écrivait** un proverbe au tableau que nous **copiions** dans nos cahiers. En France, les étudiants **copiaient** beaucoup dans leurs cahiers.

Et la discipline ?

RM : La discipline ? Oh là là ! C'**était** sévère. Il fallait lever le doigt° pour parler. Et comme punition, il y **avait** le châtiment corporel. La maîtresse **tirait** les oreilles,° elle **tapait** sur les doigts° avec une règle, on **allait** au coin; et souvent elle **envoyait** les élèves chez la directrice. Il y **avait** aussi le chapeau d'âne.° Et l'institutrice **critiquait** beaucoup.

raise your finger
pulled their ears
rapped their knuckles
dunce cap

Je suppose que vous étiez toujours très sage ?

RM: Moi ? Oh non ! Vous savez, en France l'écriture, c'est très important, et moi, je n'**écrivais** pas bien. Un jour, je suis arrivée à l'école avec mon devoir plein de taches.° L'institutrice a attaché mon cahier ouvert sur mon dos. Pendant la récréation *smudges* *to walk* *to cry* j'ai dû marcher° autour de la cour pendant que toutes les petites filles **riaient.** Je **voulais** pleurer.° Ça a été une expérience humiliante !

Activité 2 : Vrai ou faux ?

Répondez *vrai* ou *faux* aux phrases suivantes et corrigez les réponses fausses.

1. Quand Régine était jeune, elle étudiait dans une école mixte.
2. Pendant la récréation, les enfants jouaient au terrain de sport.
3. Pour commencer la journée, les élèves se mettaient debout *(stood up)* pour saluer le drapeau.
4. Il y avait toujours une carte de France dans la salle de classe.
5. Régine était bonne en écriture.
6. L'humiliation était une forme de punition.

L'album de photos

Structure 8.2 Les pronoms relatifs *qui*, *que* et *où*

The following activities introduce relative pronouns, **les pronoms relatifs,** which are used for joining clauses to form complex sentences. To read more about relative pronouns, see page 268.

C'est moi avec mon ballon de foot ***qui*** *était presque mon meilleur ami.*

C'est la place ***où*** *ma grand-mère aimait danser.*

Et voilà notre vieille Citroën 2CV ***que*** *nous avons achetée d'occasion* (used).

À noter : Look at the caption for each photo. What words are the relative pronouns **qui, où,** and **que** replacing?

Activité 3 : Le hit parade de votre enfance.

Posez des questions à un(e) camarade en suivant le modèle.

Modèle : Est-ce qu'il y avait...
un chanteur que tu écoutais ?
— Oui, Charles Trénet.

1. un lieu où tu aimais aller ?
2. un film qui était populaire ?
3. une chanson qui passait toujours à la radio ?
4. une émission de télévision que tu regardais ?
5. une activité que tu n'aimais pas faire ?
6. une marque *(brand)* de vêtements que tout le monde portait ?

Activité 4 : L'album de photos.

Marc montre son album de photos à un ami qui lui pose des questions. Complétez avec *qui, que* ou *où.*

UN AMI Qui est ce petit garçon en short ?
MARC C'est Serge, le voisin ______________ chassait les papillons avec moi.
UN AMI Et le jeune homme à côté de lui ?
MARC C'est un garçon ______________ sortait avec ma sœur. L'homme ______________ tu vois à côté de lui est mon grand-père.
UN AMI Où a-t-on pris cette photo ?
MARC Sur la place du village ______________ les hommes âgés jouaient aux boules et les vieilles femmes bavardaient.
UN AMI Et le vieux bâtiment ? Qu'est-ce que c'est ?
MARC C'est la mairie ______________ il y avait une salle de cinéma. J'adorais tous les films ______________ sortaient au village. L'autre bâtiment est l'église ______________ nous allions à la messe.

Bulletin

À chaque génération ses prénoms

Un prénom suit la mode : il naît, grandit, culmine et décline. Les enfants nés dans les années 70 s'appellent le plus souvent Stéphane, Céline, Sébastien et Nicolas. Leurs parents s'appellent Martine, Françoise, Michel et Alain. Et quels sont les grands classiques ? Pierre, Jean, Marie et Jeanne.

Est-ce que tu te souviens de ton premier jour à l'école ?

À noter : What preposition follows the verb **se souvenir** *(to remember)?* Notice that there is a pronoun before the verb. In the **tu** form, the pronoun is **te.** What is the pronoun used with the **je** form? You will learn more about pronominal verbs in **Module 10.** What words in the question is the pronoun **en** replacing?

Activité 5 : Est-ce que tu te souviens de... *(Do you remember. . .)* ?

Utilisez les éléments suivants pour poser des questions à vos camarades de classe.

Modèle : Est-ce que tu te souviens d'une activité qui était interdite ?

—Oui, je ne pouvais pas sortir pendant la semaine.

un président	qui	tu admirais
un pays	que	tu voulais aller
un(e) musicien(ne)	où	tes parents écoutaient
un écrivain		était toujours très gentil(le) avec toi
un lieu		tout le monde critiquait
un film		a influencé ta vie
un acteur/une actrice		tu ne pouvais pas aller
une chose		tu ne pouvais pas faire
une personne		tes parents répétaient

Activité 6 : Vos souvenirs.

Travaillez en petits groupes pour apprendre autant que possible sur les souvenirs de vos camarades.

Modèle : Parle-moi un peu de tes copains. Est-ce que tu te souviens de ton premier meilleur copain ? Comment s'appelait-il ? Est-ce qu'il habitait près de chez toi ? Comment était-il ? Qu'est-ce que vous faisiez ensemble ?

1. copains
2. anniversaires
3. vacances
4. animaux domestiques
5. passe-temps

Comment exprimer l'impatience

Arrête, Jean-Guillaume ! Ça suffit !

Quelques expressions utiles

Tu m'ennuies ! Tu m'énerves ! Tu m'embêtes !	*You're getting on my nerves!*
J'en ai assez ! J'en ai marre ! J'en ai ras le bol !	*I've had enough! I've had it!*
C'est assez ! Ça suffit !	*That's enough!*

Arrête !	*Stop!*
Quand je dis non, c'est non !	*No means no!*
Laisse-moi tranquille ! Fiche-moi la paix !	*Leave me alone!*

Activité 7 : Comment réagir ?

Vous êtes stressé(e) et tout le monde vous énerve. Répondez aux situations suivantes avec une expression appropriée.

1. Votre copain assis *(seated)* à table en face de vous continue à manger dans votre assiette.
2. Votre petite sœur vous demande constamment de l'emmener *(to take)* au centre commercial.
3. Votre petit(e) ami(e) vous dit à nouveau qu'il/elle ne peut pas vous voir.
4. Votre colocataire regarde la vidéo *Titanic* pour la cinquième fois.
5. Quelqu'un que vous ne connaissez pas vous suit *(follows)* dans la rue et continue à vous parler.
6. Vous devez passer *(to take)* trois examens cette semaine.

Structure 8.3 Les verbes de communication : *lire*, *dire* et *écrire* avec les pronoms d'objet indirect

Because they involve transferring information from one source to another, communication verbs are commonly used with an indirect object. Here, you will learn to use common verbs associated with communication and indirect object pronouns (**me, te, lui, nous, vous,** and **leur**). For the communication verbs, see page 269. For a full explanation of the use of indirect object pronouns, see page 271.

Jules écrit à ses parents. Il **leur** écrit pour **leur** demander de l'argent.

Jacquot est déçu *(disappointed)* car son père **lui a dit** de ne pas sortir.

Mon père **nous** lisait des BD (bandes dessinées) d'Astérix et de Tintin.

Est-ce que ta grand-mère **t**'a donné ce joli vélo tout neuf *(brand new)* ?

Je suis inquiète *(worried)*. Est-ce que Charles va **me** téléphoner comme il a promis ?

À noter : Look at the **nous** pronouns in the caption on page 251. Which one represents an indirect object? A direct object? The pronouns **me, te, nous,** and **vous** replace both direct and indirect objects.

Nos grands-parents **nous** gâtaient quand nous étions chez eux. Ils **nous** donnaient tout ce que nous voulions.

Activité 8 : Associations rapides.

Répondez aussi vite que possible.

Modèle : écrire des e-mails

Qui t'écrit des e-mails ?

— Ma mère m'écrit des messages tous les jours.

1. parler de ses problèmes
2. rendre visite
3. écouter
4. téléphoner souvent
5. écrire des e-mails
6. trouver difficile

Activité 9 : Un père inquiet.

Le jeune Ladret, qui part pour une colonie de vacances *(summer camp),* doit rassurer son père que tout va bien. Utilisez un pronom d'objet direct ou indirect dans chaque réponse.

Modèle : Tu vas <u>me</u> téléphoner demain ?

—Oui, je vais te téléphoner en arrivant *(upon arrival).*

1. Tu as donné mon numéro de téléphone <u>au directeur</u> ?
2. Tu vas <u>nous</u> écrire souvent ?
3. Tu vas prendre <u>tes vitamines</u> le matin ?
4. Tu vas obéir <u>aux moniteurs</u> ?
5. Tu vas suivre <u>tous les règlements</u> *(rules)* ?
6. Tu as <u>ton billet de train et ta carte d'identité</u> ?
7. Est-ce que tu as dit au revoir <u>à tante Irène</u> ?

Activité 10 : Interview avec Jean-Luc Moncourtois, metteur en scène.

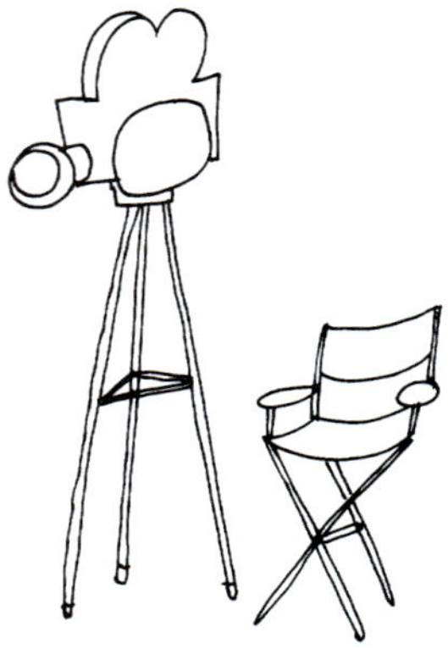

Avec un(e) camarade, associez les questions et les réponses pour reconstruire l'interview.

1. Vous aimiez beaucoup les films quand vous étiez jeune ?
2. Et vous alliez souvent au cinéma ?
3. Vos parents comprenaient votre passion pour les films ?
4. Donc, vous ne leur parliez pas de votre fascination ?
5. Est-ce que vous aviez une idole ?
6. Êtes-vous content de votre nouveau film ?
7. Qu'est-ce que vous dites aux jeunes qui veulent faire du cinéma ?
8. Je peux vous parler de votre nouvelle copine Brigitte ?
9. Pourquoi avez-vous choisi de quitter Hollywood et de revenir en France ?
10. Merci, M. Moncourtois, de nous avoir accordé cette interview.

a. Je leur dis de ne jamais abandonner.
b. Non, ils ne me comprenaient pas. Ils étaient trop occupés par leurs propres affaires.
c. Oui, c'était Belmondo. Je l'adorais.
d. Non. Je ne veux pas vous parler de ma vie privée.
e. J'y allais tous les samedis.
f. Oui, j'adorais ça ! C'était une affaire de cœur. J'étais un vrai fana !
g. Comment répondre ? C'est mon meilleur travail jusqu'ici, mais je ne suis jamais satisfait. Je suis perfectionniste.
h. Non, je ne pouvais pas leur en parler. De toute façon, on se parlait peu chez moi.
i. Ce retour, j'y ai réfléchi pendant des années. Après tout, je suis un metteur en scène français !
j. Je vous en prie. C'était un plaisir.

Comment comparer (introduction)

Structure 8.4 Le comparatif (introduction)	When we think about the past, we frequently compare our present situation with "the good old days," « le bon vieux temps ». We make lots of other comparisons as well—age, abilities, qualities, and so on. For a full explanation of the comparative, see page 273.

Quelques expressions utiles

Pour comparer

Je suis **moins grand que** mon cousin Frédéric, mais je suis **plus sportif que** lui.

Nous étions **moins prospères que** nos voisins les Lefèbvre. Ils avaient une **meilleure voiture que** notre vieille Citroën.

Septembre–Octobre 1996 Nom: Jean-Pierre

	DEVOIRS					LEÇONS					OBSERVATIONS DU PROFESSEUR
Philosophie											
Français (grammaire et orthographe)											
Français (composition et dissertation)	4	7				8	2	4			Ne travaille pas régulièrement à la maison. M. Tremblay
Récitation											Faible participation M. Tremblay
Cinéma (gramaire et composition)											Mauvais travail—Doit améliorer la participation en classe Mlle Blanchard
Anglais (littérature)	8	9				7	9	6			
Thème Anglais											
Version Anglaise											
Histoire Américaine											
Algèbre	8	5									Un travail plus intensif doit pouvoir améliorer les résultats M. LeGrand
Géométrie	5	7				6	5	7			
Économie			6			6					Doit travailler plus M. Sequin

Hélas, mes notes étaient souvent **pires que** les notes de ma sœur. En fait, elles étaient lamentables !

Ce film n'est pas **aussi passionnant que** l'autre.

Pour poser une question au sujet de plusieurs choses

Est-ce que tu es très différent(e) de ta sœur ?

Est-ce que tu ressembles plutôt à ta mère ou à ton père ?

Quelles sont les différences entre Los Angeles et San Francisco ?

Est-ce que Montréal est comme Paris ?

Est-ce que les États-Unis et le Canada sont semblables ?

Est-ce que ta région est plutôt urbaine ou rurale ?

Activité 11 : Comparez les époques.

Que pensez-vous des propositions suivantes ? Selon vous, sont-elles *vraies* ou *fausses* ?

1. La France des années 50 était plus homogène que la France d'aujourd'hui.
2. Les années 60 en France et aux États-Unis étaient moins turbulentes que les années 90.
3. Les ordinateurs sont meilleurs aujourd'hui qu'il y a dix ans.
4. Les jeunes filles de notre époque sont généralement aussi indépendantes que leurs mères.
5. La génération de nos parents était moins conservatrice que notre génération.
6. La violence dans les écoles américaines devient pire.
7. Un Français avec son béret et sa baguette est une image plus stéréotypée que correcte.
8. Aujourd'hui, les films d'action sont moins bons que dans les années 80.

Activité 12 : Comparaisons.

Comparez la ville d'où vous venez à votre ville universitaire en utilisant un adjectif de la liste. Choisissez entre *plus, moins, aussi, meilleur(e)* et *pire.*

1. les habitants : sympathique/désagréable, poli/impoli, stressé/décontracté
2. les commerces : grand/petit, important, prospère
3. le temps : beau/mauvais, variable/stable, humide/sec
4. l'économie : bon/mauvais
5. l'environnement naturel : beau, plat/montagneux,vert/aride
6. les bâtiments : grand/petit, moderne/historique

Souvenirs d'une époque

Paris, les années 20

Structure 8.5 Le passé composé et l'imparfait (introduction)

In the following activities, you will begin to use the **imparfait** and the **passé composé** together. Remember to use the **imparfait** for description and background information and the **passé composé** to talk about specific events. For further comparison of these two tenses, see page 274.

Perspectives culturelles

Un survol du 20e siècle

1925–1927 : Les années folles

Dans les cafés de Paris, on retrouvait tous les nouveaux riches et les profiteurs de guerre,° avec des femmes aux cheveux coupés à la garçonne.° On rencontrait Hemingway, Fitzgerald, Cocteau et Aragon au Jockey, une boîte à la mode.

war profiteers/bobbed hairstyle of the twenties

1930–1940 : Les années mouvementées

C'était le krach boursier,° il y avait beaucoup de chômage,° mais Paris s'amusait aux Folies bergères et écoutait du jazz et Maurice Chevalier.

stock market crash/ unemployment

1947–1950 : Les années après la libération

La fin de la guerre. Juliette Gréco chantait dans les caves.° Jean-Paul Sartre était l'écrivain le plus vénéré des Français.

cellar nightclubs

1955–1965 : Les années prospères

C'était le début du rock'n' roll avec le célèbre Elvis Presley. En 1956, Brigitte Bardot est rendue célèbre par le film *Et Dieu créa la femme* de Roger Vadim.

1965–1972 : Les années révolutionnaires

Tout explosait. C'étaient les années de la pilule et de « l'amour libre », une époque politisée. Après la révolution de mai 68, le général de Gaulle a démissionné.° La génération yéyé° écoutait les Beatles et les Rolling Stones.

resigned/from Beatle refrain, "yeah, yeah, yeah"

1973–1976 : Les années de crise

La crise du pétrole a arrêté la croissance° économique. Avec l'angoisse du chômage, les jeunes étaient moins idéalistes. Les terroristes ont attaqué Munich, Rome et Paris.

growth

1977–1985 : Les années américaines

Chacun pour soi !° Mitterrand, un socialiste, a été élu président, mais tout le monde voulait jouer à la bourse.°

Everyone for himself
stockmarket

1985–1990 : Les années cocooning

Les années de la vidéocassette, du téléviseur où on restait chez soi.

1995—2000 : Les années Web

La messagerie électronique, le shopping en ligne, les forums de discussion et les pages personnelles sont devenus populaires. La France se passionnait pour Internet.

Avez-vous compris ?

1. Pendant quelle époque Hemingway et Fitzgerald fréquentaient-ils les cafés de Paris ?
2. Qu'est-ce qui a causé la grande crise des années 30 ?
3. Juliette Gréco était-elle écrivaine ?
4. Quel mythe français reignait pendant les années 50–60 ?
5. À quelle époque les étudiants parisiens manifestaient-ils *(demonstrated)* contre le statu quo ? Qu'est-ce qui se passait aux États-Unis à cette époque ?
6. Est-ce que le terrorisme était un problème dans les années 60 ?
7. Est-ce que les années 80 sont célèbres pour la compassion ou pour l'égoïsme ? Quelle expression décrit cette époque ?
8. Quelle nouvelle technologie a changé les habitudes des Français ?

Manifestation à Paris, mai 68

Activité 13 : Testez-vous !

De quelle époque êtes-vous ?

1. Quand mes parents étaient au lycée, ils écoutaient ____________.

a. Santana b. Bob Dylan c. Frank Sinatra
d. Stevie Wonder e. Elvis Presley

2. Après l'école, je regardais ____________ à la télévision.

a. *Leave it to Beaver* b. *Saved by the Bell* c. *le Brady Bunch*
d. *Sesame Street* e. *Full House*

3. Quand ma mère était au lycée, les ____________ étaient très à la mode.

a. mini-jupes b. vêtements hippie c. socquettes *(bobby socks)*
d. chemises polo e. tennis Adidas

4. Quand mon père avait vingt ans, les ____________ étaient à la mode pour les hommes.

a. barbes b. moustaches c. cheveux longs
d. cheveux courts e. pantalons à pattes d'éléphant *(bell bottoms)*

5. Quand ma mère avait vingt ans, ____________ était le mythe le plus connu.

a. Marilyn Monroe b. Madonna c. Brigitte Bardot
d. Tina Turner e. Claudia Schiffer

Activité 14 : Quel âge avais-tu quand... ?

Posez la question à un(e) autre étudiant(e) comme dans le modèle.

Modèle : Quel âge avais-tu quand Challenger a explosé ?
J'avais dix ans.

1. la princesse Diana est morte ?
2. tu as conduit pour la première fois ?
3. Bill Clinton est devenu président des États-Unis ?
4. Nelson Mandela est devenu président de l'Afrique du Sud ?
5. *Beverly Hills 90210* était populaire ?
6. le mur de Berlin est tombé ?
7. tu as commencé tes études universitaires ?

Activité 15 : L'arrivée à la fac.

Lisez le passage suivant et faites une liste des verbes qui décrivent *(describe)* et ceux qui racontent *(say what happened).*

Vous souvenez-vous de votre premier jour à la fac ici aux États-Unis?

—Oui, **c'était**[1] le mois de septembre et il **faisait**[2] très chaud. Je **portais**[3] une robe d'été. J'**avais**[4] peur parce que mon anglais n'**était**[5] pas très bon et je me **sentais**[6] très seule. Quand je **suis arrivée**[7] dans ma chambre, j'**ai vu**[8] une blonde assise sur le lit qui **remplissait**[9] une fiche *(a form)*. Elle **m'a dit**[10] « bonjour » avec un bel accent texan. Nous **sommes parties**[11] ensemble à la cafétéria où j'**ai rencontré**[12] ses amis.

décrire (liste): **raconter ce qui s'est passé (liste):**

Activité 16 : Une anecdote.

Créez une anecdote en répondant aux questions. Vous pouvez collaborer ainsi à une composition avec la classe.

votre dernière sortie au cinéma

1. C'était quel jour de la semaine ?
2. Quel temps faisait-il ?
3. Étiez-vous seul(e) ?
4. Où était le film ?

5. Comment y êtes-vous allé(e)(s) ?
6. Êtes-vous arrivé(e)(s) à l'heure, en avance ou en retard ?
7. Avez-vous payé ? C'était combien ?
8. Avez-vous acheté du popcorn ou une boisson ?
9. Comment était le film ?
10. Qu'est-ce que vous avez fait après le film ?

Lecture

Anticipation

1. Un élève qui se comporte *(behaves)* mal à l'école est parfois renvoyé *(suspended)* de l'école pendant quelques jours. Imaginez les raisons possibles pour renvoyer un élève de l'école.
2. Dans ce texte, les enfants appellent le surveillant, la personne responsable de la discipline, « le Bouillon ». Quand vous étiez jeune, aviez-vous un nom spécial pour les adultes que vous n'aimiez pas ? Expliquez.

Alceste a été renvoyé

Jean-Jacques Sempé et Goscinny

Il est arrivé une chose terrible à l'école : Alceste a été renvoyé !

Ça s'est passé pendant la deuxième récré du matin. Nous étions tous là à jouer à la balle au chasseur, vous savez comment on y joue : celui qui a la balle, c'est le chasseur; alors, avec la balle il essaie de taper° sur un copain et puis le copain pleure et devient chasseur à son tour. C'est très chouette.° Les seuls qui ne jouaient pas, c'étaient Geoffroy, qui était absent; Agnan, qui repassait toujours ses leçons pendant la récré; et Alceste, qui mangeait sa

tries to hit
cool

dernière tartine à la confiture du matin. Alceste garde toujours sa plus grande tartine pour la deuxième récré, qui est un peu plus longue que les autres. Le chasseur, c'était Eudes, et ça n'arrive pas souvent : comme il est très fort, on essaie toujours de ne pas l'attraper avec la balle, parce que quand c'est lui qui chasse, il fait drôlement mal.° Et là, Eudes a visé° Clotaire, qui s'est jeté par terre avec les mains sur la tête; la balle est passée au-dessus de lui, et bing ! elle est venue taper dans le dos d'Alceste qui a lâché° sa tartine, qui est tombée du côté de la confiture. Alceste, ça ne lui a pas plu°; il est devenu tout rouge et il s'est mis à pousser des cris; alors, le Bouillon—c'est notre surveillant—il est venu en courant pour voir ce qui s'est passé, ce qu'il n'a pas vu, c'est la tartine, et il a marché dessus, il a glissé et il y est presque° tombé. Il a été étonné,° le Bouillon, il avait tout plein de confiture sur sa chaussure. Alceste, ça a été terrible, il a agité les bras et il a crié,

it really hurts/ aimed at · *let go of* · *he didn't like it* · *almost* · *surprised*

—Nom d'un chien, zut! Pouvez pas faire attention où vous mettez les pieds ? C'est vrai, quoi, sans blague°!

no kidding

Il était drôlement en colère, Alceste; il faut dire qu'il ne faut jamais faire le guignol° avec sa nourriture, surtout quand c'est la tartine de la deuxième récré. Le Bouillon, il n'était pas content non plus.

play around

—Regardez-moi bien dans les yeux, il a dit à Alceste : qu'est-ce que vous avez dit ?

—J'ai dit que nom d'un chien, zut, vous n'avez pas le droit de marcher sur mes tartines ! a crié Alceste.

Alors, le Bouillon a pris Alceste par le bras et il l'a emmené avec lui. Ça faisait chouic,° chouic, quand il marchait, le Bouillon, à cause de la confiture qu'il avait au pied.

squish

Et puis le directeur a dit à Alceste de prendre ses affaires. Alceste y est allé en pleurant,° et puis il est parti, avec le directeur et le Bouillon.

crying

Nous, on a tous été très tristes. La maîtresse aussi.

Adapté de Sempé et Goscinny : « Alceste a été renvoyé », *Les récrés du petit Nicolas.* © *Editions Denoël.*

Expansion de vocabulaire

1. *La balle au chasseur* ressemble au jeu de __________.
a. *hide and seek* b. *freeze tag* c. *dodge ball* d. *keep away*

2. En anglais, le mot *chasseur* se dit __________.
a. « it » b. « out » c. « the referee » d. « hunter »

3. L'occupation favorite d'Alceste est d(e) __________.
a. manger b. jouer avec ses copains c. repasser ses devoirs d. aller à l'école

4. Quelle action ne se fait pas avec une balle ?
a. jouer b. pleurer c. attraper d. lâcher

5. On ne vise pas avec __________.
a. un revolver b. une balle c. un appareil-photo d. une télévision

6. Agnan doit toujours *repasser* ses leçons pendant la récré parce qu(e) ______________.

a. il ne prépare pas assez ses leçons
b. il n'aime pas jouer avec ses amis
c. il est trop sérieux
d. son instituteur ne l'aime pas

7. Alceste était *drôlement* en colère. Un synonyme de *drôlement* est

a. un peu
b. souvent
c. très
d. jamais

8. Ce que le Bouillon n'a pas vu, c'est la tartine. Il a marché dessus, il a *glissé* et il y est presque tombé. On peut *glisser* sur ______________.

a. un arbre
b. la glace *(ice)*
c. une voiture
d. du chewing gum

Compréhension et intégration

1. Geoffroy, Agnan et Alceste ne jouaient pas pendant la récréation. Que faisaient-ils ?
2. Pourquoi a-t-on peur quand Eudes est le chasseur ?
3. Pour quelle raison Alceste a-t-il laissé tomber sa tartine ?
4. Qui a marché sur la tartine d'Alceste ?
5. Qu'a dit Alceste au surveillant ?
6. Quelles sont les indications qui montrent que c'est un enfant qui raconte l'histoire ? Parlez du langage, du point de vue, etc.

Maintenant à vous

Racontez une anecdote de votre expérience où un enfant a eu des ennuis *(got into trouble)* à l'école.

Un pas en avant

À jouer ou à discuter

1. Bring in an old photograph to class and describe an earlier period of your life. Who/what is in the picture? What year was it? How old were you? Where were you living? Whom were you with? What were you wearing? What were you (or the people in the picture) like? Compare the people in the picture to each other or to yourself. If it is a picture of you, compare yourself at the time the picture was taken to how you are today.
2. You run into an old friend whom you haven't seen since high school. Find out about each other's lives. **Ah, bonjour, Robert; ça fait longtemps ! Qu'est-ce que tu fais maintenant ? Tu travailles ? Quand as-tu fini tes études ? etc.** Feel free to embroider on your life experience.

Puzzle à deux

IN FO

Qu'est-ce qui se passait quand le proviseur est entré dans la salle de classe? Vous et votre partenaire, vous avez un dessin de la même salle de classe, mais il y a trois différences entre les deux dessins. Pour trouver les trois différences, regardez votre image et décrivez ce qui se passait quand le proviseur est entré dans la classe.

Modèle : A : Le professeur écrivait au tableau.

B : Vraiment ? Sur mon dessin aussi, elle écrivait au tableau.

Personne A va décrire la salle de classe ci-dessous.

Personne B va décrire la salle de classe à la page A–24.

Naviguez le Web!

French-speaking children grow up with the famous cast of characters in two popular comic books: **Astérix,** about a valiant Gaulois soldier, and **Tintin,** about an adventurous yet unassuming Belgian reporter. In this Web activity, you will become acquainted with some of these cultural icons. What other comic book characters do they remind you of?

À écrire

In this assignment, you will write about your arrival as a new student on campus.

Première étape

Using the *imparfait,* answer the following questions, elaborating whenever possible.

1. What time of year was it?
2. What was the weather like?
3. Who were you with?
4. What were you wearing?
5. What were your first impressions of the campus?
6. How did you feel?

Deuxième étape

Answer the following questions in detail using the *passé composé.*

1. What is the first thing you did upon your arrival?
2. Whom did you meet?
3. What happened after your arrival? (What did you see? Where did you go? What did you do?) How did you feel at the end of the day?

Troisième étape

Now using the material in the lists, develop your composition. You may want to share your work in groups of three by reading your work out loud and asking for feedback.

Structures

Structure 8.1 L'imparfait

In **Module 6** you studied the **passé composé,** a verb tense used for discussing what happened in the past. The **imparfait** is another past tense, but it serves a different function. It is used in the following situations.

- to describe how things were in the past:

J'habitais en ville avec ma mère et mon père. Mes parents **étaient** très indulgents envers moi, leur fille unique.

I lived in town with my mother and father. My parents were very indulgent toward me, their only daughter.

- to describe what people used to do:

Quand je **rentrais** de l'école, je **prenais** le goûter devant la télé et puis je **retrouvais** mes amis. Avant le dîner, je **faisais** mes devoirs.

When I returned from school, I would have my snack in front of the TV and then I would join my friends. Before dinner, I would do my homework.

- to describe feelings and attitudes:

J'étais triste parce que je **savais** que ma meilleure amie **allait** déménager.

I felt sad because I knew that my best friend was going to move.

To form the **imparfait,** remove the **-ons** ending from the **nous** form of the present tense and add the following endings to this stem:

-ais	-ions
-ais	-iez
-ait	-aient

parler (imparfait)	
je parlais	nous parlions
tu parlais	vous parliez
il/elle/on parlait	ils/elles parlaient

finir (imparfait)	
je finissais	nous finissions
tu finissais	vous finissiez
il/elle/on finissait	ils/elles finissaient

vendre (imparfait)	
je vendais	nous vendions
tu vendais	vous vendiez
il/elle/on vendait	ils/elles vendaient

The verb **être** has an irregular stem in the imperfect.

être (imparfait)	
j'étais	nous étions
tu étais	vous étiez
il/elle/on était	ils/elles étaient

Quand j'**avais** quinze ans, je **voulais** conduire, mais j'**étais** trop jeune. *When I was fifteen, I wanted to drive, but I was too young.*

To form the **imparfait** of verbs whose infinitives end in **-cer,** you must add a cedilla **(cédille)** to the **c** before an **a.**

commencer (imparfait)	
je commen**ç**ais	nous commencions
tu commen**ç**ais	vous commenciez
il/elle/on commen**ç**ait	ils/elles commen**ç**aient

For infinitives ending in **-ger,** you add an **e** before an **a.**

manger (imparfait)	
je mang**e**ais	nous mangions
tu mang**e**ais	vous mangiez
il/elle/on mang**e**ait	ils/elles mang**e**aient

Pronunciation hint

Except for the **nous** and **vous** forms, all the imperfect endings sound alike.

The verb **devoir** *(must, to have to)* changes its meaning slightly in the **imparfait.** It means *was supposed to.*

Il **devait** arriver avant minuit. *He was supposed to arrive before midnight.*

Est-ce que nous **devions** lui téléphoner? *Were we supposed to phone her/him?*

Exercice 1.

Aurélie raconte ses souvenirs de sa grand-mère. Mettez les verbes entre parenthèses à l'imparfait.

Quand j'étais jeune, je passais le week-end chez ma grand-mère qui (habiter) ______________[1] une petite maison entourée de fleurs. La maison (être) ______________[2] blanche avec des volets bleus. Mamie y (vivre) ______________[3] seule avec ses chats et ses oiseaux. Elle avait une passion pour son jardin. Quand elle y (travailler) ______________[4], elle (porter) ______________[5] toujours un grand chapeau de paille. Je (rester) ______________[6] toujours à côté d'elle et (enlever/*pulled*) j'______________[7] les mauvaises herbes (*weeds*). Mes parents (arriver) ______________[8] le dimanche. Ils l'(aider) ______________[9] à préparer le repas du dimanche pendant que nous les enfants, nous (jouer) ______________[10] dehors. Et puis on (manger) ______________[11] tous ensemble autour d'une grande table. Nous (devoir) ______________[12] partir de bonne heure pour nous préparer pour l'école.

Structure 8.2 Les pronoms relatifs *qui, que* et *où*

Relative pronouns enable you to create complex sentences and avoid repetition by combining two sentences or clauses. The information referred to by a relative pronoun is called its antecedent **(antécédent).**

Qui (sujet)

Qui is used to replace the subject of a sentence—a person, thing or idea. The English equivalent of **qui** is *who, which,* or *that.* Note that **qui** is immediately followed by a verb.

J'ai un chien. Le chien adore jouer.	⇨	J'ai un chien **qui** adore jouer.
Nous avons une tante. Notre tante habite au Canada.	⇨	Nous avons une tante **qui** habite au Canada.
J'ai une voiture. Elle roule très vite.	⇨	J'ai une voiture **qui** roule très vite.

Que (objet)

Que refers to the direct object of a sentence—a person, thing, or idea. The English equivalent of **que** is *who, whom, which,* or *that.* When **que** is followed by a word beginning with a vowel sound, the **e** is dropped. Note that **que** is immediately followed by a subject and verb.

		object *subject*
Elle aimait la maison. La maison était dans ce village.	⇨	La maison **qu'**elle aimait était dans ce village.
		object *subject*
Tu connais cet étudiant. L'étudiant est ici.	⇨	L'étudiant **que** tu connais est ici.

Où

Où refers to places or expressions of time. Its English equivalent is *where, that,* or *when.* Although it can sometimes be omitted in English, it is obligatory in French.

Voilà le café **où** j'ai rencontré Serge.	*There's the café where I met Serge.*
C'était l'année **où** il a commencé l'école.	*It was the year (that) he started school.*

Exercice 2.

Complétez ces phrases avec *qui, que* ou *où* à propos des événements français.

1. 1974 est l'année ______________ la crise économique a commencé en France.
2. Édith Piaf était une chanteuse française ______________ a séduit le monde entier.
3. La télévision est un appareil ______________ a changé la vie de famille.
4. La 4CV était la voiture ______________ on préférait pendant les années 60.
5. Le café « Aux Deux Magots » est un lieu ______________ les jeunes intellectuels se rencontraient.
6. La tour Eiffel est un monument ______________ on voit sur beaucoup de marchandises touristiques.
7. St. Tropez était l'endroit ______________ Brigitte Bardot passait ses vacances pendant les années 60.

Structure 8.3 Les verbes de communication : *lire, dire* et *écrire* avec les pronoms d'objet indirect

Les verbes *lire, dire* et *écrire*

The verbs **lire, dire,** and **écrire** have similar conjugations, with slight exceptions.

lire ***(to read)***	
je lis	nous lisons
tu lis	vous lisez
il/elle/on lit	ils/elles lisent

passé composé: j'ai **lu** imparfait: je **lisais**

Nous **avons lu** le journal ce matin.	*We read the paper this morning.*
Marc **lit** un roman policier.	*Marc is reading a detective novel.*

dire *(to say; tell)*	
je dis	nous disons
tu dis	vous **dites**
il/elle/on dit	ils/elles disent

passé composé : j'ai **dit** imparfait : je **disais**

Qu'est-ce que vous **dites** ?	*What are you saying?*
Comment **dit**-on « I'm sorry » en français ?	*How do you say "I'm sorry" in French?*
Dis, tu es libre maintenant ?	*Hey, are you free now?*
Tu **disais** ?	*You were saying?*

écrire *(to write)*	
j'écris	nous écrivons
tu écris	vous écrivez
il/elle/on écrit	ils/elles écrivent

passé composé : j'ai **écrit** imparfait : j'**écrivais**

Elle **écrit** régulièrement à son petit ami.	*She writes regularly to her boyfriend.*
Vous **écrivez** avec lucidité.	*You write with clarity.*

The verb **décrire** *(to describe)* is conjugated like its base verb **écrire,** and **relire** *(to reread)* follows the pattern of **lire.**

Exercice 3.

Le jeune Marc est fier de rester en contact avec les membres de sa famille par courrier électronique, et il adore recevoir des nouvelles des autres. Complétez ce qu'il dit à propos du courrier avec les formes qui conviennent de *dire, lire* ou *écrire* au présent.

1. Ma cousine Fatima ______________ qu'elle va nous rendre visite à Paris.
2. Nous ______________ une lettre à Pépé une fois par mois. Il faut l'envoyer par la poste. Grand-père n'utilise pas le courrier électronique.
3. Tante Marie-Anne explique qu'elle vient de ______________ le nouveau roman de Le Clézio.
4. Et oncle Patrice, qu'est-ce qu'il ______________ ? Un autre récit historique !
5. Pour son anniversaire, j(e) ______________ un poème pour Sophie.
6. Nous ______________ immédiatement tous les e-mails que nous recevons.
7. Mes parents m(e) ______________ au moins une fois par semaine.
8. ______________-vous du courrier électronique à vos parents ?
9. ______________, est-ce que tu as une adresse e-mail ?

Les pronoms d'objet indirect

In **Module 7,** you learned how to use direct object pronouns.

—Tu aimes **cette musique**?	*You like this music?*
—Oui, je **l'**aime beaucoup!	*Yes, I like it a lot!*
—Tu ne viens jamais **me** voir!	*You never come see me!*
—Mais je **t'**ai vu le week-end dernier!	*But I saw you last weekend!*
—Tu vas lire **ce chapitre?**	*Are you going to read this chapter?*
—Oui, je vais **le** lire ce soir.	*Yes, I'm going to read it tonight.*

Communication verbs generally include the notion of transferring information from one source to another. They are, therefore, commonly used with an indirect object, or an object preceded by a preposition.

Nous parlons **au professeur.** *We're talking* ***to the professor.***

Indirect objects can be replaced by indirect object pronouns to avoid repeating the noun.

—Tu vas parler **à ton prof de science po**?	*Are you going to talk to your poli sci professor?*
—Oui, je vais **lui** parler demain après-midi.	*Yes, I'm going to talk to him tomorrow afternoon.*
—Je veux savoir si tu peux venir au ciné.	*I want to know if you can come to the movies.*
—Je **te** téléphone tout de suite.	*I'll call you right away.*

Indirect object pronouns are presented in the following chart along with direct object pronouns for comparison. Note that only the third person pronouns (in bold) are different.

direct object pronouns		indirect object pronouns	
singular	plural	singular	plural
me (m')	nous	me (m')	nous
te (t')	vous	te (t')	vous
le, la (l')	**les**	**lui**	**leur**

Verbs involving any kind of transfer from one person to another take indirect objects.

Verbs involving communication

demander à	*to ask*
dire à	*to say*
écrire à	*to write*
expliquer à	*to explain*
poser (une question) à	*to ask*
téléphoner à	*to phone*

Verbs involving other kinds of transfer

donner à	*to give*
emprunter à	*to borrow*
envoyer à	*to send*
montrer à	*to show*
offrir à	*to offer*
payer à	*to buy*
prêter à	*to lend*
rendre à	*to return*

Place des pronoms

Direct and indirect object pronouns precede the main verb of a sentence.

Elle **vous** donne son opinion.	*She's giving you her opinion.*

In the **passé composé,** they precede the auxiliary verb **avoir** or **être.**

Le journaliste **t'**a posé des questions ?	*Did the journalist ask you questions?*
Il **nous** a parlé de ses ambitions.	*He spoke to us about his ambitions.*

In the **futur proche** or any other two-verb sentence, the pronoun precedes the infinitive.

Je vais **te** téléphoner ce soir.	*I'm going to phone you this evening.*
J'aimerais **lui** expliquer mon dilemme.	*I'd like to explain my dilemma to him.*

Exercice 4.

Indiquez si les pronoms soulignés représentent des pronoms d'objet direct ou indirect en écrivant *D* ou *I*.

1. Vous m' irritez avec vos histoires ! _____
2. Tu nous as déjà posé cette question. _____
3. Elle m' a répondu tout de suite. _____
4. Est-ce que tu me comprends ? _____
5. Quand je te dis non, c'est non ! _____
6. J'arrive. Je ne t'ai pas oublié. _____
7. Je devais lui dire la vérité. _____
8. Est-ce que la fumée *(smoke)* vous ennuie ? _____
9. Je le voyais souvent au travail. _____
10. Veux-tu nous prêter cent francs ? _____

Exercice 5.

Camille quitte la Martinique pour aller en France. Ses meilleures amies lui parlent à l'aéroport. Associez les questions et les réponses.

1. Est-ce que tu vas nous écrire ?	a. J'aimerais vous voir à Noël, mais je serai chez des amis en Espagne.
2. Tu vas nous donner ton adresse ?	b. Non, avec vous c'est toujours l'interrogatoire. J'ai l'habitude.
3. Quand est-ce qu'on peut te téléphoner ?	c. Je vous l'ai déjà donnée.

4. Est-ce que nous t'ennuyons avec toutes ces questions?

5. Nous pouvons te rendre visite à Noël?

d. Oui, je vous écrirai toutes les semaines. C'est promis.

e. Vous pouvez me téléphoner chez ma tante ce week-end.

Structure 8.4 Le comparatif (introduction)

The following structures are used in descriptions that compare people and things.

+	plus (adjectif) que
−	moins (adjectif) que
=	aussi (adjectif) que

Ma classe de sciences économiques est **plus grande que** ma classe d'italien. — *My economics class is bigger than my Italian class.*

J'étais toujours **moins prudent que** mon frère. — *I was always less careful than my brother.*

Est-ce que ta mère était **aussi stricte que** ton père ? — *Was your mother as strict as your father?*

The irregular adjective **bon** has three comparative forms:

+	meilleur(e)(s) que	*better than*
−	moins bon(ne)(s) que/pire que	*worse than*
=	aussi bon(ne)(s) que	*as good as*

Je suis **meilleur** en lettres **qu**'en science. — *I'm better in the humanities than in science.*

Ce film n'était pas **aussi bon que** le dernier. — *That film wasn't as good as the last one.*

Est-ce que tu es **pire que** Pierre en classe d'anglais? — *Are you worse than Peter in English?*

Exercice 6.

Comparez les éléments suivants en utilisant les adjectifs entre parenthèses. Attention à la forme de l'adjectif.

1. les années 60 / les années 30 (+ prospère)
2. Bruce Willis est populaire en France / aux États-Unis (= populaire)
3. le rap français / le rap américain (− violent)
4. le pain à la boulangerie / le pain au supermarché (+ bon)
5. les casinos de Monte-Carlo / les casinos de Las Vegas (+ élégant)
6. une Porsche / une Ferrari (= rapide)

7. la bière allemande / la bière américaine (+ bon)
8. le chocolat belge / le chocolat suisse (= bon)

Structure 8.5 Le passé composé et l'imparfait (introduction)

As you have seen, the **passé composé** and the **imparfait** are both used for talking about the past, but they serve different functions. The **imparfait** sets the scene by describing what things and people were like, as in a stage setting before the action has begun. The **passé composé** moves the story forward; it recounts events. The guidelines here will help you decide which tense to use.

Passé composé

In general, you will use the **passé composé** to

- tell what happened: Hier, j'**ai eu** un accident en allant à l'école.
  Les États-Unis **ont déclaré** leur indépendance en 1776.
- narrate a sequence of events: Ce matin, j'**ai préparé** le petit déjeuner pour la famille. Nous **avons mangé** ensemble, puis nous **sommes partis** pour l'école.

Imparfait

In general, you will use the **imparfait** to talk about

- feelings and thoughts: J'**étais** triste parce que mon meilleur copain n'était pas à l'école.
  Paul **avait** froid *(was cold)* parce qu'il ne portait pas de chapeau.
- age: Jean-Luc **avait** seize ans quand il a appris à conduire.
- weather: Il **faisait** beau quand nous sommes sortis pour faire une promenade.
- time: Il **était** déjà six heures quand le train est arrivé.

Exercice 7.

Read the following passage, paying careful attention to the verb tenses used. Then retell the story in English in response to the prompts provided. Identify the French verb tense associated with each prompt.

C'était[1] une nuit d'hiver à Grenoble; il faisait[2] très froid et la neige tombait[3] à gros flocons *(flakes)*. Dans la maison, j'écoutais[4] du Beethoven et j'écrivais[5] une lettre à Maurice, mon copain qui étudiait[6] à Cambridge. Soudain, j'ai entendu[7] du bruit. C'était[8] comme si un arbre tapait[9] contre le mur de la maison. J'ai ouvert[10] la porte mais il n'y avait[11] rien. J'ai recommencé[12] ma lettre. Quelques minutes plus tard, boum! une boule de neige a explosé[13] contre la fenêtre. J'ai regardé[14] à travers les rideaux et là, dans le jardin, j'ai aperçu[15] un homme. Je voulais[16] téléphoner à la police mais, quand il s'est tourné[17] vers moi, j'ai reconnu[18] le visage de Maurice ! Il était[19] de retour.

Story Line	**Verb Tense**
1. What kind of night was it?	
2. What was going on inside the house?	
3. What happened to break up the activity that was taking place?	
4. How did the narrator respond?	
5. What happened next?	
6. What did the narrator do? What did she see?	
7. What was she thinking of doing when she saw the man?	
8. Then what happened?	

Tout ensemble!

Mathieu a trouvé un vieil album dans son grenier *(attic)* avec des photos d'un été passé dans une colonie de vacances dans le sud de la France. Il écrit à son copain Jeff pour lui raconter ses souvenirs. Conjuguez les verbes entre parenthèses à l'imparfait ou au passé composé et utilisez les éléments suivants : **qui, que, où, plus, moins, aussi, lui, me** et **te.**

Cher Jeff,

Hier, je regardais un ancien album de photos _________[1] j'ai trouvé chez mes parents. Il y a une photo de toi dans le lac à Menton _________[2] nous _________[3] (aller) à pied avec toute la colonie. Tu _________[4] (être) si fier, car tu _________[5] (savoir) faire de la planche à voile *(to wind surf)* sans tomber dans l'eau. Moi, je _________[6] (vouloir) être _________[7] fort que toi, mais j' _________[8] (être) tout maigre et maladroit *(clumsy)* ! Tu te souviens de Georges ? C' _________[9] (être) le garçon _________[10] _________[11] (manger) toujours des bonbons _________[12] sa mère _________[13] (envoyer). Il a un bon poste maintenant avec France Télécom, et heureusement, il est _________[14] gros ! J(e) _________[15] (trouver) une photo de Marie-Laure aussi, notre idole, tu t'en souviens ? Nous l' _________[16] (espionner, *to spy on*) dans sa cabine. Maintenant, elle est étudiante à la fac à Bordeaux, et elle _________[17] parle de temps en temps. Elle est _________[18] belle qu'avant, mais elle est _________[19] gentille ! Et toi, tu vas bien ? Est-ce que Pierre _________[20] _________[21] (écrire/*présent*) ? Donne-moi de tes nouvelles !

Amitiés,
Mathieu

VOCABULAIRE

Vocabulaire fondamental

Le monde de l'école

un bâtiment	*a building*
un ballon (de foot)	*(soccer) ball*
une carte	*a map*
une cour	*a courtyard*
un(e) directeur/trice	*a principal*
la discipline	*discipline*
un drapeau	*a flag*
une école maternelle *(f)*	*a kindergarten*
une école primaire	*an elementary school*
l'écriture *(f)*	*writing, penmanship*
un(e) élève *(m, f)*	*a pupil (pre-university)*
l'enfance *(f)*	*childhood*
un(e) instituteur/trice	*an elementary school teacher*
la jeunesse	*youth*
une pelouse	*a lawn*
la récréation (la récré, *fam*)	*recess*
une règle	*a ruler, a rule*
un souvenir	*a memory*

Verbes

avoir des soucis	*to have worries*
chasser	*to chase*
critiquer	*to criticize*
dire	*to say, to tell*
donner	*to give*
écrire	*to write*
emprunter	*to borrow*
ennuyer	*to bother; to bore*
expliquer	*to explain*
irriter	*to irritate*
lire	*to read*
partager	*to share*
poser (une question)	*to ask (a question)*
passer un examen	*to take a test*
prêter	*to loan, lend*
ramasser	*to collect, pick up*
ressembler	*to resemble*
se souvenir de	*to remember (conjugated like* venir*)*

Expressions utiles

Comment exprimer l'impatience
How to express impatience

(See pp. 248–249 for additional expressions.)

Tu m'énerves !	*You're getting on my nerves!*
J'en ai marre !	*I've had enough!*
Ça suffit !	*That's enough!*
Arrête !	*Stop!*
Laisse-moi tranquille !	*Leave me alone!*

Comment comparer
How to make comparisons

(See pp. 253–254 for additional expressions.)

aussi passionnant que	*as exciting as*
moins prospère que	*less prosperous than*
plus sportif que	*more athletic than*
Quelles sont les différences entre...	*What are the differences between . . .*

Adjectifs

différent(e)	*different*
élégant(e)	*elegant*
inquiet (inquiète)	*worried*
meilleur(e)	*better*
pire	*worse*
sage	*well-behaved*
semblable	*similar*

Mots divers

à l'extérieur	*outside (the house)*
aussi... que	*as . . . as*
une bande dessinée (BD, *fam*)	*a cartoon*
une chanson	*a song*
comme	*like, as*
couramment	*fluently*
le courrier (électronique)	*(e-) mail*
envers	*toward*
une époque	*an era*
à l'époque	*at that time*
un lieu	*a place*
moins... que	*less . . . than*
plus... que	*more . . . than*
plutôt	*rather*
vite	*fast*

Vocabulaire supplémentaire

Noms

une ardoise	*a writing slate*
un bulletin scolaire	*a report card*
un cahier à petits carreaux	*a graph-lined notebook used in French schools*

VOCABULAIRE

un chapeau d'âne	*a dunce cap*
le châtiment corporel	*corporal punishment*
le conformisme	*conformism*
une drogue	*a drug*
un gang	*a gang*
un papillon	*a butterfly*
une punition	*a punishment*
un quartier	*a neighborhood*
le snobisme	*snobbery*
un(e) surveillant(e)	*a person in charge of discipline*

Verbes

avoir peur	*to be afraid*
se comporter	*to behave*
conduire (pp. *conduit*)	*to drive*
décrire	*to describe*
démissionner	*to resign*
emmener	*to take*
envoyer	*to send*
être à la mode	*to be in fashion*
gâter	*to spoil*
glisser	*to slide*
gronder	*to scold*
jouer à la poupée	*to play with dolls*
jouer aux boules	*to play boules*
lâcher	*to release*
offrir	*to offer*
pousser un cri	*to shout*
protéger	*to protect*
renvoyer	*to suspend (from school)*
suivre	*to follow*

Adjectifs

conservateur/trice	*conservative*
humiliant(e)	*humiliating*
privé(e)	*private*

Mots apparentés : homogène, turbulent(e)

Mots divers

en rang	*in a row*
sans blague	*no kidding*

9

Module 9

À la découverte du monde francophone

Thèmes et pratiques de conversation

Les pays francophones
Comment comparer (suite)
Les moyens de transport
Les vacances de vos rêves
Comment demander des renseignements à l'agence de voyages

Culture

Le monde francophone
La femme africaine

Lecture

Solitude la mulâtresse, martyre de la liberté

Structures

9.1 Les prépositions et la géographie
9.2 Le pronom **y**
9.3 Le comparatif (suite) et le superlatif
9.4 **Il faut, il vaut mieux** + infinitif
9.5 Les verbes **savoir** et **connaître**

Prononciation

La liaison (introduction)
La lettre s
La consonne r

Vidéo

Scène 1	À l'agence de voyages
Scène 2	À l'aéroport
Documents	L'Afrique francophone
	L'île de la Martinique
Publicité	La voiture AX K. Way de Citroën

Thèmes et pratiques de conversation

Les pays francophones

Images des peuples francophones

Au Sénégal, l'agriculture fait vivre 80 % de la population. Selon la tradition africaine, c'est surtout la femme qui travaille dans les champs et vend ses produits au marché.

Le vieux Québec est pittoresque et animé. Comme les Français, les Québécois prennent plaisir à fréquenter des cafés en ville.

Le marché à la Guadeloupe est un centre d'activité et de convivialité : couleurs et odeurs intenses, conversations animées. Il faut savoir y marchander (bargain).

La géographie

Structure 9.1 Les prépositions et la géographie

In this **thème,** you will be talking about cities, countries, and continents. You will need to learn how to use articles and prepositions with these geographical locations. Explanations and examples are found on pages 307–309.

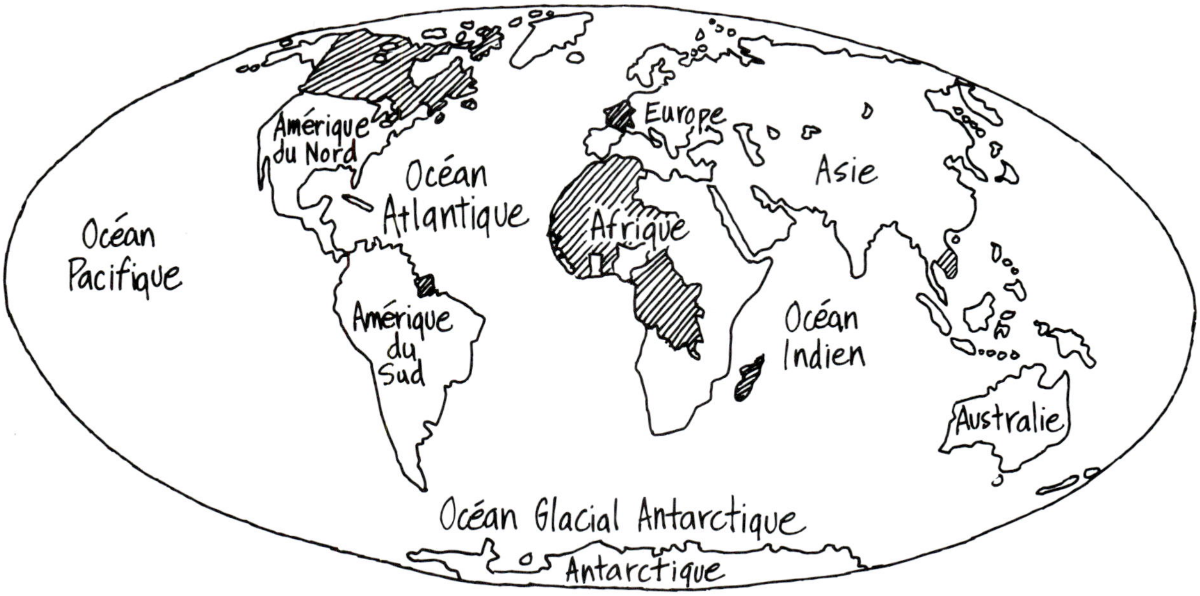

Activité 1 : Devinez !

Identifiez les pays suivants. Utilisez les cartes aux pages i–vi.

1. C'est un petit pays francophone au nord de la France.
2. C'est un pays au nord-ouest de l'Algérie.
3. C'est une région francophone au nord du Vermont.
4. C'est un grand pays francophone au sud de la République centrafricaine.
5. C'est une petite île dans l'océan Indien à l'est de Madagascar.
6. C'est un pays désertique au sud-ouest du Tchad.
7. C'est une petite île francophone au sud-est de Cuba.
8. C'est une petite principauté dans le sud de la France près de l'Italie.

Perspectives culturelles

Le monde francophone

Il y a plus de 120.000.000 (cent vingt millions) de personnes qui parlent français dans le monde. Le français est une langue importante en Europe. Hors° de la France, on parle français en Belgique, en Suisse, au Luxembourg et à Monaco. Le français est aussi la langue officielle d'un grand nombre de pays africains. Pourquoi? Parce que la France a acquis° un vaste empire colonial en Afrique au dix-neuvième siècle.° Parmi ses anciennes° colonies au sud du Sahara, on compte le Sénégal, le Tchad, le Cameroun, la Côte-d'Ivoire, le Togo et la Guinée. On parle français aussi dans la République démocratique du Congo, une ancienne colonie belge. Les pays de l'Afrique du nord, le Maghreb (composé de l'Algérie, du Maroc et de la Tunisie), sont aussi d'anciennes colonies françaises où on parle encore le français bien que° la langue officielle soit l'arabe. Sur le continent américain, on parle français au Québec et dans certaines parties de la Nouvelle-Angleterre et de la Louisiane. À Haïti, on parle français et créole.

La France continue à avoir des relations proches° avec plusieurs pays d'outre-mer.° Il y a cinq départements d'outre-mer (D.O.M.) qui font partie de la France : la Martinique et la Guadeloupe dans les Antilles, La Réunion sur la côte africaine, Saint-Pierre-et-Miquelon près du Canada et la Guyane en Amérique du Sud. Il y a aussi des territoires d'outre-mer et des collectivités territoriales (T.O.M.) qui sont liés au gouvernement de France : la Nouvelle-Calédonie, Wallis-et-Futuna, la Polynésie française et Mayotte.

L'influence de la langue et de la culture française est différente d'un pays à l'autre. Il y a un désir dans beaucoup de pays francophones de maintenir l'importance du français, mais le passé colonialiste est aussi une source de tension.

Outside
acquired
nineteenth century/ former
even though
close
overseas

Avez-vous compris ?

Étudiez les cartes aux pages i-vi et la note culturelle pour répondre aux questions suivantes.

1. Quels sont les pays francophones d'Europe ?
2. Quels sont les continents où l'on parle français ?
3. Quel pays francophone est une ancienne colonie belge? Où se trouve ce pays ?
4. Dans quels pays est-ce qu'on parle français et créole ? français et arabe ?
5. Où se trouve la Martinique? La Réunion ?
6. Trouvez un pays francophone qui n'est pas mentionné dans la note culturelle.

Activité 2 : Villes et pays.

Dans quels endroits se trouvent les villes suivantes ?

Pays : la Belgique, le Canada, la Martinique, le Luxembourg, le Sénégal, le Burkina-Faso, le Maroc, le Vietnam, les États-Unis

Modèle : Alger

Alger se trouve en Algérie.

1. Dakar	5. Bruxelles
2. Montréal	6. La Nouvelle-Orléans
3. Luxembourg	7. Ouagadougou
4. Casablanca	8. Hô Chi Minh-Ville

Activité 3 : Projets de voyage.

Après un stage *(internship)* d'informatique à Paris, les étudiants suivants rentrent chez eux. Vous êtes l'agent de voyages chargé des réservations. Avec un(e) camarade de classe, trouvez la destination de chaque étudiant.

Villes : Alger, Montréal, Rome, Abidjan, Kinshasa, Conakry, Madrid
Pays : le Canada, l'Algérie, la Côte-d'Ivoire, l'Italie, la Guinée, le Sénégal, l'Espagne

Modèle : Ousmane est sénégalais.

—Il vient du Sénégal ? Alors, il va à Dakar au Sénégal.

1. Fatima est algérienne.	4. Tierno est guinéen.
2. Franco et Silvia sont italiens.	5. Jean-Paul et Claire sont québécois.
3. Lupinde est ivoirien.	6. Guadelupe est espagnole.

Une carte illustrée de la République démocratique du Congo

La riche diversité géographique de ce vaste pays sert d'introduction à la terminologie géographique française.

Structure 9.2 Le pronom y	As you refer to locations in this **thème,** you will use the pronoun **y** to avoid repeating place names. For a more detailed explanation of this pronoun and its uses, see page 310.

Qu'est-ce qu'on trouve dans le sud-est de ce pays ?
On **y** trouve la ville de Lubumbashi.

Qu'est-ce qu'on trouve dans la région d'Epulu ?
Les okapis, animaux spécifiques au Congo, **y** vivent avec leurs voisins, les éléphants et les antilopes.

Activité 4 : La géographie physique.

Regardez la carte pour trouver le nom des endroits suivants :

1. les pays qui forment la frontière du sud
2. un grand lac près de la frontière entre le Congo-Kinshasa et la Tanzanie

3. une forêt tropicale très dense où habitent les pygmées
4. la capitale, centre important de la musique africaine populaire, l'afropop
5. un port près de l'océan Atlantique
6. un grand fleuve navigable qui débouche sur l'Atlantique
7. la montagne la plus élevée du Congo-Kinshasa, près de l'Ouganda
8. un grand espace où il y a des animaux en liberté protégés par le gouvernement : des lions, des éléphants, des girafes, etc.

Gorilles du parc national Kahuzi-Biega (La République démocratique du Congo)

Activité 5 : Le lieu où j'aimerais aller.

Décrivez les éléments géographiques du lieu où vous aimeriez aller dans le monde et les activités qu'on peut y faire. Votre partenaire va deviner le lieu que vous décrivez.

Éléments géographiques : une savane, un désert, une montagne, une plage, un océan, une forêt, un fleuve, une chute d'eau, un volcan, un champ, une prairie, une île tropicale, un lac, la campagne, la ville
Activités : faire des randonnées, du camping, un safari-photo, du ski, des promenades, du shopping, du canoë, de la voile *(sailing)*, de l'équitation, de la plongée libre *(snorkeling)*, de la plongée sous-marine *(scuba)*, de la planche à voile *(windsurfing)*, du surf, se bronzer, nager

Modèle :

Étudiant 1 : —Le lieu où je veux aller est dans une vallée avec des forêts et des fleuves. Autour de *(surrounding)* la vallée, il y a de très grandes montagnes avec des chutes d'eau. Il y a aussi beaucoup d'animaux sauvages *(wild)*. On peut y faire du camping, du canoë, de l'équitation et des randonnées en montagne. C'est un parc national. L'hiver, on peut y faire du ski. C'est un lieu très connu en Californie.

Étudiant 2 : —Vous aimeriez aller à Yosemite ?

Étudiant 1 : —Oui, j'aimerais y aller.

Le climat

Il y a plusieurs zones climatiques dans le monde francophone. Voici les caractéristiques générales des climats. N'oubliez pas qu'il peut y avoir des variations surtout aux frontières d'une zone à l'autre.

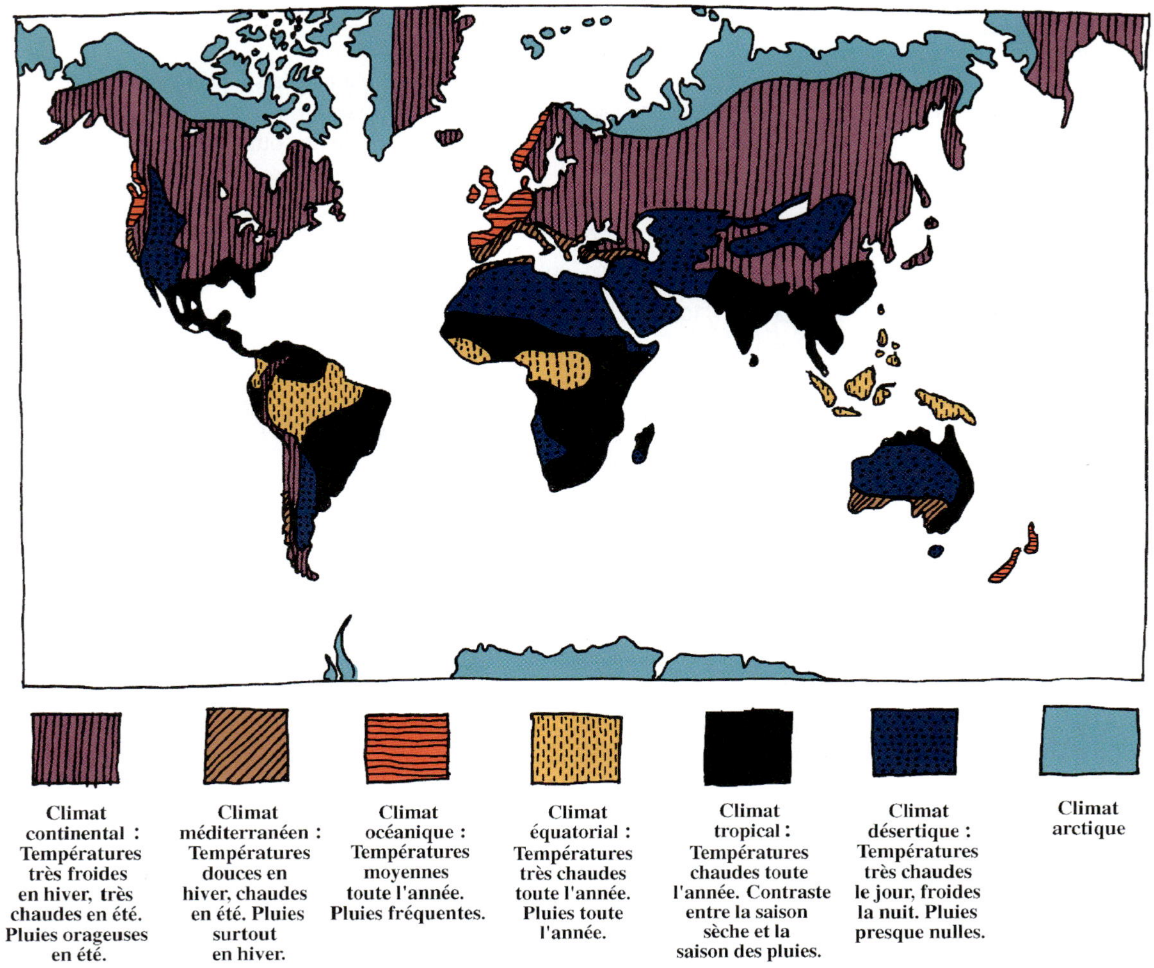

En été, au Maroc, il fait très chaud et sec. Le soleil brille. Le ciel est bleu et il n'y a pas de nuages.

À la Guadeloupe, pendant la saison des pluies, il y a des averses tous les jours. Il fait très chaud et lourd. Parfois, il y a des ouragans.

L'hiver est très long au Québec. Il neige et le froid gèle les lacs.

Au printemps à Paris, le temps est incertain. Souvent il pleut et le ciel est couvert, mais il y a parfois de belles journées ensoleillées.

Activité 6 : La météo.

Décrivez le climat d'un des pays suivants au mois de décembre et au mois de juillet. Votre partenaire va deviner le pays que vous avez choisi. Puis, décidez quel pays francophone a un climat qui ressemble à celui de votre région. Partagez vos réflexions avec la classe.

1. l'Algérie
2. Monaco
3. La Nouvelle-Orléans
4. le Québec
5. la Belgique

Comment comparer (suite)

Structure 9.3 Le comparatif (suite) et le superlatif	In **Module 8,** you learned how to compare the qualities of people, places, and things. Here you will learn how to compare quantities and performance and to use the superlative for singling out the best, the biggest, the least populated, and so forth. See pages 312–313 for further discussion of the comparative. The superlative is explained on page 313.

La culture africaine a une longue tradition orale. Voilà pourquoi les histoires racontées par les personnes âgées ont **plus d'importance** ici que dans d'autres sociétés.

Le Canada a deux langues officielles, le français et l'anglais. Ce n'est pas **autant que** la République démocratique du Congo qui a quatre langues régionales en plus du français.

Beaucoup d'Haïtiens **aiment mieux** parler le créole que le français quand ils sont entre amis.

La femme marocaine est souvent voilée *(veiled)*. La femme sénégalaise qui est aussi islamique porte **moins souvent** le voile. L'islam s'adapte à la culture africaine.

Bruxelles, avec son vieux centre-ville, est une des villes **les plus charmantes** d'Europe. Elle est aussi le siège *(seat)* de la Communauté européenne.

Activité 7 : Mais on exagère !

Parmi les représentants d'un congrès *(conference)* sur la francophonie, chaque personne veut vanter *(brag about)* les qualités de son pays d'origine. Suivez les modèles en utilisant le superlatif.

Modèles : Qu'est-ce que tu penses des plages au Sénégal ?

—Le Sénégal a vraiment les plus belles plages du monde !

Est-ce que tu crois que le statut *(status)* du français au Canada est important ?

—Mais oui ! C'est la question la plus importante du pays !

Adjectifs utiles : élevé, bon, prestigieux, animé, important, populaire, beau, varié, blanc, délicieux

1. Qu'est-ce que tu penses de la cuisine française ?
2. As-tu une opinion sur Khaled ? *(chanteur de Rai, musique populaire nord-africaine)*
3. Qu'est-ce que tu penses des plages de Guadeloupe ?
4. Que penses-tu des écrivaines francophones ?
5. Est-ce que tu as déjà entendu parler du Mont Blanc ?
6. As-tu bu de la bière alsacienne ?
7. Comment est la ville de Montréal ?
8. Que penses-tu de la faune *(fauna)* de le République démocratique du Congo ?

Statistiques sur quelques pays ou régions francophones

Mots utiles : alphabétisme = *literacy*
espérance de vie = *life expectancy*
Revenu annuel = *average annual income*
superficie = *area*

La Suisse (capitale, Berne)

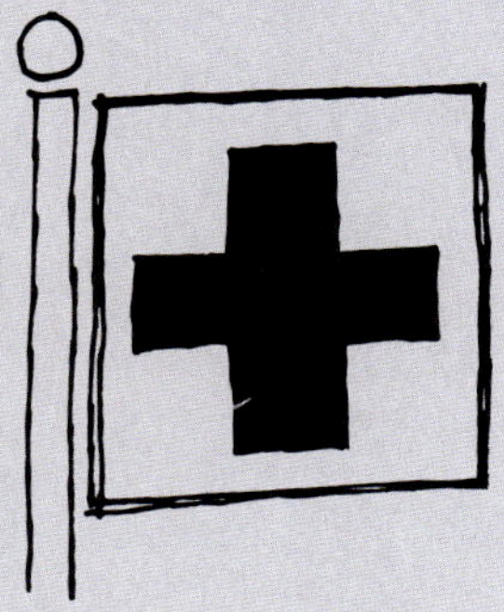

Population : 7.260.357
Relief géographique : pays montagneux : Alpes dans le sud, Jura au nord-ouest, grands lacs

Superficie : 41,290 km^2
Climat : températures continentales, modérées; hivers neigeux

Langues parlées : allemand (63,7 %), français (19, 2 %), italien (7,6 %), romanche (0, 6 %)

Langues officielles : les mêmes

Religion : catholicisme (14 %), protestantisme (40 %), autre (14 %)

Alphabétisme : 99 %

Revenu annuel : $23,800

Espérance de vie : 79

Le Maroc (capitale, Rabat)

Population : 29.114.497
Relief géographique : côtes et plaines sur la Méditerranée, terre montagneuse avec plateaux

Superficie : 446.550 km^2
Climat : méditerranéen près de la côte; à l'intérieur, plus chaud

Langues parlées : arabe, berber, français (gouvernement, affaires, diplomatie)

Langue officielle : arabe

Religion : islam (98, 7 %), christianisme (1,1 %), judaïsme (0, 2 %)

Alphabétisme : 44 %

Revenu annuel : $3,200

Espérance de vie : 69

La Martinique

Population : 411.539

Superficie : 1.100 km^2 (six fois plus grande que Washington, DC)

Relief géographique : montagnes et plaines, plages sablonneuses, volcan

Climat : tropical toute l'année; 27° C moyenne, ouragans

Langues parlées : français, créole

Langue officielle : français

Religion : catholicisme (95 %), hindou et autres (5 %)
Revenu annuel : $10,700

Alphabétisme : 93 %

Espérance de vie : 79

Activité 8 : Vrai ou faux.

Votre professeur va vous lire des phrases sur la Suisse, le Maroc et la Martinique. Consultez les tableaux pour dire si les phrases sont *vraies* ou *fausses*.

1.
2.
3.
4.
5.
6.

Activité 9 : Comparaison des pays francophones.

En consultant les tableaux (pages 289–291), avec un partenaire ou en groupes, trouvez quelques éléments que ces pays ont en commun et quelques points différents. Utilisez des expressions comparatives et superlatives. Suivez le modèle. Vous pouvez prendre quelques notes avant de présenter vos résultats à la classe.

Modèle : Le climat à la Martinque est moins variable que le climat en Suisse, mais la Suisse est plus montagneuse.

Éléments à comparer

1. superficie/grandeur
2. climat et relief géographique
3. langues parlées/officielles
4. religions
5. densité

Les moyens de transport

Structure 9.4 ***il faut, il vaut mieux + infinitif***	The structure **Il faut + infinitif** is used to say what one must do. **Il vaut mieux + infinitif** is used for giving advice about what one should do, what is preferable. For more information on these impersonal expressions, see page 314.

En Europe, le transport en commun est excellent. Si vous voulez voir ce continent, **il vaut mieux voyager en train.** Il y a des tarifs réduits *(price reductions)* pour les familles nombreuses.

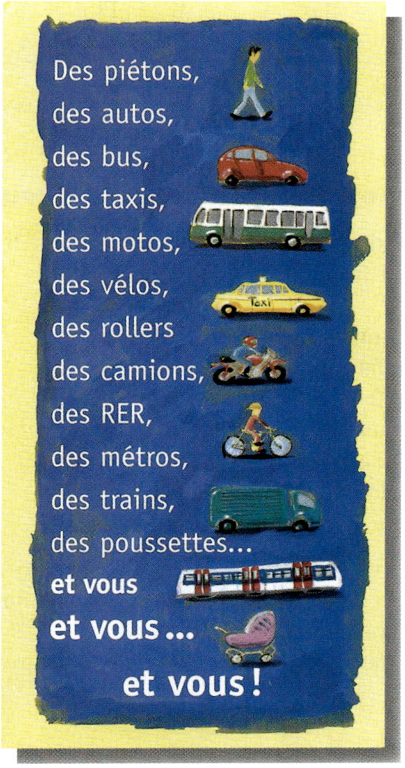

À noter : What preposition do you see in front of most of the **moyens de transport** in bold? Which two are different?

La Suisse est aussi réputée pour la ponctualité de ses trains. **Il faut arriver** à la gare à l'heure si vous ne voulez pas manquer votre train.

Le bateau est beaucoup moins rapide que l'avion. Mais la vie en mer est agréable. Si vous avez de l'argent et du temps, faites une croisière **en bateau** dans la Méditerranée.

L'été à Paris, les cyclistes ont la priorité dans certaines rues le dimanche. Alors, on peut y faire un tour **à vélo** ou **à pied.**

Beaucoup d'Européens qui visitent les États-Unis font un tour du pays **en autocar** avec le *Greyhound.* Mais dans certaines villes comme à Los Angeles, **il faut avoir** une voiture. Les autres moyens de transport ne sont pas très pratiques.

Activité 10 : Comment voyager ?

Utilisez *il faut* ou *il vaut mieux* + *infinitif* pour choisir le meilleur moyen de transport dans les situations suivantes.

Modèle : New York / Paris

Il faut aller en avion de New York à Paris si vous voulez y arriver en moins d'une semaine.

1. Paris/Lyon
2. votre hôtel à Paris/la tour Eiffel
3. Malibu/Los Angeles
4. la Floride/la Martinique
5. la plage/un café près de la plage
6. votre maison/l'université

Activité 11 : Les moyens de transport et vous.

D'abord, pensez à une réponse et puis discutez de votre réponse avec un(e) partenaire.

1. Quel moyen de transport est le plus pratique pour...
   a. une grande famille en France ?
   b. une grande famille aux États-Unis ?
   c. un représentant de ventes régionales *(regional sales representative)* ?
   d. le cadre d'une très grande entreprise ?
   e. un(e) étudiant(e) avec peu d'argent ?
   f. un(e) sportif(ive) qui aime être en plein air ?
2. Dans la ville où vous étudiez...
   a. est-ce que la plupart des étudiants ont une voiture ?
   b. y a-t-il de bons transports en commun ?
   c. quel est le moyen de transport le plus populaire avec les étudiants ?

Les vacances de vos rêves

Structure 9.5
Les verbes *savoir* et *connaître*

In French you need to distinguish between the verb **savoir,** *to know* such things as dates, addresses, and times, and the verb **connaître,** *to know* or *be acquainted with* places or people. These two verbs are presented on pages 315–316.

CD ROM

Bulletin

Un vacancier français sur huit (12,5 %) passe ses vacances à l'étranger. Où va-t-on ? Par ordre décroissant, en Espagne et au Portugal, en Europe de l'Ouest, en Afrique du Nord et dans les pays lointains° (dans le reste de l'Afrique, sur le continent américain, en Asie, en Océanie).

°*faraway*

INSEE in *Francoscopie*, 1995

Voici des extraits d'entrevues avec quatre jeunes gens au sujet de leurs vacances idéales.

ANNE Les vacances de mes rêves ? C'est simple—faire le tour du monde pour ma lune de miel *(honeymoon)*. En bateau, peut-être, ou en avion... **Je sais** que ce n'est pas très pratique mais c'est un rêve, n'est-ce pas ?

BOURAMA Les vacances de luxe, ce n'est pas mon style. Moi, je préfère l'aventure. J'aimerais aller à la montagne faire du rafting, du canoë et de la marche avec mes copains. **Nous ne savons pas** faire de ski, alors nous y allons cet été.

BÉATRICE Moi, je rêve de passer mes vacances à la plage. **Je connais** l'endroit idéal : Eze. C'est un petit village où on n'a pas besoin de voiture; on peut aller partout à pied, en vélo ou en moto.

JULIEN Euh... **Je ne sais pas.** Il y a trop de possibilités pour en choisir une. L'été prochain, je vais en Espagne avec mon meilleur ami. Nous allons prendre le train jusqu'à Madrid. Puis à la campagne, on va faire de l'auto-stop. Ce n'est pas cher et puis en plus, on peut faire la connaissance de jeunes Espagnols.

Activité 12 : Compréhension.

En vous référant au dialogue précédent, complétez ce tableau avec les informations qui manquent.

nom	destination	transport	compagnon(s)	objectif
Anne	tour du monde			découvrir le monde
Bourama	à la montagne		un/deux copains	
Béatrice		à pied...		s'amuser
Julien				

Activité 13 : Une introduction au monde francophone.

Posez ces questions à un(e) camarade de classe en utilisant *savoir* ou *connaître*.

Modèle : <u>Connais-tu</u> Ouagadougou ?

—Non, je ne connais pas Ouagadougou.

1. ________________ quelle est la capitale du Canada ?
2. ________________ un bon restaurant marocain ?
3. ________________ La Nouvelle-Orléans ?
4. ________________ si Kinshasa est la capitale de la République démocratique du Congo ?
5. ________________ s'il y a un métro à Montréal ?
6. ________________ qui est le président de la France ?
7. ________________ où se trouve la Belgique ?
8. ________________ la ville de Québec ?

Activité 14 : Fana de sport ?

Voici la liste des activités dans trois stations de sports. Interviewez un(e) autre étudiant(e) pour savoir quels sports il/elle sait faire. Ensuite, dites à la classe si votre camarade est fana de sport *(crazy about sports)* et indiquez dans lequel de ces endroits il/elle aimerait passer ses vacances d'hiver.

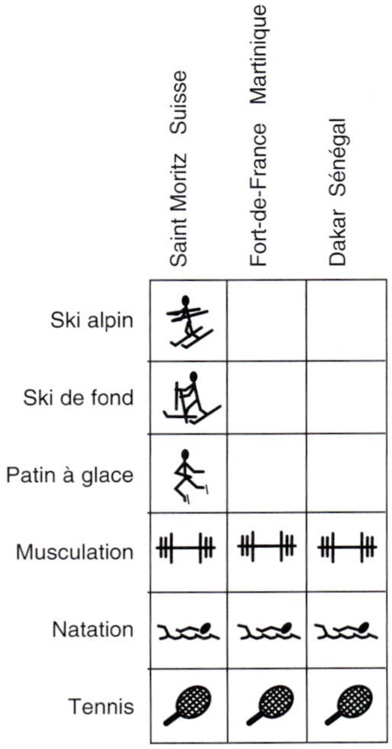

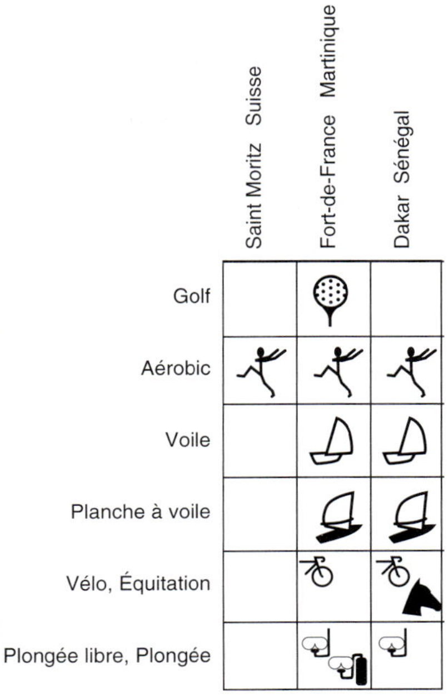

Modèle : Sais-tu faire du ski alpin ?
—Oui, je sais en faire.

Activité 15 : Interaction.

À tour de rôle, posez ces questions à votre partenaire. Quand il/elle répond, posez une autre question pour obtenir plus de détails.

1. D'habitude, est-ce que tu passes tes vacances en famille ou avec des amis ?
2. Est-ce que tu préfères les vacances d'été ou les vacances d'hiver ? Pourquoi ?
3. Qu'est-ce que tu aimes faire quand tu es en vacances ?
4. Est-ce que tu connais un endroit idéal pour passer les vacances ?
5. Quelles sont les vacances de tes rêves ? Est-ce qu'il vaut mieux aller dans un endroit que tu connais ou découvrir un endroit de nouveau ?
6. Est-ce que tu sais où tu vas passer tes grandes vacances cette année ?

Comment demander des renseignements à l'agence de voyages

Quelques expressions utiles pour vous renseigner

Je voudrais aller à Grenoble.
faire des réservations pour Grenoble.
réserver une place sur un vol° pour Grenoble. — *a flight*
acheter un billet Québec–Paris.
partir le 10 décembre et revenir le 30.
Y a-t-il un autre vol (train) plus tard (tôt) ?
Vous avez quelque chose de moins cher ?
Merci, mais je vais réfléchir un peu.

Quelques questions posées par l'agent de voyages

Comment voulez-vous voyager, en train ou en avion ?
Quand voulez-vous partir ?
revenir ?
Préférez-vous voyager en première classe ?
en classe affaires ?
en classe touriste ?
Voulez-vous être en section fumeurs° ? — *smoking section*
en section non-fumeurs ?
Voulez-vous un (billet) aller-retour° ? — *round trip ticket*
un (billet) aller simple° ? — *one-way ticket*

Activité 16 : Chez l'agent de voyages.

Complétez le dialogue avec les expressions de la liste.

un aller-retour	partir	revenir
un aller simple	plus tard	s'il vous plaît
aider	quelle	le vol
bonjour	réserver	

AGENT	______________, monsieur. Est-ce que je peux vous ______________ ?
CLIENT	Euh, oui, madame. Je voudrais ______________ une place sur ______________ Dakar–Paris.
AGENT	Quand désirez-vous ______________ ?
CLIENT	Le 15 novembre.
AGENT	Il y a un vol direct Air France Dakar–Paris Orly Sud qui part à 13 h 30.
CLIENT	Il y a un autre vol ______________ ?
AGENT	Non, monsieur. Désirez-vous ______________ ou un aller-retour ?
CLIENT	______________. Je voudrais ______________ le 29 novembre.
AGENT	À ______________ heure voulez-vous revenir ?
CLIENT	Le matin, ______________.
AGENT	Le vol de 10 h 10 ? Bien. Et voilà, la réservation est faite.

Activité 17 : Vacances à La Réunion.

Jeu de rôles à l'agence de voyages : l'agent(e) de voyages propose à un(e) client(e) des vacances à La Réunion, au Grand Hôtel des Mascareignes (voir brochure p. 301). Le/la client(e) est très difficile. Il/Elle veut tout savoir sur l'île et sur l'hôtel. Avec un(e) autre étudiant(e), jouez la scène.

Modèle :

AGENT Bonjour, monsieur (madame, mademoiselle). Est-ce que je peux vous aider ?

CLIENT(E) Je voudrais passer mes vacances dans une île tropicale.

AGENT La Réunion est une île exceptionnelle. Et je recommande le Grand Hôtel des Mascareignes, pas très loin de la capitale, St. Denis.

CLIENT(E) Est-ce qu'on y parle français ?
Est-ce qu'il faut un passeport ?
Quel temps fait-il en août ?
etc.

GRAND HOTEL DES MASCAREIGNES

Sur la côte Ouest de l'île, à une trentaine de kilomètres de St-Denis, le Grand Hôtel des Mascareignes domine la plage de Boucan Canot à St-Gilles. Etagé en arc de cercle, à flanc de colline, sur 5 niveaux, c'est le dernier né des hôtels de La Réunion, et le seul 4 étoiles balnéaire.
Ses 156 chambres font toutes face à la mer. Elles sont spacieuses, avec air conditionné, télévision-vidéo, téléphone, mini-bar, salle de bains complète, coffre individuel. Les chambres de catégorie luxe sont équipées d'un balcon privé.

Services : salon, salle de bridge, coiffeur, 1 bar près de la piscine, et 2 restaurants : le Souimanga, snack au bord de la piscine et les Longanes, restaurant gastronomique. Galerie marchande à proximité.

Repas : petit déjeuner proposé sous forme de buffet. Dîner servi à table au restaurant. Animation chaque soir : jazz et variétés.

Loisirs gratuits : très grande piscine (la plus grande de l'île), ping-pong, billard, jeux de société, tennis éclairé, à proximité plage de sable.

Loisirs payants : à proximité, casino et night-club, pêche au gros.

Enfants : bassin pour enfants, aire de jeux, baby-sitting sur demande.

Cartes de crédits acceptées : American Express - Visa - Diners - Mastercard.

Notre avis : fleuron de l'hôtellerie réunionnaise, son emplacement, le confort luxueux et la décoration de ses chambres, satisferont les plus exigeants.

RENSEIGNEMENTS PRATIQUES

Langue : La langue officielle est le français.

Heure : heure française + 3 en hiver et + 2 en été.

Climat : Tropical tempéré par les vents venant de l'Océan et l'altitude qui déterminent une multitude de microclimats. Il y a deux saisons : de mai à novembre, la saison fraîche est synonyme de beau temps pour les Réunionais. Saison chaude et humide de décembre au mois d'avril.

Formalités : Pour les Français, carte nationale d'identité en cours de validité. Les ressortissants étrangers sont invités à se renseigner pour connaître les dispositions particulières propres à leur entrée dans le pays.

Change : Monnaie locale : le franc français. Les chèques de voyages sont acceptés partout, de même que certaines cartes de crédit. La carte de paiement de dépannage des chèques postaux permet d'effectuer des retraits dans tous les bureaux de poste.

La femme africaine

La femme joue un rôle essentiel dans la vie africaine. Dans les communautés traditionnelles, surtout en zones rurales, c'est elle qui est responsable de l'agriculture. On la voit partir aux champs très tôt le matin, une houe° sur la tête, un bébé sur le dos° et un autre petit enfant à ses côtés.° Le marché est un autre univers féminin. Elle y étale° bouteilles d'huile de palme, régimes de bananes, tomates joliment arrangées en petites pyramides. La marchande y reste assise° toute la journée sous le soleil à vendre, à plaisanter et à s'occuper de ses enfants trop petits pour aller à l'école. Le soir, elle rentre chez elle pour préparer le repas du soir. Et elle le sert, d'abord à son mari.

hoe
back/side
displays
seated

Et que fait sa sœur urbaine et scolarisée° de Dakar, Kinshasa, Lomé ?

Elle jouit° d'une indépendance de plus en plus grande de son père et de son mari. L'Africaine bourgeoise est médecin, professeur, avocate. Il y a même quelques représentantes à l'Assemblée nationale française. Elle écrit aussi. Elle lance un appel contre les pratiques de la polygamie, du mariage forcé, de la répudiation arbitraire, de l'excision des jeunes filles. Mais pour cette femme moderne et indépendante, une valeur africaine reste très chère : celle de son rôle de mère de famille.

educated
enjoys

Perspectives culturelles

Avez-vous compris ?

Répondez *vrai* ou *faux* et corrigez les réponses fausses.

1. La femme africaine joue un rôle important.
2. Elle s'occupe des champs et du foyer pendant que son mari travaille au marché.
3. Dans les grandes villes, les femmes sont généralement plus indépendantes.
4. Elle s'insurge contre la polygamie.
5. Les femmes africaines n'ont pas le droit *(aren't allowed)* de faire de la politique.
6. La femme africaine moderne privilégie sa carrière et non sa famille.

Lecture

Anticipation

The revolutionary cry **liberté, égalité, fraternité** of 1789 was followed by a decision to abolish slavery in France's colonial empire. However, the **colons** *(colonialists)* running the plantations in Guadeloupe and Haiti did not partake of this abolitionist fervor and tried to maintain the status quo. The victory of Toussaint-Louverture, a mulatto military general who overthrew the French in Haiti in 1800, stirred the hope of Guadeloupeans of African descent, whose right to freedom was retracted in 1802 by Napoleon Bonaparte. This is the story of a young mulatto mother, Solitude, who is swept away by these tragic events.

Organisation

This narrative about Solitude is organized in a circular pattern. As in a news story, it opens describing the tragic fate of the heroine. This is followed by a retelling of the historic events leading up to this fate, and then the story returns to the place where it began.

Solitude la mulâtresse, martyre de la liberté

Le 29 novembre 1802, sur l'île de la Guadeloupe, une femme est exécutée par pendaison° sur ordre de la République française. Elle a 30 ans. Son nom est Solitude, la mulâtresse Solitude à cause de sa peau° très claire, héritée du viol° d'une captive africaine sur le bateau qui la transportait vers le Nouveau Monde. Juste la veille° de son exécution, Solitude a mis au monde° l'enfant qu'elle portait, aussitôt° arraché° au sein° de sa mère pour s'ajouter aux biens° d'un propriétaire d'esclaves.° Elle aurait été exécutée° quelques mois plus tôt, mais les colons ne voulaient pas de gâchis° : ce ventre° pouvait produire deux bras° de plus à une plantation.

hanging
skin/inherited as the result of a rape
the day before/gave birth
immediately/torn/breast
property/slaveowner
would have been executed/
waste/belly/arms

Une pause pour réfléchir

Faites une liste de toutes les informations que vous avez apprises sur Solitude, et ensuite comparez votre liste avec celle de deux partenaires.

Huit ans plus tôt, dans l'euphorie de l'après Révolution française, l'abolition de l'esclavage est décrétée, le 4 février 1794, dans les colonies françaises, malgré° l'opposition des colons blancs qui contrôlent les Antilles. Libérés de leurs chaînes, les Noirs s'enfuient° dans les montagnes où les autorités les voient comme

despite
escape

une menace°. En mai 1802, Napoléon Bonaparte décide de rétablir l'esclavage.° Son épouse, Joséphine, est une fille de colons de la Martinique et Bonaparte ne peut aller contre leurs intérêts. En Guadeloupe, les citoyens noirs redeviennent esclaves. On poursuit les Noirs récalcitrants qui refusent de rejoindre leurs anciens maîtres.°

La rébellion est violente et sanglante.° Les insurgés° guadeloupéens prennent de l'espoir° des réussites° d'un ex-esclave haïtien nommé Toussaint-Louverture qui gagne l'indépendance d'Haïti. Mais la lutte des ex-esclaves pour préserver leur indépendance fait peur à° Napoléon. Il envoie des soldats en Guadeloupe pour réprimer° la révolte. Solitude, alors enceinte° d'un « Nègre congo », quitte sa retraite° dans les montagnes avec ses compagnons pour rejoindre les insurgés conduits par le commandant Louis Delgrès, premier officier de l'armée française, un mulâtre antillais qui décide d'aider ses frères de couleur dans l'insurrection. Les 300 combattants de la liberté, femmes et enfants compris,° choisissent la mort au lieu de se rendre à l'armée française. Ils décident de se faire sauter° avec de la dynamite. Solitude a miraculeusement survécu° au carnage. Elle est enceinte, donc on ne la pend° pas, mais pour quelques mois seulement... jusqu'au lendemain° de son accouchement.°

threat
slavery
masters
bloody/insurgents
hope/success
frightens
repress
pregnant/hiding place
included/to blow themselves up
survived
hang
following day/delivery

Extrait de *Mères ou femmes d'exception : Héroïnes du monde noir.* de *Divas* juin–juillet, 1999.

Compréhension et intégration

1. Notez tous les éléments historiques de ce texte dans l'ordre chronologique. Comparez votre liste avec celle de deux partenaires.

2. Avec vos partenaires, trouvez une explication des décisions suivantes:

a. Napoléon rétablit l'esclavage.
b. Louis Delgrès aide les insurgés.
c. Les combattants se suicident.
d. On ne tue *(kill)* pas Solitude avec les autres.

Un pas en avant

À jouer ou à discuter

1. **Jeu des capitales.** Divide into teams and quiz each other on capitals of francophone countries.
2. How good is your memory? The first player begins by saying, **Je vais faire un voyage. Dans ma valise, je vais mettre...** and she or he names one item to put in the suitcase. Player 2 repeats what the first player said and then adds a second item. The third player also begins with **Je vais faire un voyage,** and must repeat the items mentioned by players 1 and 2 before adding a third item of his or her choice. If a player incorrectly lists the items, she or he goes to the end of the line, the most challenging position because that person must recount all the items selected for the suitcase.
3. With a partner, act out the following scenes.
   a. You and a friend have decided to plan a vacation together. Discuss what you would like to do on vacation and settle on a destination. Decide how and when you will travel.
   b. You need reservations for a flight to the destination of your choice. The travel agent finds a seat available for the day and time you requested, but the ticket costs too much. Adjust your plans to get a less expensive ticket.

Puzzle à deux

Quels pays manquent de cette carte d'Afrique ? Identifiez les pays en posant des questions à votre partenaire. Modèle : Quel pays est au nord-ouest du Niger ?

INFO

Personne A utilise la carte à la page 305.
Personne B utilise la carte à la page A–24.

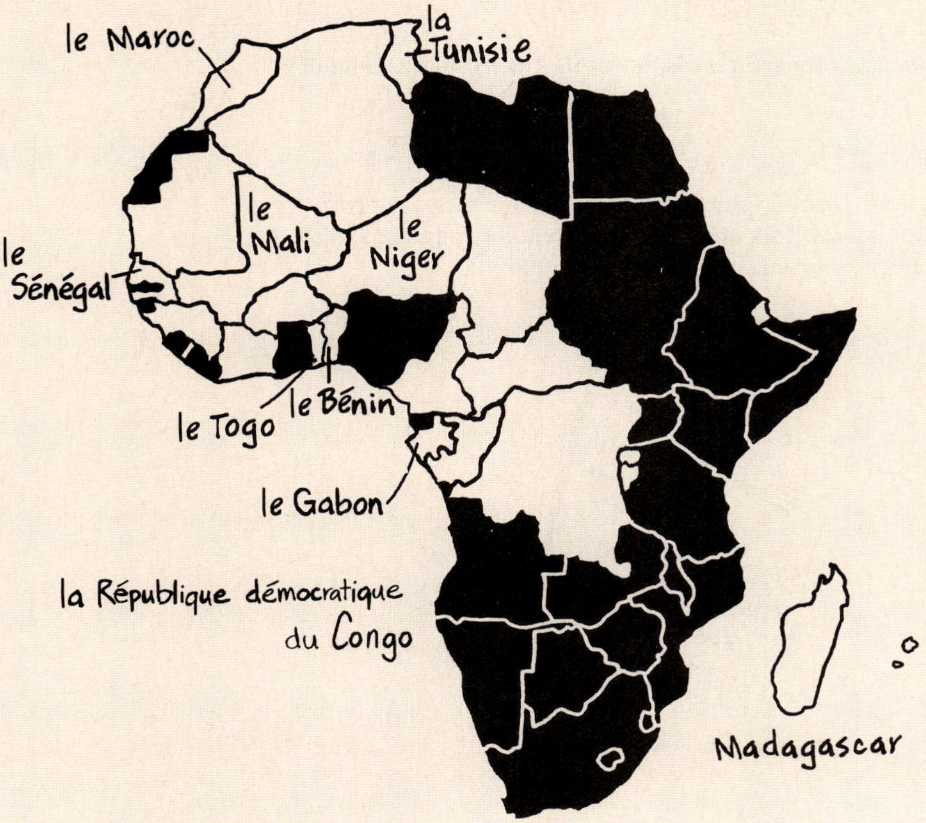

Naviguez le Web !

Il est l'heure de faire une présentation orale sur le pays francophone de votre choix. Heureusement, avec Internet, toutes les informations nécessaires sont à votre portée. Nous allons vous présenter quelques sites qui vont faciliter vos recherches sur votre pays adoptif.

À écrire

You are taking a trip to a francophone country of your choice. From your research on the Web you'll gather enough information to plan your trip and write a postcard home.

Première étape

Write down three facts about the country you did not know before reading about it.

Deuxième étape

Write out three reasons why you would like to visit.

Troisième étape

What activities would you like to take part in? Write down three that sound interesting to you.

Quatrième étape

Describe what the weather is like at the time you are going to be there.

Cinquième étape

Write a postcard to your best friend. In your message give some interesting facts. Talk about scenery, weather, lodging, and so forth. Begin your message as in the sample.

Structures

Structure 9.1 Les prépositions et la géographie

The names of most cities are considered proper nouns and do not require definite articles.

J'adore Genève. — *I love Geneva.*

Où se trouve Bruxelles ? — *Where is Brussels?*

A few cities have the definite article as a part of their name. Note that the articles are capitalized.

La Nouvelle-Orléans

Le Havre

If you wish to describe a city, it is preferable to use **la ville de...** with feminine adjectives.

La ville de Genève est très belle. — *Geneva is very pretty.*

Names of states, countries, and continents are feminine if they end in **-e** and masculine if they end otherwise. Use the article **le (l')** with masculine names, **la (l')** with feminine names, and **les** for plural.

masculin	féminin	pluriel
le Texas	la Californie	les Antilles *(f)*
le Sénégal	la France	les États-Unis *(m)*
l'Irak	l'Europe	les Pays-Bas *(m)*

La France est le centre du monde francophone. — *France is the center of the French-speaking world.*

Le Mexique, le Canada et les États-Unis sont en Amérique du Nord. — *Mexico, Canada, and the United States are in North America.*

Note the following exceptions:

le Mexique, le Maine

When you wish to express movement *towards* or *from a geographic location,* the choice of the preposition varies as shown in the following chart.

	Cities	States, countries, and continents		
		feminine and masculine names beginning with a vowel	masculine names	plural names
to, at, in	**à** Paris	**en** France **en** Israël	**au** Canada	**aux** États-Unis
from	**de** Paris	**de** France **d'**Israël	**du** Canada	**des** États-Unis

- *to, at, in*

Nous arrivons à Montréal.	*We arrive in/at Montréal.*
Nous allons en Allemagne à Noël.	*We are going to Germany at Christmas.*
Marc voyage aux Pays-Bas.	*Marc is traveling in the Netherlands.*

- *from*

Il arrive d'Athènes.	*He is arriving from Athens.*
Nous partons du Canada.	*We are leaving Canada.*
Ses parents sont des Antilles.	*Her/His parents are from the Antilles.*

The pattern for states is less fixed. Feminine names follow the preceding pattern **(en, de),** but for masculine names, **dans le** is generally preferred in place of **au** (except for **au Texas** and **au Nouveau-Mexique).** For any state, you can use **dans l'état de.**

Il travaille	{ **dans le** **dans l'état du** }	**Maryland.**	*He works in Maryland.*
Veux-tu aller	{ **en** **dans l'état de** }	**Californie?**	*Do you want to go to California?*

For islands and some other small countries or principalities, usage varies.

Sa famille est de Cuba.	*His family is from Cuba.*
Elle habite à Monaco.	*She lives in Monaco.*
Nous allons à la Martinique.	*We're traveling to Martinique.*

In locating places on a map, it is often useful to refer to the compass directions.

		le nord		
	le nord-ouest	↑	le nord-est	
l'ouest	←	le centre	→	l'est
	le sud-ouest	↓	le sud-est	
		le sud		

Il habite dans le nord.	*He lives in the North.*
Le sud de la France a un climat doux.	*Southern France has a mild climate.*

To indicate that a location is to the north/south/etc. of somewhere, use the following patterns. Note the preposition **de** (or **d'**) with a city name and **de** + **article** with other geographical locations.

Lubumbashi est au sud-est **de** Kinshasa.	*Lubumbashi is southeast of Kinshasa.*
L'Andorre est au sud **de la** France.	*Andorra is south of France.*
Le Laos est à l'ouest **du** Vietnam.	*Laos is west of Vietnam.*
Le Canada est au nord **des** États-Unis.	*Canada is north of the United States.*

Exercice 1.

Vous donnez une petite leçon de géographie à votre classe de français. Complétez les phrases avec les informations appropriées. Utilisez la carte à la page vi.

1. ______________ est la capitale du Canada.
2. ______________ se trouvent au sud du Canada.
3. La province francophone qui se trouve dans l'est du Canada s'appelle ______________.
4. ______________ est une île à l'est du Canada qui appartient à la France.
5. ______________ est la province qui se trouve entre le Saskatchewan et l'Ontario.
6. L'Alaska se trouve ______________ Canada.

Exercice 2.

Vous travaillez comme réceptionniste dans une agence internationale qui donne des renseignements aux jeunes qui veulent étudier à l'étranger. Expliquez d'où les étudiants viennent et où ils veulent faire leurs études. Complétez les phrases suivantes avec les prépositions et l'article qui conviennent.

1. Maïmouna vient ______________ Côte d'Ivoire. Elle veut faire ses études ______________ France.
2. Heinrich vient ______________ Allemagne. Il veut faire ses études ______________ Genève.
3. José vient ______________ Brésil. Il veut faire ses études ______________ Mexique.
4. Mishiku vient ______________ Japon. Elle veut faire ses études ______________ États-Unis.

5. Ilke vient ______________ Amsterdam. Elle veut faire ses études ______________ Bruxelles.
6. Paolo vient ______________ Italie. Il veut faire ses études ______________ Canada.

Exercice 3.

Vous êtes avec un groupe d'étudiants internationaux qui parlent de leurs situations. Complétez les phrases avec les prépositions et l'article qui conviennent.

1. Je m'appelle Tran. Je suis vietnamien. J'habite ________ Chicago avec mes parents depuis dix ans. Mes grands-parents sont toujours ________ Vietnam. Ils habitent dans un petit village au nord ________ Hô Chi Minh-Ville. Nous, nous aimons beaucoup ________ États-Unis mais je voudrais aller voir mes grands-parents.
2. Je suis Ntumba et je viens ________ la République démocratique du Congo. Je fais mes études ici ________ Caroline du Nord mais je compte retourner ________ Kinshasa pour travailler. Avant de partir, j'aimerais aller ________ Canada parce que là, comme ________ Congo, le français est une langue officielle.
3. Je m'appelle Sophie et je suis ________ Luxembourg, la capitale ________ Luxembourg, un petit pays juste au nord ______________ France, entre ________ France et ________ Belgique. ________ Luxembourg, on parle français.

Structure 9.2 Le pronom *y*

Pronouns are used to avoid repeating nouns. The pronoun **y** is used to replace phrases that begin with a variety of prepositions such as **à, chez, dans, sur,** and **en** (but *not* **de**).

When the prepositional phrase names a location, **y** is roughly the equivalent of the English *there.*

Mousassa est **en Afrique?**	*Is Mousassa in Africa?*
—Oui, il **y** est.	*—Yes, he is **there.***
Ton ami arrive **à l'aéroport Orly-Ouest?**	*Is your friend arriving at Orly-West?*
—Oui, il **y** arrive.	*—Yes, he is arriving **there.***
Tu vas **chez tes parents** pour Noël?	*Are you going to your parents' house for Christmas?*
—Non, je n'**y** vais pas.	*—No, I'm not going **(there).***

Y can replace the phrase **à** + inanimate noun; the English equivalent in this case is likely to be *it.* Verbs often followed by **à** + noun include **penser à, réfléchir à,** and **répondre à.**

Pascal pense **à son voyage**?	*Is Pascal thinking about his trip?*
— Oui, il **y** pense.	*Yes, he is thinking about **it.***

L'agent de voyages répond **à la question.**	*The travel agent answers the question.*
L'agent de voyages **y** répond.	*The travel agent answers **it**.*

Place the pronoun **y** in sentences according to these guidelines:

1. before the conjugated verb in simple tenses

J'**y** vais.	*I'm going (there).*
Tu n'**y** vas pas.	*You are not going there.*

2. between the conjugated verb and an infinitive

Je voudrais **y** aller.	*I would like to go there.*

Exercice 4.

Choisissez dans la liste les antécédents logiques pour le pronom y dans chaque phrase. Il y a plusieurs réponses possibles.

Modèle : J'y vais.
y = a, b, d, f

1. Elle y est.
2. Vous n'y habitez pas.
3. Tu vas y réfléchir.
4. Nous y allons à pied.

Antécedents possibles :

a. dans le train
b. en Louisiane
c. à la situation économique
d. chez Nambé
e. à la possibilité de voyager en train
f. au café

Exercice 5.

Cette conversation n'est pas très naturelle parce qu'il y a beaucoup de répétitions. Récrivez les phrases numérotées en utilisant le pronom *y* pour éviter la répétition des mots en italique.

CHRISTOPHE Je vais au parc. (1) Tu veux aller *au parc* avec moi ?
SERGE (2) Euh, je ne peux pas aller *au parc* parce que je dois aller à l'université.
CHRISTOPHE À l'université ? (3) Pourquoi est-ce que tu vas *à l'université* aujourd'hui ? C'est samedi après-midi.
SERGE (4) Eh bien, normalement je ne vais pas *à l'université* le samedi après-midi, mais j'ai un examen important lundi. Je préfère étudier à la bibliothèque.
CHRISTOPHE (5) À quelle heure est-ce que tu vas *à la bibliothèque* ?
SERGE Vers deux heures.
CHRISTOPHE Tu penses trop à tes notes.
SERGE (6) Non, je ne pense pas trop *à mes notes.* (7) Il faut que je pense *à mes notes* pour pouvoir devenir médecin.
CHRISTOPHE D'accord. Étudie bien alors.
SERGE Merci. Et amuse-toi bien *(have fun)* au parc.

Structure 9.3 Le comparatif (suite) et le superlatif

Adverb comparisons are patterned after those you learned for adjectives.

plus / moins / aussi	+ adverbe + que

Les Québécois parlent **aussi couramment** le français que les Belges. — *The inhabitants of Quebec speak French as fluently as Belgians.*

Les gorilles du Congo disparaissent **plus rapidement** aujourd'hui à cause des braconniers. — *The gorillas of the Congo are disappearing more rapidly now because of poachers.*

Les voitures **roulent moins vite** sur les autoroutes françaises que sur les autoroutes allemandes où il n'y a pas de limitation de vitesse. — *Cars go more slowly on French freeways than on German freeways where there is no speed limit.*

The adverb **bien** has the following irregular comparative forms.

+	bien	=	mieux
=	bien	=	aussi bien
−	bien	=	moins bien

Michel sait cuisiner **moins bien** que les autres. — *Michel doesn't know how to cook as well as the others.*

Il ne sait pas lire **aussi bien que** sa sœur. — *He can't read as well as his sister.*

Feza travaille **mieux que** les autres employés. — *Feza works better than the other employees.*

La comparaison avec les noms

To compare nouns, use the following pattern:

plus / moins / autant	de + nom + (que)

J'ai pris **plus de photos** pendant cette visite. — *I took more photos during this visit.*

Le Canada a **moins de densité que** la Belgique. — *Canada has less density than Belgium.*

Le Sénégal n'a pas **autant de flore et de faune que** dans le passé.	*Senegal doesn't have as much flora and fauna as in the past.*

Le superlatif

The superlative is used for expressing extremes and when selecting one item from a group: big—the biggest; important—the least important. It is formed as follows:

le / la / les	+	plus / moins	+	adjectif	+	(de)

Le Congo-Kinshasa est **le plus grand** pays d'Afrique.	*Congo-Kinshasa is the biggest country in Africa.*
Elle a choisi la solution **la moins difficile.**	*She chose the least difficult solution.*

Adjectives that normally follow the noun maintain this position in the superlative. In this case, the definite article is repeated in the superlative construction.

C'est la décision **la plus importante** de ma vie.	*It's the most important decision of my life.*

Adjectives that normally precede the noun require only one article.

C'est **la plus longue route** pour aller à la capitale.	*It's the longest route to the capital.*

Bon and **mauvais** have irregular superlative forms similar to their forms in the comparative.

C'est une bonne idée. En effet, c'est **la meilleure** idée.	*It's a good idea. Actually, it's the best idea.*
Tu as choisi **le pire** moment pour me dire cela.	*You picked the worst moment to tell me that.*

To express superlative quantities, use **le plus de** and **le moins de.**

C'est la France qui a **le plus de visiteurs** du monde.	It's France that has the most visitors in the world.

Before adverbs, the definite article **le** is invariable. The superlative forms of the adverb **bien** are **le mieux** and **le moins bien.**

Parmi les membres de son groupe, Charles chante **le moins bien** mais il joue **le mieux.**	*Charles sings the worst of the members of his group, but he plays the best.*

Exercice 6.

Testez votre connaissance des pays francophones en complétant ces phrases. Utilisez le comparatif et le superlatif.

1. Les Belges mangent ______________ de pommes de terre que les Algériens, mais les Français en mangent presque ______________ que les Belges.
2. Un Marocain typique parle ______________ bien le français que l'arabe.
3. Dans beaucoup de pays africains, la famille étendue *(extended)* est très importante. En effet, c'est la valeur ______________ importante de toutes. Dans les pays industrialisés, il y a ______________ familles nucléaires et recomposées.
4. Le mont Kenya, à 5.200 mètres, est moins élevé que le Kilimandjaro, qui est la montagne ______________ élevée d'Afrique.
5. Un Québécois typique aime ______________ parler le français que l'anglais.
6. Il y a ______________ musulmans que de catholiques au Sénégal. Pourtant *(however)*, ______________ femmes y portent le voile *(head covering)* que dans des pays arabes.
7. Les Québécois aiment les restaurants ______________ bien que les cafés.

Structure 9.4 *Il faut, il vaut mieux* + infinitif

The impersonal expression **il faut** followed by the infinitive expresses necessity or obligation, and is generally interchangeable with the expression **il est nécessaire de. Il vaut mieux,** which expresses what one should do, is frequently used for giving advice.

Il faut acheter les billets d'avion deux semaines à l'avance pour avoir un bon prix.	*You have to buy the airplane tickets two weeks in advance to get a good price.*
Il vaut mieux réserver une chambre d'hôtel.	*It's better to reserve a hotel room.*

Il ne faut pas means *musn't* or *shouldn't.*

Il ne faut pas aller aux Antilles pendant la saison des ouragans.	*One musn't go to the Antilles during hurricane season.*
Il ne faut pas fumer sur un vol international.	*You can't smoke on an international flight.*

The negative of **il vaut mieux** is **il vaut mieux ne pas.**

Il vaut mieux ne pas visiter ce pays pendant la saison des pluies.	*It's better not to visit that country during the rainy season.*

Exercice 7.

Complétez les phrases avec *il faut, il ne faut pas,* ou *il vaut mieux* et un des verbes de la liste. Attention, quelques phrases sont négatives.

porter, sourire, prendre, aller, montrer, s'habiller, réserver, parler

1. Si vous voulez aller de Paris à Marseille en train, _____________ le TGV (train à grande vitesse).
2. _____________ à tout le monde *(everyone)* dans le métro à Paris.
3. Si les cigarettes vous ennuient, _____________ de place dans la section fumeurs.
4. Pour bien connaître un pays et ses habitants, _____________ la langue.
5. Si vous allez au Canada de la France, _____________ un passeport.
6. _____________ un casque *(helmet)* quand on roule en motocyclette.

Structure 9.5 Les verbes *savoir* et *connaître*

In French, knowing is expressed by either the verb **savoir** or the verb **connaître,** depending on the context.

The verb **savoir** means *to know information or facts* or *to know how to do something.*

savoir *(to know [facts], know how)*	
je sais	nous savons
tu sais	vous savez
il/elle/on sait	ils/elles savent

passé composé : j'ai **su**

Nous savons la date.	*We know the date.*
Il sait faire du ski.	*He knows how to ski.*
Nous ne savions pas que c'était son anniversaire.	*We didn't know that it was his birthday.*

The **tu** and **vous** forms of **savoir** can also be used as conversational fillers.

Il aime voyager, tu sais.	*He likes to travel, you know.*
Mais, vous savez, il déteste prendre l'avion.	*But, you know, he hates to take planes.*

Connaître means *to know,* in the sense of being acquainted or familiar with something or someone.

connaître *(to know, be familiar with)*	
je connais	nous connaissons
tu connais	vous connaissez
il/elle/on connaît	ils/elles connaissent

passé composé : j'ai **connu**

The verb **connaître** is used only with a noun or a pronoun.

Nous connaissons Montréal.	*We're familiar with Montreal.*
Vous connaissez les Dubois.	*You're acquainted with the Dubois family.*
Je ne connais pas ce parc.	*I'm not familiar with that park.*

Exercice 8.

Écrivez trois phrases pour chaque numéro en combinant les éléments donnés.

1. Je viens de recevoir une carte postale de mon cousin Paul.
Tu sais	Paul, n'est-ce pas ?
Tu connais	que Paul est en Egypte, n'est-ce pas ?
	quand il pense revenir ?
2. L'agent de voyages va téléphoner.
Elle sait	que nous préférons un billet moins cher.
Elle connaît	bien la Suisse.
	trouver les meilleurs prix.
3. Les vacances arrivent bientôt.
Vous savez	moi, je suis très impatiente.
Vous connaissez	les meilleurs centres de vacances.
	la date de mon départ ?
4. Nous cherchons un bon hôtel pas cher.
Nous savons	le numéro de téléphone de l'Hôtel d'Or.
Nous connaissons	où se trouve l'Hôtel Roc.
	tous les hôtels de cette région.
5. Rome. Quelle ville magnifique !
Sais-tu	parler italien ?
Connais-tu	les catacombes ?
	une bonne pizzeria ?

Exercice 9.

Tout le monde aime parler des vacances. Complétez ces bribes de conversation avec les formes appropriées de *savoir* ou de *connaître.*

1. Je ______________ bien ma tante. Elle ne va pas passer ses vacances à la plage parce qu'elle ne ______________ pas nager.
2. ______________-vous le Louvre ?

   —Oui, c'est un musée d'art.

   ______________-vous l'adresse ?

   —Pas exactement, mais je ______________ que vous pouvez la trouver facilement dans un guide.
3. Pendant les vacances, nous allons en Suisse. ______________-tu Neuchâtel ? C'est une petite ville adorable sur un lac magnifique. Tu

______, nous préférons les petites villes. Nos amis y ______ un hôtel qui est extraordinaire. Et c'est là où nous allons passer deux semaines.

Tout ensemble!

Complétez le passage suivant à propos des projets de voyage de Rémi. Choisissez des mots dans la liste. Conjuguez les verbes si nécessaire.

Vocabulaire: **océan, au, à, de, tour, en, désert, francophone, deuxième classe, frontières, plus, aussi, agence de voyages, projets, savoir, sèche, il faut, vol, connaître, climat**

Cet hiver, il fait très froid ______[1] Montréal et Rémi rêve de soleil. En effet, il fait des ______[2] pour un voyage d'été, un ______[3] du monde ! Ce week-end, il va à l' ______[4] appelée « À l'aventure » pour se renseigner *(to get information)*. D'abord, il veut réserver un ______[5] de Montréal à Paris. Il préfère voyager en ______[6], car il n'a pas beaucoup d'argent. ______[7] Paris, il va voyager en Land Rover ______[8] Maroc où il veut visiter Fès et Marrakech. Rémi a déjà visité l'Europe plusieurs fois, mais il ne ______[9] pas l'Afrique, et il ne ______[10] pas parler arabe. Pourtant *(However)* il peut utiliser son français, car c'est un pays ______[11]. Il doit acheter beaucoup de provisions car il va traverser le Sahara. C'est le ______[12] grand ______[13] du monde ! Le ______[14] du Sahara est si chaud qu'il faut y prendre beaucoup de précautions. Ce n'est pas ______[15] facile d'aller d'un pays à un autre en Afrique qu(e) ______[16] Europe. ______[17] avoir des visas pour traverser les ______[18]. Rémi espère arriver en Afrique équatoriale pendant la saison ______[19], car les routes deviennent impassables sous la pluie. De l'Afrique du Sud, Rémi va traverser l(e) ______[20] en bateau pour aller au Brésil. Quel voyage !

VOCABULAIRE

Vocabulaire fondamental

Noms

La géographie *geography*

la campagne	*the country(side)*
une côte	*a coast*
un désert	*a desert*
un endroit	*a place*
l'est *(m)*	*east*
un état	*a state*
un fleuve	*a river (major)*
une forêt	*a forest*
une frontière	*a border*
une île	*an island*
un lac	*a lake*
une mer	*a sea*
le monde	*world*
une montagne	*a mountain*
le nord	*north*
un océan	*an ocean*
l'ouest *(m)*	*west*
un pays	*a country*
une plage	*a beach*
le sud	*south*

Mots apparentés : une capitale, un centre, un continent, un port, une région, un village

Le climat *climate*

une averse	*a shower*
un bulletin météorologique (*fam* la météo)	*a weather report*
le ciel	*sky*
un orage	*a storm*
la pluie	*rain*
la saison (sèche, des pluies)	*(dry, rainy) season*
des températures (froides, douces, moyennes, chaudes)	*(cold, mild, moderate, hot) temperatures*

Les moyens de transport *modes of transportation*

un autobus, un autocar	*a bus*
un avion	*an airplane*
un bateau	*a boat*
une gare	*a train station*
un métro	*a subway*
une motocyclette (*fam* une moto)	*a motorcycle*
les transports en commun	*public transporation*
un TGV (train à grande vitesse)	*a high-speed train*

Mots apparentés : un taxi, un train

Le tourisme *tourism*

une agence de voyages	*a travel agency*
un agent de voyages	*a travel agent*
une aventure	*an adventure*
un billet	*a ticket*
un (billet) aller simple	*a one-way ticket*
un (billet) aller-retour	*a round trip ticket*
une carte postale	*a postcard*
des renseignements *(m pl)*	*information*
une réservation	*a reservation*
une section (non-)fumeurs	*a (non)smoking section*
les (grandes) vacances *(f pl)*	*(summer) vacation*
une valise	*a suitcase*
un vol	*a flight*

Verbes

connaître	*to know, be acquainted (familiar) with*
continuer	*to continue*
faire des projets	*to make plans*
faire le tour du monde	*to travel around the world*
nager	*to swim*
penser à	*to think about*
savoir	*to know (information), to know how*
se trouver	*to be located*
visiter	*to visit (a place)*

Adjectifs

ancien(ne)	*former, old*
autre	*other*
couvert(e)	*cloudy (sky)*
ensoleillé(e)	*sunny*
haut(e)	*high*
lourd(e)	*heavy, humid*

Mots apparentés : exceptionnel(le), extraordinaire, historique, idéal(e), magnifique, rapide, tropical(e), varié(e)

Mots divers

autant	*as many*
grosses bises	*hugs and kisses (in a letter)*
il faut	*it is necessary, one must*
il vaut mieux	*it is better to, you should*
mieux	*better*

VOCABULAIRE

Expressions utiles

Comment comparer *How to compare*

(See pp. 287–289 for additional expressions.)

Le Canada a plus d'écoles bilingues que la Belgique.	*Canada has more biligual schools than Belgium.*
Est-ce que Paris a autant de diversité ethnique que New York ?	*Does Paris have as much ethnic diversity as New York?*
Quelles sont les différences entre Genève et Zurich ?	*How are Geneva and Zurich different?*

Comment demander des renseignements à l'agence de voyages *How to ask for information at the travel agency*

(See p. 298 for additional expressions.)

Je voudrais réserver une place sur un vol pour Grenoble.	*I would like to reserve a seat on a flight to Grenoble.*
Voulez-vous un billet aller-retour ou un aller simple ?	*Do you want a round trip ticket or a one way?*
Préférez-vous voyager en classe touriste (classe affaires, première classe)?	*Do you prefer to travel in tourist class (business class, first class)?*

Vocabulaire supplémentaire

Noms

La géographie geography

une cascade	*a waterfall*
une chute d'eau	*a waterfall*
un(e) habitant(e)	*an inhabitant*
une principauté	*a principality*
une savane	*a savannah*

Mots apparentés : une colonie, une destination, la diversité, l'équateur *(m),* une plaine, une prairie, une province, une vallée, un volcan

Adjectifs

animé(e)	*lively*
élevé(e)	*high*
incertain(e)	*variable (weather), uncertain*
modéré(e)	*moderate*
montagneux/euse	*mountainous*
plat(e)	*flat*
sec (sèche)	*dry*
vaste	*vast, big*

Mots apparentés : dense, fréquent(e), officiel(le), pittoresque, ponctuel(le)

Verbes

briller	*to shine*
faire de l'auto-stop	*to hitchhike*
geler (il gèle)	*to freeze (it's freezing)*
rêver (de)	*to dream (about)*

Mots divers

une autoroute	*a highway*
un climat continental (désertique, équatorial, méditerranéen, océanique, tropical)	*a continental (desert, equatorial, Mediterranean, oceanic, tropical) climate*
une croisière	*a cruise*
une éclaircie	*a sunny spell*
un ouragan	*a hurricane*
un rêve	*a dream*
un souk	*an Arab market*

Mots apparentés : une antilope, une brochure, un casino, un éléphant, une girafe, un gorille, une hyène, un lion, la population, la religion

Les activités de vacances *vacation activities*

l'aérobic *(f)*	*aerobics*
l'équitation *(f)*	*horseback riding*
la musculation	*weight lifting*
le patin à glace	*ice skating*
la plongée libre	*snorkeling*
la plongée sous-marine	*scuba diving*
le ski alpin	*downhill skiing*
le ski de fond	*cross-country skiing*
la voile	*sailing*

Mots apparentés : le canoë, le golf, le rafting

10

Module 10

La maison et la routine quotidienne

Thèmes et pratiques de conversation

La vie de tous les jours
La maison, les pièces et les meubles
Les tâches domestiques
Comment trouver le mot juste
Comment se plaindre

Culture

Les habitations françaises

Lecture

Premier conte pour enfants de moins de trois ans, d'Eugène Ionesco

Structures

10.1 Les verbes pronominaux (introduction)
10.2 Les verbes comme **mettre**
10.3 Le discours indirect
10.4 L'impératif (suite)
10.5 Les expressions négatives

Prononciation

Les voyelles « i » et « u »
Les lettres « c » et « g » et la combinaison « qu »
La liaison (suite)

Vidéo

Scènette 1	Une nouvelle maison
Mini-drame	Scène du matin
Document	Le petit déjeuner typique
Publicité	Pot au feu de Knorr

Thèmes et pratiques de conversation

La vie de tous les jours

À Paris, l'expression « métro, boulot (travail, *fam*), dodo (sommeil, *fam.*) » décrit la nature parfois monotone d'une routine de tous les jours. Est-ce que cette expression décrit la réalité de nombreuses personnes où vous habitez ? Et votre vie quotidienne ? Connaissez-vous une expression similaire ?

Structure 10.1 Les verbes pronominaux (introduction)	In this **thème,** you will be talking about your daily routine, a topic that requires the use of reflexive verbs. To learn more about these **verbes pronominaux,** see page 347.

La routine quotidienne par images

Activité 1 : Une journée typique.

Écoutez et regardez les images pendant que votre professeur décrit la routine quotidienne de Chantal.

1.

2.

3.

4.

5.

6.

7.

8.

9.

10.

11.

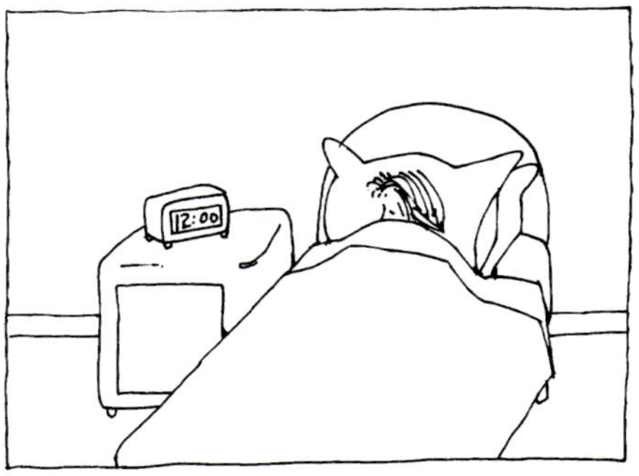

12.

Une journée typique

Eh bien, d'habitude le matin, **je me réveille** à huit heures et j'écoute la radio pendant quelques minutes. Finalement, je **me lève** et je fais du café. **Je me douche—je me lave** toujours **les cheveux,** et **je m'habille.** Puis, je prends le petit déjeuner. Après avoir mangé, **je me brosse les dents, je me maquille** et je pars pour la fac. J'ai cours toute la journée. L'après-midi, je retrouve souvent mes amis au café et nous bavardons jusqu'à six heures. Je rentre chez moi vers six heures et demie. Le soir, je prépare quelque chose à manger et je regarde les informations à la télé ou je lis un magazine. Vers minuit, **je me lave la figure** et **je me couche.** Quelle vie tranquille, n'est-ce pas ?

Activité 2 : La vie quotidienne de Chantal.

D'habitude...

1. Est-ce que Chantal se réveille à 10 h ?
2. Est-ce qu'elle se lève immédiatement ?
3. Que fait-elle avant de prendre le petit déjeuner ?
4. Est-ce qu'elle se brosse les dents le matin ?
5. Comment est-ce qu'elle passe ses soirées ?

Une journée pas comme les autres

1.

2.

3.

4.

5.

6.

7.

8.

Dimanche dernier, je suis sortie avec des amis et **nous nous sommes bien amusés** jusqu'à trois heures du matin. Alors, **je me suis couchée** très tard et j'ai fait la grasse matinée jusqu'à une heure de l'après-midi ! Quand **je me suis finalement levée,** je n'avais même pas le temps de **me doucher.** J'ai dû **me dépêcher** pour mon rendez-vous chez le dentiste. J'y suis arrivée une demi-heure en retard et malheureusement le dentiste n'avait plus le temps de me voir. Très énervée, j'ai pris le métro pour rentrer chez moi. En route, **je me suis endormie** et j'ai manqué ma station. Et pour couronner le tout, je dois retourner chez le dentiste parce que j'ai une carie *(cavity).* Que la vie est dure !

Activité 3 : Une journée pas comme les autres.

Lundi dernier, Chantal a passé une journée difficile. Écoutez et suivez les images pendant que votre professeur raconte ce qui s'est passé.

Activité 4 : Une journée ennuyeuse.

Qu'est-ce qui s'est passé ?

1. Avec qui est-ce que Chantal s'est amusée dimanche dernier ?
2. À quelle heure est-elle rentrée chez elle ?
3. Est-ce qu'elle s'est réveillée de bonne heure ?
4. Qu'est-ce qu'elle n'a pas eu le temps de faire ?
5. Où s'est-elle dépêchée d'aller ?
6. Pourquoi a-t-elle raté sa station de métro ?

Bulletin

La vie de tous les jours

La journée des Français	La journée dans d'autres pays
94 % se sont lavé les dents	100 % à Singapour, 64 % en Grèce
87 % ont regardé la télévision	98 % au Japon
54 % se sont lavé les cheveux	94 % aux Philippines, 23 % en Ukraine
45 % sont allés au travail	64% à Singapour, 20 % en Finlande
33 % se sont couchés après minuit	72 % en Argentine, 15 % en Ukraine
33 % se sont levés avant 6 h du matin	63 % en Inde, 6 % en Espagne
17 % ont pris des transports en commun	80 % aux Philippines, 6 % aux États-Unis
10 % ont utilisé un ordinateur	

Francoscopie, 1999

Activité 5 : Comparez vos routines.

Mettez-vous avec deux ou trois étudiants et posez-vous des questions appropriées pour comparer vos routines.

1. Trouvez la personne qui...
   a. se réveille le plus tôt.
   b. passe le plus de temps à faire sa toilette : se raser, se maquiller, se coiffer, etc.
   c. a la journée la plus chargée *(busiest).*
   d. s'est couchée le plus tôt ou le plus tard cette semaine.
   e. va au gymnase ou fait de l'exercice le plus régulièrement.
   f. travaille le plus.
   g. fait une liste des choses à faire pour bien organiser sa semaine ou sa journée.
2. Quel aspect de votre routine est-ce que vous préférez ? Quel aspect aimeriez-vous changer ?

Activité 6 : Les choses de tous les jours.

Pourquoi est-ce qu'on se sert des choses suivantes ?

Modèle : un sèche-cheveux

On se sert d'un sèche-cheveux pour se sécher les cheveux.

1. du rouge à lèvres
2. un rasoir électrique
3. une brosse à dents
4. du shampooing
5. un réveil
6. une serviette de bain
7. des vêtements
8. une brosse

La maison, les pièces et les meubles

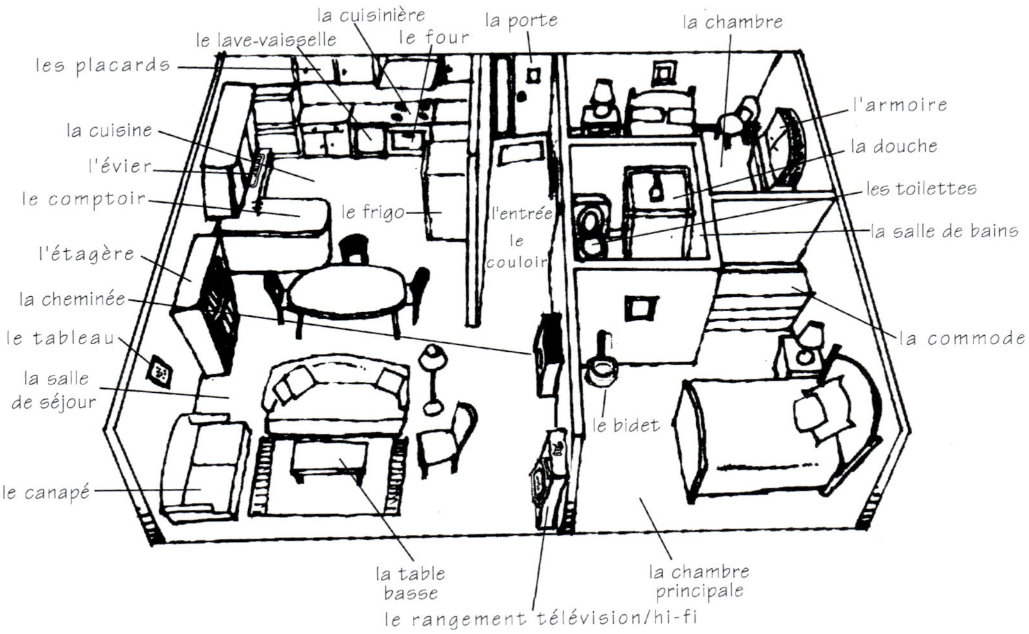

la salle de séjour
le canapé
la table basse
le tableau
le rangement télévision/hi-fi
la cheminée

l'entrée
le couloir

la chambre
la commode
l'armoire (*f*)

la cuisine
les placards
le comptoir
le four
l'évier (*m*)
la cuisinière
le frigo
le four à micro-ondes

la salle de bains
la douche
le lavabo
le bidet
les toilettes (*f*)/les w.-c. (*m*)

À noter : En France, *le rez-de-chaussée* est l'équivalent de notre « first floor ». Ainsi, notre « second floor », c'est le premier étage.

Quand on loue ou vend une maison ou un appartement, on compte les pièces. La cuisine et la salle de bains ne comptent généralement pas dans ce nombre. Ainsi, un appartement à deux pièces est un appartement avec une salle de séjour, une chambre, une cuisine (souvent minuscule) et une salle de bains.

Comme vous voyez à la page 328, les Français aiment parfois donner des noms à leurs maisons.

Activité 7 : « Aux Lilas » ou «Les colombiers ».

Votre professeur va décrire une des maisons dessinées ici. Indiquez quelle maison il/elle décrit.

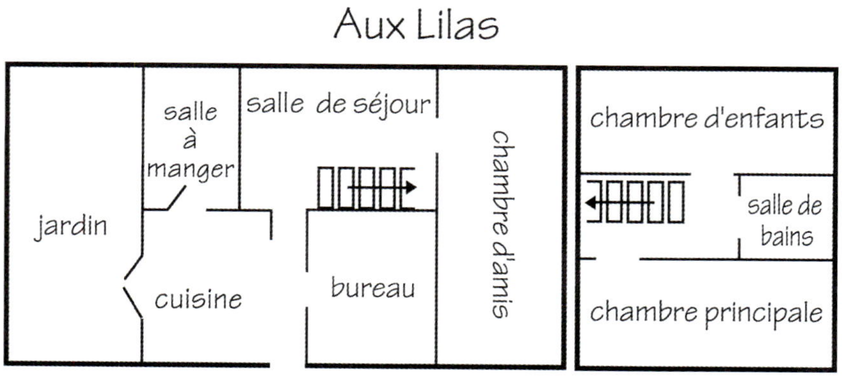

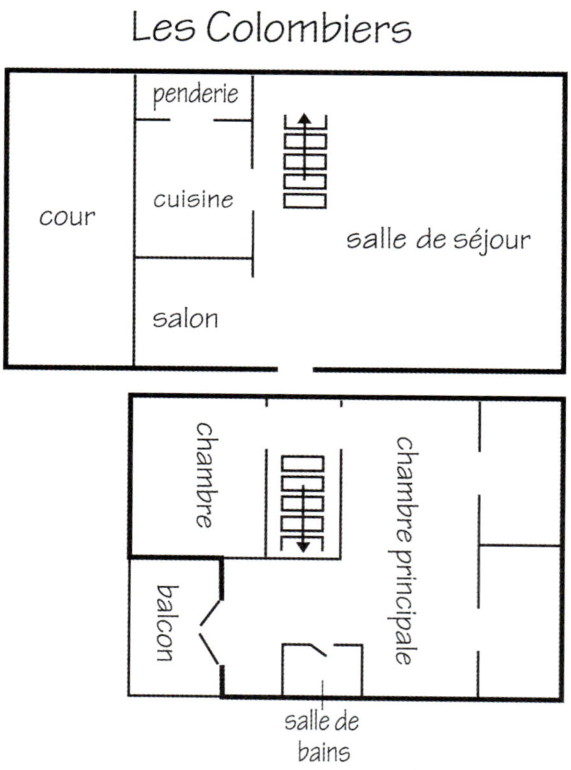

Structure 10.2 **Les verbes comme *mettre***	The verb **mettre,** *to put* or *to place,* is particularly useful in the context of home and daily life: You put things in their place, put on clothes, put time into activities, and so on. The forms of this verb and verbs conjugated in a similar way can be found on page 349.

Bulletin

Taux d'équipement des produits électroménagers *(electrical appliances)* des ménages (1996, en %)

Fer à repasser	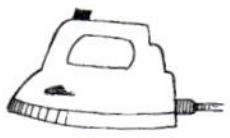	98 %
Aspirateur		97 %
Sèche-cheveux		83 %
Cafetière électrique	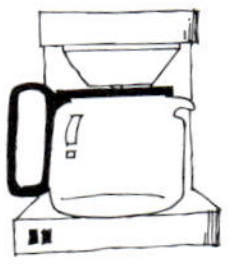	79 %
Mixer		78 %
Grille-pain	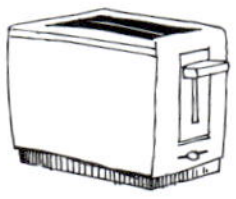	67 %
Four à micro-ondes		52 %
Lave-vaisselle		42 %
Sèche-linge		20 %

*Un sèche-linge consomme beaucoup d'énergie et il est difficile d'installer un conduit d'aération *(vent)* dans les immeubles anciens.

Francoscopie, 1999

Activité 8 : Où mettre... ?

Jeu de rôles. Les déménageurs *(movers)* ne savent pas où mettre vos meubles. Avec un(e) autre étudiant(e), jouez les rôles comme dans le modèle.

Modèle : la lampe

—Où est-ce qu'on met la lampe ?

—On la met dans la chambre, sur la table de nuit.

1. le canapé
2. la table basse
3. les fauteuils
4. la commode
5. la table de nuit
6. le four à micro-ondes
7. le téléviseur
8. le sèche-linge
9. le rangement télévision/hi-fi
10. l'armoire
11. les serviettes
12. le grand lit
13. le vélo

Horloge astrologique dans la cathédrale de Strasbourg.

Activité 9 : Le temps de vivre.

En groupes de trois, répondez aux questions suivantes. Qui met le plus de temps pour faire chaque activité ?

1. Combien de temps est-ce que tu mets chaque jour pour faire les activités suivantes ?

Modèle : pour te maquiller/raser

Je mets cinq minutes pour me maquiller/raser.

a. pour te doucher
b. pour préparer ton cours de français
c. pour faire la cuisine
d. pour parler au téléphone
e. pour faire des activités sportives

2. Combien de temps as-tu mis pour faire les choses suivantes ?

Modèle : pour faire ton lit ce matin

J'ai mis deux minutes pour faire mon lit.

a. pour ranger ta chambre cette semaine
b. pour faire le marché la semaine passée
c. pour écrire ton dernier e-mail à tes parents
d. pour lire le journal ce matin
e. pour apprendre à conduire

Perspectives culturelles

Les habitations françaises

Que disent ces Français de leur choix de logement ?

Geneviève, une jeune artiste graphique, habite au cœur° de Paris dans le 5e arrondissement. « Je suis arrivée à Paris de province il y a dix ans; c'était le coup de foudre°! Je préfère ma petite studette° près du jardin du Luxembourg à mon ancien apart 2 pièces à Lille. Ici, j'habite à proximité de mon travail, c'est une petite marche° sympathique de 20 minutes. Je n'ai même pas besoin de voiture. Paris, ça vibre ! On ne s'y ennuie jamais. Je fréquente mon bistrot de quartier où on me connaît. J'ai aussi une boulangerie, un café et une librairie préférés. Quand j'ai besoin de calme, je me repose au jardin du Luxembourg ou je passe le week-end à la résidence secondaire de mes parents en Bretagne. On peut s'y rendre facilement en TGV.

heart

love at first sight/small studio

a short walk

Quels sont les avantages et les inconvénients de vivre au centre de Paris ?

Nicole et Christophe viennent de déménager de Paris pour s'installer dans un pavillon° à Cergy-Pontoise, une ville nouvelle à 30 kilomètres de la capitale.

small home (often found in the new suburbs)

Nicole : « Notre appartement à Paris est devenu trop petit quand notre deuxième enfant est né et moi, j'ai voulu avoir plus de verdure° autour de moi. Ici, nous nous sommes installés dans un pavillon moderne à cinq pièces tout confort avec salle à manger, salle de séjour, trois chambres et deux salles de bains. Mon mari et moi n'avons pas besoin de faire la navette,° car nous travaillons tout près. On s'adapte assez bien, mais parfois l'uniformité, le manque° de charme et de caractère de cette nouvelle ville me gênent.° Cependant, cette ville a beaucoup de qualités comme un centre culturel, un parc et une bonne école pour les enfants.

greenery

commute

lack/bothers me

Pourquoi la France a-t-elle construit des villes nouvelles comme celle de Cergy-Pontoise ? Est-ce que ces villes planifiées ressemblent à certaines villes américaines ? Lesquelles ?

Madeleine et Cyril, comme pas mal de jeunes gens de leur génération influencés par un esprit écologiste, ont voulu retourner à la terre. Ils ont quitté Bordeaux pour rénover° un vieux mas en Provence.

renovate

Cyril : « Nous sommes venus ici pour nous sentir plus proches de la nature, pour mener une vie plus authentique, plus simple. Moi, j'ai voulu élever des abeilles° et vendre du miel.° Mais la rénovation de notre maison est devenue notre passion. En même temps, cette région est devenue très chic. Alors, nous nous partageons maintenant entre notre boutique de marchandises provençales à Aix-en-Provence et notre mas en campagne au milieu des champs de lavande° et des oliviers° où nous retrouvons calme et sérénité. »

bees/honey

lavender/olive trees

Pourquoi Madeleine et Cyril ont-ils décidé de quitter la ville de Bordeaux pour s'installer à la campagne en Provence ? Ont-ils voulu mener une vie « bourgeoise » ?

Ali, un musicien, habite « La Forestière », une banlieue de Paris, avec sa famille. C'est un endroit très industrialisée : usines à gaz, centrales thermiques° et logements massifs appelés HLM (habitations à loyer modéré). C'est un lieu impersonnel.

power plants

Ali : « Ici, pas de fleurs, pas de verdure et les murs sont recouverts de graffitis. Je joue dans les clubs avec mes amis. Mon rêve, c'est de vendre un album et avoir assez d'argent pour installer ma famille dans un appartement en ville. »

Le mot banlieue en français se traduit par « suburb » en anglais. Est-ce que la banlieue parisienne ressemble à un suburb américain ? Expliquez.

Avez-vous compris ?

Parmi *(among)* les logements discutés par ces quatre personnes, choisissez celui que vous préférez et dites pourquoi.

Activité 10 : Chacun ses goûts *(To each his own).*

Dans cette activité, vous allez découvrir la demeure idéale de votre partenaire. D'abord, imaginez les qualités de sa demeure idéale. Donnez-lui vos idées en utilisant les informations dans le tableau. Il/elle va vous dire si vous avez raison *(you're right)* ou si vous avez tort *(you're wrong).*

Qualités possibles pour une maison idéale
Habitat : maison individuelle, appartement, loft, chalet, cabine
Lieu : grande ville, petite ville, banlieue, village, campagne
Style/meubles : classique, traditionnel, sophistiqué, contemporain, fonctionnel, ethnique, minimaliste *(minimalist)*, élégant, rustique *(country)*
Atmosphère : chaleureuse, calme, sophistiquée, sobre *(austere)*, reposante, familiale, intime, conviviale
Qualités importantes : facile à vivre, facile à entretenir *(easy to maintain)*, spacieux/euse, lumineux/euse, plein(e) de gadgets électroniques—système audio, téléviseur à grand écran, magnétoscope, etc.
Matériaux : brique, bois *(wood)*, plâtre *(plaster)*, pierre de taille *(stone)*, etc.

Modèle :

Partenaire A : Je t'imagine dans un loft dans une grande ville. Le style des meubles est contemporain et l'atmosphère est sophistiquée. Tu as beaucoup de gadgets électroniques.

Partenaire B : Non, tu as tort. Moi, j'aimerais habiter dans une petite maison à la campagne.

Bulletin

En 1999, 55 % des ménages français habitent une maison individuelle, contre 48 % en 1992. Près de 55 % des ménages français ont un jardin, véritable lieu de créativité.

Francoscopie, 1999

Les tâches domestiques

Structure 10.3 Le discours indirect

Structure 10.4 L'impératif (suite)

In the activities that follow, you'll learn to report what someone tells another person to do. For an explanation of reported speech, see page 351. You will also learn several ways to direct people's activity, including the imperative form of pronominal verbs. Note that the verb **vouloir** is frequently used to soften commands. See page 352.

Pierre! Sophie! Videz la poubelle et balayez.

Manu, tu veux ranger ta chambre?

Soline, lave-toi les mains. On va dîner.

M. Martin passe la tondeuse.

Qu'est-ce qu'il demande aux enfants de faire ?

—Il leur dit de...

Mme Martin passe l'aspirateur.

Qu'est-ce qu'elle demande à son fils de faire ?

—Elle lui dit de...

Activité 11 : À vous.

Avec un(e) camarade, classez les tâches domestiques dans les catégories suivantes.

Activités	Partenaire A	Partenaire B
1. ce qu'on aime faire		
2. ce qu'on déteste faire		
3. ce qu'on fait souvent		
4. ce qu'on fait rarement		

Activité 12 : Un matin fou.

Ce matin, votre ménage est en confusion et c'est à vous de prendre la situation en main. On ne vous écoute pas, donc il faut répéter vos demandes de plusieurs façons. Élaborez !

Modèle : Les enfants dorment encore.

Réveillez-vous, les enfants ! Vous êtes en retard pour l'école !

Voulez-vous bien vous réveiller ? L'école va commencer ! Je vous ai dit de vous réveiller deux fois déjà !

1. Il est tard mais votre mari/femme veut rester au lit.
2. Vous n'arrivez pas à ouvrir le pot de confiture.
3. Votre fille passe trop de temps à s'habiller.
4. Votre mari/femme annonce qu'il faut vider la poubelle.
5. Les enfants ont oublié de se brosser les dents.
6. Votre mari/femme laisse la chambre en désordre.
7. Votre fils sort avec les mains sales *(dirty)*.
8. Vous avez besoin *(need)* d'une serviette.

Activité 13 : Qu'est-ce que vous dites ?

Votre professeur va vous donner quelques scénarios. Expliquez ce que vous dites dans les situations suivantes.

Modèle : (Vous entendez dire que) Votre colocataire ne paie pas sa partie du loyer de votre appartement. Qu'est-ce que vous lui dites ?

Étudiant : Je lui dis de payer sa partie du loyer.

Activité 14 : Interaction.

Répondez aux questions suivantes.

1. À quelle heure est-ce que tu te couches pendant la semaine ? Et le week-end ?
2. Qui fait la cuisine et la vaisselle chez toi ? chez tes parents ?
3. Est-ce que tu es très ordonné(e) (*tidy*) ? Et ton/ta camarade de chambre ?
4. Est-ce que tu téléphones souvent à tes parents ? Tu te sers d'un ordinateur pour leur écrire des lettres ou des e-mails ?
5. Quand tu es chez tes parents, qu'est-ce que tu leur demandes de faire ? Est-ce qu'ils te disent aussi de faire quelque chose ?

Comment trouver le mot juste

Quelques expressions utiles

Pour féliciter

Félicitations !

Bravo !

Chapeau !

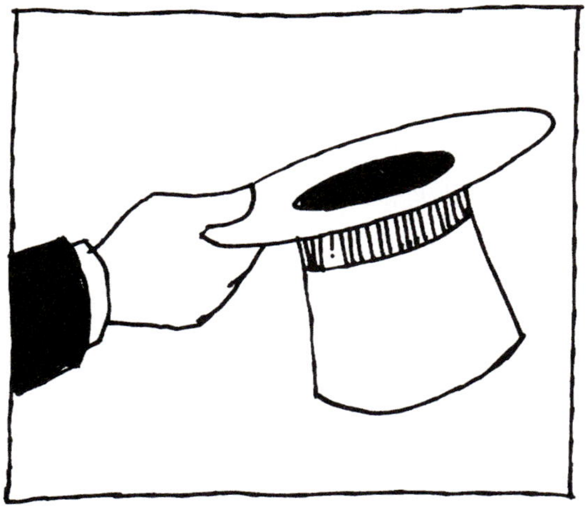

Pour souhaiter quelque chose

à quelqu'un qui fête son anniversaire	Bon anniversaire.
à quelqu'un avant de manger	Bon appétit.
à quelqu'un qui a une tâche difficile à faire	Bon courage.
	Bonne chance.
à quelqu'un qui sort	Amuse-toi bien.
à quelqu'un qui va au travail ou à l'école	Travaille bien.
à quelqu'un qui est fatigué	Repose-toi bien.
à quelqu'un qui va en vacances	Bon voyage.
à quelqu'un qui va dormir	Bonne nuit.
	Fais de beaux rêves.

à quelqu'un qui est malade	Remets-toi vite.
à quelqu'un avec qui on veut rester en contact	Écris-moi.
	Téléphone-moi.
à quelqu'un qu'on n'a pas vu depuis longtemps	Tu m'as manqué/Tu me manques.

Activité 15 : L'anniversaire de Sophie.

La voisine des Martin parle à Mme Martin. Complétez la conversation avec l'expression de la liste qui convient.

amusez-vous bien   bon anniversaire   dépêche-toi   téléphone-moi   travaille bien

MME MARTIN	C'est l'anniversaire de Sophie aujourd'hui.
LA VOISINE	________________, Sophie. Quel âge as-tu maintenant ?
SOPHIE	J'ai 9 ans. Nous allons fêter mon anniversaire au cinéma. Il faut partir, maman.
MME MARTIN	Oui, c'est vrai. Pierre, ________________.
LA VOISINE	Eh bien, ________________ au cinéma. Moi, je dois aller travailler. ________________ demain, d'accord ?
MME MARTIN	D'accord. Et ________________.

Activité 16 : Que dit-on... ?

Qu'est-ce que vous dites dans les situations suivantes ?

1. Vos parents partent pour deux semaines en Europe.
2. Votre camarade de chambre a un exposé à faire en classe de français.
3. Vous n'avez pas reçu de message de votre correspondant depuis longtemps.
4. Vous n'avez pas vu votre petite sœur depuis le début du semestre.
5. Vous avez préparé un grand dîner pour la famille. On se met à table.
6. Un copain est malade. Il va au centre médical pour consulter un médecin.
7. Votre meilleure amie annonce qu'elle vient d'obtenir un nouveau travail.

Comment se plaindre

Structure 10.5 Les expressions négatives	In this **thème,** you will learn several negative expressions that are particularly useful when complaining. **Les expressions négatives** are fully explained on page 353.

Quelques expressions utiles

Pour se plaindre

Mon petit ami **ne** fait **jamais** son travail.	*My boyfriend never does his work.*
Ma petite amie **ne** m'aime **plus.**	*My girlfriend doesn't like me any more.*

Personne ne me comprend.	*Nobody understands me.*
Mon ami(e) **ne** fait **que** regarder la télé.	*My friend does nothing but watch TV.*
Rien ne va.	*Nothing's going well.*
Je suis débordé(e) de travail.	*I'm overworked.*
J'en ai assez.	*I've had enough.*
J'en ai marre !	*I'm fed up!*
Je **n'**en peux **plus.**	*I can't take it any longer.*
Je **n'**ai **ni** le temps **ni**° l'argent.	*neither . . . nor*

Pour réagir

Mon/ma pauvre.

Oh là là.

Mon Dieu.

Tu n'as vraiment pas de chance.

Pour rassurer

Tout va s'arranger.	*Everything will work out.*
Ça arrive à tout le monde.	*That happens to everyone.*
Allez,° du courage.	*Come on !*
Ne t'inquiète pas. Ne t'en fais pas. Ce n'est pas grave.	*Don't worry.*

Activité 17 : Un étudiant déprimé.

Rien ne va pour Marc à l'université. Son meilleur ami Julien lui parle. Complétez les expressions négatives du dialogue.

JULIEN Est-ce que tu as beaucoup d'amis ?
MARC Non, je ne connais ______________[1].
JULIEN Tu vois *(see)* souvent nos amis du lycée ?
MARC Non, je ne les vois ______________[2].
JULIEN Tu es toujours dans l'équipe de foot ?
MARC Non, je ne fais ______________[3] partie de l'équipe.
JULIEN Mais pourquoi ?
MARC Mes cours sont difficiles et je ne fais ______________[4] travailler.
JULIEN Ah, mon pauvre vieux, tu ne t'amuses même pas le week-end ?
MARC Tu sais, le week-end, je ne fais ______________[5]. Je suis débordé de travail. Je n'en peux ______________[6].
JULIEN Et alors, est-ce que tu as déjà acheté ton billet pour rentrer chez tes parents ?
MARC Non, je n'ai ______________[7] acheté de billet.
JULIEN Allez, du courage ! Tu vas voir, tout va s'arranger.

Activité 18 : Le couple typique.

Jean et Patricia reçoivent des invités chez eux ce soir. Jean est l'époux français typique: il réagit toujours comme la majorité des hommes qui ont participé au sondage suivant. Que répond-il aux questions de sa femme ?
Choisissez dans la liste : ***Oui..., Non, ne... jamais, pas encore, personne, plus, que, rien***

Qui fait quoi?
Répartition des tâches domestiques dans les couples (en %) :

	Homme	**Femme**	**Les deux également**
Tâches « féminines »			
• laver le linge à la machine	2,6	94,2	1,3
• repasser	2,2	89,3	0,9
• recoudre *(sew on)* un bouton	2,0	93,3	0,9
• faire les sanitaires *(clean the bathroom)*	4,4	89,7	1,9
Tâches « masculines »			
• rentrer du bois, du charbon, *(carry in wood, coal)*	74,1	20,2	2,2
• laver la voiture	71,3	12,3	2,3
Tâches négociables			
• faire la cuisine	8,3	84,0	5,1
• passer l'aspirateur, le balai	13,5	75,3	5,5
• faire la vaisselle à la main	16,4	73,7	6,8
• remplir et vider le lave-vaisselle	21,9	63,0	6,3
• faire les courses	19,9	67,4	10,6
• mettre la table	23,5	52,0	8,4

Adapté d'INSEE

Modèle : As-tu déjà vidé le lave-vaisselle ?
—Non, je n'ai pas encore vidé le lave-vaisselle.

1. Chéri, as-tu déjà passé l'aspirateur ?
2. Jean, as-tu acheté quelque chose pour le dessert ?
3. As-tu rentré du bois pour la cheminée ?
4. Dis, Jean, quelqu'un a mis la table ?
5. Tu as lavé la vaisselle et la voiture, n'est-ce pas ?
6. Tu vas faire la cuisine ?
7. Quand tu étais jeune, tu passais le balai chez ta mère. Veux-tu le faire maintenant ?

Lecture

Anticipation

1. Quelles sortes de contes est-ce que les parents racontent à leurs enfants ? Pourquoi est-ce qu'on raconte des histoires aux enfants ?
2. Quand les parents sont occupés, qu'est-ce qu'ils disent aux enfants de faire ?

Activités de lecture

Lisez le titre et la première phrase du texte et répondez aux questions suivantes.

1. Quand est-ce que l'histoire a lieu ?
2. Où se passe l'histoire ?
3. Qui est Josette ?
4. Quel âge a-t-elle ?

Premier conte pour enfants de moins de trois ans

Eugène Ionesco

Ce matin, comme d'habitude, Josette frappe° à la porte de la chambre à coucher de ses parents. Papa n'a pas très bien dormi. Maman est partie à la campagne pour quelques jours. Alors papa a profité de cette absence pour manger beaucoup de saucisson, pour boire de la bière, pour manger du pâté de cochon,° et beaucoup d'autres choses que maman l'empêche° de manger parce que c'est pas bon pour la santé.° Alors, voilà, papa a mal au foie,° il a mal à l'estomac, il a mal à la tête, et ne voudrait pas se réveiller. Mais Josette frappe toujours à la porte. Alors papa lui dit d'entrer. Elle entre, elle va chez son papa. Il n'y a pas maman. Josette demande :

knocks; *pork*; *won't allow*; *health*; *liver*

—Où elle est maman ?

Papa répond : Ta maman est allée se reposer à la campagne chez sa maman à elle.

Josette répond : Chez Mémée° ?

grandma

Papa répond : Oui, chez Mémée.

—Écris à maman, dit Josette. Téléphone à maman, dit Josette.

Papa dit : Faut pas téléphoner. Et puis papa dit pour lui-même : parce qu'elle est peut-être autre part°...

somewhere else

Josette dit : Raconte une histoire avec maman et toi, et moi.

—Non, dit papa, je vais aller au travail. Je me lève, je vais m'habiller.

Et papa se lève. Il met sa robe de chambre rouge, par-dessus son pyjama, il met les pieds dans ses « poutoufles ».° Il va dans la salle de bains. Il ferme la porte de la salle de bains. Josette est à la porte de la salle de bains. Elle frappe avec ses petits poings,° elle pleure.°

child's pronunciation of slippers
fists
cries

Josette dit : Ouvre-moi la porte.

Papa répond : Je ne peux pas. Je suis tout nu,° je me lave, après je me rase.

nude

—Tu rases ta barbe avec du savon, dit Josette. Je veux entrer. Je veux voir.

Papa dit : Tu ne peux pas me voir, parce que je ne suis plus dans la salle de bains.

Josette dit (derrière la porte) : Alors, où tu es ?

Papa répond : Je ne sais pas, va voir. Je suis peut-être dans la salle à manger, va me chercher.

Josette court° dans la salle à manger, et papa commence sa toilette. Josette court avec ses petites jambes, elle va dans la salle à manger. Papa est tranquille, mais pas longtemps. Josette arrive de nouveau° devant la porte de la salle de bains, elle crie à travers la porte :

runs
again

Josette : Je t'ai cherché. Tu n'es pas dans la salle à manger.

Papa dit : Tu n'as pas bien cherché. Regarde sous la table.

Josette retourne dans la salle à manger. Elle revient.

Elle dit : Tu n'es pas sous la table.

Papa dit : Alors va voir dans le salon. Regarde bien si je suis sur le fauteuil, sur le canapé, derrière les livres, à la fenêtre.

Josette s'en va. Papa est tranquille, mais pas pour longtemps.

Josette revient.

Elle dit : Non, tu n'es pas dans le fauteuil, tu n'es pas à la fenêtre, tu n'es pas sur le canapé, tu n'es pas derrière les livres, tu n'es pas dans la télévision, tu n'es pas dans le salon.

Papa dit : Alors, va voir si je suis dans la cuisine.

Josette court à la cuisine. Papa est tranquille, mais pas pour longtemps.

Josette revient.

Elle dit : Tu n'es pas dans la cuisine.

Papa dit : Regarde bien, sous la table de la cuisine, regarde bien si je suis dans le buffet, regarde bien si je suis dans les casseroles, regarde bien si je suis dans le four avec le poulet.

Josette va et vient. Papa n'est pas dans le four, papa n'est pas dans les casseroles, papa n'est pas dans le buffet, papa n'est pas sous le paillasson,° papa n'est pas dans la poche° de son pantalon, dans la poche du pantalon, il y a seulement le mouchoir.°

doormat/pocket
handkerchief

Josette revient devant la porte de la salle de bains.

Josette dit : J'ai cherché partout. Je ne t'ai pas trouvé. Où tu es ?

Papa dit : Je suis là. Et papa, qui a eu le temps de faire sa toilette, qui s'est rasé, qui s'est habillé, ouvre la porte.

Il dit : Je suis là. Il prend Josette dans ses bras,° et voilà aussi la porte de la maison qui s'ouvre, au fond du couloir, et c'est maman qui arrive. Josette saute des° bras de son papa, elle se jette° dans les bras de sa maman, elle l'embrasse, elle dit :

arms

leaps from

throws herself

—Maman, j'ai cherché papa sous la table, dans l'armoire, sous le tapis, derrière la glace, dans la cuisine, dans la poubelle, il n'était pas là.

Papa dit à maman : Je suis content que tu sois revenue. Il faisait beau à la campagne ? Comment va ta mère ?

Josette dit : Et Mémée, elle va bien? On va chez elle ?

Compréhension et intégration

1. Que fait la petite Josette tous les matins ?
2. Où est sa mère ?
3. Pourquoi papa a-t-il mal ?
4. Pourquoi papa ne veut-il pas téléphoner à maman ?
5. Où papa va-t-il pour faire sa toilette ?
6. Que veut faire Josette ?
7. Comment Josette s'occupe-t-elle pendant que son père fait sa toilette ?
8. Pourquoi papa est-il content que maman soit revenue ?
9. Ionesco écrit cette histoire dans un style d'enfant, avec des répétitions et des expressions enfantines. Trouvez quelques exemples.

Expansion de vocabulaire

1. Faites une liste des mots associés à la maison.
2. Faites une liste des ordres (a) que le père donne à Josette et (b) que Josette donne à son père.

Maintenant à vous

1. Écrivez un résumé de la routine quotidienne de papa.
2. Avec un(e) camarade, écrivez un résumé de cette histoire.
3. Maintenant que maman est revenue, imaginez la suite de l'histoire. Qu'est-ce qui va se passer ?

Un pas en avant

À jouer ou à discuter

Scènes à jouer. With a partner, reenact the following scenes.

a. A friend invites you to spend the weekend at his/her parents' house. You would really like to go but you're planning to move into a new apartment. Explain why you can't go and tell your friend about your new apartment.

b. You and your roommate have had a very busy month full of exams and did not have any time to do housework. Discuss what needs to be done and in what order and decide who will do what.

c. After your math exam, you see a classmate who is terribly upset and looks awful. Your classmate complains about the exam, her/his teachers, her/his social life, and so on. React to what is said and give some advice.

Puzzle à deux

INFO

Vous et votre partenaire avez devant vous une image de la même salle de séjour avec *cinq* différences. Personne A va poser des questions pour vérifier l'organisation de la salle dans son image. Répondez à ses questions. Personne B a l'image correcte.

Personne A va regarder la salle suivante.

Personne B va regarder la salle à la page A–25.

Vocabulaire:

un coussin carré/rond

des draps

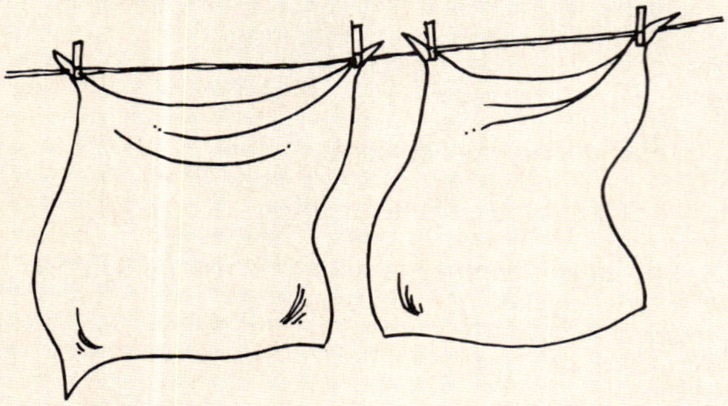

un abat-jour

Naviguez le Web !

Est-ce qu'il y a vraiment de l'égalité entre les hommes et les femmes ? Vous allez visiter quelques sites où vous pourrez voir la distribution du travail ménager entre les deux sexes dans plusieurs pays. On vous y offre aussi des conseils pour résoudre des conflits et pour rendre ce travail plus plaisant. Si vous voulez un jour éviter des querelles dans votre propre ménage, ou même maintenant avec votre colocataire, allez voir ce site.

À écrire

In this writing assignment, after identifying characteristics of good and bad roommates, you will write a letter to a friend describing your present roommate. This friend will then respond with comments and suggestions.

Première étape

In the chart provided, describe your ideal roommate. In the first column, include adjectives that describe him/her. In the second column, describe what he/she does or doesn't do that you like and appreciate.

Comment est-il/elle ?	Qu'est-ce qu'il/elle fait ou que ne fait-il/elle pas ?
____________	____________
____________	____________
____________	____________
____________	____________

Deuxième étape

Put a check mark beside the characteristics that are most important to you.

Troisième étape

Now imagine the worst roommate possible. He probably has characteristics opposite those you already listed. Fill in the chart with a description of your most dreaded roommate.

Comment est-il/elle ?	**Qu'est-ce qu'il/elle fait ou que ne fait-il/elle pas ?**
______________	______________
______________	______________
______________	______________
______________	______________

Quatrième étape

Write a letter to a classmate describing your (real or imaginary) roommate. Be sure to mention specific things your roommate does that annoy you in addition to the things you like.

Cinquième étape

Exchange your letter with a classmate and read about each other's roommate. Then write a short note back with your reactions, comments, and advice.

Modèle : Il faut lui dire de ne plus mettre tes vêtements.

Quelle chance ! Ton camarade de chambre est super !

Structures

Structure 10.1 Les verbes pronominaux (introduction)

Verbs that are accompanied by a reflexive pronoun are called pronominal verbs. Often the action of the verb is reflected back on the subject or, in other words, the action is done *to oneself.* In French, verbs that express this kind of action are called **verbes pronominaux.**

Elle se lève.	*She gets (herself) up.*
Ils s'habillent.	*They are getting dressed (dressing themselves).*
Nous nous amusons.	*We're having fun (amusing ourselves).*

se réveiller ***(to wake up)***	
je **me** réveille	nous **nous** réveillons
tu **te** réveilles	vous **vous** réveillez
il/elle/on **se** réveille	ils, elles **se** réveillent

passé composé : je **me** suis réveillé(e)

Although in English "self" is usually not stated, it is required in French. The French reflexive pronouns are boldfaced in the above table. The pronouns **me, te,** and **se** become **m', t',** and **s'** before a vowel sound.

Tu **t'**amuses.	*You are having fun.*
Elle **se** promène.	*She is taking a walk.*

Here is a list of common pronominal verbs. You will learn more pronominal verbs in **Module 14.**

s'amuser	*to have fun, to enjoy oneself*
se brosser (les dents, les cheveux)	*to brush (one's teeth, hair)*
se dépêcher	*to hurry*
se disputer (avec)	*to argue, quarrel (with)*
se doucher	*to shower*
s'endormir	*to fall asleep*
s'habiller	*to get dressed*
se laver	*to wash up*
se lever	*to get up*
se maquiller	*to put on makeup*
se préparer	*to prepare oneself, get ready*
se promener	*to go for a walk*
se raser	*to shave*
se réveiller	*to wake up*
se servir de	*to use*

When forming the negative, the **ne (n')** precedes the reflexive pronoun; **pas** follows the conjugated verb.

Il **ne** se lève **pas** tôt.	*He doesn't get up early.*
Vous **ne** vous couchez **pas** avant minuit.	*You don't go to bed before midnight.*

L'accord des verbes pronominaux au passé composé

In the **passé composé,** pronominal verbs require the auxiliary verb **être,** which, as you know, means the past participle should agree with the subject. An exception is made when the past participle is followed by a direct object, such as a part of the body; in this case, there is no agreement.

Marie-Thérèse s'est lavé**e**.	(with agreement)
Marie-Thérèse s'est lavé la figure.	(no agreement due to direct object **la figure**)
Les enfants se sont séch**és**.	(with agreement)
Les enfants se sont séché les cheveux.	(no agreement due to direct object **les cheveux)**

Note that when parts of the body are mentioned with pronominal verbs, the definite article is used instead of the possessive adjective.

Il se lave **les** mains. *He washes **his** hands.*

For questions, use the **est-ce que** form or invert as shown in the example. Notice that the reflexive pronoun always precedes the verb.

Est-ce qu'il se réveille avant 7 h ? Se réveille-t-il avant 7 h ?	*Does he wake up before 7 o'clock?*
Est-ce qu'il s'est réveillé avant 7 h ? S'est-il réveillé avant 7 h ?	*Did he wake up before 7 o'clock?*

When using the infinitive form of reflexives, the reflexive pronoun must agree with the subject.

J'aime **me** lever tard.	*I like to get up late.*
Tu ne veux pas **te** baigner avant de partir ?	*Don't you want to bathe before leaving?*
Nous n'allons pas **nous** promener.	*We are not going to go for a walk.*

Many pronominal verbs can also be used without the reflexive pronouns when the action is directed to someone or something else. Compare the following reflexive and nonreflexive pairs.

Je me réveille à 8 h 00. Ensuite je réveille mon camarade de chambre.

I wake up at 8 o'clock. Then I wake my roommate up.

Daniel lave la voiture. Ensuite il se lave.

Daniel washes the car. Then he washes up.

Exercice 1.

Complétez ce paragraphe sur la vie d'étudiant avec la forme qui convient du verbe donné entre parenthèses.

Tous les matins, le réveil sonne à 6 h 45 mais je ______________[1] (ne pas se lever) avant 7 h. Puis Paul, mon camarade de chambre, ______________[2] (se lever) et ______________[3] (se doucher). Je ______________[4] (se raser) et je ______________[5] (se brosser) les dents. À 7 h 30, nous ______________[6] (s'habiller) vite parce que nos amis nous attendent pour aller manger à 8 h. La journée est très longue à l'université, mais le soir nous ______________[7] (s'amuser) beaucoup au centre de sport. À 22 h, je fais mes devoirs et une heure après, fatigué, je vais ______________[8] (se coucher). Oh là là. Heureusement dans deux mois, c'est les vacances.

Exercice 2.

Votre frère passe deux semaines dans un camp d'ados *(teen camp)*. Voici la lettre qu'il vous écrit. Complétez-la avec le passé composé des verbes de la liste.

avoir	se coucher	déjeuner	se dépêcher	écouter
jouer	se lever	prendre	se promener	se reposer

Cher David,

Un grand bonjour de Passy. Ici tout va bien et il fait un temps magnifique. Je vais te raconter ce qu'on a fait hier puisque tu m'avais demandé de te l'expliquer. Hier matin, on ______________[1] vers 7 h et on ______________[2] le petit déjeuner. Ensuite, nous ______________[3] notre cours d'informatique et après nous ______________[4] d'aller au lac pour faire du canotage. À midi on ______________[5] : du poulet et du riz avec une salade et du yaourt, et comme d'habitude, toujours aussi mauvais ! Ensuite nous ______________[6] dans nos tentes pendant une demi-heure. L'après-midi, nous ______________[7] jusqu'en ville (4 km). Le soir, après le dîner, nous ______________[8] de la musique et moi, j(e) ______________[9] au ping-pong avec mes copains. Vers 22 h, tous fatigués, nous ______________[10] ! Et voilà comment je passe mon temps !

Grosses bises,
Gérard

Structure 10.2 Les verbes comme *mettre*

The verb **mettre,** *to put (on)* or *to place,* is an irregular verb.

mettre *(to put, to place)*	
je mets	nous mettons
tu mets	vous mettez
il/elle/on met	ils/elles mettent

passé composé : j'ai **mis**

M. Jacob met son portefeuille sur le bureau.	*Mr. Jacob puts his wallet on the desk.*
Brigitte a mis son tee-shirt bleu.	*Brigitte put on her blue T-shirt.*

Several common expressions use the verb **mettre** or its reflexive form **se mettre.**

mettre la table	*to set the table*
se mettre à table	*to sit down at the table*
mettre en colère	*to make (someone else) angry*
se mettre en colère	*to get angry*
mettre + (time) pour + (infinitif)	*to spend time doing something*
se mettre à (+ infinitif)	*to begin to do something*

Maurice met la table ce soir.	*Maurice is setting the table tonight.*
Je me mets en colère quand je perds mes clés.	*I get angry when I lose my keys.*
Mon père met cinq minutes à se raser.	*My father spends five minutes shaving.*
L'enfant s'est mis à crier.	*The child started screaming.*

Other verbs conjugated like **mettre** are **permettre** *(to permit),* **promettre** *(to promise),* **remettre** *(to put back),* and **se remettre** *(to get well).*

Il ne permet pas à sa sœur d'entrer dans sa chambre.	*He doesn't allow his sister to go in his room.*
J'ai promis à ma camarade de chambre de faire la cuisine.	*I promised my roommate I'd cook.*
Remets tes jouets dans le placard.	*Put your toys back in the closet.*
Remets-toi vite.	*Get well soon.*

Exercice 3.

Quels vêtements les gens suivants mettent-ils ? Utilisez les éléments donnés pour former des phrases logiques.

1. Quand il fait froid	je	mettre	un imperméable
2. Quand il pleut	tu		un short
3. Quand il fait chaud	il		un pull-over
4. Quand il fait du vent	nous		un manteau
5. Quand il fait du soleil	vous		des bottes
6. Quand il neige	elles		des lunettes de soleil

Exercice 4.

Sylvie parle de sa petite sœur. Utilisez le présent des verbes de la liste pour compléter le paragraphe.

mettre   se mettre   se mettre à   permettre   promettre

Je ____________ [1] rarement en colère contre ma petite sœur mais parfois elle m'énerve. Je ne lui ____________ [2] pas d'entrer dans ma chambre mais elle adore y entrer en secret pour ______________[3] mes nouveaux vêtements. Quand je lui dis de sortir, elle me répond : « Moi ? Pourquoi ? » Quand je commence à regarder mon émission préférée, elle ______________[4] parler et je ne peux plus l'arrêter. Elle me ______________[5] toujours de ne pas écouter mes conversations avec mon petit ami mais je sais qu'elle nous espionne discrètement de son téléphone. Oh, les sœurs, quelles pestes !

Exercice 5.

Jim et sa petite amie se sont disputés. Il raconte ce qui lui est arrivé. Complétez la conversation avec la forme qui convient des verbes *mettre, se mettre, remettre* ou *promettre.* Utilisez le passé composé.

JIM Céleste m(e) ______________[1] d'être à l'heure hier soir et elle est arrivée chez moi 20 minutes en retard.

SON AMI Elle est souvent en retard, n'est-ce pas ?

JIM Oui, mais quand je lui ai dit que je n'étais pas content, elle ______________[2] en colère. Ensuite nous ______________[3] à nous disputer. C'était horrible.

SON AMI Et après ?

JIM Bon, elle ______________[4] son manteau et elle est partie ! Nous n'avons même pas mangé le repas que tu m'avais aidé à préparer. Tu ______________[5] la table pour rien ! Et moi, je n'avais plus faim. J(e) ______________[6] tout le repas au frigo.

Structure 10.3 Le discours indirect

Reporting what one tells or asks someone to do is called **le discours indirect.**

subject + indirect object pronoun + **(dire, demander, promettre)** + **de** + infinitive

Le professeur lui dit de faire ses devoirs. — *The teacher tells him to do his homework.*

When making the infinitive negative, **ne pas** precedes the verb.

Il lui demande de ne pas s'endormir en classe. — *He asks him not to fall asleep in class.*

Exercice 6.

Faites des phrases selon le modèle en utilisant le discours indirect et les éléments donnés.

Modèle : le professeur (les étudiants)

Le professeur demande aux étudiants d'apporter leurs livres en classe.

SUJET ET OBJET DU DISCOURS	VERBE DE COMMUNICATION	ACTION (+/−)
le professeur (les étudiants)		payer avant la fin du mois
la mère de Julien (Julien)	demander	rouler moins vite
Camille (sa mère)	dire	trop boire avant le match
l'agent de police (le routier, *truck driver*)	promettre	aller jouer au basket avec lui
l'entraîneur (l'équipe)		copier leurs compositions d'Internet
Mme Moraud (son mari)		rentrer avant minuit
Jean (sa petite amie)		sortir la poubelle
Stéphane (son copain)		laver son propre linge
le patron (ses employés)		venir la chercher à l'heure

Structure 10.4 L'impératif (suite)

L'impératif utilisé avec les pronoms

In affirmative commands, the pronoun follows the verb and is connected to it in writing by a hyphen.

Passe-moi le journal, s'il te plaît. Je veux regarder la météo.

Pass me the newspaper, please. I want to read the weather report.

Allons-y ! Nous sommes en retard.

Let's go! We're late.

Ton père veut te parler. **Téléphone-lui** ce soir.

Your father wants to talk to you. Telephone him tonight.

Use the same word order for the pronouns in pronominal verbs. Note that **me** and **te** become **moi** and **toi** after verbs in affirmative commands.

Brossez-vous les dents avant de vous coucher, les enfants.

Children, brush your teeth before going to bed.

Dépêche-toi, nous sommes en retard.

Hurry up, we're late.

In negative commands, place the pronoun before the verb.

Ne me téléphonez pas avant sept heures.	*Don't phone before seven o'clock.*
Ne vous endormez pas en classe.	*Don't fall asleep in class.*
Je peux avoir des biscuits ?	*Can I have cookies?*
—**Non, n'en mange pas** avant le dîner.	*—No, don't eat any before dinner.*

Adoucir les ordres (Softening commands)

The imperative form is fairly strong. You've already learned how to replace it with **il faut + infinitif** and **on.**

Il faut arriver à l'heure.	*You have to arrive on time.*
On doit partir maintenant.	*We must leave now.*

You can also get someone to do something by using the verb **vouloir.**

Tu veux bien m'aider à vider les poubelles ?	*Do you want to help me empty the wastebaskets?*
Vous voulez faire la vaisselle, s'il vous plaît ?	*Would you do the dishes, please?*

Exercice 7.

Vos copains vous parlent de leurs problèmes personnels. Donnez-leur des instructions logiques en utilisant les verbes pronominaux entre parenthèses.

Modèle : Nous sommes très fatigués après cette longue promenade. (se reposer)

—Reposez-vous.

1. Nous arrivons toujours en retard à notre classe à 9 h. (se lever)
2. Ma petite amie me trouve beau avec cette barbe. (se raser)
3. J'ai réparé ma voiture et j'ai les mains très sales. (se laver les mains)
4. Je suis toujours très fatigué le matin. (se coucher)
5. Il pleut et nous sommes tout mouillés *(wet)*. (se sécher)
6. On a mangé des épinards au déjeuner. Nous avons rendez-vous chez le dentiste dans une heure. (se brosser les dents)

Structure 10.5 Les expressions négatives

In addition to **ne... pas,** French has several negative expressions. In the following chart, these negatives are paired with the corresponding affirmative terms.

affirmatives		negatives	
toujours	*always*	**ne... jamais**	*never*
toujours, encore	*still*	**ne... plus**	*no longer, no more*
déjà	*already*	**ne... pas encore**	*not yet*
quelque chose	*something*	**ne... rien**	*nothing*
quelqu'un	*someone*	**ne... personne**	*no one*
... et/ou...	*. . . and/or . . .*	**ni... ni**	*neither . . . nor*

Elle est **toujours** à l'heure mais son mari **n'**est **jamais** à l'heure.	*She is **always** on time but her husband is **never** on time.*
Il habite **toujours** à Montréal mais ses parents **n'**y habitent **plus.**	*He **still** lives in Montreal but his parents do not live there **any longer.***
Tu as **encore** de l'argent mais tu **n'**as **plus** de chèques de voyage.	*You **still** have some money but you don't have **any more** travelers' checks.*
As-tu **déjà** vu le film?	*Have you **already** seen the movie?*
—Non, je **ne** l'ai **pas encore** vu.	*— No, I haven't seen it **yet.***
Vous avez dit **quelque chose**? —Non, je **n'**ai **rien** dit.	*Did you say **something**? — No, I didn't say **anything.***
Vous connaissez **quelqu'un** ici? —Non, je **ne** connais **personne.**	Do you know ***anyone*** *here? — No, I don't know* ***anybody.***
Vous avez un crayon **ou** un stylo ?	*Do you have a pencil **or** a pen?*
—Non, je n'ai **ni** crayon, **ni** stylo.	*No. I have* **neither** *a pencil* **nor** *a pen.*

Note the placement of these elements in the **passé composé** is similar to **ne.... pas** **Personne** however, follows the complete verb.

Il n'a rien acheté.	*He didn't buy anything.*
Il n'a vu personne.	*He didn't see anybody.*

Rien and **personne** can also be used as the subject of a verb.

Rien ne va.	*Nothing is going right.*
Personne n'est à la maison.	*Nobody is home.*

The expression **ne... que** expresses a limitation rather than negating the verb; the English equivalent is *only* or *nothing but.* Notice that the **que** precedes whatever "only" refers to.

Il **n'**a **qu'**une sœur.	*He has only one sister.*
Elle **ne** fait **que** se plaindre.	*She does nothing but complain.*
Nous **n'**avons écrit **qu'**une lettre.	*We wrote only one letter.*

The negative form of the common expression **Moi aussi** is **Moi non plus.**

J'aime me promener.	*I like to go for walks.*
—**Moi aussi.**	*—Me too.*
Je n'aime pas me dépêcher.	*I don't like to hurry.*
—**Moi non plus.**	*—Me neither.*

To contradict a negative statement or question, use **si.**

Tu n'es pas gentil.	*You're not very nice.*
—Mais **si,** je suis gentil !	*—Yes, I am!*

Tu n'aimes pas faire la cuisine? *You don't like to cook?*
—**Si,** j'aime ça. *—Yes, I do.*

Exercice 8.

Emmanuelle et sa sœur Émilie ne se ressemblent pas du tout. Complétez les phrases suivantes en remplaçant l'expression soulignée par l'expression négative correspondante. Ou utilisez *non plus* ou *mais si.*

1. Emmanuelle est très ordonnée et sa chambre est toujours bien rangée. La chambre d'Émilie par contre...
2. Tout le monde téléphone à Émilie pour l'inviter à sortir. Au contraire,...
3. Émilie habite toujours chez ses parents mais Emmanuelle...
4. Emmanuelle travaille pour une entreprise internationale et gagne beaucoup d'argent. Émilie ne travaille pas et elle...
5. Émilie a déjà un rendez-vous pour le week-end. Sa sœur...
6. Je ne peux pas imaginer deux sœurs plus différentes. Et toi ?
7. Les deux sœurs ne s'entendent pas *(do not get along)* bien? ... elles s'entendent bien!

Exercice 9.

Remplacez l'adverbe *seulement* par l'expression *ne... que.*

1. J'ai seulement une sœur.
2. Vous êtes seulement arrivé hier?
3. Tu veux seulement te reposer en regardant la télé?
4. J'aime seulement toi.
5. Ils vont seulement au supermarché.

Tout ensemble!

Claudine Dubois est une mère divorcée avec deux enfants qui travaille comme agent immobilier à Lyon. Voici une journée typique de Claudine. Complétez le passage avec les éléments suivants : chambre, cuisine, four à micro-ondes, frigo, jamais, leur, pas encore, plus, qu(e), réveiller, rien, salle de bains, se sécher, se dépêcher, se doucher, s'habiller, se laver, se lever, se réveiller, se maquiller.

Claudine ______________ [1] à 6 h 30 du matin et elle écoute la radio pendant quelques minutes allongée au lit. Puis, elle ______________ [2] et elle va dans la ______________ [3] où elle ______________. [4] (Elle aime l'eau très chaude). Après sa douche, elle ______________ [5] les cheveux. Elle passe beaucoup de temps à faire sa toilette, car elle doit avoir l'air chic et professionnel à cause de ses clients. Elle ______________ [6] devant le miroir. (D'habitude, elle met du rouge à lèvres et un peu d'eye-liner.) Elle ______________ [7] (généralement, elle met un tailleur) et ensuite elle va dans la ______________ [8] où dorment ses enfants et elle les ______________. [9] Une fois que les enfants sont réveillés, elle va dans la ______________ [10] pour préparer le petit déjeuner. Il y a toujours du jus d'orange et du lait dans le ______________ [11]. Parfois, elle réchauffe *(reheats)* du café dans le ______________ [12]—car ça ne prend ______________ [13] une minute. Les enfants n'ont ______________ [14] assez de temps pour se préparer avant de partir pour l'école. Tout le monde est pressé. Claudine ______________ [15] dit de ______________, [16] car le bus vient les chercher à 7 h 30. Puis Claudine va dans sa chambre et elle fait son lit.

VOCABULAIRE

Vocabulaire fondamental

Noms

La maison *the house*

un couloir	*a hallway*
une cuisine	*a kitchen*
une entrée	*an entryway*
un escalier	*a staircase*
un garage	*a garage*
une pièce	*a room*
un placard	*a closet*
le premier étage	*first floor (American second floor)*
le rez-de-chaussée	*ground floor (American first floor)*
une salle à manger	*a dining room*
une salle de bains	*a bathroom*
une salle de séjour	*a living room*
une terrasse	*a courtyard, patio*
des toilettes *(f pl)*	*toilet, lavatory*
les W.-C. *(m pl)*	*half bath*

Les meubles et les appareils ménagers *furniture and appliances*

une armoire	*a freestanding closet*
un buffet	*a buffet*
un canapé	*a couch, a sofa*
une cheminée	*a fireplace*
une commode	*a chest of drawers*
un fauteuil	*an armchair*
un four (à micro-ondes)	*a (microwave) oven*
une lampe	*a lamp*
un réfrigérateur (un frigo *fam*)	*a refrigerator*
une table basse	*a coffee table*

Les parties du corps *parts of the body*

les dents *(f pl)*	*teeth*
la figure	*face*
la main	*hand*

Mots apparentés : une lettre, un problème

Verbes

La routine quotidienne *daily routine*

s'amuser	*to have fun, enjoy oneself*
se brosser (les dents)	*to brush (one's teeth)*
se coucher	*to go to bed*
se dépêcher	*to hurry*
se disputer (avec)	*to argue, quarrel (with)*
se doucher	*to shower*
s'endormir	*to fall asleep*
s'habiller	*to get dressed*
se laver	*to wash up*
se lever	*to get up*
se maquiller	*to put on makeup*
se préparer	*to prepare oneself, get ready*
promener (le chien)	*to walk (the dog)*
se promener	*to go for a walk*
se raser	*to shave*
se reposer	*to rest*
se réveiller	*to wake up*
se servir de	*to use*

Les tâches ménagères *household chores*

faire la lessive	*to do the laundry*
faire le lit	*to make the bed*
faire la vaisselle	*to do the dishes*
passer l'aspirateur	*to vacuum*
ranger	*to straighten up, organize*
vider la poubelle	*to empty the garbage*

Verbes divers

déménager	*to move (out) (living quarters)*
mettre	*to put; to set*
se mettre en colère	*to get angry*
permettre	*to permit*
promettre	*to promise*
remettre	*to put back*

Adjectifs

chaque	*each*
sale	*dirty*

Mots divers

de bonne heure	*early*
une fois	*one time, once*
une journée	*a day*
même	*even*
si	*if*

VOCABULAIRE

Les expressions affirmatives
affirmative expressions

encore	*still*
toujours	*always; still*

Les expressions avec *ne*
expressions with **ne**

ne... jamais	*never*
ne... ni... ni	*neither... nor... nor*
ne... pas encore	*not yet*
ne... personne	*no one*
ne... plus	*not any longer*
ne... que	*only*
ne... rien	*nothing*

Expressions utiles

Comment trouver le mot juste
How to say the right thing

(See other expressions on pp. 337–338.)

Bonne chance.	*Good luck.*
Félicitations.	*Congratulations.*
Je t'ai dit de ranger ta chambre.	*I told you to straighten your room.*
Pourrais-tu m'aider à faire la vaisselle ?	*Could you help me with the dishes?*
Repose-toi.	*Rest up.*
Tu veux passer l'aspirateur ?	*Do you want to vacuum?*

Comment se plaindre
How to complain

(See other expressions on pp. 338–339.)

Il ne fait jamais son travail.	*He never does his work.*
Je n'en peux plus.	*I can't take it any longer.*
Personne ne me comprend.	*Nobody understands me.*
Rien ne va.	*Nothing is going right.*

Vocabulaire supplémentaire

Noms

un ascenseur	*an elevator*
une barbe	*a beard*
une brosse (à dents)	*a (tooth)brush*
le bois	*wood*
un comptoir	*a counter*
une cuisinière	*a stove*
un évier	*a kitchen sink*
une HLM (habitation à loyer modéré)	*low-cost government housing*
le manque	*lack*
un mas	*a typical* ***provençal*** *house*
des qualités *(f pl)*	*advantages*
un rangement télévision/hi-fi	*an entertainment center*
un rasoir (électrique)	*a(n) (electric) razor*
le rouge à lèvres	*lipstick*
un sèche-cheveux	*a hairdryer*
une serviette	*a towel*
le shampooing	*shampoo*
une station (de métro)	*a (metro) stop*
un tableau	*a painting*

Verbes

s'adapter	*to adapt*
s'arranger	*to work out*
arrêter de	*to stop (doing something)*
arriver	*to happen*
conduire	*to drive*
emménager	*to move (in)*
faire la navette	*to commute*
faire sa toilette	*to wash up, to get dressed*
s'installer	*to settle down, to move in*
se mettre à	*to begin to (do something)*
passer le balai	*to sweep*
passer la tondeuse	*to mow*
rater	*to miss*
se remettre	*to get well*
se sécher	*to dry (oneself) off*

VOCABULAIRE

Adjectifs

bien aménagé(e)	*with all the amenities*
chargé(e)	*busy*
prêt(e)	*ready*
quotidien(ne)	*daily*
rangé(e)	*organized*
relax(e)	*relaxed*
tout confort	*luxury*

Mots divers

à l'intérieur	*inside*
en désordre	*untidy, disorderly*
en ordre	*tidy, orderly*

11

Module 11

Voyager en France

Thèmes et pratiques de conversation

Paris, j'aime!
Voyager pas cher
Comment réserver une chambre d'hôtel
Comment se repérer en ville
L'identité française

Culture

Paris
La culture française face à l'Amérique

Lecture

Le Message, de Jacques Prévert

Structures

11.1 Le futur
11.2 **Avoir besoin de** et les mots interrogatifs (suite)
11.3 L'accord du participe passé avec l'auxiliaire **avoir**
11.4 Les verbes **voir** et **croire**

Prononciation

Le futur
Les voyelles nasales : /ɔ̃/, et /ɑ̃/

Vidéo

Scènette	Un touriste demande son chemin
Mini-drame	Un rendez-vous à ne pas manquer
Document	La maison de Monet à Giverny Images du monde francophone
Publicité	Boisson sans alcool Panach'

Thèmes et pratiques de conversation

Paris, j'aime !

Paris

Perspectives culturelles

Depuis des siècles, la France et sa capitale Paris exercent une attraction mythique dans le monde entier. L'importance et le prestige de Paris dépassent ceux des autres capitales. Grâce à une longue tradition de centralisation, la capitale domine tous les aspects de la vie française : culturel, économique et politique. Pour le touriste qui y arrive pour la première fois, Paris est une ville-musée, pleine de monuments et de bâtiments anciens, une ville imaginée à travers les livres, les publicités et les cartes postales. Mais c'est aussi une ville tournée vers l'avenir. Sa perspective moderne est évidente dans son architecture contemporaine qui apparaît à côté de vieux bâtiments dans ses quartiers historiques. Paris, c'est le parfait équilibre entre la tradition et le modernisme.

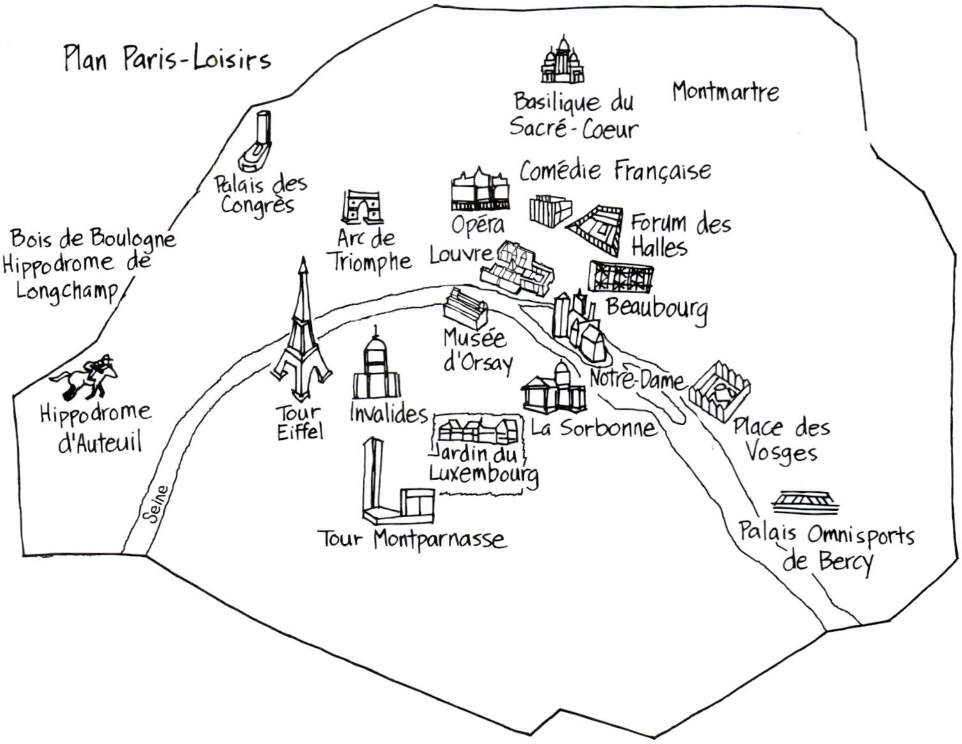

Quand vous serez à Paris...

Structure 11.1 Le futur	You have already learned to use the **futur proche.** This **thème** introduces the **futur,** another future tense. See page 389 for further information on this tense and its forms.

Le musée d'Orsay possède des œuvres de la seconde moitié du 19e siècle de 1848 à 1914. Vous y **verrez** la plus grande collection d'art impressionniste du monde.

Le Quartier latin avec ses cafés, ses boutiques d'antiquités et ses librairies est le centre étudiant. Si vous vous asseyez à la terrasse d'un café du boulevard Saint-Germain, vous **observerez** toutes sortes de gens intéressants qui passent dans la rue.

Passez un moment agréable devant le centre culturel Pompidou, appelé Beaubourg. Vous y verrez des mimes, des acrobates, des cracheurs de feu *(fire eaters)* qui vous **amuseront.**

N'oubliez pas de visiter le musée du Louvre où vous **trouverez** la Joconde *(Mona Lisa)*. Il y **aura,** sans doute, une foule de gens assemblée devant ce petit tableau.

Faites une balade sur l'avenue des Champs-Élysées. Au bout de cette grande avenue avec ses cafés et ses restaurants élégants, vous **aurez** une vue de l'Arc de Triomphe jusqu'à la pyramide du Louvre. Ne soyez pas choqués par la présence de MacDo, de Burger King et même de Pizza Hut.

Si vous êtes à Paris pour un congrès *(conference)* international, vous **irez** sans doute au Palais des Congrès, le centre d'affaires de la Défense.

Flânez le long des quais de la Seine, le nez dans les " boîtes " des bouquinistes. Ici vous **pourrez** feuilleter des éditions rares et des collections de gravures *(engravings)* de toutes sortes, des estampes, des affiches.

Si vous vous intéressez aux technologies de pointe *(state of the art)*, vous **aimerez** visiter la Cité des sciences et de l'industrie au parc de la Villette.

Activité 1 : Itinéraire touristique.

En vous servant du plan ci-dessous, indiquez où iront les touristes suivants.

1. M. et Mme Schmitz veulent visiter la tour qui est devenue le symbole de Paris. Ils monteront à...
2. Mme Tanaka adore les peintres impressionnistes. Elle visitera...
3. Ses enfants Yuki et Noriko préfèrent jouer au parc. Ils iront...
4. Vous voulez voir une pièce de Molière. Vous pourrez assister à une représentation à...
5. Je n'aime pas tellement les musées et les monuments. Je préfère me détendre dans le quartier des étudiants. Je passerai la journée au...
6. Geraldo aime le théâtre de rue. Il regardera les mimes et les musiciens devant...
7. Ma mère veut se promener sur les grands boulevards. Elle passera la journée sur l'avenue des...
8. Nous ne voulons pas quitter Paris sans voir la Joconde. Cet après-midi, nous visiterons...

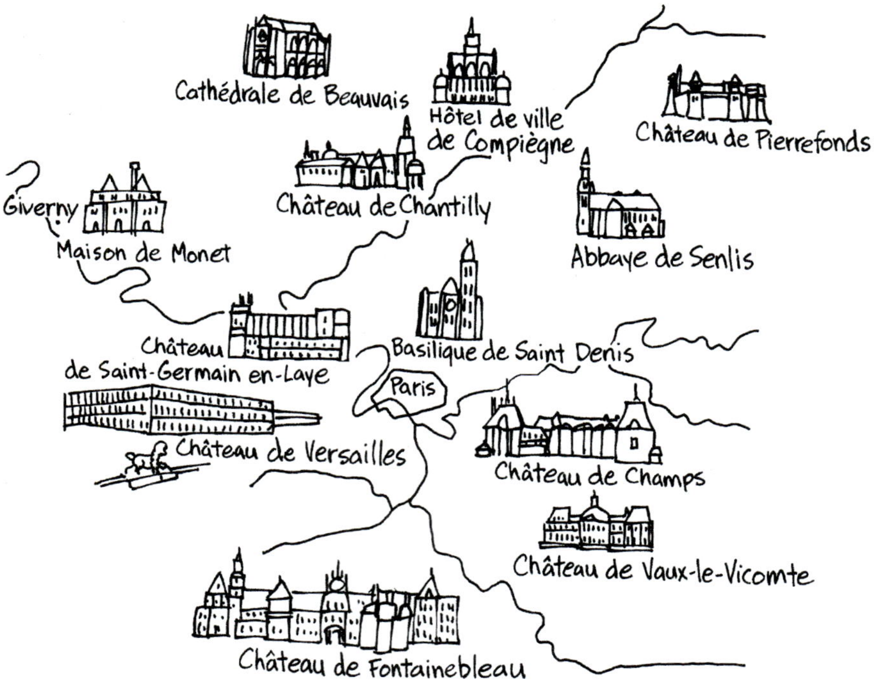

Activité 2 : Une semaine dans la région parisienne.

Avec un(e) camarade, choisissez votre itinéraire dans la région parisienne. Où irez-vous ? Qu'est-ce que vous y ferez ?

Suggestions : acheter, admirer, assister à, faire, regarder, rester, visiter

Modèle : Où iras-tu jeudi ?

—J'irai à Giverny.

Qu'est-ce que tu y feras ?

—Je visiterai la maison de Monet; je regarderai les beaux jardins.

Paris	le musée du Louvre	la Joconde	lundi
	le Quartier latin	une promenade	mardi
	le musée d'Orsay	l'art impressionniste	mercredi
	Roland-Garros	un match de tennis	jeudi
	la Villette	les dernières inventions	vendredi
Giverny	la maison de Monet	ses beaux jardins	samedi
Versailles	le château	la galerie des Glaces	dimanche

Bulletin

La France est la première destination touristique du monde, devant les États-Unis et l'Espagne : 67 millions de touristes étrangers sont venus visiter la France en 1997. En tête sont les Allemands, suivis par les Britanniques.

Francoscopie, 1999

Activité 3 : Un voyage idéal.

Interviewez votre camarade sur son voyage idéal.

1. Où iras-tu ?
2. Avec qui voyageras-tu ? Comment ?
3. Pendant quelle saison voyageras-tu ? Pourquoi ?
4. Qu'est-ce que tu y feras ?
5. Pendant combien de temps y resteras-tu ?
6. Logeras-tu à l'hôtel ? dans des auberges de jeunesse ? Feras-tu du camping ?

Activité 4 : Soyez prêt à tout !

Complétez les phrases suivantes en disant ce que vous ferez pendant votre voyage dans les situations données.

Modèle : Si tous les musées sont fermés le lundi...

Si tous les musées sont fermés le lundi, je passerai la journée dans les cafés du Quartier latin.

1. S'il pleut...
2. Si les restaurants sont trop chers...
3. Si je suis invité(e) dans une famille française...
4. S'il fait très chaud...

5. S'il y a beaucoup de touristes...
6. Si je perds mes chèques de voyage...
7. Si nous ne pouvons pas trouver notre hôtel...

Voyager pas cher

Structure 11.2 ***Avoir besoin de* et les mots interrogatifs (suite)**	The expression **avoir besoin de** is introduced here in the context of travel needs. See page 392 for an explanation of this structure and a presentation of interrogative pronouns.

De quoi a-t-on **besoin** pour voyager en France ?

—On a **besoin d'**un passeport, **d'**un visa et bien sûr, on a toujours **besoin d'**argent. Si vous logez dans un hôtel à Paris en été, vous aurez **besoin d'une** réservation.

Est-ce qu'il est nécessaire de savoir parler français ?

—On n'a pas **besoin de** parler français, mais c'est un grand avantage.

Le transport

Le métro

Avec la formule *Paris Visite,* vous pouvez voyager cinq jours en métro. Si vous comptez rester un mois à Paris, achetez une carte Orange. Ces cartes sont aussi valables dans les autobus.

Le train

Profitez de votre jeunesse ! Achetez un Eurailpass étudiant à votre agence de voyages aux États-Unis pour obtenir des tarifs réduits dans les trains. Il y a aussi la carte Jeune et la carte Inter-Rail, mais elles sont réservées aux Européens.

Le vélo

Le vélo est un excellent moyen de transport pour le touriste qui a le temps d'apprécier la nature. C'est aussi parfait pour rencontrer des gens et pour visiter les coins impraticables en voiture. D'autres avantages : ça ne consomme pas d'essence et ce n'est pas cher.

L'hébergement

Les auberges de jeunesse

La carte de la Fédération unie des auberges de jeunesse vous permet de fréquenter 5 000 auberges dans plus de cinquante pays. Le prix ? Moins de 75 F par nuit. Apportez votre sac de couchage ou vos draps. L'atmosphère est généralement assez austère mais on y rencontre beaucoup de jeunes voyageurs du monde entier. Attention, les auberges ont souvent des couvre-feu *(curfews)*.

Les pensions

Si les hôtels vous semblent trop chers, consultez le bureau de tourisme pour une liste de pensions de famille. Vous y trouverez du confort et de la chaleur. Mais il faut prendre pension pendant au moins une semaine.

Le camping

La France vous offre un grand nombre de terrains de camping aménagés. Ils se trouvent près des centres urbains aussi bien qu'à la campagne. Venez en caravane ou apportez votre tente et votre sac de couchage. Si vous trouvez un endroit agréable, demandez l'autorisation au propriétaire qui sera généralement enchanté d'accueillir de jeunes aventuriers américains.

Les repas

Les restos-U

Pour des repas à des prix très modestes, essayez les restaurants universitaires. Le ticket repas coûte environ 31 F (14 F pour les étudiants). Renseignez-vous au CROUS (Centre régional des œuvres universitaires et scolaires).

Les croissanteries

Pour un sandwich, c'est pratique d'aller dans une croissanterie, version française d'un restaurant fast-food américain. Ou bien, achetez une baguette et du jambon et installez-vous dans un parc.

Les activités

Les musées

Une carte d'étudiant internationale vous donne droit à des réductions dans beaucoup de musées. Au Louvre, par exemple, le tarif normal est 31 F; les jeunes entre 18 et 25 ans paient 16 F.

Le cinéma

Le tarif est réduit pour les étudiants tous les jours sauf le vendredi, le samedi et les jours fériés.

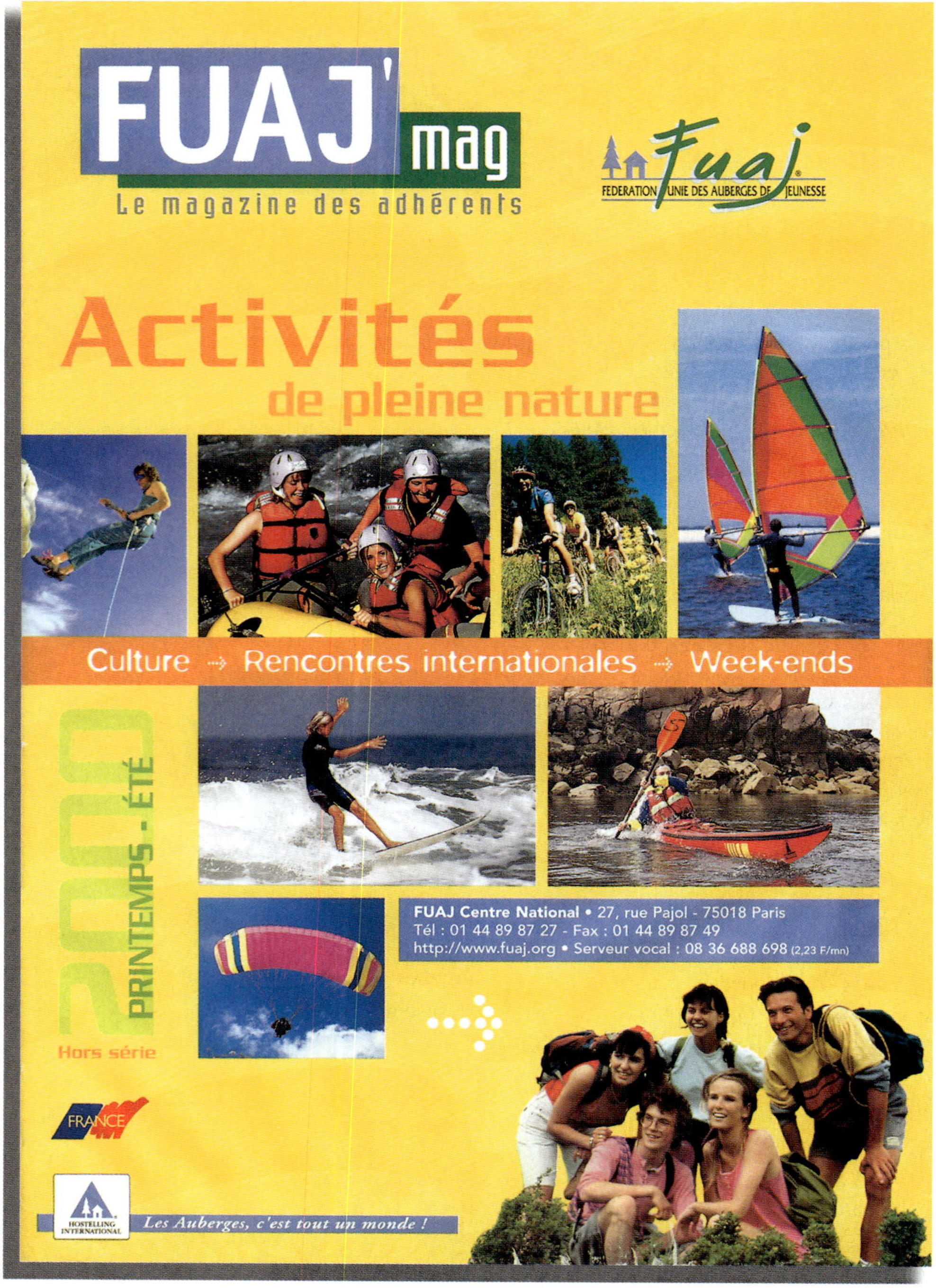

Activité 5 : Pour voyager pas cher on a besoin de...

Complétez les phrases suivantes avec les informations nécessaires.

1. Pour voyager en train à tarifs réduits, on a besoin d'un ________________.
2. Pour voyager en métro pendant un mois, on a besoin d'une ________________.

3. Les touristes sportifs qui aiment la nature et la tranquillité peuvent voyager _______________.

4. Pour faire du camping en France, on a besoin d'une _______________ ou d'une caravane.

5. Pour loger dans une auberge de jeunesse, on a besoin d(e) _______________. C'est aussi une bonne idée d'apporter _______________.

6. Les repas dans les restos-U ne sont pas chers, mais on a besoin d'acheter un _______________ à 31 F.

Activité 6 : À discuter.

Répondez aux questions suivantes.

1. Quels sont les avantages de voyager à vélo ?
2. Quelles sont les options pour le voyageur qui ne veut pas payer cher pour un hôtel ?
3. Quels sont les avantages et les inconvénients de prendre pension dans une famille ?
4. Combien coûte une nuit dans une auberge de jeunesse ? Quels sont les avantages et les inconvénients d'y loger ?
5. Quels sont les tarifs spéciaux pour les étudiants ou les jeunes ?
6. À qui est-ce que vous pouvez écrire pour obtenir des renseignements sur les auberges de jeunesse en France ?

Activité 7 : Des renseignements.

Un ami qui part en vacances vous pose des questions sur le voyage que vous venez de faire. Trouvez la bonne réponse pour chaque question.

1. Avec qui est-ce que vous avez voyagé ?
2. Où est-ce que vous avez obtenu votre carte d'auberge de jeunesse ?
3. De quoi a-t-on besoin pour payer moins cher l'entrée dans les musées ?
4. À qui avez-vous téléphoné quand vous avez perdu votre porte-monnaie (*wallet*) ?
5. Pendant ce mois de voyage, vous n'avez jamais eu le mal du pays (*homesickness*) ?
6. Vous restez sur place maintenant ou pensez-vous repartir bientôt ?

a. À mon père. Il m'a envoyé de l'argent à Londres. Et j'ai dû annuler (*cancel*) ma carte bancaire.
b. Euh, j'aimerais bien repartir, mais pour le moment je suis fauché (*broke*).
c. Avec personne. Je préfère voyager seul. On rencontre plus facilement des gens en route.
d. On a besoin d'une carte d'étudiant internationale.
e. À la Fédération des auberges de jeunesse à Paris.
f. Pas du tout. Voyager, c'est ma passion !

Activité 8 : À l'auberge de jeunesse.

Créez un dialogue logique entre le voyageur et le réceptionniste à l'auberge de jeunesse en utilisant les éléments de chaque colonne.

VOYAGEUR

1. Bonjour, est-ce qu'il y a encore de la place ?
2. Deux... C'est combien pour une nuit ?
3. Non, pas encore.
4. Très bien.
5. Oui, oui, nous avons le nécessaire.
6. Euh oui. À quelle heure ferme-t-on les portes?

RÉCEPTIONNISTE

a. On ferme les portes à une heure du matin.
b. Avez-vous des sacs de couchage ou des draps ?
c. Avez-vous d'autres questions ?
d. Êtes-vous membres des auberges de jeunesse ?
e. Alors ce sera 50 F pour la carte et 20 F pour le lit.
f. Certainement. Pour combien de personnes ?

Structure 11.3 L'accord du participe passé avec l'auxiliaire *avoir*

You have already learned agreement rules for past participles of verbs conjugated with **être.** Here you will learn agreement rules for past participles of verbs conjugated with **avoir.** For additional practice, see page 394.

À noter : Look at the pronouns in bold in the dialogue « Des touristes blasés ». First identify the noun that each one replaces. Is it masculine or feminine; singular or plural? Now look at the endings of the past participles. Why do you think some of them have an added **-e** or **-s**? In French, the past participle agrees with the preceding direct object pronoun.

Des touristes blasés

HÔTE	Il faut visiter les grottes *(caves)* dans le Périgord.
TOURISTES	Nous **les** avons déjà visit**ées.**
HÔTE	Je recommande les châteaux de la Loire.
TOURISTES	Nous **les** avons déjà vu**s.**
HÔTE	Et le Mont-Saint-Michel ?
TOURISTES	Je **l'**ai visité pendant mon dernier voyage.
HÔTE	Et les plages que vous avez vu**es** sur la côte d'Azur. Elles sont belles, n'est-ce pas ?
TOURISTES	Oui, mais pas plus belles que les plages de Californie.

Une épicerie dans la ville charmante de Sarlat dans le Périgord.

Le château de Chenonceau dans la vallée de la Loire.

Une rue pittoresque d'Alsace.

La côte d'Azur.

Une maison isolée sur la côte de Bretagne.

Une production de théâtre devant le palais des Papes à Avignon.

Activité 9 : Un touriste difficile.

Un agent de voyages aide un(e) client(e) difficile à faire son itinéraire pour un voyage en France. Trouvez la réponse qu'il/elle donne à chaque suggestion.

L'agent(e) de voyages	Le/La client(e)
1. Il faut assister au festival de théâtre à Avignon pendant les mois de juillet et d'août. Ce festival est célèbre dans le monde entier !	a. Nice et Saint Tropez ? Je les ai déjà visitées. J'aimerais voir quelque chose de différent.
2. Alors, je vous recommande de visiter les châteaux de la Loire. Ils sont magnifiques !	b. Les châteaux ? Je ne les ai pas visités. Mais, je n'ai pas envie d'y aller. Ils sont trop touristiques.
3. Eh bien, vous avez vu les beaux villages d'Alsace ? Ils ont beaucoup de caractère.	c. Le festival d'Avignon ? J'y ai déjà assisté une fois. Je trouve le théâtre ennuyeux.
4. Vous adorez la mer, n'est-ce pas ? Alors, visitez la Bretagne.	d. La Bretagne, je ne l'ai pas visitée. Mais, je préfère les plages de la Méditerranée.
5. Alors, sur la Côte d'Azur, il faut aller à Nice et à Saint Tropez !	e. Les villages d'Alsace ? C'est vrai, je ne les ai pas vus. C'est peut-être une bonne idée d'y aller.

Activité 10 : A-t-on oublié quelque chose ?

Un groupe de jeunes commence une randonnée dans les Alpes. Chacun porte quelque chose pour l'excursion dans son sac à dos. Lemuel, un peu nerveux, veut être sûr qu'on n'a rien oublié de la liste. Suivez le modèle.

Modèle : la boussole *(compass)*
Qui a pris la boussole ?
Lila l'a prise.

a. Lila/boussole
b. Harmut/cartes topographiques
c. Renate/sandwiches
d. Dagmar/crème solaire
e. Kristen/lampes électriques
f. Stéphane/allumettes *(f) (matches)*
g. Jean/couteau suisse
h. Rainer/jumelles *(f) (binoculars)*
i. Sheila/eau

Liste

1. la boussole
2. la crème solaire
3. l'eau
4. les sandwiches
5. les lampes électriques
6. les cartes topographiques
7. les allumettes
8. le couteau suisse
9. les jumelles

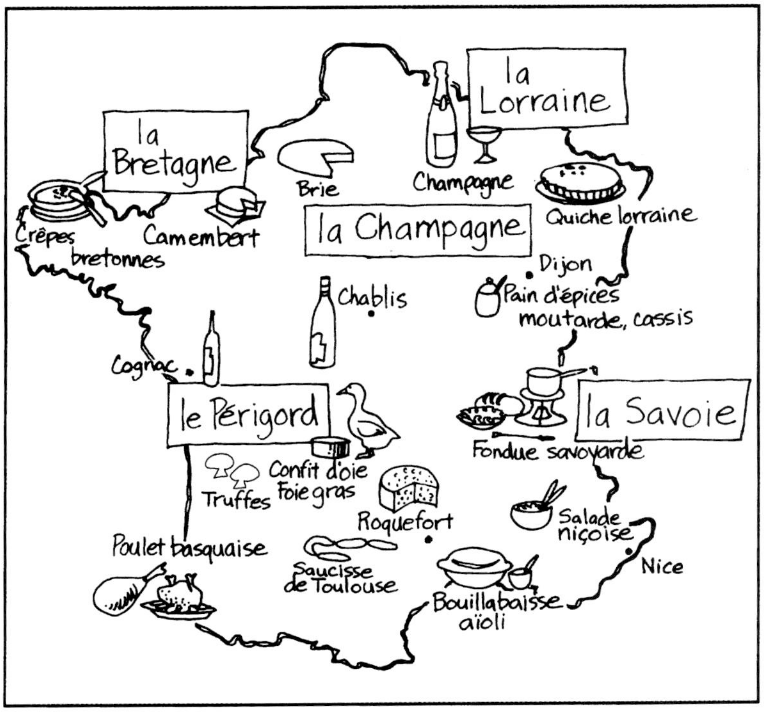

La France produit une variété incomparable de fromages, de vins et d'autres produits agricoles de renommée mondiale. Chaque produit est identifié à la région ou la ville d'où il vient. Le vrai champagne, par exemple, est fabriqué en Champagne. Ce que nous appelons le champagne est souvent du vin mousseux *(sparkling wine)*.

Activité 11 : La France gastronomique.

Regardez le plan gastronomique pour terminer les phrases suivantes. Utilisez les verbes *manger, acheter* et *boire* et les adjectifs *délicieux, authentique, bon* et *excellent.*

Modèles : les crêpes
Les crêpes qu'on a mangées en Bretagne étaient délicieuses.
le chablis
Le chablis qu'on a bu à Chablis était excellent.

1. le champagne
2. le foie gras
3. les truffes *(f) (truffles)*
4. la quiche
5. la salade niçoise
6. le Roquefort

Comment réserver une chambre d'hôtel

Quelques expressions utiles

Le touriste

Je voudrais une chambre pour deux personnes avec { un grand lit. / salle de bains. / douche. / W.-C. }

C'est combien la nuit ?

Avez-vous { une chambre qui coûte moins cher ? / une chambre qui donne sur la cour ? / quelque chose d'autre ? }

Est-ce que le petit déjeuner est compris ?

Bon, je la prends.

Y a-t-il un autre hôtel près d'ici ?

Le réceptionniste

Nous avons une chambre au deuxième étage avec salle de bains.

Je suis désolé. L'hôtel est complet.

Le petit déjeuner est compris.

Il y a un supplément de 20 francs pour le petit déjeuner.

Prenez l'ascenseur jusqu'au troisième étage.

Activité 12 : Au vieux Manoir.

Vous arrivez à l'hôtel du Vieux Manoir. Complétez la conversation.

Le Réceptionniste	Bonjour, mademoiselle (monsieur). Est-ce que je peux vous aider ?
Vous	______________
Le Réceptionniste	Il reste la chambre 23 qui donne sur la rue. Combien de nuits comptez-vous rester ?
Vous	______________
Le Réceptionniste	240 francs par nuit.
Vous	______________
Le Réceptionniste	Oui, le petit déjeuner est compris.
Vous	______________
Le Réceptionniste	Voici la clé. Prenez l'ascenseur jusqu'au deuxième étage.
Vous	______________

Comment se repérer en ville

Quelques expressions utiles

Pour demander son chemin

Pourriez-vous me dire où se trouve le Louvre ?

S'il vous plaît, où se trouve le Louvre ?

Pardon, monsieur, le Louvre, s'il vous plaît ?

Dans quelle direction est le Louvre ?

C'est loin/près d'ici ?

Pour indiquer le chemin

Vous quittez la gare et vous allez vers le centre-ville.
Prenez le boulevard ______________.
Continuez tout droit.° *straight ahead*
Tournez { à gauche sur le boulevard ______________.
{ à droite dans la rue ______________.
Vous allez { jusqu'au bout de la rue.
{ jusqu'à la rue ______________.
Vous traversez la place et l'Opéra Bastille est en face de vous.

Activité 13 : Comment fait-on pour aller au Louvre ?

Vous êtes arrivé(e) à la gare St-Lazare et vous voulez aller au Louvre. Regardez le plan à la page 378 et mettez les indications dans le bon ordre.

1. Prenez la rue de Rome et tournez à gauche sur le boulevard Haussmann.
2. Traversez la place de l'Opéra.
3. D'abord sortez de la gare. Puis traversez la rue St-Lazare.
4. À la rue de Rivoli, vous allez voir le Palais-Royal à votre gauche.
5. Passez devant les Galeries Lafayette et l'Opéra sera sur votre droite.
6. Continuez tout droit dans l'avenue de l'Opéra et le Louvre sera juste devant vous.

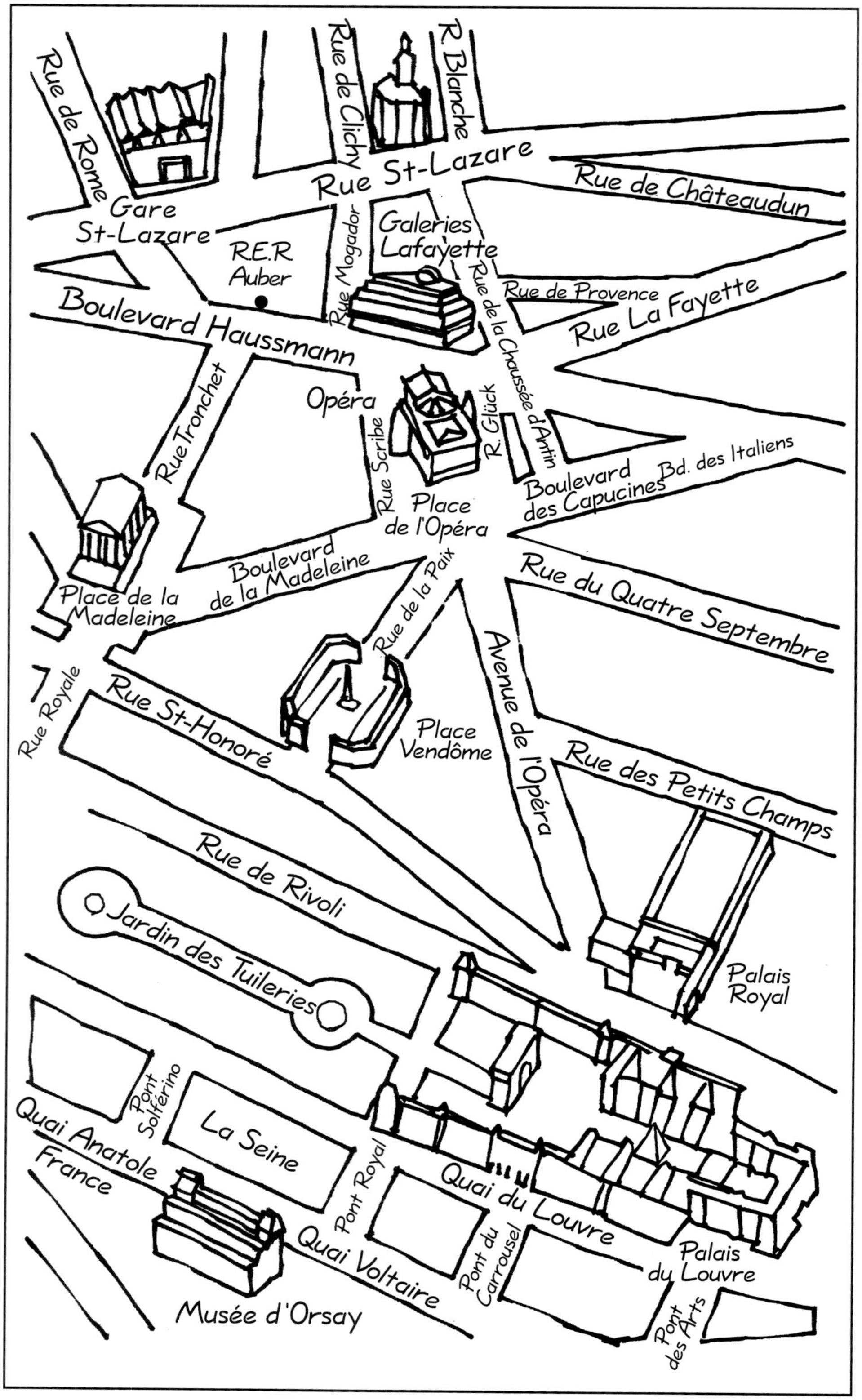
Rue de Rome
Rue de Clichy
R. Blanche
Rue St-Lazare
Rue de Châteaudun
Gare St-Lazare
R.E.R Auber
Rue Mogador
Galeries Lafayette
Rue de la Chaussée d'Antin
Rue de Provence
Rue La Fayette
Boulevard Haussmann
Rue Tronchet
Opéra
Rue Scribe
R. Glück
Boulevard des Capucines
Bd. des Italiens
Place de l'Opéra
Place de la Madeleine
Boulevard de la Madeleine
Rue de la Paix
Rue du Quatre Septembre
Rue Royale
Rue St-Honoré
Place Vendôme
Avenue de l'Opéra
Rue des Petits Champs
Rue de Rivoli
Jardin des Tuileries
Palais Royal
Pont Solférino
La Seine
Quai Anatole France
Pont Royal
Quai du Louvre
Quai Voltaire
Pont du Carrousel
Palais du Louvre
Musée d'Orsay
Pont des Arts

Activité 14 : Jouez la scène.

Demandez à l'agent de police devant le musée d'Orsay comment aller aux endroits indiqués. Suivez le modèle.

Modèle : le Jardin des Tuileries

Pourriez-vous me dire où se trouve le Jardin des Tuileries?

—Bien sûr, mademoiselle. Prenez le quai Anatole France jusqu'au pont Solferino. Tournez à droite et traversez le pont. Continuez tout droit et le jardin sera juste devant vous.

1. le Palais-Royal
2. l'église de la Madeleine
3. la place Vendôme
4. la gare St-Lazare
5. le Louvre

L'identité française

Structure 11.4 Les verbes *voir* et *croire*	The irregular verbs **voir** and **croire** are introduced here in the context of cultural beliefs. See page 395 for their forms.

M. et Mme Manot discutent de leur réaction à Disneyland-Paris avec un ami.

L'AMI Qu'est-ce que vous pensez de Disneyland-Paris ?
M. ET MME Nous **croyons** que c'est encore une autre invasion culturelle américaine.
L'AMI Oui ? Vous **croyez** ? Je ne suis pas d'accord.
M. Pourquoi ?
L'AMI Parce que les thèmes de Disney « Blanche-neige et les sept nains », « La Belle au bois dormant », « Pinocchio » viennent tous d'Europe. Vous **voyez** ce que je veux dire ?
MME Oui, je **vois.** Mais Disney déforme ces vieux contes.
L'AMI Vous voulez donc boycotter Disney ? Vous **croyez** alors au protectionnisme culturel?
MME Non, peut-être pas. Mais, de toute façon, les médias américains ont trop d'influence ici.

Activité 15 : Qu'est-ce que vous croyez ?

Élaborez vos réponses.

Modèle : Est-ce que la France est le plus beau pays d'Europe ?

Je crois que oui. / Je crois que non. / Je ne sais pas.

Je sais que c'est un très beau pays, mais je ne connais pas bien les autres pays.

1. Est-ce que les Français ressemblent beaucoup aux Américains ?
2. Est-ce que le marketing influence les goûts culturels ?
3. Est-ce que la culture française est très admirée dans le monde ?
4. Est-il important de préserver les traditions culturelles ?
5. Est-ce que la culture populaire est dominée par le Japon ?
6. Est-ce que l'argent est essentiel au bonheur *(happiness)* ?

Perspectives culturelles

La culture française face à l'Amérique

Pendant des siècles, la France a dominé la culture occidentale° dans les arts, la littérature, la philosophie, les sciences, la diplomatie, la gastronomie et la mode. La culture et la langue françaises jouissent° toujours d'un grand prestige culturel dans le monde contemporain, mais l'anglais et la culture populaire américaine jouent un rôle de plus en plus important. La France se trouve débordée° de restaurants MacDo, de coca-cola et de blue jeans. Les salles de cinéma diffusent des productions purement hollywoodiennes. Peut-être l'aspect le plus menaçant° de cette invasion américaine est la « corruption » de la langue par le « franglais». On parle du « look », des « livings », du « Coca light », des « Walkmans » et du « hit-parade des stars ». Un grand nombre de Français sont ambivalents envers la culture populaire dominée par les États-Unis. Ils ne veulent pas que cette culture uniforme produite à Hollywood détruise l'individualité des traditions et des goûts français. La présence de Disneyland–Paris à Marne-la-Vallée près de Paris représente, ainsi, pour certains Français, une invasion culturelle dangereuse.

Western

enjoy

overflowing

menacing

Avez-vous compris ?

Discutez avec la classe.

1. Croyez-vous que Disneyland représente la culture américaine ?
2. Quels aspects de la culture américaine représente-t-il ?
3. Quand vous irez en France, visiterez-vous ce parc d'attractions ? Pourquoi ou pourquoi pas ?
4. Dans quels domaines est-ce que la culture française influence le monde ?
5. Quels éléments de la culture américaine dominent la culture populaire du monde ?
6. Comparez votre image culturelle de la France avec celle d'un autre pays. D'où viennent ces images culturelles ?

L'ouverture en 1992 de Disneyland–Paris a fait trembler certains prophètes culturels. Une Amérique conquérante prête à coloniser l'Europe ?

Bulletin

Voici la religion déclarée par les Français en 1998 (en %) :

—Catholiques	74,8
—Protestants	2,0
—Musulmans	1,8
—Juifs	0,6

La France compte aussi 50 000 astrologues ou voyants, soit deux fois plus que de prêtres.

D'après G. Mermet, Francoscopie 1999 © Larousse-Bordas, 1998

Activité 16 : Interaction.

Interviewez votre camarade sur ses croyances.

Modèle : Croyez-vous aux OVNI (objets volants non identifiés, *UFOs*) ?
—Oui, j'y crois. *ou*
—Non, je n'y crois pas. ou
—Je ne sais pas.

1. le destin
2. l'astrologie
3. le grand amour
4. le paradis
5. l'enfer *(hell)*
6. l'amitié
7. les miracles
8. les voyants *(fortune tellers)*
9. les extra-terrestres

Lecture

Anticipation

Dans l'histoire « Boucle d'or » *(Goldilocks and the Three Bears)*, les ours rentrent de leur promenade dans la forêt pour trouver leurs affaires en désordre. C'est la preuve *(evidence)* que quelqu'un est entré dans la maison. Mettez leurs observations dans l'ordre correct.

Ils observent :
un lit où quelqu'un dort encore
un lit où quelqu'un s'est couché
une porte que quelqu'un a ouverte
une chaise que quelqu'un a cassée
un bol de céréales que quelqu'un a mangé

Dans le poème que vous allez lire, les objets sont aussi les témoins *(witnesses)* de l'histoire.

Le Message

Jacques Prévert

La porte que quelqu'un a ouverte
La porte que quelqu'un a refermée
La chaise où quelqu'un s'est assis
Le chat que quelqu'un a caressé
Le fruit que quelqu'un a mordu° — *bit into*
La lettre que quelqu'un a lue
La chaise que quelqu'un a renversée° — *overturned*
La porte que quelqu'un a ouverte
La route où quelqu'un court encore
Le bois que quelqu'un traverse
La rivière où quelqu'un se jette
L'hôpital où quelqu'un est mort.

Compréhension

1. Imaginez ce « quelqu'un » mystérieux. Est-ce un homme ou une femme ?
2. Comment est-il/elle ?
3. Est-ce que cette personne était agitée quand elle est entrée dans la maison ? Expliquez.

4. Quel est le message dans la lettre ?
5. Comment cette personne réagit-il/elle à la lettre?

Maintenant à vous

1. Développez l'histoire suggérée par le poème.
2. Composez un essai selon le modèle du poème : l'objet/que; où/quelqu'un/un verbe au passé composé.

Un pas en avant

À jouer ou à discuter

1. Tourisme en France

a. Vous voulez passer quelques jours dans les Alpes. Téléphonez à l'hôtel le Grand Cœur à Méribel pour vous renseigner et faire des réservations. Le/La réceptionniste répondra à vos questions. Utilisez la brochure pour guider votre conversation.

	Français	English	Deutsch	Español	Italiano
	prix des repas	menu price	Preis einer Mahlzeit	precio de las comidas	prezzo dei pasti
	nombre de chambres prix pour deux personnes	number of rooms price for two people	Anzahl der Zimmer Preis für jwei Personen	número de habitaciones precio para dos personas	numero di camere prezzo per due persone
	nombre d'appartements prix pour deux personnes	number of suites price for two people	Anzahl der Appartements Preis für jwei Personen	número de apartamentos precio para dos personas	numero di appartamenti prezzo per due persone
	prix du petit déjeuner	price of breakfast	Frühstückspreis	precio del desayuno	prezzo della colazione
S.C.	service compris	service included	Bedienung inbegriffen	servicio incluido	servizio compreso
	chiens autorisés ?	are dogs allowed?	Hunde erlaubt?	¡se autorizan los perros ?	i cani sono ammessi ?
	ascenseur chambres de plain-pied	lift ground floor rooms	Fahrstuhl Zimmer im Erdgeschoß	ascensor habitaciones en planta baja	ascensore camere al pianterreno
	aéroport de ligne	nearest commercial airport	Flugplatz für Linienverkehr	aeropuerto de linea	aeroporto di linea
	piscine privée ou à proximité	hotel swimming-pool or nearest available	Hoteleigenes oder nahegelegenes Schwimmbad	piscina privada o en las cercanias	piscina privatao nelle vicinanze
	tennis privé ou à proximité	hotel tennis court or nearest available	Hoteleigener oder nahegelegener Tennisplatz	tenis privado o en las cercanias	tennis privato o nelle vicinanze
	golf	golf	Golf	golf	golf
	garage	garage	Garage	garaje	garage
P	parking	car park	Parkplatz	aparcamiento	parcheggio
	possibilités de séminaire	seminar facilities	Tagungsmöglich-keiten	posibilidad de seminarios	possibilità di seminari
	visite de la cave	visit the cellar	Kellerbesichtigung	visita de la bodega	visita della cantina
	visite de la cuisine	visit the kitchen	Küchenbesichtigung	visita de la cocina	visita della cucina
F.H. F.A.	fermeture hebdomadaire fermeture annuelle	weekday closing annual closing	Wöchentlicher Ruhetag Jahresurlaub	cerrado semanalmente cerrado annualmente	chiusura settimanale chiusura annuale
CC	Cartes de crédit Credit cards	AE American Express	VISA Carte Visa	Diner's Club	E Eurocard Mastercard

Centre d'information : Relais & Châteaux
9, avenue Marceau - 75116 Paris - Tél. : (1) 47.23.41.42
Télex : 651 213 ou 651 214 RCG - Fax : (1) 47.23.38.99

Le Grand Cœur

72

Relais de montagne
Altitude 1650 m

Menu 140/250 s.c.
Carte 215/350 s.c.
36 chambres
H.S. 700/950 s.c.
1/2 pension/pers.
12 appartements
à partir 1050 s.c.
1/2 pension/pers.
55 s.c.
oui avec supplément
oui
Chambéry 110 km
Genève-Lyon 150 km
Privée
500 m
3 km
P

Déjeuner en terrasse, Ski, Vidéo, Sauna, Gym-room
Lunch on terrace, Skiing, Video, Sauna, Jacuzzi

Chalet de montagne raffiné et élégant situé au cœur de Méribel et des 3 Vallées.
Plein sud, au calme et en bordure des pistes

Elegant, refined mountain chalet situated in the heart of Meribel and 3 Valleys alongside ski-slopes. South-facing.

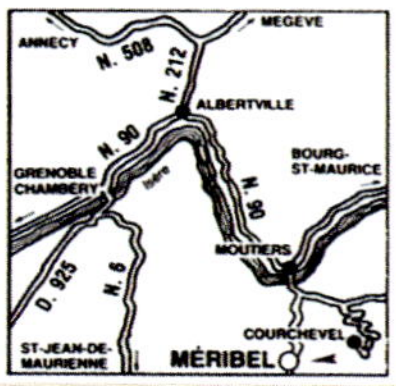

73550 **MÉRIBEL**
(Savoie)
Tél. **79.08.60.03**
Télex 309 623
Fax. 79.08.58.38
Prop. Evelyne et Jean Buchert
F.H. non
F.A. 23-04/17-12

CC AE VISA E

b. Vos amis et vous préparez un voyage en France. Vous n'avez pas beaucoup d'argent à dépenser. Décidez où vous voyagerez, où vous logerez, où vous mangerez et ce que vous ferez. Utilisez le futur.

2. Demandez le chemin

a. Invitez votre camarade chez vous. Il/Elle vous demandera comment s'y rendre en partant de l'université.

b. Un(e) touriste vous demande de recommander un bon restaurant. Faites une recommandation et expliquez comment y aller. Le/la touriste vous posera des questions sur le restaurant.

Puzzle à deux

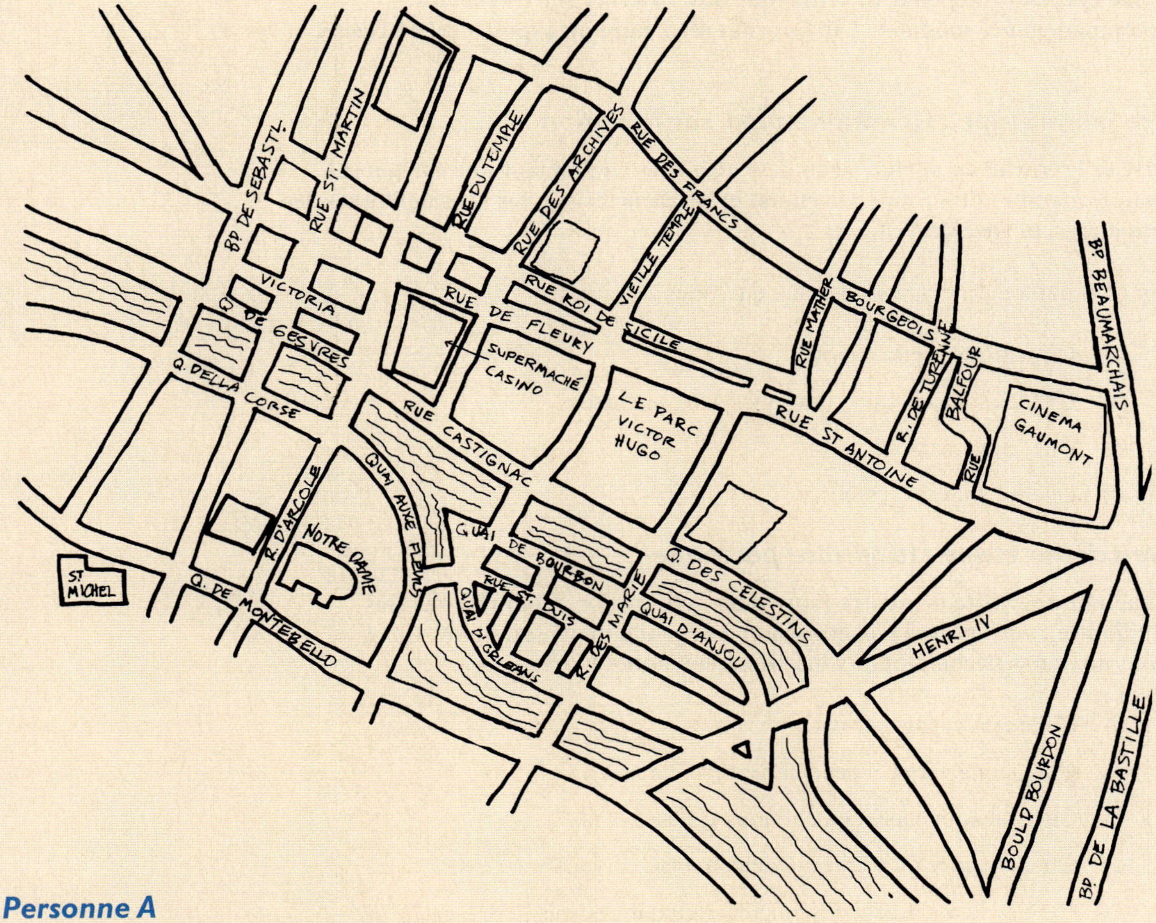

Personne A

Demandez à votre partenaire comment se rendre aux endroits suivants :

Personne A utilise la carte ci-dessus.
Personne B utilise la carte à la page A–26.

a. à la poste depuis *(from)* le parc Victor Hugo — (inscrire *A* dans la case correspondante)

b. à la librairie anglaise depuis Notre Dame — (inscrire *B* dans la case correspondante)

Naviguez le Web !

Vous pensez visiter Paris ou peut-être d'autres régions de la France? Vous voulez vous renseigner sur les monuments à visiter, les bons restaurants, le logement pas cher? Ou peut-être vous voulez suivre un cours de français pendant votre séjour. Nous vous offrons des sites qui vous aideront à faire des projets de voyages. Allez-y!

À écrire

Vous allez faire un exposé en groupe sur une région française que vous aimeriez visiter. Renseignez-vous sur votre région en vous servant d'un guide, d'une encyclopédie, ou d'Internet (des sites Internet sur les régions accompagnent ce module). À la fin, vous allez faire un exposé oral en classe.

Première étape : Renseignement sur la région

Divisez le travail en parties selon des catégories en donnant une catégorie à chaque membre du groupe : le climat et les caractéristiques géographiques, les ressources, la vie culturelle, etc.

Sur un brouillon *(draft)* répondez aux questions suivantes:

a) Où se trouve cette région ?

b) Quelles sont ses caractéristiques géographiques ?

c) Quel est le climat ?

d) Quelles sont ses ressources ?

Deuxième étape : Itinéraire personnel

Imaginez une visite de quatre jours dans cette région. Comme vous êtes étudiant(e), vous n'avez pas beaucoup d'argent à dépenser. Faites votre itinéraire en réfléchissant aux questions suivantes.

a) Comment voyagerez-vous ?

b) Quel temps fera-t-il pendant votre visite ?

c) Quels monuments/lieux culturels visiterez-vous ?

d) Quelles sortes de plats régionaux mangerez-vous ?

e) Quelles sortes d'activités en plein air pourrez-vous faire ?

f) Où logerez-vous ?

g) Qu' acheterez-vous comme souvenir ?

Troisième étape : Présentation

a) Faites un poster sur votre région et montrez-le à la classe.

b) Faites l'exposé sur votre région avec les membres de votre groupe. Donnez une copie écrite de votre rapport au professeur.

Structures

Structure 11.1 Le futur

You have already learned to use the **futur proche (aller + infinitif)** for talking about the future. In this chapter you will learn another future tense, **le futur.**

Ce week-end, je **vais voyager** à La Nouvelle-Orléans.

This weekend I'm going to travel to New Orleans.

Je **voyagerai** en France cet été.

I will travel to France this summer.

The future stem of regular **-er** and **-ir** verbs is the infinitive. For **-re** verbs, drop the final **e** in the infinitive. The future endings are always regular.

-ai, -as, -a, -ons, -ez, -ont

parler ***(to speak)***	
je parlerai	nous parlerons
tu parleras	vous parlerez
il/elle/on parlera	ils/elles parleront

partir ***(to leave)***	
je partirai	nous partirons
tu partiras	vous partirez
il/elle/on partira	ils/elles partiront

rendre ***(to return, give back)***	
je rendrai	nous rendrons
tu rendras	vous rendrez
il/elle/on rendra	ils/elles rendront

On partira pour Calais à 9 h. — *We will leave for Calais at 9 o'clock.*

À l'hôtel, parlera-t-on anglais ? — *Will they speak English at the hotel?*

Nous rendrons la voiture à la gare. — *We will return the car at the train station.*

The following verbs have irregular future stems:

infinitive	stem	future
être	ser-	je serai
avoir	aur-	j'aurai
aller	ir-	j'irai
faire	fer-	je ferai
pouvoir	pourr-	je pourrai
venir	viendr-	je viendrai
voir	verr-	je verrai
vouloir	voudr-	je voudrai
savoir	saur-	je saurai

Vous serez président un jour. *You will be president one day.*

Il y aura un concert dans la cathédrale. *There will be a concert in the cathedral.*

Stem changing **-er** verbs such as **acheter, appeler,** and **essayer** use the third person form (**il, elle, on**) and **-r,** rather than the infinitive as the future stem.

infinitive	stem	future
acheter	il/elle achète	j'achèterai
appeler	il/elle appelle	j'appellerai
essayer	il/elle essaie	j'essaierai

However, verbs like **préférer** (with **é** in the next-to-last syllable) are regular in the future (based on the infinitive).

Propositions avec *si* et *quand* (*If* and *when* clauses)

The future tense is used in hypothetical sentences with **si.** When the *if* clause is in the present tense, the result is stated in the future.

if clause	*result*
Si + présent	futur

S'il neige ce week-end, nous **ferons** du ski. *If it snows this weekend we'll go skiing.*

The order of the two clauses can be reversed.

result	*if clause*
futur	**si** + présent

Nous nous promènerons s'il fait beau.	*We will go for a walk if it's nice.*

Unlike English, French uses the future after **quand, lorsque** and **aussitôt que** when the main verb is in the future.

	quand	
futur...	**aussitôt que**	+ futur
	lorsque	

Je **ferai** de longues promenades quand je **serai** à Paris.	*I'll take long walks when I'm in Paris.*
Lorsqu'il **arrivera,** nous **mangerons.**	*When he arrives, we'll eat.*
Je vous **téléphonerai aussitôt que j'aurai** des nouvelles.	*I'll call you as soon as I get some news.*

Exercice 1.

Comment sera l'an 2025? Complétez les phrases avec les verbes indiqués au futur.

1. Je ______________ (avoir) quarante-cinq ans.
2. Le président des États-Unis ______________ (être) une femme.
3. Nous ______________ (trouver) des solutions à nos problèmes écologiques.
4. Tout le monde ______________ (parler) deux langues.
5. Nous ______________ (faire) des voyages interplanétaires.
6. Les États-Unis ______________ (fabriquer) des voitures électriques.
7. On ______________ (pouvoir) travailler à la maison avec l'aide d'Internet.
8. Washington, D.C. ______________ (être) un état.

Exercice 2.

Chaque ville française est connue pour certaines choses spéciales. Complétez les phrases suivantes pour expliquer ce que les touristes feront pendant leur voyage en France.

Modèle : Quand mes parents ______________ à Paris, ils ______________ (voir) la tour Eiffel.

Quand mes parents *seront* à Paris, ils *verront* la tour Eiffel.

1. Quand le président des États-Unis et sa femme ______________ à Paris, ils ______________ (visiter) l'Élysée, le palais du président français.
2. Lorsque Robert Redford ______________ à Cannes, il ______________ (aller) au festival du cinéma.
3. Quand nous ______________ à Strasbourg, nous ______________ (prendre) un bon vin blanc.

4. Quand tu ______________ à Versailles, tu ______________ (faire) le tour du palais et des jardins.

5. Quand je ______________ à Évian, je ______________ (se baigner) dans les eaux du lac.

Exercice 3.

Il y a toujours des conditions à considérer. Finissez les phrases suivantes à l'aide de la liste. Utilisez le présent ou le futur selon le cas.

1. Tu auras de bonnes notes si...	tomber malade
2. Si vous ne mangez pas mieux...	vouloir, pouvoir
3. Ma mère viendra au campus quand...	étudier, faire les devoirs
4. Je resterai chez moi ce soir si...	ne pas se dépêcher
5. Nous serons en retard si...	se mettre en colère
6. Mes parents ne seront pas contents si...	avoir besoin d'étudier
7. Si mon (ma) petit(e) ami(e) oublie mon anniversaire...	rater *(fail)* mes cours

Structure 11.2 *Avoir besoin de* et les mots interrogatifs (suite)

Avoir besoin de

A useful expression with **avoir** is **avoir besoin de** *(to need).* This expression can be followed by an infinitive or a noun.

avoir besoin d(e)	+ article + noun	J'ai besoin d'un passeport.
	+ plural noun	Nous avons besoin de réservations.
	+ abstract noun	Elle a besoin d'argent.
	+ infinitive	As-tu besoin d'étudier?

Les mots interrogatifs (suite)

To ask a general question with **avoir besoin de,** move **de** to the front of the question followed by **qui** for people and **quoi** for things.

De qui avez-vous besoin? — *Whom do you need?*
—J'ai besoin de mes amis. — *—I need my friends.*

De quoi avez-vous besoin? — *What do you need?*
—J'ai besoin de l'addition, s'il vous plaît. — *—I need the check, please.*

To make a question with any verb that is followed by a preposition in its declarative form, begin your question with the preposition, followed by the question word. Remember that questions may be formed using **est-ce que** or **inverting the subject and the verb.**

À qui est-ce qu'ils parlent? — *Whom are they speaking to?*
—Ils parlent **au** guide. — *—They're speaking to the guide.*

Avec qui voyages-tu?	*Whom are you traveling with?*
—Je voyage **avec** Anne.	*—I'm traveling with Anne.*
À quoi réfléchissez-vous?	*What are you thinking about?*
—Je réfléchis **à** mes vacances.	*—I'm thinking about my vacation.*
À quoi est-ce qu'ils jouent?	*What are they playing?*
—Ils jouent **au** football.	*—They're playing soccer.*
De qui est-ce que tu parles?	*Whom are you talking about?*
—Je parle **de** mon mari.	*—I'm talking about my husband.*

Exercice 4.

Quand on voyage, il y a certaines nécessités qui se présentent. Complétez les commentaires de ces touristes avec *de, d', d'un* ou *d'une*.

1. Ma mère n'aime pas voyager en groupe; elle a besoin ________ solitude.
2. Quelles belles images! J'ai besoin ________ appareil-photo.
3. J'ai faim; nous avons besoin ________ trouver un bon restaurant.
4. On a besoin ________ courage pour voyager seul.
5. Si tu as besoin ________ cartes postales, tu peux aller à la librairie.
6. On a besoin ________ arriver à la gare à l'heure.

Exercice 5.

Un touriste un peu sourd *(deaf)* n'entend pas assez bien la première fois. Formulez ses questions basées sur les éléments soulignés.

Modèles : Nous avons besoin d'une banque.
De quoi avez-vous besoin?
Elle paie avec sa carte de crédit.
Avec quoi est-ce qu'elle paie?

1. Je voyage avec mon meilleur ami.
2. Vous pouvez demander des renseignements à la réceptionniste.
3. Le guide parle à un groupe de touristes italiens.
4. Nous avons besoin d'un camping.
5. Elle a besoin de ses parents.
6. Elle pense à un jeune homme qu'elle a rencontré en Grèce.

Structure 11.3 L'accord du participe passé avec l'auxiliaire *avoir*

You have learned that the past participles of verbs conjugated with **être** in the **passé composé** agree with the subject.

Fatima est retourné**e** en Algérie après ses études en France.

Fatima returned to Algeria after her studies in France.

Ma mère et moi, nous sommes parti**es** hier.

My mother and I left yesterday.

The past participle of verbs conjugated with **avoir** in the **passé composé** agrees with the direct object when it *precedes* the verb. This occurs in three instances:

1. When a direct object pronoun precedes the verb:

   La cassette? Je **l'**ai déjà écouté**e.**

   Il y a deux nouvelles filles dans ma classe. Je **les** ai vu**es** ce matin.

2. In sentences with the relative pronoun **que** :

   Les **touristes que** nous avons rencontr**és** étaient sympathiques.

   antecedent

   Je n'aime pas les **robes qu**'elle a achet**ées.**

   antecedent

   The past participle agrees with the noun that **que** has replaced, its antecedent.

3. In sentences with the interrogative adjective **quel:**

   Quelles régions ont-ils visit**ées** ?

   Quelle route as-tu suivi**e** ?

Pronunciation note:

Past participle agreement with **avoir** is primarily a written phenomenon. It changes pronunciation only with past participles ending in a consonant.

Où sont mes chaussures ?	*Where are my shoes?*
— Je les ai mis**es** dans ta chambre.	*—I put them in your room.*
As-tu déjà écrit ta composition ?	*Have you already written your composition?*
— Oui, je l'ai écrit**e** pendant le week-end.	*—Yes, I wrote it over the weekend.*

Exercice 6.

Avez-vous fait les choses suivantes le week-end dernier ?

Modèle : regarder la télé

—Oui, je l'ai regardée. *ou*

—Non, je ne l'ai pas regardée.

1. regarder les informations à la télé
2. faire vos devoirs
3. écouter la radio
4. voir vos amis
5. prendre le petit déjeuner
6. arroser *(water)* vos plantes
7. faire votre lit
8. lire les bandes dessinées *(cartoons)*

Exercice 7.

Un groupe de touristes parlent de leurs expériences. Complétez leurs observations avec la forme correcte du participe passé des verbes entre parenthèses. Attention à l'accord !

1. J'ai bien aimé les escargots que nous avons (manger) ______________ à l'hôtel.
2. Quelles œuvres *(f)* de Renoir as-tu (voir) ______________ au musée d'Orsay ?
3. Nous voulons revoir les touristes allemands que nous avons (rencontrer) ______________.
4. As-tu trouvé les clés que j'ai (laisser) ______________ sur la table?
5. Où se trouvent les billets de train que vous avez (acheter) ______________?
6. Acceptera-t-on ces réservations qu'on a (faire) ______________ de Rome?

Structure 11.4 Les verbes *voir* et *croire*

You've already used **voir** *(to see)* in its infinitive. Here you'll learn to conjugate this verb as well as **croire** *(to believe),* which follows the same pattern.

voir *(to see)*	
je vois	nous voyons
tu vois	vous voyez
il/elle/on voit	ils/elles voient

passé composé : j'ai **vu** futur: je **verrai**

Tu **vois** la tour Eiffel? *Do you see the Eiffel Tower?*

Nous **avons vu** un beau tableau de Monet. *We saw a beautiful painting by Monet.*

Voir can also be used figuratively as a synonym for **comprendre.**

Il ne **voit** pas pourquoi il doit arriver si tôt. *He doesn't see why he has to arrive so early.*

Est-ce que tu comprends?	*Do you understand?*
—Oui, je **vois.**	*—Yes, I see.*
Voyons...	*Let's see . . .*

Revoir *(to see again)* is conjugated like **voir.**

J'adore ce ballet. Je le **revois** chaque année.	*I adore this ballet. I see it again every year.*

On the other hand, **recevoir** has a different pattern.

recevoir *(to receive)*	
je reçois	nous recevons
tu reçois	vous recevez
il/elle/on reçoit	ils/elles reçoivent

passé composé : j'ai **reçu** futur : je **recevrai**

croire *(to believe)*	
je crois	nous croyons
tu crois	vous croyez
il/elle/on croit	ils/elles croient

passé composé : j'ai **cru** futur : je **croirai**

Je ne **crois** pas cette histoire.	*I don't believe this story.*
Il **a cru** entendre un bruit étrange.	*He thought he heard a strange noise.*

The expression **croire à** means *to believe in.*

Je **crois au** Père Noël.	*I believe in Santa Claus.*
Tu **crois aux** extra-terrestres?	*Do you believe in extra-terrestrials?*
—Oui, j'y crois.	*—Yes, I believe in them.*

However, **croire en** is used to express one's belief in God.

Je **crois en** Dieu.	*I believe in God.*

Common expressions with **croire** include the following:

Est-ce qu'il va pleuvoir aujourd'hui?	*Is it going to rain today?*
—Je **crois** que oui.	*—I think so.*
Il y a un examen demain?	*Is there a test tomorrow?*
—Non, je ne **crois** pas.	*—No, I don't think so*
Il va se marier.	*He's going to get married.*
—Tu **crois**?	*—Really? (You think so?)*

Exercice 8.

Takeisha veut travailler pour le Corps de la paix. Complétez sa conversation avec John en utilisant les verbes *croire* et *voir.*

JOHN Où veux-tu travailler avec le Corps de la paix ?
TAKEISHA Je ________________[1] que j'aimerais aller au Togo.
JOHN Mais où est le Togo ? Je ne le ________________[2] pas sur la carte.
TAKEISHA Regarde en Afrique de l'ouest. Est-ce que tu ________________[3] le petit pays entre le Ghana et le Bénin ? C'est le Togo.
JOHN Ah oui, je le ________________[4] maintenant. Moi, j'aimerais aussi aller en Afrique, mais mes parents ________________[5] que ce n'est pas une bonne idée. Ils ne ________________[6] pas pourquoi je veux aller si loin.
TAKEISHA Je ________________[7] que tes parents sont trop protecteurs. Moi, je suis jeune et je veux ________________[8] le monde.

Tout ensemble!

Complétez cette lettre avec les formes appropriées des verbes entre parenthèses où avec d'autres mots qui conviennent. Utilisez le temps approprié et faites l'accord du participe passé.

Chers Maman et Papa,
Je ________________[1] (croire) que quand vous ________________[2] (recevoir) cette lettre, je ________________[3] (être) déjà de retour. Jean-Michel et moi, nous nous retrouvons en Bretagne. Les gens que nous ________________[4] (rencontrer) à l'auberge de jeunesse de Dinard sont super sympas ! Ils nous ont parlé d'une plage exquise qu'ils ________________[5] (visiter) près de Toulon. Nous y ________________[6] (aller) demain. La Bretagne est pittoresque, c'est vrai, mais j'ai besoin ________________[7] peu de soleil ! Jean-Michel ________________[8] (ne pas voir) ce que je ________________[9] (faire) avec tous les souvenirs que j(e) ________________[10] (acheter) le long de notre route. Je suis trop encombrée *(loaded down)*—impossible de faire du stop ! Nous ________________[11] (prendre) le TGV à Marseille. Lorsque nous y ________________[12] (arriver), je ________________[13] (pouvoir) aller à la poste et expédier tous ces cadeaux chez vous à Dijon. D'accord ?

Et vous, comment ça va ? Est-ce que Tante Maude se porte mieux ? ________________[14] qui allez-vous passer le 14 juillet ? Dites bonjour de notre part à tout le monde. Nous vous ________________[15] (revoir) bientôt.

Grosses bises,
Sandrine

VOCABULAIRE

Vocabulaire fondamental

Noms

La ville *town*

l'avenir *(m)*	*the future*
un coin	*a corner*
une place	*a (town) square*
un plan	*a map*
un renseignement	*information (a piece of)*
une rue	*a street*

Mots apparentés : une avenue, un boulevard, un monument, un(e) réceptionniste

Voyages *travels*

une auberge	*an inn*
une auberge de jeunesse	*a youth hostel*
un chèque de voyage	*a traveler's check*
la Côte d'Azur	*the Riviera*
un dortoir	*a dormitory*
l'essence *(f)*	*gasoline*
les heures de pointe	*rush hour*
un inconvénient	*a disadvantage*
un itinéraire	*an itinerary*
un parc d'attractions	*an amusement park*
un passeport	*a passport*
un sac de couchage	*a sleeping bag*
un supplément	*an extra charge*
un terrain de camping	*a campground*

Mots apparentés : l'atmosphère *(f)*, une attraction, un avantage, le camping, le confort, une excursion, la nature, une tente, la tradition

Verbes

apporter	*to carry, bring*
assister à	*to attend*
avoir besoin de	*to need*
compter	*to intend to*
courir	*to run*
croire	*to believe*
découvrir	*to discover*
donner sur (la cour)	*to overlook (the courtyard)*
fabriquer	*to produce, make*
faire du camping	*to go camping*
loger	*to lodge, stay (at a hotel, pension, etc.)*
penser de	*to think about, opinion*
recevoir	*to receive*
tourner	*to turn*
traverser	*to cross*
voir	*to see*

Mots apparentés : admirer, apprécier, consulter, découvrir, influencer

Adjectifs

contemporain(e)	*contemporary*
dépaysé(e)	*disoriented*
entier/ière	*entire, whole*
fauché(e)	*broke, out of money*
gastronomique	*gourmet*
occidental (le monde occidental)	*Western (the Western world)*
réduit(e)	*reduced*
valable	*valid*

Mots apparentés : essentiel(le), impressionniste, touristique

Mots divers

à droite	*to the right*
à gauche	*to the left*
aussitôt que	*as soon as*
lorsque	*when*
sauf	*except*
si	*if*
tout droit	*straight ahead*

Expressions utiles

Comment se repérer en ville
How to find one's way in town

(See page 377 for additional expressions.)

L'Opéra Bastille, s'il vous plaît.	*The Bastille Opera, please.*
Pourriez-vous me dire où se trouve la gare ?	*Could you tell me where the train station is?*
Allez tout droit et puis tournez à gauche.	*Go straight ahead, and then turn left.*
Allez jusqu'au bout de la rue.	*Go to the end of the street.*
De quoi avez-vous besoin ?	*What do you need?*

Comment réserver une chambre d'hôtel
How to reserve a hotel room

(See page 376 for additional expressions.)

Je voudrais une chambre pour deux personnes avec douche.	*I would like a room for two with a shower.*

VOCABULAIRE

Désolé, madame, l'hôtel est complet.	*Sorry, ma'am, the hotel is full.*
Le petit déjeuner est compris.	*Breakfast is included.*
Prenez l'ascenseur jusqu'au quatrième étage.	*Take the elevator to the fifth floor.*
Vous pouvez avoir un prix/tarif réduit.	*You can get a reduced price.*
Il y a un supplément pour le petit déjeuner.	*There's an extra charge for breakfast.*

Vocabulaire supplémentaire

Noms

une agence de location de voitures	*a car rental agency*
une allumette	*a match*
l'amitié *(f)*	*friendship*
le bonheur	*happiness*
un(e) bouquiniste	*a bookseller*
une boussole	*a compass*
un congrès	*a convention*
un palais des congrès	*a convention center*
les draps *(m pl)*	*bedsheets*
le droit	*right, permission*
l'équilibre *(m)*	*balance*
une formule de vacances	*a vacation package*
une foule	*a crowd*
les jumelles *(f pl)*	*binoculars*
une lampe électrique	*a flashlight*
une œuvre	*a work of art*
un peintre	*a painter*
un(e) randonneur(se)	*a hiker, biker*
une réduction	*a reduction (in price)*
la technologie de pointe	*state-of-the-art technology*

Croyances *beliefs*

le destin	*fate*
le diable	*the devil*
Dieu	*God*
l'enfer *(m)*	*hell*
un extra-terrestre	*an extra-terrestrial*
un miracle	*a miracle*
les OVNI *(m pl)*	*UFOs*
le paradis	*paradise, heaven*
la télépathie	*telepathy*
un(e) voyant(e)	*a fortune teller*

Adjectifs

choqué(e)	*shocked*
mythique	*mythical*
plein(e)	*full*

Verbes

accueillir	*to greet*
balader	*to stroll*
débarrasser	*to clear, remove*
se détendre	*to relax*
dominer	*to dominate*
feuilleter	*to leaf through (pages)*
flâner	*to stroll*
profiter (de)	*to take advantage (of)*
revoir	*to see again*
se repérer	*to find one's way*

12

Module 12

Dépenses, argent, travail

Thèmes et pratiques de conversation

Les magasins et l'argent
Les nouvelles élites de l'emploi
La mode
Comment faire des achats
La publicité

Culture

L'arrivée de l'euro, 1999–2002 : trois ans pour se préparer pour cet argent européen

Lecture

Kenzo, 30 ans déjà
adapté de Marie Claire, octobre 1999

Structures

12.1 Les verbes comme **payer**
12.2 **Lequel** et les adjectifs démonstratifs **ce, cet, cette** et **ces**
12.3 L'ordre des pronoms
12.4 **Tout** et les expressions indéfinies

Prononciation

La prononciation des nombres
Comprendre les nombres en contexte

Vidéo

Scène	À l'agence intérimaire
Mini-drame	Questions de style
Document	La haute couture
Publicités	A. Vente par correspondance : Catalogue 3 Suisses
	B. Virgin Mégastore

Thèmes et pratiques de conversation

Les magasins et l'argent

Structure 12.1 Les verbes comme *payer*	To talk about money and going shopping, you will be using the verb **payer,** which undergoes a slight spelling change. For the forms of **payer** and a list of other verbs that follow this pattern, see page 429.

Les magasins

Aimez-vous faire des achats ?

Quels magasins fréquentez-vous ?

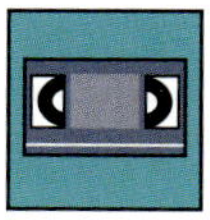

Le Magasin
de Sport
La Librairie-
Papeterie
La Banque
Le Distributeur
AUTOMATIQUE

La Confiserie
La Bijouterie
La Quincaillerie
Le Magasin
Diététique

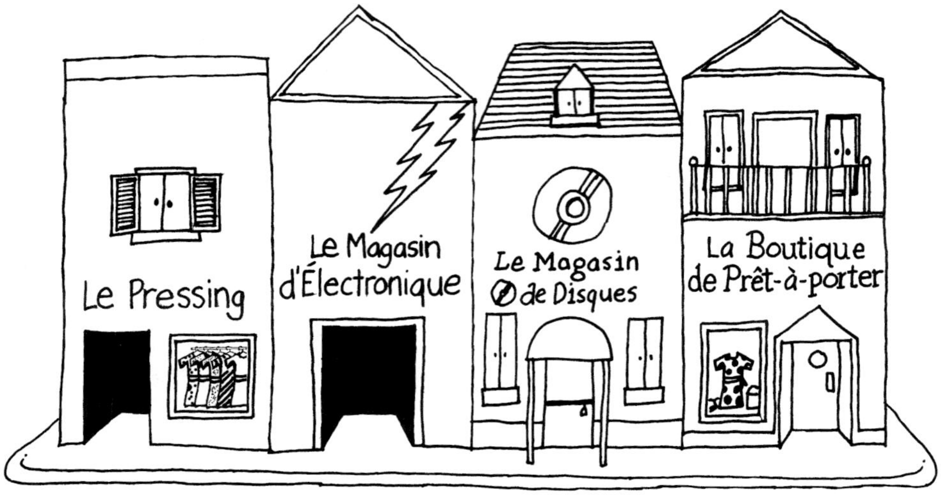
Le Pressing
Le Magasin
d'Électronique
Le Magasin
de Disques
La Boutique
de Prêt-à-porter

Activité 1 : Veux-tu m'accompagner ?

Vous n'aimez pas faire seul(e) les achats. Demandez à un(e) ami(e) de vous accompagner pour faire des achats en suivant le modèle.

Modèle : une raquette de tennis

Je vais m'acheter une raquette de tennis. Veux-tu m'accompagner au magasin de sport?

—Oui, je veux bien t'accompagner. *ou*

—Non, je ne peux pas t'accompagner. Je dois... (étudier, travailler, etc.).

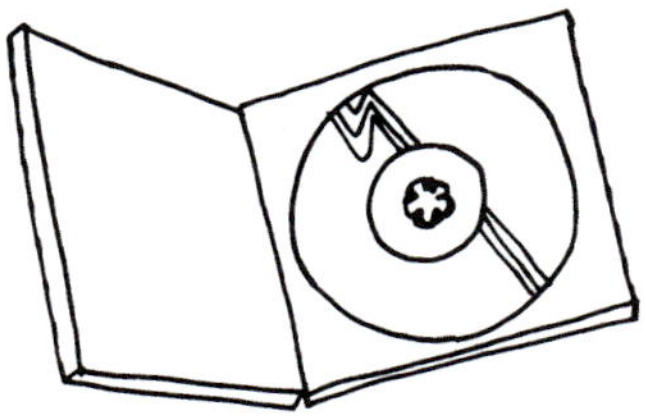

1. un disque compact

2. du shampooing

3. une carte postale

4. une pellicule

5. des pastilles pour la gorge

6. un bloc-notes

7. des piles

Bulletin

En France les petits magasins et boutiques spécialisés s'ajoutent° au charme du centre-ville. Mais depuis les années 80, on abandonne le magasin du coin pour les grandes surfaces. Les supermarchés et les centres commerciaux° se multiplient.

add
shopping malls

CD ROM

L'argent

Perspectives culturelles

L'arrivée de l'euro, 1999–2002 : trois ans pour se préparer pour cet argent européen

Depuis longtemps, le franc avec ces beaux billets° en couleurs reste l'unité monétaire en France. Les visiteurs américains de l'Hexagone° ont appris que le taux du change° oscille entre 5 et 6 francs pour le dollar. Mais en janvier 2002, tout cela va changer! Les pièces et billets en euros seront mis en circulation, tandis que les devises° nationales seront retirées.° Les Français comme les Allemands, les Italiens, les Espagnols et d'autres membres de l'Union européenne se préparent à dire adieu à leur devise nationale et à souhaiter la bienvenue° à l'euro, la monnaie unique européenne. Comme les États-Unis ont leur dollar qui règne sur° l'économie du monde, l'Europe aura maintenant son euro qui facilitera l'union des marchés européens en faisant concurrence° au billet vert. Le 1er janvier 1999, la parité entre l'euro et le franc a été fixée à 6,5 F. Afin d'habituer les Français à ce nouveau système, depuis 1999 on affiche° les prix en francs et en euros. À partir de 1999, les paiements par chèques ou cartes bancaires peuvent être faits en euros.

Comment les Français réagissent-ils à ce nouveau monde monétaire? D'après un sondage fait en novembre 1997, pour eux, la création de l'euro est le fait économique du siècle! Ils trouvent ce changement plus important que l'introduction des cartes bancaires, et il dépasse même le krach de 1929 en importance!

Et quel sera l'avenir de cette monnaie unique? L'espoir, c'est que l'euro renforcera° l'économie européenne et par conséquent, la croissance° de l'économie européenne renforcera la valeur de l'euro. Mais pour le moment, un membre important de l'Union européenne, l'Angleterre, attend les résultats de cette expérience européenne avant d'abandonner sa livre.°

bills
nickname for France because of its hexagonal shape/exchange rate
currencies/withdrawn
welcome
rules
competing
shows
reinforce/growth
pound

Avez-vous compris?

Répondez *vrai* ou *faux* et corrigez les réponses incorrectes.

1. Le franc est l'unité monétaire traditionnellement associée à la France.
2. Un dollar équivaut à peu près 5 ou 6 francs.

3. On n'a pas encore décidé la parité entre le franc et l'euro.
4. Les membres de l'Union européenne qui adoptent l'euro espèrent qu'il aidera à unifier leurs pays.
5. Les Français pensent que le seul événement économique plus important que l'introduction de l'euro c'est le krach de 1929.
6. Seul l'Allemagne a décidé d'attendre avant d'abandonner sa devise, le mark.

Activité 2 : Combien faut-il payer ?

Consultez la brochure du magasin de sport Décathlon et indiquez le prix normal des articles et combien ils coûtent en solde. Suivez le modèle.

Modèle : un parapluie tente
Normalement, il faut payer 669 F pour un parapluie tente.
En solde, on ne paie que 319 F.

1. des chaussures de ski
2. des baskets
3. des chaussures multisports
4. un blouson polaire
5. des gants de ski
6. une raquette de squash

Activité 3 : Les attitudes françaises envers l'argent.

Regardez le tableau sur les attitudes françaises envers l'argent et répondez aux questions.

1. ______________ Français aimeraient être riches pour vivre dans le luxe.
   a. Beaucoup de   b. Un bon nombre de   c. Peu de   d. La majorité des

Les riches

ENQUÊTE D'OPINION

Sondage exclusif CHALLENGES France info

Les Français et l'argent : la fin d'un tabou ?

Pour vous, être riche, serait-ce avant tout...	
Voyager beaucoup	37%
Dépenser sans compter[1]	24%
Ne plus travailler	19%
Vivre dans le luxe	6%
Ne se prononce pas	14%
TOTAL	100%

■ **Heureux qui comme un riche...** *Ni le luxe ni l'oisiveté ne font rêver les Français. La vraie opulence, c'est d'être en mesure de voyager à sa guise. Ce sont les jeunes et les agriculteurs qui en rêvent le plus.*

Selon vous, quel est le moyen le plus facile, parmi les suivants, pour faire fortune ?	
Créer sa propre entreprise	30%
Jouer au Loto	21%
Spéculer en Bourse[2]	21%
Investir dans l'immobilier[3]	18%
Ne se prononce pas	10%
TOTAL	100%

■ **Non à la fortune du pot.** *Pour être riche, mieux vaut créer son entreprise que spéculer en Bourse ou jouer au Loto. Les jeunes sont les plus nombreux à le croire (50%) et les électeurs communistes les moins enclins (13%).*

Acceptez-vous de répondre lorsque, dans votre entourage proche (famille, amis, collègues), on vous demande quel est...	Oui	Non	NSP	Total
Votre salaire	78%	18%	4%	100%
Votre patrimoine[4]	73%	23%	4%	100%
Votre endettement	66%	28%	6%	100%

Aujourd'hui, certains patrons français gagnent plusieurs millions de francs par an. Compte tenu de leur niveau de responsabilités, trouvez-vous justifiés de tels salaires ?	
Oui, tout à fait	12%
Oui, plutôt	27%
TOTAL OUI	39%
Non, plutôt pas	27%
Non, plutôt pas du tout	30%
TOTAL NON	57%
Ne se prononce pas	4%
TOTAL	100%

Vous-même, personnellement, préférez-vous plutôt...	
Epargner pour constituer un patrimoine à transmettre à vos descendants	54%
Ne pas épargner et profiter de votre argent en le dépensant	38%
Ne se prononce pas	8%
TOTAL	100%

■ **L'épargne populaire.** *Plus d'un Français sur deux prise le bas de laine. Mais on trouve quand même près de 40% de cigales. Les flambeurs sont majoritaires à l'extrême-gauche (54%) et au Front national (52%).*

[1] spending money without thinking about it
[2] stockmarket
[3] real estate inheritance
[4] heritage

2. Les Français pensent qu'il est ______________ facile de faire fortune en spéculant en Bourse qu'en jouant au Loto.
   a. aussi b. plus c. moins

3. ______________ Français aimeraient être riches pour voyager.
   a. Bien des b. Peu de c. Tous les d. Moins de

4. ______________ Français préfèrent dépenser leur argent plutôt que de l'épargner.
   a. Bien des b. Une faible minorité des c. Peu de d. Moins de

5. ______________ Français sont prêts à parler de leur salaire, de leur patrimoine et de leur endettement si un ami, un collègue ou un membre de leur famille le leur demande. (Vous êtes sceptique ? Vous n'avez qu'à essayer.)
   a. Un bon nombre de b. Une petite minorité des
   c. Quelques d. Peu de

Activité 4 : Les attitudes américaines et françaises face à l'argent : une comparaison.

En groupes de quatre, répondez aux questions du sondage. Élaborez sur vos réponses et choisissez un(e) secrétaire pour prendre des notes. Ensuite, avec toute la classe, faites une comparaison entre vos attitudes et celles du sondage.

Modèle : Pour vous, est-ce que « être riche », c'est avant tout voyager beaucoup, dépenser sans compter, ne plus travailler, ou vivre dans le luxe ?
Pour moi, une personne riche peut dépenser sans compter. Mais je ne veux pas être très riche.

Activité 5 : Interaction.

Posez les questions suivantes à votre camarade.

1. Dépenses-tu tout ton argent ou mets-tu de l'argent de côté *(aside)* ?
2. Quelle est ta plus grosse dépense ?
3. Qu'est-ce que tu aimes acheter le plus ? Où est-ce que tu vas pour l'acheter ? Pourquoi ?
4. Cherches-tu des soldes ou ne fais-tu pas attention aux promotions ?
5. Est-ce que tu paies généralement en liquide *(in cash),* par chèque ou par carte de crédit ?
6. Tu préfères les boutiques individuelles ou les magasins à succursales *(chain)* ?

Les nouvelles élites de l'emploi

À noter : The vocabulary related to work found in bold in these portraits enhances your ability to talk about work beyond the material you learned in **Module 4.**

« Plus ouverts sur le monde, plus mobiles, plus autonomes... Les diplômés (college graduates) *qui arrivent sur le marché sont formés pour survivre dans un monde en perpétuel changement. »* Capital, *août 99*

Jacques Goutreau

Élise Sardou

Saba Masour

Élise Sardou, 30 ans, responsable marketing d'Edujeu (multimédia)
Mon **employeur** est à Nice, mais moi, je travaille **à plein temps** chez moi à Avignon. **Le télétravail,** c'est le paradis pour les gens disciplinés. Autrement, il y a trop de tentations. Moi, je suis stricte. Je m'enferme dans mon bureau et je ne sors pas avant midi. Je prends une pause d'une heure maximum pour le déjeuner. Je lis le journal, et puis je recommence. Une fois par semaine je rejoins° mes **collègues** à Nice au bureau central; ça me donne de l'équilibre.° Les avantages de ce genre de travail sont énormes : on est indépendant; je peux même travailler en pyjama si je veux. De plus, mon mari et moi nous attendons un bébé et j'espère continuer à travailler comme ça, mais **à mi-temps.**

joins
gives balance to my life

Jacques Goutreau, 52 ans, patron intérimaire
Eh oui, je suis **la tête d'une entreprise** qui fabrique des instruments médicaux, mais seulement pour six mois ! Je fais partie de cette nouvelle race de **managers : des patrons intérimaires.** Je travaille pour les entreprises qui sont en crise. Pendant cette période de **restructuration,** il est très difficile de trouver quelqu'un de l'intérieur qui a l'état d'âme *(stomach/fig.),* pour **licencier** des employés, fermer des usines. On

préfère **embaucher** des managers de transition, totalement étrangers à l'entreprise. Quelle sorte de formation faut-il avoir pour ce genre de travail? On cherche généralement des gens qui ont **dirigé** des entreprises. J'aime ce travail, car j'ai un esprit indépendant et je supporte bien° l'incertitude. J'ai des journées de dix à quinze heures sans vacances, et puis je suis libre. En plus, je suis très bien payé.

tolerate

Saba Masour, 25 ans, programmeuse
Qu'est-ce que je fais dans la vie? Je travaille comme **programmeuse** pour AOL France, **le fournisseur d'accès au Web.** J'ai **décroché** ce travail grâce à **un stage** que j'ai fait à Sun Microsystems, en Californie. Pendant six mois, à la fin de mes études à l'École polytechnique,° j'ai travaillé comme une folle sans recevoir de salaire. Mais j'ai gagné de l'expérience, et je connais maintenant une autre culture. **Mes projets** pour l'avenir? J'aimerais bientôt commencer ma propre entreprise spécialisée dans **le commerce électronique,** mais je pense rester ici quelques années pour mieux connaître l'industrie.

most prestigious polytechnic university in France; entrance exclusively through competition or by exam

Activité 6 : Connaissez-vous le vocabulaire du travail ?

Complétez les phrases suivantes avec un mot ou une expression de la deuxième colonne.

1. Quelqu'un qui travaille à mi-temps...
2. Un manager...
3. Quelqu'un qui décroche un travail...
4. Manpower ...
5. Pendant les périodes de crise économique...
6. Quelqu'un qui fait du télétravail

a. gère ses employés.
b. est une agence intérimaire.
c. il faut souvent licencier des employés.
d. a un travail à temps partiel.
e. vient de trouver un poste.
f. peut travailler chez lui.

Activité 7 : Le pour et le contre.

Avec un(e) partenaire, remplissez la grille suivante. Puis trouvez le travail qui vous intéresse le plus et celui qui vous intéresse le moins. Expliquez vos décisions.

Travail	Qualités nécessaires	Formation	Avantages	Inconvénients
Responsable marketing d'Edujeu				
Patron intérimaire				
programmeur				

La mode

Structure 12.2
***Lequel* et les adjectifs démonstratifs ce, cette et ces**

Lequel *(which one)* and demonstrative adjectives **(ce, cette,** and **ces)** are used for asking about choices and referring to specific people and things. They are introduced here in the context of shopping. See page 430 for a full explanation of these forms.

Au défilé de mode

Vous aimez cette robe ?

—Laquelle ?

Cette robe marron en coton.

—Non, ce n'est pas mon style.

Que pensez-vous de ce mannequin ?

—Lequel ?

Cette grande brune-**là** en petite robe transparente.

—Je la trouve exotique, mais elle est trop mince.

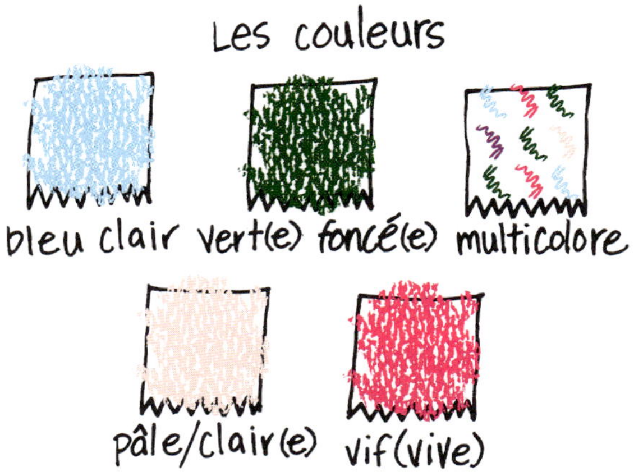

Activité 8 : Faisons du lèche-vitrines.

Vous faites du lèche-vitrines avec un(e) ami(e). Demandez-lui ce qu'il/elle pense des vêtements que vous voyez.

Modèle : Expressions utiles pour parler du style : style habillé *(dressy)*, élégant, style vieux jeu *(outdated, dowdy)*, style BCBG (bon chic bon genre) *(yuppie, clean-cut conservative)*, style baba cool *(60s-hippy style)*

Modèle : la jupe

Que penses-tu de cette jupe ?

—Laquelle ?

La jupe rouge en coton.

— Elle est trop BCBG. Je ne l'aime pas beaucoup.

1. la veste
2. le blouson
3. les chaussures
4. le pantalon
5. le complet
6. la chemise

Activité 9 : C'est qui ?

Observez ce que portent les autres personnes de la classe (y compris le professeur). Maintenant, décrivez quelqu'un. La classe va deviner qui c'est.

Modèle : Cette personne porte un blue jean délavé *(stonewashed, faded)*, un Tee-shirt blanc et une grande chemise à carreaux en coton. Elle porte aussi des baskets noires.

Défilé de mode en 1973. Le jean est roi. Les pantalons sont à pattes d'éléphant, les couleurs sont vives et gaies. Les filles portent souvent des chaussures très découpées et à talons très hauts.

Activité 10 : À chaque génération son style.

En groupes de trois, regardez les vêtements sur la photo et répondez aux questions suivantes.

1. Qu'est-ce qu'on porte ?
2. À quelle époque s'habillait-on ainsi ?

3. Qu'est-ce que vous associez à cette génération (musique, danses, habitudes, voitures, films, émissions de télévision, gens célèbres) ?
4. Connaissez-vous quelqu'un qui s'habillait comme ça ?
5. Est-ce que ce « look » est populaire dans une version rétro ?

Comment faire les achats

Quelques expressions utiles

Premier contact

Vendeur/euse	**Client(e)**
Je peux vous renseigner ? Vous désirez, madame/monsieur ?	Oui, je cherche un pantalon. Je cherche ce modèle en bleu. Euh, je regarde (tout simplement). Rien, merci.

Renseignements

Vendeur/euse	**Client(e)**
Quelle taille faites-vous ? Quelle est votre pointure ?	Je fais du 40. Je chausse (Je fais) du 39.

Pour demander le prix

Client(e)	**Vendeur/euse**
C'est combien, cette chemise ?	Elle est en solde pour 180 francs. C'est une très bonne affaire.
Combien coûtent ces bottes ? C'est très cher !	Elles coûtent 825 francs. Mais regardez un peu, madame. La qualité est superbe !

Pour demander un avis et prendre une décision

Client(e)	**Vendeur/euse**
Je peux l'essayer ? Est-ce que ça me va ?	Bien sûr. Voilà la cabine. Ça vous va très bien/comme un gant. C'est peut-être un peu serré/large. Essayez la taille plus grande/petite.

Vendeur/euse	**Client(e)**
Qu'est-ce que vous en pensez?	Je ne sais pas. C'est un peu trop cher/grand/juste. C'est (Ce n'est pas) exactement ce que je cherchais. Je dois réfléchir. Je le prends.

TABLE DE COMPARAISON DE TAILLES

Robes, chemisiers et tricots femmes							
F	**36**	**38**	**40**	**42**	**44**		
USA	**6**	**8**	**10**	**12**	**14**		
Chaussures femmes							
F	**36½**	**37**	**37½**	**38**	**39**	**40**	
USA	**5**	**5½**	**6**	**6½**	**7**	**8**	
Chemises hommes							
F	**36**	**37**	**38**	**39**	**40**	**41**	**42**
USA	**14**	**14½**	**15**	**15½**	**16**	**16½**	**17**
Chaussures hommes							
F	**40**	**41**	**42**	**43**	**44**	**45**	**46**
USA	**7**	**7½**	**8**	**9**	**10**	**11**	**12**

Activité 11 : Au rayon des chaussures.

Complétez cette conversation entre un client et un vendeur.

VENDEUR Bonjour, monsieur. Je peux ______________ ?
CLIENT Oui, j'aime les chaussures dans la vitrine.
VENDEUR Les tennis ou les mocassins ?
CLIENT Les mocassins. Vous avez ______________ en 43 ?
VENDEUR Allons voir... Oui, les voici.
CLIENT Hmm. Ils sont assez confortables, mais un peu trop ______________. Vous ne les avez pas en 44 ?
VENDEUR Non, mais je peux vous montrer ______________.
CLIENT Bien, quelque chose en daim.
VENDEUR Très bien. Je reviens. J'ai trouvé ça en ______________.
CLIENT Euh... ce n'est pas exactement ______________.

VENDEUR	Ce modèle est ____________ pour 219 francs. C'est une ____________ !
CLIEN	Essayons-le. Euh. C'est pas mal.
VENDEUR	Ça vous va ____________.
CLIENT	Vous avez raison. Eh bien, ____________.

CD ROM

Bulletin

Les Français sont les plus gros acheteurs de chaussures d'Europe. Ils achètent presque six paires de chaussures par personne.

D'après G. Mermet, *Francoscopie,* 1999 © Larousse-Bordas, 1998

Les cadeaux

Structure 12.3 L'ordre des pronoms

When talking about gift giving, two object pronouns are sometimes used in the same sentence. One represents the object being offered, the other represents the recipient. See page 432 for an explanation of pronoun order.

David aime ce CD. Je veux **le lui** offrir.

Je vais offrir ce livre à Paul.

— Ne **le lui** achète pas. Il en a déjà un.

Achetons ce jeu vidéo pour les enfants.

— Je **leur en** ai déjà acheté deux. Achète-**leur** plutôt un petit ballon de foot.

Je pensais **t'**offrir ce baladeur.

— C'est gentil, mais ne **me l'**achète pas. Il est trop cher !

Activité 12 : Qu'est-ce qu'on a dit ?

Imaginez une question logique pour chacune des réponses.

Modèle : Oui, elle m'en parle.

— Est-ce qu'Aurélie te parle de sa famille ?

1. Oui, ils me la prêtent.
2. Non, je ne leur en demande jamais.
3. Oui, elle m'en achète de temps en temps.
4. Non, je ne vais pas vous le donner !
5. Oui, ils m'en donnent toujours.
6. Non, ils ne pensent plus y aller.

Activité 13 : Est-ce que ça se passe comme ça dans votre salle de classe ?

Déterminez si les phrases suivantes sont *vraies* ou *fausses*. Dans vos réponses, remplacez les objets par un pronom.

Modèle : Le professeur nous a invités au café.

En fait, non. Il ne **nous y** a pas invités. *ou*

Eh bien, oui. Il **nous y** a invités.

1. Dans cette classe, le professeur donne beaucoup de devoirs aux étudiants.
2. Les étudiants répondent toujours correctement au professeur.
3. Je rends toujours mes devoirs au professeur.
4. Nous avons déjà passé l'examen final.
5. Nous allons étudier le verbe **être** la semaine prochaine.
6. Le professeur nous a parlé de sa famille.
7. Le professeur a promis de me donner un A.
8. Il y a beaucoup de footballeurs dans cette classe.

Activité 14 : Soyons raisonnables !

Votre ami est généreux, mais il n'a pas vraiment de bon sens. Donnez-lui vos conseils. Commencez votre réponse par : *Ah ça non, Mais non, ça non.*

Modèle : Je pense offrir ce nœud papillon à carreaux à mon père.
— Ah non, ne le lui achète pas. Il est un peu vif. Achète-lui plutôt une cravate en soie.

1. Je pense offrir cet appareil-photo à mon petit frère.
2. Je pense offrir ce costume à mon camarade.
3. Je pense offrir ces vélos de montagne à mes grands-parents.
4. Je pense offrir cette plante en plastique à ma petite amie.
5. Je pense offrir cette montre en or *(gold)* à mon professeur de maths.

Activité 15 : Comment réagir ?

Qu'est-ce qu'il faut faire dans les situations suivantes ? Remplacez les mots en italique par un pronom.

1. Votre ami vous invite à un pique-nique au bord du lac. Allez-vous lui acheter *du vin* ?
2. Une personne que vous n'aimez pas beaucoup vous a invité(e) à dîner. Dites-vous *à cette personne* pourquoi vous refusez *l'invitation.*
3. La St.-Valentin arrive. Est-ce que vous allez acheter *une jolie carte* pour *votre petit(e) ami(e)* ? Allez-vous aussi *lui* acheter *des chocolats* ?
4. Vous organisez une surprise-partie pour vos parents. Allez-vous être capable de garder *le secret* ?
5. Vous n'aimez pas la couleur du manteau que votre grand-mère vous a acheté. Est-ce que vous allez *le lui* dire ou non ?

La publicité

Structure 12.4 *Tout* et les expressions indéfinies	Commercials paint pictures of lifestyles that target and generalize about specific groups. In the following activities, you will learn how to generalize using indefinite adjectives such as **tout** and **certain.** For further discussion of these indefinite expressions, see page 434.

Est-ce que **tous** les gens qui boivent de la bière trouvent de bons copains ?

Est-ce que **certaines** publicités utilisent la séduction pour vendre ?

Peut-être que vous trouvez le nom « Green water » un peu étrange pour un parfum. Mais **bien des** produits de luxe américain ont des noms français un peu bizarre. Pensez à « Clinique. »

Activité 17 : Réagissez !

Suivez le modèle pour réagir aux généralisations suivantes. Utilisez ces mots: *tous, tout(e)(s), certain(e)s, quelques, la plupart des, plusieurs, bien des* (many), *beaucoup de, peu de.*

Modèle : Tous les Américains ont une télévision.

—Il est vrai que la plupart des Américains ont une télévision, mais il y a certains Américains qui refusent d'en avoir une. Par exemple, mon professeur d'histoire dit qu'il n'a pas de télévision.

1. Tous les Américains mangent des hamburgers.
2. Tout le monde porte des jeans sur le campus.
3. Tous les hommes sportifs boivent de la bière.
4. Tous les professeurs sont distraits *(absent-minded).*
5. Toutes les belles femmes sont égoïstes.
6. Tous les gens riches sont conservateurs.

Activité 18 : Généralisez !

Faites une remarque sur les gens, les lieux et les objets en utilisant les mots suivants : *tout(e)(s), tous, quelques, certain(e)s, la plupart des, bien des, beaucoup de, peu de.*

Modèle : une machine à écrire

—Peu de gens utilisent encore une machine à écrire. La plupart des gens utilisent un ordinateur.

1. le football
2. la France
3. Gérard Depardieu
4. les cigarettes
5. les cafés
6. le président

Lecture

Anticipation

Cet article explique comment un jeune Japonais, Kenzo, devient un célèbre créateur de mode français. Voilà un exemple intéressant du métissage culturel—un mélange *(mixture)* exubérant des sources. D'abord, un petit test.

1. Parmi les couturiers suivants, lesquels travaillent principalement en France ?
a. Yves Saint Laurent b. Ralph Lauren c. Jean-Paul Gauthier
d. Calvin Klein

2. La France accueille des artistes et des intellectuels de tous les coins du monde. Trouvez les personnes de la liste suivante qui tombent dans cette catégorie.
a. Josephine Baker b. Pablo Picasso c. Marc Chagall
d. Thomas Jefferson e. Stephen King

On appelle les premières créations de Kenzo « Jungle Jap » , car les dessins du couturier sont influencés par le peintre français appelé le Douanier Rousseau. Il y a un de ses tableaux à la page 422.

Kenzo, 30 ans déjà

Kenzo Takada, le premier des Japonais à avoir mérité le titre de créateur français, connu et reconnu internationalement sous son seul prénom—Kenzo—, fête en cette fin de siècle trente années de création. Trente années tumultueuses que n'imaginait pas un seul instant ce jeune homme timide, débarquant un beau matin de 1964 sur le port de Marseille.

Il est jeune (vingt-quatre ans), plein d'enthousiasme et sans un sou° en poche, ou si peu. Mais les sous, il s'en fout.° Ce qui l'intéresse, c'est Paris, où il s'installe dans une petite chambre. Toute la journée, il flâne dans la ville, fasciné. Il ne parle pas un mot de français et prend des photos. Un journal de Tokyo est d'accord pour lui acheter des portraits de Parisiens « bien habillés », ce qui est nettement° plus agréable que de tondre les chiens° (autre job proposé). Et puis, c'est une façon de sentir la ville, de regarder les vitrines,° de s'étonner de ces jeunes filles en mini qui, dit-il, « ressemblaient toutes à des mannequins », de s'asseoir aux terrasses de café, bref de tomber amoureux de la vie parisienne et surtout de Paris. Mais Paris, ce n'est pas le paradis quand on ne connaît personne. Ça pourrait même devenir l'enfer pour un jeune Japonais qui cherche du travail, a le mal du pays° et n'arrive toujours pas à aligner trois phrases correctes malgré ses cours à l'Alliance Française.

penny/he doesn't care about them (slang)

clearly/groom dogs

shop windows

is homesick

Coup de blues, Kenzo veut rentrer au Japon sans trop perdre la face. Car après tout, il était venu pour travailler dans la mode.

Le premier job

Un emploi stable chez Pisanti lui prouve que tout peut s'arranger et qu'on peut même profiter de la vie. Le jour, il travaille. La nuit, on l'initie aux boîtes et il découvre le mot vacances (absent du vocabulaire japonais où le concept même n'existait pas). Il ouvre une galerie avec l'aide de deux amies japonaises et pinceaux° et couleurs à la main, il repeint sa galerie avec le décor à la manière du Douanier Rousseau. Son premier défilé « Jungle Jap est né. Vive Kenzo ! » Kenzo et son exubérance pleine de fleurs, de couleurs, de fraîcheur signe la fin° des années hippies tout en conservant l'envie de liberté. «Délibérément, j'ai cherché à créer des formes non structurées, non définies... avec une ampleur nouvelle, différente inspirée par la technique du kimono » , confie-t-il. Ce retour aux sources est en fait° tout l'esprit de Kenzo.

paint brushes
the end
in fact

Sérénité joyeuse

Petit à petit, il se dégage° de la société qu'il a créée parce que trente ans c'est long et parfois lourd. «Mais c'est une chance d'avoir duré tout ce temps, » dit-il. « Au début, je pensais que je tiendrais° trois, quatre ans et puis ça marchait de plus en plus. Alors je me suis dit : à quarante-cinq ans, j'arrête. Aujourd'hui, j'ai soixante ans et je prends plus de temps pour moi-même. Je suis moins impliqué dans les affaires de la maison Kenzo. Mais je continue car j'aime la mode, j'aime l'équipe et, même au bout de trente années, j'apprends encore des choses. »

frees himself
would last

Adapté de *Marie Claire,* octobre 1999.

Compréhension et intégration

Répondez aux questions suivantes.

1. Kenzo Takada est le premier des Japonais à mériter quel titre ?
2. Depuis quand travaille-t-il dans la mode ?
3. En quelle année est-il arrivé en France ? Comment y est-il venu ?
4. Parmi les qualités suivantes, laquelle *ne décrit pas* le jeune Japonais ?
   a. timide b. enthousiaste c. bon photographe d. pauvre
   e. bon en français
5. Au début de son séjour à Paris, comment gagne-t-il sa vie ?
6. Comment passe-t-il ses journées ?
7. Décrivez le style « Kenzo » . Quelle mode japonaise l'influence ?
8. Kenzo n'est plus le « chef » de son entreprise, mais il continue dans la mode. Pourquoi ?

Expansion de vocabulaire

1. Quand on débarque sur un port, c'est parce qu'on voyage en ______________.
2. Un ______________ utilise des pinceaux pour créer.
   a. écrivain b. peintre *(painter)* c. sculpteur d. musicien

3. Un style sans contraintes est généralement ______________.
   a. structuré b. fluide c. conservateur d. sobre

Maintenant à vous

1. Quels aspects du style Kenzo sont toujours populaires dans la mode d'aujourd'hui ?
2. On dit que la mode reflète la mentalité de son époque. À la fin des années 90, par exemple, les hommes ont commencé à dépenser presque autant d'argent sur les produits de beauté et les vêtements que les femmes. Ce changement dans la mode reflète quel changement dans la société ? Choisissez une ou deux époques et essayez de trouver des liens *(connections)* entre cette époque et la mode.

Un pas en avant

À jouer ou à discuter

1. Vous venez d'acheter de nouveaux vêtements pour aller à une fête avec un(e) ami(e). Montrez les vêtements à votre ami(e) vous pouvez utiliser une photo de mode. Demandez-lui ce qu'il/elle en pense.
2. C'est l'anniversaire de votre ami(e) et vous venez de lui acheter un petit cadeau. Offrez-le-lui. Il/Elle vous remercie et vous invite chez lui/elle pour une petite soirée. Demandez-lui quelques renseignements : l'heure de la fête, où il/elle habite, s'il faut s'habiller *(dress formally).*
3. (En groupes de six à huit) Est-ce que nos possessions révèlent un peu notre caractère ou notre mode de vie ? Sur une feuille de papier, notez un de vos objets chéris. Passez la feuille à droite. La personne à votre droite va écrire quelque chose sur votre caractère ou vos habitudes, basé sur l'objet que vous avez noté. Puis, il/elle plie *(folds)* la feuille pour cacher *(hide)* ses commentaires et la passe à la personne à droite qui va aussi écrire quelque chose. Continuez ainsi jusqu'à ce que tout le monde dans le groupe reçoive sa feuille avec des commentaires.

Modèle : un vélo tout terrain *(mountain bike)* : 1. Vous êtes sportif et vous aimez la nature. 2. Vous aimez la solitude.

Puzzle à deux

INFO

Vous et votre frère/sœur revenez d'un voyage avec des souvenirs pour toute la famille. Malheureusement, vous avez gâché *(ruined)* la liste que vous avez préparée et qui vous indiquait chaque cadeau était destiné. Alors, vous devez combiner vos informations avec celles de votre frère/sœur, qui a sa propre *(own)* liste. Utilisez des pronoms quand c'est possible.

Modèle :
Partenaire A: On a acheté les lunettes de soleil pour Tante Sarah, n'est-ce pas ?
Partenaire B: Non, on ne les lui a pas achetées. On les a achetées pour notre cousine Jeanne.

Personne A va utiliser la liste suivante.
Personne B va tourner à la page A–26.

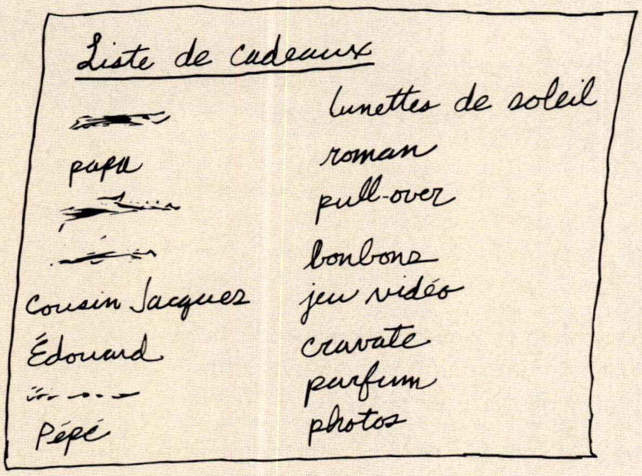

Tante Hélène; Maman; Mémé; cousine Jeanne

Naviguez le Web !

1. Les magasins en ligne deviennent de plus en plus populaires en France comme aux États-Unis. Vous pouvez y acheter quelque chose ou tout simplement faire du lèche-vitrines en ligne. Allez-y !
2. Il y a beaucoup de jobs dans ce monde, trop même pour les inclure tous dans un chapitre sur le travail. Alors, nous allons vous envoyer sur un site qui a une liste intéressante de possibilités de travail. Vous pouvez même y accompagner pendant toute une journée quelqu'un qui fait le travail qui vous intéresse.

À écrire

Et si c'était un objet ? Choisissez le vôtre.

À la fin du 20e siècle, on a demandé aux Français de choisir un objet qui symbolise ce siècle. Veut-on célébrer la révolution domestique ? On choisira le lave-linge ou la télécommande. Préfère-t-on souligner l'explosion de la communication ? On mettra en avant le portable ou Internet.

Marie Claire, amusé par l'idée, a demandé à plusieurs personnalités de se prêter au jeu. On leur a demandé de citer 1) l'objet qui représente le siècle, 2) l'objet qu'on voudrait voir disparaître au cours du prochain millénaire, et 3) celui qu'on souhaiterait que l'on invente. Voici une réponse d'Agnès B, styliste.

Agnès B.

Styliste

MON OBJET: «C'est le briquet Bic jetable, car il n'est ni féminin ni masculin. Il est né dans ce siècle. On s'en sert de la main droite comme de la main gauche. Il porte en lui sa propre énergie. La flamme, c'est l'esprit. Il est perdable. Il n'a pas de valeur. Il est autonome et échangeable. Il a sa place dans l'histoire de l'homme et du feu. Il est catalyseur. Il favorise les relations et il est signe de joie dans les concerts.»

L'OBJET QUE J'AIMERAIS VOIR DISPARAÎTRE: «Toutes les armes, les mines antipersonnel, la bombe H, toutes les bombes, y compris celles pour les rosiers. La plus grosse des bombes comme la plus petite qui détruit la couche d'ozone.»

L'OBJET À INVENTER: «Ce serait un médicament contre la méchanceté, et un autre contre le chagrin d'amour. Il pourrait s'appeler: "Forget it".»

Basé sur un article dans *Marie Claire*, juin 1999

Première étape

Afin de préparer chaque paragraphe de l'essai, faites les listes suivantes et puis comparez vos listes avec celles de vos camarades de classe.

1. D'abord, faites une liste des changements du 20e siècle que vous trouvez importants et que vous aimeriez fêter. Expliquez les implications de ces changements. Voici quelques possibilités : la révolution sexuelle, l'explosion de la communication, les droits de la femme, la libération

technologique. Partagez vos idées avec d'autres personnes pour élargir les possibilités.

2. Choisissez un objet que vous associez à un de ces changements. Donnez des raisons pour lesquelles cet objet le représente. Exemples : L'ordinateur est un instrument de liberté; le disque compact symbolise l'explosion de la culture jeune, le pantalon pour femme, représente la libération des femmes. Décrivez l'objet: il est de quelle taille, couleur, etc. De quoi est-il fabriqué ?
3. Faites une liste des objets que vous aimeriez voir disparaître—le téléphone portable, la télé, les armes ou les mines antipersonnel, la bombe H, le plastique—et expliquez pourquoi.
4. Pensez à une invention qui pourrait aider le monde.

Deuxième étape

Maintenant écrivez votre essai en commençant vos trois paragraphes selon le modèle. Écrivez au moins cinq phrases pour chaque paragraphe.

A. *Premier paragraphe :* À mon avis, l'objet qui marque le 20e siècle c'est le/la _______________ car _______________.

B. *Deuxième paragraphe :* L'objet que j'aimerais voir disparaître, c'est...

C. *Troisième paragraphe :* L'objet à inventer, ce serait le/la...

Structures

Structure 12.1 Les verbes comme *payer*

Verbs with the infinitive ending **-yer** change **y** to **i** in all but the **nous** and **vous** forms.

payer ***(to pay, pay for)***	
je paie	nous payons
tu paies	vous payez
il/elle/on paie	ils/elles paient

passé composé : j'ai **payé** imparfait : je **payais**

Elle **paie** son loyer.	*She pays her rent.*
Combien as-tu **payé** cette voiture ?	*How much did you pay for that car?*

Some common **-yer** verbs are **nettoyer** *(to clean),* **employer** *(to use),* **essayer** *(to try),* **envoyer** *(to send),* **ennuyer** *(to bore or to annoy),* and **s'ennuyer** *(to be bored).*

Il **essaie** le pantalon avant de l'acheter.	*He's trying on the pants before buying them.*
Silence. J'**essaie** de me concentrer.	*Quiet. I'm trying to concentrate.*
Ils **envoient** la carte postale.	*They're sending the postcard.*
Ce film m'a **ennuyé.**	*That film bored me.*

The verb **dépenser** *(to spend)* is frequently used as a synonym for **payer.**

Combien as-tu **payé** ce jeu ?	*How much did you pay for this game?*
Combien as-tu **dépensé** pour ce jeu ?	*How much did you spend for this game?*

Exercice 1.

Complétez ces bribes de conversation que vous entendez en faisant vos courses.

1. Je _______________ (s'ennuyer) ! Je n'aime pas faire des achats !
2. Paul, tu _______________ (payer) toujours trop d'argent pour tes affaires. Il faut attendre les promotions !
3. J'_______________ (essayer) de trouver un cadeau pour la fête des mères. Vous pouvez me recommander un petit quelque chose ?

4. Ma grand-mère m'_____________ (envoyer) de l'argent pour mon anniversaire; donc, j'ai maintenant 100 F à _____________ (dépenser).
5. —Où est Claire? —Elle _____________ (essayer) une robe.
6. Nous _____________ (payer) un peu plus, mais nous préférons acheter chez les petits commerçants du coin.
7. Charles, tu _____________ (dépenser) trop d'argent pour des bêtises!

Exercice 2.

Un jeune homme parle des dépenses de sa famille. Complétez avec *essayer, payer, dépenser, envoyer, ennuyer, épargner, employer.*

Mes parents sont très économes. Ils _____________[1] une partie de leur salaire tous les mois. En plus ils _____________[2] de l'argent à des organisations charitables comme la Croix-Rouge. Ils n'aiment pas trop _____________[3] sur les produits de consommation. Mes frères et moi, nous _____________[4] d'épargner comme eux, mais c'est difficile. Moi, par exemple, je _____________[5] 1.000F par mois pour mon loyer. L'année dernière, mes parents m'ont acheté une voiture, mais je _____________[6] l'essence et l'assurance. Mon frère aîné et sa femme travaillent, mais ils _____________[7] une nourrice pour garder leur bébé. Nos parents nous demandent toujours: « Et votre bas de laine *(nest egg)*? » Cela nous _____________[8]! Nous sommes incapables de faire des économies.

Structure 12.2 *Lequel* et les adjectifs démonstratifs *ce, cet, cette* et *ces*

Lequel *(which one?)* is frequently used to ask about a choice between people or objects. It replaces the adjective **quel** *(which? what?)* and the noun it modifies. Here are its forms:

	singulier	pluriel
masculin	lequel	lesquels
féminin	laquelle	lesquelles

Serge, regarde ces chemises. **Laquelle** préfères-tu? — *Serge, look at these shirts. Which one do you prefer?*

Je vois plusieurs téléviseurs ici. **Lesquels** sont en solde? — *I see several TVs here. Which ones are on sale?*

Adjectifs démonstratifs *(Demonstrative adjectives)*

The demonstrative adjectives (**ce, cet, cette,** and **ces**) are equivalent to *this (that)* and *these (those)* and are used to refer to specific objects or people.

Ce magasin est ouvert. — *This store is open.*

Ces disques compacts coûtent cher. — *These compact discs are expensive.*

Like all other adjectives, they agree with the noun they modify.

ce magasin	*this store*	or	*that store*
ces hommes	*these men*	or	*those men*
cette robe	*this dress*	or	*that dress*
ces femmes	*these women*	or	*those women*

Cet is used before masculine singular nouns beginning with a vowel or a mute **h.**

Je ne comprendrai jamais **cet** homme !	*I'll never understand that man!*

To emphasize the distinction between *this* and *that,* attach the suffixes **-ci** *(here)* and **-là** *(there)* to the noun.

Regarde ce baladeur.	*Look at that Walkman.*
— Lequel ?	*—Which one?*
Ce baladeur-**là,** en solde.	*That Walkman, on sale.*

Exercice 3.

Votre copain (copine) ne peut pas se décider ! Il/Elle vous demande votre avis. Complétez ses questions avec la forme correcte de l'adjectif démonstratif *(ce, cet, cette, ces).*

1. Je devrais acheter ______________ bottes ou ______________sandales ?
2. Préfères-tu ______________ chemise en coton ou ______________ chemisier en soie ?
3. Est-ce que tu préfères ______________ veste écossaise ou ______________ blouson en cuir ?
4. J'aime beaucoup ______________ pull-là, mais je trouve ______________ chemise trop chère.
5. Est-ce que tu aimes mieux ______________ cravate à rayures ou ______________ nœud papillon ?

Exercice 4.

Le vendeur vous encourage à acheter tout ce que vous regardez. Complétez les phrases en utilisant l'adjectif démonstratif qui convient.

1. ______________ jupe plissée vous va à la perfection.
2. ______________ escarpins vous vont à merveille.
3. ______________ sweat est en solde.
4. ______________ pulls sont en promotion.
5. ______________ pantalon à pinces vous va comme un gant.
6. ______________ anorak est fabriqué ici en France.

Exercice 5.

La femme de Marc l'aide à décider ce qu'il devrait mettre dans sa valise. Complétez les questions de Marc en suivant le modèle.

Modèle : Emporte des chaussettes en coton.
— Lesquelles ? Ces chaussettes-ci ou ces chaussettes-là ?

1. Prends un jean.
2. Il te faut une chemise.
3. Prends un pull-over.
4. N'oublie pas d'emporter un bon livre.
5. Il te faut des baskets.

Structure 12.3 L'ordre des pronoms

You have already learned how to use direct and indirect object pronouns individually. Occasionally, two object pronouns are used in the same sentence. The chart that follows summarizes the required order when more than one pronoun is used.

Order of Object Pronouns

me (m') te (t') nous vous	le/l' la/l' les	lui leur	y	en	+ verbe

As the chart shows, the third person indirect object pronouns **(lui** and **leur)** always follow the direct object pronouns **(le, la,** and **les).** The other object pronouns **(me, te, nous,** and **vous)** precede the direct object pronouns.

This means that when the person receiving the object is in the third person, the indirect object pronoun follows the direct object pronoun.

Est-ce que tu donnes ce cadeau à Jean ?
(ce cadeau = *d.o.*; à Jean = *i.o.*)
— Oui, je **le lui** donne.
(le = *d.o.*; lui = *i.o.*)

A-t-il reçu le message ?
— Oui, le réceptionniste **le lui** a donné.

As-tu donné le chien aux enfants ?
— Non, je ne **le leur** ai pas donné.

In every other case, the indirect object pronoun precedes the direct object pronoun.

Est-ce que tu me donnes ce cadeau ?

— Oui, je **te le** donne.

Est-ce qu'ils vont vous vendre leur voiture ?

— Oui, ils vont **nous la** vendre.

Ils **te l'**achètent. *They're buying it for you.*

Tu **me l'**as donné? *You gave it to me?*

The pronouns **y** and **en** always come last.

Il **y en** a deux.	*There are two (of them).*
Je vais **lui en** offrir.	*I'm going to offer him some.*

L'Impératif

Pronoun Order for Affirmative Commands

verbe +	-le -la -les -leur	-moi (m') -lui -nous	-y/-en

In *affirmative commands,* the direct object pronoun always precedes the indirect as shown in the chart. **Y** and **en** always come last.

Achète-**le-moi.**	*Buy it for me.*
Donnez-**les-lui.**	*Give them to him.*
Achète-**m'en.**	*Buy me some.*

Negative commands follow the same order as in declarative sentences.

Ne **le lui** achète pas.	*Don't buy it for him.*
Ne **m'en** parlez pas.	*Don't talk to me about it.*

Exercice 6.

Les collègues de Géraldine veulent fêter sa quarantaine *(40th birthday)* en lui organisant une surprise-partie. Son amie Madeleine demande nerveusement si tout est préparé. Trouvez la réponse appropriée à ses questions.

1. Tu vas me donner la liste des invités?
2. Est-ce que Feza t'a parlé du musicien qu'on a embauché *(hired)*?
3. Avons-nous assez de temps pour préparer la table?
4. Est-ce que tu as vu les autres invités au bureau?
5. Vas-tu aller chercher le gâteau?
6. Tu es sûr que personne n'a rien dit à Géraldine?
7. Donc, elle ne s'attend pas à la fête.

a. Je suis déjà allé(e) le chercher.
b. Oui, je les y ai vus; ils viennent demain à une heure.
c. Mais, je te l'ai déjà donnée.
d. Écoute, Madeleine. Personne ne lui en a parlé!
e. Non, elle ne m'en a rien dit. Mais c'est une excellente idée.
f. Oui, nous en avons bien assez.
g. Je te le promets; elle n'en sait rien. On ne lui en a rien dit.

Exercice 7.

C'est la veille de Noël *(Christmas Eve)* et la famille Poitier essaie de finir les préparatifs pour la fête. C'est Mme Poitier qui s'en occupe. Utilisez des pronoms dans les réponses pour éviter la répétition des mots en italique.

Modèle : Chérie, offrons-nous *ces cadeaux aux Martin*? (oui)
—Oui, offrons-les-leur.

1. Maman, je peux offrir *ces chaussures de ski à Hélène*? (oui)
2. Maman, est-ce que je dois envoyer *ce paquet à grand-père*? (non)
3. Chérie, est-ce qu'on donne *ces photos à nos parents*? (non)
4. Maman, allons-nous écrire *une lettre à tante Simone*? (oui)
5. Chérie, est-ce qu'on donne *ce panier de fruits aux voisins*? (oui)

Structure 12.4 *Tout* et les expressions indéfinies

Several indefinite expressions such as **tout, certain,** and **autre** can be used as adjectives or pronouns.

Tout

When **tout** *(all)* is used as an adjective, it agrees in number and gender with the noun it modifies.

	singulier	pluriel
masculin	tout	tous
féminin	toute	toutes

J'ai vu **tous** les films de Chabrol.	*I've seen all of Chabrol's films.*
Est-ce que **toutes** les petites filles aiment les poupées?	*Do all little girls like dolls?*
J'ai lu **tout** le livre et je ne le comprends pas.	*I've read the whole book and I don't understand it.*

When **tout** is used as a pronoun, it means *everything.*

Tout est en solde dans ce magasin.	*Everything is on sale in this store.*
J'ai **tout** fait.	*I've done everything.*

The following idiomatic expressions include **tout**:

tout le monde	*everyone*
tout de suite	*immediately*
tout à fait	*completely, quite*
tout à coup	*suddenly*

Tout le monde takes a singular verb.

Tout le monde **a** bien mangé. *Everyone ate well.*

D'autres expressions indéfinies

The adjective **certain(es)** *(some, certain)* before a noun refers to an indefinite number.

Certains étudiants sont sérieux.	*Some students are serious.*
Certaines classes sont déjà pleines.	*Some (certain) classes are already full.*

Certains and **certaines** can be used as pronouns, as in the following examples.

Certains disent oui.	*Some say yes.*
La plupart des filles sont parties, mais **certaines** sont restées.	*Most of the girls left, but some stayed.*

Quelques *(a few)* and **plusieurs** *(several)* also refer to an indefinite number.

J'ai déjà **plusieurs** choses à faire.	*I already have several things to do.*

La plupart de(s)/la plus grande partie de(s) *(most),* **bien des/un bon nombre de** *(many),* and **peu de** *(few)* take a plural verb.

La **plupart des** femmes travaillent.	*Most women work.*
Bien des Français aimeraient avoir assez d'argent pour voyager.	*Many French people would like to have enough money to to travel.*
Peu de jeunes pensent à la retraite.	*Few young people think about retirement.*

Autre *(other)* is frequently used to mark a contrast. **Des + autres** contracts to **d'autres : Les autres** doesn't contract.

Certaines personnes aiment la mer; **d'autres** préfèrent les montagnes.	*Some people like the sea; others prefer the mountains.*
Avez-vous **d'autres** questions ?	*Do you have any other questions?*
Certaines robes sont plus chères que **d'autres.**	*Some dresses are more expensive than others.*
Deux magasins sont fermés. **Les autres** sont ouverts.	*Two stores are closed. The others are open.*

Exercice 8.

François et Gérard sont des touristes français à New York. Complétez leur dialogue avec la forme appropriée de *tout*.

FRANÇOIS Est-ce que tu as lu ____________[1] la lettre de Jérôme ? Il veut nous retrouver ici à New York dans quelques jours. Tu veux l'attendre ?

GÉRARD Non. Moi, je veux partir. J'ai déjà ______[2] vu. Je suis allé dans ______[3] les bonnes discothèques et dans ______[4] les musées. Maintenant, je m'ennuie.

FRANÇOIS « Je m'ennuie, je m'ennuie », tu répètes ______[5] le temps la même chose. Et je dois écouter ça ______[6] la journée. Tu es impossible !

GÉRARD Mais ______[7] le monde s'ennuie comme moi. Demande-leur.

FRANÇOIS Mais comment est-ce possible de s'ennuyer ici ? On trouve un peu de ______[8] à New York !

Tout ensemble!

Jacqueline et Antoine sont des acheteurs pour *Kookaï,* qui a plusieurs magasins de vêtements en France. En ce moment, ils font des achats pour leur collection d'automne. Complétez leur conversation avec une forme de *lequel,* un adjectif démonstratif *(ce, cette,* etc.), un complément d'objet *(lui, le, leur,* etc.) ou une forme de *tout* ou de *certain.*

JACQUELINE Qu'est-ce que tu penses de ______[1] jupe-______[2] ?

ANTOINE ______[3] ?

JACQUELINE La rouge qui est à côté du maillot.

ANTOINE Pas mal. Tu as un stylo et un carnet ?

JACQUELINE Oui. Pourquoi ?

ANTOINE Donne-______[4] - ______[5], s'il te plaît. Je veux prendre quelques notes.

JACQUELINE ______[6] voilà. Tu sais, ______[7] ces jupes ont des couleurs vives.

ANTOINE Et elles sont assez chères. Nos clientes ne ______[8] (payer) généralement pas plus de 500 F pour une jupe.

JACQUELINE En gros, tu as raison. Mais ______[9] de nos clientes sont plus extravagantes.

ANTOINE C'est l'anniversaire de ma mère la semaine prochaine. Qu'est-ce que je devrais ______[10] offrir ?

JACQUELINE Tu as une belle photo de vous deux ?

ANTOINE Oui.

JACQUELINE Eh bien, tu pourrais ______[11] ______[12] donner dans un beau cadre *(frame).*

ANTOINE Pas mal comme idée.

VOCABULAIRE

Vocabulaire fondamental

Noms

Les magasins	*stores*
une bijouterie	*a jewelry store*
un billet (de banque)	*a bank bill (paper money)*
une boutique de prêt-à-porter	*a clothing store (ready to wear)*
un bureau de tabac	*a tobacco store*
un cadeau	*a gift*
un centre commercial	*a shopping mall*
une dépense	*an expenditure*
l'euro *(m)*	*new currency for the European Union*
un franc	*a franc*
une librairie-papeterie	*a bookstore/office supply store*
un magasin de disques	*a record store*
à grande surface	*a superstore*
d'électronique	*an electronics store*
de photos	*a camera store*
de sport	*a sporting goods store*
une pharmacie	*a pharmacy*
un pressing	*a dry cleaners*

Les achats *purchases*

un appareil-photo	*a camera*
un baladeur	*a Walkman*
des bottes *(f pl)*	*boots*
un cadeau	*a gift*
une carte de crédit	*a credit card*
un gant	*a glove*
un jeu vidéo	*a video game*
un lecteur laser de disques compacts	*a CD player*
un parfum	*a perfume*
un prix	*a price*
un produit	*a product*
la publicité (la pub *fam*)	*advertising*
des soldes *(m pl)*	*a sale*
un timbre	*a postage stamp*

Le travail *work*

une formation	*training, development*
un(e) programmeur/euse	*a computer programmer*
un stage	*an internship*

Les vêtements

des bijoux *(m pl)*	*jewelry*
des chaussettes *(f pl)*	*socks*
un complet	*a man's suit*
une cravate	*a tie*
une écharpe	*a scarf*
un ensemble	*an outfit*
un imperméable	*a raincoat*
la mode	*fashion*
la pointure	*a shoe size*
la taille	*size*
un tailleur	*a woman's suit*
une veste	*a jacket, sport coat*

Verbes

accompagner	*to accompany*
dépenser	*to spend (money)*
diriger	*to lead, to direct*
emmener	*to take (someone) along*
employer	*to use*
s'ennuyer	*to get bored*
envoyer	*to send*
épargner	*to save (money)*
essayer	*to try (on)*
faire des économies	*to save (money)*
s'inquiéter	*to worry*
montrer	*to show*
nettoyer	*to clean*
offrir	*to give, to offer*
payer (en liquide, par chèque, par carte de crédit)	*to pay (in cash, by check, with a credit card)*
penser de	*to think about (opinion)*
travailler à plein-temps/à mi-temps	*to work full/part-time*

Mots divers

bien des	*a lot of*
ce, cet, cette, ces	*this, those*
certain(es)	*certain, some*
élégant(e)	*elegant*
lequel, laquelle, lesquels, lesquelles	*which one(s)*
la plupart de	*most*
plusieurs	*some, several*
tout(es), tous	*all*
tout de suite	*right away*
tout le monde	*everyone*

Les matières *materials*

en coton	*cotton*
en cuir	*leather*
en laine	*wool*

VOCABULAIRE

Expressions utiles

Comment faire les achats

(For additional expressions, see p. 414.)

Je peux l'essayer?	*Can I try it on?*
Tu aimes ce modèle-ci ou ce modèle-là?	*Do you like this style or that style?*
Je fais du 40.	*I'm size 40.*
Je chausse du 37.	*I wear shoe size 37.*
Ça vous va très bien.	*That looks very good on you.*
Il est en solde.	*It's on sale.*
Il est trop serré/large/juste.	*It's too tight/big/close a fit.*

Les motifs et les couleurs

(For additional expressions, see p. 411)

à carreaux	*checked*
à rayures	*striped*
bleu clair	*light blue*
vert foncé	*dark green*

Vocabulaire supplémentaire

Noms

Les achats *purchases*

un bloc-notes	*a notepad*
une cabine d'essayage	*a fitting room*
la caisse	*cash register, cashiers, checkout*
un caméscope	*a camcorder*
la consommation	*consumption*
un distributeur automatique de billets	*a bank machine (ATM)*
un fleuriste	*a florist*
une pastille pour la gorge	*a throat lozenge*
une pellicule	*film (for a camera)*
une pile	*a battery*
une promotion	*a promotion*
une quincaillerie	*a hardware store*
une vitrine	*a shop window*

La mode *fashion*

un anorak	*a ski or winter jacket*
un blazer	*a blazer*
des chaussures à talons plats/hauts	*flats/high-heeled shoes*
des collants	*hosiery, tights, panty hose*
un(e) couturier/ière	*a fashion designer*
un défilé de mode	*a fashion show*
des escarpins	*high-heeled shoes*
une garde-robe	*a wardrobe*
habillé(e)	*dressed up*
une jupe écossaise/plissée	*a plaid (pleated) skirt*
des mocassins	*loafers*
un pantalon de jogging	*warmup pants*
un survêtement	*a warmup suit*
un nœud papillon	*a bow tie*
un pantalon pattes d'éléphant	*bell-bottoms*
un pullover à col roulé	*a turtleneck*
à col en V	*a V-neck*

Le travail *work*

une agence intérimaire	*a temp agency*
un manager	*a manager*
le télétravail	*telecommuting*

Verbes

décrocher un travail	*to get (find) a job*
embaucher	*to hire*
fréquenter	*to visit often*
gérer	*to manage*
s'arranger	*to work out*
licencier	*to fire*
recruter	*to recruit*

Mots divers

un bon nombre de(s)	*many*
franchement	*frankly*
la plus grande partie de	*many*
tout à coup	*suddenly*
tout à fait	*completely*

Les matières *materials*

en daim	*suede*
en jersey	*stretch jersey*
en nylon	*nylon*
en polyester	*polyester*
en soie	*silk*
en velours	*velvet*
en velours côtelé	*corduroy*

13

Module 13

La santé et le bonheur

Thèmes et pratiques de conversation

Les parties du corps
Les maladies et les remèdes
Comment parler au médecin
Pour se sentir bien dans sa peau
Comment conseiller

Culture

Comment les Français se soignent
Les aliments transgéniques : un export d'Amérique qui gêne

Lecture

Je suis malade, de Sempé et Goscinny

Structures

13.1 Expressions idiomatiques avec **avoir** (récapitulation)
13.2 L'emploi de **depuis**
13.3 Les pronoms relatifs **ce qui** et **ce que**
13.4 Le subjonctif (introduction)

Prononciation

Détente des consonnes finales
Le subjonctif
La lettre finale : prononcer ou ne pas prononcer ?

Vidéo

Scène 1	Un mari malade
Scène 2	Un petit bobo
Mini-drame	Une épidémie de grippe
Publicité	Alain Afflelou, opticien

Thèmes et pratiques de conversation

Les parties du corps

Le corps humain

Activité 1 : Les activités du corps.

Trouvez l'intrus. Quelle action n'est pas associée aux parties du corps suivantes ?

1. la main
a. gesticuler
b. écrire
c. tenir
d. caresser
e. respirer

2. les yeux
a. voir
b. lire
c. fermer
d. toucher
e. regarder

3. la gorge
a. avaler
b. parler
c. écrire
d. respirer
e. manger

4. les genoux
a. plier
b. courir
c. marcher
d. s'agenouiller
e. écouter

5. la bouche
a. parler
b. manger
c. avaler
d. courir
e. chanter

Bulletin

Les Françaises bénéficient de la durée de vie la plus longue parmi les quinze pays de l'Union européenne. Elles arrivent devant les Espagnoles (81,6 ans), les Suédoises (81,5) et les Italiennes (81,3). Dans le monde, les Françaises ne sont dépassées que par les Japonaises (83).

D'après G. Mermet, *Francoscopie* 1999 © Larousse-Bordas, 1998

La figure : Catherine Deneuve a un joli visage.

Activité 2 : Associations.

Trouvez les autres parties du corps associées à la partie du corps donnée.

Modèle : la bouche : les lèvres, les dents, la langue

1. les yeux
2. les jambes
3. le bras
4. le pied
5. la main
6. la tête

Les maladies et les remèdes

Structure 13.1
Expressions idiomatiques avec *avoir* (récapitulation)

You have already learned a number of idiomatic expressions with the verb **avoir,** for example, **avoir faim, avoir soif, avoir dix ans.** Here you will learn other **avoir** expressions used for talking about feelings and sensations. Turn to page 468 for a complete discussion of **avoir** expressions.

Qu'est-ce qu'ils ont ?

Le côté physique

Ils se sentent malades.

Marc a mal à la tête.

M. Fabius a mal à l'estomac.

Armand a mal à la gorge.

Qu'est-ce qui s'est passé ?

Stéphane a eu un accident. Il s'est blessé.

Il s'est cassé le bras.

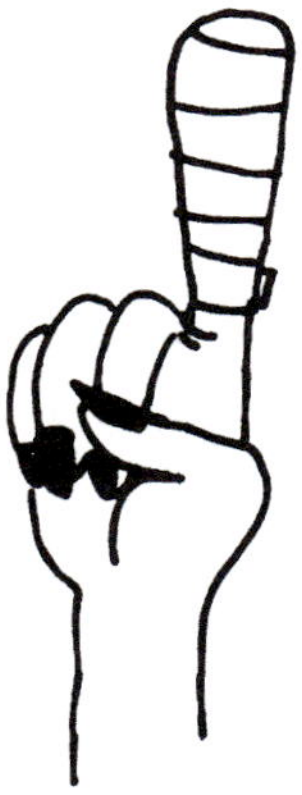

Elle s'est coupé le doigt.

Elle s'est foulé la cheville.

Bulletin

L'inventeur de la liposuccion, l'intervention esthétique la plus pratiquée au monde, est un Français. C'est le docteur Yves-Gérard Illuz.

Le côté psychologique et affectif

Jean-Guillaume **a peur** des animaux. Quand il voit un chien, il se met à pleurer et à crier pour appeler sa mère.

Charlotte **a** toujours **sommeil.** Elle **a envie de** dormir en classe et au travail.

Nicolas **a honte** d'avoir triché *(cheated)* pendant un examen. Il sait qu'il **a eu tort.**

Claudine a l'air triste et déprimée. Elle est isolée à l'école et ne sort jamais avec des amis. Elle **a du mal à** sourire ou à s'amuser.

Activité 3 : Interaction.

Posez les questions suivantes à un(e) camarade.

1. Qu'est-ce que tu fais quand tu veux dormir mais tu n'as pas sommeil ?
2. Qu'est-ce que tu as envie de faire ce week-end ?
3. Qui dans la classe a l'air content (sportif, fatigué) aujourd'hui ?
4. As-tu honte de parler devant la classe ? Pourquoi ?
5. As-tu peur des animaux ? Connais-tu quelqu'un qui a peur des animaux ? Pourquoi ?
6. As-tu du mal à étudier devant la télévision ? avec la radio ?
7. Quand tu as tort, est-ce que tu l'admets facilement ?
8. Connais-tu quelqu'un qui doit toujours avoir raison ? Qui ?
9. As-tu besoin d'étudier ce soir ? Quelles matières ?

Activité 4 : Vos sentiments.

Mettez-vous par deux ou en groupes pour compléter les phrases.

1. Nous avons envie de...
2. Nous avons tous besoin de...
3. Nous avons honte de...
4. Nous avons peur de...
5. Nous avons du mal à...

Pourquoi ne sont-ils pas au travail ?

Jean-Claude (la grippe)

Ce matin, Jean-Claude reste au lit avec la grippe. Sa température est élevée et il a la tête qui brûle. Par moments il a froid et par moments il a chaud. Quand il a froid, il a souvent des frissons. Sa femme lui a donné de la soupe, mais il n'a pas pu l'avaler parce qu'il a mal à la gorge. Il n'a pas envie de manger. Tout son corps lui fait mal; il souffre de courbatures *(achiness)*. Ce matin, sa femme va téléphoner au médecin pour lui demander conseil.

Nathalie (un rhume)

Nathalie n'est pas au travail non plus. Mais elle n'a pas de fièvre; elle n'a qu'un petit rhume. Elle tousse, elle éternue de temps en temps et elle a le nez qui coule. Elle se mouche constamment et sa boîte de mouchoirs en papier n'est jamais très loin d'elle. Elle n'aime pas aller au travail enrhumée.

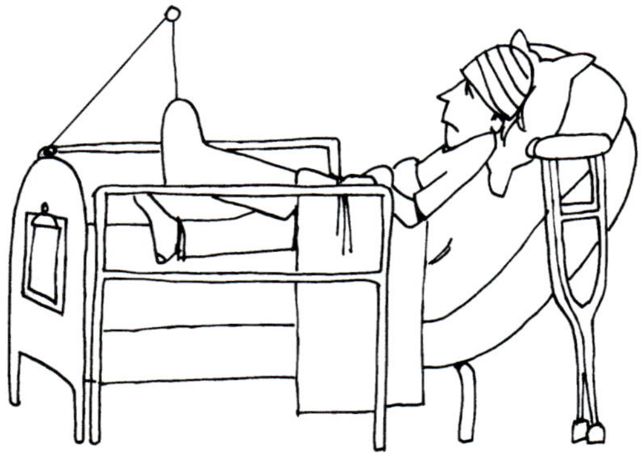

Christophe (un accident de vélo)

Le pauvre Christophe est au service des urgences de l'hôpital parce qu'il a eu un accident de vélo ce matin. On l'a amené à l'hôpital parce qu'il ne pouvait pas marcher et parce qu'il avait quelques blessures à la tête. D'abord, une infirmière lui a mis un pansement *(bandage)* sur les blessures qui n'étaient pas graves, puis elle lui a fait une piqûre *(shot)*. Christophe, fier de sa belle mine, espère que la plaie *(wound)* ne laissera pas de cicatrice *(scar)*. Enfin, le médecin a fait une radio *(x-ray)* de sa jambe. Christophe a une fracture compliquée. Le médecin va lui mettre la jambe dans le plâtre. Christophe doit marcher avec des béquilles pendant quelques semaines.

Laurent (dépression)

Laurent reste chez lui. Il est un peu déprimé, de mauvaise humeur et ce matin il a le cafard. Hier, il s'est fâché contre son patron et aujourd'hui il n'a pas envie de se retrouver avec lui.

Isabelle (enceinte)

Isabelle, enceinte de sept mois, est chez son obstétricien pour des tests. Son accouchement est dans deux mois et elle est déjà un peu nerveuse parce que sa meilleure amie a eu un accouchement difficile. Ce matin, son médecin réserve la salle d'accouchement *(birthing room)* pour elle.

Activité 5 : Les symptômes.

Trouvez l'intrus.

1. Quand on est enrhumé...
   a. on se mouche.
   b. on éternue.
   c. on tousse.
   d. on a des blessures.
   e. on a le nez bouché.

2. Quand on a la grippe...
   a. on frissonne.
   b. on se foule la cheville.
   c. on a la tête qui brûle.
   d. on a les glandes enflées.
   e. on a mal à la tête.

3. Quand on a le cafard...
   a. on a un bleu.
   b. on est de mauvaise humeur.
   c. on pleure facilement.
   d. on est mélancolique.
   e. on n'est pas content.

4. Quand on a une blessure grave...
   a. on perd du sang.
   b. on a un bleu.
   c. on a le nez bouché.
   d. on a mal.
   e. on s'évanouit. *(faints)*

5. Quand on est enceinte...
   a. on accouche.
   b. on a des contractions.
   c. on grossit.
   d. on a souvent des nausées.
   e. on éternue.

Activité 6 : Les symptômes et les remèdes.

Qu'est-ce qu'il faut faire dans les situations suivantes ?

Modèle : se couper le doigt

Qu'est-ce qu'il faut faire si on se coupe le doigt ?

—Il faut mettre un pansement.

1. tousser
2. avoir mal à la gorge
3. avoir un rhume
4. avoir mal à la tête
5. avoir mal au dos
6. être de mauvaise humeur
7. vouloir maigrir
8. être gravement malade
9. avoir une carie

a. appeler le médecin
b. sortir avec des amis
c. se faire masser *(to get a massage)*
d. manger moins de matières grasses et faire plus d'exercice
e. prendre du sirop contre la toux
f. faire des gargarismes *(to gargle)*
g. aller chez le dentiste
h. prendre de la vitamine C
i. prendre de l'aspirine

Activité 7 : Où Paul a-t-il mal ?

Devinez où Paul a mal.

Modèle : Il a trop mangé.

Il a mal au ventre.

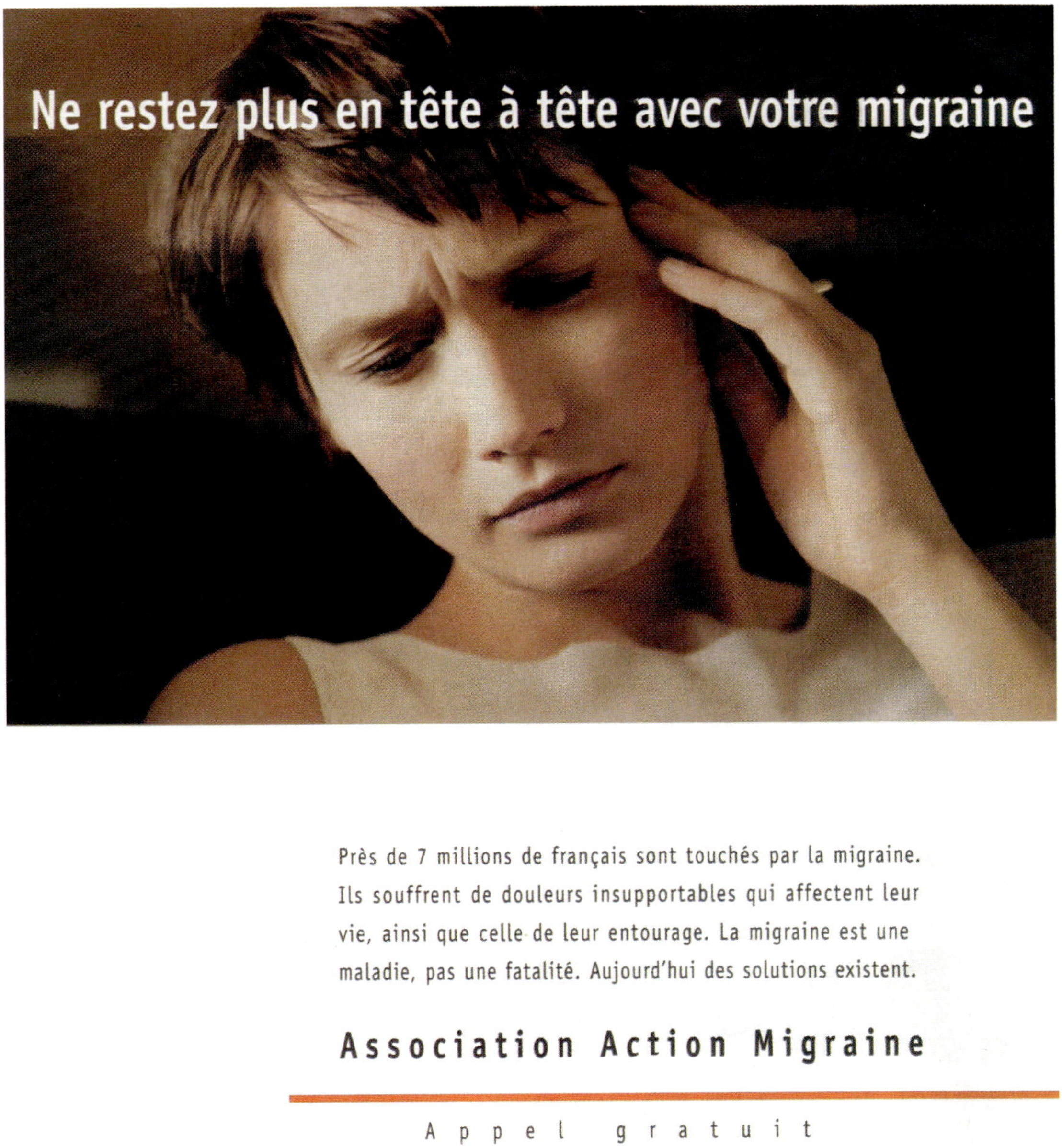

1. Il passe des heures devant l'écran de son ordinateur.
2. Il est tombé en faisant du ski.
3. Il a une migraine.
4. Il passe des heures à jouer au tennis.
5. C'est un célèbre lanceur de baseball.
6. Il a mangé trop de bonbons et d'autres cochonneries *(junk food)*.
7. Il a travaillé toute la journée dans le jardin.

Comment parler au médecin

Structure 13.2
L'emploi de *depuis*

A doctor will commonly ask patients how long they have had a particular complaint : **Depuis quand êtes-vous malade ?** French uses **depuis** with the present tense to express conditions that began in the past and are still in effect. For additional information on the use of **depuis,** see page 469.

Quelques expressions utiles

Le patient

Je ne me sens pas bien du tout.

J'ai mal à la tête.
Mes yeux me font mal.
J'ai du mal à avaler.
Je fais une dépression.

Je me sens très bien.

Je me porte très bien.
Je suis en (pleine) forme.
Je suis bien dans ma peau.

Le médecin

Qu'est-ce qui ne va pas ?
Vous avez mauvaise mine. *You don't look well.*
Qu'est-ce que vous avez ?
Où avez-vous mal ?
Quels sont vos symptômes ?
Depuis quand êtes-vous malade ?
C'est grave/ce n'est pas grave.
Je vous fais une ordonnance (*prescription*) pour des médicaments contre la migraine.

Perspectives culturelles

Comment les Français se soignent

Parmi les pays de l'Union européenne, c'est la France qui consacre la plus grande partie de son budget aux dépenses de santé. La sécurité sociale paie 74 % des dépenses médicales de ses citoyens y compris les médicaments. Et ce n'est pas tout; 84 % des Français disposent d'une assurance maladie complémentaire. Il n'est pas surprenant, alors, que les Français détiennent le record de la consommation de médicaments. Ils vont aussi le plus régulièrement chez le médecin, le psychiatre et le pharmacien. De quelles maladies souffrent-ils ? Les médecins font souvent le diagnostic d'anxiété et de dépression en prescrivant des tranquillisants et des somnifères. Le foie est peut-être l'organe qui donne le plus d'inquiétude aux Français. Selon la sagesse° médicale populaire, un mauvais foie peut entraîner une multitude de complications telles que les dépressions nerveuses, le stress et l'insomnie.

wisdom

Récemment, en France comme ailleurs, pour des remèdes aux maladies bénignes comme les allergies et les problèmes gastriques, on se tourne de plus en plus vers les médecines « douces » : l'homéopathie, l'acuponcture, la phytothérapie (l'usage des plantes médicinales) et l'hypnose. Face à la médecine moderne ou conventionnelle avec sa technologie qui sépare le médecin de son patient, la médecine douce se préoccupe de l'esprit du patient : son contexte social, son état psychologique. Cette forme de traitement n'est pas tout à fait nouvelle. En France, il y a une longue tradition de remèdes doux : une infusion de tilleul° pour calmer les nerfs ou de camomille pour aider la digestion. L'eau minérale ne s'achète pas en France pour faire chic, mais pour sa vertu curative contre les problèmes gastriques, les rhumatismes et même les maladies nerveuses. Les bains thermaux où l'on va pour « prendre les eaux » offrent une autre « cure douce » dont les Français jouissent depuis des siècles et on n'a plus besoin d'être riche pour en profiter. La sécurité sociale aide même les petits employés à passer une semaine aux bains thermaux. Quelle manière agréable de se soigner !

° *lime-blossom tea*

Avez-vous compris ?

Répondez *vrai* ou *faux* et corrigez les réponses fausses.

1. Beaucoup de Français n'ont pas d'assurances médicales.
2. Les Français prennent moins de médicaments que les Allemands.
3. Les médecins français prescrivent beaucoup de tranquillisants.
4. La médecine douce traite le corps comme une machine séparée de l'esprit.
5. En France, on boit de l'eau minérale parce que c'est bon pour la digestion.

Activité 8 : Interaction.

Posez des questions avec *depuis quand* ou *depuis combien de temps* aux camarades de classe.

Modèle : savoir lire

Depuis quand sais-tu lire ?

—Je sais lire depuis l'âge de 5 ans.

1. être en cours aujourd'hui
2. habiter dans cette ville
3. être étudiant(e) à l'université
4. étudier le français
5. connaître ton (ta) meilleur(e) ami(e)
6. savoir conduire

Activité 9 : Dialogue chez le médecin.

Maintenant vous êtes chez le médecin car vous pensez avoir la grippe. Complétez le dialogue suivant.

DOCTEUR Bonjour, Monsieur Lefèvre. Comment allez-vous ?
PATIENT ________________.
DOCTEUR Qu'est-ce qui ne va pas ?
PATIENT Je crois que j'ai ________________. Mais je ne sais pas.
DOCTEUR Quels sont vos symptômes ?

PATIENT J'ai mal à ______________, j'ai mal à la ______________ et j'ai mal au ______________.

DOCTEUR Depuis quand êtes-vous malade ?

PATIENT Depuis ______________.

DOCTEUR Ouvrez la ______________ et dites « ah ». Je voudrais examiner votre ______________. Oui, vous avez les glandes enflées et votre ______________ est rouge. Avez-vous des frissons ?

PATIENT ______________.

DOCTEUR Je veux prendre votre ______________. Ouvrez encore la bouche... Vous avez ______________ élevée. Retroussez *(pull back)* votre manche *(sleeve)* un peu, s'il vous plaît. Je vais prendre votre tension... Normale. Ce n'est pas grave. Vous avez ______________. Je vais vous donner une ______________ pour des antibiotiques. Prenez ces pilules ______________ fois par jour, s'il vous plaît.

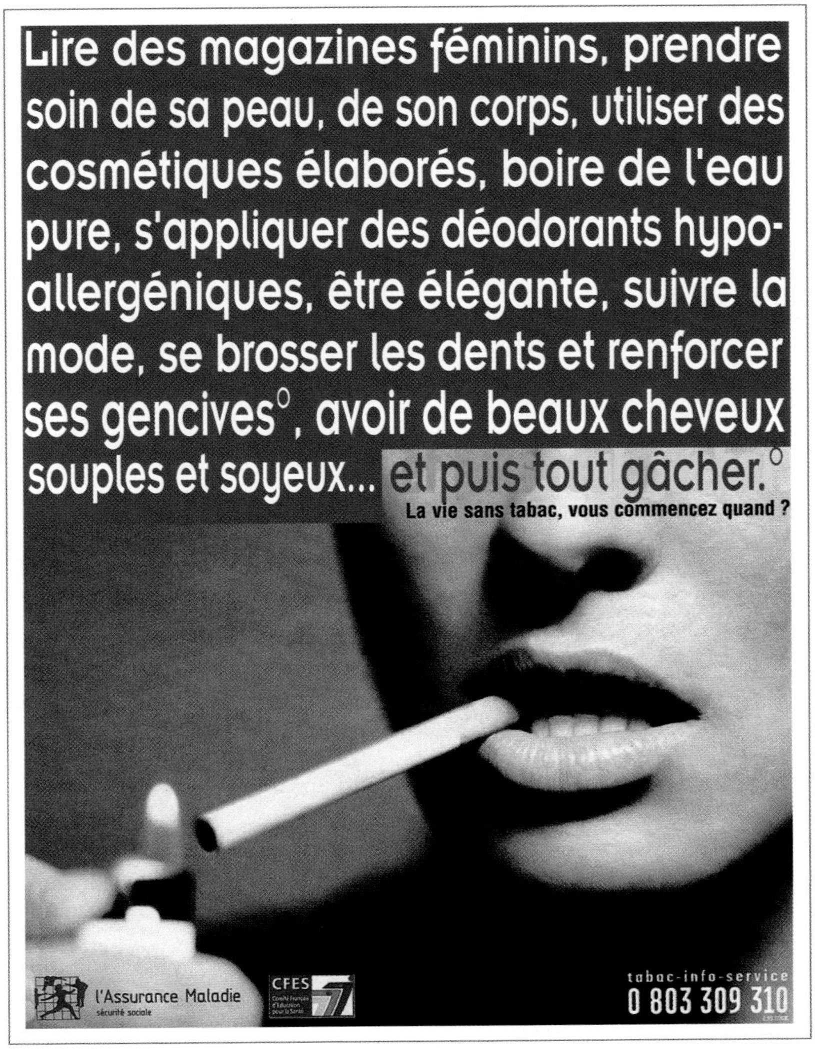

gencives° *gums*

gâcher° *spoil*

Pour se sentir bien dans sa peau

Structure 13.3 Les pronoms relatifs ce *qui* et ce *que*

Ce qui and **ce que** are indefinite relative pronouns that both mean *what.* In spoken French, they are used with **c'est** for adding emphasis and for focusing attention, as shown in the examples here. See page 470 for further explanation.

Ce qui compte pour moi, c'est me sentir bien dans ma peau. Je n'essaie plus de plaire aux autres—je veux rester fidèle à mes propres valeurs.

Ce que je cherche, c'est une vie sans stress. Mais c'est difficile pour un étudiant entre les examens, le loyer à payer et la peur de l'avenir !

Un bol de café au lait avec un croissant pour accompagner le journal le matin, **c'est tout ce qu'il me faut pour être content.**

Activité 10 : Leurs recettes de bonheur.

Quelques Français célèbres discutent de leur concept du bonheur. Lisez ce qu'ils disent et puis complétez les phases qui suivent.

Juliette Binoche

J.B. : Ce que j'ai appris, c'est que plus on travaille dans le bonheur, plus on arrive à faire de beaux films et à être créatif. Je me souviens d'avoir fait appel à cette sorte de courage pendant le tournage d'un film. À chaque interruption du film, j'ai fait le maximum pour continuer à créer, à être positive.

Figaro Magazine : Pour vous, c'est quoi le bonheur ?

J.B. : C'est d'assumer ce qui m'arrive avec le sourire. C'est d'accomplir sa journée comme la première ou la dernière.

GILBERT TRIGANO
"Le regard d'une jolie fille"
Le bonheur ? Des mots complices, le regard d'une jolie fille qu'on croise à la sauvette dans un aéroport, le merci d'une vieille femme qu'on aide à porter une valise, des petits riens qui font les petits bonheurs de tous les jours. Comme la naissance de mon premier petit-fils...
PDG du Club Med.

YANNICK NOAH
"Papa, rentre à la maison..."
Mon plus grand bonheur ? Jouer devant mes enfants qui me crient : *« Papa ! Papa ! Perds vite et rentrons à la maison ! »* Cela vous surprend, n'est-ce-pas ? Vous croyiez que j'allais vous répondre que c'était ma victoire à Roland-Garros ! Cette victoire était un rêve de gosse, je ne savais pas ce qu'elle signifiait vraiment, mais en tout cas ce n'était pas le bonheur, c'était trop superficiel. Après, j'ai eu du mal à remettre tout en place : je n'avais plus de motivation, plus de but. Pour moi, le bonheur, c'était de devenir une star, de gagner des matches, des tournois... Et quand j'ai gagné ce truc-là, je me suis dit : *« Merde, mais c'est rien »*...
Champion de tennis.

JACQUES SÉGUÉLA
"C'est gai la... pub"
Le bonheur est un état d'esprit. On est heureux ou malheureux selon ses chromosomes. On est prédestiné au bonheur comme aux affaires ou à la politique. C'est un don, pas une technique. Il ne s'apprend pas. Séguéla, c'est fait pour le bonheur parce c'est gai la... pub !
Publicitaire.

1. Pour Yannick Noah, ce qui est important, c'est ______________. La victoire à Roland Garros ne signifiait pas le bonheur pour ce tennisman. C'était trop ______________.
2. Pour Gilbert Trigano, le bonheur c'est des petits ______________. Par exemple, c'est regarder ______________ ou aider une femme à ________.
3. Pour Jacques Séguéla, le bonheur n'est pas un événement spécifique. C'est un état ______________.
4. Pour Juliette Binoche, le bonheur c'est rester positive, assumer ce qui lui arrive avec un ______________. À son avis, le bonheur aide la créativité.

CD ROM

Activité 11 : A quoi rêvent les Français ?

Lisez les résultats du sondage et finissez les phrases suivantes.

En ce qui concerne votre situation personnelle, quels sont vos trois souhaits les plus chers pour l'année ?

	18 à 24 ans	25 à 34 ans	35 à 49 ans	50 à 64 ans	65 ans et plus
Rester en bonne santé	78	82	84	92	97
Entretenir de bonnes relations avec votre famille	41	35	39	58	57
Gagner davantage d'argent	52	55	53	35	27
Trouver un emploi ou garder celui que vous avez	53	42	37	13	2
Avoir plus de temps libre	20	22	23	11	2
Vous occuper davantage de vos enfants ou petits-enfants	3	12	18	20	17
Avoir un meilleur logement	16	17	8	7	5
Être moins pris par les tâches ménagères	2	3	6	3	5
Arrêter de travailler	0	1	3	7	2
Sans opinion	1	1	1	1	0

Le total des pourcentages est supérieur à 100, les personnes interrogées ayant pu donner trois réponses.

1. La première priorité pour chaque génération, c'est...
2. Ce qui préoccupe surtout les jeunes de 18 à 24 ans, c'est...
3. Ce que les Français de plus de 50 ans recherchent en ce qui concerne leur famille, c'est...
4. Ce qui préoccupe mes amis, c'est surtout...
5. Ce que je souhaite, c'est...

Activité 12 : Le bien-être de vos camarades de classe.

Demandez à un(e) partenaire si les éléments de la liste sont importants pour son bien-être mental, et demandez-lui d'expliquer ses réponses. Puis, interviewez votre professeur.

Modèle : la télévision

E1: Est-ce que la télévision est importante pour ton bonheur ?
E2: Non, Je peux me passer de *(do without)* la télévision.
E1: Pourquoi ?
E2: Je trouve la télé une perte de temps.
les fêtes
E1: Est-ce que les fêtes te rendent heureux/euse ?
E2: Oui, en effet, les fêtes font partie de mon idée du bonheur. Je suis sociable, extraverti(e). J'aime la folie des fêtes.

1. le sommeil profond
2. l'activité physique

3. le silence ou la méditation
4. les fêtes le week-end
5. le chocolat
6. une tasse de café le matin
7. la musique
8. un bon livre

Comment conseiller

Structure 13.4 Le subjonctif (introduction)

In the following activities, you will learn several ways to give advice. French requires a special verb form called the subjunctive after expressions of obligation, desire, and necessity commonly used for influencing others. For information on how to form and use the subjunctive, see page 472.

Si vous voulez mener une vie saine...

il faut il vaut mieux	faire de l'exercice chaque jour et dormir suffisamment.
il ne faut pas	fumer.
il faut que il est essentiel que je voudrais que	vous buviez assez d'eau pour rester en bonne forme. vous fassiez un régime en surveillant votre alimentation.
il est nécessaire de je vous conseille de	courir à votre rythme.
je vous déconseille de	boire beaucoup d'alcool.

Respirez profondément !

Prenez le temps de vous détendre.

Si vous voulez mener une vie saine, il ne faut pas fumer.

Activité 13 : Des conseils.

Donnez des conseils aux personnes suivantes en choisissant parmi les options données.

1. Je prends des bains de soleil régulièrement.
2. Je me mets en colère facilement.
3. Je m'endors pendant mon premier cours le matin.
4. Je suis obsédé par le travail. J'ai besoin de réussir à tout prix.
5. J'ai besoin de perdre 10 kilos.

6. Je me soûle *(get drunk)* le week-end.
7. J'ai une mauvaise toux, mais je ne peux pas m'empêcher de fumer.

a. Il faut que vous buviez avec modération.
b. Il faut que vous vous arrêtiez de fumer tout de suite.
c. Il est nécessaire que vous vous détendiez plus souvent avec vos amis.
d. Il vaudrait mieux que vous vous couchiez à une heure raisonnable !
e. Il est nécessaire que vous mettiez de la crème solaire.
f. Il est essentiel que vous suiviez votre régime.
g. Il vaut mieux que vous comptiez jusqu'à dix avant de répondre.

Activité 14 : C'est embêtant !

On est très exigeant envers vous. Suivez le modèle.

Modèles : Ma mère veut que j'aie de bons résultats à mes cours.
Mes copains souhaitent que je sorte plus souvent.

mes copains	vouloir	dépenser moins d'argent pour...
ma mère	désirer	lui écrire plus souvent
mon père	souhaiter	être plus ponctuel(le)
mon patron	exiger	rester à la maison
mon/ma meilleur(e) ami(e)	préférer	leur confier mes secrets
mes parents		partir en vacances
		me détendre davantage
		avoir de bons résultats
		sortir plus souvent
		devenir expert(e) à l'ordinateur

Activité 15 : Comme les parents peuvent être casse-pieds !

Est-ce que vos parents vous ont embêté(e) avec leurs ordres quand vous étiez plus jeune ? Dites combien de fois ils vous ont dit les phrases suivantes. Employez : jamais, rarement, souvent, toujours.

Modèles : Mes parents m'ont rarement dit de me couvrir la tête.
Ma mère m'a toujours demandé de me brosser les dents.

1. Couvre-toi la tête !
2. Brosse-toi les dents !
3. Ne mange pas la bouche pleine !
4. Brosse-toi les cheveux !
5. Couche-toi de bonne heure !
6. Mange des fruits et des légumes !
7. Tiens-toi droit !

La main tendue

Vous pouvez les aider

Ces lectrices ont un problème et demandent du réconfort. Si vous pensez pouvoir les aider, écrivez-leur par notre intermédiaire. Nous leur ferons parvenir vos lettres.

"Une très grande timidité m'empêche d'être heureuse"

Bientôt, j'aurai 26 ans et je suis d'une timidité telle que cela m'empêche° d'être heureuse et d'évoluer normalement dans la vie. Ce handicap me rend parfois agressive et je peux être très méchante. Parce que j'ai l'impression que tout le monde se moque de moi, et je me sens rabaissée.° Pourtant, je fais beaucoup d'efforts. J'essaie de sortir, de rencontrer des gens. Je fais du rock acrobatique, de la gym, je vais à la piscine, mes semaines sont bien remplies. Il est rare que je n'aie rien de prévu le samedi.

Mais je manque de conversation, je ne parviens pas à parler devant plusieurs personnes. Mes yeux regardent partout, sauf les gens devant moi, et il m'arrive de bégayer,° de rougir. Je suis allée voir des psychologues, ils ne m'ont rien apporté. J'habite avec ma sœur, qui a quatre ans de plus que moi. Cette année, j'avais décidé de prendre un appartement, mais mon père n'a pas voulu. Je ne gagne que le Smic.°

J'ai eu un copain avec qui je m'entendais bien. J'avais tout pour être heureuse, mais au fond ça n'allait pas, comme si je n'avais pas droit au bonheur. Il me disait : « Parle, je t'écoute », mais rien à faire... Parfois, je me demande si je n'ai pas peur d'aimer et d'être aimée. Dites-moi si l'on peut guérir de la timidité. Je voudrais pouvoir me dire un jour que la vie est belle et qu'elle ne sera plus un calvaire... Merci à vous. Ça m'a fait du bien de communiquer.

Evelyne
Réf. 509. 02

m'empêche/*prevents*
rabaissée/*to put down*
begayer/*to stutter*
le Smic/*minimum wage*

Femme Actuelle

Activité 16 : Au secours !

Lisez la lettre et puis répondez aux questions qui suivent.

1. Quel est le problème de la correspondante ?
2. Qu'est-ce qu'elle a essayé de faire pour surmonter son problème ?
3. Qu'est-ce que vous lui conseillez de faire ?

Perspectives culturelles

Les aliments transgéniques : un export américain qui gêne

Le consommateur européen est moins content que ses confrères américains de manger du soja génétiquement modifié ou des viandes gonflées° aux hormones et bourrées° d'organismes génétiquement modifiés (OGM). Selon un sondage, 60 % des Français pensent que la consommation des OGM est dangereuse pour la santé.

pumped up with
stuffed

Tous les grands pays céréaliers, les États-Unis, mais aussi le Canada et l'Argentine, ont déjà adopté l'agriculture biotechnologique. Et cette agriculture risque de devenir dominante. 265 millions d'Américains mangent sans angoisse° depuis cinq ans du soja et du maïs transgéniques° au nom de la science et de l'économie du marché. L'alimentation traditionnelle deviendra l'exception, même un luxe. C'est déjà le cas aux États-Unis où les aliments biologiques° restent réservés aux classes favorisées. On les trouve dans les petits marchés chics, tels que *Whole Foods* et *Bristol Farms.*

anxiety/genetically modified corn

organic food

Adapté de « *Le Point* », 10 septembre 1999.

Avez-vous compris?

1. Les Français pensent que les produits génétiquement modifiés sont mauvais pour la santé.
2 Les Européens en général n'ont pas peur de manger du soja ou du maïs transgéniques.
3. Les États-Unis sont le seul pays agricole qui a adopté l'agriculture biotechnologique.
4. Les produits « naturels », appelés les aliments biologiques, deviennent plus chers et plus difficiles à trouver.
5. Ce sont les gens qui ont le plus d'argent qui mangent des aliments biologiques.

Lecture

Anticipation

1. Quand vous étiez petit(e) et vous restiez à la maison avec une maladie, qu'est-ce que vous faisiez pour vous amuser ?
2. Qui restait avec vous ? Est-ce que vous l'embêtiez parfois ? Comment (par exemple, vous ne restiez pas au lit, vous étiez très exigeant(e), vous refusiez de prendre vos médicaments, vous gâchiez l'atmosphère à la maison, vous étiez désobéissant(e)) ?
3. Est-ce que vous aviez un médecin de famille ? Si oui, comment était-il/elle ? Aviez-vous peur du médecin ? Pourquoi ?

Activité de lecture

Dans le Module 8 vous avez lu une histoire à propos d'un enfant, Alceste, qui est renvoyé de l'école. Ici, vous allez lire une histoire de la même série à propos d'un copain d'Alceste, Nicolas. En lisant le texte, soulignez les phrases qui expriment la logique d'un petit enfant.

Je suis malade

Sempé et Goscinny

Je me sentais très bien hier, la preuve, j'ai mangé des tas de caramels, de bonbons, de gâteaux, de frites et de glaces, et, dans la nuit, je me demande pourquoi, comme ça, j'ai été très malade.

Le docteur est venu ce matin. Quand il est entré dans ma chambre, j'ai pleuré, mais plus par habitude que pour autre chose, parce que je le connais bien, le docteur, et il est rudement gentil. Et puis ça me plaît quand il met la tête sur ma poitrine, parce qu'il est tout chauve° et je vois son crâne° qui brille juste sous mon nez et c'est amusant. Le docteur n'est pas resté longtemps, il m'a donné une petite tape sur la joue° et il a dit à maman : « Mettez-le à la diète et surtout, qu'il reste couché, qu'il se repose. » Et il est parti.

bald/skull

he patted my cheek

Maman m'a dit : « Tu as entendu ce qu'a dit le docteur. J'espère que tu vas être très sage et très obéissant. » Moi, j'ai dit à maman qu'elle pouvait être tranquille. C'est vrai, j'aime beaucoup ma maman et je lui obéis toujours. Il vaut mieux, parce que, sinon, ça fait des histoires.

J'ai pris un livre et j'ai commencé à lire, c'était chouette avec des images partout et ça parlait d'un petit ours° qui se perdait dans la forêt où il y avait des chasseurs.° Moi j'aime mieux les

bear

hunters

histoires de cow-boys, mais tante Pulchérie, à tous mes anniversaires, me donne des livres pleins de petits ours, de petits lapins,° de petits chats, de toutes sortes de petites bêtes.° Elle doit aimer ça, tante Pulchérie.

rabbits/animals

J'étais en train de lire°, là où le méchant loup° allait manger le petit ours, quand maman est entrée suivie d'Alceste. Alceste c'est mon copain, celui qui est très gros et qui mange tout le temps. « Regarde, Nicolas, m'a dit maman, ton petit ami Alceste est venu te rendre visite, n'est-ce pas gentil ? »—« Bonjour, Alceste », j'ai dit, « c'est chouette d'être venu. » Maman a commencé à me dire qu'il ne fallait pas dire « chouette » tout le temps, quand elle a vu la boîte qu'Alceste avait sous le bras. « Que portes-tu là, Alceste ? » elle a demandé. « Des chocolats », a répondu Alceste. Maman, alors, a dit à Alceste qu'il était très gentil, mais qu'elle ne voulait pas qu'il me donne les chocolats, parce que j'étais à la diète. Alceste a dit à maman qu'il ne pensait pas me donner les chocolats, qu'il les avait apportés pour les manger lui-même° et que si je voulais des chocolats, je n'avais qu'à aller m'en acheter, non mais sans blague.° Maman a regardé Alceste, un peu étonnée,° elle a soupiré° et puis elle est sortie en nous disant d'être sages. Alceste s'est assis à côté de mon lit et il me regardait sans rien dire, en mangeant ses chocolats. Ça me faisait drôlement envie. « Alceste », j'ai dit, « tu m'en donnes de tes chocolats ? »—« T'es pas malade ? » m'a répondu Alceste. « Alceste, t'es pas chouette », je lui ai dit. Alceste m'a dit qu'il ne fallait pas dire « chouette » et il s'est mis deux chocolats dans la bouche, alors on s'est battus.°

I was reading/mean wolf; all by himself; no kidding; surprised/sighed; fought

Maman est arrivée en courant° et elle n'était pas contente. Elle a dit à Alceste de partir. Moi, ça m'embêtait de voir partir Alceste, on s'amusait bien, tous les deux, mais j'ai compris qu'il valait mieux ne pas discuter avec maman, elle n'avait vraiment pas l'air de rigoler. Alceste m'a serré la main,° il m'a dit à bientôt et il est parti. Je l'aime bien, Alceste, c'est un copain.

came running; shook hands

Maman, quand elle a regardé mon lit, elle s'est mise à crier. Il faut dire qu'en nous battant, Alceste et moi, on a écrasé° quelques chocolats sur les draps, il y en avait aussi sur mon pyjama et dans mes cheveux. Maman m'a dit que j'étais insupportable et elle a changé les draps, elle m'a emmené à la salle de bains, où elle m'a frotté° avec une éponge et de l'eau de Cologne et elle m'a mis un pyjama propre, le bleu à rayures. Après, maman m'a couché et elle m'a dit de ne plus la déranger.° Je suis resté seul et je me suis remis à mon livre et j'avais de plus en plus faim. J'ai pensé à appeler maman, mais je n'ai pas voulu me faire gronder,° elle m'avait dit de ne pas la déranger, alors je me suis levé pour aller voir s'il n'y aurait pas quelque chose de bon dans la glacière.°

crushed; rubbed; bother her; get into trouble; icebox

Il y avait des tas de bonnes choses dans la glacière. On mange très bien à la maison. J'ai pris dans mes bras une cuisse de poulet, c'est bon froid, du gâteau à la crème et une bouteille de lait. « Nicolas ! » j'ai entendu crier derrière moi. J'ai eu très peur et j'ai tout lâché.° C'était maman qui était entrée dans la cuisine et qui ne s'attendait° sans doute pas à me trouver là. J'ai pleuré à tout hasard, parce que maman avait l'air fâchée comme tout.

I dropped everything/didn't expect

Alors, maman n'a rien dit, elle m'a emmené dans la salle de bains, elle m'a frotté avec l'éponge et l'eau de Cologne et elle m'a changé de pyjama, parce que, sur celui que je portais, le lait et le gâteau à la crème avaient fait des éclaboussures.° Maman m'a mis le pyjama rouge à carreaux et elle m'a envoyé coucher en vitesse, parce qu'il fallait qu'elle nettoie la cuisine.

stains

De retour dans mon lit, je n'ai pas voulu reprendre le livre avec le petit ours que tout le monde voulait manger. J'en avais assez de cette espèce d'ours qui me faisait faire des bêtises. Mais il ne m'amusait pas de rester comme ça, sans rien faire, alors j'ai décidé de dessiner.° Je suis allé chercher tout ce qu'il me fallait dans le bureau de papa. Je n'ai pas voulu prendre les belles feuilles de papier blanc avec le nom de papa écrit en lettres brillantes dans le coin, parce que je me serais fait gronder, j'ai préféré prendre des papiers où il y avait des choses écrites d'un côté et qui ne servaient sûrement plus. J'ai pris aussi le vieux stylo de papa, celui qui ne risque plus rien.

draw

Vite, vite, vite, je suis rentré dans ma chambre et je me suis couché. J'ai commencé à dessiner des trucs formidables : des bateaux de guerre qui se battaient à coups de canon° contre des avions qui explosaient dans le ciel, des châteaux forts avec des tas de monde qui attaquaient et des tas de monde qui leur jetaient des choses sur la tête pour les empêcher d'attaquer. Comme je ne faisais pas de bruit depuis un moment, maman est venue voir ce qui se passait. Elle s'est mise à crier de nouveau. Il faut dire que le stylo de papa perd un peu d'encre, c'est pour ça d'ailleurs que papa ne s'en sert plus. C'est très pratique pour dessiner les explosions, mais je me suis mis de l'encre partout et aussi sur les draps et le couvre-lit.° Maman était fâchée et ça ne lui a pas plu les papiers sur lesquels je dessinais, parce qu'il paraît que ce qui était écrit de l'autre côté du dessin, c'était des choses importantes pour papa.

cannon shots
bedspread

Maman m'a fait lever, elle a changé les draps du lit, elle m'a emmené dans la salle de bains, elle m'a frotté avec une pierre ponce°, l'éponge et ce qui restait au fond de la bouteille d'eau de Cologne et elle m'a mis une vieille chemise de papa à la place de mon pyjama, parce que, de pyjama propre, je n'en avais plus.

pumice

Le soir, le docteur est venu mettre sa tête sur ma poitrine, je lui ai tiré° la langue, il m'a donné une petite tape sur la joue et il m'a dit que j'étais guéri et que je pouvais me lever.

stuck out

Mais on n'a vraiment pas de chance avec les maladies, à la maison, aujourd'hui. Le docteur a trouvé que maman avait mauvaise mine° et il lui a dit de se coucher et de se mettre à la diète.

didn't look well

Adapté de Sempé et Goscinny : *Le Petit Nicolas,* © Editions Denoël

Expansion de vocabulaire

Utilisez le contexte pour interpréter les expressions en caractères gras, qui sont surtout utilisées par des enfants ou dans la langue parlée.

1. J'ai mangé **des tas de** caramels, de bonbons, de gâteaux, de frites...
   a. un peu de b. beaucoup de c. quelques d. assez de

2. Je le connais bien le docteur, et il est **rudement** gentil.
   a. vulgaire b. probablement c. jamais d. très

3. Ça me plaît quand il met la tête sur ma poitrine, parce qu'il est **tout** chauve.
   a. complètement b. un peu c. très d. toujours

4. Il a dit à maman: « Mettez-le **à la diète** et surtout, qu'il reste couché... »
   a. au lit b. à la maison c. au régime d. à l'hôpital

5. J'ai pris un livre et j'ai commencé à lire, c'était **chouette** avec des images partout...
   a. stupide b. amusant c. triste d. difficile

6. Maman, **elle n'avait pas l'air de rigoler.**
   a. elle était contente c. elle toussait
   b. elle était malade d. elle n'était pas contente

7. Après, maman m'a couché et elle m'a dit de ne plus la **déranger.**
   a. troubler b. parler c. pleurer d. battre

8. J'en avais assez de cette espèce d'ours qui me faisait **faire des bêtises.**
   a. dessiner des animaux c. rigoler
   b. manger d. faire quelque chose de stupide

Compréhension et intégration

Répondez aux questions suivantes.

1. Pourquoi Nicolas est-il tombé malade ?
2. Quelles sortes de livres préfère-t-il ?
3. Est-ce qu'Alceste est très poli ? Expliquez.
4. Quand Alceste est parti, qu'est-ce que maman a trouvé sur les draps de Nicolas ?
5. Pourquoi Nicolas a-t-il eu peur quand sa mère a crié « Nicolas ! » ?
6. Qu'est-ce que Nicolas a pris du bureau de son père ? Pourquoi le stylo était-il très pratique pour dessiner des explosions ?
7. Pourquoi maman a-t-elle mauvaise mine à la fin de l'histoire ?

Maintenant à vous

1. (Un débat en équipe.) En équipes de quatre à cinq étudiants, préparez quatre arguments pour débattre *(debate)* l'assertion suivante : **Nicolas est vraiment innocent, il ne comprend pas ce qu'il fait.**
2. (Jeu de rôle entre deux personnes : papa et maman.) Papa rentre du travail. Il demande à sa femme pourquoi elle a mauvaise mine. Elle lui raconte les ennuis de sa journée et il lui pose des questions.

Un pas en avant

À jouer ou à discuter

1. (Discussion en groupes). Les Français sont connus pour leur capacité de transformer la vie en art. Beaucoup de Français pensent qu'il est important de prendre le temps de se réjouir des petits moments intimes de la vie : un long repas partagé en famille, une conversation entre amis, une promenade dans la nature, un après-midi passé à la terrasse d'un café. Est-ce que vous aimez le rythme rapide de la vie américaine ? Aimeriez-vous ralentir *(slow down)* et goûter aux petits plaisirs de la vie ? Qu'est-ce que vous faites pour vous détendre ou pour mener une vie moins stressante?

Mots utiles : fainéanter *(to be lazy),* se détendre, un manque de temps, le rythme de la vie, prendre le temps de... , vivre à son rythme

2. Depuis quelques jours, vous avez un problème qui vous inquiète. Vous êtes silencieux/euse et vous avez l'air déprimé(e). Votre ami(e) veut savoir ce que vous avez, pourquoi vous êtes si silencieux/euse et solitaire. D'abord vous lui dites qu'il n'y a rien, mais finalement, votre ami(e) va vous convaincre de lui faire confiance. Il/Elle essaiera de vous conseiller.

Puzzle à deux

Vous êtes inquiet(ète). Confiez-vous à un(e) ami(e). D'abord, expliquez votre situation à votre partenaire. Il/Elle vous donnera des conseils.
Personne A va utiliser la situation suivante.
Personne B va utiliser la situation à la page A–27.
Vous avez trouvé du travail dans une entreprise à New York. Vous êtes inquiet(ète) parce que...

a. Vous détestez les grandes villes.
b. Il fait humide à New York en été et vous ne pouvez pas supporter *(stand)* l'humidité.
c. On vous a dit que New York est une ville dangereuse.
d. Vous ne connaissez personne à New York.
e. Vous n'avez pas de voiture.
f. ______________________________

Maintenant c'est votre tour de donner des conseils.
Calmez et conseillez votre partenaire. (Utilisez les formes : *il est important que, je te suggère de* + infinitif, *il faut* + infinitif.)

- trouver un bon gymnase pour faire de l'exercice à l'intérieur
- aller souvent à Portland; c'est une grande ville cosmopolitaine
- profiter de la nature; faire des randonnées, du jogging, etc.
- demander aux collègues où se trouvent les bons restaurants, clubs, etc.
- trouver un club avec des gens qui ont les mêmes passions que vous

Naviguez le Web !

La sécurité sociale française

Les Américains parlent beaucoup de la sécurité sociale. C'est un des programmes les plus importants de notre gouvernement. En France, la sécurité sociale (la sécu) joue un rôle plus expansif dans la vie des gens. Pour vous renseigner sur la sécu à la française, visitez ce site.

À écrire

Les étapes présentées ici vous mèneront à écrire un essai sur le mouvement anti-tabac aux États-Unis.

Introduction : Aux États-Unis, on passe de plus en plus de lois *(laws)* anti-tabac. On ne peut plus fumer pendant les vols intérieurs, dans les bureaux de travail ou dans les stades et salles de sport. Dans certaines grandes villes, on passe même des lois qui interdisent les cigarettes dans les bars.

Première étape

Discutez des questions suivantes en petits groupes ou avec toute la classe.

Vocabulaire utile : la section fumeurs/non-fumeurs, la fumée, respirer, le cancer des poumons *(lung cancer),* qui crée une accoutumance *(habit),* la liberté, l'industrie du tabac, une drogue, les droits des autres *(the rights of others)*

1. Quel était l'attrait *(appeal)* des cigarettes quand elles étaient très populaires ?
2. Pourquoi a-t-on changé d'attitude à propos de cette habitude ?
3. Quelle est la situation actuelle pour les fumeurs ?
4. Que pensez-vous de la campagne anti-tabac : est-ce qu'on a tout à fait raison de voter des lois strictes contre les fumeurs, d'augmenter les impôts sur les cigarettes, etc., ou est-ce qu'on va trop loin en réduisant les libertés individuelles ?

Deuxième étape

Utilisez les questions de la première étape comme guide de votre composition. Pour donner votre opinion, utilisez *à mon avis, je crois que, il est nécessaire que, il faut,* etc. **Pour exprimer deux points de vue, utilisez *d'un côté... de l'autre.***

Modèle :

D'un côté, on ne veut pas contrôler les habitudes des autres, mais de l'autre, il n'est pas juste que les non-fumeurs doivent respirer de la fumée.

Structures

Structure 13.1 Expressions idiomatiques avec *avoir* (récapitulation)

The verb **avoir** is used in many idiomatic expressions describing physical states and emotions. You are already familiar with several of them.

avoir cinq ans *to be five years old*

avoir besoin de *to need*

avoir faim *to be hungry*

avoir soif *to be thirsty*

Here are some additional expressions with **avoir.**

avoir sommeil *to be sleepy*	Elle va se coucher. Elle a sommeil.
avoir peur (de) *to be afraid (of)*	Il a peur de voyager seul.
avoir honte (de) *to be ashamed (of)*	Il a honte de ses actions.
avoir raison *to be right*	Ma mère dit qu'elle a toujours raison.
avoir tort *to be wrong*	Tu as tort de ne pas dire la vérité.
avoir mal à *to have an ache in*	J'ai mal à la tête.
avoir du mal à *to have difficulty*	Nous avons du mal à parler français.
avoir envie de *to want to, feel like*	J'ai envie d'aller en Europe.
avoir l'occasion de *to have the opportunity to*	Il a l'occasion d'aller à Paris.
avoir de la patience *to be patient*	L'institutrice doit avoir de la patience.
avoir de la chance *to be lucky*	Marie a gagné à la loterie; elle a de la chance !
avoir lieu *to take place*	Le concert a lieu à l'église St. Paul.
avoir froid *to be cold*	J'ai toujours froid en hiver.
avoir chaud *to be hot*	Tu n'as pas chaud avec ce manteau ?

Avoir l'air is used to describe how people and things appear. The adjective can agree either with the subject or with **l'air** (masculine). Use **avoir l'air de** with an infinitive.

Elle a l'air heureuse. Elle a l'air heureux.	*She looks happy.*
Il a l'air de pleurer.	*He looks like he's crying.*

Exercice 1.

Décrivez les sentiments des personnes suivantes en complétant les phrases avec une expression avec *avoir.*

Modèle : Kavimbi pense que New York est la capitale des États-Unis, mais il a tort.

1. L'enfant ______________, mais il refuse de dormir.
2. Elle prend de l'aspirine quand elle ______________ la tête.

3. Qu'est-ce que tu as ? Tu _______________ malade !
4. Je n'aimerais pas être avocate; j(e) _______________ être aggressive.
5. Où est-ce que l'examen_______________? Je ne veux pas arriver en retard.
6. Julie _______________ d'aller en France avec sa meilleure amie.
7. Mustafa, qui ne boit pas d'alcool, n'a pas _______________ d'aller au bar.
8. Lucille _______________ des gros animaux.
9. Il faut _______________ pour gagner à la loterie.
10. Camille _______________ de montrer ses mauvaises notes à ses parents.
11. Vous travaillez bien avec les enfants parce que vous _______________.
12. Je pensais que tu étais sincère mais j'avais _______________!

Exercice 2.

Vous observez les gens dans le parc avec un copain. Suivez le modèle.

Modèle : cet homme / nerveux

Cet homme a l'air nerveux.

1. ces femmes / très jeune
2. ces garçons / bien s'amuser
3. cet homme / attendre quelqu'un
4. la mère sur le banc / très ennuyé
5. la petite blonde / malheureux
6. l'homme au chapeau / chercher quelque chose

Structure 13.2 L'emploi de *depuis*

French does not have a special verb tense to describe actions that began in the past and are still in effect; it relies on the preposition **depuis** combined with the present tense to express this concept. Compare the following French and English sentences.

Merrick **est** au lit **depuis** deux jours.	*Merrick **has been** in bed **for** two days.*
Jean **est** au travail **depuis** ce matin.	*Jean **has been** at work **since** this morning.*

This contrast is a frequent source of errors for both French and English speakers as illustrated by a typical French speaker's error: "I am studying English for two years."

Depuis quand *(Since when)* is used to find out when a condition or activity began; **depuis combien de temps** *(for how long)* is used to inquire about the length of its duration.

Depuis combien de temps sont-ils ensemble ?	*How long have they been together?*

—Ils sont ensemble **depuis** deux mois. — *—They have been together for two months.*

Depuis quand est-il malade? — *Since when has he been sick?*

—Il est malade **depuis** hier. — *He's been sick since yesterday.*

Depuis que is followed by a clause containing a subject and a verb.

Georges **est absent depuis** qu'il est tombé malade. — *George has been absent since he got sick.*

Il te **regarde depuis** que tu es arrivé. — *He has been watching you since you arrived.*

In negative sentences, use the **passé composé** with **depuis.**

Je **n'ai pas vu** Jules **depuis** longtemps. — *I haven't seen Jules for a long time.*

Il **n'a pas plu depuis** cinq mois. — *It hasn't rained for five months.*

Exercice 3.

Un psychiatre décrit les problèmes de ses patients. Utilisez *depuis* et le temps du verbe approprié en suivant les modèles.

Modèles : Monsieur Hamed (parler au mur / cinq mois)
Monsieur Hamed parle au mur depuis cinq mois.
Raoul (refuser de manger / il a perdu sa sœur)
Raoul refuse de manger depuis qu'il a perdu sa sœur.
Serge (ne pas manger / hier)
Serge n'a pas mangé depuis hier.

1 Anne (avoir de terribles migraines / l'âge de 10 ans)
2. Simone (répéter la même phrase / dix ans)
3. Agnès (avoir peur de l'eau / son accident de bateau)
4. Sophie (avoir horreur des hôpitaux / son enfance)
5. Monsieur Monneau (avoir peur de monter dans un avion / son parachute ne s'est pas ouvert)
6. Jeanne (faire une dépression / son chien est mort)
7. Madame Leclerc (ne pas conduire / son accident il y a cinq ans)
8. Guy (ne pas parler / ses parents ont divorcé)

Structure 13.3 Les pronoms relatifs *ce qui* et *ce que*

Ce qui and **ce que** are indefinite relative pronouns that mean *what* in English. **Ce qui** replaces a subject; and **ce que** replaces an object.

Je ne ne sais pas **ce que** je vais faire.	*I don't know what I'm going to do.*
Ma mère veut savoir **ce qui** se passe ici.	*My mother wants to know what's going on here.*
Dis-moi **ce qui** est arrivé à ta sœur.	*Tell me what happened to your sister.*

Ce qui and **ce que** are frequently used with **c'est** for emphasis in conversation, as shown in the following examples. Although English equivalents are given, this phrasing is much more common in French.

Cette classe m'ennuie.	*This class bores me.*
Ce qui m'ennuie, **c'est** cette classe.	*What bores me is this class.*
Je veux voir un film.	*I want to see a film*
Ce que je veux faire, **c'est** voir un film.	*What I want to do is see a film.*
J'aime le chocolat.	*I like chocolate.*
Ce que j'aime, **c'est** le chocolat	*What I like is chocolate.*
Ma famille m'est importante.	*My family is important to me.*
Ce qui m'est important, **c'est** ma famille.	*What is important to me is my family.*

Exercice 4.

Des amis discutent de ce qu'ils aiment et de ce qu'ils n'aiment pas. Mettez en valeur les éléments soulignés en utilisant *ce qui* ou *ce que*.

Modèle : Je n'aime pas travailler sans arrêt.
Ce que je n'aime pas, c'est travailler sans arrêt.

1. Le conformisme m'ennuie.
2. J'apprécie mes copains et ma famille.
3. Je n'aime pas être malade.
4. Je désire trouver quelqu'un de bien qui me comprend.
5. Les gens qui parlent toujours d'eux-mêmes me gênent.
6. J'aime faire une promenade sur la plage.

Exercice 5.

Voici des bribes de conversations entendues dans le cabinet du Docteur Morot. Complétez les phrases avec *ce qui* ou *ce que*.

1. Je ne comprends pas _______________ je dois faire pour remplir ce document médical.

2. Dites-moi ______________ est arrivé à votre fille. Elle a des bleus sur le dos et le bras cassé. Savez-vous ______________ s'est passé?
3. Nous aimerions savoir ______________ il faut mettre sur cette blessure.
4. Je ne comprends pas ______________ vous voulez dire. Est-ce que je suis gravement malade, docteur?
5. ______________ je veux, c'est rentrer chez moi et boire une bonne tisane.

Structure 13.4 Le subjonctif (introduction)

French uses several structures for giving advice and expressing obligation. You have already seen the impersonal expression **il faut** combined with an infinitive used for this purpose.

Monique, **il faut faire** tes devoirs avant de sortir.	*Monica, you have to do your homework before going out.*

French commonly uses a special verb form called the subjunctive for expressing obligation and giving strong advice. The subjunctive is required in clauses following **il faut que.**

Monique, **il faut que** tu **fasses** tes devoirs avant de sortir.

Il faut que Jean **finisse** l'examen.

The subjunctive is also used following other expressions of obligation and necessity shown here.

il est essentiel que	*it's essential that*
il est nécessaire que	*it's necessary that*
il est important que	*it's important that*
il vaut mieux que	*it's preferable/better that*
je préfère que	*I prefer that*
je veux que	*I want*
je souhaite que	*I wish that*

Notre professeur veut que nous **parlions français en classe.**	*Our professor wants us to speak French in class.*
Il est important que vous **répondiez** à la question.	*It's important that you answer the question.*
Il est essentiel que vous **fassiez** attention.	*It's essential that you pay attention.*
Il vaut mieux que tu **prennes** tes médicaments.	*It's better that you take your medicine.*

Formes régulières du subjonctif *(Regular subjunctive forms)*

To form the subjunctive of most verbs, start with the third person plural verb stem **(ils, elles)** of the present tense and add the endings **-e, -es, -e, -ions, -iez, -ent** as shown in the chart.

Third person plural	subjunctive stem	subjunctive
vendent	vend-	que je vende
disent	dis-	que tu dises
finissent	finiss-	que vous finissiez
sortent	sort-	que nous sortions
étudient	étudi-	que nous étudiions

Formes irrégulières du subjoncif

The verbs **être** and **avoir** have irregular stems and endings.

être		avoir	
que je sois	que nous soyons	que j'aie	que nous ayons
que tu sois	que vous soyez	que tu aies	que vous ayez
qu'il soit	qu'ils soient	qu'il ait	qu'ils aient

Several verbs have a second subjunctive stem for the **nous** and **vous** forms derived from the **nous** and **vous** form of the present tense. This is also true for verbs with spelling changes.

boire		prendre		venir		payer	
boive	buvions	prenne	prenions	vienne	venions	paie	payions
boives	buviez	prennes	preniez	viennes	veniez	paies	payiez
boive	boivent	prenne	prennent	vienne	viennent	paie	paient

Other verbs that follow this pattern are **croire, devoir,** and **voir.**
The following five verbs have an irregular subjunctive stem. Note that **aller** and **vouloir** have a different stem in the **nous** and **vous** forms.

pouvoir	savoir	faire
puisse	sache	fasse
puisses	saches	fasses
puisse	sache	fasse
puissions	sachions	fassions
puissiez	sachiez	fassiez
puissent	sachent	fassent

aller	vouloir
aille	veuille
ailles	veuilles
aille	veuille
allions	voulions
alliez	vouliez
aillent	veuillent

Pronunciation note
Pronunciation of regular **-er** verbs in the subjunctive and the present indicative is the same for **je, tu, il/elle/on,** and **ils/elles. Nous** and **vous** forms of regular verbs sound the same as the **imparfait.**

Comment éviter le subjonctif (Avoiding the subjunctive)

It is possible to avoid the subjunctive when giving advice by using an indirect object + verb + **de** + infinitive as shown here.

Je **vous conseille de travailler** plus dur.	*I advise you to work harder.*
Mon médecin **me conseille de faire** de l'aérobic.	*My doctor advises me to do aerobics.*
Son professeur **lui a dit de parler** plus en classe.	*His professor told him to speak more in class.*
Ma mère **me suggère de me lever** plus tôt.	*My mother suggests that I get up earlier.*

For negative sentences, use the negative infinitive:

verbe + **de ne pas** + infinitif

Mon entraîneur **me recommande de ne pas fumer.**	*My coach tells me not to smoke.*

Exercice 6.

Vos amis vous demandent conseil. Répondez en commençant par *Il faut que tu (vous).*

Expressions utiles : se détendre dans une île déserte / faire de la musculation / mettre de la crème solaire pour protéger la peau / faire un régime et brûler des calories en faisant de l'exercice chaque jour / se laver le visage régulièrement avec du savon / se brosser les dents après chaque repas / dormir davantage

1. Je ne veux pas attraper de coup de soleil *(sunburn).*
2. Nous voulons maigrir.
3. Je manque d'énergie.
4. Je veux me développer les muscles.
5. Nous sommes très stressés.
6. J'ai des caries.
7. Je veux avoir une belle peau.

Exercice 7.

On exige beaucoup de vous. Choisissez parmi les verbes suivants pour compléter les phrases : *répondre, écrire, avoir, inviter, faire, être, aller, finir.*

1. Ma mère veut que je lui ______________ une fois par semaine.
2. Le patron veut que vous ______________ le projet avant la fin du mois.

3. Mon copain souhaite que nous ______________ dans le même cours d'anglais.
4. Tes parents insistent que tu ______________ de bonnes notes.
5. Le professeur exige que les étudiants ______________ en classe.
6. Ma mère veut que j(e) ______________ avec elle chez mes grands-parents.
7. Mon camarade de chambre veut que nous ______________ des amis chez nous ce week-end.
8. Le médecin conseille que nous ______________ de l'exercice régulièrement.

Exercice 8.

Complétez les phrases suivantes avec le subjonctif.

Le médecin ordonne...

1. que je me ______________ au régime.
2. que nous ______________ six verres d'eau par jour.
3. que vous ______________ de la vitamine C tous les jours.
4. que la patiente ______________ de l'aérobic.
5. que vous ______________ de la patience.
6. que vous ______________ un chapeau au soleil.

Exercice 9.

Savez-vous éviter le subjonctif ? Transformez les phrases suivantes selon les modèles.

Modèle : Le médecin veut qu'il prenne des vitamines.
Elle lui conseille de prendre des vitamines.
Le dentiste veut que je me brosse les dents régulièrement.
Il me dit de me brosser les dents régulièrement.

1. Mes parents voudraient que je dépense moins d'argent.
2. Mon père veut que je conduise plus lentement.
3. Votre professeur aimerait que vous étudiiez davantage.
4. Notre tante voudrait que nous lui rendions visite plus souvent.
5. Leurs amis aimeraient qu'ils soient moins sérieux.
6. Ma petite amie veut que je perde des kilos.
7. Ton moniteur aimerait que tu fasses de la musculation.
8. Notre camarade de chambre veut que nous fassions moins de bruit.

Tout ensemble!

Françoise, qui travaille maintenant à Londres, n'est pas contente. Elle écrit finalement à sa mère et sa mère lui répond. Complétez les deux lettres avec **des expressions avec avoir, depuis, ce qui, ce que** ou la forme correcte du verbe entre parenthèses.

Chère Maman,

Ça fait longtemps que j(e) ______________[1] (avoir) besoin de te parler franchement de ma situation ici à Londres, mais je ne voulais pas te décevoir *(to disappoint)*. D'abord, à la banque, ça ne va pas. J'ai ______________[2] de plaire à mon patron, mais il est très exigeant *(demanding)*, voire impossible. Il ne sourit jamais, et il a souvent l' ______________[3] d'être fâché contre moi. Dans mon angoisse, j'ai du ______________[4] à dormir, et donc j'ai toujours ______________[5]. Je ne comprends pas du tout ______________[6] il veut de moi. Je ______________[7] (travailler) depuis un mois sur le même projet et je ne sais pas quand ça va se terminer.

Tu sais que je suis venue ici pour pratiquer mon anglais et me faire de nouveaux amis. Malheureusement, dans notre bureau on ne parle que français et je n'ai pas le temps de sortir. Chère maman, est-ce que j'ai pris une mauvaise décision? Qu'est-ce que je dois faire? J'ai ______________[8] de tomber malade.

Grosses bises,

Caroline

Ma chère Caroline,

Pourquoi as-tu mis si longtemps à me dire la vérité? Tu ne dois pas avoir ______________[9] d'être mécontente. D'abord, tu es trop perfectionniste. Tu penses trop à ton patron. Je te suggère de ______________[10] (faire) de ton mieux et puis de l'oublier. Je t'assure que ces problèmes sont dans ta tête. Il faut que tu ______________[11] (sortir) un peu pour profiter de ton séjour à Londres. Je te suggère de ______________[12] (téléphoner) à tes cousins qui habitent tout près. Il faut aussi que tu ______________[13] (faire) de l'exercice—ta vie n'est pas assez équilibrée. Une promenade dans Hyde Park te ferait du bien.

Tu dois tout d'abord penser à ton propre bonheur. C'est ______________[14] est important. Je te téléphonerai ce week-end.

Grosses bises,

Maman

VOCABULAIRE

Vocabulaire fondamental

Noms

Les parties du corps *parts of the body*

la bouche	*mouth*
le bras	*arm*
la cheville	*ankle*
le cœur	*heart*
le cou	*neck*
le doigt	*finger*
le dos	*back*
l'épaule *(f)*	*shoulder*
l'estomac *(m)*	*stomach*
le genou	*knee*
la gorge	*throat*
la jambe	*leg*
la joue	*cheek*
la langue	*tongue*
les lèvres *(f pl)*	*lips*
le menton	*chin*
le muscle	*muscle*
le nez	*nose*
le pied	*foot*
le poignet	*wrist*
la poitrine	*chest*
la tête	*head*
le ventre	*stomach*
le visage	*face*
les yeux *(m pl)*, un œil	*eyes, an eye*

Les blessures, les maladies et les remèdes *injuries, illnesses, and cures*

l'assurance médicale *(f)*	*medical insurance*
une blessure	*an injury*
le bonheur	*happiness*
un conseil	*advice*
la grippe	*flu*
un médicament	*a medicine*
un mouchoir	*a handkerchief*
une ordonnance	*a prescription*
un remède	*a cure*
un rhume	*a cold*
le sang	*blood*
la santé	*health*

Mots apparentés : une aspirine, une opération, un symptôme, une vitamine

Verbes

blesser	*to hurt, injure*
conseiller	*to give advice*
se casser (la jambe)	*to break (a leg)*
se détendre	*to relax*
exiger	*to demand*
guérir	*to heal*
pleurer	*to cry*
se sentir	*to feel*
soigner	*to take care of, nurse*
souffrir	*to suffer*
souhaiter	*to wish*
tousser	*to cough*

Adjectifs

bouché(e)	*stopped up*
déprimé(e)	*depressed*
élevé(e)	*high*
enceinte	*pregnant*
enrhumé(e)	*congested*
grave	*serious*
malade	*sick*
sain(e)	*healthful (food, habits)*

Expressions avec *avoir*

avoir chaud	*to be hot*
avoir de la chance	*to be lucky*
avoir de la patience	*to be patient*
avoir du mal à	*to have difficulty*
avoir envie de	*to desire, feel like*
avoir froid	*to be cold*
avoir honte	*to be ashamed*
avoir l'air	*to seem, look*
avoir le cafard	*to be down in the dumps*
avoir lieu	*to take place*
avoir mal à (la tête)	*to have a (head) ache*
avoir l'occasion	*to have the opportunity*
avoir peur de	*to be afraid of*
avoir raison	*to be right*
avoir sommeil	*to be sleepy*
avoir tort	*to be wrong*

Mots divers

davantage	*more*
depuis	*for, since*

VOCABULAIRE

Expressions utiles

Comment parler au médecin *how to speak to the doctor*

(See other expressions on page 450.)

Je suis bien dans ma peau.	*I feel comfortable with myself.*
Je ne me sens pas bien du tout.	*I really don't feel well.*
Elle s'est cassé la jambe.	*She broke her leg.*
Il est en pleine forme.	*He's in top shape.*
Il est de très mauvaise/ bonne humeur.	*He's in a very bad/good mood.*
Qu'est-ce qui ne va pas ?	*What's wrong?*
Tu as mauvaise mine.	*You look sick.*

Vocabulaire supplémentaire

un accouchement	*a delivery (of a baby)*
une allergie	*an allergy*
les béquilles *(f)*	*crutches*
un bleu	*a bruise*
un cancer	*a cancer*
une carie	*a cavity*
la cheville	*ankle*
une cicatrice	*a scar*
le cil	*eyelash*
le coude	*elbow*
enflé(e)	*swollen*
le foie	*liver*
un frisson	*a shiver, chill*
le front	*forehead*
une grossesse	*a pregnancy*
une hanche	*hip*
le menton	*chin*
l'ongle *(m)*	*fingernail*
l'orteil *(m)*	*toe*
un pansement	*a bandage*
le physique	*physical appearance*
une pilule	*a pill*
une piqûre	*a shot*
un plâtre	*a cast*
une radio(graphie)	*an X-ray*
la salle d'accouchement	*birthing room*
le service des urgences	*emergency room*
le sourcil	*eyebrow*
une suture	*a stitch*
un tranquillisant	*a tranquilizer*

Verbes

s'agenouiller	*to kneel*
avaler	*to swallow*
avoir le nez qui coule	*to have a runny nose*
brûler	*to burn*
caresser	*to caress*
se couper	*to cut oneself*
déconseiller	*to advise against*
éternuer	*to sneeze*
s'évanouir	*to faint*
faire de la musculation	*to lift weights*
faire des gargarismes	*to gargle*
se faire mal	*to hurt oneself*
se faire masser	*to get a massage*
se fouler la cheville	*to twist one's ankle*
gesticuler	*to gesture*
mâcher	*to chew*
se moucher	*to blow one's nose*
paraître	*to seem*
prendre la tension	*to take (someone's) blood pressure*
se passer de	*to do without*
râler	*to complain*
respirer	*to breathe*

14

Module 14

La vie sentimentale

Thèmes et pratiques de conversation

L'amour
Valeurs et espoirs
Comment dire qu'on est d'accord ou qu'on n'est pas d'accord
Comment exprimer ses sentiments

Culture

Le couple en transition
Perspectives sur l'amitié

Lecture

L'affaire du collier, extrait des *Femmes du Prophète* de Magali Morsi

Structures

14.1 Les verbes pronominaux (suite)
14.2 Les pronoms démonstratifs : **celui, celle(s), ceux**
14.3 Les verbes et les prépositions
14.4 Le subjonctif (suite)

Prononciation

Comment accentuer
-ait versus **-aille**

Vidéo

Scène 1	Taxi !
Scène 2	À la gare
Mini-drame	Scène dans le train
Publicité	Egoïste pour homme de Chanel

Thèmes et pratiques de conversation

L'amour

Structure 14.1 Les verbes pronominaux (suite)

You have already learned to use pronominal verbs reflexively. In this **thème,** you will be exposed to a large number of pronominal verbs used reciprocally and idiomatically to talk about how people relate to each other. For further discussion of these verbs, see page 497.

« Le baiser à l'Hôtel de ville » de Doisneau

Un feuilleton d'amour en trois épisodes

Une rencontre amoureuse

Emmanuelle, coiffeuse de Poitiers, en vacances à Saint-Tropez, se bronze sur la plage lorsqu'elle aperçoit un jeune homme brun qui est venu s'asseoir près d'elle. Ils se regardent discrètement, mais ils ne se parlent pas. « Vous allez attraper un coup de soleil », lui dit-il finalement. Elle se méfie de lui *(is wary of him),* mais ne peut pas s'empêcher de regarder dans ses yeux verts fixés sur elle. C'est le coup de foudre ! Ils se parlent, ils s'embrassent. Le jeune homme, Alain, lui propose une promenade à Saint-Raphaël. Elle ne refuse pas. Restaurant, boîte de nuit, et trois jours plus tard, il lui offre une bague de fiançailles et ils se fiancent. Trois mois plus tard, ils achètent des alliances et ils se marient.

La vie conjugale

Après un mariage traditionnel suivi d'une nuit de noces et d'une lune de miel splendides passées en Grèce, les nouveaux époux s'installent dans un appartement à Paris. Au début, tout va bien pour le jeune ménage; ils s'aiment. Alain se dépêche après son travail pour retrouver sa femme; ils rentrent ensemble. Mais au bout de quelques mois, ils se voient de moins en moins. Elle s'ennuie à la maison le soir pendant qu'il retrouve ses vieux amis au bar. Les amoureux se disputent toujours. Ils ne s'entendent plus. Elle se demande si son mari la trompe avec une autre femme.

La rupture

Une nuit, Alain ne rentre pas. Le lendemain, Emmanuelle n'est plus là. Il se rend compte qu'elle l'a quitté. Elle lui dit qu'elle veut se séparer de lui, divorcer. Mais il ne veut pas rompre avec elle; il l'aime toujours et décide de lui faire la cour comme avant...

Activité 1 : Avez-vous compris ?

Une rencontre amoureuse

1. Où Emmanuelle et Alain se rencontrent-ils ?
2. Comment se regardent-ils ? Pourquoi ?
3. Qui parle le premier ?
4. Pourquoi se méfie-t-elle de lui? A-t-elle raison ?
5. Où sortent-ils ensemble ?
6. Quand se fiancent-ils et se marient-ils ?

La vie conjugale

1. Où passent-ils leur lune de miel ?
2. Est-ce qu'ils se voient souvent pendant les premiers mois de leur mariage ? Expliquez.
3. Pourquoi Emmanuelle n'est-elle pas contente ?
4. Qu'est-ce qu'elle se demande ?

La rupture

1. Pourquoi Emmanuelle quitte-t-elle son mari ? A-t-elle raison ?
2. Alain est-il content de la rupture ?
3. Qu'est-ce qu'il pense faire pour regagner sa femme ?

Activité 2 : Terminez le feuilleton.

Travaillez en groupes pour terminer cette histoire. Écrivez un paragraphe au présent.

Quelques suggestions : ils se réconcilient; ils divorcent; ils partent en voyage à Venise; elle rentre chez sa mère; ils ont un enfant; il lui offre un diamant; elle part pour les États-Unis; elle reprend ses études et devient femme d'affaires; leur vie est remplie d'un bonheur infini *(they lived happily ever after)*

CD ROM

Bulletin

Après une baisse° régulière depuis plus de vingt ans, le nombre de mariages en France a augmenté en 1996 et 1997, en partie à cause de la suppression° de l'avantage fiscal accordé aux couples non-mariés.

En 1996, l'âge moyen° du premier mariage pour les femmes célibataires est 27.5 ans (contre 23 ans en 1980). En moyenne, les hommes célibataires se marient à 29 ans, contre 25 en 1980.

baisse: drop
suppression: removal
moyen: average

D'après G. Mermet, *Francoscopie* 1999 © Larousse-Bordas, 1998

Activité 3 : Trouvez l'intrus.

Encerclez le mot qui ne correspond pas au mot clé.

1. divorcer
   a. s'entendre b. se disputer c. se battre d. se séparer e. rompre
2. se rencontrer
   a. se connaître b. se demander c. faire la cour d. faire connaissance
3. s'entendre bien
   a. se disputer b. s'aimer c. se voir d. se comprendre
4. se marier
   a. une cérémonie religieuse b. s'installer ensemble c. se méfier de
   d. acheter une alliance e. la lune de miel
5. se rendre compte
   a. s'apercevoir b. comprendre c. remarquer d. ignorer

Activité 4 : Les grands classiques.

Résumez ces films et cette pièce classiques en mettant les phrases dans l'ordre correct.

Dans le film *Casablanca*...

1. ils se séparent finalement sur une piste d'atterrissage (*on an airstrip*).
2. ils se retrouvent à Casablanca.
3. ils se quittent la première fois sur le quai d'une gare.
4. Bogart et Bergman se rencontrent à Paris.

Dans le film *Autant en emporte le vent (Gone with the Wind)...*

1. ils s'installent dans une grande maison somptueuse.
2. Rhett Butler et Scarlett O'Hara se rencontrent pendant un bal juste avant la guerre de Sécession.
3. ils se séparent à la fin, mais pour toujours ?
4. ils se retrouvent à Atlanta pendant la guerre.
5. ils se marient.

Dans la pièce *Roméo et Juliette...*

1. Juliette se tue *(kills herself)* en voyant Roméo mort.
2. ils tombent tout de suite amoureux.
3. les deux amoureux se marient en secret.
4. leurs familles se disputent; donc, elles refusent le mariage.
5. Juliette prend du poison pour faire semblant *(pretend)* de mourir.
6. Roméo et Juliette se rencontrent à un bal.
7. en voyant Juliette qu'il croit morte, Roméo se suicide.

Activité 5 : Qu'est-ce qui favorise les unions ?

En groupes de trois, mettez quatre de ces lieux de rencontres dans votre ordre de préférence. Ensuite indiquez le lieu où on a peu de chance de rencontrer quelqu'un.

Modèle :

Étudiant 1 : Moi, je crois qu'une fête est numéro un. Et vous autres ?
Étudiant 2 : Oui, c'est possible.
Étudiant 1: Alors, est-ce qu'on peut mettre un club en numéro 2 ?

les concerts de rock	un match de sport
les vacances	un club ou une association
les sorties de l'église	un centre commercial
les transports en commun	un café
les agences matrimoniales	un dîner entre amis
le lieu de travail	une fête
un bal	un lavomatic *(laundromat)*

Perspectives culturelles

Le couple en transition

La révolution culturelle des années 70 a beaucoup changé la vie de couple en France. D'abord, le bouleversement° des anciens tabous et la disponibilité de la pilule ont abouti à° l'euphorie de l'amour physique et de la sexualité. Mais aujourd'hui on observe un retour aux qualités affectives de l'amour : la tendresse, la séduction, le romantisme et la fidélité. Ce n'est pas, cependant, un retour aux mœurs° des années 50 car la femme d'aujourd'hui joue un rôle égalitaire. Voici quelques changements :

- La femme du vingt-et-unième siècle est sûre d'avoir les mêmes capacités que l'homme.
- Elle ne se contente plus de rester chez elle. La femme au travail remplace l'ancienne norme de la femme au foyer. Son activité professionnelle est aussi importante que celle de son partenaire.
- Avec une femme qui travaille à l'extérieur, les hommes aident davantage avec les tâches domestiques. Faire la cuisine, laver la vaisselle et faire les courses sont des travaux moins féminisés qu'auparavant.
- La période traditionnelle de fiançailles se remplace de plus en plus souvent par un mariage à l'essai où le couple peut tester la vie à deux.
- Les couples se contentent de vivre ensemble sans se marier. Pour certains couples, l'union libre est devenue un choix de vie sans les contraintes des papiers officiels.

Pour les rencontres, cependant, la tradition dure. Ceux qui viennent de la même classe sociale se marient. Le prince se marie rarement avec la bergère.°

overthrow
resulted in
social customs
shepherdess

Avez-vous compris?

Répondez *vrai* ou *faux* et corrigez les réponses fausses.

1. Pour le couple du vingt-et-unième siècle, la fidélité est une valeur démodée.

2. Les Françaises d'aujourd'hui aiment mieux rester au foyer que celles d'autrefois.
3. Le couple moderne doit partager plus de travaux ménagers que celui d'autrefois.
4. Un bon nombre de couples préfèrent vivre ensemble avant de se marier.
5. Les adolescents français d'aujourd'hui sont moins romantiques que ceux d'il y a dix ans.
6. On se marie très souvent avec celui/celle qui vient du même milieu social.

Valeurs et espoirs

Structure 14.2 Les pronoms démonstratifs : *celui, celle(s), ceux*

Demonstrative pronouns are used to avoid repetition by replacing a previously specified noun. They are often used in comparisons, as in the examples shown here. For further explanation of **celui, celle(s),** and **ceux,** see page 499.

Les jeunes d'aujourd'hui s'intéressent moins à la politique que **ceux** d'autrefois.

Les familles sont plus égalitaires et ouvertes que **celles** d'autrefois.

Chez les jeunes, le désir de réussir dans sa carrière est souvent plus important que **celui** de fonder une famille.

Le bien-être de l'individu devient plus important que **celui** du groupe.

Parmi les valeurs partagées par les Français, **celles** qui sont les plus respectées sont la justice, l'honnêteté, la politesse, la liberté, et l'esprit de famille.

Activité 6 : Les valeurs d'aujourd'hui.

Comparez la vie d'aujourd'hui à celle d'autrefois. Utilisez *celui, celle(s)* ou *ceux.*

Modèle : les femmes / indépendantes

Les femmes d'aujourd'hui sont plus indépendantes que **celles** d'autrefois.

1. les jeunes / conservateurs
2. les mariages / durables
3. les problèmes / complexes
4. les rôles sexuels / distincts
5. les femmes / ambitieuses
6. le style de vie / actif
7. les rencontres / difficiles
8. la famille / stable

Structure 14.3 Les verbes et les prépositions	A number of French verbs must be followed by **à** or **de** before an infinitive. Some common examples of these verbs are shown here and on page 500.

Abbé Pierre (Henry Grouès)
Travailleur humanitaire
L'abbé Pierre, qui a fait partie de la Résistance pendant la Seconde Guerre mondiale, **tient à** aider les sans-abris *(homeless)*. Voilà pourquoi il a créé « la communauté des chiffonniers d'Emmaüs. »

Abbé Pierre

Michel Borgeon
32 ans, agent immobilier
Michel **s'attend à** *(expects)* se marier un jour et à avoir une famille. Mais maintenant, il **pense à** s'établir dans sa carrière.

Catherine Baudouin
42 ans, artiste
Catherine a tenté plusieurs fois l'aventure d'une vie commune sans **réussir à** tenir plus d'une année. Sa valeur sûre, c'est l'amitié.

Didier Larouche
32 ans, éco-guerrier *(eco-warrior)*
Ce qui compte pour lui, c'est défendre la Terre car elle est la mère de toute chose. Dans ce combat, il **essaie de** rester dans le cadre légal. Il dit qu'il ne fait aucun mal à personne.

Activité 7 : Qui est-ce ?

Associez un personnage célèbre avec une des propositions suivantes.

1. Il a **refusé de** se marier pendant longtemps, mais finalement il a cédé en épousant Annette Bening.
2. Il **tenait à** devenir président depuis un très jeune âge.
3. Elle **s'amuse à** changer son « look ».
4. Il s'est marié plusieurs fois, mais il n'a pas **réussi à** tenir plus de quelques années.
5. Il **essaie d'aider** les sans-abri en France.
6. Elle a longtemps **rêvé d'avoir** un bébé avec son mari et svengali, René Angelil.

a. Céline Dion
b. Madonna
c. Warren Beatty
d. Bill Clinton
e. l'abbé Pierre
f. Donald Trump

Activité 8 : Les valeurs et espoirs de vos camarades de classe.

Posez des questions à votre partenaire afin de compléter les phrases suivantes.

1. Il/Elle s'attend à...
2. Il/Elle s'amuse à...
3. Il/Elle refuse de...
4. Il/Elle pense à...
5. Il/Elle a oublié de...
6. Il/Elle essaie de...

Perspectives culturelles

Perspectives sur l'amitié

Les Français constatent° que leur concept de l'amitié est plus profond, plus durable, que l'amitié pratiquée aux États-Unis. Ils remarquent souvent que les Américains se font de nouveaux amis très spontanément et qu'ils les abandonnent aussi vite. L'amitié à la française est vue comme une relation intime et durable. Il est vrai que les Français sont traditionnellement moins nomades; ils restent souvent dans la même région pendant toute leur vie. Ainsi, il est commun d'avoir le même meilleur ami depuis l'enfance. Beaucoup d'amitiés se forment au lycée où le même groupe d'élèves se trouve dans une seule classe. Puisque les jeunes vont souvent à l'université près de chez eux, ces amitiés peuvent plus facilement durer après l'adolescence.

La différence entre le concept de l'amitié dans les deux cultures crée des malentendus.° Les Américains en France ont souvent l'impression que les Français sont fermés, qu'ils ne répondent pas à leurs efforts pour les connaître. Les Français, pour leur part, trouvent que les Américains font des démarches° superficielles vers une amitié sans prendre la situation au sérieux. Ils sourient,° font des remarques comme « We'll have to get together », qui sont tout simplement des formules de politesse. Un Français dira que l'amitié est sacrée.° Il ne faut pas hésiter à tout mettre en œuvre° pour la préserver.

note
misunderstandings
attempts
smile
sacred/to make every effort

Avez-vous compris ?

Dites si les phrases sont *vraies* ou *fausses*.

1. Le concept de l'amitié a la même interprétation dans les cultures française et américaine.
2. Les Français ont l'impression que l'amitié à l'américaine est plutôt superficielle.
3. Les Américains en France trouvent parfois difficile de se faire des amis.
4. Un Français a tendance à garder les mêmes amis pendant toute sa vie.

Activité 9 : Interaction.

Posez les questions suivantes sur l'amitié à votre partenaire.

1. Pour toi, est-ce que l'amitié est une valeur importante ? Quelles sont les qualités de ta/ton meilleur(e) ami(e) : un bon sens de l'humour, la fidélité, l'honnêteté, un esprit ouvert, la gentillesse, l'intelligence, etc. ?

2. Est-ce que tes parents connaissent ta/ton meilleur(e) ami(e) ? Est-il/elle comme un membre de ta famille ? Est-ce que tes parents sont critiques envers tes ami(e)s ?
3. Dans quelles situations est-ce que tu critiques tes amis ?
4. Est-ce que toi et tes meilleur(e)s ami(e)s vous prêtez facilement de l'argent ?
5. Est-ce que vous vous confiez vos secrets ? Pourquoi/pourquoi pas ?
6. Qu'est-ce qui détruit une amitié : la jalousie des autres, l'opinion des parents, le manque de temps, les déménagements ?

Comment dire qu'on est d'accord ou qu'on n'est pas d'accord

Quelques expressions utiles

oui	non	l'incertitude
Ah, ça oui !	Ah, non alors !	C'est bien possible.
C'est vrai, ça !	Je ne suis pas d'accord.	Ça se peut.
Absolument !	Ce n'est pas vrai.	Peut-être.
Tout à fait.	Absolument pas.	Bof !
Je suis tout à fait d'accord !	Pas du tout !	Tu crois ? Vous croyez ?

Pour toi, est-ce que les amis sont essentiels ?

—Absolument !

Tu confies tout à ton meilleur ami ?

—Pas du tout ! À mon avis, les amis, ce n'est pas fait pour ça.

Tu crois que tu es un bon ami ?

—Bof ! Je ne sais pas.

Activité 10 : Entretenir l'amitié—Êtes vous d'accord ?

Que pensez-vous de ces propos sur l'amitié ? Dites si vous êtes d'accord ou pas en utilisant une des expressions utiles. Expliquez vos réactions.

1. L'amitié, c'est avant tout l'échange. Il faut trouver le temps de voir ses amis même quand on manque de temps.
2. Il faut tout raconter à un ami; ça fait du bien.
3. Il ne faut pas prendre un ami pour un psychiatre. Si vous êtes dépressif, il vaut mieux voir un professionnel.
4. Si vous avez besoin de prendre du recul *(to take a break)*—peut-être de vivre une relation amoureuse, de travailler sur un grand projet au travail—annoncez votre absence à votre ami; autrement ça peut causer une vraie rupture.
5. Respecter votre ami, c'est accepter vos différences.
6. Les amis d'enfance, c'est pour la vie. Même si on n'a plus rien en commun, il est bien de continuer à voir ses amis.
7. On ne doit jamais mélanger le travail et la vie privée. Cela évite le conflit entre votre image sociale et celle que vos amis ont de vous. L'esprit de compétition, de rivalité, de jalousie au travail ne va pas bien avec une vraie amitié.

Activité 11 : Quelques propos et proverbes sur l'amour.

Que pensez-vous de ces propos sur l'amour ? Dites si vous êtes d'accord ou pas en utilisant une des expressions utiles. Expliquez pourquoi.

1. **Qui se ressemble s'assemble** *(Birds of a feather flock together).* Il faut se marier avec quelqu'un de sa classe sociale.
2. **L'amour est éternellement jeune.** La différence d'âge n'est pas importante.
3. **L'amour n'a pas de frontières.** Les mariages mixtes ne posent pas de problèmes.
4. **L'amour n'a pas de prix.** L'amour est ce qui est le plus important.

Comment exprimer ses sentiments

Structure 14.4 Le subjonctif (suite)	You have already learned to use the subjunctive following expressions of necessity and obligation. It is also used with expressions of feeling and doubt as in the examples shown here. For further information, see page 502.

Je suis triste content(e) ravi(e) furieux/euse désolé(e) surpris(e)	que	vous vous sépariez.
J'ai peur	qu'	elle ne soit pas honnête.
Je ne crois pas Je ne pense pas Je doute	que	vous fassiez un grand effort.
Il est impensable incroyable étonnant triste excellent bon/mauvais	que	vous lui donniez de l'argent.
Je crois Il est clair	que	vous avez raison.

Activité 12 : Réagissez !

Que pensez-vous des opinions et faits suivants ? Réagissez avec une expression de sentiment.

Modèle : Les femmes d'aujourd'hui sont plus indépendantes.
Je suis ravi(e) que les femmes d'aujourd'hui soient plus indépendantes.

1. Les pères d'aujourd'hui s'occupent davantage de leurs enfants.
2. Beaucoup de mariages se terminent par un divorce.
3. Les hommes se marient souvent avec une femme beaucoup plus jeune.
4. Beaucoup d'enfants habitent avec un seul parent.
5. Avant 1910, les amoureux français ne pouvaient pas s'embrasser dans la rue. Parfois les règles sociales sont vraiment strictes !
6. Une famille française reçoit une « allocation familiale » (de l'argent du gouvernement) pour chaque enfant.

Activité 13 : Vos sentiments, vos certitudes, vos doutes.

Finissez les phrases suivantes en utilisant le subjonctif, l'indicatif ou l'infinitif.

Modèle : Mes parents sont contents que je sois à l'université.
Je pense que je vais réussir.

1. Ma mère a peur que je...
2. Ma petite amie croit que...
3. Je pense que...
4. Je suis sûr(e) que...
5. Mes amis doutent que...
6. Je suis étonné(e) que...
7. Je suis content(e) de...

Activité 14 : Rubrique conseils : On cherche votre aide !

Lisez cette lettre. Ensuite, utilisez les notes qui la suivent pour y répondre.

Prince charmant recherche Cendrillon désespérément

Ma vie est devenue absolument inutile. Je pense même au suicide. Je me suis marié trop jeune avec un amour de vacances. Après huit années de vie de couple et d'incompréhension, est venu le divorce : dépression, séparation d'avec mes enfants, tentative de suicide. Depuis un an, je suis complètement seul. Pourtant, j'ai un physique plutôt plaisant, genre Al Pacino et je ne suis pas un reclus. Je fais du sport, j'ai des loisirs. Je suis sensible, pas trop timide. Seulement je suis trop sérieux, romantique. Je crois encore au coup de foudre, mais il faut croire que c'est démodé. Je pense que la fidélité est essentielle pour un couple, alors qu'autour de moi, je ne vois que l'adultère. N'existe-t-il plus de jeunes filles sérieuses ? Le romantisme est-il mort ? Je suis la preuve qu'il reste encore des hommes fidèles, sérieux et voulant vivre une grande passion en fin du 20e siècle. Que pensez-vous de ma conception de la vie ? Suis-je démodé et ridicule ? Merci de tout cœur pour vos lettres. **Patrick**

Adapté de *« Femme Actuelle »*

Répondez à Patrick en vous servant des notes suivantes.

1. Il est dommage / vous / être / si seul
2. Je suis choqué(e) / vous / vouloir / vous suicider
3. Ce n'est pas juste / vous / ne pas pouvoir / vivre avec vos enfants
4. Je suis étonné(e) / vous / ne pas trouver / de femme sérieuse comme vous
5. Je suis content(e) / il y avoir encore / des hommes romantiques
6. Il est bon / vous / faire du sport
7. Il est possible / vous / être / un peu rigide
8. Je suis sûr(e) que / le grand amour / exister toujours

Lecture

Anticipation

Vous allez lire une histoire à propos d'une femme du prophète Mohammed.

1. Encerclez la religion dont Mohammed est le prophète : le christianisme, le judaïsme, l'islam, le bouddhisme.
2. Choisissez les adjectifs que vous associez à une femme islamique du septième siècle : timide, fière, obéissante, chaste, forte, faible, courageuse, religieuse, indépendante.

Expansion de vocabulaire

Utilisez votre connaissance des familles de mots pour trouver la définition des mots suivants.

1. affectionner	a. action de dire merci
2. la perte	b. prouver l'innocence
3. la froideur	c. les membres intimes de la famille
4. un remerciement	d. une légende célèbre
5. innocenter	e. avoir de l'affection pour, aimer
6. reprendre	f. qualité froide
7. une légende dorée	g. reconduire
8. patiemment	h. recommencer
9. les proches parents	i. avec de la patience
10. ramener	j. action de perdre

L'affaire du collier

extrait des *Femmes du Prophète,* Magali Morsi

C'est en 627 qu'il faut situer l'affaire du collier. Aïcha, qui était la deuxième femme du prophète Mohammed, accompagnait son mari dans une de ses expéditions, lorsque, au campement, elle s'est aperçue de la perte° de son collier précieux qu'elle affectionnait. Elle est partie le chercher et pendant ce temps-là, la caravane a repris la route sans s'apercevoir que la frêle Aïcha n'était plus dans la litière° qui la transportait. Retrouvant le campement désert quand elle y est retournée, Aïcha s'est assise et a attendu patiemment.

loss

enclosed chair carried on the back of an animal or by men

Un beau jeune homme est passé et ici l'histoire prend l'aspect d'une légende dorée. C'était Safwan ibn al-Muattal qui, apercevant l'épouse du prophète, est descendu de son chameau° sur lequel il a placé Aïcha, et, conduisant le chameau par la bride,° a ramené la jeune femme auprès de sa famille.

camel

bridle

L'affaire a fait du bruit. Aïcha a tout de suite remarqué la froideur de son mari. La rumeur est vite devenue scandale. Le prophète a interrogé Aïcha et ses proches parents qui, pour la plupart, n'ont pas pris la défense de la jeune épouse. Il y avait même la menace du divorce.

N'oublions pas qu'Aïcha n'avait que 13 ans à cette époque mais la bien-aimée° avait un esprit extrêmement fort. Elle a refusé de se justifier devant son mari ou devant sa famille, disant qu'elle ne devait demander qu'à Dieu de l'innocenter. Et, en effet, peu après, elle a vu son mari revenir à elle avec le sourire : « Dieu », a-t-il dit, « l'avait lavée de tout soupçon°. » Une fois de plus, Aïcha a montré son caractère fier. À sa mère qui lui disait de remercier le prophète de son indulgence, Aïcha a répondu qu'elle n'avait de remerciements à rendre qu'à Dieu.

beloved

suspicion

Et Aïcha est redevenue la bien-aimée de Mohammed.

Compréhension et intégration

1. Pourquoi Aïcha n'est-elle pas rentrée chez elle avec la caravane ?
2. Quel était le scandale ?
3. À votre avis, pourquoi la famille d'Aïcha n'a-t-elle pas pris sa défense ?
4. Aïcha a-t-elle demandé pardon à son mari ? Pourquoi ou pourquoi pas ?
5. Qu'est-ce que vous apprenez sur cette culture en lisant cette histoire ?
6. Quelle serait l'importance de cette légende pour le peuple qui vivait à cette époque-là ?

Maintenant à vous

Imaginez la conversation entre Aïcha et sa mère ou son père à son retour au campement. Utilisez les expressions suivantes : il faut que, je ne veux pas que, tu devrais, je ne crois pas que, ce n'est pas vrai que, c'est un scandale que.

Un pas en avant

À jouer ou à discuter

Vous avez des valeurs très traditionnelles, tandis que votre camarade est beaucoup moins conservateur/trice. Vous aimeriez vous connaître mieux, mais quand vous essayez d'avoir une conversation sérieuse sur vos attitudes sur la vie, la condition féminine, le partage des tâches ménagères, etc., vous recommencez à vous disputer.

Puzzle à deux

Vous êtes un(e) employé(e) d'une agence de rencontres. Vous avez devant vous de petits portraits des clients qui cherchent une relation-femme. Votre partenaire qui travaille dans une autre agence a des portraits des femmes qui cherchent une relation-homme. Essayez ensemble de trouver de bons couples.
Personne A va utiliser la situation suivante.
Personne B va utiliser la situation à la page A–27. Commencez par présenter un de vos clients. Votre partenaire vous posera des questions.
***Consignes:* Ne lisez pas les portraits!**

Modèle : A. J'ai ici un homme qui est informaticien et qui cherche une femme.
B. Est-ce qu'il est sportif ?

Portraits

1. Hervé 38 ans, informaticien
   Je suis un homme à l'esprit ouvert qui adore l'aventure. J'aime la nature, les voyages, le sport et l'humour. Je cherche une femme sportive et tolérante, prête à accepter mon désordre, mon indépendance.
2. Benoît, 45 ans, compositeur et musicien, sans enfants
   J'adore le dialogue animé, la musique classique et la bonne cuisine. Je cherche une femme sensuelle et intello *(intellectuelle)* qui a une passion pour la lecture, les activités culturelles et les bons restaurants.
3. Jérôme, 27 ans, boulanger
   Je cherche une femme chaleureuse et tendre qui veut partager sa vie avec moi et ma petite fille Annie de 2 ans qui a perdu sa mère. Travailleur, j'aime les pique-niques, les dîners en famille, les sorties le week-end et l'amour pour toujours.

Naviguez le Web!

Pour beaucoup de gens, le mariage est une étape importante dans la vie, et chaque culture a des moyens différents de fêter cet événement. Ici, vous allez vous renseigner sur le mariage en France : À quel âge peut-on se marier?

quelle est la différence entre un mariage civil et un mariage religieux ? quelles sortes de cadeaux offre-t-on au couple ? quelles sortes de vêtements portent le mari/la mariée ?

À écrire

Vous avez sûrement lu « Dear Abby » ou « Ann Landers » dans la presse pour vous amuser, où peut-être que vous écoutez des conseils psychologiques diffusés à la radio. Dans cette activité, vous allez écrire votre propre lettre et recevoir une réponse. Utilisez *tu*.

Première étape

1. Pensez à la personne qui écrit cette lettre (vous-même ou un personnage fictif). En fonction des caractéristiques personnelles de cette personne, choisissez le ton que vous allez adopter, par exemple, pathétique, hautain, furieux, timide, obsédé.
2. Choisissez le problème que cette personne veut résoudre.
3. Écrivez les premières phrases qui décrivent le problème et qui montrent la gravité de la situation tout en révélant *(revealing)* le caractère de l'écrivain. Si vous voulez voir un exemple, relisez la lettre du « Prince charmant » à la page 492.
4. Donnez votre copie à un(e) camarade de classe pour lui demander s'il (elle) peut deviner les caractéristiques de la personne qui l'a écrite. (C'est une sorte de « peer-editing »). Si ce n'est pas clair, il faut réviser la lettre un peu.

Deuxième étape

1. Écrivez votre lettre en utilisant le subjonctif, les pronoms démonstratifs et les verbes et les prépositions.

Troisième étape

Échangez votre lettre avec celle d'un(e) camarade de classe. Écrivez une réponse à sa lettre dans laquelle vous donnez des conseils. Variez entre les expressions qui utilisent le subjonctif et d'autres, l'indicatif.

Modèle : Il faut que tu sortes davantage.
Il est important de s'amuser de temps en temps.

Structures

Structure 14.1 Les verbes pronominaux (suite)

Les verbes pronominaux à sens réfléchi

In **Module 10,** you learned a number of pronominal verbs used reflexively, such as **se laver, s'habiller,** and **se coucher.** The verbs **se marier** and **se fiancer** are additional examples of reflexive verbs.

Quand le prince Charles **s'est marié avec** la princesse Diana, des millions de téléspectateurs ont regardé les noces.	*When Prince Charles married Princess Diana, millions of TV viewers watched their wedding.*
Je **me suis fiancée** avec Dan pendant l'été; **nous nous marierons** dans un an.	*I got engaged to Dan during the summer; we will get married in a year.*

Les verbes pronominaux à sens réciproque

Many common French verbs can be used pronominally to express reciprocal action between two or more people.

Jules et moi, **nous nous disputons** rarement; **nous nous comprenons** très bien.	*Jules and I rarely argue (with each other); we understand each other very well.*

In some cases, only the context indicates whether a verb is used reciprocally or reflexively.

Elles **se parlent.** *They're talking to each other./They're talking among themselves.*

These verbs are commonly used with a reciprocal meaning:

s'admirer	se disputer
s'adorer	s'écouter
s'aimer	se parler
se comprendre	se téléphoner
se détester	se voir

Les verbes pronominaux à sens idiomatique

A large number of pronominal verbs are neither reflexive nor reciprocal. The following verbs have a special idiomatic meaning in the pronominal form, and therefore do not translate word for word.

s'amuser *to enjoy oneself, to have fun*

se décider à *to decide*

se demander *to wonder*

se dépêcher (de) *to hurry*

s'en aller *to leave, to go away*

s'ennuyer *to be bored*

s'entendre *to understand one another* (s'entendre bien *to get along)*

se fâcher contre *to get angry with*

s'intéresser à *to be interested in*

se méfier de *to be suspicious of*

se mettre à *to begin*

se moquer de *to tease*

s'occuper de *to look after, take care of*

se rendre compte de/que *to realize*

se servir de *to use*

se souvenir de *to remember*

Louis et Anne **se demandent** s'ils se reverront un jour.	*Louis and Anne wonder if they'll see each other again one day.*
Je **me suis rendu compte** qu'elle .	*I realized she loved me.*

Au passé composé

When the reflexive pronoun represents an *indirect object* there is no past participle agreement. Most communication verbs such as **se dire, se téléphoner, se parler, se répondre, se demander,** and **s'écrire** have indirect objects and thus no agreement.

Nous ne nous sommes pas dit la vérité.	*We didn't tell each other the truth.*
Elles se sont écrit tous les mois.	*They wrote each other every month.*

Exercice 1.

Complétez les phrases suivantes avec la forme correcte d'un des verbes entre parenthèses.

1. Jeanne et sa sœur n(e) _______________ (s'écrire / écrire) pas souvent, mais elles _______________ (se téléphoner / téléphoner) chaque samedi.
2. Ils travaillent dans le même bureau, mais ils ne _______________ (se voir / voir) pas souvent.
3. Je suis végétarienne, mais mon frère _______________ (se détester / détester) les légumes.
4. Au début, le jeune couple _______________ (s'entendre / entendre) très bien mais au bout de cinq années de mariage, ils ont commencé à _______________ (se disputer / disputer).
5. Le roi voulait _______________ (se marier / marier) sa fille à un homme riche.

6. Nous _______________ (se revoir / revoir) tous les ans pendant une grande réunion de famille.

7. Les étudiants _______________ (se demander / demander) des renseignements sur la France à leur professeur.

Exercice 2.

Choisissez un verbe pour chaque phrase. Utilisez la forme correcte : ***se décider, se fâcher, s'occuper, se rendre compte, se demander, se dépêcher, s'en aller.***

1. Mme Bernaud _______________ de ses petits enfants pendant que sa fille est au travail.

2. Est-ce que vous _______________ que l'examen est dans deux jours ?

3. Marchez vite ! Il faut _______________ pour arriver à l'heure.

4. Qu'est-ce que j'ai fait ? Pourquoi est-ce que vous _______________ contre moi ?

5. Il n'y a plus de travail à faire ici. Tu peux _______________.

6. Je _______________ pourquoi elle s'est mariée avec lui.

Exercice 3.

Ajoutez les terminaisons appropriées pour accorder les participes passés si c'est nécessaire.

1. Nous nous sommes bien amusé_______________ ensemble.

2. Valérie s'est brossé_______________ les cheveux avant de partir.

3. Nous nous sommes parlé_______________ au café pendant des heures.

4. Mon mari et moi, nous nous sommes rencontré_______________ dans une soirée à Londres; je suis partie pour la France, mais nous nous sommes écrit_______________. L'année suivante, nous nous sommes retrouvé _______________ à Paris.

5. Elle s'est dépêché_______________ d'aller à l'aéroport.

6. Elles se sont vu_______________, mais elles ne se sont pas parlé_______________.

Structure 14.2 Les pronoms démonstratifs : *celui, celle(s), ceux*

	masculin	féminin
singulier	celui	celle
pluriel	ceux	celles

Demonstrative pronouns are used to refer to a previously mentioned person or object without repeating the noun.

Ce dernier crime est plus violent que **celui** qui a été commis à Seattle.	*This last crime is more violent than the one that was committed in Seattle.*
Préférez-vous les tableaux de Van Gogh à **ceux** de Renoir ?	*Do you prefer the paintings of Van Gogh to those of Renoir?*
Les plages de Californie sont moins encombrées que **celles** de la Côte d'Azur.	*California beaches are less crowded than those of the Riviera.*

You have already learned to use demonstrative adjectives to point things out; demonstrative pronouns serve the same purpose.

Préférez-vous ces chaussures-ci ou ces chaussures-là ?	*Do you prefer these shoes or those shoes?*
—Je préfère **celles-ci.**	*—I prefer these.*

Exercice 4.

Complétez les phrases avec un pronom démonstratif *(celui, celle(s), ceux).*

1. Je m'entends assez bien avec mes professeurs, surtout avec ______________ qui sont patients, vifs et compréhensifs.
2. Je préfère mon emploi du temps ce semestre à ______________ du semestre dernier.
3. Je n'apprécie pas les égoïstes, ______________ qui pensent toujours à eux-mêmes.
4. Elle aimerait revoir l'homme qu'elle a rencontré au concert, ______________ qui portait un drôle de chapeau.
5. Dînerons-nous dans ce restaurant-ci ou dans ______________-là ?
6. De tous les livres de Victor Hugo, *Les Misérables* est ______________ que je préfère.
7. Vos idées sont si différentes de ______________ de vos parents !
8. Mes notes dans ce cours sont meilleures que ______________ que j'ai reçues le trimestre dernier.

Structure 14.3 Les verbes et les prépositions

You have already used verbs followed by infinitives; for example, **j'aime écouter** de la **musique.** You have also used verbs that require the preposition **à** or **de** before the infinitive. Here we review how verbs fit into phrases.

Verbe + infinitif

These verbs are directly followed by an infinitive:

adorer	détester	préférer	vouloir
aller	espérer	savoir	
aimer	pouvoir	souhaiter	

Elle aimait danser toute la nuit.

Je préfère étudier chez moi.

Ma mère veut voir mon fiancé.

Verbe + *à* + infinitif

Many verbs require the preposition **à** before an infinitive. A number of them express feelings; some are idiomatic.

s'amuser à	*to have fun*	hésiter à	*to hesitate*
s'attendre à	*to expect*	penser à	*to think about/of*
chercher à	*to try*	réussir à	*to succeed*
s'habituer à	*to get used to*	tenir à	*to want to*

Est-ce que tu t'attends à le revoir?	*Do you expect to see him again?*
Claude s'est habitué à travailler toute la nuit.	*Claude has gotten used to working all night.*
Je pense à mes vacances.	*I'm thinking of my vacation.*
Ali cherche à réserver une place sur le vol pour Alger.	*Ali is trying to reserve a seat on the flight to Algiers.*

Verbe + *de* + infinitif

Here are some common verbs followed by **de** before an infinitive:

choisir de	*to choose*	promettre de	*to promise*	réfuser de	*to refuse*
oublier de	*to forget*	négliger de	*to neglect*		
rêver de	*to dream of*	risquer de	*to risk*		

Vous risquez d'être abandonné.	*You risk being abandoned.*
Nous rêvons de visiter San Francisco.	*We dream of visiting San Francisco.*
Ils ont oublié de fermer la porte à clé.	*They forgot to lock the door.*
Leur patron a promis d'augmenter leur salaire.	*Their boss promised to raise their salary.*

Exercice 5.

Complétez ce passage à propos de M. Poirot, dentiste à Lyon qui veut changer sa vie. Utilisez *à*, *de* ou ø.

M. Poirot était dentiste à Lyon, mais il ne s'amusait pas ______________[1] regarder dans les bouches de ses clients. Il négligeait même parfois ______________[2] venir à son cabinet, et il risquait ______________[3] perdre des clients. M. Poirot hésitait ______________[4] le dire même à sa femme, mais il tenait ______________[5] devenir écrivain. Il avait déjà écrit cinq chapitres d'un roman et il s'attendait ______________[6] finir son chef d'œuvre bientôt. Il cherchait ______________[7] trouver une maison d'édition *(publishing house)* qui le publierait. Pendant que M. Poirot bavardait avec ses patients, il rêvait

_______________[8] recevoir le prix Goncourt (un prix littéraire). Il n'avait jamais choisi _______________[9] être dentiste. C'était son père qui avait insisté pour qu'il travaille avec lui dans son cabinet. Et le jeune Poirot n'avait pas voulu _______________[10] décevoir *(to disappoint)* son père.

Structure 14.4 Le subjonctif (suite)

You have already learned to use the subjunctive after expressions of obligation and necessity.

Il faut que vous **restiez** ici ce soir.	*You have to stay here tonight.*

The subjunctive is also used following expressions of feeling and emotion.

Je suis contente qu'il **vienne** ce soir.	*I'm happy he's coming this evening.*

Here are some common expressions of sentiment that are followed by the subjunctive.

Je suis { content(e) / heureux/euse / ravi(e) *(delighted)* / étonné(e) *(astonished)* / surpris(e) / désolé(e) / triste / malheureux/euse } que vous partiez aujourd'hui.

J'ai peur / Je regrette / Il est surprenant } que vous n'ayez pas assez d'argent.

The subjunctive is also used after expressions of doubt and uncertainty. Some of these expressions are shown here.

Je **doute** qu'il pleuve aujourd'hui.	*I doubt it will rain today.*
Elle **n'est pas certaine** que sa mère comprenne la situation.	*She isn't sure her mother understands the situation.*
Il est **possible** qu'elle ne vienne pas.	*It's possible she won't come.*
Il **se peut** que le train soit en retard.	*It might be that the train is late.*
Il est **douteux** qu'elle ait assez d'argent.	*It's doubtful she has enough money.*

The verbs **penser** and **croire** are used with the indicative in affirmative sentences, but with the subjunctive in negative sentences.

Je **crois** que tu **comprends** ce chapitre.	*I think you understand this chapter.*

Vous **pensez** qu'il **est** gentil. *You think he is nice.*

Je ne pense pas qu'il **soit** à l'heure. *I don't think he'll be on time.*

Positive assertions **(il est certain que, il est clair que, il est sûr que, il est évident que, je suis sûr(e) que)** are also followed by the indicative mood.

Il est évident qu'il **peut** bien jouer. *It's obvious he can play well.*

If the subject of the main clause and the subordinate clause is the same, an infinitive is used rather than the subjunctive.

Marc est content que Marie revienne. *Marc is happy that Marie is coming back.*

but

Marc est content de revenir. *Marc is happy to come back.*

Exercice 6.

Écrivez des phrases complètes au subjonctif avec les éléments donnés.

1. Je / regretter / tu / ne pas faire / de sport.
2. Nous / être / contents / vous / arriver / demain.
3. François / être / triste / Jeanne / ne pas vouloir / le revoir.
4. Nous / avoir / peur / elle / perdre / son argent.
5. Ma mère / être / furieuse / je / sortir / avec Pierre.
6. Je suis heureux / tu / pouvoir / venir / tout de suite.
7. Anne-Marie / être / désolée / son ami / être malade.
8. Nous sommes surpris / vous / aimer / ce film.

Exercice 7.

Choisissez la forme correcte.

1. Il est évident qu'elle ne ______________ (sache / sait) pas la réponse.
2. Je crois que les autres ______________ (soient / sont) perdus.
3. Elle ne pense pas que son frère ______________ (vienne / vient).
4. Il est clair que votre mère ______________ (a / ait) raison.
5. Il n'est pas sûr qu'elle ______________ (dise / dit) la vérité.
6. Nous ne pensons pas que vous ______________ (fassiez / faites) de votre mieux.

Exercice 8.

Choisissez entre les verbes suivants pour compléter le passage. Utilisez le subjonctif, l'indicatif ou l'infinitif. Attention au temps ou mode.

rejoindre, réussir, décider, avoir, revenir, réfléchir, rester

Pour Nkulu, une Congolaise de 17 ans, les études sont plus importantes que l'amour. Elle est déçue que sa copine Ntumba ____________[1] de se marier et rester au village. Elle doute que Ntumba ____________[2] à ce qu'elle fait. Le père de Nkulu est fier que sa fille ____________[3] une bourse pour étudier la médecine à Montpellier. Il sait qu'elle ____________[4] ses études comme toujours. Lui et sa femme doutent que Nkulu et son frère Mongo ____________[5] vivre au village. Il est probable que leurs enfants ____________[6] en France. Les parents aimeraient les ____________[7] en Europe un jour.

Tout ensemble!

Rémy Soubéyran vient de commencer un stage *(internship)* dans la Silicon Valley. Utilisez les éléments suivants pour compléter le passage : **à, avoir, ce que, ce qui, celle(s), celui, ceux, de, être, s'amuser, se décider, s'ennuyer, s'intéresser, tenir** ou **ø**.

Me voilà dans la Silicon Valley où je fais un stage dans le multimédia. Je ____________[1] à venir travailler ici car c'est le centre du cybermonde. D'abord, quand j'ai lu l'annonce pour ce stage, j' avais peur de passer six mois à faire des photocopies pour un patron peu gentil. (On appelle cette sorte de poste un « gopher » aux États-Unis.) Mais je ____________[2] à mon job à Nantes—j'avais besoin d'aventure ! Je suis très content de ma décision. Je ____________[3] à tout ____________[4] concerne l'électronique, et mes collègues sont très sympa, surtout ____________[5] qui travaillent directement avec moi. On ____________[6] bien ensemble. C'est vrai que la culture du bureau est différente de ____________[7] qu'on trouve en France. On est plus décontracté—on arrive en jean, et je dois m'habituer ____________[8] appeler mon patron « Bill ». Les gens ici ne veulent pas qu'on ____________[9] l'impression qu'ils se prennent trop au sérieux. Mais je vous assure qu'ils ____________[10] très intelligents et travailleurs. Eh oui, je suis heureux. Je tiens ____________[11] rester longtemps. Je risque même ____________[12] devenir un vrai expatrié à long terme. Mon seul ennui, c'est les femmes. Toutes ____________[13] qui travaillent dans ma section sont mariées. Que faire ? ____________[14] je veux maintenant, c'est inviter tous mes copains (et copines) ici l'été prochain !

VOCABULAIRE

Vocabulaire fondamental

Noms

L'amour et l'amitié *love and friendship*

le coup de foudre	*love at first sight*
un(e) époux/ouse	*a spouse*
un espoir	*a hope*
un(e) fiancé(e)	*a fiancé(e)*
la fidélité	*fidelity*
une lune de miel	*a honeymoon*
le romantisme	*romanticism*
la tendresse	*tenderness*
une valeur	*a value*

Mots apparentés : un couple, un divorce, un mariage, la passion, une rupture, une séparation

Verbes

s'amuser à + verbe	*to have fun*
s'attendre à + verbe	*to expect*
chercher à + verbe	*to try to*
choisir de + verbe	*to choose*
compter	*to count (on)*
confier	*to confide*
se décider à + verbe	*to come to a decision*
se demander	*to wonder*
divorcer	*to divorce*
douter	*to doubt*
embrasser	*to kiss*
s'embrasser	*to kiss each other*
s'entendre (bien)	*to get along (well)*
se fâcher contre	*to get angry with*
faire la cour	*to court*
faire semblant	*to pretend*
se fiancer	*to get engaged*
fonder une famille	*to start a family*
s'installer	*to set up residence, move in*
s'intéresser à	*to be interested in*
se marier (avec)	*to marry*
s'occuper de	*to take care of, watch out for*
oublier de + verbe	*to forget*
penser à + verbe	*to think about*
promettre de + verbe	*to promise*
regretter	*to regret*
se rendre compte	*to realize*
rêver de + verbe	*to dream*
réussir à + verbe	*to succeed*
risquer de + verbe	*to risk*
se séparer	*to separate*
tenir	*to hold (on)*
tenir à + verbe	*to want to*
tomber amoureux (euse)	*to fall in love*

Adjectifs

clair(e)	*clear*
démodé(e)	*old fashioned*
douteux (euse)	*doubtful*
étonné(e)	*astonished*
étonnant(e)	*astonishing*
évident(e)	*obvious*
impensable	*unthinkable*
incroyable	*incredible*
ravi(e)	*delighted*
romantique	*romantic*
sûr(e)	*sure, confident*
surpris(e)	*surprised*
surprenant(e)	*surprising*

Mots divers

celui, celle	*this (one), that (one)*
ceux, celles	*these, those*

Expressions utiles

Comment dire qu'on est d'accord ou qu'on n'est pas d'accord *How to say that you agree or you don't agree*

(See page 489 for additional expressions.)

C'est vrai ça.	*That's true.*
Je suis tout à fait d'accord.	*I agree completely.*
Absolument pas.	*Absolutely not.*
Ça se peut.	*Maybe.*

Comment exprimer ses sentiments *How to express your feelings*

(See pp. 490 for additional expressions.)

Je suis triste que vous vous sépariez.	*I'm sad you are separating.*
J'ai peur qu'elle ne soit pas honnête.	*I'm afraid she isn't honest.*
Je doute que vous fassiez un grand effort.	*I doubt you're makimg a big effort.*
Il est clair que vous avez raison.	*It is clear that you're right.*

Vocabulaire supplémentaire

Noms

l'adultère *(m)*	*adultery*
une alliance	*a wedding ring*

VOCABULAIRE

une bague de fiançailles	*an engagement ring*
le célibat	*celibacy*
un coup de soleil	*a sunburn*
l'incompréhension *(f)*	*misunderstanding*
le lendemain	*the following day*
les mœurs *(f pl)*	*social customs*
les noces *(f pl)*	*wedding*
un reclus	*a recluse*
un romantique	*a romantic person*
les sans-abri *(m pl)*	*homeless*
la vie conjugale	*married life*

Verbes

apercevoir	*to see*
s'apercevoir	*to notice*
se bronzer	*to sunbathe, tan*
convaincre	*to convince*
détruire	*to destroy*
s'empêcher	*to stop oneself*
s'en aller	*to leave, go away*
s'ennuyer	*to get bored*
s'habituer à + verbe	*to get used to*
se méfier de	*to be wary of*
se moquer de	*to make fun of*
négliger de	*to neglect*
se rejoindre	*to meet again*
rompre (avec)	*to break up (with)*
séduire	*to seduce, to charm*
se suicider	*to commit suicide*
tenter	*to try*
tromper	*to be unfaithful*

Mots divers

auparavant	*before*
autrefois	*in the past*
égalitaire	*egalitarian*

15

Module 15

Il était une fois...

Thèmes et pratiques de conversation

Comment raconter une histoire (suite)
Les animaux et les contes
Le septième art
Comment parler de la littérature
Cinq personnages de la littérature française

Culture

Les Français et leurs animaux domestiques

Lecture

Le Pagne noir, de Bernard Dadié

Structures

15.1 Le passé (suite)
15.2 Les adverbes de manière
15.3 Le conditionnel
15.4 Comment reconnaître le passé simple

Prononciation

Le conditionnel ou le futur ?
La combinaison -gn
Des mots pièges

Vidéo

Mini-drame	Mystère dans le métro
Publicité	Captain Choc

Thèmes et pratiques de conversation

Comment raconter une histoire (suite)

Structure 15.1 Le passé (suite)

To narrate or recount a story in the past, you will need to use **le passé composé, l'imparfait,** and **le plus-que-parfait.** To review the two past tenses you have previously studied, see page 536. The **plus-que-parfait,** which is used to refer to events that took place prior to the main events of the narrated story, is explained on pages 537–538.

La Belle au bois dormant

Blanche neige et les sept nains

La Belle et la bête

Le Petit Chaperon rouge

Cendrillon

Les Chevaliers de la table ronde

Barbe-bleue

Le Magicien d'Oz

Alice aux pays des merveilles

Jacques et le haricot magique

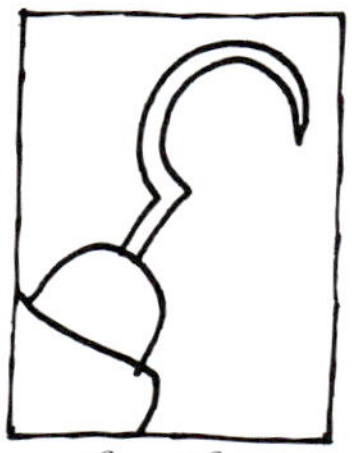
Peter Pan

Quelques expressions utiles

Pour commencer l'histoire (le commencement)

Il était une fois... *Once upon a time...*

Pour marquer la succession des événements importants (le déroulement, développement)

d'abord

ensuite

puis

alors

Pour conclure (la conclusion ou le dénouement)

Enfin (finalement, en somme, par conséquent), ils vécurent heureux et eurent beaucoup d'enfants.	*They lived happily ever after.*

Activité 1 : Quel conte ?

Quel conte associez-vous aux éléments suivants ?

1. une méchante sorcière qui vole sur un balai
2. un beau prince qui réveille une belle princesse quand il l'embrasse
3. un géant qui compte ses pièces d'or
4. une fée qui transforme une citrouille *(pumpkin)* en carrosse avec sa baguette *(wand)* magique
5. un chevalier courageux avec une épée
6. un bol de bouillie *(porridge)* trop chaud
7. un panier plein de bonnes choses à manger
8. un pirate qui a un crochet *(hook)* à la place de la main

À noter : Find the descriptive verbs in the fairy tale excerpts in Activité 2. In what tense do they appear? The verbs that move the story forward appear in the **passé simple.** This tense replaces the **passé composé,** but is reserved for literary texts. You will learn more about identifying the **passé simple** in **Structure 15.4.**

Activité 2 : Quelle partie de quel conte ?

Voici des extraits des contes. D'abord identifiez le conte. Ensuite indiquez si c'est l'introduction, le déroulement ou le dénouement de l'histoire.

1. Il était une fois un gentilhomme qui épousa, en secondes noces, une femme hautaine. Elle avait deux filles qui lui ressemblaient en toutes choses.
2. Ma grand-mère, que vous avez de grands yeux ! —C'est pour mieux te voir, mon enfant !
3. Il était une fois un homme qui avait de belles maisons, de la vaisselle d'or et des carrosses dorés. Mais, par malheur, cet homme avait la barbe bleue.
4. ... , qui était aussi bonne que belle, fit loger ses deux sœurs au palais, et les maria à deux grands seigneurs de la cour.
5. Et, en disant ces mots, le méchant Loup se jeta sur... et la mangea.
6. Ensuite, la fée lui dit : « Va dans le jardin, tu y trouveras six lézards derrière l'arrosoir; apporte-les-moi. »

Quand Cendrillon est rentrée chez elle après le bal, elle **avait perdu** sa pantoufle.

À noter : Look at the sentence about Cinderella losing her glass slipper. What two main verbs does it contain? Notice that the two verbs are about past events, but the second talks about an action that preceded the first. This is why it's written in the **plus-que-parfait.**

Activité 3 : Contes enfantins.

Vous rappelez-vous des événements dans des contes enfantins ? Complétez les phrases pour indiquer ce qui était arrivé avant.

donner s'endormir manger perdre prendre se piquer *(to prick oneself)* tuer

Modèle : Dorothée a mis les pantoufles rouges que la bonne fée lui **avait données.**

1. Quand les trois ours sont rentrés chez eux, Boucles d'Or ______________ dans le lit du bébé ours.
2. Blanche Neige s'est évanouie *(fainted)* parce qu'elle ______________ une pomme empoisonnée.
3. Quand le Petit Chaperon rouge est arrivée chez sa grand-mère, le loup ______________ la pauvre vieille femme.
4. Le Prince a pu retrouver Cendrillon parce qu'elle ______________ sa pantoufle en vair *("glass" slipper).*
5. La Bête s'est fâchée contre le père de la Belle parce qu'il ______________ une rose de son jardin.
6. La Belle au bois dormant s'est endormie parce qu'elle ______________ le doigt avec un fuseau *(spindle).*

Activité 4 : Mouton vole *(sheep fly).*

En groupes, racontez une anecdote basée sur cette bande dessinée. Utilisez le présent et incorporez les mots utiles qui correspondent à chaque dessin. Après, votre groupe va écrire au passé ce qui est arrivé dans un dessin que vous choisissez et présenter cette description à la classe.

Mots utiles :
1 : arriver à la porte d'embarquement, attendre, être assis
2 : se lever, faire la queue
3 : attendre, être debout
4 : se mettre à se plaindre, critiquer
5 : dire, se rasseoir
6 : ne pas bouger, rester

MOUTON VOLE

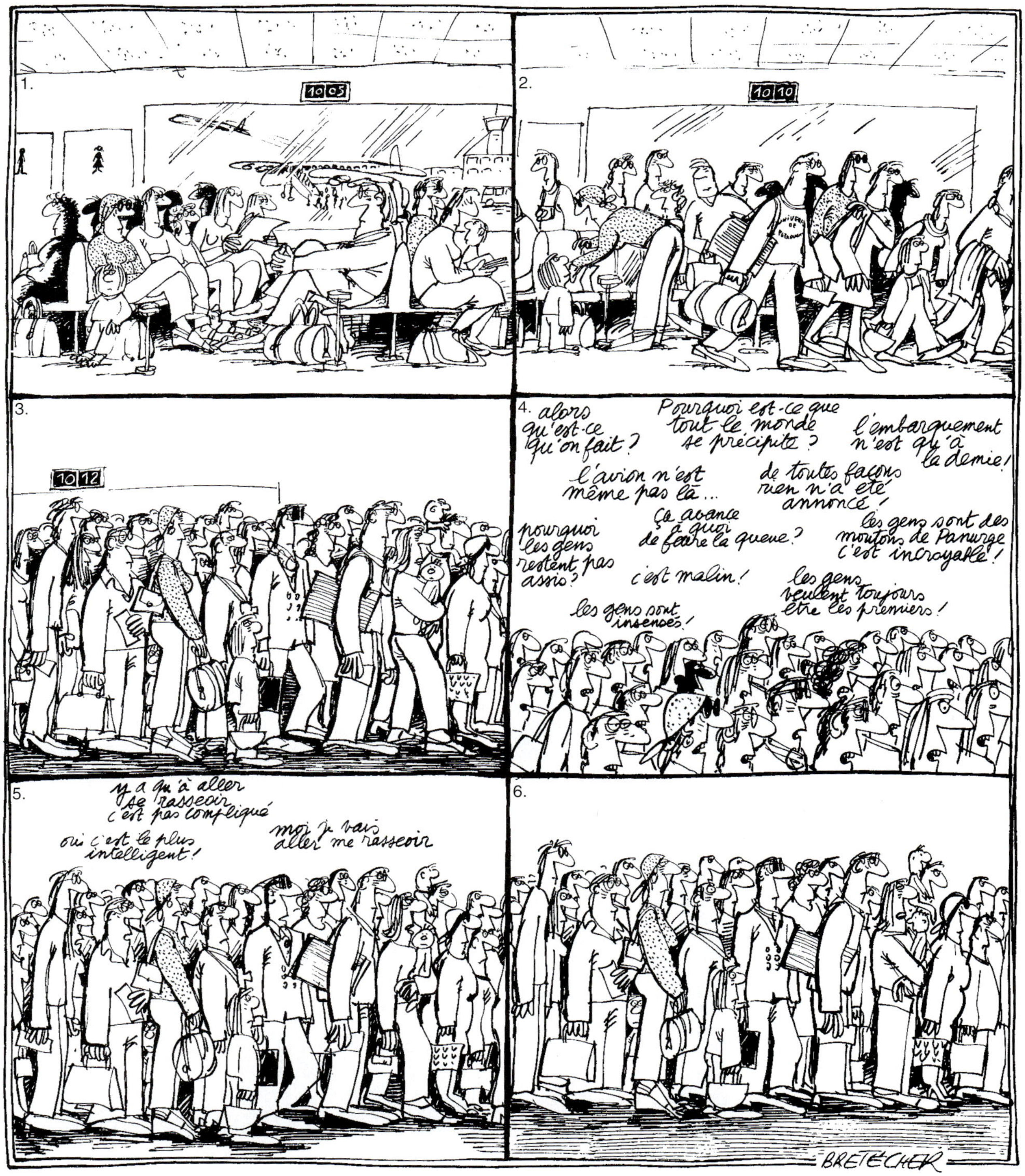
1.
10 05
2.
10 10
3.
10 12
4.
alors qu'est-ce qu'on fait ?
Pourquoi est-ce que tout le monde se précipite ?
l'embarquement n'est qu'à la demie !
l'avion n'est même pas là...
de toutes façons rien n'a été annoncé !
pourquoi les gens restent pas assis ?
ça avance à quoi de faire la queue ?
les gens sont des moutons de Panurge c'est incroyable !
c'est malin !
les gens veulent toujours être les premiers !
les gens sont insensés !
5.
y a qu'à aller se rasseoir c'est pas compliqué
oui c'est le plus intelligent !
moi je vais aller me rasseoir
6.
BRETECHER

Les animaux et les contes

Perspectives culturelles

Les Français et leurs animaux domestiques

En Europe, les Français détiennent le record : 52 % des foyers français possèdent un animal familier. Quel animal est le plus populaire ? Le chien (10 millions au total), qui partage la vie d'un foyer sur trois. Il est suivi de près par le chat (7 millions), dans un foyer sur quatre. Il y a aussi 9 millions d'oiseaux, 8 millions de poissons et 2 millions de lapins,° hamsters, singes,° tortues, etc. Évidence du passé rural de la France ? Peut-être, mais aussi un refuge contre l'isolement de la société moderne impersonnelle, une source de réconfort et aussi de sécurité.

rabbits/monkeys

La popularité des animaux familiers est très évidente : il y a deux fois plus d'animaux domestiques que d'enfants en France ! Et ces animaux sont bien gâtés.° On les emmène au salon de toilettage, on leur achète des accessoires et des aliments spéciaux. Il y a même des gens qui contractent une assurance° pour leur animal de compagnie.

spoiled

take out an insurance policy

En ville où il faut sortir les chiens des appartements et studios, on voit ces animaux et leurs maîtres se promener un peu partout. Ne soyez pas surpris(e) de les voir au café ou au restaurant. Heureusement, la grande majorité des chiens sont très obéissants (grâce aux écoles de dressage°) et ne dérangent pas (ou presque pas) les clients humains. Mais avec tous ces chiens en ville, le résultat naturel est la pollution canine ! Les maîtres et les villes partagent la responsabilité de contrôler les nuisances.

obedience schools

Avez-vous compris ?

Choisissez le mot qui complète le mieux chaque phrase.

1. Les Français ont (plus, autant, moins) d'animaux domestiques que les autres Européens.
2. Comme animal domestique, le chat est (plus, aussi, moins) populaire que le chien.
3. Les animaux domestiques sont (plus, aussi, moins) nombreux que les enfants en France.
4. En général, les Français contrôlent (bien, mal) leur chien.
5. En France, ce n'est pas (normal, rare) de voir un chien dans un café ou dans un restaurant.
6. Un problème causé par les chiens auquel il faut trouver une solution est (le bruit, la pollution, les accidents de voiture).

CANIN FÉLIN *Salon de Toilettage*
CHIENS - CHATS - ARTICLES DE LUXE
Dany VERBURGH *Sur rendez-vous*
13, route de Vaugirard 92190 MEUDON BAS ✆ **46 23 04 33**

Saviez-vous que...

- le requin exprime son affection pour sa compagne en la mordant *(biting)*?
- le gorille, qui peut peser jusqu'à 200 kilos, est le plus grand primate?
- le chameau peut vivre pendant 10 mois sans boire d'eau?
- dix abeilles doivent travailler toute leur vie pour produire 0,5 kilo de miel?
- le crocodile ne mâche *(chew)* rien? Il avale des pierres *(stones)* qui écrasent ce qu'il mange.
- la population des rhinocéros a chuté *(fallen)*? Le rhinocéros est victime de sa corne *(horn)* qu'on vend pour ses propriétés médicales.

Activité 5 : Quels animaux ?

Faites des listes selon les indications.

1. des animaux domestiques
2. des animaux qui habitent dans les régions froides
3. des animaux qui habitent dans la jungle
4. des animaux vedettes de la télé ou du cinéma

Depuis la Révolution, le coq est l'emblème de la France. Quels emblèmes connaissez-vous ? Qu'est-ce qu'ils représentent ?

Activité 6 : Personnification.

Quelle caractéristique humaine associez-vous aux animaux suivants ? Choisissez parmi les éléments de la liste.

Modèle : la gazelle

La gazelle représente l'agilité.

1. le renard	a. l'indépendance
2. l'agneau	b. l'agilité
3. l'éléphant	c. la naïveté
4. l'aigle	d. la sagesse
5. la tortue	e. la prévoyance
6. l'écureuil	f. la fidélité
7. l'ours	g. la ruse *(cunning)*
8. le chien	h. la paresse *(laziness)*
9. la chouette	i. la persévérance
	j. la mémoire

Activité 7 : Test psychologique.

Faites les activités suivantes. Ensuite, votre professeur, le psychologue, vous donnera vos résultats.

1. Pensez à trois animaux qui vous viennent à l'esprit *(that come to mind).*
2. Écrivez le nom de chaque animal et trois caractérisques qui lui appartiennent.

Structure 15.2 Les adverbes de manière

Using adverbs will help make your stories more vivid. Study the sentences with adverbs and adverbial expressions in bold given here before beginning **Activité 8.** Guidelines for forming and using adverbs of manner are found on page 539.

Les ours traitent Boucles d'Or **avec gentillesse.**

Le cochon construit sa maison de briques **sagement.**

Le loup parle **d'une façon douce** au Petit Chaperon rouge. Puis, il se jette **férocement** sur la petite fille.

Activité 8 : Les animaux de notre enfance.

Ajoutez un adverbe à chaque phrase pour mieux décrire les actions de ces animaux d'enfance. Formez les adverbes à partir des adjectifs de la liste ou ajoutez votre propre adverbe.

coquette	fréquent
délicat	joyeux
énergique	méchant
féroce	régulier
fidèle	vorace

1. Miss Piggy parle avec Kermit.
2. Bugs Bunny adore les carottes et il en mange beaucoup.
3. Lassie suit son maître.

4. Titi *(Tweety Bird)* trompe le gros Minet.
5. Garfield mange.
6. Hobbes attaque Calvin.

Activité 9 : Comment ces animaux et ces personnes se comportent-ils ?

Décrivez le comportement que vous associez avec chaque personne ou animal. Utilisez une expression adverbiale ou un adverbe.

Combinaisons—adjectif / nom : rapide / rapidité, maladroit(e) / maladresse, tendre / tendresse, lent / lenteur, passionnée / passion, grâcieux / grâce, courageux / courage, intelligent / intelligence, fidèle / fidélité

Modèle : Un chat préfère vivre indépendamment (avec indépendance).

1. La gazelle court...
2. Une tortue avance *(moves forward)*...
3. Un héros se bat *(fights)*... avant d'embrasser l'héroïne...
4. Une lionne garde ses jeunes...
5. Un chien suit son maître...
6. Un dauphin *(dolphin)* se comporte...
7. Un opossum traverse la rue...
8. ???

Le septième art

La Belle et la bête

1947. France. De Jean Cocteau. Avec Josette Day (la Belle) et Jean Marais (la Bête). Scénario : D'après le conte de fées de Marie Leprince de Beaumont. Photo : Henri Alekan. Musique : Georges Auric. Version originale en noir et blanc. Durée : 1 h 33.

Le sujet

Une belle jeune fille, forcée de vivre au palais d'un monstre hideux à cause des mauvaises actions de son père, découvre à l'intérieur de ce monstre une bonne âme et tombe amoureuse de lui.

Le réalisateur

Poète, peintre, dramaturge, Jean Cocteau a lancé sa carrière de cinéaste en 1930 avec *Le Sang d'un poète*. Pendant les années 40, il a réalisé *L'Éternel retour, La Belle et la bête* et *Les Parents terribles*. Connu surtout pour sa vision surréaliste lyrique, c'est son individualisme qui a inspiré la nouvelle génération de cinéastes qui le suivait.

Les comédiens

En 1937, Cocteau rencontre un beau jeune homme blond et lui offre un rôle dans sa pièce de théâtre *Œdipe-Roi*. Jean Marais devient ensuite ami intime de Cocteau et joue dans presque tous ses films. Pendant les années 40 et 50, Marais est connu comme une des principales vedettes du cinéma français. Josette Day, actrice élégante d'une beauté éthérée, qui interprète le rôle de la Belle, joue plus tard dans *Les Parents terribles*.

Bulletin

Un cinéma intelligent mais un peu lent

La production cinématographique française reste la plus importante d'Europe. Le cinéma français est considéré comme l'un des trois meilleurs du monde, derrière les cinémas américain et britannique. L'image du cinéma français est liée° aux notions de l'amour, du sentimentalisme, du romantisme, de l'intelligence, du raffinement° et de la profondeur,° mais aussi de la lenteur et de l'ennui.

Francoscopie, 1999

linked

sophistication/ profoundness

Activité 10 : Box-office.

Voici les films français et américains en tête du box-office en décembre 1999.

France

Rang	Semaines	Titre
1	2	TARZAN
2	1	LE MONDE NE SUFFIT PAS
3	2	LA BÛCHE
4	4	FIGHT CLUB
5	8	STAR WARS EPISODE 1 : LA MENACE FANTÔME
6	6	JEANNE D'ARC
7	4	L'OMBRE D'UN SOUPÇON
8	3	FLIC DE HAUT VOL
9	3	MRS TINGLE
10	4	PEUT-ÊTRE

États-Unis

Rang	Titre
1	Toy Story 2
2	The World Is Not Enough
3	End of Days
4	Sleepy Hollow
5	The Bone Collector
6	Pokémon: The Movie
7	Dogma
8	The Insider
9	Being John Malkovich
10	Anywhere But Here

Site Internet Cinéphile

Trouvez le nom d'un film...

1. dont *(whose)* le réalisateur est Luc Besson.
2. d'animation.
3. James Bond.
4. de science-fiction qui a reçu énormément de promotion.
5. dont le personnage principal est une femme.
6. dont l'acteur principal est Schwarzenegger.
7. qui a un scénario bizarre.
8. avec beaucoup de violence.

Activité 11 : Interaction.

Posez les questions à un(e) autre étudiant(e).

1. Quel(s) film(s) est-ce que tu as vu(s) récemment ? As-tu vu ce(s) film(s) au cinéma, à la télé ou en vidéo ?
2. Quand il faut choisir un film, qu'est-ce qui compte pour toi ? Le scénario ? Les vedettes ? Le genre du film ? Le réalisateur ? La mise en scène ? La musique du film ? La photographie ? Les critiques favorables ?
3. Aimes-tu les films étrangers ? Est-ce que tu préfères voir la version originale ou une version sous-titrée ou doublée ? Pourquoi ?
4. Quel est ton film préféré ? Quand est-ce que ce film est sorti ? Qui est le metteur en scène ? Où est-ce que le film a été tourné? Pourquoi est-ce que tu l'aimes ?
5. Est-ce que tu as déjà vu un film français ? Lequel ? Quelles différences as-tu remarquées entre les films français et les films américains ?

Structure 15.3 Le conditionnel	In literature and film, it's important to use one's imagination, to dream about what might happen if . . . Here, you will learn to use the conditional to talk about hypothetical situations. You've already used this structure in a few polite forms such as **je voudrais un café,** or to give advice: **Vous devriez écouter le professeur.** For further discussion of the conditional and its forms, see page 541.

Si tu étais un acteur célèbre, quel rôle **aimerais-tu** jouer ?
Si tu gagnais à la loterie, qu'est-ce que **tu achèterais** ?
Si nous n'étions pas en classe, qu'est-ce que **nous ferions** ?

Activité 12 : Si j'étais une couleur, je serais le rouge.

A. D'abord, travaillez individuellement en utilisant votre imagination pour compléter les phrases suivantes. Choisissez trois des phrases que vous avez terminées et récrivez-les *(rewrite them)* sur trois bouts *(scraps)* de papier que vous allez mettre dans un chapeau.

1. Si j'étais une couleur, je serais...
2. Si j'étais une saison, je serais...
3. Si j'étais une chanson, je serais...
4. Si j'étais une marque de voiture, je serais une...
5. Si j'étais un animal, je serais...
6. Si j'étais un(e) acteur/actrice, je serais...
7. Si j'étais une ville, je serais...
8. Si j'étais un film, je serais...
9. ???

B. Qui est-ce ? Mettez-vous en groupes de cinq et mettez vos trois phrases dans un chapeau. À tour de rôle, vous allez tirer un bout de papier du chapeau, lire la phrase et deviner qui elle décrit *(whom it describes)*.

Activité 13 : « Le Petit Chaperon rouge » transformé.

Parfois un conte de fée traditionnel est transformé en histoire contemporaine. Il faut souvent changer l'époque, le lieu et certains aspects des personnages.
A. Avec un(e) partenaire, choisissez parmi les possibilités données. Il n'y a pas de réponses « correctes » ou « incorrectes », mais il faut créer une histoire cohérente.

Si je voulais situer « Le Petit Chaperon rouge » dans un contexte contemporain...

1. le « Petit Chaperon rouge » serait
a. une petite fille de huit ans
b. une jeune fille innocente de dix-sept ans
c. une femme de trente ans
d. ???

2. le « loup » serait
a. un loup ou un autre animal sauvage comme...
b. un chien domestique
c. un homme qui suit furtivement *(stalks)* les jeunes filles innocentes
d. ???

3. le « Petit Chaperon rouge » irait
a. chez sa grand-mère
b. chez sa mère
c. au bureau pour travailler
d. ???

4. la rencontre entre « le loup » et « le Petit Chaperon rouge » aurait lieu
a. dans une forêt dense
b. dans un centre-ville dangereux
c. à la plage
d. ???

5. la « grand-mère » habiterait
a. un chalet dans la forêt
b. une petite maison à la mer
c. un grand immeuble au centre-ville
d. ???

6. À la fin de l'histoire...
a. un héros tuerait « le loup » et sauverait « le Petit Chaperon rouge » et sa « grand-mère ».
b. un héros arriverait trop tard pour sauver la vie de la « grand-mère », mais il sauverait la vie du « Petit Chaperon rouge » et ils tomberaient amoureux.
c. le « loup » tuerait tout le monde et serait victorieux.
d. ???

B. Maintenant les étudiants vont raconter l'histoire à tour de rôle.

Activité 14 : Imaginez votre réaction.

Qu'est-ce qu'on ferait dans les situations suivantes ?

1. Si je gagnais un million à la loterie, je...

2. Si je pouvais aller n'importe où, je...
3. Si nous n'avions pas de devoirs, nous...
4. Si je pouvais manger n'importe quoi sans grossir, je...
5. Si je pouvais exercer le métier de mes rêves, je...
6. Si les Américains étaient bilingues, ils...

Comment parler de la littérature

Bulletin

Les trois quarts (74 %) des Français de 15 ans et plus ont lu au moins un livre au cours des douze derniers mois. Même si le livre apparaît menacé par les supports électroniques, c'est la lecture des livres qui est considérée comme ayant la plus grande valeur culturelle. Et les préférences des Français ? Par ordre décroissant°, ils lisent des romans contemporains, des romans historiques, des policiers, des livres pratiques, de la littérature fantastique ou de science-fiction, de la littérature classique, des histoires vécues, des livres politiques, des bandes dessinées, et des essais.

° *descending*

D'après G. Mermet, *Francoscopie* 1999 © Larousse-Bordas, 1998

Librairie bilingue (français/basque) à Bayonne

Que lisez-vous, monsieur ?

—Euh, c'est **un roman** de Arundhati Roy, **une écrivaine** indienne.

Quel est le titre ?

—*Le Dieu des petits riens (The God of small things)*

Vous aimez ?

—Ah oui, c'est un **best-seller,** mais c'est aussi de la vraie littérature ! Il est très bien écrit, même lyrique. **Les personnages** sont bien développés, et **le contexte culturel** est très intéressant. C'est un livre passionnant.

Et vous, mademoiselle, que lisez-vous là ?

—Eh bien, c'est le dernier Bretécher. Moi, j'adore les **BD.** Ça me fait rire, et ça me permet de prendre du recul *(escape).*

Et... monsieur ?

—Moi, il faut dire, je préfère les **analyses politiques** ou les **récits historiques.**

Vous ne lisez jamais de BD alors ?

—Si. Parfois je m'accorde le plaisir de lire *Astérix* à mes enfants.

Activité 15 : Œuvres littéraires.

Complétez le tableau.

Titre	Genre	Auteur	Personnages	Thème
1. *Cendrillon*				
2. *Roméo et Juliette*				
3. *L'Odyssée*				
4. *Les Misérables*				
5. *Le Petit Prince*				

Activité 16 : Interaction.

Posez les questions suivantes à un(e) autre étudiant(e).

1. Combien de livres lis-tu par an ?
2. Quel genre de lecture est-ce que tu préfères ?
3. As-tu un auteur préféré ? Lequel? Quelles sortes de livres écrit-elle/il ?
4. Quel est le dernier livre que tu as lu ? L'as-tu aimé ? Me le recommanderais-tu ? Pourquoi ou pourquoi pas ?
5. Comment est-ce que tu choisis un livre ? Pour l'auteur ? Pour le sujet ? En fonction des critiques ? Sur les conseils d'un ami ?

Structure 15.4
Comment reconnaître le passé simple

In formal written texts, the **passé simple** is often used instead of the **passé composé.** You need to be able to recognize verbs in this tense. The **passé simple** is explained in greater detail on pages 542–543.

Voici un extrait du *Petit Prince* écrit par Antoine de Saint-Exupéry. Notez les verbes en caractères gras.

Mais il **arriva** que le petit prince, ayant longtemps marché à travers les sables, les rocs et les neiges, **découvrit** enfin une route. Et les routes vont toutes chez les hommes.

—Bonjour, **dit**-il.

C'était un jardin fleuri de roses.

—Bonjour, **dirent** les roses.

Le petit prince les **regarda.** Elles ressemblaient toutes à sa fleur.

—Qui êtes-vous? leur **demanda**-t-il, stupéfait.

—Nous sommes des roses, **dirent** les roses.

—Ah ! **fit** le petit prince...

Activité 17 : Racontez.

Voici une autre version de cette scène. Pour la compléter, mettez les verbes de la version originale au passé composé.

Le petit prince ____________[1] une route qui menait vers les hommes. À côté, il y avait un jardin de roses. Les fleurs ____________[2] bonjour. Le petit prince ____________[3] les fleurs et, parce qu'il n'en avait jamais vu autant, il ____________[4] qui elles étaient. Les fleurs ____________[5] qu'elles étaient des roses. Réfléchissant à cette réponse, le petit prince ____________[6] une expression de compréhension.

Activité 18 : Une fable de La Fontaine.

Voici le résumé de la fable « Le Corbeau et le renard ». Identifiez l'infinitif de chaque verbe et ensuite racontez l'histoire en mettant les verbes soulignés au passé composé.

Le corbeau, fier animal, se tenait sur une branche, un fromage dans le bec. Un beau jour, le renard (1) passa près de lui et (2) fut alléché *(was enticed)* par l'odeur du fromage du corbeau. Il (3) essaya donc d'imaginer un stratagème pour l'obtenir. Il (4) flatta le corbeau et lui (5) demanda de chanter pour faire entendre sa belle voix. Le corbeau, très fier, (6) voulut chanter, (7) ouvrit le bec et (8) laissa tomber son fromage. Le renard (9) s'en saisit *(grabbed)* et (10) s'en alla.

Cinq personnages de la littérature française

Tristan et Iseut (Moyen Âge)

Tristan, chevalier courageux, et Iseut la Blonde, belle princesse d'Irlande, sont unis par un amour fatal et éternel. Après avoir vaincu un géant et un dragon en Irlande, Tristan amène Iseut avec lui afin qu'elle épouse son oncle, le roi de Cornouailles. Pendant le voyage, ils boivent par erreur un philtre magique *(magic potion)* qui les unit en amour. Iseut épouse le roi mais les deux amants ne peuvent pas s'empêcher de se revoir en secret. Le roi découvre leur amour illicite et les bannit. Tristan s'exile et lors d'une bataille, il est blessé à mort *(mortally wounded)*. Iseut essaie de le retrouver mais, trop tard. Tristan est déjà mort. Iseut meurt, elle aussi, et le roi les fait enterrer *(bury)* dans deux tombes voisines.

Tartuffe (XVIIe siècle)

Tartuffe est un faux dévot *(religious hypocrite)* qui arrive à gagner la confiance du bourgeois Orgon. Aveuglé *(blinded)* par la fausse dévotion de Tartuffe, Orgon l'invite à vivre dans sa famille, lui confie le contrôle de sa fortune et lui offre la main de sa fille qui avait pourtant l'intention d'épouser un autre homme. Mais on découvre la vérité sur Tartuffe quand il entre dans la chambre de la femme d'Orgon pour la séduire. Orgon, déçu et en colère, chasse son faux ami de la maison. Tartuffe se croit pourtant maître de la situation à cause des documents compromettants qu'il a en sa possession. Mais grâce à l'intervention du roi, il est mis en prison.

Madame Bovary (XIXe siècle)

Emma, fille d'un paysan riche, élevée dans un couvent *(convent)*, accepte d'épouser Charles Bovary, un homme simple qui est médecin dans un petit village normand. Il l'adore mais ne la comprend pas. C'est une femme romantique qui rêve de bals luxueux, d'hommes aristocratiques et d'amour idéal. Elle vit à travers sa lecture. Pour échapper à son existence banale et à son ennui, elle tombe dans le mensonge *(lies)*, l'adultère et les dettes. Elle finit par se suicider.

Maigret (XXe siècle)

Le commissaire Maigret, de la Police judiciaire, arrive rapidement sur la scène du crime. Il l'examine de près, interroge le témoin *(witness)* en fumant sa pipe et fait une analyse psychologique de l'assassin. Ce héros, Français typique et âgé d'une cinquantaine d'années, a son côté humain : il aime un bon dîner au restaurant du coin *(neighborhood restaurant)* ou préparé chez lui par sa femme, Mme Maigret. Trouvera-t-il la solution de ce crime? Sans doute, comme il l'a fait maintes fois *(many times)* auparavant, avec patience, intuition et une très bonne mémoire pour les détails.

Activité 19 : Qui est-ce ?

Identifiez les personnages suivants. Si possible, nommez un personnage semblable d'une autre œuvre littéraire.

1. un héros de roman policier
2. le héros d'une légende
3. une héroïne qui meurt aux côtés de son bien-aimé
4. une héroïne qui rêve d'une vie luxueuse
5. un héros qui trompe son ami

Activité 20 : Personnages littéraires préférés.

Qui est votre personnage littéraire préféré ? Écrivez une description de lui (environ cinq lignes) et lisez-la à la classe. Vos camarades vont deviner le nom de ce personnage.

Lecture

Anticipation

1. *Le Pagne noir* est un conte africain. C'est un genre que vous connaissez depuis longtemps, depuis votre jeunesse quand vous lisiez des contes comme *Cendrillon* et *La Belle au bois dormant.* Cochez les éléments de la liste que vous associez à ce genre.

_____ un héros ou une héroïne
_____ un contexte historique
_____ un élément surnaturel
_____ des personnages réalistes et complexes
_____ des animaux
_____ une fin triste
_____ des obstacles à traverser
_____ un personnage méchant

2. Beaucoup de contes de fée présentent une tâche très difficile que le personnage principal doit accomplir. Nommez un conte de ce genre et expliquez la tâche du héros ou de l'héroïne. Quels sont les obstacles ?

3. Dans plusieurs contes traditionnels, un personnage qui joue un rôle important est la marâtre, la deuxième femme du père. Donnez un synonyme en français de **marâtre** et nommez un conte où une marâtre jalouse joue un rôle principal.

4. Les contes oraux ont souvent un refrain qui se répète. Pensez, par exemple, au refrain de *Jacques et le haricot magique* en anglais : « *Fee-fi-fo-fum, I smell the blood of an Englishman. Be he alive or be he dead, I'll grind his bones to make my bread.* » Le rythme est aussi important que le sens. Trouvez le refrain dans *Le Pagne noir* et lisez-le à haute voix.

Expansion de vocabulaire

A. Dans ce texte, le décor africain joue un rôle important. Lisez les phrases avec le nouveau vocabulaire et choisissez l'image qui correspond.

_______________ 1. Un morceau de tissu, c'est **un pagne.**

_______________ 2. **Le kaolin,** c'est de la porcelaine blanche.

_______________ 3. Une petite rivière, c'est **un ruisseau.**

_______________ 4. Un endroit où l'eau sort de la terre, c'est **une source.**

_______________ 5. Une petite maison qu'on trouve souvent en Afrique est **une case.**

______________ 6–7. En Afrique et dans d'autres pays tropicaux, on trouve des arbres comme le **bananier** et **le fromager.**

______________ 8. Des fleurs qu'on trouve dans l'eau sont **des nénuphars.**

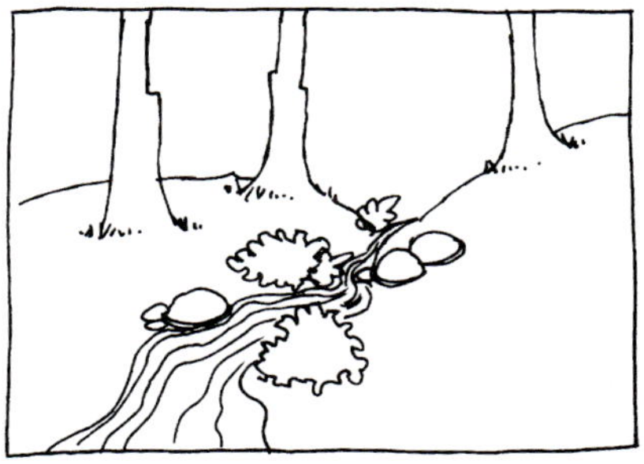
a.

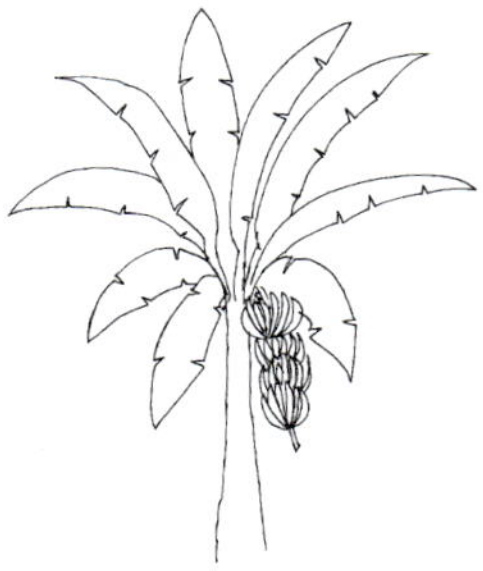
b.

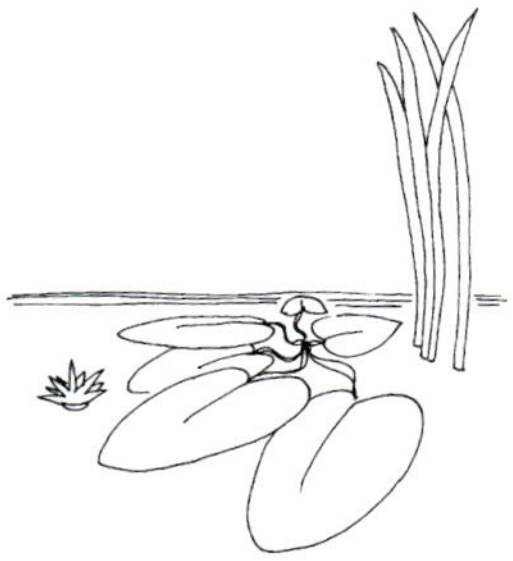
c.

d.

e.

f.

g.

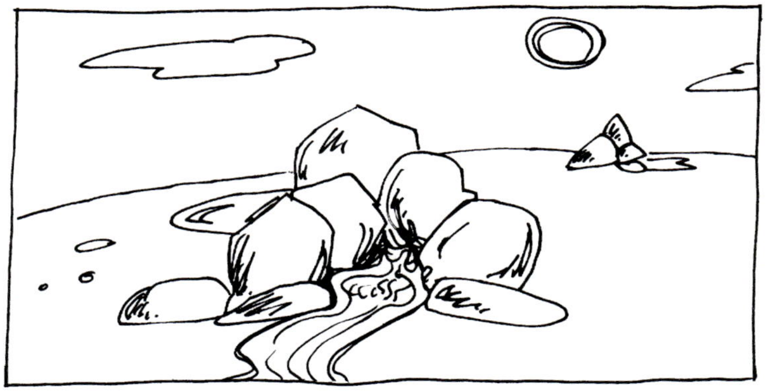
h.

B. La répétition est une technique qu'on trouve souvent dans la littérature orale. Voici deux exemples que vous allez voir dans ce conte.

1. Parfois on trouve une série d'expressions où chaque élément veut dire plus ou moins la même chose. Dans ces cas, essayez plutôt de saisir le sens général; il n'est pas nécessaire de comprendre chaque mot. Par exemple, « De ce jour commence le calvaire de la petite Aïwa. Pas de privations et d'affronts qu'elle ne subisse; pas de travaux pénibles qu'elle ne fasse ! » Quelle est l'idée générale de ces lignes ?
   a. Aïwa était contente. c. Aïwa était malade.
   b. Aïwa souffrait. d. Aïwa aimait sa belle-mère.

2. Le préfixe **re-** s'attache souvent aux verbes pour indiquer que l'action est répétée. De cette manière, se **re**marier veut dire « se marier encore une fois ». Cochez les verbes où **re-** veut dire « encore une fois ».

_____ reprendre	_____ rester
_____ repartir	_____ replonger
_____ refuser	_____ reconnaître
_____ remettre	_____ retrouver

Le Pagne noir

Bernard Dadié

Il était une fois une jeune fille qui avait perdu sa mère. Elle l'avait perdue, le jour même où elle venait au monde.

Le premier cri de la fille coïncida avec le dernier soupir° de la mère.

sigh

> Qu'est-ce qui s'est passé le jour où Aïwa est née ? Que fait son père après ? À quel moment est-ce qu'Aïwa commence à avoir des difficultés ?

Le mari, à sa femme, fit des funérailles grandioses. Puis le temps passa et l'homme se remaria. De ce jour commence le calvaire de la petite Aïwa. Pas de privations et d'affronts qu'elle ne subisse; pas de travaux pénibles qu'elle ne fasse ! Elle souriait° tout le temps. Et son sourire irritait la marâtre qui l'accablait de quolibets.°

smiled

jeers

* * * * *

> De quoi est-ce que la belle-mère est jalouse ?

Elle était belle, la petite Aïwa, plus belle que toutes les jeunes filles du village. Et cela encore irritait la marâtre qui enviait cette beauté resplendissante, captivante.

* * * * *

Plus elle multipliait les affronts, les humiliations, les corvées,° les privations, plus Aïwa souriait, embellissait, chantait—et elle chantait à ravir, cette orpheline.° Et elle était battue° à cause de sa bonne humeur, à cause de sa gentillesse. Elle était battue parce qu'[elle était] courageuse, la première à se lever, la dernière à se coucher. Elle se levait avant les coqs, et se couchait lorsque les chiens eux-mêmes s'étaient endormis.

household chores/orphan

beaten

La marâtre ne savait vraiment plus que faire pour vaincre cette jeune fille. Elle cherchait ce qu'il fallait faire, le matin, lorsqu'elle se levait, à midi, lorsqu'elle mangeait, le soir, lorsqu'elle somnolait.° Et ces pensées, par ses yeux, jetaient des lueurs fauves.° Elle cherchait le moyen de ne plus faire sourire la jeune fille, de ne plus l'entendre chanter, de freiner° la splendeur de cette beauté.

slept/wild lights

to put an end to

> Quelle tâche est-ce que la belle-mère donne à Aïwa ? Est-ce que cela semble être une tâche simple ?

Elle chercha ce moyen avec tant de patience, tant d'ardeur, qu'un matin, sortant de sa case, elle dit à l'orpheline :

—Tiens ! va me laver ce pagne noir où tu voudras. Me le laver de telle sorte qu'il devienne aussi blanc que le kaolin.

Aïwa prit le pagne noir qui était à ses pieds et sourit. Le sourire, pour elle, remplaçait les murmures, les plaintes, les larmes, les sanglots.°

sobs

* * * * *

Aïwa prit le linge noir et partit. Après avoir marché pendant une lune, elle arriva au bord d'un ruisseau. Elle y plongea le pagne. Le pagne ne fut point mouillé.° Or l'eau coulait bien, avec dans son lit, des petits poissons, des nénuphars. Sur ses berges,

was not moistened at all

les crapauds° enflaient leur voix comme pour effrayer° l'orpheline qui souriait toujours. Aïwa replongea le linge noir dans l'eau et l'eau refusa de le mouiller. Alors elle reprit sa route en chantant.

toads/to frighten

> Pendant combien de temps est-ce qu'Aïwa marche avant de trouver un ruisseau ? Qu'est-ce qui arrive la première fois qu'Aïwa essaie de laver le pagne noir ?

Ma mère, si tu me voyais sur la route,
Aïwa-ô ! Aïwa!
Sur la route qui mène au fleuve,
Aïwa-ô ! Aïwa!
Le pagne noir doit devenir blanc
Et le ruisseau refuse de le mouiller,
Aïwa-ô ! Aïwa!
L'eau glisse comme le jour,
L'eau glisse comme le bonheur,
O ma mère, si tu me voyais sur la route,
Aïwa-ô ! Aïwa!

* * * * *

Elle repartit. Elle marcha pendant six autres lunes.

Devant elle, un gros fromager couché en travers de la route et dans un creux du tronc,° de l'eau, de l'eau toute jaune et bien limpide, de l'eau qui dormait sous la brise, et tout autour de cette eau de gigantesques fourmis° aux pinces énormes, montaient la garde. Et ces fourmis se parlaient. Elles allaient, elles venaient, se croisaient, se passaient la consigne. Sur la maîtresse branche qui pointait un doigt vers le ciel, un doigt blanchi, mort, était posé un vautour° phénoménal dont les ailes° voilaient° le soleil. Ses yeux jetaient des flammes, des éclairs, et les serres° traînaient° à terre. Et il avait un de ces becs° !

a hole in the trunk
ants
vulture/wings/veiled/claws dragged/a terrible beak

Dans cette eau jaune et limpide, l'orpheline plongea son linge noir que l'eau refusa de mouiller.

Ma mère, si tu me voyais sur la route,
Aïwa-ô ! Aïwa!
La route de la source qui mouillera le pagne noir,
Aïwa-ô ! Aïwa!
Le pagne noir que l'eau de fromager refuse de mouiller,
Aïwa-ô ! Aïwa!

> Combien de temps passe avant qu'elle trouve de l'eau dans le tronc d'un arbre ? Qu'est-ce qui arrive cette fois quand elle essaie de laver le pagne noir ?

* * * * *

Et toujours souriante, elle poursuivit son chemin.

Elle marcha pendant des lunes et des lunes, tant de lunes qu'on ne s'en souvient plus.

Elle était maintenant dans un lieu vraiment étrange. La voie° devant elle s'ouvrait pour se refermer derrière elle. Les arbres, les

path

oiseaux, les insectes, la terre, les feuilles mortes, les feuilles sèches, les lianes,° les fruits, tout parlait. Et dans ce lieu, nulle trace de créature humaine. Elle était bousculée,° hélée,° la petite Aïwa! qui marchait, marchait et voyait qu'elle n'avait pas bougé depuis qu'elle marchait. Et puis, tout d'un coup, comme poussée par une force prodigieuse, elle avançait davantage dans la forêt où régnait un silence angoissant.

vines
shoved/called out to

Devant elle, une clairière° et au pied d'un bananier, une source. Elle s'agenouille,° sourit. L'eau frissonne. Et elle était si claire, cette eau, que là-dedans se miraient le ciel, les nuages, les arbres.

clearing
kneels

> Qu'est-ce qui arrive la troisième fois qu'elle met le pagne noir dans de l'eau ?

Aïwa prit de cette eau, la jeta sur le pagne noir. Le pagne noir se mouilla. Agenouillée sur le bord de la source, elle mit deux lunes à laver le pagne noir qui restait noir. Elle regardait ses mains pleines d'ampoules° et se remettait à l'ouvrage.

blisters

Ma mère, viens me voir!
Aïwa-ô! Aïwa!
Me voir au bord de la source,
Aïwa-ô! Aïwa!
Le pagne noir sera blanc comme kaolin,
Aïwa-ô! Aïwa!
Viens voir ma main, viens voir ta fille!
Aïwa-ô! Aïwa!

* * * * *

> Qui apparait quand Aïwa finit de chanter ? Qu'est-ce qu'elle lui donne ?

À peine avait-elle fini de chanter que voilà sa mère qui lui tend° un pagne blanc, plus blanc que le kaolin. Elle lui prend le linge noir et sans rien dire, fond° dans l'air.

hands her
melts

* * * * *

Lorsque la marâtre vit le pagne blanc, elle ouvrit des yeux stupéfaits. Elle trembla, non de colère cette fois, mais de peur; car elle venait de reconnaître l'un des pagnes blancs qui avait servi à enterrer° la première femme de son mari.

bury

Mais Aïwa, elle, souriait. Elle souriait toujours.

Elle sourit encore du sourire qu'on retrouve sur les lèvres des jeunes filles.

Compréhension et intégration

1. Pourquoi Aïwa chante-t-elle ? Que représente son sourire ?
2. Pourquoi est-ce que la marâtre est si méchante envers Aïwa? Pourquoi a-t-elle peur à la fin du conte ?
3. Trouvez trois éléments surnaturels dans le texte.
4. Quels obstacles est-ce que Aïwa doit surmonter pour accomplir sa tâche ?
5. Quelle est la morale de ce conte ?

Maintenant à vous

1. Comparez Aïwa à Blanche Neige. Qu'est-ce qu'elles ont en commun ? Quelles différences y a-t-il ?
2. Imaginez la suite de l'histoire. Qu'est-ce qui s'est passé après le retour d'Aïwa ?

Un pas en avant

À jouer ou à discuter

1. **Je pense à une histoire... (Un jeu pour toute la classe)** Pensez à une histoire ou un roman que la plupart des étudiants de la classe auront lu ou dont ils auront entendu parler *(heard about).* Maintenant mettez-vous devant la classe. Les étudiants (et le professeur, peut-être) vous poseront des questions pour identifier l'histoire que vous avez choisie. Vous devrez être prêt(e) à y répondre. Le but *(goal)* est de deviner de quelle histoire il s'agit avec le moins de questions possibles. Questions possibles : Qui est l'écrivain ? Quel est le genre ? Où l'histoire a-t-elle lieu, et à quelle époque ? Qui est le personnage principal ? Quel est le thème ? Comment l'histoire commence-t-elle ?

2. **La semaine du livre.** C'est la semaine du livre, et pour promouvoir *(promote)* la lecture, on vous invite à discuter de la valeur des romans. Dans un petit groupe, trouvez plusieurs raisons pour lesquelles il est désirable de lire. Puis vous allez partager vos idées avec toute la classe.

Puzzle à deux

Voici des informations sur une histoire célèbre. Votre partenaire a d'autres informations. Mettez toutes les informations ensemble pour deviner le titre de l'histoire.
Personne A va regarder les informations suivantes.
Personne B va regarder les informations à la page A–28.

Genre : légende
Époque : il y a très longtemps
Lieu : ???
Thème : lutte *(fight)* pour préserver la justice et la pureté dans un royaume, le destin
Personnages principaux : ???
Commencement de l'histoire : ???

Naviguez le Web !

I. Scénario : Êtes-vous cinéphile ? **Voulez-vous savoir quels films sont en tête du box-office français et américain ? Voulez-vous voir ce que le public français pense d'un film que vous avez vu ? Ou peut-être que vous devez faire des recherches sur un classique sorti il y a longtemps. Pour ceux qui sont passionnés par le cinéma—ou même un peu curieux—ce site est pour vous. Alors, allez-y !**

II. Scénario : Les contes de fée électroniques. **D'abord on a transmis les contes de fée oralement. Puis La Fontaine, Perrault, Andersen et les autres les ont écrits. Et maintenant ? Oui, ils apparaissent sur le Web. Visitez ce site pour lire une de ces vieilles histoires pleine de drame et de charme. Ressemble-t-elle à la version Disney ? Allez sur ce site pour répondre à cette question.**

À écrire

Dans ce module, vous avez parlé de beaucoup de contes classiques. À vous maintenant d'écrire un nouveau classique : un conte de fée modernisé !

Première étape

Préparez-vous.

1. Choisissez le conte que vous voudriez reformuler.
   Exemple : *Cendrillon*

2. Choisissez le décor.
   Exemple : un petit bureau sans fenêtre chez L'Oréal

3. Recréez les personnages.
   Exemple : Cendry → une jeune fille travailleuse mais timide
   La marâtre → une patronne cruelle
   Le prince → le PDG de L'Oréal

4. Situez la scène.
   Exemple : Cendry travaille jour et nuit dans un petit bureau sans fenêtre. Sa patronne lui demande de travailler même le week-end mais elle refuse d'augmenter le salaire de son assistante fidèle. La pauvre Cendry n'a ni le temps ni l'argent de sortir ou de se faire des amis. C'est bientôt Noël, et la fête annuelle de l'entreprise arrive...

5. Imaginez la suite. Y a-t-il une morale ?

Deuxième étape

Écrivez votre conte.

Troisième étape

Avant d'écrire la version finale, il faut réviser. Utilisez ce guide pour réagir au conte écrit par un(e) camarade de classe.

Guide de commentaire

a. Trouvez l'introduction, le déroulement et le dénouement de ce conte. Dans la marge, mettez des crochets *(brackets)* pour diviser le conte en trois parties.

b. Ajoutez deux ou trois adverbes dans le texte pour améliorer la description de l'action.

c. À la fin, écrivez votre version de la morale de ce conte.

d. Soulignez les formes verbales qui vous semblent problématiques.

Quatrième étape

En vous servant des commentaires de votre camarade de classe, faites les changements nécessaires et écrivez la version finale de votre conte. Ensuite, lisez-le à la classe. Vos camarades vont identifier l'original de votre conte modernisé.

Structures

Structure 15.1 Le passé (suite)

Both the **passé composé** and the **imparfait** are needed to narrate past events in French. Which tense you choose depends on how you view the past action or situation. Here are the general guidelines for differentiating between the two past tenses. Use the **imparfait** to:

1. describe past conditions or states, including weather, age, feelings, and time.
2. describe what used to happen (past habits).
3. describe what was going on when something else happened.

Use the **passé composé** to tell what happened, including a series of completed events.

Certain adverbs and time expressions are frequently used with the **passé composé** or the **imparfait.**

1. **Imparfait : souvent, toujours, d'habitude, normalement, pendant que, autrefois, chaque jour, l'été** *(summer),* **quand j'étais jeune, quand j'avais x ans, etc.**
2. **Passé composé : hier, ce matin, l'année dernière, cet été, le week-end passé, puis, ensuite, soudain, enfin, il y a dix minutes, etc.**

For a small number of verbs, the **imparfait** and the **passé composé** communicate slightly different meanings.

savoir, connaître

Je **savais** que son frère habitait à Boston.	***I knew*** *his brother lived in Boston.*
J'**ai su** que son frère habitait à Boston.	***I found out*** *his brother lived in Boston.*
Je **connaissais** son frère.	***I knew*** *his brother.*
J'**ai connu** son frère.	***I met*** *his brother.*

devoir

Il **devait** me téléphoner.	*He* ***was supposed*** *to call me.*
Il **a dû** me téléphoner.	*He* ***had*** *to call me.* / *He* ***must have*** *called me.*

avoir

Il **avait** du travail.	*He* ***had*** *work.*
Il **a eu** la promotion.	*He* ***got*** *the promotion.*

Exercice 1.

Voici de bons et de mauvais souvenirs. Pour les compléter, choisissez le temps du verbe qui convient (passé composé ou imparfait) selon le contexte.

1. Quand j'(étais, ai été) plus jeune, j'(adorais, ai adoré) les chiens. Un jour, un gros berger allemand *(German shepherd)* qui (avait, a eu) l'air gentil m(e) (mordait, a mordu) *(bit).* À ce moment, j(e) (savais, ai su) pourquoi mon père m'avait toujours dit de ne pas jouer avec les animaux perdus.
2. L'été, nous (partions, sommes partis) toujours à la mer et nous (revenions, sommes revenus) bien bronzés. Mais l'année dernière, nous (devions, avons dû) rester en ville chez nous.
3. Mes copains (allaient, sont allés) en France en mai. Ils (visitaient, ont visité) la vallée de la Loire où ils (voyaient, ont vu) de très beaux châteaux. Pendant le voyage, ils (connaissaient, ont connu) beaucoup de jeunes Français. J(e) (savais, ai su) qu'ils (allaient, sont allés) s'amuser !

Exercice 2.

Robert se souvient de sa vie à l'université. Complétez ce paragraphe avec la forme appropriée du verbe donné entre parenthèses.

La vie de père de famille n'est pas des plus faciles. J'ai beaucoup de responsabilités et peu de temps libre. Quand j'______________ 1 (être) étudiant, j(e) ______________ 2 (voir) la vie en rose. Mes copains et moi, nous ______________ 3 (sortir) tous les week-ends et je ______________ 4 (faire) du sport trois fois par semaine. Bien sûr, il ______________ 5 (falloir) étudier. J(e) ______________ 6 (avoir) des dissertations à écrire et des examens à passer. Il faut dire que j'______________ 7 (apprendre) beaucoup, ce qui m(e) ______________ 8 (permettre) de trouver un bon travail après mes études.

Il y a un an, je ______________ 9 (se marier). Avec mon nouvel emploi et mon rôle de jeune-marié, j(e) ______________ 10 (savoir) que ma vie allait changer. Le mois passé, ma femme et moi nous ______________ 11 (avoir) notre premier enfant, un fils. Je ne regrette rien, mais en ce temps-là, je n'______________ 12 (avoir) pas tant de problèmes et je ______________ 13 (s'amuser) tout le temps. Qu'est-ce que ma vie ______________ 14 (changer) ! Ah, le bon vieux temps.

Le plus-que-parfait

The **plus-que-parfait** helps establish a chronology of past events by identifying what action precedes another.

Bob est tombé malade hier. Il **avait mangé** quelque chose de mauvais.	*Bob got sick yesterday. He had eaten (ate) something that didn't agree with him.*

This tense is formed like the **passé composé,** except that the auxiliary **avoir** or **être** is in the imperfect tense.

passé composé		**plus-que-parfait**	
il a mangé	*he ate*	il **avait** mangé	*he had eaten*
il est allé	*he went*	il **était** allé	*he had gone*
il s'est levé	*he got up*	il s'**était** levé	*he had gotten up*

The **plus-que-parfait** is frequently required in French in sentences where it is optional in English.

Je suis allé voir la pièce de théâtre que **tu** m'**avais suggérée.**	*I went to see the play you suggested (had suggested) to me.*

Rules for making the agreement of the past participle, which are the same as for the **passé composé,** are summarized here.

- The past participle agrees with the subject when **être** is the auxiliary.

Elles étaient sorti**es** ensemble.	*They had gone out together.*

- The past participle also agrees with the subject when the reflexive pronoun is the direct object of the verb.

Elles s'étaient réveillé**es** tard.	*They had woken up late.*

- The past participle agrees with the direct object when **avoir** is the auxiliary and the direct object precedes the verb.

Claire a lu la lettre que sa tante lui avait écrit**e**.	*Claire read the letter that her aunt (had) written her.*

Exercice 3.

En utilisant la liste donnée, dites ce que Charlotte avait déjà fait (et n'avait pas fait) avant d'aller en classe ce matin. Utilisez le plus-que-parfait.

Quand elle est partie en classe, Charlotte...

1. faire son lit
2. ne pas faire la vaisselle
3. finir ses devoirs
4. se maquiller
5. s'habiller
6. lire le journal
7. prendre le petit déjeuner
8. ne pas aller au bureau de poste

Exercice 4.

Michèle raconte un souvenir d'anniversaire. Complétez son histoire avec les formes appropriées des verbes entre parenthèses. Choisissez entre le passé composé et le plus-que-parfait selon l'ordre des événements au passé.

Je me souviens de mon anniversaire quand j'ai eu sept ans. Mes parents _______________ [1] (organiser) une surprise-partie. Quand je _______________ [2] (rentrer) de l'école, ils _______________ [3] (décorer) toute la maison avec des ballons et des guirlandes en papier. Ils ______________ [4] (inviter) mes meilleurs amis du quartier et de l'école. Quand j(e) ______________ [5] (voir) tout ça, j(e) ______________ [6] (être) vraiment contente. Mes amis et moi, nous ______________ [7] (jouer) dehors et puis nous ______________ [8] (regarder) des vidéos amusantes que ma grand-mère ______________ [9] (apporter). Enfin, mes parents m(e) ______________ [10] (offrir) mon cadeau, une boîte bizarre qui n'était pas emballée. Je l(e) ______________ [11] (ouvrir) et devinez ce que c'était ! Le petit chat noir et blanc dont j(e) ______________ [12] (rêver). Il était si doux ! Voilà pourquoi cet anniversaire est un souvenir inoubliable.

Structure 15.2
Les adverbes de manière

Adverbs of manner describe how actions are accomplished. These adverbs end in **-ment,** the equivalent of *-ly* in English.

Most **-ment** adverbs are formed by adding **-ment** to the feminine form of the adjective.

sérieux → sérieuse → sérieusement *serious → seriously*
lent → lente → lentement *slow → slowly*

If the masculine form of the adjective ends in a vowel, add **-ment** to the masculine adjective.

probable → probablement *probable → probably*
vrai → vraiment *true → truly*

If the masculine adjective ends in **-ant** or **-ent,** drop the **-nt** and add **-mment.**

constant → constamment *constant → constantly*
évident → évidemment *evident → evidently*

Adverbs in **-ment** usually follow the verb.

Mon chat ronronne constamment.	*My cat purrs constantly.*
Le sénateur parlait très élégamment.	*The senator was speaking very elegantly.*
L'escargot a traversé lentement le trottoir.	*The snail slowly crossed the sidewalk.*

When the adverb modifies the entire sentence, it may be placed at the beginning or the end.

Malheureusement, l'avion n'est pas arrivé à l'heure.	*Unfortunately, the plane didn't arrive on time.*
Il n'en était pas content apparemment.	*He wasn't happy about it apparently.*

Autres structures qui indiquent la manière

The following adverbial expressions add variety and often sound better than a long adverb.

1. **avec/sans** + abstract noun (without article)

Jean lui a répondu **avec timidité.**	*Jean answered him timidly.*
Elle dansait **sans grâce.**	*She danced without grace.*

2. **d'une façon/manière** + adjective

L'actrice parle **d'une façon naturelle.**	*The actress speaks in a natural manner.*
Elle le regardait **d'une manière sévère.**	*She looked at him in a severe manner.*

Exercice 5.

Écrivez l'adjectif masculin qui correspond aux adverbes suivants.

1. franchement
2. absolument
3. différemment
4. naturellement
5. vaguement
6. silencieusement
7. constamment
8. doucement

Exercice 6.

Patricia décrit sa chatte. Complétez la description avec la forme adverbiale de chaque adjectif entre parenthèses.

Ma chatte Minou me fascine. Dans la maison, elle se promène (insolent) ______________[1]. Elle s'assoit sur mes genoux et s'endort (indifférent) ______________[2]. Quand elle se réveille, elle regarde (fixe) ______________[3] par la fenêtre et décide de sortir. Une fois à l'extérieur, elle se cache (silencieux) ______________[4] derrière un arbre puis soudain, elle chasse (énergique) ______________[5] un oiseau ou un écureuil. Toute cette activité l'ennuie au bout de quelques minutes et elle reprend sa place sur l'escalier. Là, elle attend (patient) ______________[6] que je lui ouvre la porte.

Exercice 7.

Comment les gens suivants se comportent-ils ? Répondez aux questions suivantes en utilisant une expression adverbiale : *avec/sans* + *nom,* ou *d'une façon/d'une manière* + *adjectif.*

Modèle : Est-ce que Tristan a essayé de servir le roi Marc fidèlement ? Oui, il a essayé de le servir avec fidélité.

1. Est-ce que Barychnikov danse gracieusement ? Oui, il danse ______________.
2. Est-ce que Lancelot a lutté courageusement ? Oui, il a lutté ______________.
3. Est-ce que la belle-mère de Cendrillon s'est comportée *(behaved)* avec gentillesse ? Non, elle ne s'est pas comportée ______________.
4. Est-ce que Cendrillon s'est habillée élégamment pour aller au bal ? Oui, elle s'est habillée ______________.
5. Est-ce que Howard Stern parle poliment ? Non, il parle ______________.

15.3 Le conditionnel

You have already used **le conditionnel de politesse** or polite conditional for softening demands or requests. The polite conditional is most often used with the verbs **aimer, vouloir,** and **pouvoir.**

Je **voudrais** un café.

J'**aimerais** t'accompagner.

J'ai froid. **Pourrais**-tu fermer la fenêtre ?

You have also learned to use the conditional of **devoir** to give advice.

Tu devrais sortir plus souvent.	*You should go out more often.*
Vous **devriez** écouter vos parents.	*You should listen to your parents.*

The conditional is also used to express the consequences of a hypothetical situation using the structure:

si + imparfait + conditionnel

Si vous **étiez** moins égoïste, vous **auriez** plus d'amis.	*If you weren't so selfish, you'd have more friends.*

Note that the imperfect is always used in the **si** clause when the conditional is used in the consequence clause. The order of these clauses, however, can be switched without changing the meaning of the sentence.

Si j'**étais** moins timide, je lui **demanderais** de sortir avec moi.	*If I were less shy, I would ask him/her to go out with me.*
Nous **serions** contents si vous **veniez** nous voir.	*We'd be happy if you came to see us.*
S'il **faisait** plus chaud, elle **irait** à la plage.	*If it were hotter, she'd go to the beach.*

The conditional is formed by adding the **imparfait** endings to the future stem.

parler	
je parler**ais**	nous parler**ions**
tu parler**ais**	vous parler**iez**
il/elle/on parler**ait**	ils/elles parler**aient**

Je **prendrais** l'avion s'il ne coûtait pas plus cher que le train.	*I would take a plane if it weren't any more expensive than the train.*

Verbs that have an irregular stem in the future tense have the same irregular stem in the conditional.

infinitif	conditionnel
avoir	j'aurais
être	tu serais
aller	il irait
devoir	elles devraient
savoir	on saurait

infinitif	conditionnel
faire	vous feriez
pouvoir	nous pourrions
venir	je viendrais
voir	ils verraient
vouloir	tu voudrais

Exercice 8.

Utilisez le conditionnel pour rendre les phrases plus polies.

1. Tu dois m'aider à faire les courses.
2. Nous préférons regarder la télé.
3. Nous voulons aller au cinéma.
4. Pouvez-vous m'amener au match de football ?
5. Est-il possible de partir tout de suite ?
6. Vous devez faire vos devoirs.

Exercice 9.

Complétez ces hypothèses en mettant les verbes au conditionnel ou à l'imparfait.

1. Si je pouvais aller au cinéma ce soir, je ______________ (voir) le nouveau James Bond.
2. S'il y avait moins de voitures à Los Angeles, il y ______________ (avoir) moins de pollution.
3. Si je pouvais recommencer mes études, j(e) ______________ (étudier) la microbiologie.
4. Nous ______________ (avoir) un meilleur travail si nous avions notre diplôme.
5. Si j'étais riche, j(e) ______________ (offrir) une maison à mes parents.
6. Elle ______________ (passer) les vacances chez nous si elle avait le temps.
7. Si les universités américaines étaient gratuites, les étudiants ne ______________ (devoir) pas travailler autant.
8. Tu répondrais si tu ______________ (savoir) la réponse.

Structure 15.4
Comment reconnaître le passé simple

The **passé simple** is the past tense used in formal literary and journalistic texts in place of the **passé composé,** its conversational equivalent. Although you will not be asked to use the **passé simple,** you will need to be able to recognize and understand verbs in this tense when you read them.

Because the **passé simple** is frequently used for narration, it is commonly found in the third person. When reading literary texts, you will recognize many **passé simple** verbs by their stem.

Look at the following regular verbs in the **passé simple.**

écouter	elle écout**a**	ils écout**èrent**
attendre	il attend**it**	elles attend**irent**
finir	il fin**it**	elles fin**irent**

Here are some common irregular verbs in the third person **passé simple:**

avoir	eut	eurent
croire	crut	crurent
dire	dit	dirent
être	fut	furent
faire	fit	firent
prendre	prit	prirent
venir	vint	vinrent
voir	vit	virent

The meaning of the **passé simple** is equivalent to the **passé composé.**

Le méchant Loup se jeta (s'est jeté) sur la petite fille et la mangea (l'a mangée).	*The evil wolf pounced on the little girl and ate her.*

Exercice 10.

Voici la version française du conte *Le Petit Chaperon rouge.* Donnez l'infinitif de chaque verbe mis au passé simple et ensuite, décidez si les phrases qui suivent l'histoire sont *vraies* ou *fausses.* Si la phrase est fausse, corrigez-la.

Il était une fois une jolie petite fille que tout le monde aimait. Un jour, sa mère (1) l'*envoya* chez sa grand-mère malade pour lui apporter une galette et un petit pot de beurre. Elle (2) *partit* donc vers la forêt où habitait sa grand-mère. En chemin, elle (3) *rencontra* le loup qui lui (4) *demanda :* « Où vas-tu comme ça, Petit Chaperon rouge? » Celle-ci (5) *répondit :* « Je vais chez ma grand-mère qui est malade, pour lui apporter une bonne galette et un petit pot de beurre. » Puis, ils (6) *se quittèrent* et le chaperon rouge (7) *continua* son chemin. Le loup (8) *se mit* à courir de toutes ses forces vers la maison de la grand-mère. Il (9) *frappa* à la porte, (10) *entra,* et (11) *dévora* la pauvre grand-mère.

Peu de temps après, le Petit Chaperon rouge (12) *arriva* à la maison de la grand-mère et (13) *frappa* à la porte. « Qui est-ce? » (14) *demanda* le loup,* déguisé en grand-mère. « C'est moi, grand-mère, » (15) *répondit* le Petit Chaperon rouge. La petite fille (16) *entra* dans la maison et ne (17) *reconnut* pas le loup dans le lit. Celui-ci lui (18) *dit,* « Viens te coucher près de moi, ma petite. » Le Petit Chaperon rouge (19) *vint* près de lui et (20) *se coucha* dans le lit. Cependant, elle (21) *remarqua* quelque chose d'étrange. « Grand-mère, que

*Note the inversion of the subject and the verb when reporting what was said. This is a stylistic technique common in storytelling.

vous avez de grandes jambes », (22) *s'exclama*-t-elle.* « C'est pour mieux marcher, mon enfant », (23) *expliqua*-t-il. « Que vous avez de grandes oreilles ! » « C'est pour mieux t'entendre, mon enfant. » « Que vous avez de grands yeux ! » « C'est pour mieux te voir, mon enfant. » « Que vous avez de grandes dents ! » « C'est pour mieux te manger ! » (24) *s'écria*-t-il.

La fin de cette histoire est bien triste. Le loup (25) *mangea* ce pauvre petit chaperon rouge qu'il (26) *dégusta* avec la galette et le petit pot de beurre.

1. Le Petit Chaperon rouge apportait des fruits et du pain à sa grand-mère.
2. Sa grand-mère habitait une maison en ville.
3. Le loup a rencontré la petite fille quand elle est arrivée à la porte de la maison de sa grand-mère.
4. Quand le Petit Chaperon rouge est entrée chez sa grand-mère, le loup avait déjà tué la pauvre grand-mère.
5. Le loup a pu tromper la petite fille parce qu'il portait les vêtements de la grand-mère.
6. Le loup s'est caché dans la cuisine.
7. Le Petit Chaperon rouge s'est rendu compte de la situation avant d'être dévoré.
8. À la fin, le loup est tué et on a pu sauver le Petit Chaperon rouge et sa grand-mère.

Tout ensemble!

Voici un passage au passé à propos de « La Petite Mini-jupe rouge ». 1) Mettez les verbes entre parenthèses au temps et au mode corrects. Vous allez utiliser **le passé composé, l'imparfait, le plus-que-parfait** et un verbe au conditionnel. 2) Écrivez l'adverbe qui correspond à l'adjectif donné entre parenthèses. 3) Attention à l'accord entre l'objet et le participe passé.

Il était une fois une jeune fille de 16 ans qui habitait un appartement de Manhattan avec sa mère. Cette fille portait toujours une Mini-jupe rouge que sa mère lui ______________[1] (faire) et donc, on l'______________[2] (appeler) La Petite Mini-jupe rouge. Un jour, sa mère lui ______________[3] (donner) un paquet de médicaments à livrer à sa grand-mère malade qui ______________[4] (habiter) de l'autre côté de Central Park. Mini-jupe rouge ______________[5] (traverser) le parc ______________[6] (tranquille), le sac en main, en écoutant son Walkman. De l'autre côté, elle ______________[7] (s'arrêter) pour regarder un jongleur *(juggler)*. Un drôle d'homme *(odd man)* parmi les spectateurs lui ______________[8] (demander) de l'argent, mais elle ______________[9]. (répondre)

______________[10] (poli) qu'elle n'______________[11] (avoir) que le petit sac avec les médicaments pour sa grand-mère. « Si j(e) ______________[12] (avoir) un peu d'argent, je vous ______________[13] (donner) quelques dollars, » lui a-t-elle dit. À son arrivée chez la grand-mère, le drôle d'homme l'attendait dehors. « Donne-moi le code pour y entrer où je te tue, » dit-il ______________[14] *(brusque)*. Mini-jupe rouge ______________[15] (se rendre) compte qu'il ______________[16] (voir) l'adresse de sa grand-mère sur l'étiquette des médicaments. Elle ______________[17] (ne pas crier) « Au secours » parce qu'elle ______________[18] (savoir) qu'à New York personne ne viendrait la sauver. Mais elle était experte en karaté et avec un coup de pied, le cambrioleur *(thief)* ______________[19] (tomber) dans les pommes *(unconscious)*.

VOCABULAIRE

Vocabulaire fondamental

Noms

Les animaux *animals*

un animal familier/domestique	*a house pet*
un cochon	*a pig*
un lapin	*a rabbit*
un loup	*a wolf*
un mouton	*a sheep*
un ours	*a bear*

Mots apparentés : un crocodile, un éléphant, une gazelle, une girafe, un gorille, un lézard, un lion, un opossum, un rhinocéros, un serpent, un tigre, un zèbre

Les contes *stories*

un chevalier	*a knight*
un conte de fée	*a fairy tale*
une fée	*a fairy*
un prince (une princesse)	*a prince (princess)*
un roi (une reine)	*a king (queen)*
un sorcier (une sorcière)	*a witch*

Le cinéma *film*

un cinéaste	*a filmmaker*
un(e) comédien(ne)	*an actor*
la durée	*length*
un metteur en scène	*a director*
la mise en scène	*setting*
un prix	*an award*
un(e) réalisateur/trice	*a director*
un scénario	*a script*
une vedette	*a star*
la version originale	*original version*
une version sous-titrée (doublée)	*a subtitled (dubbed) version*

La littérature *literature*

un auteur	*an author*
une bande dessinée (BD, *fam*)	*a cartoon strip*
un dénouement	*an ending*
un déroulement	*a plot, development*
un genre	*a literary genre*
une héroïne	*a heroine, main female character*
le héros	*hero, main male character*
une intrigue	*a story line*
un personnage (principal)	*a (main) character*
une pièce de théâtre	*a play*
un roman	*a novel*

Mots apparentés : une fable, une légende, un narrateur, un poème, un thème, un titre

Adverbes et les expressions adverbiales

constamment	*constantly*
d'une manière/façon naturelle	*in a natural manner*
évidemment	*evidently*
finalement	*finally*
heureusement	*fortunately*
lentement	*slowly*
probablement	*probably*
avec/sans courage	*with/without courage*

Adjectifs

courageux/euse	*brave*
lent(e)	*slow*
littéraire	*literary*
méchant(e)	*mean*
passionnant(e)	*exciting*

Verbes

attaquer	*to attack*
épouser	*to marry*
sauver	*to save*
tourner	*to film*
transformer	*to transform*
tromper	*to trick*
tuer	*to kill*
voler	*to fly*

Expressions utiles

Comment raconter une histoire *how to tell a story*

(See pp. 508–509 for additional expressions.)

Il était une fois...	*Once upon a time . . .*
Par conséquent...	*As a result . . .*

Comment parler de la littérature *how to talk about literature*

(See pp. 523-524 for additional expressions.)

Quel est le titre ?	*What is the title?*
J'aime (les romans, les récits historiques, les analyses politiques, les bandes dessinées, etc.).	*I like (novels, historical fiction, political analyses, cartoons, etc.).*

VOCABULAIRE

Vocabulaire supplémentaire

Noms

Les animaux *animals*

une abeille	*a bee*
un agneau	*a lamb*
un aigle	*an eagle*
un bec	*a beak*
un chameau	*a camel*
un cheval	*a horse*
une chouette	*an owl*
un coq	*a rooster*
un corbeau	*a crow*
un dauphin	*a dolphin*
un écureuil	*a squirrel*
un hamster	*a hamster*
un renard	*a fox*
un requin	*a shark*
une tortue	*a turtle*

Les contes *stories*

un(e) amant(e)	*a lover*
un bal	*a ball, dance*
une bataille	*a battle*
un carrosse	*a carriage*
un chasseur	*a hunter*
un dragon	*a dragon*
un géant	*a giant*
une marâtre	*a stepmother*
un(e) paysan(ne)	*a peasant*
un pirate	*a pirate*
une prison	*a prison*

Mots divers

la galette	*flat cake*
la mémoire	*memory*
un roman policier	*a detective novel*
le toilettage	*(animal) grooming*

Les qualités

la gentillesse	*kindness*
la paresse	*laziness*
la prévoyance	*foresight*
la sagesse	*wisdom*
la ruse	*trickiness*

Mots apparentés : l'élégance *(f)*, la fidélité, la grâce, l'indépendance *(f)*, la naïveté

Adjectifs

banal(e)	*banal*
compromettant(e)	*compromising*
déçu(e)	*disappointed*
empoisonné(e)	*poisoned*
insolent(e)	*haughty*
luxueux/euse	*luxurious*

Verbes

accomplir	*to accomplish*
bannir	*to banish*
bouger	*to move*
se cacher	*to hide*
déguster	*to savor*
dévorer	*to devour*
échapper à	*to escape from*
s'exiler	*to go into exile*
faire la queue	*to stand in line*
flatter	*to flatter*
frapper	*to knock*
se piquer	*to prick*
se rasseoir	*to sit back down*
se régaler	*to have a delicious meal*
unir	*to unite*
vaincre	*to vanquish*

Module de récapitulation

This module does not present any new grammar structures. It first introduces you to the French educational system and then it incorporates a grammar review through activities centered on the reading, « Ô voleur, voleur, quelle vie est la tienne? »

Thèmes et structures révisées

- Le système éducatif français
- Le bac
    - Le passé
    - Les verbes et les prépositions
- Des programmes d'échanges
    - Les pronoms relatifs **ce qui** et **ce que**
    - Le comparatif
- Le bac littéraire : *Ô voleur, voleur, quelle vie est la tienne ?* , adapté de J.-M. G. Le Clézio
    - Le passé
    - L'interrogatif
    - Les expressions négatives
    - Le conditionnel
    - Le subjonctif

Perspectives culturelles

- La sélection et la chasse aux concours
- Orientation au bac

Thèmes et pratiques de conversation

Le système éducatif français

INSTITUTIONS	DIPLÔMES ET CONCOURS
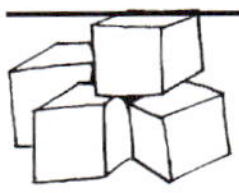 **l'école maternelle :** 3 ans à 6 ans	
l'école primaire : 6 ans à 11 ans 	
 **le collège :** 11 ans à 15 ans de la 6e à la 3^{e}	**le BEPC** (le brevet d'études du premier cycle)
le lycée d'enseignement général : 15 ans à 18 ans de la seconde à la terminale 	**le Bac** (le baccalauréat)
 **le lycée d'enseignement professionnel (LEP) :** deux ans avec un apprentissage	**le BEP** (le brevet d'études professionnelles) *for higher level trades; generally students will not pursue a university education*
l'Institut universitaire de technologie (IUT) : deux ans 	**le DUT** (le diplôme universitaire de technologie : études courtes à finalité professionnelle)
 **l'université** 1er **cycle :** deux ans 2e **cycle** 3e année 4e année 3e **cycle :** deux à sept ans	**le DEUG** (le diplôme d'études universitaires générales) **la licence** **la maîtrise** **le DEA** (le diplôme d'études approfondies) **le doctorat**
les grandes écoles Entrées par concours après un à trois ans d'études dans une école préparatoire. Les reçus composent l'élite du pays. l'École Polytechnique l'École nationale d'administration (ENA) l'École normale supérieure : sciences et lettres l'École des hautes études commerciales (HEC) 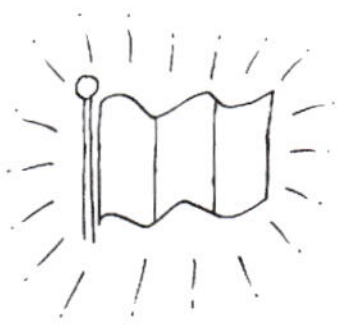	**diplômes et titres divers** (diplôme d'ingénieur, diplôme supérieur de commerce, etc.)

À noter : Élève designates students before university, at which time they become **étudiants.**

Activité 1 : La vie scolaire.

Consultez le diagramme à la page 549 pour compléter les phrases suivantes.

1. L'élève français commence le ____________ après l'école primaire à l'âge de onze ans.
2. Il commence le collège en 6e et le termine en ____________.
3. À la fin du collège, il peut recevoir un diplôme appelé ____________.
4. Après le collège, l'élève qui préfère faire des études plus courtes va souvent dans un ____________. Il y suit des cours techniques et fait un apprentissage de mécanicien, de charpentier *(carpenter),* de boulanger. Après ____________ ans, il reçoit un BEP ou un CAP.
5. Les élèves qui continuent leurs études scolaires générales vont au ____________ après le collège. Ils commencent le lycée en ____________ à l'âge de ____________ ans.
6. La dernière année de lycée s'appelle la ____________. C'est une année consacrée à la préparation du ____________, un examen long et difficile.
7. Tout élève possédant le bac a le droit *(has the right)* d'aller dans une ____________ .
8. Après le bac, les élèves les plus forts suivent des cours préparatoires pendant deux ans pour préparer un concours extrêmement difficile qui donne accès aux ____________, les écoles les plus prestigieuses de la France.

Le Lycée Henri IV

Étudiants à l'École polytechnique, une grande école fondée par Napoléon.

La sélection et la chasse aux concours

Perspectives culturelles

Les concours° et la sélection° jouent un grand rôle dans la vie scolaire de l'élève français. Jusqu'à la fin du collège, tous les jeunes suivent des cours ensemble, le fils du boulanger avec la fille du médecin. Mais bien avant la fin du collège, les élèves et leurs parents commencent à s'inquiéter de la sélection pour le lycée. Les meilleurs élèves poursuivront des études académiques au lycée; les autres seront orientés vers un lycée d'enseignement professionnel (LEP) pour suivre des études pratiques. À la fin du lycée, le bac constitue une deuxième sélection. Seuls les élèves qui y sont reçus° ont le droit° de poursuivre des études avancées; 75 % à 78 % des candidats réussissent. Pour une petite élite, il y a aussi la possibilité d'étudier dans une des grandes écoles, le sommet de l'éducation française. Pour y être admis, il faut « bosser comme un fou° » pendant deux ans dans une école préparatoire avant de passer un concours d'entrée. Une fois reçu au concours,° l'étudiant peut se reposer. Son avenir professionnel est assuré.

Le système éducatif français est assez rigide. Une fois orienté dans une filière,° il est difficile pour l'étudiant de changer de voie,° de zigzaguer comme l'étudiant américain. Par conséquent, les parents s'inquiètent beaucoup de la réussite scolaire de leurs enfants. Ils les poussent° dans leurs études et les encouragent à choisir une direction à un jeune âge. Le parent français sait que le diplôme ouvre les portes dans la vie.

competitive exam/selection

succeed, pass/have the right

work like crazy
made the cut

course of study/track

push

Avez-vous compris ?

Répondez *vrai* ou *faux*.

1. Jusqu'à l'âge de 15 ans, les élèves français suivent le même programme d'études.
2. C'est au moment d'entrer au collège que les élèves sont orientés vers des études académiques ou bien des études pratiques.
3. Si on veut faire des études universitaires, il faut réussir le bac.
4. La majorité des élèves vont dans des écoles préparatoires après le lycée.
5. Les grandes écoles sont très prestigieuses.
6. Les parents s'intéressent beaucoup au progrès académique de leurs enfants.

Activité 2 : Comparons nos deux systèmes.

Le système éducatif français est assez différent du système américain. Donnez un équivalent approximatif des mots anglais. Puis expliquez quelques différences entre les deux termes.

1. *middle school*	a. l'école maternelle
2. *university*	b. le baccalauréat
3. *Scholastic Aptitude Test*	c. les grandes écoles
4. *senior year (high school)*	d. l'université
5. *Ivy League schools*	e. le lycée
6. *kindergarten*	f. le lycée d'enseignement professionnel (LEP)
7. *college prep high school*	g. l'école primaire
8. *elementary school*	h. le collège
9. *vocational high school*	i. la terminale
10. *bachelor's degree*	j. la licence

MAIRIE DE PARIS
ACADÉMIE DE PARIS
LE LYCÉE INTERNATIONAL DE PARIS
CONSEIL RÉGIONAL
ÎLE-DE-FRANCE

Perspectives culturelles

Orientation au bac

« Si tu n'as pas ton bac, tu n'es plus rien! »
(une mère à son fils)

D day
anguish
overestimate

Le 8 juin, c'est le jour J° pour les lycéens français. Près de 750.000 candidats bacheliers, l'angoisse° au cœur, commencent le bac. On ne peut pas surestimer° ce rite de passage dont les résultats, publiés dans le journal, déterminent l'accès aux études supérieures. Il n'y a pas un seul bac; on peut le préparer dans plusieurs disciplines. Voici les sujets traditionnels :

le bac série L : philosophie, littérature, langues
ES : sciences économiques et sociales
S : mathématiques, avec options physique, biologie et technologie

bright

Parmi ces options, le bac S est le plus prestigieux. En conséquence, les élèves les plus doués° sont souvent orientés vers les maths au lycée où les élèves commencent à se spécialiser.

cramming and intensive study

C'est grâce à l'uniformité du programme d'études que tous les élèves peuvent passer le même examen. À cause de son énorme importance, des magazines tels que *Le Monde de l'Éducation* et *Jeune Étudiant* publient des numéros spéciaux consacrés au bac où l'on offre des exemples de questions et thèmes fréquemment posés ou anticipés afin d'aider l'élève dans son bachotage.° Nous vous en offrons ici quelques exemples.

Économie

Sujet : Dans quelle mesure° l'exclusion sociale s'explique-t-elle par l'évolution du marché du travail ?

to what extent

Histoire-géographie

Composition 1 Sujet : Le modèle américain et son influence dans le monde depuis 1945.

Composition 2 Sujet : La France, puissance européenne et mondiale : les grandes orientations de la politique extérieure° française de 1945 à nos jours.

foreign policy

Littérature

Thèmes les plus fréquemment proposés :

—Dans quelle mesure le roman vous semble-t-il être un miroir du monde ?

—La culture est-elle, selon vous, facteur de division ou d'union entre les hommes ?

—« Longtemps j'ai pris ma plume pour une épée° », écrit Jean-Paul Sartre. Pensez-vous que la littérature soit un instrument de combat ?

sword

Philosophie

Thèmes les plus fréquemment proposés :

—La science connaît-elle la réalité ?

—La science peut-elle sauver l'homme de lui-même ?

—Une œuvre d'art est-elle utile ?

Avez-vous compris?

Discutez avec la classe.

1. Si vous passiez le bac, quel sujet choisiriez-vous ? Pourquoi ? Quel sujet vous semble le plus difficile ?
2. Est-ce que les thèmes proposés au bac ressemblent aux thèmes du SAT ? Expliquez.
3. On parle du besoin d'un examen national pour les États-Unis. Que pensez-vous de cette idée ?

Activité 3 : Un micro-bac, allez-y !

Répondez aux questions suivantes.

1. « L'évolution du marché du travail » veut dire les changements dans le monde du travail. Le travail a beaucoup changé ces dernières années. Donnez un exemple de cette évolution. Qui sera exclus à cause de cette évolution ?

2. Où dans le monde depuis 1945 la France a-t-elle eu une présence importante ? Donnez un exemple de la politique extérieure française entre 1945 et aujourd'hui.

3. Donnez un exemple de l'influence américaine dans le monde depuis 1945.

4. Connaissez-vous un(e) autre écrivain(e) qui, comme Sartre, a pris sa « plume pour une épée » ?

5. Pouvez-vous penser à une invention scientifique qui pourrait sauver l'homme de lui-même ?

Activité 4 : L'examen le plus difficile de votre vie.

Regardez les pages 274–275 et 536–539.

Structure à réviser
Le passé

Vous vous souvenez de l'examen le plus difficile de votre vie ? Avec un(e) autre étudiant(e), racontez votre expérience. Utilisez les questions suivantes comme guide.

1. (description au passé : l'imparfait) : Quel âge aviez-vous ? Quelle sorte d'examen est-ce que c'était ? Pourquoi aviez-vous besoin de passer cet examen ? Que pensiez-vous de l'examen ?

2. (complétez en utilisant le plus-que-parfait) : Le jour de l'examen j'avais/étais/sommeil/peur/nerveux(euse)/fatigué(e), etc., parce que j(e)....

3. (ce qui s'est passé le jour de l'examen : le passé composé) : À quelle heure est-ce que vous vous êtes levé(e) ? Qu'est-ce que vous avez fait avant l'examen ? Où êtes-vous allé(e) pour passer l'examen ? À quelle heure est-ce que l'examen a commencé ? Pendant combien de temps avez-vous travaillé ? Qu'est-ce que vous avez fait après l'examen ?

4. (description) : Comment était l'examen ?

5. (ce qui s'est passé) : Avez-vous réussi l'examen ou l'avez-vous raté ?

Activité 5 : La vie universitaire.

Regardez les pages 500–502.

Structure à réviser
Les verbes et les prépositions

Complétez ces phrases avec une préposition (*à* ou *de*) si c'est nécessaire et un verbe à l'infinitif.

1. Quand je ne suis pas préparé(e) pour un cours, j'hésite...

2. Quand j'ai un examen, j'essaie...

3. C'est difficile d'étudier dans ma chambre. Je préfère...

4. Si on ne travaille pas sérieusement, on risque...

5. J'ai eu des difficultés en cours de sciences économiques. J'ai promis à mon prof...

6. Je viens de passer un examen de français. J'espère...

Des programmes d'échange

Chaque année, des centaines de jeunes Français se rendent aux États-Unis, grâce à des bourses, pour étudier dans les *high schools* et dans les universités. Voilà quelques remarques de ces étudiants.

LAURENT **Ce que** j'apprécie aux États-Unis, **c'est** la beauté des campus.

CAMILLE La vie sociale, les clubs et le sport, **voilà ce qui** a beaucoup d'importance dans les universités américaines contrairement à la fac.

ANDRÉ **Ce que** j'aime, c'est l'ambiance décontractée dans les salles de classe.

BÉATRICE Ce **qui** me manque, **ce sont** mes copains. Ici, je trouve les étudiants superficiels. Il y a moins de discussions animées.

RACHEL **Ce que** je voudrais faire, **c'est** voir tout le pays avant de rentrer en France.

Regardez les pages 470–472.

Activité 6 : Les étudiants parlent.

Structure à réviser
Les pronoms relatifs *ce qui* et *ce que*

Répondez aux questions suivantes en utilisant la structure : *ce qui, ce que, c'est.*

1. Qu'est-ce que Laurent apprécie à propos des universités américaines ?
2. Qu'est-ce qui a beaucoup d'importance dans les universités américaines selon Camille ?
3. Qu'est-ce qu' André aime ?
4. Qu'est-ce qui manque à Béatrice ?
5. Qu'est-ce que Rachel voudrait faire ?

Activité 7 : Entrevue à la télévision.

Des étudiants américains parlent de leurs impressions à propos du système éducatif français. Répondez pour eux en suivant le modèle.

Modèle : Dawn, qu'est-ce qui vous a frappé le plus au lycée ?
(Le travail et le niveau des cours.)

DAWN Ce qui m'a frappé le plus, c'est le travail et le niveau des cours.

Jeff, quel aspect de la vie sociale as-tu apprécié le plus ?

JEFF ____

(Les discussions dans les cafés. Nous allions toujours dans le même café à cinq heures. On plaisantait, on parlait des profs, on faisait de la politique et de la philosophie. C'était sympa !)

Qu'est-ce qui était difficile pour vous ?

JEFF ______________________________
(Les cours le samedi matin. Le mercredi après-midi libre n'était pas une vraie récompense.)

Jeff, quel aspect de l'organisation des classes était le plus différent ?

JEFF ______________________________
(La spécialisation des étudiants. Dans mes cours on préparait tous le bac ES, sciences économiques et sociales.)

Alex, qu'est-ce qui est problématique pour un étudiant américain ?

ALEX ______________________________
(Le manque de tests, de devoirs et de thèses à écrire. Comment évaluer ses progrès ?)

Activité 8 : À vous !

Structure à réviser
Les pronoms relatifs *ce qui* et *ce que*

Regardez les pages 470–472 .

Depuis votre arrivée au campus, quelles sont vos impressions ? Terminez les phrases suivantes avec un(e) camarade.

1. Ce que j'ai remarqué tout de suite quand je suis arrivé(e) sur ce campus, c'était...
2. Ce que j'aime le plus ici, c'est...
3. Ce qui me manque ici, c'est...
4. Ce que je trouve amusant, c'est...
5. ... voilà ce que je trouve insupportable.
6. Ce que j'ai vraiment envie de faire, c'est...

Activité 9 : Comparons...

Regardez les pages 273 et 312–314.

Structure à réviser
Le comparatif

Utilisez ce que vous avez appris à propos du système éducatif français et ce que vous savez à propos du système éducatif américain pour comparer les éléments suivants.

Modèle : l'école maternelle

On commence l'école maternelle plus tôt en France qu'aux États-Unis.

1. les examens
2. les étudiants
3. le sport
4. les spécialisations
5. les universités

Le bac littéraire : « Ô voleur, voleur, quelle vie est la tienne ? »

Les questions du bac littéraire sont souvent basées sur un texte. Préparez-vous donc pour votre bac littéraire ! Vous allez lire une histoire par un écrivain français célèbre, J.-M. G. Le Clézio. Dans les exercices qui suivent, vous allez analyser le texte et en même temps vous allez faire une révision de plusieurs structures grammaticales. Finalement, à vous de passer le bac : répondez à la question pour votre bac oral ou écrit.

Activité 10 : Testez votre aptitude verbale.

D'après le contexte, trouvez le sens des mots en italique tirés du texte.

1. « C'était un village de *pêcheurs,...* tout blanc au-dessus de la mer. » Un pêcheur gagne sa vie en attrapant des _______________.
   a. criminels b. poissons c. prisonniers d. arbres
2. « Ce qui est terrible, c'est que ça s'est passé *d'un seul coup,* quand j'ai perdu mon travail. » Quelque chose qui se passe d'un seul coup se passe _______________.
   a. lentement b. soudainement c. difficilement d. jamais
3. « J'ai perdu mon travail parce que l'entreprise avait *fait faillite.* » Une entreprise qui fait faillite _______________.
   a. gagne beaucoup d'argent b. ne peut plus payer ses dettes
   c. a de gros revenus d. embauche de nouveaux employés
4. « Ma femme ne pouvait pas travailler, elle avait des *ennuis* de santé. » Quand on a des ennuis on a des _______________.
   a. problèmes b. médicaments c. traitements d. qualités
5. « Je fais ça pour eux, pour que ma femme et mes *gosses* aient de quoi manger. » En français familier, le mot gosses veut dire _______________.
   a. amis b. parents c. collègues d. enfants
6. « Qu'est-ce que ça te fait, quand tu penses que tu es devenu un voleur ? » ... « ça me fait quelque chose, ça *me serre la gorge* et ça m'accable. » Quand quelque chose vous serre la gorge, vous vous sentez _______________.
   a. tranquille b. neutre c. plein(e) d'émotion d. malade

Questions d'orientation

1. Ce texte commence par une question indirecte : « Dis-moi comment tout a commencé », puis le protagoniste commence à parler. Est-ce qu'il parlera du futur, du présent ou du passé ?
2. Regardez brièvement les pages 561–563. Quel est le format du texte ? Est-ce qu'il sera écrit dans la langue écrite et formelle ou dans la langue parlée, la langue familière ?
3. Regardez le titre. Ce texte est à propos de qui ?

À noter : This text is longer than many you have read. The side notes provide questions to help you focus on its meaning.

Ô voleur,° voleur, quelle vie est la tienne ?

thief

adapté de J.-M.G. Le Clézio

Dis-moi comment tout a commencé.

Je ne sais pas, je ne sais plus, il y a si longtemps, je n'ai plus souvenir du temps maintenant, c'est la vie que je mène. Je suis né au Portugal, à Ericeira, c'était en ce temps-là un petit village de pêcheurs pas loin de Lisbonne, tout blanc au-dessus de la mer. Ensuite mon père a dû partir pour des raisons politiques, et avec ma mère et ma tante on s'est installés en France, et je n'ai jamais revu mon grand-père. C'était juste après la guerre, je crois qu'il est mort à cette époque-là. Mais je me souviens bien de lui, c'était un pêcheur, il me racontait des histoires, mais maintenant je ne parle presque plus le portugais. Après cela, j'ai travaillé comme apprenti maçon° avec mon père, et puis il est mort, et ma mère a dû travailler aussi, et moi je suis entré dans une entreprise, une affaire de rénovation de vieilles maisons, ça marchait bien. En ce temps-là, j'étais content avec le monde, j'avais un travail, j'étais marié, j'avais des amis, je ne pensais pas au lendemain, je ne pensais pas à la maladie, ni aux accidents, je travaillais beaucoup et l'argent était rare, mais je ne savais pas que j'avais de la chance. Après ça je me suis spécialisé dans l'électricité. C'est moi qui refaisais les circuits électriques, j'installais les appareils ménagers, l'éclairage, je faisais les branchements.° Ça

mason's appentice

connections

Pourquoi a-t-on l'impression que le texte commence au milieu de *(in the middle of)* l'histoire ? Est-ce qu'on connaît l'identité de celui qui pose les questions et celle de qui répond ?

La guerre est la Seconde Guerre mondiale.

Pourquoi le protagoniste était-il content de sa vie ? Est-ce que vous avez le pressentiment que les choses vont tourner mal ? Pourquoi ?

me plaisait bien, c'était un bon travail. Je ne savais pas que j'avais de la chance.

Et maintenant ?

Ah, maintenant, tout a changé. Ce qui est terrible, c'est que ça s'est passé d'un seul coup, quand j'ai perdu mon travail parce que l'entreprise avait fait faillite.° Au début j'ai cru que tout allait s'arranger, j'ai cru que j'allais retrouver du travail facilement, mais il n'y avait rien. Et pour l'électricité, je n'avais pas de CAP, personne ne m'aurait confié un travail comme ça. Alors les mois sont passés et je n'avais toujours rien, et c'était difficile de manger, de payer l'éducation de mes fils, ma femme ne pouvait pas travailler, elle avait des ennuis de santé, on n'avait même pas d'argent pour acheter les médicaments. On allait mourir de faim, ma femme, mes enfants. C'est comme ça que je me suis décidé. Au début, je me suis dit que c'était provisoire,° le temps de trouver un peu d'argent, le temps d'attendre. Maintenant ça fait trois ans que ça dure, je sais que ça ne changera plus.

gone bankrupt

temporary

> Est-ce que vous pouvez deviner *(to guess)* ce qu'il s'est décidé à faire ?

Tu sors toutes les nuits ?

> Que fait-il quand il sort ? Pourquoi sort-il la nuit ?

Ça dépend. Ça dépend des endroits. Il n'y a pas de règles. En général, je ne veux pas faire ça le jour, j'attends la nuit, même le petit matin, tu sais, vers trois-quatre heures, c'est le meilleur moment. Mais je n'entre jamais dans une maison quand il y a quelqu'un.

Est-ce qu'ils savent ?

Mes enfants ? Non, non eux ne savent rien, on ne peut pas leur dire, ils sont trop jeunes, ils ne comprendraient pas que leur père est devenu un voleur. Non, je ne voudrais pas que mes enfants apprennent cela, ils sont trop jeunes. Ils croient que je travaille comme avant. Maintenant je leur dis que je travaille la nuit, et que c'est pour ça que je dois partir la nuit, et que je dors une partie de la journée.

> Qu'est-ce qu'il refuse de dire à ses enfants ? Pourquoi ?

Tu aimes cette vie ?

Non, au début° je n'aimais pas ça du tout, mais qu'est-ce que je peux faire ? Je fais ça pour vivre, pour que ma femme et mes gosses aient de quoi manger, des vêtements, pour que mes gosses aient une éducation, un vrai métier.

at the beginning

Si je retrouvais demain du travail, je m'arrêterais tout de suite de voler, je pourrais de nouveau rentrer chez moi tranquillement, le soir, je m'allongerais° sur le lit avant de dîner.

would lie down

> Pourquoi utilise-t-il le conditionnel ici ?

Qu'est-ce que ça te fait, quand tu penses que tu es devenu un voleur ?

Si ça me fait quelque chose, ça me serre la gorge et ça m'accable,° tu sais, quelquefois, le soir, je rentre à la maison à l'heure du dîner, et ce n'est plus du tout comme autrefois, il y a juste des sandwichs froids, et je mange en regardant la télévision, avec les gosses qui ne disent rien. Alors je vois que ma femme me regarde, elle ne dit rien elle non plus, mais elle a l'air

overwhelms

si fatigué, elle a les yeux gris et tristes, et je me souviens de ce qu'elle m'a dit, la première fois, quand elle m'a demandé s'il n'y avait pas de danger. Moi, je lui ai dit non, mais ça n'était pas vrai, parce que je sais bien qu'un jour, c'est fatal, il y aura un problème. Peut-être que les flics° m'attraperont, et je ferai des années en prison, ou bien peut-être que je ne pourrai pas courir assez vite quand on me tirera dessus,° et je serai mort. Mort. C'est à elle que je pense, à ma femme, pas à moi, moi je ne vaux rien, je n'ai pas d'importance. C'est à elle que je pense, et à mes enfants aussi, que deviendront-ils, qui pensera à eux, sur cette terre ?

cops

shoot at me

Adapté de J.-M.G. Le Clézio: « Ô voleur, voleur, quelle vie est la tienne ? », La ronde et autres faits divers. *Editions GALLIMARD.*

Activité 11 : Compréhension du texte.

Répondez aux questions suivantes.

1. Où le voleur est-il né ? Pourquoi est-il venu en France ?
2. Comment a-t-il gagné sa vie ?
3. Pourquoi a-t-il perdu son travail ?
4. Quel est le nouveau métier de cet homme ?
5. Pourquoi ne dit-il rien à ses enfants ?
6. Quand entre-t-il dans les maisons et pourquoi ?
7. Avec qui parle-t-il dans ce texte ?

Activité 12 : Analyse de l'emploi du passé.

Structure à réviser
Le passé

Regardez les pages 188–192, 266–267, 274–275, et 536–539.

Donnez une explication pour l'emploi du passé composé, de l'imparfait, et du plus-que-parfait dans les lignes indiquées. Choisissez parmi les explications suivantes.

Passé composé : un verbe qui avance le récit

Imparfait : a. une action habituelle ou répétée, b. un verbe qui décrit un état mental, ou **être** et **avoir**, c. la description au passé

Plus-que-parfait : une action qui arrive avant une autre action

1. ligne 7 : on s'est installé en France
2. ligne 10 : c'était un pêcheur, il me racontait des histoires
3. lignes 11–14 : Après cela, j'ai travaillé comme apprenti maçon avec mon père, et puis il est mort,... et moi je suis entré dans une entreprise...
4. lignes 14–19 : ça marchait bien. En ce temps-là, j'étais content, j'avais un travail, j'étais marié, j'avais des amis... je ne savais pas que j'avais de la chance.
5. ligne 25 : Ah, maintenant, tout a changé.
6. lignes 26–27 : ... parce que l'entreprise avait fait faillite.

7. lignes 31–35 : ... c'<u>était</u> difficile de manger... ma femme ne <u>pouvait</u> pas travailler, elle <u>avait</u> des ennuis de santé... on <u>allait</u> mourir de faim...
8. ligne 35 : C'est comme ça que je <u>me suis décidé</u>.

Activité 13 : Un interrogatoire *(interrogation).*

Regardez les pages 120–121 et 158–160.

Structure à réviser
L'interrogatif

A. Dans cette histoire, les questions sont posées de façon indirecte ou énigmatique. Rendez-les plus directes et complètes.

1. Dis-moi comment tout a commencé.
2. Et maintenant ?
3. Est-ce qu'ils savent ?
4. Tu aimes cette vie ?

B. (jeu de rôle) Vous êtes journaliste à *Paris-Match* et vous interrogez le voleur (qui est devenu une cause célèbre). Posez-lui quatre questions avec les mots interrogatifs suivants : *pourquoi, comment, quand/à quelle heure, où.* Un autre membre de la classe jouera le rôle du voleur.

Activité 14 : Si seulement !

Regardez les pages 541–542.

Structure à réviser
Le conditionnel

Jouez le rôle du voleur pour terminer les phrases suivantes.

1. Si j(e) ______________ (avoir) mon CAP, je pourrais trouver du travail plus facilement.
2. Je n(e) ______________ (entrer) jamais dans une maison s'il y avait quelqu'un.
3. Si je ______________ (dire) la vérité à mes enfants, ils ______________ (ne pas comprendre).
4. Ma femme ______________ (pouvoir) travailler si elle ______________ (ne pas être) malade.
5. Si je ______________ (ne pas voler), ma femme et mes enfants n'______________ (avoir) rien à manger.
6. Si je ______________ (retrouver) du travail, je ______________ (s'arrêter) tout de suite de voler.

Activité 15 : Que feriez-vous à sa place ?

Regardez les pages 541–542.

Structure à réviser
Le conditionnel

Avec un(e) partenaire, dites ce que vous feriez si vous étiez à la place du voleur. Donnez au moins quatre idées.

Activité 16 : Une attitude négative ou une victime du destin *(fate)*?

Regardez les pages 353–355.

Structure à réviser
Les expressions négatives

Répondez aux questions suivantes avec une expression négative appropriée : ***jamais, rien, plus, pas encore, personne.***

1. Je sais que tu as travaillé dans l'électricité. Est-ce que tu y travailles toujours ?
2. Qu'est-ce que tu fais pour t'amuser ?
3. Est-ce qu'il y a quelqu'un à qui tu peux te confier *(confide in)* ?
4. Mais tu as déjà parlé de ta situation à ta femme, je suppose.
5. Alors, quand est-ce que tu penses que ta situation va changer ?

Activité 17 : Réactions différentes.

Regardez les pages 472–475.

Structure à réviser
Le subjonctif

On réagit différemment à ce voleur et à sa situation. Complétez les réflexions suivantes en utilisant le subjonctif ou l'indicatif, selon le cas.

1. Moi, je pense que le voleur ______________ (avoir) un bon cœur, mais qu'il ______________ (se trouver) dans une situation impossible.
2. Moi aussi ! Je trouve impardonnable qu'il n'y ______________ (avoir) pas de programme social pour l'aider.
3. À mon avis, il est essentiel qu'il ______________ (dire) la vérité à sa femme.
4. Est-il possible qu'elle ______________ (ne pas savoir) la vérité ?
5. Tu sais, c'est triste que les immigrés clandestins *(illegal aliens)* ______________ (ne pas pouvoir) demander de l'aide social.
6. Il faut que nous ______________ (faire) un effort pour créer un monde plus juste.
7. Moi, je crois que les gens ______________ (être) responsables de leurs propres actes. Je n'ai pas de sympathie pour lui.

À vous de passer le bac littéraire ! Voici votre sujet.

Votre bac oral/écrit

Comment est le protagoniste dans « *Ô voleur, voleur, quelle vie est la tienne ?* » ? Quels sont ses qualités et ses défauts ? Est-ce un criminel, une victime ou les deux ? Est-ce qu'il a raison de voler ? À votre avis, le voleur pourrait-il changer sa vie ? En considérant tout ce qu'il nous a dit, suggérez ce qu'il devrait faire maintenant.

Un pas en avant

Naviguez le Web !

Les études dans le cybermonde

1. Imaginez que vous faites vos études de lycée en France et que vous devez passer le bac. Quelle série allez-vous suivre ? Quelle matière allez-vous préparer ? Est-ce que cet examen est vraiment si difficile ? Dans cette activité, vous allez visiter un site Internet pour les élèves qui préparent le bac. Cela vous donnera une bonne idée de la complexité de ce système.

2. Parmi toutes les grandes écoles, l'École normale supérieure est l'une des plus anciennes. Faites une visite virtuelle de cette école où Sartre et Bergson ont étudié. Peut-être que vous pourrez même voir quelques étudiants qui y font leurs études.

VOCABULAIRE

Vocabulaire fondamental

Noms

Les études *(f pl) studies*

un apprentissage	*an apprenticeship*
le baccalauréat (le bac, *fam*)	*French secondary school program of study; examination required for university admission; diploma*
une bourse	*a scholarship*
le collège	*middle school (in France)*
un concours	*a competitive exam*
un diplôme	*a diploma*
un programme d'études	*a program of study*
une filière	*a course of study, branch of business*
une grande école	*an elite university requiring difficult entrance exam*
la licence	*diploma awarded after passage of third year university exams*
la maîtrise	*master's degree*

Ô voleur

un(e) protagoniste	*a protagonist, main character*
la vérité	*the truth*
un voleur	*a thief*

Adjectifs

avancé(e)	*advanced*
insupportable	*unbearable*
prestigieux/euse	*prestigious*

Verbes

bachoter	*to cram (for an exam)*
se spécialiser (en)	*to specialize (in)*
suivre (un cours)	*to follow, take (a course)*
être en terminale	*to be a senior*
être reçu(e) à un examen	*to pass a test*
faire faillite	*to go bankrupt*
poursuivre	*to pursue*

Mots divers

ailleurs	*elsewhere*
les cours préparatoires	*two-year course of study leading to the entrance exam for the* **grandes écoles**
un programme d'échanges	*an exchange program*

Sigles *(abbreviations pronounced as anagrams)*

CAP (certificat d'aptitude professionnelle)	*basic certificate*
DEUG (diplôme d'études universitaires générales)	*awarded after the completion of two years of university study*
LEP (lycée d'enseignement professionnel)	*vocational high school for students who will not pursue university degree*

Vocabulaire supplémentaire

Noms

l'angoisse *(f)*	*anguish*
un doctorat	*a doctorate*

APPENDIX A

VERBES AUXILIAIRES: AVOIR et ÊTRE

Infinitif Participe passé	Présent	Passé composé	Imparfait	Passé simple
avoir	ai	ai eu	avais	
	as	as eu	avais	
eu	a	a eu	avait	eut
	avons	avons eu	avions	
	avez	avez eu	aviez	
	ont	ont eu	avaient	eurent
être	suis	ai été	étais	
	es	as été	étais	
été	est	a été	était	fut
	sommes	avons été	étions	
	êtes	avez été	étiez	
	sont	ont été	étaient	furent

Verbes conjugués avec être au passé composé

aller	entrer	partir	revenir
arriver	monter	rentrer	sortir
descendre	mourir	rester	tomber
devenir	naître	retourner	venir

Indicatif			Présent du conditionnel	Présent du subjonctif	Impératif
Plus-que-parfait	**Futur**	**Futur antérieur**			
avais eu	aurai	aurai eu	aurais	aie	
avais eu	auras	auras eu	aurais	aies	aie
avait eu	aura	aura eu	aurait	ait	
avions eu	aurons	aurons eu	aurions	ayons	ayons
aviez eu	aurez	aurez eu	auriez	ayez	ayez
avaient eu	auront	auront eu	auraient	aient	
avais été	serai	aurai été	serais	sois	
avais été	seras	auras été	serais	sois	sois
avait été	sera	aura été	serait	soit	
avions été	serons	aurons été	serions	soyons	soyons
aviez été	serez	aurez été	seriez	soyez	soyez
avaient été	seront	auront été	seraient	soient	

VERBES RÉGULIERS

Infinitif **Participe passé**	**Présent**	**Passé composé**	**Imparfait**	**Passé simple**
parler parlé	parle parles parle parlons parlez parlent	ai parlé as parlé a parlé avons parlé avez parlé ont parlé	parlais parlais parlait parlions parliez parlaient	parla parlèrent
dormir (partir, sortir) dormi	dors dors dort dormons dormez dorment	ai dormi as dormi a dormi avons dormi avez dormi ont dormi	dormais dormais dormait dormions dormiez dormaient	dormit dormirent
finir (choisir, grossir, réfléchir, réussir) fini	finis finis finit finissons finissez finissent	ai fini as fini a fini avons fini avez fini ont fini	finissais finissais finissait finissions finissiez finissaient	finit finirent
vendre (attendre, rendre, répondre) vendu	vends vends vend vendons vendez vendent	ai vendu as vendu a vendu avons vendu avez vendu ont vendu	vendais vendais vendait vendions vendiez vendaient	vendit vendirent

VERBES PRONOMINAUX

Infinitif **Participe passé**	**Présent**	**Passé composé**	**Imparfait**	**Passé simple**
se laver lavé	me lave te laves se lave nous lavons vous lavez se lavent	me suis lavé(e) t'es lavé(e) s'est lavé(e) nous sommes lavé(e)s vous êtes lavé(e)(s) se sont lavé(e)s	me lavais te lavais se lavait nous lavions vous laviez se lavaient	se lava se lavèrent

Indicatif			**Présent du conditionnel**	**Présent du subjonctif**	**Impératif**
Plus-que-parfait	**Futur**	**Futur antérieur**			
avais parlé avais parlé avait parlé avions parlé aviez parlé avaient parlé	parlerai parleras parlera parlerons parlerez parleront	aurai parlé auras parlé aura parlé aurons parlé aurez parlé auront parlé	parlerais parlerais parlerait parlerions parleriez parleraient	parle parles parle parlions parliez parlent	parle parlons parlez
avais dormi avais dormi avait dormi avions dormi aviez dormi avaient dormi	dormirai dormiras dormira dormirons dormirez dormiront	aurai dormi auras dormi aura dormi aurons dormi aurez dormi auront dormi	dormirais dormirais dormirait dormirions dormiriez dormiraient	dorme dormes dorme dormions dormiez dorment	dors dormons dormez
avais fini avais fini avait fini avions fini aviez fini avaient fini	finirai finiras finira finirons finirez finiront	aurai fini auras fini aura fini aurons fini aurez fini auront fini	finirais finirais finirait finirions finiriez finiraient	finisse finisses finisse finissions finissiez finissent	finis finissons finissez
avais vendu avais vendu avait vendu avions vendu aviez vendu avaient vendu	vendrai vendras vendra vendrons vendrez vendront	aurai vendu auras vendu aura vendu aurons vendu aurez vendu auront vendu	vendrais vendrais vendrait vendrions vendriez vendraient	vende vendes vende vendions vendiez vendent	vends vendons vendez

Indicatif			**Présent du conditionnel**	**Présent du subjonctif**	**Impératif**
Plus-que-parfait	**Futur**	**Futur antérieur**			
m'étais lavé(e) t'étais lavé(e) s'était lavé(e) nous étions lavé(e)s vous étiez lavé(e)(s) s'étaient lavé(e)s	me laverai te laveras se lavera nous laverons vous laverez se laveront	me serai lavé(e) te seras lavé(e) se sera lavé(e) nous serons lavé(e)s vous serez lavé(e)(s) se seront lavé(e)s	me laverais te laverais se laverait nous laverions vous laveriez se laveraient	me lave te laves se lave nous lavions vous laviez se lavent	lave-toi lavons-nous lavez-vous

VERBES AVEC CHANGEMENTS ORTHOGRAPHIQUES

Infinitif / Participe passé	**Présent**	**Passé composé**	**Imparfait**	**Passé simple**
acheter (se lever, se promener)	achète	ai acheté	achetais	
	achètes	as acheté	achetais	
acheté	achète	a acheté	achetait	acheta
	achetons	avons acheté	achetions	
	achetez	avez acheté	achetiez	
	achètent	ont acheté	achetaient	achetèrent
appeler (jeter)	appelle	ai appelé	appelais	
appelé	appelles	as appelé	appelais	
	appelle	a appelé	appelait	appela
	appelons	avons appelé	appelions	
	appelez	avez appelé	appeliez	
	appellent	ont appelé	appelaient	appelèrent
commencer (prononcer)	commence	ai commencé	commençais	
commencé	commences	as commencé	commençais	
	commence	a commencé	commençait	commença
	commençons	avons commencé	commencions	
	commencez	avez commencé	commenciez	
	commencent	ont commencé	commençaient	commencèrent
manger (changer, nager, voyager)	mange	ai mangé	mangeais	
	manges	as mangé	mangeais	
mangé	mange	a mangé	mangeait	mangea
	mangeons	avons mangé	mangions	
	mangez	avez mangé	mangiez	
	mangent	ont mangé	mangeaient	mangèrent
payer (essayer, employer)	paie	ai payé	payais	
payé	paies	as payé	payais	
	paie	a payé	payait	paya
	payons	avons payé	payions	
	payez	avez payé	payiez	
	paient	ont payé	payaient	payèrent
préférer (espérer, répéter)	préfère	ai préféré	préférais	
préféré	préfères	as préféré	préférais	
	préfère	a préféré	préférait	préféra
	préférons	avons préféré	préférions	
	préférez	avez préféré	préfériez	
	préfèrent	ont préféré	préféraient	préférèrent

Indicatif			Présent du conditionnel	Présent du subjonctif	Impératif
Plus-que-parfait	**Futur**	**Futur antérieur**			
avais acheté avais acheté avait acheté avions acheté aviez acheté avaient acheté	achèterai achèteras achètera achèterons achèterez achèteront	aurai acheté auras acheté aura acheté aurons acheté aurez acheté auront acheté	achèterais achèterais achèterait achèterions achèteriez achèteraient	achète achètes achète achetions achetiez achètent	achète achetons achetez
avais appelé avais appelé avait appelé avions appelé aviez appelé avaient appelé	appellerai appelleras appellera appellerons appellerez appelleront	aurai appelé auras appelé aura appelé aurons appelé aurez appelé auront appelé	appellerais appellerais appellerait appellerions appelleriez appelleraient	appelle appelles appelle appelions appeliez appellent	appelle appelons appelez
avais commencé avais commencé avait commencé avions commencé aviez commencé avaient commencé	commencerai commenceras commencera commencerons commencerez commenceront	aurai commencé auras commencé aura commencé aurons commencé aurez commencé auront commencé	commencerais commencerais commencerait commencerions commenceriez commenceraient	commence commences commence commencions commenciez commencent	commence commençons commencez
avais mangé avais mangé avait mangé avions mangé aviez mangé avaient mangé	mangerai mangeras mangera mangerons mangerez mangeront	aurai mangé auras mangé aura mangé aurons mangé aurez mangé auront mangé	mangerais mangerais mangerait mangerions mangeriez mangeraient	mange manges mange mangions mangiez mangent	mange mangeons mangez
avais payé avais payé avait payé avions payé aviez payé avaient payé	paierai paieras paiera paierons paierez paieront	aurai payé auras payé aura payé aurons payé aurez payé auront payé	paierais paierais paierait paierions paieriez paieraient	paie paies paie payions payiez paient	paie payons payez
avais préféré avais préféré avait préféré avions préféré aviez préféré avaient préféré	préférerai préféreras préférera préférerons préférerez préféreront	aurai préféré auras préféré aura préféré aurons préféré aurez préféré auront préféré	préférerais préférerais préférerait préférerions préféreriez préféreraient	préfère préfères préfère préférions préfériez préfèrent	préfère préférons préférez

VERBES IRRÉGULIERS

Infinitif **Participe passé**	**Présent**	**Passé composé**	**Imparfait**	**Passé simple**
aller allé	vais vas va allons allez vont	suis allé(e) es allé(e) est allé(e) sommes allé(e)s êtes allé(e)(s) sont allé(e)s	allais allais allait allions alliez allaient	alla allèrent
boire bu	bois bois boit buvons buvez boivent	ai bu as bu a bu avons bu avez bu ont bu	buvais buvais buvait buvions buviez buvaient	but burent
conduire conduit	conduis conduis conduit conduisons conduisez conduisent	ai conduit as conduit a conduit avons conduit avez conduit ont conduit	conduisais conduisais conduisait conduisions conduisiez conduisaient	conduisit conduisirent
connaître (paraître) connu	connais connais connaît connaissons connaissez connaissent	ai connu as connu a connu avons connu avez connu ont connu	connaissais connaissais connaissait connaissions connaissiez connaissaient	connut connurent
courir couru	cours cours court courons courez courent	ai couru as couru a couru avons couru avez couru ont couru	courais courais courait courions couriez couraient	courut coururent
croire cru	crois crois croit croyons croyez croient	ai cru as cru a cru avons cru avez cru ont cru	croyais croyais croyait croyions croyiez croyaient	crut crurent
devoir dû	dois dois doit devons devez doivent	ai dû as dû a dû avons dû avez dû ont dû	devais devais devait devions deviez devaient	dut durent

Indicatif			**Présent du conditionnel**	**Présent du subjonctif**	**Impératif**
Plus-que-parfait	**Futur**	**Futur antérieur**			
étais allé(e) étais allé(e) était allé(e) étions allé(e)s étiez allé(e)(s) étaient allé(e)s	irai iras ira irons irez iront	serai allé(e) seras allé(e) sera allé(e) serons allé(e)s serez allé(e)(s) seront allé(e)s	irais irais irait irions iriez iraient	aille ailles aille allions alliez aillent	va allons allez
avais bu avais bu avait bu avions bu aviez bu avaient bu	boirai boiras boira boirons boirez boiront	aurai bu auras bu aura bu aurons bu aurez bu auront bu	boirais boirais boirait boirions boiriez boiraient	boive boives boive buvions buviez boivent	bois buvons buvez
avais conduit avais conduit avait conduit avions conduit aviez conduit avaient conduit	conduirai conduiras conduira conduirons conduirez conduiront	aurai conduit auras conduit aura conduit aurons conduit aurez conduit auront conduit	conduirais conduirais conduirait conduirions conduiriez conduiraient	conduise conduises conduise conduisions conduisiez conduisent	conduis conduisons conduisez
avais connu avais connu avait connu avions connu aviez connu avaient connu	connaîtrai connaîtras connaîtra connaîtrons connaîtrez connaîtront	aurai connu auras connu aura connu aurons connu aurez connu auront connu	connaîtrais connaîtrais connaîtrait connaîtrions connaîtriez connaîtraient	connaisse connaisses connaisse connaissions connaissiez connaissent	connais connaissons connaissez
avais couru avais couru avait couru avions couru aviez couru avaient couru	courrai courras courra courrons courrez courront	aurai couru auras couru aura couru aurons couru aurez couru auront couru	courrais courrais courrait courrions courriez courraient	coure coures coure courions couriez courent	cours courons courez
avais cru avais cru avait cru avions cru aviez cru avaient cru	croirai croiras croira croirons croirez croiront	aurai cru auras cru aura cru aurons cru aurez cru auront cru	croirais croirais croirait croirions croiriez croiraient	croie croies croie croyions croyiez croient	crois croyons croyez
avais dû avais dû avait dû avions dû aviez dû avaient dû	devrai devras devra devrons devrez devront	aurai dû auras dû aura dû aurons dû aurez dû auront dû	devrais devrais devrait devrions devriez devraient	doive doives doive devions deviez doivent	dois devons devez

Infinitif **Participe passé**	**Présent**	**Passé composé**	**Imparfait**	**Passé simple**
dire dit	dis dis dit disons dites disent	ai dit as dit a dit avons dit avez dit ont dit	disais disais disait disions disiez disaient	dit dirent
écrire (décrire) écrit	écris écris écrit écrivons écrivez écrivent	ai écrit as écrit a écrit avons écrit avez écrit ont écrit	écrivais écrivais écrivait écrivions écriviez écrivaient	écrivit écrivirent
envoyer envoyé	envoie envoies envoie envoyons envoyez envoient	ai envoyé as envoyé a envoyé avons envoyé avez envoyé ont envoyé	envoyais envoyais envoyait envoyions envoyiez envoyaient	envoya envoyèrent
faire fait	fais fais fait faisons faites font	ai fait as fait a fait avons fait avez fait ont fait	faisais faisais faisait faisions faisiez faisaient	fit firent
falloir fallu	faut	a fallu	fallait	fallut
lire lu	lis lis lit lisons lisez lisent	ai lu as lu a lu avons lu avez lu ont lu	lisais lisais lisait lisions lisiez lisaient	lut lurent
mettre (permettre, promettre, remettre) mis	mets mets met mettons mettez mettent	ai mis as mis a mis avons mis avez mis ont mis	mettais mettais mettait mettions mettiez mettaient	mit mirent
mourir mort	meurs meurs meurt mourons mourez meurent	suis mort(e) es mort(e) est mort(e) sommes mort(e)s êtes mort(e)(s) sont mort(e)s	mourais mourais mourait mourions mouriez mouraient	mourut moururent

Indicatif			**Présent du conditionnel**	**Présent du subjonctif**	**Impératif**
Plus-que-parfait	**Futur**	**Futur antérieur**			
avais dit avais dit avait dit avions dit aviez dit avaient dit	dirai diras dira dirons direz diront	aurai dit auras dit aura dit aurons dit aurez dit auront dit	dirais dirais dirait dirions diriez diraient	dise dises dise disions disiez disent	dis disons dites
avais écrit avais écrit avait écrit avions écrit aviez écrit avaient écrit	écrirai écriras écrira écrirons écrirez écriront	aurai écrit auras écrit aura écrit aurons écrit aurez écrit auront écrit	écrirais écrirais écrirait écririons écririez écriraient	écrive écrives écrive écrivions écriviez écrivent	écris écrivons écrivez
avais envoyé avais envoyé avait envoyé avions envoyé aviez envoyé avaient envoyé	enverrai enverras enverra enverrons enverrez enverront	aurai envoyé auras envoyé aura envoyé aurons envoyé aurez envoyé auront envoyé	enverrais enverrais enverrait enverrions enverriez enverraient	envoie envoies envoie envoyions envoyiez envoient	envoie envoyons envoyez
avais fait avais fait avait fait avions fait aviez fait avaient fait	ferai feras fera ferons ferez feront	aurai fait auras fait aura fait aurons fait aurez fait auront fait	ferais ferais ferait ferions feriez feraient	fasse fasses fasse fassions fassiez fassent	fais faisons faites
avait fallu	faudra	aura fallu	faudrait	faille	
avais lu avais lu avait lu avions lu aviez lu avaient lu	lirai liras lira lirons lirez liront	aurai lu auras lu aura lu aurons lu aurez lu auront lu	lirais lirais lirait lirions liriez liraient	lise lises lise lisions lisiez lisent	lis lisons lisez
avais mis avais mis avait mis avions mis aviez mis avaient mis	mettrai mettras mettra mettrons mettrez mettront	aurai mis auras mis aura mis aurons mis aurez mis auront mis	mettrais mettrais mettrait mettrions mettriez mettraient	mette mettes mette mettions mettiez mettent	mets mettons mettez
étais mort(e) étais mort(e) était mort(e) étions mort(e)s étiez mort(e)(s) étaient mort(e)s	mourrai mourras mourra mourrons mourrez mourront	serai mort(e) seras mort(e) sera mort(e) serons mort(e)s serez mort(e)(s) seront mort(e)s	mourrais mourrais mourrait mourrions mourriez mourraient	meure meures meure mourions mouriez meurent	meurs mourons mourez

Infinitif Participe passé	Présent	Passé composé	Imparfait	Passé simple
naître né	nais nais naît naissons naissez naissent	suis né(e) es né(e) est né(e) sommes né(e)s êtes né(e)(s) sont né(e)s	naissais naissais naissait naissions naissiez naissaient	naquit naquirent
offrir (souffrir) offert	offre offres offre offrons offrez offrent	ai offert as offert a offert avons offert avez offert ont offert	offrais offrais offrait offrions offriez offraient	offrit offrirent
ouvrir (couvrir, découvrir) ouvert	ouvre ouvres ouvre ouvrons ouvrez ouvrent	ai ouvert as ouvert a ouvert avons ouvert avez ouvert ont ouvert	ouvrais ouvrais ouvrait ouvrions ouvriez ouvraient	ouvrit ouvrirent
pleuvoir plu	pleut	a plu	pleuvait	plut
pouvoir pu	peux peux peut pouvons pouvez peuvent	ai pu as pu a pu avons pu avez pu ont pu	pouvais pouvais pouvait pouvions pouviez pouvaient	put purent
prendre (apprendre, comprendre) pris	prends prends prend prenons prenez prennent	ai pris as pris a pris avons pris avez pris ont pris	prenais prenais prenait prenions preniez prenaient	prit prirent
recevoir reçu	reçois reçois reçoit recevons recevez reçoivent	ai reçu as reçu a reçu avons reçu avez reçu ont reçu	recevais recevais recevait recevions receviez recevaient	reçut reçurent
savoir su	sais sais sait savons savez savent	ai su as su a su avons su avez su ont su	savais savais savait savions saviez savaient	sut surent

Indicatif			Présent du conditionnel	Présent du subjonctif	Impératif
Plus-que-parfait	**Futur**	**Futur antérieur**			
étais né(e)	naîtrai	serai né(e)	naîtrais	naisse	
étais né(e)	naîtras	seras né(e)	naîtrais	naisses	nais
était né(e)	naîtra	sera né(e)	naîtrait	naisse	
étions né(e)s	naîtrons	serons né(e)s	naîtrions	naissions	naissons
étiez né(e)(s)	naîtrez	serez né(e)(s)	naîtriez	naissiez	naissez
étaient né(e)s	naîtront	seront né(e)s	naîtraient	naissent	
avais offert	offrirai	aurai offert	offrirais	offre	
avais offert	offriras	auras offert	offrirais	offres	offre
avait offert	offrira	aura offert	offrirait	offre	
avions offert	offrirons	aurons offert	offririons	offrions	offrons
aviez offert	offrirez	aurez offert	offririez	offriez	offrez
avaient offert	offriront	auront offert	offriraient	offrent	
avais ouvert	ouvrirai	aurai ouvert	ouvrirais	ouvre	
avais ouvert	ouvriras	auras ouvert	ouvrirais	ouvres	ouvre
avait ouvert	ouvrira	aura ouvert	ouvrirait	ouvre	
avions ouvert	ouvrirons	aurons ouvert	ouvririons	ouvrions	ouvrons
aviez ouvert	ouvrirez	aurez ouvert	ouvririez	ouvriez	ouvrez
avaient ouvert	ouvriront	auront ouvert	ouvriraient	ouvrent	
avait plu	pleuvra	aura plu	pleuvrait	pleuve	
avais pu	pourrai	aurai pu	pourrais	puisse	
avais pu	pourras	auras pu	pourrais	puisses	
avait pu	pourra	aura pu	pourrait	puisse	
avions pu	pourrons	aurons pu	pourrions	puissions	
aviez pu	pourrez	aurez pu	pourriez	puissiez	
avaient pu	pourront	auront pu	pourraient	puissent	
avais pris	prendrai	aurai pris	prendrais	prenne	
avais pris	prendras	auras pris	prendrais	prennes	prends
avait pris	prendra	aura pris	prendrait	prenne	
avions pris	prendrons	aurons pris	prendrions	prenions	prenons
aviez pris	prendrez	aurez pris	prendriez	preniez	prenez
avaient pris	prendront	auront pris	prendraient	prennent	
avais reçu	recevrai	aurai reçu	recevrais	reçoive	
avais reçu	recevras	auras reçu	recevrais	reçoives	reçois
avait reçu	recevra	aura reçu	recevrait	reçoive	
avions reçu	recevrons	aurons reçu	recevrions	recevions	recevons
aviez reçu	recevrez	aurez reçu	recevriez	receviez	recevez
avaient reçu	recevront	auront reçu	recevraient	reçoivent	
avais su	saurai	aurai su	saurais	sache	
avais su	sauras	auras su	saurais	saches	sache
avait su	saura	aura su	saurait	sache	
avions su	saurons	aurons su	saurions	sachions	sachons
aviez su	saurez	aurez su	sauriez	sachiez	sachez
avaient su	sauront	auront su	sauraient	sachent	

Infinitif **Participe passé**	**Présent**	**Passé composé**	**Imparfait**	**Passé simple**
suivre suivi	suis suis suit suivons suivez suivent	ai suivi as suivi a suivi avons suivi avez suivi ont suivi	suivais suivais suivait suivions suiviez suivaient	 suivit suivirent
venir (devenir, revenir, tenir) venu	viens viens vient venons venez viennent	suis venu(e) es venu(e) est venu(e) sommes venu(e)s êtes venu(e)(s) sont venu(e)s	venais venais venait venions veniez venaient	 vint vinrent
vivre vécu	vis vis vit vivons vivez vivent	ai vécu as vécu a vécu avons vécu avez vécu ont vécu	vivais vivais vivait vivions viviez vivaient	 vécut vécurent
voir vu	vois vois voit voyons voyez voient	ai vu as vu a vu avons vu avez vu ont vu	voyais voyais voyait voyions voyiez voyaient	 vit virent
vouloir voulu	veux veux veut voulons voulez veulent	ai voulu as voulu a voulu avons voulu avez voulu ont voulu	voulais voulais voulait voulions vouliez voulaient	 voulut voulurent

Indicatif			Présent du conditionnel	Présent du subjonctif	Impératif
Plus-que-parfait	**Futur**	**Futur antérieur**			
avais suivi avais suivi avait suivi avions suivi aviez suivi avaient suivi	suivrai suivras suivra suivrons suivrez suivront	aurai suivi auras suivi aura suivi aurons suivi aurez suivi auront suivi	suivrais suivrais suivrait suivrions suivriez suivraient	suive suives suive suivions suiviez suivent	suis suivons suivez
étais venu(e) étais venu(e) était venu(e) étions venu(e)s étiez venu(e)(s) étaient venu(e)s	viendrai viendras viendra viendrons viendrez viendront	serai venu(e) seras venu(e) sera venu(e) serons venu(e)s serez venu(e)(s) seront venu(e)s	viendrais viendrais viendrait viendrions viendriez viendraient	vienne viennes vienne venions veniez viennent	viens venons venez
avais vécu avais vécu avait vécu avions vécu aviez vécu avaient vécu	vivrai vivras vivra vivrons vivrez vivront	aurai vécu auras vécu aura vécu aurons vécu aurez vécu auront vécu	vivrais vivrais vivrait vivrions vivriez vivraient	vive vives vive vivions viviez vivent	vis vivons vivez
avais vu avais vu avait vu avions vu aviez vu avaient vu	verrai verras verra verrons verrez verront	aurai vu auras vu aura vu aurons vu aurez vu auront vu	verrais verrais verrait verrions verriez verraient	voie voies voie voyions voyiez voient	vois voyons voyez
avais voulu avais voulu avait voulu avions voulu aviez voulu avaient voulu	voudrai voudras voudra voudrons voudrez voudront	aurai voulu auras voulu aura voulu aurons voulu aurez voulu auront voulu	voudrais voudrais voudrait voudrions voudriez voudraient	veuille veuilles veuille voulions vouliez veuillent	veuille veuillons veuillez

APPENDIX B

Answers to Structure Exercises

MODULE 1

1.1 Exercice 1

1. vous 2. tu 3. vous 4 tu 5. tu 6. vous 7. vous

1.2 Exercice 2

1. f 2. g 3. c 4. a 5. d 6. b 7. e

Exercice 3 (Answers in parentheses will vary.)

1. Est-ce que c'est (une table) ? 2. Est-ce qu'il s'appelle (Jacques) ? 3. Qu'est-ce que c'est ? 4. Qui est-ce ? 5. Est-ce que c'est une chaise ?

1.3 Exercice 4

1. des professeurs 2. des étudiants 3. des pupitres 4. des portes 5. des cahiers 6. des bureaux

Exercice 5

1. un 2. des 3. un 4. une 5. des 6. une 7. un 8. des

1.4 Exercice 6

1. tu 2. elle 3. ils 4. nous 5. elles 6. vous

Exercice 7

1. êtes 2. suis 3. est 4. sommes 5. est 6. est 7. sont 8. sont 9. es

1.5 Exercice 8

1. blonde 2. intelligente 3. charmante 4. vieille; verte 5. beau 6. gentille

Exercice 9

1. belle 2. intelligente 3. blonds 4. courts 5. bruns 6. fort 7. contents

Tout ensemble

1. allez-vous 2. Ça va 3. et toi 4. merci 5. une question 6. grande 7. Qui est-ce ? 8. une 9. bleue 10. un 11. s'appelle 12. de 13. est 14. sommes

MODULE 2

2.1 Exercice 1

1. aimes 2. préfères; écouter 3. chante 4. cherchent; préfèrent 5. regardez 6. habitons

Exercice 2

1. Il aime *bien* danser. 2. ...J'aime *beaucoup* les films classiques. 3. ...Elle n'aime pas *du tout* la musique classique. 4. J'aime *un peu* la musique brésilienne... 5. Marc aime *assez* bien les films.

2.2 Exercice 3

1. Vous ne regardez pas la télévision. 2. Joëlle et Martine aiment le cinéma. 3. Tu n'habites pas à Boston. 4. Nous fermons la porte. 5. Marc et moi, nous n'écoutons pas la radio. 6. Tu n'étudies pas l'anglais. 7. J'écoute le professeur.

2.3 Exercice 4

1. la 2. les 3. la 4. l' 5. le 6. l'7. la 8. le 9. les 10. le 11. le 12. le

Exercice 5

1. le 2. la 3. la 4. les 5. le 6. le 7. le 8. la 9. le 10. le 11. les 12. le

2.4 Exercice 6

1. un 2. de 3. un 4. de 5. une 6. de 7. des 8. de

2.5 Exercice 7

1. ai; 2. a 3. avez 4. avons 5. as 6. ai 7. ont 8. a 9. a

Exercice 8

1. le 2. le 3. le 4. le 5. de 6. des 7. un 8. les 9. l'

Tout ensemble

1. a 2. cours 3. maths 4. est 5. résidence 6. est 7. de 8. piscine 9. stade 10. sont 11. aiment 12. parlent 13. jouent 14. dansent 15. une

MODULE 3

3.1 Exercice 1

1. mes 2. sa 3. mon 4. ta 5. ma; mon; leur 6. nos

Exercice 2

1. ta 2. ma 3. ma 4. mon 5. mon 6. tes 7. mes 8. leur 9. tes 10. mes

3.2 Exercice 3

1. venons 2. viens 3. viennent 4. viens 5. venez 6. vient

3.3 Exercice 4

1. de la; du 2. des 3. du 4. de la 5. de l' 6. de

3.4 Exercice 5

1. pessimiste 2. ennuyeuse 3. compréhensive 4. enthousiastes 5. paresseuses 6. gâtées 7. têtues 8. désagréable 9. mignonnes

Exercice 6

1. optimiste 2. active 3. compréhensif 4. optimiste 5. travailleuse 6. intelligente 7. bien élevée 8. gentille 9. indépendantes 10. agressives

Exercice 7

1. C'est une *petite* chambre *lumineuse.* 2. Je préfère la *jolie* robe *blanche.* 3. Voilà un *jeune* étudiant *énergique.* 4. J'aime les *vieux* films *américains.* 5. Le sénateur est un *vieil* homme *ennuyeux.* 6. Marc est un *bel* homme *riche et charmant.* 7. Le Havre est un *vieux* port *important.* 8. Paris est une *grande* ville *magnifique.* 9. J'écoute de *la belle* musique *douce.*

Exercice 8

1. vieille photo 2. petite plante 3. draps sales 4. vieilles cassettes 5. jolie fille blonde 6. chemise bleue 7. gros sandwich 8. mauvaise odeur 9. chambre agréable

3.5 Exercice 9

1. à côté de la 2. devant 3. derrière la 4. en face de la 5. loin du 6. entre

Tout ensemble

1. vient 2. de 3. de la 4. (petit) grand 5. meublé 6. son 7. belle 8. grand 9. française 10. nouveau 11. bons 12. récents 13. ses 14. viennent 15. leurs

MODULE 4

4.1 Exercice 1

1. musicienne 2. employée 3. cuisinière 4. vendeuse 5. chanteuse 6. serveuse 7. femme d'affaires

Exercice 2

1. C'est 2. Elle est 3. Ils sont 4. C'est 5. Elle est 6. Ce sont 7. Il est.

4.2 Exercice 3

1. à l'2. à l' 3. à la 4. au 5. au 6. aux 7. au 8. à l'

Exercice 4

1. Vous allez à la montagne. 2. Ils vont au court de tennis. 3. Nous allons à la bibliothèque. 4. Il va à l'église. 5. Tu vas à la librairie. 6. Je vais au café.

4.3 Exercice 5 (Answers will vary.)

1. Martine, qu'est-ce qu'elle fait ? Elle fait du ski. 2. Jean Claude et moi, qu'est-ce que nous faisons ? Nous jouons aux cartes. 3. Philippe, qu'est-ce qu'il fait ? Il fait de la natation. 4. Tante Hélène, qu'est-ce qu'elle fait ? Elle fait le ménage. 5. Les gosses, qu'est-ce qu'ils font ? Ils jouent au football. 6. Papa, qu'est-ce qu'il fait ? Il fait une promenade.

Exercice 6

1. Vous faites la grasse matinée. 2. Évelyne fait le ménage quand sa

camarade de chambre est au bureau. 3. Philippe et moi faisons une randonnée à la campagne. 4. Les frères Thibaut jouent au football. 5. Tu joues au basketball. 6. Je fais du piano après mes cours.

4.4 Exercice 7

1. Ils vont aller au cinéma. 2. Nous allons faire la cuisine. 3. Il ne va pas sortir avec ses amis. 4. Tu ne vas pas aller au match. 5. Vous allez danser. 6. Je ne vais pas être en retard.

Exercice 8

1. ne vais pas aller 2. vais rester 3. vais retrouver 4. allons faire 5. va predre 6. allons faire 7. allons écouter 8. allons jouer 9. allez faire 10. allez étudier

4.5 Exercice 9

1. Est-ce que tu aimes danser ? 2. Est-ce que tu es nerveux (nerveuse) quand tu es avec mes parents ? 3. Est-ce que tes parents sont compréhensifs ? 4. Est-ce que tu aimes passer du temps devant la télévision ? 5. Est-ce que ton (ta) meilleur(e) ami(e) est bavard(e) ? 6. Est-ce que tu caches quelque chose ?

Exercice 10

1. D'où êtes-vous ? 2. Enseignez-vous les sciences politiques ? 3. Est-ce votre première visite aux États-Unis ? 4. Votre famille est-elle avec vous ? 5. Avez-vous des enfants ? 6. Votre mari est-il professeur aussi ? 7. Parle-t-il anglais ? 8. Pensez-vous rester aux États-Unis ?

Tout ensemble

1. C'est 2. a 3. ans 4. va 5. travail 6. médecin 7. à l' 8. d'entreprise 9. métier 10. banque 11. est 12. du 13. de la 14. sportif 15. randonnées 16. au tennis 17. bénévole 18. informatique 19. langues 20. aller 21. institutrice 22. cadre

MODULE 5

5.1 Exercice 1

1. veux 2. veux 3. peux 4. dois 5. voulez 6. pouvons 7. fait 8. peut 9. doit 10. veux

Exercice 2

1. pouvons 2. veux 3. pouvez 4. peux 5. veut 6. voulez

5.2 Exercice 3

1. dormons 2. sortez 3. part 4. sortent 5. sers 6. sortons

Exercice 4

1. sortez 2. partir 3. laisser 4. quitte 5. pars

5.3 Exercice 5

1. lui 2. nous 3. toi 4. moi 5. vous 6. moi 7. toi 8. eux 9. elles 10. elles 11. lui

5.4 Exercice 6

1. prenez 2. prends 3. prends 4. prenons 5. prend

Exercice 7

1. attends 2. perd 3. buvons 4. descends 5. rendent 6. attendons 7. vend 8. apprenez

Exercice 8

1. attends 2. attends 3. entends 4. descend 5. prenez 6. prends 7. est 8. comprenons

5.5 Exercice 9

1. Comment 2. Où 3. Qui 4. Pourquoi 5. Qu'est-ce que 6. Comment 7. D'où 8. Combien de 9. Quels 10. Quoi (Comment ?) 11. Que 12. quoi

Tout ensemble

1. prenez (voulez) 2. voudrais 3. pour 4. sortent 5. Où 6. est-ce que 7. moi 8. pourquoi 9. voulez (prenez) 10. À quelle 11. dois 12. Que 13. rendons 14. toi 15. sors 16. Quelle

MODULE 6

6.1 Exercice 1

1. parlé 2. voyagé 3. fait 4. vu 5. joué 6. eu 7. pris 8. dormi 9. reçu 10. choisi 11. fini 12. été

Exercice 2

1. vu 2. perdu; trouvé 3. fait (fini) 4. reçu; répondu 5. téléphoné; parlé

Exercice 3

1. Arnaud et Renaud ont salué leurs copains à l'aéroport. 2. Ils ont voyagé pendant huit heures. 3. Dans l'avion, Renaud a regardé deux films, mais Arnaud a écouté de la musique puis il a dormi. 4. Arnaud a appelé un taxi pour aller à l'hôtel. 5. Renaud a pris beaucoup de mauvaises photos en route pour l'hôtel. 6. Après un peu de repos, ils ont bu une bière au restaurant de l'hôtel et ont regardé les gens.

6.2 Exercice 4

1. mal 2. bien 3. beaucoup 4. déjà 5. encore 6. déjà

6.3 Exercice 5

1. est allé(s) 2. sommes arrivés 3. sommes entrés 4. sont venus 5. est monté(s) 6. est restée 7. est tombé 8. est descendue 9. sont morts 10. est remontée 11. sommes ressortis 12. sommes remontés 13. suis reparti

Exercice 6

1. sommes allés 2. a pris 3. a emprunté 4. avons quitté 5. sommes passés 6. est sorti 7. avons roulé 8. sommes arrivés 9. avons installé 10. a dormi 11. sommes partis

6.4 Exercice 7

1. maigrissez; grossissez 2. réfléchis 3. choisissez 4. finissons 5. grandissent 6. rougissons

Exercice 8

1. a choisi 2. réussit 3. agit 4. obéissent 5. finissent 6. réussissent 7. rougit

6.5 Exercice 9

1. M. et Mme Montaud viennent de jouer aux cartes. 2. Yvette vient de travailler à l'ordinateur. 3. Serge vient de regarder son émission préférée à la télé. 4. Marthe et Joëlle viennent de parler au téléphone. 5. Mme Ladoucette vient de faire une promenade dans le parc avec son chien. 6. Stéphane vient de perdre ses lunettes. 7. Véronique vient de prendre des photos du coucher du soleil.

6.6 Exercice 10

1. vient 2. a obtenu 3. est revenue 4. appartient 5. tient 6. devient

Tout ensemble

1. viens d' 2. il y a 3. dernière 4. n'a pas marché 5. a commencé 6. vite 7. ai réussi 8. suis tombée 9. ai dû 10. a été 11. n'ai pas reçu 12. suis arrivée 13. n'ai pas pu 14. ai cherché 15. ai rougi 16. suis entrée 17. est devenu 18. ai pâli 19. ai oublié 20 ai appris

MODULE 7

7.1 Exercice 1

1. préférez; préfère; préfère; préfèrent 2. achetez; achètent; achetons; achète 3. mangez; mangeons; manger; mange; mange 4. commencer; commençons; espère

Exercice 2

1. préfère 2. ai commencé 3. ai appelé 4. espère 5. ai acheté 6. avons mangé 7. ont déjà acheté 8. a acheté

7.2 Exercice 3

1. du; du; de la; du; du; de 2. de la; du; des; de l' 3. de; de la; de la; des; des; du; des; du; de; de la

Exercice 4

1. de l' 2. du 3. le 4. du 5. de 6. du 7. des 8. les 9. du 10. de la 11. une 12. de

7.3 Exercice 5

1. M. Laurent achète *un* paquet *de* beurre; *une* douzaine *d'*oeufs; et 200 grammes *de* fromage. Il va préparer une omelette au fromage. 2. Paulette achète *un* litre *d'*huile d'olive; *une* bouteille *de* vinaigre; *un* demi-kilo *de* tomates et *une* salade. Elle va préparer une salade aux tomates. 3. Jacques achète trois tranches *de* pâté; *un* morceau *de* fromage; *une* baguette et *une* bouteille *de* vin. Il va préparer un pique-nique. 4. Mme Pelletier achète *un* peu *d'*ail; 250 grammes *de* beurre; et *une* douzaine *d'*escargots. Elle va préparer des escargots. 5. Nathalie achète *un* melon; *un* ananas; trois bananes et *une* barquette *de* fraises. Elle va préparer une salade de fruits.

Exercice 6

1. assez 2. d' 3. des 4. de la 5. du 6. de la 7. 100 g de 8. une douzaine 9. du 10. de

Exercice 7

1. Bien sûr, nous en avons ! 2. En voilà une. 3. Vous en voulez combien ? 4. J'en veux 200 grammes. 5. J'en voudrais deux.

Exercice 8

1. Oui, j'en veux. 2. Non, je ne vais pas (nous n'allons pas) en prendre. 3. Oui, ils en prennent. 4. Non, je n'en prends pas. 5. Oui, j'en prends (aussi). 6. Oui, j'en mange (nous en mangeons) souvent. 7. Oui, je vais en prendre.

Exercice 9

1. Attendez 2. Passe 3. ne mange pas 4. prends 5. Va 6. Sois 7. aidez 8. Bois

Exercice 10

1. Oui, invitons Jérôme. 2. Non, ne faisons pas de pique-nique. 3. Oui, allons dîner dans un restaurant. 4. Oui, rentrons chez nous après. 5. Oui, achetons un gros gâteau au chocolat. 6. Non, n'achetons pas de glace. 7. Oui, prenons du champagne.

Exercice 11

1. b; c 2. a; d 3. b 4. a; c; d 5. a; c 6. a; d 7. c 8. a; b

Exercice 12

1. les 2. la 3. l' 4. les 5. l' 6. les 7. l' 8. l'

Exercice 13 (Answers will vary.)

1. Ils te trouvent très gentille aussi. 2. Oui, tu peux les voir. 3. Oui, nous pouvons la visiter. 4. Oui, nous allons les inviter à dîner bientôt. 5. Je les aime beaucoup. 6. Ma famille en mange aussi. 7. Non, je ne veux pas aller la voir à Noël.

Tout ensemble

1. la 2. Commençons 3. belles 4. en 5. de 6. des 7. choisis 8. d' 9. de l' 10. côtelettes 11. du 12. préfères 13. prends (prenons) 14. mangeons 15. achète (achetons) 16. les 17. de la 18. pain 19. va 20. charcuterie 21. n'achète (achetons) pas 22. espère 23. te

MODULE 8

8.1 Exercice 1

1. habitait 2. était 3. vivait 4. travaillait 5. portait 6. restais 7. enlevais 8. arrivaient 9. aidaient 10. jouions 11. mangeait 12. devions

8.2 Exercice 2

1. où 2. qui 3. qui 4. qu' 5. où 6. qu' 7. où

8.3 Exercice 3

1. dit (écrit) 2. écrivons 3. lire 4. écrit (lit) 5. écris 6. lisons 7. écrivent 8. Écrivez 9. Dis

Exercice 4

1. D. 2. I 3. I 4. D 5. I 6. D 7. I 8. D 9. D 10. I

Exercice 5

1. d 2. c 3. e 4. b 5. a

Exercice 6

1. Les années 60 étaient plus prospères que les années 30. 2. Bruce Willis est aussi populaire en France qu'aux États-Unis. 3. Le rap français est moins violent que le rap américain. 4. Le pain à la boulangerie est meilleur que le pain au supermarché. 5. Les casinos de Monte-Carlo sont plus élégants que les casinos de Las Vegas. 6. Une Porsche est aussi rapide qu'une Ferrari. 7. La bière allemande est meilleure que la bière américaine. 8. Le chocolate belge est aussi bon que le chocolat suisse.

8.5 Exercice 7 (English retelling will vary.)

1. imparfait 2. imparfait 3. imparfait 4. imparfait 5. imparfait 6. imparfait 7. passé composé 8. imparfait 9. imparfait 10. passé composé 11. imparfait 12. passé composé 13. passé composé 14. passé composé 15. passé composé 16. imparfait 17. passé composé 18. passé composé 19. imparfait

Tout ensemble

1. que 2. où 3. allions 4. étais 5. savais 6. voulais 7. plus (aussi) 8. étais 9. était 10. qui 11. mangeait 12. que 13. envoyait 14. moins 15. ai trouvé 16. espionnions 17. me 18. moins (aussi) 19. plus 20. t' 21. écrit

MODULE 9

9.1 Exercice 1

1. Ottawa 2. Les États-Unis 3. le Québec 4. St.-Pierre-et-Miquelon 5. Le Manitoba 6. au nord-ouest du

Exercice 2

1. de; en 2. d'; à 3. du; au 4. du; aux 5. d'; à 6. d'; au

Exercice 3

1. à; au; d' (de); les 2. de; en; à; au; au 3. de; du; de la; la; la; Au

9.2 Exercice 4

1. a; b; d; f 2. b; d 3. c; e 4. b; d; f

Exercice 5

1. Tu veux y aller avec moi ? 2. Euh, je ne peux pas y aller... 3. Pourquoi est-ce que tu y vas aujourd'hui ? 4. Eh bien, je n'y vais pas normalement... 5. À quelle heure est-ce que tu y vas ? 6. Non, je n'y pense pas trop. 7. Il faut que j'y pense...

9.3 Exercice 6

1. plus de 2. moins 3. la plus; plus de 4. la plus 5. mieux 6. plus de; moins de 7. aussi

9. 4 Exercice 7

1. il vaut mieux prendre 2. Il ne faut pas sourire 3. il ne faut pas réserver 4. il faut (il vaut mieux) parler 5. il faut montrer 6. Il faut porter

9.5 Exercice 8

1. Tu connais Paul, n'est-ce pas ? Tu sais que Paul est en Égypte, n'est-ce pas ? Tu sais quand il pense revenir ? 2. Elle sait que nous préférons un billet moins cher. Elle connaît bien la Suisse. Elle sait trouver les meilleurs prix. 3. Vous savez, moi, je suis très impatiente. Vous connaissez les meilleurs centres de vacances. Vouz savez la date de mon départ ? 4. Nous savons le numéro de téléphone de l'Hôtel d'Or. Nous savons où se trouve l'Hôtel Roc. Nous connaissons tous les hôtels de cette région. 5. Sais-tu parler italien ? Connais-tu les catacombes ? Connais-tu une bonne pizzeria ?

Exercice 9

1. connais; sait 2. Connaissez; savez; sais 3. Connais; sais; connaissent

Tout ensemble

1. à 2. projets 3. tour 4. l'agence de voyages 5. vol 6. deuxième classe 7. de 8. au 9. connaît 10. sait 11. francophone 12. plus 13. désert 14. climat 15. aussi 16. en 17. Il faut 18. frontières 19. sèche 20. océan

MODULE 10

10.1 Exercice 1

1. ne me lève pas 2. se lève 3. se douche 4. me rase 5. me brosse 6. nous habillons 7. nous amusons 8. me coucher

Exercice 2

1. s'est levé(s) 2. a pris 3. avons eu 4. nous sommes dépêchés 5. a déjeuné 6. nous sommes reposés 7. nous sommes promenés 8. avons écouté 9. ai joué 10. nous sommes couchés

10. 2 Exercice 3 (Answers may vary.)

1. Quand il fait froid, je mets un manteau. 2. Quand il pleut, tu mets un imperméable. 3. Quand il fait chaud, il met un short. 4. Quand il fait du vent, nous mettons un pull-over. 5. Quand il fait du soleil, vous mettez des lunettes de soleil. 6. Quand il neige, elles mettent des bottes.

Exercice 4

1. me mets 2. permets 3. mettre 4. se met à 5. promet

Exercice 5

1. a promis 2. s'est mise 3. nous sommes mis 4. a mis 5. as mis 6. ai remis

10.3 Exercice 6 (Answers will vary.)

Camille dit à sa mère de rouler moins vite. Mme Moraud demande à son mari de sortir la poubelle. L'entraîneur dit à l'équipe de ne pas trop boire avant le match. Stéphane promet à son copain Charles d'aller jouer au basket avec lui.

10. 4 Exercice 7 (Answers may vary.)

1. Levez-vous plus tôt ! 2. Ne te rase pas ! 3. Lave-toi les mains ! 4. Couche-toi avant minuit ! 5. Séchez-vous ! 6. Brossez-vous les dents !

10.5 Exercice 8

1. ... n'est jamais bien rangée. 2. ... personne ne téléphone à Emmanuelle. 3. ... n'y habite plus. 4. ... ne gagne rien. 5. ... n'a pas encore de rendez-vous 6. ... Moi non plus. 7. Mais si...

Exercice 9

1. Je n' ai qu'une sœur. 2. Vous n'êtes arrivé qu'hier ? 3. Tu ne veux que te reposer devant la télé ? 4. Je n'aime que toi. 5. Ils ne vont qu'au supermarché.

Tout ensemble

1. se réveille 2. se lève 3. salle de bains 4. se douche 5. se sèche 6. se maquille 7. s'habille 8. chambre 9. réveille 10. cuisine 11. frigo 12. four à micro-ondes 13. qu' 14. jamais 15. leur 16. se dépêcher

MODULE 11

11.1 Exercice 1

1. aurai 2. sera 3. trouverons 4. parlera 5. ferons 6. fabriqueront 7. pourra 8. sera

Exercice 2

1. seront; visiteront 2. sera; ira 3. serons; prendrons 4. seras; feras 5. serai; me baignerai

Exercice 3 (Answers may vary.)

1. tu fais tes devoirs 2. vous tomberez malade 3. elle pourra 4. j'ai besoin d'étudier 5. nous ne nous dépêchons pas 6. je rate mes cours 7. je me mettrai en colère

11.2 Exercice 4

1. de 2. d'un 3. de 4. de 5. de 6. d'

Exercice 5 (Answers may vary.)

1. Avec qui est-ce que tu voyages ? 2. À qui est-ce que nous pouvons demander des renseignements ? 3. À qui est-ce que le guide parle ? 4. De quoi est-ce que vous avez besoin ? 5. De qui est-ce qu'elle a besoin ? 6. À qui est-ce qu'elle pense ?

11.3 Exercice 6

1. Oui, je les ai regardées (Non, je ne les ai pas regardées). 2. Oui, je les ai faits (Non, je ne les ai pas faits). 3. Oui, je l'ai écoutée (Non, je ne l'ai pas écoutée). 4. Oui, je les ai vus (Non, je ne les ai pas vus). 5. Oui, je l'ai pris (Non, je ne l'ai pas pris). 6. Oui, je les ai arrosées (Non, je ne les ai pas arrosées). 7. Oui, je l'ai fait (Non, je ne l'ai pas fait). 8. Oui, je les ai lues (Non, je ne les ai pas lues).

Exercice 7

1. mangés 2. vues 3. rencontrés 4. laissées 5. achetés 6. faites

11.4 Exercice 8

1. crois 2. vois 3. vois 4. vois 5. croient 6. voient 7. crois 8. voir

Tout ensemble

1. crois 2. recevrez 3. serai 4. avons rencontrés 5. ont visitée 6. allons 7. d'un 8. ne voit pas 9. ferai (vais faire) 10. ai achetés 11. prendrons 12. arriverons 13. pourrai 14. Avec 15. reverrons

MODULE 12

12.1 Exercice 1

1. m'ennuie 2. paies 3. essaie 4. a envoyé; dépenser 5. essaie 6. payons 7. dépenses

Exercice 2

1. épargnent 2. envoient 3. dépenser 4. essayons 5. dépense (paie) 6. paie 7. emploient 8. ennuie

12.2 Exercice 3

1. ces; ces 2. cette; ce 3. cette; ce 4. ce, cette 5. cette; ce

Exercice 4

1. Cette 2. Ces 3. Ce 4. Ces 5. Ce 6. Cet

Exercice 5

1. Lequel ? Ce jean-ci ou ce jean-là ? 2. Laquelle ? Cette chemise-ci ou cette chemise-là ? 3. Lequel ? Ce pull-over-ci ou ce pull-over-là ? 4. Lequel ? Ce livre-ci ou ce livre-là ? 5. Lesquelles ? Ces baskets-ci ou ces baskets-là ?

12.3 Exercice 6

1. c 2. e 3. f 4. b 5. a 6. d 7. g

Exercice 7

1. Oui, offre-les-lui. 2. Non, ne le lui envoie pas. 3. Non, ne les leur donne (donnons) pas. 4. Oui, écrivons-lui-en une. 5. Oui, donne (donnons)-le-leur.

12.4 Exercice 8

1. toute 2. tout 3. toutes 4. tous 5. tout 6. toute 7. tout 8. tout

Tout ensemble

1. cette 2. ci 3. Laquelle ? 4. les 5. moi 6. Les 7. toutes 8. paient 9. certaines 10. lui 11. la 12. lui

MODULE 13

13.1 Exercice 1

1. a sommeil 2. a mal à 3. as l'air 4. ai du mal à 5. a lieu 6. a envie (a l'occasion) 7. envie 8. a peur 9. avoir de la chance 10. a honte 11. avez de la patience 12. tort

Exercice 2

1. Ces femmes ont l'air très jeune(s). 2. Ces garçons ont l'air de bien s'amuser. 3. Cet homme a l'air d'attendre quelqu'un. 4. La mère sur le banc a l'air très ennuyé(e). 5. La petite blonde a l'air malheureux (malheureuse). 6. L'homme au chapeau a l'air de chercher quelque chose.

13.2 Exercice 3

1. Anne a de terribles migraines depuis l'âge de 10 ans. 2. Simone répète la même phrase depuis dix ans. 3. Agnès a peur de l'eau depuis son accident de bateau. 4. Sophie a horreur des hôpitaux depuis son enfance. 5. M. Monneau a peur de monter dans un avion depuis que son parachute ne s'est pas ouvert.

6. Jeanne fait une dépression depuis que son chien est mort. 7. Mme Leclerc n'a pas conduit depuis son accident il y a cinq ans. 8. Guy n'a pas parlé depuis que ses parents ont divorcé.

13.3 Exercice 4

1. Ce qui m'ennuie, c'est le conformisme. 2. Ce que j'apprécie, c'est mes copains et ma famille. 3. Ce que je n'aime pas, c'est être malade. 4. Ce que je désire, c'est trouver quelqu'un de bien qui me comprenne. 5. Ce qui me gêne, c'est les gens qui parlent toujours d'eux-mêmes. 6. Ce que j'aime faire, c'est une promenade sur la plage.

Exercice 5

1. ce que 2. ce qui; ce qui 3. ce qu' 4. ce que 5. ce que

13.4 Exercice 6 (Answers may vary.)

1. Il faut que tu mettes de la crème solaire. 2. Il faut que vous fassiez un régime. 3. Il faut que tu dormes davantage. 4. Il faut que tu fasses de la musculation. 5. Il faut que vous vous détendiez sur une île déserte. 6. Il faut que tu te brosses les dents après chaque repas. 7. Il faut que tu te laves le visage régulièrement.

Exercice 7

1. écrive 2. finissiez 3. soyons 4. aies 5. répondent 6. aille 7. invitions 8. fassions

Exercice 8

1. mette 2. buvions 3. preniez 4. fasse 5. ayez 6. portiez

Exercice 9 (Answers may vary.)

1. Ils me conseillent de dépenser moins d'argent. 2. Il me dit de conduire plus lentement. 3. Il vous recommende d'étudier davantage. 4. Elle nous dit de lui rendre visite plus souvent. 5. Ils leur conseillent d'être moins sérieux. 6. Elle me suggère de perdre des kilos. 7. Il te dit de faire de la musculation. 8. Il nous dit de faire moins de bruit.

Tout ensemble

1. ai 2. envie 3. air 4. mal 5. sommeil 6. ce qu' 7. travaille 8. peur 9. honte 10. faire 11. sortes 12. téléphoner 13. fasses 14. ce qui

MODULE 14

14.1 Exercice 1

1. s'écrivent; se téléphonent 2. se voient 3. déteste 4. s'entendait; se disputer 5. marier 6. nous revoyons 7. demandent

Exercice 2

1. s'occupe 2. vous rendez compte 3. se dépêcher 4. vous vous fâchez 5. t'en aller 6. me demande

Exercice 3

1. s 2. Ø 3. Ø 4. s; Ø; s 5. e 6. es; Ø

14.2 Exercice 4

1. ceux 2. celui 3. ceux 4. celui 5. celui 6. celui 7. celles 8. celles

14.3 Exercice 5

1. à 2. de 3. de 4. à 5. à 6. à 7. à 8. de 9. d' 10. Ø

14.4 Exercice 6

1. Je regrette que tu ne fasses pas de sport. 2. Nous sommes contents que vous arriviez demain. 3. François est triste que Jeanne ne veuille pas le revoir. 4. Nous avons peur qu'elle perde son argent. 5. Ma mère est furieuse que je sorte avec Pierre. 6. Je suis heureux que tu puisses venir tout de suite. 7. Anne-Marie est désolée que son ami soit malade. 8. Nous sommes surpris que vous aimiez ce film.

Exercice 7

1. sait 2. sont 3. vienne 4. a 5. dise 6. fassiez

Exercice 8

1. décide 2. réfléchisse 3. ait 4. réussira 5. reviennent 6. restent 7. rejoindre

Tout ensemble

1. me suis décidé 2. m'ennuyais 3. m'intéresse 4. ce qui 5. ceux 6. s'amuse 7. celle 8. à 9. ait 10. sont 11. à 12. de 13. celles 14. ce que

MODULE 15

15.1 Exercice 1

1. étais; adorais; avait; a mordu; ai su 2. partions; revenions; avons dû 3. sont allés; ont visité; ont vu; ont connu; savais; allaient

Exercice 2

1. étais 2. voyais 3. sortions 4. faisais 5. fallait 6. avais 7. ai beaucoup appris 8. a permis 9. me suis marié 10. savais 11. avons eu 12. avais 13. m'amusais 14. a changé

Exercice 3

1. avait fait son lit. 2. n'avait pas fait la vaisselle. 3. avait fini ses devoirs. 4. s'était maquillée. 5. s'était habillée. 6. avait lu le journal. 7. avait pris le petit déjeuner. 8. n'était pas allée au bureau de poste.

Exercice 4

1. avaient organisé 2. suis rentrée 3. avaient décoré 4. avaient invité 5. ai vu 6. ai été (étais) (option) 7. avons joué 8. avons regardé 9. avait apportées 10. ont offert 11. ai ouverte 12. avais rêvé

15.2 Exercice 5

1. franc 2. absolu 3. différent 4. naturel 5. vague 6. silencieux 7. constant 8. doux

Exercice 6

1. insolemment 2. indifféremment 3. fixement 4. silencieusement 5. énergiquement 6. patiemment

Exercice 7 (Answers will vary.)

1. avec grâce 2. avec courage 3. d'une façon gentille. 4. d'une manière élégante 5. sans politesse

15.3 Exercice 8

1. devrais 2. préférerions 3. voudrions 4. Pourriez 5. Serait 6. devriez

Exercice 9

1. verrais 2. aurait 3. étudierais 4. aurions 5. offrirais 6. passerait 7. devraient 8. savais

15.4 Exercice 10

A. 1. envoyer 2. partir 3. rencontrer 4. demander 5. répondre 6. se quitter 7. continuer 8. se mettre 9. frapper 10. entrer 11. dévorer 12. arriver 13. frapper 14. demander 15. répondre 16. entrer 17. reconnaître 18. dire 19. venir 20. se coucher 21. remarquer 22. s'exclamer 23. expliquer 24. s'écrier 25. manger 26. déguster

B. 1. faux. Le Petit Chaperon rouge apportait une galette et un petit pot de beurre à sa grand-mère. 2. faux. Sa grand-mère habitait dans la forêt. 3. faux. Le loup a rencontré la petite fille en chemin. 4. vrai 5. vrai 6. faux. Le loup s'est caché dans le lit. 7. faux. Le Petit Chaperon rouge ne s'est pas rendu compte de la situation avant d'être dévoré. 8. faux. À la fin, le loup a mangé le Petit Chaperon rouge.

Tout ensemble

1. avait faite 2. appelait 3. a donné 4. habitait 5. a traversé 6. tranquillement 7. s'est arrêtée 8. a demandé 9. a répondu 10. poliment 11. avait 12. avais 13. donnerais 14. brusquement 15. s'est rendu 16. avait vu 17. n'a pas crié 18. savait 19. est tombé

APPENDIX C

Puzzle à deux

Puzzle à deux

Module 1

Do you know these famous French speakers? See who gets the most points. (10 points for each correct vowel, 20 points for each correct consonant; -5 points for each wrong letter.)

Personne B

Catégorie : Philosophes

☐ ☐ S ☐ ☐ ☐ ☐ E ☐

Catégorie : Artistes

☐ ☐ Z ☐ ☐ ☐ E

Catégorie : Personnages historiques

☐ ☐ F ☐ Y ☐ ☐ ☐ ☐

Catégorie : Acteurs

☐ ☐ N ☐ ☐ H ☐

Réponses pour A:

Voltaire

Matisse

De Gaulle

Deneuve

Puzzle à deux

Module 2

You and your partner are responsible for compiling information about the counselors your organization has hired to lead a group of students coming to Québec to study international development. Unfortunately, some of the material on their information cards is missing. You'll need to exchange information with your partner to complete this task. What do these counselors have in common? Suggested questions: Quel âge a-t-elle / t-il ? Elle / il est de quel pays d'origine ? Qu'est-ce qu'elle / il étudie ? Est-ce qu'elle / il a des hobbies ?

Personne B

Nom:	Camille Pivot	Annie Lacroix	Jérome Ndombé	Samuel Chamoiseau
Age:	______	30 ans	______	28 ans
Pays d'origine:	Canada	______	Côte d'Ivoire	______
Etudes:	______	linguistique	______	informatique
Hobbies:	piano	______	______	danser la salsa

In order to introduce the new counselors to each other, note anything they may have in common.

Puzzle à deux

Module 3

Some items are missing from your room and you need your partner's help to locate them. Draw in the missing items, and, when you and your partner have your rooms in order, compare them—the two rooms should be the same!

Personne B

Où est... ?

Missing items: un chat, une lampe, un fauteuil, une plante et une affiche

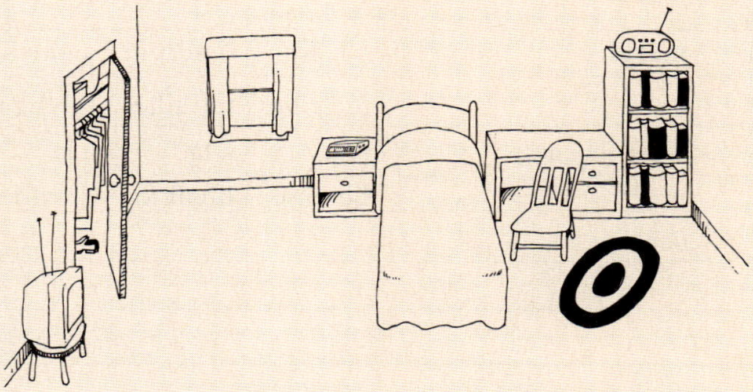

Puzzle à deux

Module 4

You need to arrange a time to work on a class project tomorrow with another student. Based on the schedules provided, make suggestions for times to meet. When you agree on a time, also name a place to meet. You'll need at least one and a half hours to complete the class project together. Possible questions:

Est-ce que tu es libre à 8 heures du matin ?

Je suis libre à 9 heures. Et toi ?

Qu'est-ce que tu fais à midi ?

Personne B

Votre agenda

9 h–10 h	espagnol
10 h–11 h	——
11 h–12 h	sciences économiques
12 h–12 h 30	déjeuner
13 h–14 h 30	——
14 h 00–16 h 00	travail—gym
16 h 30–18 h 30	——
18 h 30–19 h	dîner
19 h–22 h 30	étudier

Puzzle à deux

Module 5

You and a friend want to go to the movies. Refer to the *emploi du temps* that follows and compare your plans during the evenings this week. Then pick a movie you both want to see and decide on a time to go.

Personne B

	lundi	mardi	mercredi	jeudi	vendredi	samedi	dimanche
18 h				travailler	travailler	travailler	
19 h		bibliothèque		à la librairie	à la librairie	à la librairie	
20 h		devoirs					
21 h							
22 h							

Puzzle à deux

Module 6

Vous et votre partenaire avez une nouvelle identité: un personnage historique célèbre. Chacun à son tour vous allez poser des questions oui/non pour deviner *(guess)* l'identité de l'autre. Limite: 20 questions.

Exemples : Êtes-vous un homme ?
Êtes-vous vivant(e) (alive) ?
Êtes-vous acteur ?

Personne B

Votre nouvelle identité: Jeanne d'Arc

Voici des informations sur votre vie.

Lieu et date de naissance: 1412 à Domrémy, un petit village dans le nord-est de la France

Jeunnesse: Domrémy; Jeanne, une jeune fille religieuse, a travaillé dans les champs à garder les troupeaux de moutons *(to watch over the sheep)*

Profession: soldat

Contribution: Elle a commencé la campagne *(military campaign)* qui a chassé les Anglais de la France et a aidé le Dauphin Charles à devenir roi *(king)* de France

Mort: 1431 à Rouen, à l'âge de 19 ans; on l'a jugé comme hérétique et brûlé *(burned)*

Puzzle à deux

Module 7

Vous et votre partenaire voulez préparer une tarte Tatin, un dessert typiquement français, pour votre classe. Voici la recette et les ingrédients que vous avez à la maison. Votre partenaire a d'autres ingrédients chez lui/elle. Expliquez à votre partenaire ce que vous avez à la maison, et demandez-lui ce qu'il/elle a. Ensuite écrivez une liste de ce qu'il faut acheter pour préparer ce dessert.

Personne B

Moi, j'ai ____. Est-ce que tu as ____ ?

—Oui, j'en ai ____ (Non, je n'en ai pas).

Il faut acheter ____.

Recette : Tarte Tatin

Préparation: 10 min.

Cuisson: 35–40 min.

Ingrédients (pour 6–8 personnes)

4 c. à s. * de sucre	cuillère à soupe *(tablespoon)*
4 c. à s. de farine*	*flour*
250 ml de lait	
2 c. à s. d'huile	
2 c. à s. de crème épaisse*	*heavy cream*
4 œufs bien battus	
7 pommes pelées et tranchées	

Préparation

1. mélanger le sucre et la farine;	
2. verser* peu à peu les ingrédients liquides: lait, huile, crème et œufs;	*pour in*
3. beurrer généreusement un moule à manque*,	*deep cake pan*
4. chemiser le fond* du moule avec les pommes;	*cover the bottom*
5. verser la préparation dessus;	
6. enfourner* à 100 degrés C pour 35–40 min.	*bake*
7. renverser* la tarte; servir chaude ou tiède*.	*invert; warm*

Puzzle à deux

Module 8

Qu'est-ce qui se passait quand le proviseur est entré dans la salle de classe? Vous et votre partenaire avez un dessin de la même salle de classe, mais il y a trois différences entre les deux dessins. Pour trouver les trois différences, regardez votre image et décrivez ce qui se passait quand le proviseur est entré dans la classe.

Personne B

A: Le professeur écrivait au tableau.

B: Vraiment ? Sur mon dessin aussi; elle écrivait au tableau.

Puzzle à deux

Module 9

Personne B

Quels pays manquent de cette carte d'Afrique ? Identifiez les pays en posant des questions à votre partenaire. Modèle : Quel pays est au nord-ouest du Niger ?

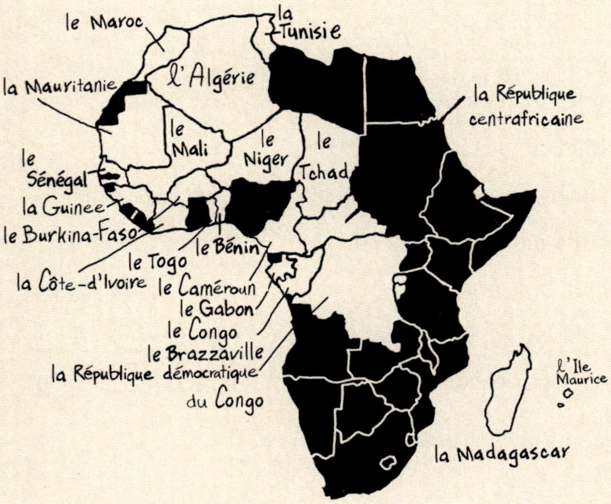

Puzzle à deux

Module 10

Personne B

Vous et votre partenaire avez devant vous une image de la même salle de séjour avec cinq différences. Vous avez l'image correcte. Votre partenaire va vous poser des questions pour vérifier l'organisation de la salle dans votre image. Quand il y a des différences, votre partenaire va vous expliquer les changements à faire pour rendre les deux salles identiques.

Vocabulaire :
un coussin carré/rond

des draps

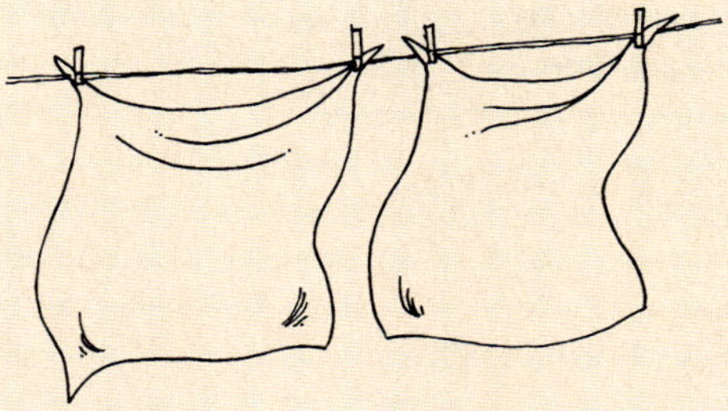

un abat-jour

Puzzle à deux

Module 11

Personne B

Demandez à votre partenaire comment se rendre aux endroits suivants :

a. au cinéma Gaumont depuis *(from)* Fleury

(inscrire *A* dans la case correspondante)

b. au supermarché Casino depuis Balfour

(inscrire *C* dans la case correspondante)

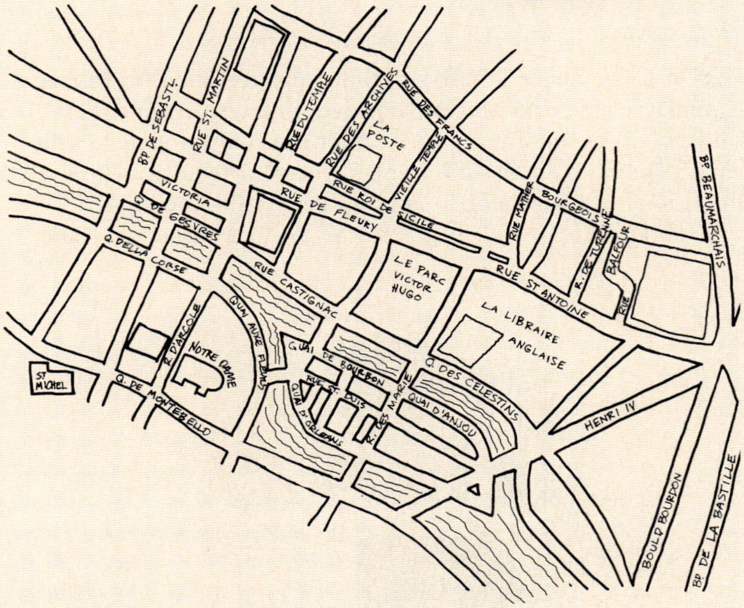

Puzzle à deux

Module 12

Personne B

Vous et votre frère/sœur revenez d'un voyage avec des souvenirs pour toute la famille. Malheureusement, vous avez gâché *(ruined)* la liste que vous avez préparée et qui vous indiquait chaque cadeau était destiné. Alors, vous devez combiner vos informations avec celles de votre frère/sœur, qui a sa propre *(own)* liste. Utilisez des pronoms quand c'est possible.

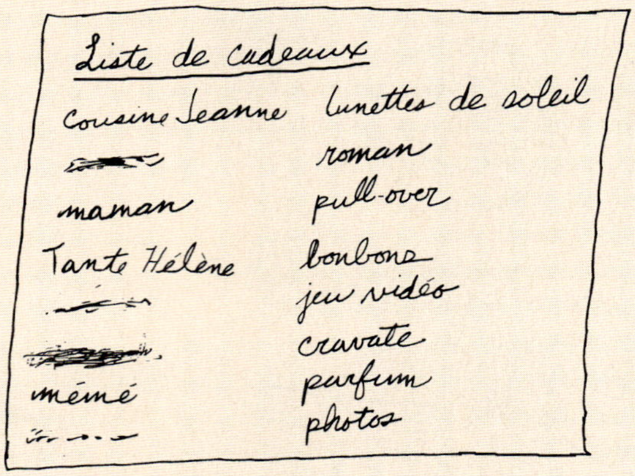

Édouard; cousin Jacques; Papa; Pépé

Modèle : On a acheté les lunettes de soleil pour tante Sarah, n'est ce pas ? Non, on ne les lui a pas achetées. On les a achetées pour notre cousine Jeanne.

Personne A : On a acheté les lunettes de soleil pour Tante Sarah, n'est-ce pas ?
Personne B : Non, . . .

Puzzle à deux

Module 13

Personne B

Vous êtes inquiet(ète). Confiez-vous à un(e) ami(e). D'abord, expliquez votre situation à votre partenaire. Il/elle vous donnera des conseils.

Vous avez trouvé du travail dans une petite ville dans l'Oregon. Vous êtes inquiet(ète) parce que :

a. Vous détestez les petites villes parce qu'il n'y a rien à faire.

b. Vous ne pouvez pas supporter *(stand)* la pluie.

c. Vous ne connaissez personne dans l'Oregon.

d. Votre petit(e) ami(e) aura du mal à trouver un travail dans cette ville.

Puzzle à deux

Module 14

Personne B

Vous êtes un(e) employé(e) d'une agence de rencontres. Vous avez devant vous de petits portraits des clientes qui cherchent une relation-homme. Votre partenaire qui travaille à une autre agence a des portraits des hommes qui cherchent une relation-femme. Essayez ensemble de trouver de bons couples. Consignes : Commencez par présenter un de vos clients. Votre partenaire vous posera des questions. Ne lisez pas les portraits !

Modèle : A. J'ai ici une femme qui est journaliste qui cherche un homme.

B. Est-ce qu'elle est sportive ?

Portraits

1. Julie, 39 ans, journaliste

Je suis une femme indépendante avec l'esprit ouvert qui cherche un homme épicurien, d'un bon niveau social pour partager mes passions pour l'art, la musique, et la gastronomie.

2. Irène, 29 ans, employée de banque

Je suis une femme chaleureuse et romantique avec deux enfants qui aime les simples plaisirs de la vie : la lecture, les promenades en nature, et le fou rire.

Je recherche avant tout une relation enrichissante et stable avec quelqu'un qui adore les enfants et met la vie de famille avant tout.

3. Sylvie, 28 ans, infirmière
Je suis fana du parachutisme sportif, et j'adore l'aventure. Je cherche la complicité avec un homme.

Puzzle à deux

Module 15

IN FO

Personne B

Voici des informations sur une histoire célèbre. Votre partenaire a d'autres informations. Mettez toutes les informations ensemble pour deviner le titre de l'histoire.

Genre :	????
Époque :	???
Lieu :	un royaume utopique
Thème :	???
Personnages principaux :	un bon roi troublé par l'injustice, sa jeune femme qui tombe dans l'adultère avec un noble chevalier
Commencement de l'histoire :	un jeune homme qui se promène dans la forêt avec son oncle tire une épée *(sword)* avec des pouvoirs magiques d'une pierre *(stone).*

Vocabulaire français-anglais

This list contains the words and expressions actively taught in *Motifs,* including the *Vocabulaire fondamental* and other frequently used supplemental words. The number references indicate the chapter where the words are introduced; *s* following the number indicates that the word appears within the **Vocabulaire supplémentaire.** To facilitate study at home, words used in exercise directions are also listed. In subentries, the symbol—indicates the repetition of the key word.

Nouns are presented with their gender, irregular plural forms, and familiar forms. Adjectives are listed in the masculine form with regular feminine endings and irregular feminine forms following in parentheses. Verb irregularities such as spelling changes and irregular past participles are also included. Words marked with * begin with an **h-aspiré.**

The following abbreviations are used.

adv. adverb	*m.* masculine
conj. conjunction	*pl.* plural
f. feminine	*p.p.* past participle

A

à to, at, in; **— côté (de)** next to, by 3; **— droite (de)** to the right (of) 11; **— gauche (de)** to the left (of) 11; **— pied** on foot 4; **au bout de** at the end of 11 s; **au dessous (de)** underneath 3; **au dessus (de)** above 3; **au printemps** in spring 7
au revoir goodbye 1
abeille *f.* bee 13 s, 15 s
accident *m.* accident 6
accompagner to accompany 12
accomplir to accomplish 15 s
accorder to grant
accord *m.* agreement; **d'—** OK, all right 5
accouchement *m.* delivery (of a baby) 13 s
accrocher to hook, hitch on 6 s
accueillir to welcome, greet 6 s, 11 s
achat *m.* purchase 12
acheter (j'achète) to buy 7
acteur/trice *m., f.* actor 4
actif/ive active 3
activité *f.* activity 1
s'adapter to adapt 10 s
addition *f.* check, tab (at a restaurant) 5
admirer to admire 11
adorer to love, adore 2
adresse *f.* address 2
adulte *m., f.* adult 6
adultère *m.* adultery 14 s
aérobic *f.* aerobics; **faire de l'—** to do aerobics 9 s
aéroport *m.* airport 4
affaire *f.* affair, business; *pl.* business studies 2; **une bonne —** a bargain 12 s; **homme (femme) d'affaires** *m., f.* businessman (businesswoman) 4
affectueux/euse affectionate 3 s
affiche *f.* poster 3
africain(e) African
Afrique *f.* Africa
âge *m.* age 2; **quel — avez-vous ?** how old are you? 2
d'un certain middle aged 1
âgé(e) old, elderly (person) 1
agence *f.* agency; **— de voyages** travel agency 9; **— intérimaire** temporary employment agency 12 s
agenda *m.* personal datebook 4
s'agenouiller to kneel 13 s
agent *m.* agent 4; **— de police** *m., f.* policeman/woman 4; **— de voyages** *m., f.* travel agent 9 s; **immobilier** real estate agent
agir to act 6
agneau *m.* lamb 7 s, 15 s
agréable likeable 3
agriculteur/trice *m., f.* agriculturalist, farmer 4 s
aider to help 4
aigle *m.* eagle 15 s
ail *m.* garlic 7 s
ailleurs elsewhere 16 s
aimer to like, love 2; **— bien** to like 2; **— mieux** to prefer 2
aîné(e) older (brother/sister) 3 s
ainsi thus
air *m.* air; **avoir l'— de** to seem, look 13; **en plein —** outdoors 7
air conditionné *m.* air conditioning 3
ajouter to add 7 s
alcoolisé(e) containing alcohol
alimentation *f.* food, diet 7 s
allemand(e) German 4; *m.* German language 2
aller to go 4; **—voir** to go see 5; **comment allez-vous ?** how are you? 1; **s'en —** to go away 14 s
allergie *f.* allergy 13 s
allergique allergic 7 s
alliance *f.* wedding ring 14 s
allô hello (on the telephone) 5
allumer to light, turn on (electricity) 6
allumette *f.* match 11 s
alors then, therefore; **et — ?** and then? 6
alphabétisme *m.* literacy rate
amant(e) *m., f.* lover 15 s
(bien) aménagé (e) with all the amenities 10 s
amener (j'amène) to bring, take along (a person) 4 s, 6
américain(e) American
Amérique *f.* America, the Americas; **— du Nord** North America; **— du Sud** South America
ami(e) *m., f.* friend 1; **petit(e) —** boyfriend/girlfriend
amitié *f.* friendship 11 s, 14
amour *m.* love 14
amoureux (amoureuse) in love; **tomber — de** to fall in love with 14
amphithéâtre *m.* amphitheater, lecture hall 2 s
amusant(e) funny 1
amuser to amuse; **s'—** to have fun, enjoy oneself 2, 10
an *m.* year 2; **avoir (dix-huit) ans** to be (18) years old 2
ananas *m.* pineapple 7 s
anchois *m.* anchovies 7 s
ancien(ne) former, old 9
anglais(e) English 4; *m.* English language 2
animal *m.* animal; **— familier, —domestique** house pet 15
animé(e) lively 9 s
année *f.* year 2 s
anniversaire *m.* birthday 2
annoncer to announce
anthropologie *f.* anthropology 2
antilope *f.* antilope 9 s
août August 2
apercevoir to see 14 s; **s'—** to notice 14 s
appareil *m.* device; **—ménager** appliance 10; **—photo** camera 12
appartement *m.* apartment 3
appartenir à to belong to 6 s
appeler (j'appelle) to call 5 s; 7 **comment vous appelez-vous ?** what is your name? **je m'appelle** my name is 1; **s'—** to be named 7
appétit: bon — enjoy your meal 10
apporter to bring, carry 11
apprécier to appreciate 11
apprendre *(p.p.* **appris***)* to learn 5
apprentissage *m.* apprenticeship 16
approprié(e) appropriate
après after 4
après-midi *m.* afternoon 4
aquarium *m.* aquarium 3 s
architecte *m., f.* architect 4 s
ardoise *f.* writing slate 8 s

argent *m.* money 4
armoire *f.* armoire closet 10
s'arranger to arrange 6; to resolve itself, work out 10 s
arrêt *m.* stop 9 s; **— de métro** metro stop 9 s
arrête! stop it! 8
arrêter to stop; to arrest; **— (de)** to stop (doing something) 10 s
arriver to arrive 4; to happen 10 s
artiste *m., f.* artist 4 s
ascenseur *m.* elevator 10 s, 11
Asie *f.* Asia
asperges *f.pl.* asparagus 7
aspirateur *m.* vacuum cleaner 10; **passer l'—** to vacuum 10
aspirine *f.* aspirin 13
asseoir *(p.p.* **assis***)* to seat; **asseyez-vous** sit down 1; **s'—** to sit down
assez somewhat, sort of 1; **— bien** fairly well 2; **— de** enough of 7
assiette *f.* plate 7
assis(e) seated
assister(à) to attend 11
assurance *f.* insurance 13
athlète *m., f.* athlete
atmosphère *f.* atmosphere 11
attaquer to attack 15
attendre to wait (for) 5; **s'— à** to expect to 14
attention *f.* attention; **faire —** to pay attention 4 s
attirer to attract
attraction *f.* attraction 11
attraper to catch
auberge *f.* inn 11; **— de jeunesse** youth hostel 11
augmenter to increase 16
aujourd'hui today 2
auparavant previously 14 s
aussi also 1; **— ... que** as . . . as 8; **moi —** me too 1
aussitôt que as soon as 11
Australie *f.* Australia
autant as much, as many 9; **—de (travail) que...** as much (work) as . . . 9
auteur *m.* author 15
autobus *m.* bus 9
autocar *m.* bus 9
automne *m.* autumn 2; **en —** in autumn 9
autoroute *f.* highway 9 s;
autre other, another 9
autrefois formerly, in the past 14 s
avaler to swallow 13 s
avance: en — early 4
avancé(e) advanced 4 s, 16
avant before 4
avantage *m.* advantage 11;
avec with 5
avenir *m.* future 11
aventure *f.* adventure 9
avenue *f.* avenue 11
averse *f.* rain shower 5 s, 9
avion *m.* airplane 9
avis *m.* opinion; **à mon —** in my opinion 14
avocat(e) *m., f.* lawyer 4
avoir *(p.p.* **eu***)* to have 2; **— besoin de** to need 11; **— chaud** to be hot 13; **— de la chance** to be lucky 13; **— de la patience** to be patient 13; **— du mal à** to have difficulty 13; **—des soucis** to be worried 8; **— envie de** to desire, feel like 13; **— faim** to be hungry 7; **— froid** to be cold 13; **— honte** to be ashamed 13; **— l'air** to seem, look 13; **— l'occasion de** to have the opportunity 13; **— le cafard** to have the blues, be depressed 13; **— lieu** to take place 13; **—mal à la tête** to have a headache 13 **— mauvaise mine** to look ill 13; **— peur (de)** to be afraid 13; **— raison** to be right 13; **— soif** to be thirsty 7; **— sommeil** to be sleepy 13; **— tort** to be wrong 13
avril April 2

B

baby-sitter *m., f.* babysitter 4 s
baccalauréat *m. (fam.* **bac***)* French secondary school program of study; examination required for university admission; diploma 16
bachoter to cram (for an exam) 16
bague (de fiançailles) *f.* (engagement) ring
baguette *f.* loaf of French bread 7
bain *m.* bath; **salle de bains** *f.* bathroom 10
bal *m.* dance, ball 15 s
balader to stroll 11 s
baladeur *m.* Walkman, personal stereo 3 s, 12
balai *m.* broom 10; **passer le —** to sweep 10
balcon *m.* balcony 10
balle *f.* small ball 2 s, 3
ballon *m.* (inflatable) ball 3
banal(e) *f.* banal 10
banane *f.* banana 7
banc *m.* bench 2 s
bande dessinée *f. (fam.* **B.D.***)* cartoon strip 8
banlieue *f.* suburb 10
bannir to banish 15 s
banque *f.* bank 4
banquier / -ière *m., f.* banker 4 s
barbe *f.* beard 10 s
bas(se) low; **table basse** coffee table 10
basketball *m. (fam.* **basket***)* basketball 4; **jouer au basket** to play basketball 4
bataille *f.* battle 15 s
bateau *m.* boat 9
bâtiment *m.* building 2s, 8
battre to beat, hit
bavard(e) talkative 3 s
bavarder to chat 4 s
beau (bel, belle) *(pl.* **beaux, belles***)* handsome, beautiful 1; **il fait —** it's nice weather 5
beaucoup a lot 2; **— de** a lot of 7
bébé *m.* baby 3
beige beige 1
bénéficier to benefit
bénévole voluntary, unpaid; **faire du travail —** to do volunteer work 4
béquilles *f. pl.* crutches 13 s
besoin *m.* need; **avoir — de** to need 11
bête stupid 3
beurre *m.* butter 7
bibliothèque *f.* library 2
bicyclette *f.* bicycle 3
bien well 2; **—des** a good many 12; **— élevé(e)** well-mannered 3 s; **— que** although; **— sûr** of course
bientôt soon; **à —** see you soon 1
bienvenue *f.* welcome
bière *f.* beer 5
bijouterie *f.* jewelry store 12
bijoux *m. pl.* jewelry 12
billet *m.* ticket 5 s, 9; **— de banque** bill (paper money) 12; **— aller simple** one-way ticket 9; **— aller-retour** round trip ticket 9
biologie *f.* biology 2
biscuit *m.* cookie 7 s
bise *f. (fam)* kiss; **grosses bises** hugs and kisses (in a letter) 9
blague *f.* joke 10; **sans —** no kidding 10
blanc(he) white 1
blesser to hurt, injure 13
blessure *f.* injury 13
bleu(e) blue 1; *m.* bruise 13 s
bloc-notes *m.* notepad 12 s
blond(e) blond 1
blouson *m.* jacket 1
blue-jean *m. (fam.* **jean***)* jeans 1
bœuf *m.* beef 7
boire *(p.p.* **bu***)* to drink 5
bois *m.* wood
boisson *f.* drink 5
boîte *f.* box, can 7; **— de nuit** *f.* night-club 4 s, 5; **aller en —** to go to a club 4 s, 5
bol *m.* bowl 7 s
bon(ne) good, correct 2
bonbon *m.* candy 7
bonheur *m.* happiness 11 s, 13
bonjour hello 1
bon marché inexpensive 3
bonsoir good evening 1
botte *f.* boot 12
bouche *f.* mouth 13
bouché(e) stopped up 13
boucherie *f.* butcher shop 7
bouger to move 15 s
boulangerie *f.* bakery (for bread) 7
boulevard *m.* boulevard 11
boulot *m. (fam.)* job 16
bouquiniste *m., f.* bookseller 11 s
bourgeois(e) middle class 6
bourse *f.* scholarship 16
boussole *f.* compass 11 s
bouteille *f.* bottle 7
boutique *f.* boutique, small shop 4
bras *m.* arm 13
bref (briève) brief
briller to shine 9 s
brochure *f.* brochure
brocoli *m.* broccoli 7 s
se bronzer to sunbathe, tan 14 s
brosse *f.* brush 10 s; chalkboard eraser 1 s; **— à dents** toothbrush 10 s
brosser to brush; **se — les cheveux (les dents)** to brush one's hair (teeth) 10
brouillard *m.* fog 5 s; **il y a du —** it's foggy 5 s
bruit *m.* sound, noise 6
brûler to burn 13 s
brun(e) brown, brunette 1
brunir to tan, get brown 6

buffet *m.* buffet 10
bulletin *m.* bulletin; **— météorologique** *(fam. f.* **météo***)* weather report 9; **— scolaire** report card 8 s
bureau *m.* desk 1; office 4; **— de poste** post office 4; **— de tabac** newsstand/tobacco store 12; **—de tourisme** tourist office 11
but *m.* goal

C

ça that; **— va ?** how's it going? 1
cabine *f.* booth; **—téléphonique** phone booth 5 s; **—d'essayage** dressing room 12 s
se cacher to hide 15 s
cadeau *m.* gift 12
cadet(te) younger brother/sister 3 s
cadre *m.* executive 4
café *m.* coffee, coffee shop 5; **— au lait** coffee with milk 5; **— crème** *(fam.* **un crème***)* coffee with cream 5
cafétéria *f.* cafeteria 2
cahier *m.* notebook 1
calculatrice *f.* calculator 3
calendrier *m.* calendar 2
calme calm 3
camarade *m., f.* friend; **— de chambre** roommate 2; **— de classe** classmate 1
campagne *f.* country 9
camping *m.* camping 11; **faire du —** to go camping 11
campus *m.* campus 2
canadien(ne) 4
canapé *m.* couch, sofa 10
cancer *m.* cancer 13 s
canoë *m.* canoe, canoeing 9 s
capitale *f.* capital 9
car because
caravane *f.* trailer, caravan 6 s
carie *f.* cavity 13 s
carreau; à carreaux checked (fabric) 12
caresser to caress 13 s
carosse *f.* carriage 15 s
carrière *f.* career
carotte *f.* carrot 7
carte *f.* card 4; map 8; menu 5; **— de crédit** credit card 12; **— postale** postcard 9; **jouer aux cartes** to play cards 4
casser to break; **se — (la jambe)** to break (one's leg) 13
cassette *f.* cassette 3
catholicisme *m.* Catholicism 9 s
caution *f.* deposit 3 s
ce(t) (cette) *(pl.* **ces***)* this/that; these/those 12
célèbre famous 1
célibat *m.* celibacy
célibataire unmarried 3
celui (celle) *(pl.* **ceux, celles***)* this one; that one; (these) 14
cent one hundred 3; **deux cents** two hundred 3
centre *m.* center 9; **— commercial** *m.* shopping mall 12; **— culturel** *m.* cultural center 2s; **—-ville** *m.* downtown 2 s, 4
cependant however
céréales *f. pl.* cereal, grain 7
cerise *f.* cherry 7 s
certain(e)s certain ones, some 12
chaîne-stéréo *f.* stereo system 3
chaise *f.* chair 1
chambre *f.* bedroom 3
chameau *m.* camel 15 s
champ *m.* field 4 s
champagne *m.* champagne 5 s
champignon *m.* mushroom 7 s
champion(ne) *m., f.* champion 4 s
chance *f.* luck; **avoir de la —** to be lucky 13; **bonne —** good luck 10
changement *m.* change
chanson *f.* song 8
chanter to sing 2
chanteur (chanteuse) *m., f.* singer 4
chapeau *m.* hat 1; **—d'âne** dunce cap 8 s
chaque each 10
charcuterie *f.* delicatessen, cold cuts 7
chargé(e) busy 10 s
charges *f. pl.* utility bills 3 s
charmant(e) charming 1
chasser to hunt, chase 8
chasseur *m.* hunter 15 s
chat *m.* cat 3
château *m.* chateau, castle, palace 6
châtiment corporel corporal punishment 8 s
chaud(e) hot 5; **il fait —** it's hot 5
chauffeur de taxi *m.* taxi driver 4 s
chaussettes *f. pl.* socks 12
chaussures *f. pl.* shoes 1; **— à talons plats/hauts** flats/high heels 12 s
chef *m.* leader, head person 4
chef d'entreprise *m.* company president 4 s
cheminée *f.* fireplace 10
chemise *f.* shirt 1
chemisier *m.* blouse 1
chèque m. check; **— de voyage** *m.* traveler's check 11; **payer par —** pay by check 12
cher/ère expensive 3; dear 4
chercher to look for 3; **— à** to try to 14
chercheur/euse *m., f.* researcher, scientist 6 s
cheval *m.* horse 15 s
chevalier *m.* knight 15
cheveux *m. pl.* hair 1; **— blonds (bruns, gris, roux)** blond (brown, gray, red) hair 1; **— courts (longs)** short (long) hair 1
cheville *f.* ankle 13 s
chez at the house or place of 3; **— moi** at my place 5
chic stylish 10
chien(ne) *m., f.* dog 1
chimie *f.* chemistry 2
chinois(e) 4
chocolat chaud *m.* hot chocolate 5
choisir to choose 6
chômeur/euse *m., f.* unemployed person 4
choqué(e) shocked 11 s
chose *f.* thing 1 s, 3; **quelque —** something 5
chouette cool
chute (d'eau) *f.* (water)fall 9 s
cicatrice *f.* scar 13 s
ciel *m.* sky 9
cil *m.* eyelash 13 s
cinéaste *m., f.* filmmaker 15
cinéma *m.* movies, movie theater 2
cinq five 1
cinquante fifty 1
citron pressé *m.* lemonade 5 s
clair(e) sunny, light 3 s; pale 12; clear 14
classe *f.* class 1; **en —** in class; **en première —** in first class 9; **en deuxième —** in tourist class 9
classer to classify, categorize
classeur *m.* binder 1 s
clé key 6 s
client(e) *m., f.* client 4
climat *m.* climate 9
coca (light) *m.* (diet) Coca-Cola 5
cochon *m.* pig 1 s
cœur *m.* heart 13
coffre *m.* car trunk 6 s
coin *m.* corner 11
col *m.* collar; **à — roulé** turtleneck 12 s; **à — V** V-neck 12 s
colère *f.* anger; **se mettre en —** to get angry 10
collants *m. pl.* hosiery; tights 12 s
collège *m.* middle school (in France) 16
collègue *m., f.* colleague 12 s
colonie *f.* colony 9 s
combien how much 5; **c'est —** how much is it? 3; **— de** how many 5
comédie *f.* comedy 2
comédien(ne) *m., f.* actor 15
commander to order (in a café, restaurant) 5
comme like, as 8
commencer (nous commençons) to begin 4 s, 7
comment how (what) 5
comment allez-vous how are you 1
commerçant(e) *m., f.* shopkeeper 4
commerce *m.* business 2; **—électronique** e. business 12 s
commissariat *m.* police station 4 s
commode *f.* chest of drawers 10
communiquer to communicate
comparer to compare 8
complet/ète filled, booked 11
complet *m.* man's suit 1 s, 12
compléter (je complète) to complete
se comporter to behave 8 s
compositeur/trice *m., f.* composer 4 s
compréhensif/ive understanding 3 s
comprendre *(p.p.* **compris***)* to understand 5
compris(e) included 11; **service —** tip included 6
compromettant(e) compromising 15 s
comptabilité *f.* accounting 2
compter to count 1 s; to intend to 11
concert *m.* concert 5
concombre *m.* cucumber 7 s
concours *m.* competitive exam 16
conduire *(p.p.* **conduit***)* to drive 10 s
confiant(e) confident 14
confier to confide 14
confiture *f.* jam 7
conformisme *m.* conformism 8 s
confort *m.* comfort 11; **tout—** luxury 10 s
congrès *m.* convention 11 s
connaissance *f.* knowledge; **faire la —** to make the acquaintance of 5
connaître *(p.p.* **connu***)* to know, be acquainted or familiar with 2

consacrer to devote to
constater to note, notice
conseil *m.* advice 13
conseiller to recommend, advise 7 s, 13
conservateur/trice conservative 4 s
considérer (je considère) to consider 9
consommateur (consommatrice) *m., f.* consumer
constamment constantly 15
construire to construct
consulter to consult 11
conte *m.* story 15; **— de fées** fairy tale 15
contemporain(e) contemporary 11
content(e) happy 3
continent *m.* continent 9
continuer to continue 5 s, 9
contraire *m.* opposite
contre against
contribuer to contribute 6
convaincre to convince 14 s
convenable appropriate, proper
copain (copine) *m., f.* friend 2; **petit(e) —** boyfriend/girlfriend 5
coq *m.* rooster 15 s
corbeau *m.* crow 15
corbeille à papier *f.* wastebasket 3 s
corps *m.* body 13
corriger to correct
costume *m.* man's suit 12
côte *f.* coast 9; **— d'Azur** Riviera 11
côté: à — de next to 3
côtelette *f.* meat cutlet 7
coton *m.* cotton; **en —** made of cotton 12
cou *m.* neck 13
coucher to put to bed; **se —** to go to bed 10; **— de soleil** *m.* sunset 6 s
coude *m.* elbow 13 s
couleur *f.* color 1
couloir *m.* hallway 10
coup *m.* blow, hit; **— de foudre** love at first sight 14; **— de soleil** sunburn 14 s; **— de téléphone** telephone call 6
couper to cut 7 s; **se — le doigt** to cut one's finger 13 s
couple *m.* couple 14
cour *f.* courtyard 8
courage *m.* courage 15
courageux/euse brave 3 s, 15
couramment fluently 8
courir *(p.p.* **couru***)* to run 11
courrier *m.* mail 8 s
cours *m.* course 2
course *f.* errand; **faire les courses** to go shopping 4
court de tennis *m.* tennis court 2 s
cousin(e) *m., f.* cousin 3
couteau *m.* knife 7
coûter to cost 3
couturier/ière *m., f.* fashion designer 12 s
couvert(e) covered; **le ciel est —** it's cloudy 9
craie *f.* chalk 1
cravate *f.* tie 1 s, 12
crayon *m.* pencil 1
créer to create
crêpe *f.* crepe (thin pancake) 7 s
crevette *f.* shrimp 7
crier to shout
critiquer to criticize 8
crocodile *m.* crocodile 15
croire *(p.p.* **cru***)* to believe 11
croissance *f.* growth
croissant *m.* croissant (roll) 5
cuillère *f.* spoon 7; **— à café** teaspoon 7 s; **— à soupe** soup spoon, tablespoon 7 s
cuir *m.* leather; **en —** made of leather 12
cuisine *f.* food, cooking 7; kitchen 10; **faire la —** to cook 4
cuisinier/ère *m., f.* cook 4 s
cuisinière *f.* stove 10 s
culinaire culinary 7 s

D

d'abord first 6
d'accord OK, all right 5
daim *m.* suede; **en —** made of suede 12 s
dans in 3
danse *f.* dance 2
danser to dance 2
danseur/euse *m., f.* dancer 4 s
date *f.* date 2
davantage more 13
de of, from, about 3
débarquer to disembark, get off (plane, boat)
débarrasser to clear, remove 11 s
débordé(e) overwhelmed; **—de travail** overworked 10 s
se débrouiller to get along, manage 7 s
début *m.* beginning; **au—**in/at the beginning
décembre December 2
décider to decide 6; **se — à** to decide to 14
déconseiller to advise against 13 s
décontracté(e) relaxed 3 s,
découvrir *(p.p.* **découvert***)* to discover 6 s, 11
décrire *(p.p.* **décrit***)* to describe 8
décrocher to get, find a job 12 s
déçu(e) disappointed 14
défilé *m.* parade; —de mode fashion show 12 s
dégoûtant(e) disgusting 7 s
déguster to savor 15 s
déjà already 4
déjeuner *m.* lunch 7; to eat lunch 4
délicieux/ieuse delicious 7
demain tomorrow 4
demander to ask (for) 4; **se —** to wonder 14
démarrer to start 6 s
déménager (nous déménageons) to move (house) 10
demi(e) half; **il est une heure et demie** it's one-thirty 4; **un —** *m.* glass of draft beer 5
démissionner to resign 8 s
démodé(e) old-fashioned 14;
dénouement *m.* ending 15
dense dense 9 s
dent *f.* tooth 10
dépaysé(e) homesick 11
se dépêcher to hurry 10
dépendre de to be dependent on 14
dépense *f.* expense 12
dépenser to spend (money) 12
déprimé(e) depressed 13
depuis for, since 13; **— combien de temps ?** how long (for how much time)? 13; **— longtemps** for a long time 13; **— quand ?** how long (since when)? 13
dernier/ière last, past 6; **la semaine dernière** last week 6; **la dernière fois** last time 6
déroulement *m.* plot 15
derrière behind 3
désagréable unpleasant 3
descendre *(p.p.* **descendu***)* to go down, downstairs; get off (a bus, a plane) 5
description *f.* description 1
désert *m.* desert 9
désirer to want, desire 5
désolé(e) sorry 5
désordre, en— messy, untidy, disorderly 10 s
dessert *m.* dessert 7
dessin *m.* drawing
destin *m.* destiny 11 s
destination *f.* destination 9 s
détail *m.* detail
se détendre to relax 11 s, 13
détenir le record to hold the record
détester to hate 2
détruire to destroy 14 s
deux two 1
deuxième second 2 s
devant in front of 3
développer to develop
devenir *(p.p.* **devenu***)* to become 6
deviner to guess
devoir *(p.p.* **dû***)* must, to have to, to owe 5
devoir *m.* homework assignment 1, 2; **faire les — (s)** to do homework 4
dévorer to devour 15 s
d'habitude usually 5
diable *m.* devil 11 s
dictionnaire *m. (fam.* **dico***)* dictionary 3
dieu *m.* god; **Dieu** God 11 s
différence *f.* difference 8
différent(e) different 8
difficile difficult 2
dimanche Sunday 2
diminuer to diminish 5 s
dîner *m.* dinner 6; to eat dinner 4
diplôme *m.* diploma 16
dire *(p.p.* **dit***)* to say, tell 8
directeur/trice *m., f.* director, school principal 8
diriger to lead, direct 12
discipline *f.* discipline 8
discuter (de) to discuss 5
disponible available
se disputer (avec) to argue, quarrel (with) 10
disque compact *m. (fam.* **CD***)* compact disc 3
distraction *f.* entertainment 2
distributeur automatique de billets *m.* bank machine, ATM 12 s
diversité *f.* diversity 9 s
divorce *m.* divorce 14
divorcé(e) divorced 3
divorcer to divorce 14

dix ten 1
doctorat *m.* doctorate 16
documentaire *m.* documentary 2 s
doigt *m.* finger 13
dominer to dominate 11 s
dommage *m.* damage, pity; **quel—** what a shame; **il est —** it's too bad
donc then, therefore
donner to give 8; **— sur** to open onto, overlook 11
dormir to sleep 5
dortoir *m.* dormitory 11
dos *m.* back 13
se doucher to shower 10
douter to doubt 14
douteux/euse doubtful 14
doux (douce) sweet, gentle 3 s; **il fait —** it's mild weather 5
douzaine *f.* dozen 7
dragon—dragon 15 s
drame *m.* drama 2
drapeau *m.* flag 8
draps *m. pl.* bedsheets 11 s
dragon *m.* dragon 15 s
drogue *f.* drug 8 s
droit *m.* law 2; right, permission 11 s;
droit(e) right, straight 11; **à droite** to the right 11; **tout droit** straight ahead 11
dur(e) tough 2 s, 7; **—** *adv.* hard
durée *f.* length (of time) 15

E

eau *f.* water 5; **— minérale** mineral water 5
échanger to exchange
échapper (à) to escape (from) 15 s
écharpe *f.* scarf 12
éclaircie *f.* sunny spell; **il y a des éclaircies** it's partly cloudy 9 s
s'éclater to have a great time 10 s
école *f.* school 4; **grande—** elite university 16; **— maternelle** nursery school, kindergarten 8, 16; **— primaire** elementary school 8, 16
économie *f.* economy; *pl.* savings; **faire des économies** to save money 12
écossais(e) Scottish; plaid 12 s
écouter to listen (to) 2
écrire *(p.p.* **écrit***)* to write 8
écriture *f.* writing, penmanship 8
écrivain(e) *m., f.* writer 4 s
écureuil *m.* squirrel 15 s
egalitaire egalitarian 14 s
église *f.* church 4
égoïste selfish 3 s
élaborer to elaborate, develop
élégance *f.* elegance 15 s
elégant(e) elegant 12
élément *m.* element
éléphant *m.* elephant 9 s, 15
élève *m., f.* pupil (pre–university) 8
élevé(e) high, raised 9 s, 13; **bien/mal—** well/bad mannered 3 s
elle she, it 1; **elles** they 1
embaucher to hire 12 s
embrasser to kiss 14; **s'—** to kiss each other 14
émission *f.* program 6 s
emménager to move in 10 s
emmener (j'emmène) to take (someone) along 8 s
s'empêcher to stop oneself 14 s
emploi du temps *m.* schedule 5
employé(e) *m., f.* employee 4
employer (j'emploie) to employ, use 12
employeur/euse *m., f.* employer 12 s
empoisonné(e) poisoned 15 s
emprunter to borrow 8
en at, in, on, to; **— face (de)** facing 3; **— avance** early 4; **— rang** in a row 8; **— retard** late 4; **— solde** on sale 12 s
enceinte pregnant 13
encore still, yet, even more 10
encyclopédie *f.* encyclopedia 3 s
endormir to put to sleep; **s'—** 13; to fall asleep 10
endroit *m.* place 9
énergique energetic 3
énerver to annoy, get on one's nerves 8
enfance *f.* childhood 8
enfant *m.* child 1; **petit(s)—s** grandchildren 3 s
enfer *m.* hell 11 s
enfin finally 6
enflé(e) swollen 13 s
ennuyer (j'ennuie) to annoy, bother 8; **s'—** to get bored, be bored 12
ennuyeux/euse boring 2
enrhumé(e) congested 13
enrichir to enrich
enseigner to teach 4 s
ensemble together 5; *m.* outfit 12
ensoleillé(e) sunny 9
ensuite then 6
entendre to hear 5; **s'— bien** to get along well 14
enthousiaste enthusiastic 3 s
entier/ière entire, whole 11
entre between 3
entrée *f.* entryway 10; first course (meal) 7
entrepreneur/euse entrepreneur 4 s
entreprise *f.* company, business 4
entrer (dans) to enter, go in 6
envers towards 8
environ about, around
envoyer (j'envoie) to send 8 s, 12
épargner to save 12
épaule *f.* shoulder 13
épeler to spell 1 s
épice *f.* spice 7 s
épicerie *f.* grocery store 7
époque *f.* era 8; **à l'—** at that time 8
épouser to marry 15
époux (épouse) *m., f.* spouse 3 s, 14
équateur *m.* equator 9 s
équilibre *m.* balance 11 s
équipe *f.* team 4
équitation *f.* horseback riding 9 s
erreur *f.* error 7
escalier *m.* staircase 10
escarpins *m. pl.* high heeled shoes 12 s
espace *m.* space 2 s
espagnol(e) Spanish 4; *m.* Spanish language 2
espérance de vie *f.* life expectancy 9 s
espérer (j'espère) to hope for 7
espoir *m.* hope 14
esprit *m.* mind
essayer (j'essaie) to try (on) 12
essence *f.* gasoline 11
essentiel(le) essential 11
est east; **à l'— (de)** to/in the east (of) 9
estomac *m.* stomach 13
et and 1
établir to establish
étage *m.* floor (of a building); **premier —** first floor (American second floor) 10
étagère *f.* bookshelf 3
étape *f.* stage, step
état *m.* state 9
États-Unis *m. pl.* United States; **aux —** in, to the United States
été *m.* summer 2; **en —** in summer 9
éternuer to sneeze 13 s
étonnant(e) astonishing 14
étonné(e) astonished 14
étranger/ère foreign; **à l'—** abroad
être *(p.p.* **été***)* to be 1; **—à la mode** to be in fashion 8 s; **— au chômage** to be unemployed 16; **— au régime** to be on a diet 7; **— de mauvaise humeur** to be in a bad mood 13; **— en terminale** to be a senior (in high school) 16 s; **— reçu(e) à un examen** to pass an exam 16 s
études *f. pl.* studies 16
étudiant(e) *m., f.* student 1
étudier to study 2
euh um
euro *m.* unified European monetary unit 12
Europe *f.* Europe
européen(ne) European
s'évanouir to faint 13 s
événement *m.* event, happening 6
évidemment evidently 15
évident(e) obvious 14
évier *m.* kitchen sink 10 s
éviter to avoid 7 s
exactement exactly 12
examen *m.* exam 2
excellent(e) excellent 2
exceptionnel(le) exceptional 9
excursion *f.* excursion 11
s'excuser to excuse oneself; **excusez-moi** excuse me, pardon me 4
exemple *m.* example; **par —** for example
exercer une profession to practice a profession 4 s
exiger to demand, insist on 13
s'exiler to go into exile 15 s
expliquer to explain
exploser to explode 6 s
exposition *f.* exhibit 2 s
express *m.* espresso 5
exprimer to express 2, 14
extérieur *m.* exterior; **à l'—** outside 8
extra-terrestre extra-terrestrial 11 s
extrait(e) excerpted; *m.* excerpt
extraordinaire extraordinary 9

F

fable *f.* fable 15
fabriquer to produce, make 11
face: en — de facing 3
se fâcher (contre) to get angry (with) 14
facile easy 2

facon *f.* way 15
faculté *f.* *(fam.* **la fac***)* school of a university 2
faim: avoir — to be hungry 7
faire *(p.p.* **fait***)* to do, make 4; **— attention** to pay attention 4 s; **— bouillir** to bring to a boil 7 s; **— cuire** to cook 7 s; **— de l'auto-stop** to hitch-hike 9 s; **— de l'aérobic** to do aerobics 9 s; **— de la musculation** to lift weights 13 s; **— de la natation** to swim 4, **— des économies** to save money 12; **— des gargarismes** to gargle 13 s; **— des projets** to make plans 9; **— du camping** to go camping 11; **— du français** to study French 4; **— du jogging** to jog 4; **— du piano** to play the piano 4; **— du ski** to go skiing 4; **— du sport** to play a sport 4; **— du travail bénévole** to do volunteer work 4 s; **— faillite** to go bankrupt 16 s; **— fondre** to melt 7 s; **—fortune** to get rich 12 s, **— la connaissance (de)** to meet 5; **— la cour** to court 14; **— la cuisine** to cook 4; **— la grasse matinée** to sleep late 4 s; **— la lessive** to do the laundry 10; **—la navette** to commute 10 s; **— la queue** to stand in line 15 s; **—la sieste** to take a nap 4 s, **— la vaisselle** to do the dishes 10; **— le lit** to make the bed 10; **— le ménage** to do housework 4; **— les courses** to go shopping, to do errands 4; **— les devoirs** to do homework 4; **— le tour du monde** to travel around the world 9; **—mal** to hurt 13; **— revenir** to sauté 7 s; **— sa toilette** to get dressed 10 s; **— semblant de** to pretend 14 s; **— une promenade à pied** to take a walk 4; **— une promenade en voiture** to go for a drive 4; **— une promenade en vélo** to ride bikes 4; **— une randonnée** to take a hike 4; **— un pique-nique** to go on a picnic 4; **— un stage** to do an apprenticeship 16; **— un voyage** to take a trip 4; **se—mal** to hurt oneself 13 s; **se — masser** to get a massage 13 s
fameux/euse famous
famille *f.* family 3
fatigué(e) tired 1
fauché(e) *(fam.)* broke, out of money 11
fauteuil *m.* armchair 3 s, 10
faux (fausse) false
fée *f.* fairy 15
félicitations *f. pl.* congratulations 10
féminin(e) feminine
femme *f.* woman 1; wife 3; **— au foyer** homemaker 4; **— d'affaires** business woman 4; **—politique** woman politician 4 s
fenêtre *f.* window 1
ferme *f.* farm 4 s
fermer to close 4
fête *f.* holiday, party 2
feuille (de papier) *f.* leaf, sheet (of paper) 1 s
feuilleter to leaf through 11 s
feutre *m.* marking pen 1 s
février February 2
fiancé(e) *m., f.* fiancé(e) 14
se fiancer to get engaged 14
fidélité *f.* fidelity 14
fièvre *f.* fever 13
figure *f.* face 10
filière *f.* a course of study, branch of business 16 s
fille *f.* girl 1; daughter 3; **—unique** only child 3 s; **petite—** granddaughter 3 s
film *m.* movie, film 2; **— d'amour** romantic film 2 s; **— d'horreur** horror movie 2 s; **— de science-fiction** sci-fi movie 2 s; **— d'aventure** adventure movie 2 s
fils *m.* son 3; **—unique** only child 3 s; **petit—**grandson 3 s
finalement finally 15
finir to finish 6
flâner to stroll 11 s
flatter to flatter 15 s
fleur *f.* flower 3; **à fleurs** flowers print 12 s
fleuriste *m., f.* florist 12 s
fleuve *m.* river (major) 9
foie *m.* liver 13 s
fois *f.* time 10; **deux —** two times; **la dernière —** the last time 6
foncé(e) dark (color) 12
fonder to found, start 14
fondu(e) melted 7 s
football *m.* *(fam.* **foot***)* soccer 4; **— américain** football 4
footballeur *m.* soccer player 4s
forêt *f.* forest 9
formation *f.* training, development 12
formule de vacances *f.* vacation package 11 s
fort(e) heavy, stocky 1
fou (folle) crazy 2 s
foule *f.* crowd 11 s
se fouler to twist 13 s
four *m.* oven 10; **— à micro-ondes** microwave oven 10
fourchette *f.* fork 7
foyer *m.* home, household 14 s; **homme (femme) au —** homemaker 4
frais (fraîche) cool 5; fresh 7; **il fait —** it's cool (weather) 5
fraise *f.* strawberry 7
franc *m.* unit of French currency 12
français(e) French; *m.* French language 2
franchement frankly, honestly 12
francophone French-speaking 1 s; 7
frapper to knock 15 s
fréquent(e) frequent 9 s
fréquenter to frequent 12 s
frère *m.* brother 3; **beau—** brother-in-law, step brother 3 s; **demi—** half brother 3 s
frigo *m. fam.,* fridge 3 s
frisson *m.* shiver, chill 13 s
froid *m.* cold 2 s
froid(e) cold 5; **avoir —** to be cold 13; **il fait —** it's cold 5
fromage *m.* cheese 7
front *m.* forehead 13 s
frontière *f.* border 9
fruit *m.* fruit 7; **fruits de mer** *m. pl.* seafood 7 s
fumer to smoke 2

G

gagner to earn, to win 4
galette *f.* flat cake 15 s
gang *m.* gang 8 s
gant *m.* glove 12
garage *m.* garage 10
garçon *m.* boy 1
garde-robe *f.* wardrobe 12 s
gare *f.* train station 9
garni(e) garnished with vegetables 7 s
gastronomique gourmet 11
gâté(e) spoiled 3 s
gâteau *m.* cake 7 s
gâter to spoil 8 s
gauche left; **à —** to the left 11
gazelle *f.* gazelle 15
géant *m.* giant 15 s
geler to freeze; **il gèle** it's freezing 9 s
génération *f.* generation 12
généreux/euse generous
génie civil *m.* civil engineering 2
genou *(pl.* **genoux***)* *m.* knee 13
genre *m.* type; literary genre 15
gens *m. pl.* people 3; **— sans abri** homeless people 14 s
gentil(le) nice 3
gentillesse *f.* kindness 15 s
géographie *f.* geography 9
gérer to manage 12 s
gesticuler to gesture 13 s
girafe *f.* giraffe 9 s, 15
glace *f.* ice cream 7; **faire du patin à —** to go ice skating 9 s
glisser to slide 8 s
golf *m.* golf 9 s
gorge *f.* throat 13
gorille *m.* gorilla 9 s; 15
goût *m.* taste 2 s, 7
goûter *m.* snack 7
goûter to taste 7 s
grâce *f.* grace 15 s; **—à** thanks to
graisse *f.* fat, grease 7 s
gramme *m.* gram 7
grand(e) big, tall 1
grand-mère *f.* grandmother 3
grand-père *m.* grandfather 3
grandir to grow, grow up 6
grands-parents *m. pl.* grandparents 3
gratiné(e) with melted cheese 7 s
grave serious 13
grillé(e) grilled 7 s
grippe *f.* flu 13
gris(e) gray 1
gronder to scold 8 s
gros(se) large 3
grossesse *f.* pregnancy 13 s
grossir to gain weight 6
grotte *f.* cave, grotto 11 s
groupe *m.* group
guérir to heal 13
guerre *f.* war 6
guitare *f.* guitar 3 s; 4
gymnase *m.* gym 4 s

H*

habillé(e) dressed up 12
habiller to dress; **s'—** to get dressed 10
habitant *m.* inhabitant 9 s
habiter to live, live in 2
s'habituer (à) to get used to 14 s
hamster *m.* hamster 15 s
***hanche** *f.* hip 13 s
***haricots (verts)** *m.pl.* (green) beans 7
***haut(e)** high 9
hebdomadaire *m.* weekly
***héros (héroïne)** *m., f.* hero, heroine 15
hésiter (à) to hesitate (to) 14
heure *f.* hour, o'clock 4; **dans une —** in an hour 4; **à l'—** on time 4; **de bonne—** early 10; **les—s de pointe** rush hour 11
heureusement fortunately 15
heureux/euse happy 3
hier yesterday 6; **— matin** yesterday morning 6; **— soir** last night 6
hindou *m.* Hindu (religion) 9 s
histoire *f.* history 2; story 6
historique historical 9
hiver *m.* winter 2; **en —** in winter 9
***hockey** *m.* hockey
homme *m.* man 1; **— au foyer** home-maker 4; **— d'affaires** businessman 4; **— politique** *m.* politician 4 s
honnête honest
***honte** *f.* shame 13; **avoir —** to be ashamed 13
hôpital *m.* hospital 4
horaire *m.* time schedule 4
horloge *f.* clock 1 s
horrible horrible 7
***hors-d'œuvre** *m.* appetizer 7
huile *f.* oil 7 s; **— d'olive** olive oil 7 s
huit eight 1
humeur *f.* mood; **être de mauvaise (bonne) —** to be in a bad (good) mood 13

I

ici here 3
idéal(e) ideal 9
idéaliste idealistic 1
idée *f.* idea 1 s, 5
identifier to identify
il he, it 1; **—faut** it is necessary 9; **—vaut mieux** it is better 9; **— y a** there is, there are 2; **— y a** (≤ time) ago 6
île *f.* island 9
ils they 1
image *f.* image, picture
immeuble *m.* apartment or office building 3 s
impensable unthinkable 14
imperméable *m.* raincoat 12
important(e) important 4
impossible impossible 5
impressionniste impressionist 11
incertain(e) uncertain, variable (weather) 9 s
incompréhension *f.* misunderstanding 14 s
inconvénient *m.* disadvantage, draw-back 11
incroyable incredible 2 s; 14
indépendance *f.* independence 15 s
indépendant(e) independent 3 s
indiquer to indicate
infirmier/ière *m., f.* nurse 4
influencer to influence 11
informaticien(ne) *m., f.* computer specialist 4 s
informations *f. pl.* news 2 s; 6
informatique *f.* computer science 2
informer to inform 6
infusion *f.* herbal tea 5 s
ingénieur *m.* engineer 4 s
ingrédient *m.* ingredient 7
inquiet/iète worried 8
s'inscrire to sign up
s'inquiéter (je m'inquiète) to worry 12
s'installer to settle in, move in, set up residence 10 s, 14
insolent(e) insolent 15 s
instituteur/trice *m., f.* elementary school teacher 4 s, 8
instrument de musique *m.* musical instrument
insupportable unbearable 16
intellectuel(le) intellectual 1
intelligent(e) (*fam.* **intello**) intelligent 1
interdit(e) prohibited 3
intéressant(e) interesting 2
s'intéresser à to be interested in 14
intérieur *m.* interior; **à l'—** inside 10 s
intime intimate
intrigue *f.* story line 15
inutile useless 2
inviter to invite 5
irriter to irritate 8
islam *m.* Islam 9 s
italien(ne) Italian; *m.* Italian language 2
italique: en — in italics
itinéraire *m.* itinerary 11

J

jaloux / se jealous 3 s
jamais never 10; **ne...—**never 10
jambe *f.* leg 13
jambon *m.* ham 7
janvier January 2
japonais(e) Japanese; *m.* Japanese language 2
jardin *m.* garden, yard 2
jaune yellow 1
jazz *m.* jazz 2
je I 1
jean *m.* blue jeans 1
jeter to throw 7 s
jeu *m.* game; **—télevisé** TV game show 2 s; **—vidéo** video game 12
jeudi Thursday 2
jeune young 1
jeunesse *f.* youth 8
jogging *m.* jogging 4; **faire du —** to go jogging 4
joli(e) pretty 1
joue *f.* cheek 13
jouer to play 2; **— à** to play a game or sport 4; **—au football** (tennis, volleyball, cartes) to play soccer (tennis, volleyball, cards) 4; **— à la poupée** to play with dolls 8; **—aux boules** to play boules 8; **— de** to play a musical instrument 4; **— de la guitare** to play guitar; **— du piano** to play piano 4
jour *m.* day 2, **par—** per day 7
journal *m.* (*pl.* **journaux**) newspaper 6
journaliste *m., f.* journalist 4
journée *f.* day 10
judaïsme *m.* Judaism 9 s
juge *m.* judge 4 s
juillet July 2
juin June 2
jumeau/elle twin 3 s; **jumelles** *f. pl.* binoculars 11 s
jupe *f.* skirt 1; **— plissée** pleated skirt 12
jus *m.* juice 5; **— d'orange** orange juice 5; **— de pomme** apple juice 5 s
jusqu'à *prep.* until 6;
juste just fair; (clothes) tight 12

K

kilo *m.* kilogram 7; **demi-kilo** half kilogram 7

L

là there 2; **là-bas** over there 12
laboratoire *m.* (*fam.* **labo**) laboratory 2
lac *m.* lake 9
lâcher to release 8 s
laid(e) ugly 1
laine *f.* wool; **en —** made of wool 12
laisser to leave 5; **laisse-moi tranquille** leave me alone 8
lait *m.* milk 7; **café au —** coffee with milk 5
laitier: produit — *m.* milk product 7
lampe *f.* lamp, light 1; **— électrique** *f.* flashlight 11 s
lancer to launch
langue *f.* language 2; tongue 13
lapin *m.* rabbit 15
large wide, big 12
latin(e) Latin 2 s; *m.* Latin language 2
lavabo *m.* sink 3 s
laver to wash; **se —** to wash, to wash up 10
leçon *f.* lesson
lecteur (laser de CD) *m.* CD player 3 s, 12
lecture *f.* reading
légende *f.* legend 15
léger/ère light 7 s
légume *m.* vegetable 7
lendemain *m.* next day, day after 14 s
lent(e) slow 15
lentement slowly 15
lequel (laquelle) (*pl.* **lesquels, lesquelles**) which one(s) 12
lessive *f.* laundry 10; **faire la —** to do the laundry 10
lettre *f.* letter 10; **—s** humanities 2 s
lever (je lève) to raise; **se —** to get up 10
lèvres *f. pl.* lips 13
lézard *m.* lizard 15

librairie *f.* bookstore 2; **— papeterie** bookstore, office supply store 12
libre free, available 5
licence *f.* university diploma 16
licencier to fire 12 s
lieu *m.* place; **— de travail** workplace 4; **avoir —** to take place 13
limonade *f.* lemon-lime soda 5 s
linge *m.* laundry, linen 10; **laver le —** to do the wash 10
lion *m.* lion 9 s, 15
liquide *f.* liquid; **en —** in cash 12
lire *(p.p.* **lu***)* to read 8
liste *f.* list
lit *m.* bed 3; **faire son —** to make one's bed 10
litre *m.* liter 7; **demi-litre** half liter 7
littéraire literary 15
littérature *f.* literature 2
livre *m.* book 1
locataire *m., f.* tenant 3
location *f.* rental 3 s, 11 s
logement *m.* lodging 3
loger to lodge, stay (at a hotel, pension, etc.) 11
logiciel *m.* computer software
loin *(***de***)* far (from) 3
loisirs *m.pl.* leisure activities 4
long(ue) long 3
longtemps a long time 6
lorsque when 11
louer to rent 3
loup *m.* wolf 15
lourd(e) heavy, humid 9
loyer *m.* rent 3
lumière *f.* light 1 s
lundi Monday 2
lune de miel *f.* honeymoon 14
lunettes *f. pl.* eyeglasses 1; **— de soleil** sunglasses 1 s
luxueux/euse luxurious
lycée *m.* high school 4

M

mâcher to chew 13 s
madame *f.* **(Mme)** *(pl.* **Mesdames***)* ma'am, Mrs. 1
mademoiselle *f.* **(Mlle)** *(pl.* **Mesdemoiselles***)* miss, Miss 1
magasin *m.* store 12; **— à grande surface** superstore 12; **— de disques** record store 12; **— d'électronique** electronics store 12; **— de photos** camera shop 12; **— de sport** sporting goods store 12
magazine *m.* magazine 6
magnétoscope *m.* VCR 3 s, 12
magnifique magnificent 9
mai May 2
maigre thin; lowfat 7 s
maigrir to lose weight 6
maillot *m.* jersey, t-shirt; **— de bain** swimsuit 1
main *f.* hand 10
maintenant now 4
maintenir to maintain 6 s
maire *m.* mayor 4 s
mairie *f.* town hall 4 s
mais but; **maïs** *m.* corn 2
maison *f.* house 3
maîtrise *f.* master's degree 16
majorité *f.* majority; **la—de** the majority of 12
mal bad, badly 6; **— élevé(e)** bad-mannered, impolite 3 s; **avoir — à la tête** to have a headache 13
malade sick 13
malgré despite
malheureusement unfortunately 5
manager *m., f.* manager 12 s
manger (nous mangeons) to eat 2, 7
manière *f.* manner; **les bonnes manières** good manners 6 s; **d'une— naturelle** in a natural way 15
manque *m.* lack
manquer to miss 6
manteau *m.* coat, overcoat 1
se maquiller to put on makeup 10
marâtre *f.* stepmother 15 s
marché *m.* market 7; **— en plein air** open air market 7; **bon —** inexpensive 3
marcher to walk, to function
mardi Tuesday 2
mari *m.* husband 3
mariage *m.* marriage 14
marié(e) married 3
se marier (avec) to marry 14
mariner to marinate 7 s
marketing *m.* marketing 2 s
marque *f.* brand
marron brown 1
mars March 2
mas *m.* typical provençal house
masculin(e) masculine
match *m.* game 2
mathématiques *f. pl. (fam.* **maths***)* mathematics 2
matin *m.* morning, in the morning 4
mauvais(e) bad 3; **il fait —** it's bad weather 5
mayonnaise *f.* mayonnaise 7
mécanicien(ne) *m., f.* mechanic 4 s
méchant(e) mean, evil 3 s, 15
médecin *m.* doctor 4
médecine *f.* field of medicine 2
médicament *m.* medicine 13
médiocre mediocre 2 s
se méfier de to be wary of 14 s
meilleur(e) better 8
mélanger to mix 7 s
même same, even 10
mémoire *f.* memory 15 s
ménage *m.* housework; **faire le —** to do the housework 4
mener to lead
mentionner to mention
menton *m.* chin 13 s
menu *m.* fixed-price meal 7
mer *f.* sea 9; **fruits de —** *m.pl.* seafood 7; **département d'outre-mer (D.O.M.)** overseas department 9
merci thank you 1
mercredi Wednesday 2
mère *f.* mother 3; **belle-—**stepmother, mother-in-law 3 s; **grand-—** grandmother 3
message *m.* message 5
métier *m.* occupation, profession 4
métro *m.* subway 9
metteur en scène *m., f.* movie director 15
mettre *(p.p.* **mis***)* to put, set 7, 10; **— en valeur** to emphasize 16 s; **— la table** to set the table 7; **se — à** to begin to (do something) 10 s; **se — en colère** to get angry 10
meublé furnished 3 s
meubles *m. pl.* furniture 3
mexicain(e) Mexican 4
micro-onde *f.* microwave; **four à —** *m.* microwave oven 10
midi noon 4
miel *m.* honey; **lune de —** *f.* honeymoon 14
mieux *adv.* better 2, 9; **aimer —** to prefer 2
mignon(ne) sweet, cute 3 s
mille one thousand 3; **deux —** two thousand 3
million million
mince thin 1
minéral(e) mineral; **eau minérale** *f.* mineral water 5
minorité *f.* minority 12
minuit midnight 4
minute *f.* minute 4
miracle *m.* miracle 11 s
miroir *m.* mirror 3
mise en scène *f.* setting (movie or play) 15
mocassins *m. pl.* loafers 12 s
moche *(fam.)* ugly 1
mode *f.* fashion 12
modèle *m.* model; style 12
modéré(e) moderate 9 s
moderne modern 10
mœurs *f.pl.* social customs 14 s
moi me 5; **— aussi** me too 1; **— non plus** me neither 10
moins... que less . . . than 9
mois *m.* month 2
moment *m.* moment 5
monde *m.* world 1 s, 9; **tout le —** everyone 12
monsieur *m.* **(M.)** *(pl.* **messieurs***)* sir, Mr. 1
montagne *f.* mountain 2 s, 9
montagneux/euse mountainous 9 s
monter to climb, go up 6
montre *f.* watch 3
montrer to show 12
monument *m.* monument 11
se moquer de to make fun of 14 s
morceau *m.* piece 7
mort(e) dead 3 s
mot *m.* word; **— apparenté** related word, cognate;
moteur de recherche *m.* search engine 5 s
motocyclette *f. (fam.* **moto***)* motorcycle 9
se moucher to wipe one's nose 13 s
mouchoir *m.* handkerchief 13
mourir *(p.p.* **mort***)* to die 6
moutarde *f.* mustard 7
mouton *m.* sheep 15
moyen(ne) average, average size 3 s
moyen de transport *m.* means of transportation 9
mur *m.* wall 1
musculation *f.* weight lifting 9 s
musée *m.* museum 2
musicien(ne) *m., f.* musician 4 s
musique *f.* music 2; **— classique** classical music 2
mythique mythical 11

N

nager (nous nageons) to swim 9
naître *(p.p.* **né***)* to be born 6
naissance *f.* birth
naïveté *f.* naivete 15 s
nappe *f.* tablecloth 7
narrateur/trice *m., f.* narrator 15
natation *f.* swimming 4
nature *f.* nature 11
négliger(de) to neglect 14
neige *f.* snow 2 s, 5; **il —** it's snowing 5
nerveux /euse nervous 1
nettoyer to clean 12
neuf nine 1
neveu *m.* nephew 3
nez *m.* nose 13
ni...ni... neither...nor 10; **ne...ni...ni** neither...nor 10
nièce *f.* niece 3
noces *f. pl.* wedding 14 s
noir(e) black 1
nom *m.* name 2; **— de famille** last name 2
nombre *m.* number 1, 3
nombreux / euse numerous; **une famille nombreuse** a big family 3 s
nommer to name
nord north; **au — (de)** to/in the north (of) 9
nourriture *f.* food 7
nous we 1
nouveau (nouvelle) new 3; **de—** again
novembre November 2
nuage *m.* cloud 5
numéro *m.* number 2; **— de téléphone** telephone number 2

O

obéir to obey 6
objet *m.* object 3
obtenir *(p.p.* **obtenu***)* to obtain 6 s
occidental(e) western 11
occupé(e) busy 4
s'occuper de to take care of, watch out for 14
océan *m.* ocean 9
octobre October 2
œuf *m.* egg 7
œuvre *f.* work of art 11 s
officiel(le) official 9
offre d'emploi *f.* job offer 16
offrir *(p.p.* **offert***)* to give, to offer 8 s, 12
oignon *m.* onion 7
on one, you 1
oncle *m.* uncle 3
ongle *m.* fingernail 13 s
opération *f.* operation 13
opossum *m.* opossum 15
optimiste optimistic 1
or *m.* gold; **en —** made of gold 12 s
orage *m.* storm 5 s, 9
orange orange 1; *f.* orange (fruit) 7
ordinateur *m.* computer 1
ordonnance *f.* prescription 13
ordonné 10 s
ordre *m.* order; **en —** orderly, tidy 10 s
organiser to organize 4 s
orteil *m.* toe 13 s
où where 3; **d'où** from where 5
oublier (de) to forget 7
ouest west; **à l'— (de)** to/in the west (of) 9
ouragan *m.* hurricane 9 s
ours *m.* bear 15
ouvert(e) open 3 s, 4
ouvrier/ière *m., f.* worker 4
ouvrir *(p.p.* **ouvert***)* to open 4 s, 8 s

P

pain *m.* bread 7; **— complet** whole wheat bread 7 s
paix *f.* peace 6 s
pâle pale 12
palais *m.* palace; **—des congrès** convention center 11 s
pamplemousse *m.* grapefruit 7 s
panne: tomber en — to have a (mechanical) breakdown 6 s
pansement *m.* bandage 13 s
pantalon *m.* pants 1; **— jogging** warm-up pants 12, **—à pattes d'éléphant** bell bottoms 12 s
papillon *m.* butterfly 8 s
paquet *m.* packet 7 s
par by, per; **— jour** per day 7
paradis *m.* paradise 11 s
paragraphe *m.* paragraph
paraître *(p.p.* **paru***)* to seem 13 s
parc *m.* park 2; **— d'attactions** amusement park 11
parce que because 5
pardon pardon me 5
parenthèse: entre parenthèses in parentheses
paresse *f.* laziness 15 s
paresseux/euse lazy 3
parfois sometimes 2 s, 4
parfum *m.* perfume 12
parler to speak 2
parmi among
partager to share 8
partenaire *m., f.* partner
participer to participate
partir to leave 5
pas not 1; **— du tout** not at all 1; **—encore** not yet 6
pas mal not bad 1
passeport *m.* passport 11
passer to spend (time) 3; to pass (by) 6; **— l'aspirateur** to vacuum 10; **— le balai** to sweep 10; **— la tondeuse** to mow 10 s; **— un examen** to take an exam 8; **se —** to happen 6; **se passer de** to do without 13 s
passif (passive) passive 3 s
passion *f.* passion 14
passionnant(e) exciting, thrilling 8, 15
pasteur *m.* preacher 4 s
pastille pour la gorge *f.* throat lozenge 12 s
pâte *f.* pasta, pastry dough 7
pâté *m.* meat spread; **— de campagne** country-style meat spread 7
patient(e) patient 1; **un(e) —** 4
patin à glace *m.* ice skating 9 s
pâtisserie *f.* pastry; pastry shop 7
patron(ne) *m., f.* boss 4 s
pauvre poor 10
pavillon *m.* small house
payer (je paie) to pay 3, 12
pays *m.* country 7
paysan(ne) *m., f.* peasant 15 s
peau *f.* skin 13
peintre *m., f.* painter 11 s
peinture *f.* painting
pellicule *f.* film (for camera) 12 s
pelouse *f.* grass 8
pendant during 6; **— que** while
penser to think * 14; **— de** to think about (opinion) 12
perdre to lose 5
père *m.* father 3; **beau- —**stepfather, father-in-law 3 s
permettre *(p.p.* **permis***)* to permit 10
personnage *m.* character 15; **— principal** main character 15
personne *f.* person 1; nobody 10; **ne... —** not anyone 10
perte *f.* loss
pessimiste pessimistic 3
petit(e) little, small 1; **— déjeuner** *m.* breakfast 7
petit-fils *m.* grandson 3 s; **petite-fille** *f.* granddaughter 3 s; **petits-enfants** *m. pl.* grandchildren 3 s
peu (de) little 7; **un —** a little 2
peur *f.* fear; **avoir — de** to be afraid 13
peut-être maybe 5
pharmacie *f.* pharmacy 12
philosophie *f.* philosophy 2
photo *f.* photograph 3
phrase *f.* sentence
physique *f.* physics 2; *m.* physical appearance 13 s
piano *m.* piano 4
pièce *f.* room 10; **— de théâtre** play 15
pied *m.* foot 13; **à —** on foot 4
pierre *f.* stone
pile *f.* battery 12 s
pilote *m., f.* pilot 4
pilule *f.* pill 13 s
pincée *f.* pinch 7 s
pique-nique *m.* picnic; **faire un —** to go on a picnic 4
piquer to sting; prick; **se — le doigt** to prick one's finger 15 s
piqûre *f.* shot 13 s
pirate *m.* pirate 15 s
pire worse 8
piscine *f.* swimming pool 2
pittoresque picturesque 9 s
placard *m.* closet, cupboard 3
place *f.* seat, position 5; town square 11
plage *f.* beach 2 s, 9
se plaindre *(p.p.* **plaint***)* to complain 10
plaire to please
plan *m.* map 11
planche à voile *f.* windsurfing 9 s
plante *f.* plant 3
plastique plastic; **en —** made of plastic 12 s
plat *m.* course, dish 7; **— principal** main course 7
plat(e) flat 9 s
plâtre *m.* plaster, cast 13 s
plein(e) full
pleurer to cry 13

pleuvoir *(p.p.* **plu***)* to rain; **il pleut** it's raining 5
plissée pleated 12 s
plongée libre *f.* snorkeling 9 s; **plongée sous-marine** scuba diving 9 s
plonger to immerse in water 7 s
pluie *f.* rain 9
plupart *f.* **la — (de)** most of 12
plus more; **—... que** more . . . than 8; **ne... —** not any longer 10; **moi non —** me neither 10
plusieurs several 12
plutôt rather, somewhat 8
poêle *f.* frying pan 7 s
poème *m.* poem 15
poète *m., f.* poet 4 s
poignet *m.* wrist 13 s
pointure *f.* shoe size 12
poire *f.* pear 7 s
pois *m.* pea; **petits —** green peas 7; **à—** polka dot 12
poisson *m.* fish 7
poitrine *f.* chest 13
poivre *m.* pepper 7
poivron *m.* bell pepper 7 s
poli(e) polite
pomme *f.* apple 7; **— de terre** potato 7; **pommes frites** *f.pl.* *(fam.* **frites***)* french fries 7
ponctuel (le) punctual 9 s
pont *m.* bridge 6
populaire popular 4
porc *m.* pork 7
port *m.* port 9
porte *f.* door 1
porter to wear 1
poser to pose; **— une question** to ask a question 4; **— sa candidature** to apply for a job 16
possible possible 3 s, 5
poste *f.* post office 4; **m.** job 4
pot *m.* ceramic or glass jar 7 s
poubelle *f.* garbage can 10; **vider la —** to empty the garbage 10
poulet *m.* chicken 7
poupée *f.* doll 8; **jouer à la —** to play with dolls 8
pour for 5; **— moi** for me 5
pourboire *m.* tip 7
pourquoi why 5
poursuivre to pursue 16 s
pourtant however
pousser to push; **— un cri** to shout 8 s
pouvoir *(p.p.* **pu***)* can, to be able to 5
prairie *f.* prairie 9 s
pratique practical, useful 2
pratiquer to practice 4
préférence *f.* preference 2 s
préférer (je préfère) to prefer 2, 7
premier/ière first 2; **— étage** *m.* first floor 10; **en—année,** first year (freshman)
prendre *(p.p.* **pris***)* to take 3, 5; **—soin** to take care
prénom *m.* first name 2
préparer to prepare; **se —** to prepare oneself, get ready 10
près (de) near 3
présenter to present, introduce; **se —** to introduce oneself 1 s
presque almost
presse *f.* press, news media 6
pressé(e) in a hurry

pressing *m.* dry cleaners 12
prestigieux/euse prestigious 4 s, 16
prêt(e) ready 10 s
prêt-à-porter *m.* ready-to-wear 12
prêter to lend 8
prêtre *m.* priest 4 s
prévoyance *f.* foresight 15 s
prince (princesse) *m., f.* prince, princess 15
principauté *f.* principality 9 s
printemps *m.* spring 2; **au —** in the spring 9
prison *f.* prison 15 s
privé(e) private 8 s
prix *m.* price 3 s, 12; prize 15
probable probable 14
probablement probably 15
problème *m.* problem 10
prochain(e) next 4
proche near
producteur/trice *m., f.* (film) producer
produit *m.* product 12; **— laitier** milk product 7 s
professeur *m. (fam.* **prof***)* professor, instructor 1
profiter to take advantage of 11 s
profondre deep
programme *m.* program; **— d'échanges** exchange program 16 s; **— d'études** program of study 16
programmeur / euse computer programmer 12
projets *m.pl.* plans 4; **faire des —** to make plans 9
promenade *f.* walk; **faire une —** to take a walk 4
promener to walk 10; **se —** to go for a walk 10
promettre (de) *(p.p.* **promis***)* to promise 10, 14
promotion *f.* promotion, special offer 12 s
prononcer (nous prononçons) to pronounce
propriétaire *m., f.* landlord/landlady 3
prospère prosperous 8
protagoniste *m., f.* main character 16
protéger to protect 8 s
province *f.* province 7 s
provisions *f. pl.* food 6
psychologie *f.* psychology 2
publicité *f. (fam.* **la pub***)* advertising 12
puis then 6
pull-over *m. (fam.* **pull***)* pullover sweater 1
pupitre *m.* student desk 1 s

Q

qualité *f.* quality, advantage 10 s
quand when 5
quantité *f.* quantity 7
quarante forty 1
quartier *m.* neighborhood 3
quatre four 1
quatre-vingts eighty 3
quatre-vingt-dix ninety 3
que what 5; **qu'est-ce —** what 1; **ne... —** only 10
quel(s), quelle(s) which or what 2 s, 5
quelque chose something 5; **— à boire** something to drink 5

quelques some 12
quelqu'un someone 5
question *f.* question 1; **poser une —** to ask a question 4
qui who 1
quincaillerie *f.* hardware store 12 s
quitter to leave 5
quoi what 5
quotidien(ne) daily 10; *m.* daily publication 6 s

R

raconter to tell (a story) 6
radio *f.* radio 2; **—réveil** *m.*; clock radio 3 s
radio-cassette *f.* portable radio cassette player 3
radiographie *f.* X ray 13 s
rafting *m.* rafting 9 s
raisin *m.* grapes 7
raison *f.* reason; **avoir —** to be right 13
raisonnable sensible 1
râler to complain 13 s
ramasser to collect, pick up 8
randonnée *f.* hike, excursion 4
randonneur/euse *m., f.* hiker, biker 11 s
rangé(e) organized 10 s
rangement télévision / hi-fi *m.* entertainment center 10 s
ranger (nous rangeons) to straighten 10
rap *m.* rap music 2
rapide fast 9
rappeler to call back 5 s
se rappeler (je me rappelle) to remember 8
raquette de tennis *f.* tennis racket 3 s
rarement rarely 2 s, 4
raser to shave; **se —** to shave (oneself) 10
rasoir *m.* razor; **— électrique** electric razor 10 s
se rasseoir *(p.p.* **rassis***)* to sit back down 15 s
rater to miss (the bus), to fail 10 s
ravi(e) delighted 14
rayure *f.*; **à—s** striped 12
réagir to react 6
réalisateur/trice *m., f.* movie director 15
réaliste realistic 3
récent(e) recent 4 s
réceptionniste *m., f.* receptionist 11
recette *f.* recipe 7
recevoir *(p.p.* **reçu***)* to receive 6 s; 11
récipient *m.* container 7 s
récit *m.* story, narrative 15
réclame *f.* advertisement 12
reclus *m.* recluse 14 s
recommander to recommend
récréation *f. (fam.* **la récré***)* recess 8
récupérer to pick up, get back 5 s
réduction *f.* (price) reduction 11 s
réduire *(p.p.* **réduit***)* to reduce 7 s
réduit(e) reduced 11
réfléchir to think, reflect 3, 8
réfrigérateur *m. (fam.* **frigo,** 3 s*)* refrigerator 10
refuser (de) to refuse 14
se régaler to feast on 15 s
regarder to look (at), watch 2
région *f.* region 9
régime *m.* diet 7
règle *f.* ruler 8; a rule

régler to pay or settle a bill 7 s
regretter to regret 14
régulièrement regularly 2s
se rejoindre to meet up (again)
religion *f.* religion 9 s
relire to reread 8 s
remarquer to notice
remède *m.* cure 13
remettre *(p.p.* **remis***)* to put back 10; **se —** to get well 10 s
remplacer (nous remplaçons) to replace
remplir to fill (in)
renard *m.* fox 15 s
rencontrer to meet up (with someone you don't know) 4
rendez-vous *m.* appointment, meeting, date 5
rendre to return (something) 5; **— visite (à)** to visit (someone) 5; **se — compte** to realize 14
rénover to remodel 10 s
renseignements *m. pl.* information 9
rentrée *f.* back to school/work 2 s
rentrer to return home 6
renvoyer to expel (from school) 8 s
réparer to repair 4 s, 6
repas *m.* meal 7
se repérer to find one's way 11 s
répéter (je répète) to repeat 1, 7; to rehearse 4 s
répondeur *m.* telephone answering machine 3 s
répondre to respond, answer 5
se reposer to rest 10
requin *m.* shark 15 s
réservation *f.* reservation 9
réservé(e) reserved 3
réserver to reserve 7
résidence universitaire *f.* college dormitory 2
respirer to breathe 13 s
responsabilité *f.* responsibility
ressembler to resemble 8
restaurant *m.* restaurant 4; **—universitaire** (resto-u *fam.*), unversity cafeteria 2
rester to stay 2
résultat *m.* result
résumé *m.* summary; résumé 2 s,
retard: en — late 4
retour *m.* return; **aller-retour** round trip 9
se retrouver to meet each other (by arrangement) 4 s; to meet again 14
réussir to succeed 6; **— à** to succeed at 14
rêve *m.* dream 9 s
réveil *m.* alarm clock 3 s
réveiller to awaken (someone); **se —** to wake (oneself) up 10
revenir *(p.p.* **revenu***)* to return, come back 6
rêver (de) to dream 9 s, 14 s
revoir *(p.p.* **revu***)* to see again 11 s; **au —** goodbye 1
rez-de-chaussée *m.* ground floor (of a building) (American first floor) 9
rhinocéros *m.* rhinoceros 15
rhume *m.* cold 13
riche rich 1
rideaux *m. pl.* curtains 3
rien nothing 10; **ne... —** not anything 10
risque *m.* risk 2 s
risquer (de) to risk 14
riz *m.* rice 7
robe *f.* dress 1
rock *m.* rock music, rock 'n roll 2
roi (reine) *m., f.* king, queen 15
rôle *m.* role; **jouer un —** to play a role
roman *m.* novel 15; **— policier** detective novel 15
romantique romantic 14
romantisme *m.* romaticism 14
rompre (avec) to break up with 14 s
rose pink 1
rouge red 1; **— à lèvres** *m.* lipstick 10 s; **un verre de —** *m.* a glass of red wine 5
rougir to blush, turn red 8
rouler to drive
routine *f.* routine 10; **— quotidienne** daily routine 10
roux (rousse) red haired 1
rubrique *f.* heading, news column 6 s
rue *f.* street 11
rupture *f.* split (of a couple) 14
ruse *f.* trickiness 15 s
russe Russian 4; *m.* Russian language

S

sac *m.* purse 1; sack, bag 7; **— à dos** backpack 3; **— de couchage** *m.* sleeping bag 11
sage well behaved 3 s, 8
sagesse *f.* wisdom 15 s
sain(e) healthy 13
saison *f.* season 2; **— sèche** dry season 9; **— des pluies** rainy season 9
salade *f.* salad, lettuce 7
saladier *m.* large (mixing) bowl 7 s
salaire *m.* salary 4
sale dirty 10
salle *f.* room; **—à manger** dining room 10; **— de bains** bathroom 10; **— de classe** classroom 1; **— de séjour** living room, den 10
saluer to greet, **se saluer** to greet each other 1 s
salut hi, bye 1
samedi Saturday 2
sandales *f. pl.* sandals 1
sandwich(es) *m.* sandwich(es) 5; **— jambon beurre** ham sandwich with butter 5
sang *m.* blood 13
sans without; **— -abri** homeless people 14 s; **— blague** *(fam.)* no kidding 10 s
santé *f.* health 13
sauce *f.* sauce, gravy 7 s
saucisson *m.* sausage 7
sauf except 11
saumon *m.* salmon 7
sauver to save 15
savane *f.* savannah 9 s
savoir *(p.p.* **su***)* to know (information), to know how 9
scénario *m.* script 15
science *f.* science 2; **sciences économiques** *f. pl.* economics 2; **sciences politiques** *f. pl.* political science 2
sculpture *f.* sculpture 2 s
sec (sèche) dry 9 s
sèche-cheveux *m.* hair dryer 10 s
sécher (je sèche) to dry; **— un cours (l' école)** to cut a class (school) 6 s, 10 s; **se —** to dry (oneself) off 10 s
secrétaire *m., f.* secretary 4
section (non)fumeurs *f.* (non) smoking section 9
sécurité *f.* security 2 s
séduire to seduce 14 s
séjour *m.* trip
sel *m.* salt 7
sélectionner to select
semaine *f.* week 2
semblable similar 8
semestre *m.* semester 2
sens *m.* meaning, sense
sentimental(e) sentimental 14
sentir to sense, smell; **se —** to feel 13
séparation *f.* separation 14
se séparer to separate, break up 14
sept seven 1
septembre September 2
série *f.* series; TV series 2 s
sérieux/euse serious 1
serpent *m.* snake 15
serré(e) tight 12
serveur/euse *m., f.* waiter, waitress 4
service *m.* service 7; **— compris** tip included 7; **— non-compris** tip not included 7; **— des urgences** emergency room 13 s
serviette *f.* napkin 7; towel 10 s
servir to serve; **se — de** to use 10
seul(e) alone 3
sévère severe, strict 3 s
shampooing *m.* shampoo (te), 10 s, 12
short *m.* shorts 1
si if 11
s'il vous plaît please 1
siècle *m.* century
signer to sign
silencieux/euse quiet, silent 2 s
six six 1
ski *m.* ski, skiing 4; **— alpin** downhill skiing 9 s; **— de fond** cross-country skiing 9 s; **faire du —** to go skiing 4
skier to ski 4
snobisme *m.* snobbery 8 s
sociable sociable 1
société *f.* society
sociologie *f.* sociology 2
sœur *f.* sister 3; **belle-sœur** sister-in-law, stepsister 3 s; **demi-sœur** half sister 3 s
soie *f.* silk; **en —** made of silk 12
soif: avoir — to be thirsty 7
soigner to take care of, nurse 13
soir *m.* evening, in the evening 4; **bon—** good evening 1; **ce —** this evening 5
soirée *f.* evening 5 s
soixante sixty 1
soixante-dix seventy 3
soldes *m., pl.* sale 12; **en solde** on sale 12
sole *f.* sole (fish) 7 s
soleil *m.* sun 5; **il fait du —** it's sunny 5
solitaire solitary 1
sommeil: avoir — to be sleepy 13
sondage *m.* survey

sorcier/ière *m., f.* witch 15
sorte *f.* sort
sortir to go out 5
souci *m.* worry 8; **avoir des soucis** to be worried 8
souffrir *(p.p.* **souffert***)* to suffer 13
souhaiter to wish 13
souligner to underline
soupçonner to suspect
soupe *f.* soup 7
sourcil *m.* eyebrow 13 s
sourire to smile 13
sous under, beneath 3
souvenir *m.* memory 8
se souvenir de *(p.p.* **souvenu***)* to remember 8
souvent often 2 s, 4
spécialisation *f.* academic major 2
se spécialiser to specialize in 16
sport *m.* sport 4
sportif/sportive athletic, active in sports 1
stade *m.* stadium 2 s
stage *m.* internship 12
station de métro *f.* metro stop 10 s
stressé(e) *(fam.)* stressed 3 s, 4
stricte strict 3 s
studio *m.* studio apartment 2 s, 3
stupide stupid 3
stylo *m.* pen 1
sucré(e) sweetened 5 s, 7
sud south; **au — (de)** to/in the south (of) 9
suffire: *(p.p.* **suffi***)* **ça suffit** that's enough 10 s
suggérer (je suggère) to suggest
se suicider to commit suicide 14 s
suisse Swiss 4
suivant(e) next, following
suivre *(p.p.* **suivi***)* to follow 8 s, 16; **—un cours** to take a course
super (fam) super 3 s
supermarché *m.* supermarket 7
supplément *m.* extra charge 11
supporter to hold up, bear
superficie *f.* surface area 9 s
sur on 3
sûr(e) sure, safe 14; **bien —** of course 2
surprenant(e) surprising 14
surpris(e) surprised 14
surtout most of all, especially 2 s
surveillant(e) *m., f.* person in charge of discipline 8 s
surveiller to watch, keep an eye on, supervise
survêtement *m.* warm-up suit 12 s
suture *f.* stitch 13 s
sweat *m.* sweatshirt 1
sympathique *(fam.* **sympa***)* nice, friendly 1
symptôme *m.* symptom 13 s

T

Tee-shirt *m.* T-shirt 1
table *f.* table 1; **— basse** coffee table 10; **— de nuit** nightstand 3; **mettre la —** set the table 7
tableau *m.* blackboard 1; painting
tâche ménagère *f.* household chore 10
taille *f.* size 12
de taille moyenne average size
tailleur *m.* woman's suit 1 s, 12
talon *m.* heel; **à—s plats** flats; **à—s hauts** high heels 12 s
tante *f.* aunt 3
taper à l'ordinateur to type on a computer 4 s
tapis *m.* rug 3
tard late 4
tarif *m.* fare, price 11
tarte *f.* tart, pie 7; **tartelette** mini-tart 7
tartine *f.* bread with butter and jam, a typical after-school snack 7 s
tasse *f.* cup 7
taxi *m.* taxi 9
technologie de pointe *f.* state-of-the-art technology 11 s
télécarte *f.* phone card 5 s
téléphone *m.* telephone 3; **—mobile (portable)** cell phone 5
télétravail *m.* telecommuting 12 s
télévision *f.* *(fam.* **télé***)* television 2
tellement so, so much
témoin *m.* witness
température *f.* temperature 9
temps *m.* weather 5; **quel — fait-il ?** what is the weather? 5; **emploi du —** *m.* schedule 5; **le beau—** good weather 2 s
tendre tender 7
tendresse *f.* tenderness 14
tenir *(p.p.* **tenu***)* to hold 6; to hold out 14; **— à** to be bent on doing something, to want to 6
tennis *m.* tennis 4; **des —** *m. pl.* tennis shoes 1; **jouer au —** to play tennis 4
tension *f.* blood pressure 13 s
tente *f.* tent 11
tenter to try 14
terrain *m.* land; **— de camping** campground 11; **— de sport** sports field 8; **—de football** soccer field 2 s
terrasse *f.* terrace, patio 5 s, 10
tête *f.* head 13; **avoir mal à la —** to have a headache 13
têtu(e) stubborn 3 s
thé (nature) *m.* (plain) tea 5; **— au citron** hot tea with lemon 5; **— au lait** hot tea with milk 5
thème *m.* theme 15
thon *m.* tuna 7
tigre *m.* tiger 15
timbre *m.* postage stamp 12
timide timid 1
titre *m.* title 15
toilettes *f. pl.* toilet 10
tomate *f.* tomato 7
tomber to fall 6; **— amoureux** to fall in love 14; **— en panne** to have a (mechanical) breakdown 6
tondeuse *f.* lawnmower 10 s
tort: avoir — to be wrong 13
tortue *f.* turtle 15 s
tôt early 4
toujours always 10
tour *f.* tower 11 s
tourisme *m.* tourism 9
touriste *m., f.* tourist
touristique tourist, popular with tourists 11
tourner to turn 11; to film 15
tousser to cough 13
tout(e) *(pl.* **tous, toutes***)* all 12; **— à coup** suddenly 12 s; **— à fait** completely 12 s; **— droit** straight ahead 11; **— de suite** immediately 12; **— le monde** everyone 12; **C' est—** that's all 5
tradition *f.* tradition 11
train *m.* train 9
tranche *f.* slice 7
tranquille calm 3 s
tranquillisant *m.* tranquilizer 13 s
transformer to transform 15
transport *m.* transportation 9; **—en commun** *m.* public transportation 9; **moyen de —** *m.* means of transportation 9;
travail *m.* *(pl.* **travaux***)* work 2; **—bénévole** volunteer work 4 s
travailler to work 2, **—à plein temps** to work full time 4 s, 12; **—à mi-temps** to work part time 12
travailleur/euse hard-working 3
traverser to cross 11
trente thirty 1
très very 1
trimestre *m.* trimester 2
triste sad 3
trois three 1
troisième third 2
tromper to be unfaithful 14 s; to trick 15
trop (de) too much, too many (of) 7
tropical(e) tropical 9
trouver to find (singular, informal) 6; **se —** to be located 9
truc *m.* (fam.) thing
tu you 1
tuer to kill 15
typiquement typically 2 s

U

un(e) one 1; a
unir to unite 15 s
université *f.* university 2
usine *f.* factory 4
ustensile *m.* utensil; **— de cuisine** kitchen utensil 7
utiliser to utilize, use

V

vacances *f.pl.* vacation 2 s, 9; **les grandes—** summer vacation 9
vaincre to vanquish 15 s
vaisselle *f.* dishes 10; **faire la —** to do the dishes 10
valable valid 11
valeur *f.* value 14
valise *f.* suitcase 9; **faire sa —** to pack one's bag 9
vallée *f.* valley 9 s
vanille *f.* vanilla 7 s
varié(e) varied 9
vase *m.* vase 3
vaste vast, big 9 s
vedette *f.* star 15
végétarien(ne) *m., f.* vegetarian 7 s
vélo *m.* bicycle 3

velours *m.* velvet; **en — côtelé** made of corduroy 12 s
vendeur/euse *m., f.* salesperson 4
vendre to sell 5
vendredi Friday 2
venir *(p.p.* **venu***)* to come 3; **— de** to have just 6
vent *m.* wind 5; **il fait du —** it's windy 5
ventre *m.* stomach 13
verité *f.* truth 16
verre *m.* glass 7
vers around (time); towards (direction)
version originale (doublée, sous-titrée) *f.* original (dubbed, subtitled) movie 15
vert(e) green 1
veste *f.* jacket, sport coat 1 s, 12
vêtements *m., pl.* clothes, clothing 1
viande *f.* meat 7
vider to empty; **— la poubelle** to empty the garbage 10
vie *f.* life; **— conjugale** *f.* married life 14 s
vieux (vieille) old, elderly 1
vif/ve bright (color) 12 s
village *m.* town 9
ville *f.* city 4
vin *m.* wine 7
vinaigrette *f.* salad dressing made with oil and vinegar 7 s
vingt twenty 1
violet(te) violet, purple 1
visage *m.* face 13
visiter to visit (a place) 9
vitamine *f.* vitamin 7 s, 13
vite fast, quickly 8
vitrine *f.* shop window 12 s
vivant(e) alive 3 s
vivre *(p.p.* **vécu***)* to live 6
vocabulaire *m.* vocabulary
voici here is, here are 2
voilà there is, there are
voile *f.* sailing 9 s
voir *(p.p.* **vu***)* to see 3, 11
voisin(e) *m., f.* neighbor 1 s
voisinage *m.* neighborhood 8 s
voiture *f.* car 3
vol *m.* flight 9
volcan *m.* volcano 9 s
voler to fly 15
volets *m. pl.* shutters 3 s, 6 s, 9
voleur *m.* thief 16
vouloir *(p.p.* **voulu***)* to want 5
vous you 1
voyage *m.* trip 4; **faire un —** to take a trip 4
voyager (nous voyageons) to travel 2
voyant(e) *m., f.* fortune teller 11 s
vrai(e) true
vraiment really 6

W

W.C. *m. pl.* half bath (abbreviation of water closet) 10
week-end *m.* weekend 2

Y

yaourt *m.* yogurt 7
yeux *m.pl.* eyes (**œil** *m.* eye) 13
yoga *m.* yoga 4

Z

zèbre *m.* zebra 7 s, 15
zéro *m.* zero 1

Vocabulaire anglais-français

A

a un(e)
able: to be — pouvoir
abortion avortement *m.*
about à propos de, au sujet de
above au dessus (de)
abroad à l'étranger
accident accident *m.*
to accompany accompagner
to accomplish accomplir
accounting comptabilité *f.*
to ache avoir mal (à)
across à travers
to act agir
active actif/ive
activity activité *f.;* **leisure activities** loisirs *m.pl.*
actor acteur/trice *m., f.* ; comédien(ne) *m., f.*
to adapt s'adapter
to add ajouter
address adresse *f.*
to admire admirer
to adore adorer
adult adulte *m., f.*
adultery adultère *m.*
advanced avancé(e)
advantage avantage *m.;* qualité *f.* **to take—of** profiter
adventure aventure *f.* ; **— movie** film d'aventure *m.*
advertisement réclame *f.;* publicité *f.* *(fam.* la pub*)*
advice conseil *m.*
to advise conseiller; **— against** déconseiller
aerobics aérobic *f.* ; **to do —** faire de l'aérobic
affectionate affectueux/euse
afraid: to be — avoir peur (de)
Africa Afrique *f.*
African africain(e)
after après
afternoon après-midi *m.*
again de nouveau
against contre
age âge *m.*
agency agence *f.* ; **travel —** agence de voyages
agent agent *m., f.;* **travel —** agent de voyages *m.*
aggressive agressif (agressive)
aggressiveness agressivité *f.*
ago il y a (≤ time)
to agree être d'accord
agricultural agricole
airplane avion *m.*
airport aéroport *m.*
alarm clock réveil *m.*
alcoholic alcoolisé(e)
alive vivant(e)
all tout(e) *(pl.* tous, toutes)
allergic allergique
allergy allergie *f.*
to allow permettre
almost presque
alone seul(e)
already déjà
also aussi
although bien que
always toujours
American américain(e)
among parmi
anchovies anchois *m.*
and et
angry: to get — se mettre en colère, se fâcher contre; **to make someone —** mettre en colère
anguish angoisse *f.*
anguished angoissé(e)
animal animal *m.*
ankle cheville *f.*
to announce annoncer
announcement annonce *f.*
to annoy ennuyer; énerver
to answer répondre (à)
anthropology anthropologie *f.*
anxious angoissé(e)
apartment appartement *m.,* studio *m.;* **— building** immeuble *m.*
appetite appétit *m.*
appetizer hors-d'œuvre *m.*
apple pomme *f.*
appliance appareil ménager *m.*
to apply (for a job) poser sa candidature
appointment rendez-vous *m.*
to appreciate apprécier
April avril
aquarium aquarium *m.*
architect architecte *m., f.*
to argue (with) se disputer (avec)
arid aride
arm bras *m.*
armchair fauteuil *m.*
armoire armoire *f.*
around (time) vers; autour; environ
to arranger arranger
to arrive arriver
artisan artisan *m., f.*
artist artiste *m., f.*
as comme; **— . . . —** aussi... que; **— much, — many** autant ; **— soon —** aussitôt que
Asia Asie *f.*
to ask (for) demander; **— a question** poser une question
asparagus asperges *f.pl.*
aspirin aspirine *f.*
assured assuré(e)
astonished étonné(e)
astonishing étonnant(e)
at à, en
athlete athlète *m., f.*
athletic sportif (sportive)
ATM (automatic teller machine) distributeur automatique *m.*
atmosphere atmosphère *f.*
to attack attaquer
to attend assister à
attention attention *f.;* **to pay —** faire attention
to attract attirer
attraction attraction *f.*
August août
aunt tante *f.*
Australia Australie *f.*
author auteur *m.*
autumn automne *m.*
available disponible
avenue avenue *f.*
average moyen(ne)
to avoid éviter
to awaken (someone) réveiller

B

baby bébé *m.;* **babysitter** baby-sitter *m., f.;* **to babysit** faire le baby-sitting
back dos *m.*
backpack sac à dos *m.*
bad mauvais(e); **not —** pas mal
badly mal
bag sac *m.*
bakery boulangerie *f.*
balance équilibre *m.*
balcony balcon *m.*
ball balle *f.;* (inflatable) ballon *m.;* (dance) bal *m.*
banal banal(e)
banana banane *f.*
bandage pansement *m.*
to banish bannir
bank banque *f.*
banker banquier/ière *m., f.*
bankrupt: to go — faire faillite
to baptize baptiser
bargain bonne affaire *f.;* **to —** marchander
basketball basketball *m.;* **to play —** jouer au basket
to bathe baigner; **to take a bath** se baigner
bathing suit maillot de bain *m.*
bathroom salle de bains *f.;* **half —** les W.C.
battery pile *f.* (for electronic device)
battle bataille *f.*
to be être
beach plage *f.*
bean haricot *m.*
bear ours *m.*
to bear, hold up supporter
beard barbe *f.*
to beat battre
beautiful beau (bel, belle), *(pl.* beaux, belles*)*
because parce que, car
to become devenir
bed lit *m.;* **to make the —** faire le lit; **to put to —** coucher; **to go to —** se coucher
bedroom chambre *f.*
bedsheets draps *m. pl.*
bee abeille *f.*
beef bœuf *m.*
beer bière *f.;* **glass of draft —** demi *m.*
before avant
to beg prier

to begin commencer; **— to** se mettre à
beginning début *m.; **in the**—*au début
to behave se comporter
behind derrière
beige beige
to believe croire
bell pepper poivron *m.*
to belong to appartenir à
bench banc *m.*
to benefit bénéficier
better meilleur(e); *adv.* mieux; **it is**—il vaut mieux
between entre
bicycle bicyclette *f.*, vélo *m.*
big grand(e); vaste
bill (paper money) billet de banque *m.*
binder classeur *m.*
binoculars jumelles *f. pl.*
biology biologie *f.*
birth naissance *f.*
birthday anniversaire *m.; **happy** —* bon anniversaire
black noir(e)
blackboard tableau *m.*
blazer blazer *m.*
blond blond(e)
blood sang *m;* **—pressure** tension *f.*
blouse chemisier *m.*
blue bleu(e)
blue jeans jean *m.*
to blush rougir
boat bateau *m.*
body corps *m.*
to boil faire bouillir
book livre *m.*
bookseller bouquiniste *m., f.*
bookshelf étagère *f.*
bookstore librairie *f.*
boot botte *f.*
border frontière *f.*
boring ennuyeux (ennuyeuse)
born: to be — naître
to borrow emprunter
boss patron(ne) *m., f.*
to bother déranger
bottle bouteille *f.*
boulevard boulevard *m.*
boutique boutique *f.*
bowl bol *m.; **mixing** —* saladier *m.*
box boîte *f.*
boy garçon *m.;* **—friend** petit ami *m.*
brand marque *f.*
bread pain *m.; **whole wheat** —* pain complet *m.*
to break casser; **— (one's leg)** se casser (la jambe); **— up with** rompre (avec)
breakfast petit déjeuner *m.*
to breathe respirer
bridge pont *m.*
brief bref/iève
bright (color) vif/ive
to bring (person) amener; **(thing)** apporter
broadcast émission *f.*
broccoli brocoli *m.*
brochure brochure *f.*
broom balai *m.*
brother frère *m.; **brother-in-law, step-brother*** beau-frère *m.*, **half-brother** demi-frère *m.*
brown marron; **to get** — brunir
bruise bleu *m.*
brunette brun(e)
brush brosse *f. ;* **to** — brosser; **to — one's hair** se brosser les cheveux
to build construire
building bâtiment *m.*
to burn brûler
bus autobus *m.*, autocar *m.*
business commerce *m.;* affaires *f. pl;* **businessman/woman** homme (femme) d'affaires *m., f.* **e-business** commerce électronique
busy occupé(e); chargé(e)
but mais
butcher shop boucherie *f.*
butter beurre *m.*
butterfly papillon *m.*
to buy acheter
by par

C

cafeteria cafétéria *f.*
café café *m.*
cake gâteau *m.*
calculator calculatrice *f.*
calendar calendrier *m.*
to call appeler; téléphoner (à); **—back** rappeler
calm calme, tranquille
camel chameau *m.*
camera appareil-photo *m.; — **shop*** magasin de photos *m.*
campground terrain de camping *m.*
camping camping *m.; **to go** —* faire du camping
can boîte *f.*
can pouvoir
cancer cancer *m.*
candy bonbon *m.*
canoe canoë *m.*
capital capitale *f.*
car voiture *f.*
card carte *f.; **credit** —* carte de crédit; **postcard** carte postale; **to play cards** jouer aux cartes
care: to take — of s'occuper de; **to — for** se soucier de; **to take — of oneself** se soigner; **to take—of** prendre soin (de)
career carrière *f.*
careful: to be — faire attention
to carress caresser
carriage carosse *f.*
carrot carotte *f.*
cartoon bande dessinée *f. (fam.* B.D.*)*
cash register caisse *f.*
cassette cassette *f.*
cast plâtre *m.*
castle château *m.*
cat chat *m.*
to catch attraper
cave grotte *f.*
cavity carie *f.*
CD disque compact (CD. fam.) *m.; —* **player** lecteur (laser de CD) *m.*
cemetery cimetière *m.*
center centre *m.; **cultural** —* centre culturel *m.*
century siècle *m.*
cereal céréales *f. pl.*
certain certain(e)(s)
chair chaise *f.*
chalk craie *f.*
challenge défi *m.*
champagne champagne *m.*
champion champion(ne) *m., f.*
change changement *m.*
to change changer
character personnage *m.; **main** —* personnage principal *m.;* protagoniste *m., f.*
charge, extra — supplément *m.*
charming charmant(e)
to chase chasser
to chat bavarder
cheap bon marché, pas cher
check chèque *m.; **restaurant** —* addition *f.;* —ed(fabric) à carreaux
cheek joue *f.*
cheese fromage *m.; **with melted** —* gratiné(e)
chemistry chimie *f.*
cherry cerise *f.*
chest poitrine *f.*
chest of drawers commode *f.*
to chew mâcher
chicken poulet *m.*
child enfant *m.; **only** —* fils/fille unique
childhood enfance *f.*
chills frisson *m.*
chin menton *m.*
chocolate chocolat *m.*
to choose choisir
church église *f.*
city ville *f.*
class classe *f.; **classmate*** camarade de classe *m., f.;* **classroom** salle de classe *f.*
classified ads petites annonces *f.pl.*
clean propre; **to** — nettoyer
clear clair(e)
client client (cliente) *m., f.*
climate climat *m.*
to climb monter
clock horloge *f.,* **—radio** radio-réveil *m.*
to close fermer
close (to) près (de)
closet placard *m.*, armoire *f.*
clothes vêtements *m. pl.*
cloud nuage *m.; **it's cloudy*** le ciel est couvert , **it's partly cloudy,** il y a des éclaircies
coast côte *f.*
coat manteau *m.*
Coca-Cola coca *m.; **diet Coke*** coca light
coffee café *m.; **— with cream*** café crème *(fam.* un crème*); **— table*** table basse *f.*
coin(s), change monnaie *f.*
cold froid(e); (illness) rhume *m.* **it's** — il fait froid; **to be** — avoir froid
collar col *m.*
colleague collègue *m., f.*
colony colonie *f.*
color couleur *f.*
comb peigne *m.*
to come venir **to — back** revenir
comedy comédie *f.*
comfort confort *m.*
to commute faire la navette
to communicate communiquer
compact disc disque compact, CD *m.*
company entreprise *f.; **— president*** chef d'entreprise *m.*

to compare comparer
compass boussole *f.*
competition concours *m.*
to complain se plaindre; râler
completely complètement, tout à fait
composer compositeur/trice *m., f.*
compromising compromettant(e)
computer ordinateur *m.;* **— science** informatique *f.;* **— software** logiciel *m.;* **— specialist** informaticien(ne) *m., f.*
concert concert *m.*
to confide confier
confident confiant(e)
conflict conflit *m.*
conformism conformisme *m.*
congested enrhumé(e)
consequently par conséquent
conservative conservateur/trice
to consider considérer
constantly constamment
to consult consulter
consumer consommateur/trice *m., f.*
consumption consommation *f.*
container récipient *m.*
contemporary contemporain(e)
continent continent *m.*
to continue continuer
contrary: on the — au contraire
to contribute contribuer
convention congrès *m.*
to convince convaincre
cook cuisinier/ière *m., f.;* **to —** faire la cuisine; **to — (something)** faire cuire (quelque chose)
cookie biscuit *m.*
cool frais (fraîche); **it's —** (weather) il fait frais; cool, chouette (*inf.*)
corduroy velours côtelé *m.*
corn maïs *m.*
corner coin *m.*
cosmopolitan cosmopolite
to cost coûter
cotton coton *m.*
couch canapé *m.*
to cough tousser
to count (on) compter
country campagne *f.;* pays *m.*
couple couple *m.*
courage courage *m.*
courageous courageux/euse
course cours *m.;* **of —** bien sûr
to court faire la cour
courtyard cour *f.,* terrasse *f.*
cousin cousin(e) *m., f.*
to cram (for an exam) bachoter
crazy fou (folle)
cream crème *f.*
to create créer
to criticize critiquer
crocodile crocodile *m.*
to cross traverser
crow corbeau *m.*
crowd foule *f.*
crutches béquilles *f. pl.*
to cry pleurer
cucumber concombre *m.*
culinary culinaire
to cultivate cultiver
cup tasse *f.*
cure remède *m.*
curtains rideaux *m. pl.*
customer client(e) *m., f.*
to cut couper; **— a class** sécher un cours; **— one's finger** se couper le doigt
cute mignon(ne)

D

daily quotidien(ne); **—publication** quotidien *m.*
dance danse *f.* bal *m.;* **to —** danser; **dancer** danseur (danseuse) *m., f.*
dark (color) foncé(e)
date date *f.;* rendez-vous *m.*
datebook agenda *m.*
daughter fille *f.*
day jour *m.;* journée *f.;* **all — long** toute la journée; **— after** lendemain *m.*
dead mort(e)
dear cher/ère
death penalty peine de mort *f.*
December décembre
to decide décider; se décider à
to decrease diminuer
deep profond(e)
degree degré *m.;* **bachelor's—** (equivalent); **Master's—** maîtrise *f.*
delicatessen charcuterie *f.*
delicious délicieux/ieuse
delighted ravi(e)
delivery (of a baby) accouchement *m.*
to demand exiger
dental floss fil dentaire *m.*
dentist dentiste *m., f.*
department store grand magasin *m.*
to depend (on) dépendre (de); **it depends** ça dépend
deposit caution *f.*
depressed déprimé(e); **to be —** avoir le cafard
to describe décrire
description description *f.*
desert désert *m.*
to desire désirer; avoir envie de
desk bureau *m.;* **student —** pupitre *m.*
despite malgré
dessert dessert *m.*
destination destination *f.*
destiny destin *m.*
to destroy détruire
to develop développer
developed developpé(e)
devil diable *m.*
to devote consacrer
to devour dévorer
dialog dialogue *m.*
dictionary dictionnaire *m.* (*fam.* dico)
to die mourir (*p.p.* mort)
diet régime *m.;* alimentation *f.;* **to be on a —** être au régime
difference différence *f.*
different différent(e)
difficult difficile
to diminish diminuer
to dine dîner
dinner dîner *m.*
diploma diplôme *m.*
direction direction *f*
director directeur/trice *m., f.*
dirty sale
disadvantage inconvénient *m.*
disappointed déçu(e)
discipline discipline *f.*
to discover découvrir
to discuss discuter (de)
disgusting dégoûtant(e)
dish assiette *f.;* (of food) plat *m.;* **to wash dishes** faire la vaisselle
diversity diversité *f.*
divorce divorce *m.;* **to —** divorcer; **divorced** divorcé(e)
to do faire
doctor médecin *m., f.*
doctorate doctorat *m.*
documentary documentaire *m.*
dog chien(ne) *m., f.*
doll poupée *f.;* **to play dolls** jouer à la poupée
to dominate dominer
door porte *f.*
dormitory résidence universitaire *f.;* dortoir *m.*
to doubt douter
doubtful douteux (douteuse)
down: to go downstairs, get off descendre
downtown centre ville *m.*
dozen douzaine *f.*
dragon dragon *m.*
drama drame *m.*
drawing dessin *m.,* image *f.*
dream rêve *m.;* **to —** rêver
dress robe *f.;* **to —** habiller; **to get dressed** s'habiller; **dressed up** habillé(e)
drink boisson *f.;* **to —** boire; **something to —** quelque chose à boire
to drive conduire, rouler; **to go for a drive** faire une promenade en voiture
drug drogue *f.*
dry sec (sèche); **to — (oneself) off** se sécher; **— cleaners** pressing *m.*
dunce cap chapeau d'âne *m.*
during pendant

E

each chaque
eagle aigle *m.*
ear oreille *f.*
early tôt, de bonne heure; **to be —** être en avance
to earn gagner
earthquake tremblement de terre *m.*
east est *m.;* **to/in the — (of)** à l'est (de)
easy facile
to eat manger; **— lunch** déjeuner; **— dinner** dîner
ecology écologie *f.*
economics sciences économiques *f. pl.*
education formation *f.;* enseignement *m.*
egalitarian égalitaire
egg œuf *m.*
eight huit
eighty quatre-vingts
elbow coude *m.*
electronics store magasin d'électronique *m.*
elegance élégance *f.*
elegant élégant(e)
element élément *m.*
elephant éléphant *m.*
elevator ascenseur *m.*

elsewhere ailleurs
to emphasize mettre en valeur
to employ employer
employee employé(e) *m., f.*
employer employeur/euse *m., f.*
to empty the garbage vider la poubelle
encyclopedia encyclopédie *f.*
ending dénouement *m.*
energetic énergique
engaged: to get — se fiancer
engineer ingénieur *m.*
English anglais(e); **— language** anglais *m.*
enough assez (de)
to enrich enrichir
to enter entrer
entertainment distraction *f.;* **—center** rangement télévision/hi-fi, *m.*
enthusiastic enthousiaste
entryhall entrée *f.*
environment environnement *m.*
equator équateur *m.*
errand course *f.*
error erreur *f.*
especially surtout
espresso express *m.*
to establish établir
eternal éternel(le)
Europe Europe *f.*
evening soir *m.;* soirée *f.;* **good —** bonsoir; **last night, yesterday —** hier soir; **this —** ce soir
event événement *m.;* **current events** actualités *f. pl.*
every: everyone tout le monde; **everywhere** partout
evidently évidemment
exactly exactement
exam examen *m.;* **competitive —** concours *m.*
example exemple; **for —** par exemple
excellent excellent
except sauf
exceptional exceptionnel(le)
to exchange échanger
excited animé(e)
exciting passionnant(e)
excursion excursion *f.*
excuse me excusez-moi
executive cadre *m.*
exercise exercice *m.*
exhibit exposition *f.*
exile, to go into exile s'exiler
to expect attendre; **— to** s'attendre à
to expel (from school) renvoyer
expense dépense *f.*
expensive cher (chère)
to explain expliquer
to explode exploser
to express exprimer
eyebrow sourcil *m.*
eyeglasses lunettes *f. pl.;* **sunglasses** lunettes de soleil
eyelash cil *m.*
eyes yeux *m. pl.* (œil *m. sing.)*

F

fable fable *f.*
face figure *f.;* visage *m.*
facing en face (de)
factory usine *f.*
to fail rater
to faint s'évanouir
fairy fée *f.;* **— tale** conte de fées *m.*
faithfulness fidélité *f.*
to fall tomber; **— asleep** s'endormir **— in love (with)** tomber amoureux/euse (de)
false faux (fausse)
family famille *f.*
famous célèbre; fameux/euse
far (from) loin (de)
fare tarif *m.*
farm ferme *f.*
farmer agriculteur/trice *m., f.*
fashion mode *f.;* **— designer** couturier/ière *m., f.;* **— show** défilé de mode *m.,* **to be in—** être à la mode
fat gros(se); graisse *f.,* **low—** maigre
father père *m.;* **father-in-law, stepfather** beau-père *m.*
favorite préféré(e)
fear peur *f.;* **to be afraid** avoir peur
February février
to feel se sentir; **— like** avoir envie de
fever fièvre *f.*
few peu (de); **a —** quelques
fiancé(e) fiancé(e) *m., f.*
field champ *m.;* **soccer —** terrain de football *m.;* **sports —** terrain de sport *m.*
fifty cinquante
to fight lutter
to fill (in) remplir
filled complet/ète
film film *m.;* (for camera) pellicule *f.,* **to —** tourner (un film), filmer
film maker cinéaste, *m., f.;* réalisateur/trice *m., f.*
finally enfin, finalement
to find one's way se repérer
finger doigt *m.*
fingernail ongle *m.*
to finish finir
fireplace cheminée *f.*
first premier/ière; *adv.* d'abord
fish poisson *m.*
five cinq
flag drapeau *m.*
flashlight lampe électrique *f.*
flat plat(e)
to flatter flatter
flight vol *m.*
floor étage *m.;* **first — (American second floor)** premier étage
florist fleuriste *m., f.*
flower fleur *f.;* **—print** à fleurs
flu grippe *f.*
fluently couramment
to fly voler
fog brouillard *m.;* **it's foggy** il fait du brouillard
to follow suivre; **following** suivant(e)
food nourriture *f.;* provisions *f. pl.;* cuisine *f.;* alimentation *f.*
foot pied *m.;* **on —** à pied
football football américain *m.*
for pour
forehead front *m.*
foreign étranger/ère
foresight prévoyance *f.*
forest forêt *f.*
to forget oublier
fork fourchette *f.*
form formulaire *m.*
former ancien(ne)
formerly autrefois
fortunately heureusement
fortune teller voyant(e) *m., f.*
four quatre
fox renard *m.*
free libre; **— (of charge)** gratuit
to freeze geler; **it's freezing** il gèle
French français *m.*
French-speaking francophone
frequent fréquent(e)
to frequent frequenter
fresh frais (fraîche)
freshman (in school) en première année
Friday vendredi
friend ami(e) *m., f.;* copain (copine) *m., f.;* camarade *m., f.;* **boyfriend, girlfriend** petit(e) ami(e)
friendship amitié *f.*
from de
front: in — of devant
fruit fruit *m.*
full plein(e); **—time** à plein temps
fun: to have — s'amuser
funny amusant(e), drôle
furnished meublé(e)
furniture meubles *m. pl*
future avenir *m.*

G

to gain weight grossir
game jeu *m.;* (sports) match *m.*
gang gang *m.*
garage garage *m.*
garbage can poubelle *f.*
garden jardin *m.*
to gargle faire des gargarismes *m. pl.*
garlic ail *m.*
gasoline essence *f.*
gazelle gazelle *f.*
general général(e); **in —** en général
generation génération *f.*
generous généreux/euse
geography géographie *f.*
German allemand(e); **— language** allemand *m.*
to gesture gesticuler
to get obtenir; **—a job** décrocher; **—rich** faire fortune
to get along s'entendre (bien)
to get down descendre
to get up se lever
to get used to s'habituer
to get well se remettre
giant géant *m.*
gift cadeau *m.*
giraffe girafe *f.*
girl fille *f.*
girlfriend petite amie *f.*
to give donner
glass verre *m.*
glove gant *m.*
to go aller; **— away** s'en aller; **— to bed** se coucher, **—see** aller voir
goal but *m.*
goblet verre à pied *m.*

god, God dieu, Dieu *m.*
gold or *m.;* **made of —** en or
golf golf *m.*
good bon(ne); **— evening** bonsoir
good-bye au revoir; **bye** salut
gorilla gorille *m.*
gourmet gastronomique
gram gramme *m.*
granddaughter petite-fille *f.*
grandchildren petits-enfants *m. pl.*
grandfather grand-père *m.*
grandmother grand-mère *f.*
grandparents grands-parents *m. pl.*
grandson petit-fils *m.*
grape raisin *m.*
grapefruit pamplemousse *m.*
grass pelouse *f.*
gray gris(e)
great super *(fam.);* chouette *(fam.)*
green vert(e)
green beans haricots verts *m. pl.*
to greet saluer; **each other** se saluer
grilled grillé(e)
grocery store épicerie *f.*
ground floor (of a building) (American first floor) rez-de-chaussée *m.*
group groupe *m.*
to grow (up) grandir
growth croissance *f.*
to guess deviner
guitar guitare *f.*
guy mec *m. (fam.)*
gymnase gym *m.*

H

hair cheveux *m. pl.;* **— dryer** sèche-cheveux *m.;* **short (long) —** cheveux courts (longs); **blond (brown, gray, red) —** cheveux blonds, (bruns, gris, roux)
half demi(e)
hallway couloir *m.*
ham jambon *m.*
hand main *f.*
handkerchief mouchoir *m.*
handsome beau (bel, belle), *(pl.* beaux, belles*)*
to happen se passer, arriver
happiness bonheur *m.*
happy heureux/euse; content(e)
hard *adv.* dur
hardware store quincaillerie *f.*
hard-working travailleur/euse
hat chapeau *m.*
to hate détester
to have avoir; **—a great time** s'éclater; **— difficulty** avoir du mal à ; **—fun, enjoy oneself** s'amuser; **— to** devoir
he il
head tête *f.;* **to have a headache** avoir mal à la tête
to heal guérir
health santé *f.*
healthy sain(e)
to hear entendre
heart cœur *m.*
heavy lourd(e); **stocky** fort(e)
heel talon *m.;* **high heels** chaussures à talons hauts *f.*
hell enfer *m.*
hello bonjour; **(telephone)** allô; **hi** salut
to help aider
here ici; **— is/are** voici
hero héros *m.*
heroine héroïne *f.*
to hesitate hésiter (à)
hi salut
to hide se cacher
hide-and-seek cache-cache *m.*
high élevé(e)
high school lycée *m.*
highway autoroute *f.*
hike randonnée *f.;* **to go for a —** faire une randonnée
hiker, biker randonneur *m., f.*
hip hanche *f.*
to hire embaucher
hired embauché(e)
historical historique
history histoire *f.*
to hit taper
to hitch together accrocher
to hitchhike faire de l'auto-stop
hockey hockey *m.;* **to play —** jouer au hockey
to hold (out) tenir; **—the record** détenir le record
holiday fête *f.*
home foyer *m.*
homeless people gens sans abri *m.pl.*
homemaker homme (femme) au foyer *m., f.*
homesick dépaysé(e)
homework devoirs *m.pl.;* **to do —** faire les devoirs
honest honnête
honestly franchement
honeymoon lune de miel *f.*
to hook, hitch on accrocher
hope espoir *m.*
to hope espérer
horrible horrible
horror movie film d'horreur *m.*
horse cheval *m.*
horseback riding équitation *f.*
hosiery, tights collants *m. pl.*
hospital hôpital *m.*
hot chaud(e); **— chocolate** chocolat chaud *m.;* **— plate** réchaud *m.;* **it's —** il fait chaud; **to be —** avoir chaud
hotel hôtel *m.*
hour heure *f.;* **in an —** dans une heure
house maison *f.;* **at someone's —** chez
household chore tâche ménagère *f.*
housework ménage *m.;* **to do —** faire le ménage
how comment; **— are you?** comment allez-vous ?; **— long** (for how much time) depuis combien de temps; **— long** (since when, since what point of time) depuis quand; **— many** combien de; **— much** combien; **— much is it?** c'est combien ? **—'s it going?** ça va ?
however cependant, pourtant
hundred cent; **two —** deux cents
hungry: to be — avoir faim
hunter chasseur *m.*
hurricane ouragan *m.*
to hurry se dépêcher
to hurt blesser
husband mari *m.*

I

I je
ice cream glace *f.*
ice skating patin à glace *m.*
ideal idéal(e)
identification identification *f.*
to identify identifier
if si
to imagine imaginer
immediately immédiatement; tout de suite
to immerse in water plonger
immigration immigration *f.*
important important(e)
in à, dans; **— class** en classe; **— first class** en première classe; **— front of** devant; **— tourist class** en deuxième classe
included compris(e)
to increase augmenter
independent indépendant(e)
independence indépendance *f.*
industrialized industrialisé(e)
inexpensive bon marché
to influence influencer
to inform informer
information renseignements *m. pl.;*
ingredient ingrédient *m.*
inhabitant habitant *m.*
to injure blesser *f.*
injury blessure
inn auberge *f.*
inside à l'intérieur
insurance assurance *f.*
intellectual intellectuel(le)
intelligent intelligent(e)
interest: to be interested in s'intéresser à
interesting intéressant(e)
international international(e)
internship: to do an — faire un stage
interview interview *f.*
to introduce présenter; **— oneself** se présenter
to invite inviter
to iron clothes repasser le linge
to irritate irriter
island île *f.*
itinerary itinéraire *m.*

J

jacket blouson *m.*
jam confiture *f.*
January janvier
Japanese japonais(e); **— language** japonais *m.*
jar pot *m.*
jazz jazz *m.*
jealous jaloux/se
jeans blue-jean *m.*
jewelry bijoux *m. pl.;* **— store** bijouterie *f.*
job travail *m.*, job *m.;* boulot *m. (fam.);* **— application** demande d'emploi *f.;* **— offer** offre d'emploi *f.*
jogging jogging *m.;* **to jog** faire du jogging

joke blague *f.;* **to —** plaisanter; **no kidding** sans blague *(fam.)*
journalist journaliste *m., f.*
judge juge *m.*
juice jus *m.;* **orange —** jus d'orange; **apple —** jus de pomme
July juillet
June juin
junior (in school) en troisième année
just; to have — venir de

K

to keep garder
key clé *f.*
to kill tuer
kilogram kilo *m.*
kind (type) sorte *f.;* **(nice)** gentil/le
kindergarten école maternelle *f.*
kindness gentillesse *f.*
king roi *m.*
kiss baiser *m.*, bise *f. (fam.);* **to —** embrasser; **to — each other** s'embrasser; **hugs and kisses** (letter closing) grosses bises
kitchen cuisine *f.;* **— utensil** ustensile de cuisine *m.*
knee genou *m. (pl.* genoux*)*
to kneel s'agenouiller
knife couteau *m.*
knight chevalier *m.*
to knock frapper
to know connaître, savoir
knowledge connaissance *f.*

L

laboratory laboratoire *m.*
lack manque *m.*
lake lac *m.*
lamb agneau *m.*
lamp lampe *f.*
landlord/landlady propriétaire *m., f.*
language langue *f.*
to last durer
last dernier/ière; **— week** la semaine dernière
late tard; **to be —** être en retard
later plus tard
Latin latin(e); **— language** latin *m.*
to launch lancer
laundry lessive *f. ;* **to do the —** faire la lessive
law droit *m.*
lawnmower tondeuse *f.*
lawyer avocat(e) *m., f.*
laziness paresse *f.*
lazy paresseux/euse
to lead (direct) diriger; mener
leaf feuille *f.*
to leaf feuilleter
to learn apprendre
leather cuir *m.*
to leave quitter, partir, sortir; **to — behind** laisser
lecture hall amphithéâtre *m.*
left gauche, à gauche
leg jambe *f.*
legend légende *f.*
lemonade citron pressé *m.*
lemon-lime soda limonade *f.*
to lend prêter
length (of time) durée *f.*
less moins; **— than** moins... que
lesson leçon *f.*
letter lettre *f.*
lettuce salade *f.*, laitue *f.*
library bibliothèque *f.*
life vie *f.;* **married —** vie conjugale *f.;* **— expectancy** espérance de vie
to lift weights faire de la musculation
light léger/ère; **(color)** clair(e); **(lowfat)** maigre
light bulb ampoule *f.*
like comme
to like aimer, aimer bien
line ligne *f.;* **to stand in —** faire la queue
lion lion *m.*
lips lèvres *f. pl.*
lipstick rouge à lèvres *m.*
list liste *f.*
to listen to écouter
liter litre *m.*
literacy alphabétisme *m.*
literature littérature *f.*
little petit(e); peu; **a —** un peu (de)
to live habiter, vivre
lively animé(e)
liver foie *m.*
living room salle de séjour *f.*
lizard lézard *m.*
loafers mocassins *m. pl.*
located situé(e); **to be —** se trouver
lodging logement *m.*
long long(ue)
to look (at) regarder; **— for** chercher; **— ill** avoir mauvaise mine; **— like** avoir l'air (de), ressembler
to lose perdre; **— weight** maigrir
loss perte *f.*
lot: a — (of) beaucoup (de)
love amour *m.;* **— at first sight** coup de foudre *m.;* **to —** aimer, adorer; **to be in — (with)** être amoureux/euse (de)
lover amant(e) *m., f.*
low bas(se)
luck chance *f.;* **to be lucky** avoir de la chance
lunch déjeuner *m.;* **to eat —** déjeuner
luxury tout confort

M

ma'am madame
magazine magazine *m.;* revue *f.*
mail courrier *m.*
main principal(e)
to maintain maintenir
major (academic) spécialisation *f.*
majority majorité (de) *f.*
to make faire, fabriquer; **—fun of** se moquer de
makeup: to put on — se maquiller
man homme *m.*
management gestion *f.*
manager manager *m., f.*
manner manière *f.;* **good manners** bonnes manières; **well/bad mannered** bien/mal élevé(e)
many beaucoup (de); **a good—** bien des
map carte *f.*, plan *m.*
marble bille *f. ;* **to play marbles** jouer aux billes
March mars
to marinate mariner
market marché *m.;* **open air —** marché en plein air *m.;* **—ing** marketing *m.*
marriage mariage *m.*
married marié(e)
to marry épouser; **to get married** se marier (avec)
massage: to get a — se faire masser
match allumette *f.*
mathematics mathématiques *f. pl. (fam.* maths*)*
May mai
maybe peut-être
mayonnaise mayonnaise *f.*
mayor maire *m.*
me moi; **— too** moi aussi; **— neither** moi non plus
meal repas *m.;* **enjoy your —** bon appétit
mean méchant(e)
meaning sens *m.*
meat viande *f. ;* **— cutlet** côtelette *f.;* **— spread** pâté *m.*
mechanic mécanicien(ne) *m., f.*
medicine médicament *m.,* **field of—** médecine *f.*
mediocre médiocre
to meet rencontrer; **— again** se retrouver, se rejoindre; **to make someone's acquaintance** faire la connaissance de
to melt faire fondre
melted fondu(e)
memory mémoire *f.*, souvenir *m.*
to mention mentionner
menu carte *f.*
message message *m.*
messy en désordre
microwave micro-onde *f.;* **— oven** four à micro-onde *m.*
midnight minuit *m.*
mild doux (douce); **it's —** (weather) il fait doux
million million *m.*
milk lait *m.;* **coffee with —** café au lait *m.*
mind esprit *m.*
mini-tart tartelette *f.*
minority minorité *f.* (de)
miracle miracle *m.*
mirror miroir *m.*
to miss manquer; rater (le bus)
miss, Miss mademoiselle (Mlle)
misunderstanding incompréhension *f.*
to mix mélanger
moderate modéré(e)
modern moderne
modest modeste
moment moment *m.*
Monday lundi
money argent *m.;* **cash** en liquide
month mois *m.*
monument monument *m.*
mood humeur *f.;* **to be in a bad (good) —** être de mauvaise (bonne) humeur
more plus, davantage; **— . . . than** plus... que
morning matin *m.*
most (of) la plupart (de)
mother mère *f.;* **step-mother, mother-in-law** belle-mère *f.*
motorcycle motocyclette *(fam.* moto*) f.*

mountain montagne *f.*
mountainous montagneux/euse
mouth bouche *f.*
to move bouger; **(house)** déménager; **— in** s'installer, emménager
movie film *m.;* **— director** cinéaste, metteur en scène *m., f.;* **— star** vedette *f.;* **— theater** cinéma *m.*, salle de cinéma *f.*
to mow passer la tondeuse, tondre le gazon
Mr. Monsieur (M.)
Mrs. Madame (Mme)
murder meurtre *m.*
muscle muscle *m.*
museum musée *m.*
mushroom champignon *m.*
music musique *f.;* **classical —** musique classique; **rap —** rap *m.*
musician musicien(ne) *m., f.*
must, to have to devoir
mustard moutarde *f.*
my mon, ma, mes
mythical mythique

N

name nom *m.;* **first —** prénom *m.;* **last —** nom de famille *m.;* **to be named** s'appeler; **what is your —?** comment vous appelez-vous ?
napkin serviette *f.*
narrator narrateur/trice *m., f.*
nature nature *f.*
near près (de); proche
neat en ordre
necessary nécessaire; **it is—** il faut
neck cou *m.*
to need avoir besoin de
to neglect négliger
neighbor voisin(e) *m., f.;* **neighborhood** voisinage *m.*, quartier *m.*
neither non plus; **. . . nor** ni... ni
nephew neveu *m.*
nervous nerveux/euse
never ne... jamais
new nouveau (nouvelle)
news informations *f. pl.;* **—column** rubrique *f.*
newspaper journal *m.*
newsstand bureau de tabac *m.*
next prochain(e), suivant(e); **— to** à côté de; **the — day** le lendemain
nice gentil(le), sympathique; **it's — weather** il fait beau
niece nièce *f.*
nightclub boîte de nuit *f.*
nightstand table de nuit *f.*
nine neuf
ninety quatre-vingt-dix
no non
nobody ne... personne
noise bruit *m.*
nonsmoking section section non-fumeur *f.*
noon midi *m.*
north nord *m.*; **— America** Amérique du Nord *f.*
nose nez *m.;* **to have a runny —** avoir le nez qui coule
not: — any longer ne... plus
not pas; ne... pas; **— at all** pas du tout
to note constater
notebook cahier *m.*
notepad bloc-notes *m.*
nothing rien; ne... rien
to notice remarquer, s'apercevoir
novel roman *m.*
November novembre
now maintenant
nuclear energy énergie nucléaire *f.*
number nombre *m.;* numéro *m.;* **telephone —** numéro de téléphone *m.*
nurse infirmier/ière *m., f.*

O

to obey obéir
object objet *m.*
to obtain obtenir
obvious évident(e)
occupation métier *m.*
ocean océan *m.*
o'clock heure *f.* **it's six —** il est six heures
October octobre
of de; **— course** bien sûr
to offer offrir
office bureau *m. (pl.* bureaux*);* **— supply store** librairie-papeterie *f.*
official officiel(le)
often souvent
oil huile *f.;* **olive —** huile d'olive *f.*
OK d'accord
old vieux (vieille), ancien; **elderly** (person) âgé(e); **how — are you?** quel âge avez-vous ?; **— fashioned** démodé(e)
older brother/sister aîné(e) *m., f.*
on sur
one un(e); on
onion oignon *m.*
only seulement; ne... que
open ouvert(e); **to —** ouvrir
operation opération *f.*
opinion opinion *f.*, avis *m.;* **— poll** sondage *m.*
opportunity occasion *f.;* **to have the —** avoir l'occasion de
opposite contraire *m.*
optimistic optimiste
or ou
orange orange *f.*
to order (in a café, restaurant) commander
ordinary ordinaire
to organize organiser
other autre
outdoors en plein air
outfit ensemble *m.*
outside à l'extérieur
oven four *m.*
over sur, dessus; **— there** là-bas
to overlook donner sur
overpopulation surpopulation *f.*
overwhelmed débordé(e)
overworked débordé(e) de travail
to owe devoir
owner propriétaire *m., f.*

P

to pack faire sa valise
package paquet *m.*
painter peintre *m., f.*
palace palais *m.*
pale pâle
painting tableau *m.*, peinture *f.*
pan poêle *f.*
pants pantalon *m.;* **warm-up —** pantalon jogging *m.*; **bell bottoms** pantalon pattes d'éléphant *m.*
paper papier *m.;* **sheet of paper** feuille de papier *f.*
paradise paradis *m.*
pardon me pardon
parents parents *m.pl.*
park parc *m.*
to participate participer
partner partenaire *m., f.*
party soirée *f.;* fête *f.;* boum *f.*
to pass (by) passer; **— an exam** être reçu(e) à un examen
passion passion *f.*
passive passif/ive
passport passeport *m.*
past; in the — autrefois
pasta, pastry dough pâte *f.*
pastry, pastry shop pâtisserie *f.*
patient patient(e); **to be —** avoir de la patience
patio terrasse *f.*
to pay payer; **— a bill** régler
pea pois *m.;* **green peas** petits pois *m.pl.*
peace paix *f.*
pear poire *f.*
peasant paysan(ne) *m., f.*
pen stylo *m.;* **marking pen** feutre *m.*
pencil crayon *m.*
people gens *m.pl.*
pepper poivre *m.;* **bell pepper** poivron *m.*
per par; **— day** par jour
perfect parfait(e)
perfume parfum *m.*
to permit permettre
person personne *f.*
pessimistic pessimiste
pet animal familier, domestique *m.*
pharmacy pharmacie *f.*
philosophy philosophie *f.*
photograph photo *f.*
photographer photographe *m., f.*
physical appearance physique *m.*
physics physique *f.*
piano piano *m.*
to pick up, get back récupérer; **— (girls/guys)** draguer *(fam.)*
picnic pique-nique *m.;* **to go on a —** faire un pique-nique
picture image *f.;* photo *f.*
picturesque pittoresque
pie tarte *f.*
piece morceau *m.*, tranche *f.*
pig cochon *m.*
pill pilule *f.*
pilot pilote *m., f.*
pinch (of) pincée (de) *f.*
pineapple ananas *m.*
pink rose
pirate pirate *m.*
place lieu *m.*, endroit *m.;* **workplace** lieu de travail *m.*
plaid écossais(e)
plain plaine *f.*
plans préparatifs *m.pl.*, projets *m.pl.;* **to plan** faire des projets
plant plante *f.*
plastic plastique

plate assiette *f.*
to play jouer; **— a sport** jouer à; **— a musical instrument** jouer de; **— cards** jouer aux cartes **— hide-and-seek** jouer à cache-cache; **— marbles** jouer aux billes; **— the piano** jouer du piano; **— tennis** faire du tennis; jouer au tennis; **— with dolls** jouer à la poupée; **—soccer** jouer au football
play pièce de théâtre *f.*
pleasant agréable
please s'il vous (te) plaît
to please plaire
pleated plissé(e)
plot déroulement *m.*
poem poème *m.*
poet (femme) poète *m., f.*
poisoned empoisonné(e)
policeman agent de police *m., f;* **police station** commissariat *m.*
polite poli(e)
political science sciences politiques *f. pl.*
politician homme (femme) politique *m., f.*
polka dot à pois
pollution pollution *f.*
pool piscine *f.*
poor pauvre
popular populaire
pork porc *m.*
port port *m.*
possession possession *f.*
possible possible
postage stamp timbre *m.*
postcard carte postale *f.*
poster affiche *f.*
post office bureau de poste *m.;* poste *f.*
potato pomme de terre *f.*
practical pratique
to practice pratiquer, **—a profession** exercer une profession
preacher pasteur *m.*
to prefer préférer, aimer mieux
preference préférence *f.*
pregnancy grossesse *f.*
pregnant enceinte
to prepare préparer; **— oneself, get ready** se préparer
prescription ordonnance *f.*
press, news media presse *f.*
prestige prestige *m.*
prestigious prestigieux/euse
pretty joli(e)
previously auparavant
price prix *m.,* tarif *m.*
priest prêtre *m.*
prince prince *m.*
princess princesse *f.*
principal directeur/trice *m., f*
private privé(e)
prize prix *m.*
probable probable
probably probablement
problem problème *m.*
to produce produire, fabriquer
producer producteur/trice *m., f.*
product produit *m.*
professor, instructor professeur *m. (fam.* prof*)*
program programme *m. ;* **(TV, radio)** émission *f.* **— of study** programme d'études *m.*; **exchange —** programme d'échanges *m.*
programmer programmeur/euse *m., f.*
prohibited interdit(e)
to promise promettre
prosperous prospère
to protect protéger
provided that pourvu que
province province *f.*
provincial provincial(e)
psychology psychologie *f.*
to pull tirer
pullover sweater pull-over *m. (fam.* pull*)*
punctual ponctuel(le)
punishment punition *f.;* **corporal —** châtiment corporel *m.*
purchase achat *m.*
purse sac *m.*
to pursue poursuivre
to put (on) mettre*;* **— back** remettre

Q

quality qualité *f.*
quantity quantité *f.*
queen reine *f.*
question question *f.;* **to ask a —** poser une question
quickly vite
quiet silencieux/euse

R

rabbit lapin *m.*
radio radio *f.;* **portable — cassette player** radiocassette *f.;* **— alarm clock** radioréveil *m.*
rafting rafting *m.*
rain pluie *f.;* **to —** pleuvoir; **it's raining** il pleut
raincoat imperméable *m.*
raise augmentation de salaire *f.*
to raise lever
rarely rarement
rather plutôt, assez
razor rasoir *m.;* **electric —** rasoir électrique *m.*
to react réagir
to read lire; **to reread** relire
ready prêt(e)
realistic réaliste
to realize se rendre compte
really vraiment
reason raison *f.*
to receive recevoir
recent récent(e); **recently** récemment
receptionist réceptionniste *m., f.*
recess récréation *f. (fam.* la récré*)*
recipe recette *f.*
recluse reclus *m.*
to recommend recommander
record disque *m.;* **— store** magasin de disques *m.*
to recycle recycler
red rouge; **to turn —** rougir; **a glass of — wine** un verre de rouge; **— hair** cheveux roux *m.pl.*
to redo (a school lesson) repasser
to reduce réduire
reduced price tarif réduit *m.*
reduction réduction *f.*
refrigerator réfrigérateur *m. (fam.* frigo*)*
to refuse refuser (de)
region région *f.*
to regret regretter
regularly régulièrement
to rehearse répéter
to relax se détendre
relaxed décontracté(e); relaxe
to release lâcher
religion religion *f.*
to remain rester
to remember se rappeler; se souvenir de
to remodel rénover
rent loyer *m.;* **to —** louer
rental loyer *m.,* location *f.*
to repair réparer
to repeat répéter; **— (a class, a grade)** redoubler
report card bulletin scolaire *m.*
request demande *f.*
to resemble ressembler à
reservation réservation *f.*
to reserve réserver
reserved réservé(e)
to resign démissionner
responsibility responsabilité *f.*
to rest se reposer
restaurant restaurant *m.*
result résultat *m.*
retirement retraite *f.*
to return (home) rentrer; **— (something)** rendre; **— (come back)** revenir
rice riz *m.*
rich riche
right correcte; **to, on the —** à droite (de); **to be —** avoir raison
ring; engagement — bague de fiançailles *f.;* **wedding —**alliance *f.*
risk risque *m.;* **to —** risquer de
river (major) fleuve *m.*
rock rocher *m.;* **— music** rock *m.*
role rôle *m.*
romantic romantique; **— film** film d'amour *m.*
romanticism romantisme *m.*
room pièce *f.;* salle *f.;* **dining—** salle à manger *f.;* **emergency —** service des urgences *m.***; fitting —** cabine d'essayage *f.;* **living —** salle de séjour *f.*
roommate camarade de chambre *m., f.*
rooster coq *m.*
routine routine *f.*
row rang *m.;* **in a —** en rang
rug tapis *m.*
ruler règle *f.*
to run courir
rural rural(e)
Russian russe

S

sad triste
to sail faire de la voile
salad salade *f.*
salary salaire *m.*
sale solde *m.;* **on —** en solde; **sales promotion** promotion *f.*
salesperson vendeur/euse *m., f.*
salmon saumon *m.*
salt sel *m.*
same même
sandals sandales *f. pl.*

sandwich sandwich *m.;* **ham — with butter** sandwich jambon beurre *m.*
Saturday samedi
sauce sauce *f.*
sausage saucisson *m.*
to sauté faire revenir
savannah savane f.
to save sauver; (money) épargner, faire des économies
to savor déguster
to say dire
scar cicatrice *f.*
scarf écharpe *m.*
schedule emploi du temps *m.;* horaire *m.*
scholarship bourse *f.*
school école *f.;* **elementary —** école primaire *f.;* **middle —** (in France) collège *m.;* **— of a university** faculté *f.* (*fam.* la fac)
science science *f.;* **— fiction** science-fiction *f.*
scientist chercheur *m.*
to scold gronder
to scuba dive faire de la plongée sous-marine
sculpture sculpture *f.*
sea mer *f.;* **seafood** fruits de mer *m. pl.*
search engine moteur de recherche *m.*
season saison *f.;* **dry —** saison sèche *f.*; **rainy —** saison des pluies *f.*
seat place *f.*
seated assis(e)
second deuxième
secretary secrétaire *m., f.*
security sécurité *f.*
to seduce séduire
to see voir, apercevoir*;* **— again** revoir
to seem paraître; avoir l'air (de)
to select sélectionner
selfish égoïste
to sell vendre
semester semestre *m.*
to send envoyer
senior (in school) en terminale
sensible raisonnable
sentence phrase *f.*
sentimental sentimental(e)
to separate se séparer
separation séparation *f.*
September septembre
serious sérieux/euse, grave
to serve servir; **— yourself** se servir
service service *m.*
to set mettre; **— the table** mettre la table
to settle (in) s'installer; **— a bill** régler
seven sept
seventy soixante-dix
several plusieurs
shame honte *f.;* **to be ashamed** avoir honte
shampoo shampooing *m.*
to share partager
shark requin *m.*
to shave (oneself) se raser
she elle
sheep mouton *m.*
to shine briller
shirt chemise *f.*
shock choc *m.;* **—ed** choqué(e)
shoes chaussures *f. pl;* **shoe size** pointure *f.;* **flats/heels** chaussures à talons plats/hauts
to shop (go shopping) faire les courses
shopkeeper commerçant(e) *m., f.*
shopping mall centre commercial *m.*
short court(e); (people) petit(e)
shorts short *m.*
shot piqûre *f.*
shoulder épaule *f.*
to shout crier; pousser un cri
to show montrer, indiquer
shower douche *f.;* **— (weather)** averse *f.;* **to —** se doucher
shrimp crevette *f.*
shutters volets *m. pl.*
shy timide
sick malade
to sign signer; **—up** s'inscrire
silk soie *f.*
since depuis
to sing chanter
singer chanteur/euse *m., f.*
single (not married) célibataire
sink lavabo *m.;* **kitchen—** évier *m.*
sir monsieur
sister sœur *f.;* **sister-in-law, stepsister** belle-sœur *f.*
to sit down s'asseoir; **— back down** se rasseoir; **sit down** asseyez-vous
size taille *f.;* **average-shoe —** pointure *f.;* **average shoe—**de taille moyenne
sixty soixante
skater patineur (patineuse) *m., f.;* **to (figure) skate** faire du patinage (artistique)
skiing ski *m.;* **cross-country —** ski de fond; **to ski** skier, faire du ski
skin peau *f.*
to skip class sécher un cours
skirt jupe *f.*
sky ciel *m.*
slate ardoise *f.*
to sleep dormir; **— late** faire la grasse matinée; **to be sleepy** avoir sommeil; **to fall asleep** s'endormir
sleeping bag sac de couchage *m.*
slice tranche *f.*
to slide glisser
slowly lentement
small petit(e)
to smile sourire
to smoke fumer; **smoking section** section fumeur *f.*
snack goûter *m.;* **to —** grignoter
snake serpent *m.*
to sneeze éternuer
to snorkle faire de la plongée libre
snobbery snobisme *m.*
snow neige *f.;* **it's snowing** il neige
so alors, si; **—(much)** tellement
soap savon *m.*
soccer football *m.* ; **— field** terrain de football *m.;* **—player** footballeur *m.*
sociable sociable
social customs mœurs *f. pl.*
society société *f.*
sociology sociologie *f.*
sock chaussette *f.*
soft doux (douce)
sole sole *f.*
solitary solitaire
some des, quelques, certain(e)(s)
someone quelqu'un
something quelque chose
sometimes parfois
somewhat assez
son fils *m.*
song chanson *f.*
soon bientôt ; **see you —** à bientôt
sophmore (in school) en deuxième année
sorry désolé(e)
sort sorte *f.*
sound bruit *m.*
soup soupe *f.*
south sud *m.;* **— America** Amérique du Sud *f.*
space espace *m.*
Spanish espagnol(e); **— language** espagnol *m.*
to speak parler
to specialize in se spécialiser
to spell épeler
to spend (money) dépenser; **— (time)** passer
spice épice *f.*
to spoil gâter
spoiled gâté(e)
spoon cuillère *f.;* **soup —** cuillère à soupe *f.*
sport sport *m.* ; **sports field** terrain de sport *m.*; **sporting goods store** magasin de sport *m.*
sportcoat veste *f.*
spouse époux (épouse) *m., f.*
spring printemps *m.*
squirrel écureuil *m.*
stadium stade *m.*
stairs escalier *m.*
to start (up) démarrer; **—a family** fonder une famille
state état *m.*
to stay rester; **— at a hotel** loger
step (stage) étape *f.*
stereo chaîne-stéréo *f.*
stitch suture *f.*
stomach estomac *m.,* ventre *m.*
stone pierre *f.*
stop arrêt *m.;* **metro —** arrêt de métro *m.;* **to —** arrêter, s'arrêter; **to — oneself** s'empêcher de
stopped up bouché(e)
store magasin *m.*
storm orage *m.*
story conte *m.;* histoire *f.;* **— line** intrigue *f.*
stove cuisinière *f.*
straight droit(e); **— ahead** tout droit
to straighten ranger
strawberry fraise *f.*
street rue *f.*
stressed stressé(e) (*fam.*)
strict sévère, strict(e)
strike grève *f.;* **to go on —** faire la grève
striped à rayures
to stroll balader, flâner
strong fort(e)
stubborn têtu(e)
student étudiant(e) *m., f.;* (pre–high school) élève *m., f.*
studies études *f. pl.*
to study étudier; **— French** faire du français
stupid bête, stupide
style style *m.;* modèle *m.*
stylish chic
subject sujet *m.;* **school —** matière *f.*

suburb banlieue *f.*
subway métro *m.;* **—stop** station de metro *f.*
to succeed réussir (à)
suddenly tout à coup, soudain
suede daim *m.*
to suffer souffrir
sugar sucre *m.*
to suggest suggérer, conseiller
suicide suicide *m.;* **to commit —** se suicider
suit costume *m.;* **man's —** complet *m.* **woman's —** tailleur *m.*
suitcase valise *f.*
summer été *m.*
sun soleil *m.;* **it's sunny** il fait du soleil **sunburn** coup de soleil *m.;* **sunset** coucher de soleil *m.*
to sunbathe se bronzer
Sunday dimanche
sunglasses lunettes de soleil *f.pl.*
sunny clair(e), ensoleillé(e)
supermarket supermarché *m.*
superstore hypermarché *m.*
sure sûr(e)
surface area superficie *f.*
surprised surpris(e), étonné(e)
surprising surprenant(e)
survey enquête *f.*, sondage *m.*
to suspect soupçonner
to swallow avaler
sweater pull-over *m.* (pull *fam.*)
to sweep passer le balai
sweetened sucré(e)
to swim nager, faire de la natation
swimming pool piscine *f.*
swimsuit maillot de bain *m.*
swollen enflé(e)
symptom symptôme *m.*

T

T-shirt Tee-shirt *m.*, maillot *m.*
table table *f.;* **coffee —** table basse *f.*
tablecloth nappe *f.*
tablespoon cuillère à café *f.;* **tablespoonful** cuillerée à soupe *f.*
to take prendre **— (someone) along** emmener; **— place** avoir lieu; **—a course** suivre un cours; **— an exam** passer un examen; **—a nap** faire la sieste; **— a trip** faire un voyage
talkative bavard(e)
tall grand(e)
to tan brunir; se bronzer
tart tarte *f.*, tartelette *f.*
taste goût *m.;* **to —** goûter
taxi taxi *m.;* **— driver** chauffeur de taxi *m.*
tea thé (nature) *m.;* **herbal —** infusion *f.*
to teach enseigner
teacher professeur *m.;* **elementary school —** instituteur/trice *m., f.*
team équipe *f.*
teaspoon cuillère à soupe *f.;* **teaspoonful** cuillerée à café *f.*
telecommuting télétravail *m.*
telephone téléphone *m.;* **— answering machine** répondeur *m.;* **— booth** cabine téléphonique *f.;* **— call** coup de téléphone *m.;* **— card** télécarte *f.;* **— number** numéro de téléphone *m.;* **cell phone** téléphone mobile (portable)
television télévision *(fam.* télé*) f.;* **— series** feuilleton *m.;* **— show** émission de télévision *f.;* **TV game show** jeu télévisé *m.*
to tell dire*;* **— a story** raconter
temperate tempéré(e)
temperature température *f.*
ten dix
tenant locataire *m., f.*
tender tendre
tenderness tendresse *f.*
tennis tennis *m.;* **— court** court de tennis *m.;* **— racket** raquette de tennis *f.;* **— shoes** des tennis *f. pl.*
test épreuve *f.;* examen *m.*
thank you merci; **thanks to** grâce à
that ça, cela; **— one** celui, celle
the le, la, les
theater théâtre *m.*
theme thème *m.*
then ensuite, puis, alors; **and —** et alors
there là, y; **over —** là-bas; **there is/are** il y a; voilà
therefore donc, par conséquent
these (those) ces; **— ones** ceux, celles
they elles, ils
thief voleur *m.*
thin mince, maigre
thing chose *f.* *(fam.)* truc *m.;* **something** quelque chose
to think penser, croire; **— about** penser à, réfléchir à; **— about (opinion)** penser de
thirsty: to be — avoir soif
thirty trente
this (that) ce (cet), cette; **— one** celui, celle
thousand mille
three trois
throat gorge *f.;* **— lozenge** pastille pour la gorge *f.*
to throw jeter
Thursday jeudi
thus ainsi
ticket billet *m.;* **one-way —** billet aller simple *m.;* **round trip —** billet aller-retour *m.*
tidy ordonné(e)
tie cravate *f.*
tiger tigre *m.*
tight serré(e); juste
time fois *f.;* **a long —** longtemps; **the last —** la dernière fois; **to be on —** être à l'heure; **what — is it?** quelle heure est-il ?
tip pourboire *m.;* **— (not) included** service (non-)compris
tired fatigué(e)
title titre *m.*
to à, en, jusqu'à
today aujourd'hui
toe orteil *m.*
together ensemble
toilet toilette *f.;* W.C. *m.pl.*
tomato tomate *f.*
tomorrow demain
tongue langue *f.*
too aussi; **me —** moi aussi; **— much** trop (de)
tooth dent *f.;* **— brush** brosse à dents *f.*
tough dur(e)
tourism tourisme *m.*
tourist touriste *m., f.;* touristique
toward vers
towel serviette *f.*
tower tour *f.*
town village *m.*, ville *f.;* **— square** place *f.*
town hall mairie *f.*
tradition tradition *f.*
trailer caravane *f.*
train train *m.*, **— station** gare *f.*
training formation *f.*
tranquilizer tranquillisant *m.*
to transform transformer
transportation transport en commun; **means of—** moyen de transport *m.*
to travel voyager; **— around the world** faire le tour du monde
traveler's check chèque de voyage *m.*
to trick tromper
trickiness ruse *f.*
trimester trimestre *m.*
trip voyage *m.*, séjour *m.;* **to take a —** faire un voyage
tropical tropical(e)
trouble: to have — doing something avoir du mal à
true vrai(e)
trunk coffre *m.*
truth vérité *f.*
to try (on) essayer; **(attempt)** tenter; **— to** chercher à, essayer de
Tuesday mardi
tuna thon *m.*
to turn tourner; **— off** éteindre; **— on** allumer
turtle tortue *f.*
turtleneck à col roulé
twin jumeau/elle
to twist one's ankle se fouler la cheville
to type taper
two deux
typically typiquement

U

ugly laid(e); moche *(fam.)*
unbearable insupportable
unbelieveable incroyable
uncertain incertain(e)
uncle oncle *m.*
under sous; au dessous (de)
to understand comprendre
understanding compréhensif/ive
unemployed: to be — être au chômage, **— person** chômeur/euse *m., f.*
unfaithful: to be — tromper
unfortunately malheureusement
unhappy malheureux/euse
to unite unir
university université *f.;* **— cafeteria** restaurant universitaire *m.* *(fam.* resto-U*)*
unpleasant désagréable
unthinkable impensable
until jusqu'à; jusqu'à ce que
to use utiliser; se servir de, employer
useful utile; **useless** inutile
usually d'habitude, normalement
utensil ustensile *m.*
utilities (bills) charges *f. pl.*

V

vacation vacances *f.pl.;* **— package** formule de vacances *f.;* **summer—** grandes vacances *f., pl.*
to vacuum passer l'aspirateur
vacuum cleaner aspirateur *m.*
valid valable
valley vallée *f.*
value valeur *f.*
vanilla vanille *f.*
various varié(e)s, divers
vase vase *m.*
vegetable légume *m.*
vegetarian végétarien(ne)
velvet velours *m.*
very très
video vidéo *f.;* **VCR** magnétoscope *m.;* **— game** jeu vidéo *m.*
violet violet(te)
to visit (a person) rendre visite (à), aller voir; **— (a place)** visiter
vitamin vitamine *f.*
volcano volcan *m.*

W

to wait for attendre
waiter, waitress serveur/euse *m., f.*
to wake (oneself) up se réveiller
walk promenade *f.;* **to —** promener; marcher; **to go for a —** se promener; faire une promenade (à pied)
Walkman baladeur *m.*
wall mur *m.*
to want vouloir, désirer, avoir envie de; **— to** tenir à
war guerre *f.*
wardrobe garde–robe *f.*
wary; to be wary of se méfier de
to wash laver; **to do the wash** faire la lessive; **— (up)** se laver
wastebasket corbeille à papier *f.*
watch montre *f.*
to watch regarder; **to keep an eye on** surveiller
water eau *f.;* **mineral —** eau minérale *f.*
waterfall cascade *f.,* chute *f.*
way façon *f.;* manière *f.*
we nous
to wear porter
weather temps *m.;* **— report** bulletin météorologique *m. (fam. f.* météo*);* **it's bad (good) —** il fait mauvais (beau); **what is the —?** quel temps fait-il ? **good—** beau temps *m.*
wedding noces *f. pl.;* **— ring** alliance *f.*
Wednesday mercredi
week semaine *f.;* **last —** la semaine dernière *f.;* **—end** week-end *m.*
weekly (publication) hebdomadaire *m.*
weight lifting musculation *f.*
welcome bienvenue *f.;* **to —, greet** accueillir; **you're —** je vous en prie
well bien; **rather —** assez bien; **as — as** aussi bien que; **— behaved** sage; **— mannered** bien élevé(e)
west ouest
what que, qu'est-ce que, quoi, comment, quel(le)
when quand, lorsque
where où; **from —** d'où
which quel(le) *(pl.* quels, quelles*);* **— ones** lequel, laquelle *(pl.* lesquels, lesquelles*)*
while pendant que
white blanc(he)
who qui
whole entier/ière
why pourquoi
wide large
wife femme *f.*
to win gagner
wind vent *m.;* **it's windy** il fait du vent
window fenêtre *f.;* **store —** vitrine *f.*
to windsurf faire de la planche à voile
wine vin *m.*
winter hiver *m.*
to wipe one's nose se moucher
wisdom sagesse *f.*
to wish souhaiter
witch sorcier/ière *m., f.*
with avec
without sans
witness témoin *m.*
wolf loup *m.*
woman femme *f.*
to wonder se demander
wood bois *m.*
wool laine *f.*
word mot *m.*
work travail *m.;****to —** travailler; **—full time** à plein temps; **— part time** à temps partiel à mi-temps; t**o do volunteer —** faire du travail bénévole; **—of art** œuvre *f.*
to work (function) marcher
worker ouvrier/ière *m., f.*
world monde *m.*
worried inquiet/iète
worry souci *m.;* **to —** s'inquiéter, avoir des soucis
worse pire
wrist poignet *m.*
to write écrire
writer écrivain *m.*
writing (penmanship) écriture *f.*
wrong: to be — avoir tort

X

X ray radiographie *f.*

Y

yard jardin *m.*
year an *m.;* année *f.;* **to be (18) years old** avoir (dix-huit) ans
yellow jaune
yes oui
yesterday hier; **— morning** hier matin
yet déjà; **not—** pas encore
yoga yoga *m.*
yogurt yaourt *m.*
you tu, vous, on, toi
young jeune
younger (brother, sister) cadet(te)
your ton, ta, tes; votre, vos
youth jeunesse *f.;* **— hostel** auberge de jeunesse *f.*

Z

zebra zèbre *m.*
zero zéro *m.*

Index

Photo Credits

p. 1, © 1992 Ulrike Welsch ©; **p. 2** left, © B.D.V./Corbis; **p. 2** right, © AFP/ Corbis; **p. 5**, © Stuart Cohen/The Image Works; **p. 6** bottom, © ICONE/The Image Works; **p. 6** middle, © Ron Watts/Corbis; **p. 6** top, © Mark Antman/The Image Works; **p. 10** top, ©AP/Wide World Photos; **p. 10** middle, © William Stevens/ The Liaison Agency; **p. 10** bottom left, © The Liaison Agency; **p. 10** bottom right, © Mondial 98/The Liaison Agency; **p. 11** top left, © Louise Monier; **p. 11** top middle, © Filipacchi/The Liaison Agency; **p. 11** top right, © Gianfranco Gasparro/ The Liaison Agency; **p. 11** bottom left, © Marc DeVille/The Liaison Agency; **p. 11** bottom right, © Jacques Prayer/The Liaison Agency; **p. 13**, © Stephen Richardson; **p. 24**, © Photo Disc; **p. 34** © Alfred Wolf/Explorer/Photo Researchers Inc.; **p. 35**, © Jean-Pierre Amet/Corbis Sygma; **p. 36** top, ©M. Jacobs/The Image Works; **p. 36** bottom, ©Gerard Louce/Stone; **p. 37**, © Picture Press/Corbis; **p. 41**, ©David Frazier; **p. 61**, © Ulrike Welsch; **p. 63**, © Owen Franken/Stock Boston; **p. 65**, © John Elk, III; **p. 70**, © Alexandra & Pierre Boulat; **p. 78**, ©Reunion des Musées Nationaux, Paris, France; **p. 92**, © Mark Antman/The Image Works; **p. 95** top right, ©Christian Liwig/Temp Sport/Corbis; **p. 95** top left, ©Mondial 98/The Liaison Agency; **p. 95** middle left, © Courtesy of Marc Verstaen/ BeatWare Inc.; **p. 95** middle right, © Frederic Reglain/The Liaison Agency; **p. 95** bottom, © Philippe Eranian/Corbis Sygma; **p. 102** left, © Peter Menzel/Stock Boston; **p. 102** right, © Mat Jacob/The Image Works; **p. 106** top, © K.Preuss/The Image Works; **p. 106** bottom, © Brunode Hogues/Stone; **p. 109**, © Olaf Ludwig/ The Liaison Agency; **p. 110**, © AFP/ Corbis **p. 125**, © Peter Menzel; **p. 126**, © Greg Meadors/Stock Boston; **p. 128** left, © Adventure Photo & Film; **p. 128** middle and right, SuperStock, Inc; **p. 134**, © Movie Stills Archive; **p. 136**, © Leo de Wys, Inc.; **p. 143** top, © Stock Boston; **p. 143** bottom, © Peter Menzel; **p. 143** middle, © Robert Frerck/Stone; **p. 146**, courtesy of authors; **p. 165**, © Mike Mazzaschi/Stock Boston; **p. 167**, © Stuart Cohen/The Image Works; **p. 170**, © J.P. Williams/Stone; **p. 177**, © H. Armstrong Roberts; **p. 178** top, © H. Armstrong Roberts; **p. 178** middle, © Marc Riboud/Magnum Photos; **p. 178** bottom, © H. Armstrong Roberts; **p. 179**, © Bruno Barbey/Magnum Photos; **p. 180** left, © Peter Turnley/Corbis; **p. 180** right, © Michael Rosenfeld/Stone; **p. 181**, © Mondial 98/The Liaison Agency; **p. 182**, © Alison Wright/Corbis; **p. 184**, © Manciet/The Liaison Agency; **p. 198**, © Marc Tulane/Rapho; **p. 202**, © Peter Menzel; **p. 203** bottom left, ©Stephen Richardson; **p. 203** middle left, ©Stephen Richardson; **p. 203** middle right, ©Stephen Richardson; **p. 203** top, ©Stephen Richardson; **p. 203** bottom right, ©Stephen Richardson; **p. 205**, ©Stephen Richardson; **p. 207**, © Edouard Berne/Stone; **p. 210** bottom, © Bon Appetit is a registered trademark of Advance Magazine Publishers, Inc,. published through its division, the Conde Naste Publications Inc.; **p. 210** top left, © Log Productions/The Image Bank; **p. 221**, courtesy of authors; **p. 240**, © Stephen Richardson; **p. 243** left, © Doisneau/Rapho; **p. 243** right, courtesy of authors; **p. 244**, ©Stephen Richardson; **p. 245** bottom, ©Stephen Richardson; **p. 245** top, ©Stephen Richardson; **p. 248**, ©Ulrike Welsch; **p. 256**, ©H. Armstrong Roberts; **p. 258**, ©Bruno Barbey/Magnum **p. 278**, © Robert Fried; **p. 279** top, ©Michael Dwyer/Stock Boston; **p. 279** bottom, ©Jeff Greenberg/ The Image Works; **p. 280**, ©Dave G. Houser/Corbis; **p. 284**, ©Tim Laman; **p. 287**, ©Peter Johnson/Corbis; **p. 288** top, ©Pascal Quittemelle/Stock Boston; **p. 288** middle, ©Craig Aurness/Corbis; **p. 288** bottom, ©Michael Busselle/Corbis; **p. 293**, ©Beryl Goldberg; **p. 295**, ©Owen Franken/Stock Boston; **p. 301**, ©Wolfgang Kaehler; * **p. 322**, ©Mijo Fournier/Rapho; **p. 321**, © Owen Franken/Corbis; **p. 330**, ©Peter Menzel/Stock Boston; **p. 331**, ©Owen Franken, /Stock Boston; **p. 332** top, © Greg Meadors/Stock Boston; **p. 332** bottom, © Michael Busselle/Corbis; **p. 333**, © Margot Granitsas/The Image Works; **p. 360**, © Veiller/Explorer/Photo Researchers Inc., **p. 361**, ©Patrick Ingrand/Stone; **p. 362**, ©Bob Daemmrich; **p. 363** top, ©Charles Roman/Leo de Wys Inc.; **p. 363** bottom; ©Jean-Marie Truchet; **p. 364** top, ©Dave Bartuff/Stock Boston; **p. 364** bottom, ©J. F. Buerri/Rapho; **p. 365** top, ©Doug Armand; **p. 365** middle, ©Stephen Richardson; **p. 365** bottom, ©John Elk/Stock Boston; **p. 373** top left, courtesy of authors; **p. 373** top right, courtesy of authors; **p. 373** bottom left, ©Snider/The Image Works; **p. 373** bottom right, ©Bruno DeHogues/Stone; **p. 374** bottom left, ©Simone Huber/Stone; **p. 374** top right, ©Gail Mooney/Corbis; **p. 400** top left, ©Imapress/The Image Works; **p. 405**, ©Peter Weber/Stone; **p. 409** top left, ©Owen Franken/Stock Boston; **p. 409** bottom left, ©Corbis; **p. 409** top right, ©Ulrike Welsch; **p. 409** bottom right, ©R. W. Jones/Corbis; **p. 413**, S. Weiss/Rapho; **p. 414**, ©David Simson/Stock Boston; **p. 421**, ©Alexis Duclos/The Liaison Agency; **p. 422**, ©Erich Lessing/Art Resource; **p. 439**, ©The Image Works; **p. 440**, ©Duomo/ Corbis; **p. 441**, ©J. J. Lapey Ronnie/The Liaison Agency; **p. 451**, Stuart Cohen/The Image Works; **p. 452**, ©Felix A./ Explorer/Photo Researchers Inc.; **p. 454**, ©Beneteau-Cariou/The Liaison Agency; **p. 460**, ©Reuters Newmedia Inc./Corbis; **p. 479**, ©Owen Franken/Stock Boston; **p. 480**, ©Doisneau/Rapho; **p. 483**, ©Movie Stills Archive; **p. 485**, ©Owen Franken/Stock Boston; **p. 487**, Reuters Newmedia Inc./Corbis; **p. 489**, ©Bob Handelman/Stone; **p. 494**, Stone; **p. 507**, ©Bo Zaunders/The Stock Market; **p. 512**, ©Stephen Richardson; **p. 518**, ©Movie Stills Archive; **p. 521**, ©P. Gontier/The Image Works; **p. 523**, ©Robert Fried; **p. 526**, ©Giradon/Art Resource; **527** top, From the engraving by Hippolyte Lecomte, Collections de la Comédie-Française; **p. 527** middle, ©Jacques Prayer/The Liaison Agency; **p. 537** bottom, ©Grenada Television; **p. 560**, bottom, ©Owen Franken/Stock Boston; **p. 550**, M. Franck/Magnum Photos; **p. 551**, ©Chip Hires/The Liaison.